BEI GRIN MACHT SICH IHR
WISSEN BEZAHLT

- Wir veröffentlichen Ihre Hausarbeit,
  Bachelor- und Masterarbeit

- Ihr eigenes eBook und Buch -
  weltweit in allen wichtigen Shops

- Verdienen Sie an jedem Verkauf

Jetzt bei www.GRIN.com hochladen
und kostenlos publizieren

Robert Pomes

Informationssicherheit und Persönlichkeit

Konzept, Empirie und Handlungsempfehlungen

GRIN Verlag

Bibliografische Information der Deutschen Nationalbibliothek:

Die Deutsche Bibliothek verzeichnet diese Publikation in der Deutschen National-
bibliografie; detaillierte bibliografische Daten sind im Internet über http://dnb.d-
nb.de/ abrufbar.

Impressum:

Copyright © 2011 GRIN Verlag GmbH
Druck und Bindung: Books on Demand GmbH, Norderstedt Germany
ISBN: 978-3-640-96266-2

Dieses Buch bei GRIN:

http://www.grin.com/de/e-book/175268/informationssicherheit-und-persoenlichkeit

GRIN - Your knowledge has value

Der GRIN Verlag publiziert seit 1998 wissenschaftliche Arbeiten von Studenten, Hochschullehrern und anderen Akademikern als eBook und gedrucktes Buch. Die Verlagswebsite www.grin.com ist die ideale Plattform zur Veröffentlichung von Hausarbeiten, Abschlussarbeiten, wissenschaftlichen Aufsätzen, Dissertationen und Fachbüchern.

Besuchen Sie uns im Internet:

http://www.grin.com/

http://www.facebook.com/grincom

http://www.twitter.com/grin_com

Informationssicherheit und Persönlichkeit :

Konzept, Empirie und Handlungsempfehlungen

Der Wirtschaftswissenschaftlichen Fakultät der

Gottfried Wilhelm Leibniz Universität Hannover

zur Erlangung des akademischen Grades

Doktor der Wirtschaftswissenschaften

- Doctor rerum politicarum -

genehmigte Dissertation

von

Diplom-Ökonom Robert André Pomes

geboren am 30.01.1975 in Salzgitter

2011

Erstgutachter: Prof. Dr. Michael H. Breitner

Zweitgutachter: Prof. Dr. Hans-Jörg von Mettenheim

Tag der Disputation: 13. Mai 2011

III

„Alles Wissen und alles Vermehren unseres Wissens endet nicht

mit einem Schlußpunkt, sondern mit einem Fragezeichen."

(Hermann Hesse)

Executive Summary

PIETSCH, HEINRICH und BIZER zeigen unmissverständlich auf, dass in heutigen Informationsgesellschaften zum einen Geschäftsprozesse unteilbar mit Informations- und Kommunikationsprozessen verbunden sind und zum anderen die Bedeutung von wissensintensiven Produkten und Dienstleistungen zunehmend steigt. Demgemäß entscheiden positive werthaltige wie negative und damit schädigende Informationen schließlich über den Erfolg und die Wettbewerbsfähigkeit einer Organisation und sind zu schützen. Die Sicherheit von Informationssystemen wird nach den Ausführungen von BASKERVILLE und JAEGER daher zunehmend systemrelevant und sollte als Ernst zunehmendes Thema eingestuft werden, insbesondere weil Schwachstellen und Gefahren in der digitalen Welt permanent steigen. Die Gewährleistung der Informationssicherheit wird hiernach zu einer Schlüsselaufgabe, welche den Fortbestand der Organisation bedingen kann. Demgemäß ist die technische Absicherung der Informationen unbedingt notwendig, jedoch zeigt sich nach KRUGER und KEARNEY eine breite Akzeptanz dafür, dass „...involvement of humans in information security is equally important and many examples exist where human activity can be linked to security issues", womit der Mensch in den Mittelpunkt des Interesses rückt. Diesen führen auch GONZALES, HUANG und HOONAKKER übereinstimmend in ihren aktuellen Forschungen zur Erhöhung der Informationssicherheit auf und VENEABLES bezeichnete die menschliche Schwachstelle als „...the most difficult to manage because you cannot control what is in people's heads and what they will be willing to talk about inadvertently or otherwise". Dementsprechend ist die Sicherheit von Informationssystemen nicht allein durch technische Maßnahmen zu gewährleisten, sondern es bedarf vielmehr der Notwendigkeit der gesamthaften Betrachtung der Technologie, des Menschen und der Prozesse wie bspw. SPEARS, DONTAMSETTI und NARAYANAN anführen. Das Interesse der vorliegenden Arbeit richtet sich hierbei auf die Fragestellung, welche Zusammenhänge zwischen Menschen und technischen, rechtlichen, organisatorischen sowie wirtschaftlichen Aspekten einer Organisation bestehen und inwieweit dadurch die Sicherheit von Informationen erhöht respektive reduziert wird.

Im Rahmen dieser Arbeit wurden die Zusammenhänge zwischen der menschlichen Persönlichkeit von IT-Entscheidern und der Sicherheit von Informationssystemen, veranlasst durch mehrere Gründe, erforscht: (1) Der Mensch stellt nachweislich das größte Risiko bei der Gewährleistung der Sicherheit von Informationen dar. (2) Die Beschreibung des Verhaltens von Organisationsmitgliedern durch Methoden der differentiellen Psychologie und der Persönlichkeitsforschung haben eine hohe Aktualität. (3) Zusammenhänge zwischen der menschlichen Persönlichkeit und der Sicherheit von Informationen werden im günstigen Fall rudimentär behandelt. Das Anliegen der vorliegenden Arbeit besteht darin, die bestehende Forschungslücke durch eine empirische Untersuchung weiter zu schließen.

Als Ausgangspunkt für diese Untersuchung waren folgende Forschungsfragen handlungsleitend:

1. *Welche Zusammenhänge existieren zwischen der Informationssicherheit und den Persönlichkeitsmerkmalen von IT-Entscheidern?*

2. *Welche Handlungsempfehlungen können, bei Berücksichtigung der Persönlichkeitsmerkmale von IT-Entscheidern, zur Erhöhung der Informationssicherheit identifiziert werden?*

Die Forschungsfragen bedurften der weiteren Operationalisierung sowie der Ausgestaltung eines konzeptionellen Bezugsrahmens, welcher den Forschungsbereich der Informationssicherheit durch die technische, rechtliche, organisatorische und wirtschaftliche Dimension darstellt. Durch diesen Bezugsrahmen wurden die wesentlichen Einflussfaktoren auf die Ebene der Prozesse, der Technik sowie des Menschen ermittelt. Es wurden adäquate Fragestellungen sowie geeignete Antwortoptionen operationalisiert. Die Erfassung der menschlichen Persönlichkeit wurde durch Theorien zur Persönlichkeit vorgenommen, welche hypothetische Aussagen über ihre Struktur und Funktionsweise lieferten. Diese Aussagen wurden auf der einen Seite genutzt, um Erkenntnisse über den Aufbau, die Struktur und die Zusammenhänge der Persönlichkeit zu generieren. Auf der anderen Seite wurden, basierend auf dem Wissen über die Persönlichkeit, Vorhersagen über Verhaltensweisen getroffen, welche zu eindeutigen Handlungsempfehlungen führten. Dabei bilden die Vorhersagen über Verhaltensweisen die Grundlage, Menschen so zu sensibilisieren, dass sie mit gegenwärtigen, neuartigen und komplexen Gefahren für die Informationssicherheit zurechtkommen. Die Erfassung der menschlichen Persönlichkeit erfolgte, aufgrund der hohen Güte und des standardisierten Messinstruments, über das NEO-FFI-Modell, welches die Persönlichkeit über den Trait-Ansatz feststellt und im deutschsprachigen Raum von BORKENAU und OSTENDORF geprägt wurde. In dieser Taxonomie wurde die menschliche Persönlichkeit durch die fünf Persönlichkeitsmerkmale Neurotizismus, Extraversion, Offenheit für Erfahrung, Verträglichkeit und Gewissenhaftigkeit beschrieben, welche in den letzten Jahrzehnten wegweisend durch GOLDBERG, MCCRAE und JOHN geformt wurden.

Aufbauend auf die konzeptionellen Vorüberlegungen, wurde ein Fragebogen mit den Teilbereichen Persönlichkeit, Informationssicherheit und Soziodemographie entwickelt, welcher die Grundlage zur Durchführung der empirischen Untersuchung bildete. Die Analyse der erhobenen Daten erfolgte durch Methoden der induktiven Statistik, wie Regressions- und Korrelationsanalysen. Die gewonnenen Daten wurden anhand von Gütekriterien wie Objektivität, Validität und Reliabilität verifiziert oder falsifiziert und deskriptiv dargestellt. Nachfolgende Abbildung stellt die beschriebene Vorgehensweise der vorliegenden Arbeit dar:

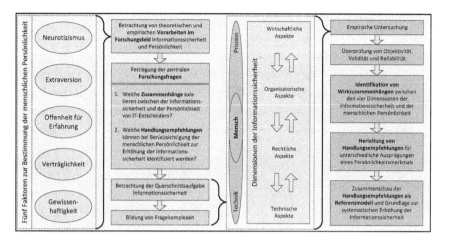

Abbildung 2: Vorgehensweise der vorliegenden Arbeit
Quelle: Eigene Darstellung

Durch die Analyse der erhobenen Daten, mittels Methoden der induktiven Statistik, wurden Wirkzusammenhänge identifiziert sowie Handlungsempfehlungen wissenschaftlich stringent erarbeitet. Zur systematischen Reduzierung des festgestellten Erkenntnisdefizites wurden vorab dargestellte grundlegende Forschungsfragen durch detailliertere Fragen weiter ausdifferenziert, welche im Folgenden beantwortet werden. Eine Detailfrage ersuchte die Relevanz zu klären, welche dem Menschen zur Gewährleistung der Informationssicherheit in der Organisation zukommt. Der Autor kam zu dem Schluss, dass nicht nur nach der vorherrschenden Fachmeinung von einer hohen Relevanz des Faktors Mensch zur Gewährleistung der Informationssicherheit auszugehen ist, sondern erfährt auch durch die vorliegende Untersuchung Bestätigung. Hiernach äußerten befragte IT-Entscheider, im Rahmen der empirischen Untersuchung, u. a. auf die Frage nach Gefahrenbereichen, dass „Nachlässigkeit und Irrtum der eigenen Mitarbeiter" bei 77,2% der befragten Organisationen in der Vergangenheit für Sicherheitsvorfälle verantwortlich waren. Demnach ist der Faktor Mensch, auch im Rahmen dieser Untersuchung, der relevanteste Aspekt in diesem Sinne.

Zudem sollte geklärt werden, inwieweit ein Zusammenhang zwischen den Persönlichkeitsmerkmalen eines IT-Entscheiders und seinen Entscheidungen respektive seiner Entwicklung im organisationalen Kontext existiert. Die empirische Untersuchung ergab 62 signifikante, lineare Zusammenhänge zwischen den Fragen zur Informationssicherheit und den festgestellten Ausprägungen der Persönlichkeit. Damit bestätigt sich, dass signifikante Zusammenhänge zwischen den Ausprägungen von Persönlichkeitsmerkmalen eines Menschen und seinen Entscheidungen respektive seiner Entwicklung im organisationalen Kontext bestehen.

Mit einer weiteren Detailfrage ermittelte der Autor, welche Wirkzusammenhänge für unterschiedliche Persönlichkeitsausprägungen zu den Dimensionen der Informationssicherheit aufgezeigt werden
können. Zudem wurde geklärt, welche Persönlichkeitsmerkmale einen starken und welche einen
geringen Einfluss ausüben. Zu den Dimensionen der Informationssicherheit können insgesamt 62
lineare Zusammenhänge aufgeführt werden. Davon entfallen 11 auf die technische und wirtschaftliche, 10 auf die rechtliche sowie 30 - und damit fast die Hälfte - der signifikanten, linearen Zusammenhänge auf die organisatorische Dimension der Informationssicherheit. Das Persönlichkeitsmerkmal der Gewissenhaftigkeit übt mit 20 linearen Zusammenhängen den stärksten Einfluss auf das
Sicherheitsverhalten von IT-Entscheidern aus und die Persönlichkeitsmerkmale der Extraversion und
Verträglichkeit mit neun linearen Zusammenhängen den geringsten.

Inwiefern Vorhersagen über Entscheidungen von IT-Mitarbeitern bei unterschiedlichen Ausprägungen der Persönlichkeitsmerkmale getroffen werden können wurde im Rahmen der Arbeit beantwortet. Dazu wurden die herausgearbeiteten Wirkzusammenhänge aus den vier Dimensionen der Informationssicherheit auf ihre besondere Betonung und jeweilige Ausprägung des Persönlichkeitsmerkmals hin fortgeführt. Entsprechende Wirkzusammenhänge werden in Abschnitt 7.2 in den Tabellen
42, 44, 46, 49 und 52 dargestellt. Hierdurch lässt sich direkt vorhersagen, dass bspw. ein IT-
Entscheider mit hoher Gewissenhaftigkeit annimmt, dass IT-Benutzer im Bereich der Informationssicherheit besonders geschult sind. Bei diesem Zusammenhang handelt es sich um eine signifikante
Korrelation, mit einer Irrtumswahrscheinlichkeit von unter 0,1% ($\alpha <= ,001$). Die berechneten Vorhersagen werden in den Tabellen 54-63 dargestellt.

Forschungsfrage 2 führt zur Quintessenz der vorliegenden Arbeit und bestimmt, welche Handlungsempfehlungen aufgrund unterschiedlicher Ausprägungen der Persönlichkeitsmerkmale für IT-
Entscheider hergeleitet werden können. Im Rahmen dieser Forschungsfrage wurden die in den Wirkzusammenhängen festgestellten besonderen Betonungen zu allgemeingültigen Handlungsempfehlungen hin entwickelt. Zur Einhaltung einer wissenschaftlich widerspruchsfreien Vorgehensweise,
wurde zum einen auf den konzeptionellen und inhaltlichen Orientierungsrahmen zur Informationssicherheit aus Kapitel 3 Bezug genommen, um den linearen Zusammenhang angemessen zu interpretieren. Zum anderen konnte die angemessene Interpretation der jeweiligen Ausprägung des Persönlichkeitsmerkmals nur über adäquate Eigenschaftswörter stattfinden, welche aus Tabelle 15 aus Abschnitt 4.3.2.2 herangezogen wurden. Durch diese inhaltliche Verknüpfung resultiert, bspw. aus einem linearen Zusammenhang, welcher sich in Form von einer Überbetonung von ‚Virtual Private
Networks' bei Probanden mit geringem Neurotizismus ergab, die Handlungsempfehlung „Überprüfung der tatsächlichen, technischen Absicherung von Informationen bei Vorschlägen und Projekten
von IT-Entscheidern". Die Grundlage hierfür bildeten zwei Aspekte: (1) ‚Virtual Private Networks' sind
ein Baustein zur technischen Absicherung und ein (2) geringer Neurotizismus lässt sich u.a. durch die

Eigenschaftswörter ‚sorglos' und ‚gelassen' beschreiben. Diese Handlungsempfehlungen wurden für alle 62 erarbeiteten linearen Zusammenhänge aus Abschnitt 7.2 hergeleitet, wobei 16 Korrelationen, bei denen aufgrund der jeweiligen Antwortalternative die Fallzahl unter einem Wert von 20 lag, nur hilfsweise mit einbezogen wurden, womit sich schließlich 44 valide Handlungsempfehlungen ergaben.

Nachfolgende Tabelle zeigt die erarbeiteten Handlungsempfehlungen für die Persönlichkeitsmerkmale Neurotizismus, Extraversion, Offenheit für Erfahrung, Verträglichkeit und Gewissenhaftigkeit bei deren jeweilig geringer oder hoher Merkmalsausprägung:

Merkmal	Geringe Merkmalsausprägung	Hohe Merkmalsausprägung
Neurotizismus	• Überprüfung der tatsächlichen technischen Absicherung von Informationen bei Vorschlägen und Projekten von IT-Entscheidern • Überprüfung von Nachlässigkeit und Irrtum organisatorischer Vorschläge und Projekte von IT-Entscheidern • Überprüfung des Arbeitsklimas zwischen Mitarbeitern und IT-Entscheidern • Überprüfung, inwieweit IT-Entscheider zu sehr auf operative Maßnahmen und Pläne fixiert sind (Stichwort: Kostenrisiko und Bürokratisierung) • Begutachtung durch objektiven Dritten, inwieweit Konzepte und Richtlinien adäquat und regelmäßig überprüft werden • IT-Entscheider entsprechend entwickeln, dass sie sich selbst „mehr" mit Informationssicherheitsrisiken beschäftigen • Überprüfung der Budgetgrenzen	• Vorschläge und Entscheidungen bezüglich möglicher Gefahrenbereiche kritisch betrachten und evtl. von objektiven Dritten überprüfen lassen (Stichwort: Kostenrisiko) • Kritische Betrachtung von Vorschlägen und Entscheidungen zur Regelmäßigkeit von Konzept- und Richtlinienüberprüfungen (Stichwort: Bürokratisierung) • Überprüfung respektive Implementation von Transparenzkriterien bei Sicherheitsvorfällen • Kritische Überprüfung von erhöhten Budgetforderungen zur Verbesserung der Informationssicherheit
Extraversion	• Überprüfung der Sinnhaftigkeit und Nutzbarkeit technischer Vorschläge und Entscheidungen	• Überprüfung, inwieweit ein Ziel wie Revisionsfähigkeit zur Erhöhung der Informationssicherheit beiträgt • Überprüfung von disziplinarischen Entscheidungen gegenüber Mitarbeitern • Vorschläge und Entscheidungen bezüglich aktueller Standards und Normen sollten, im Hinblick auf ihre Relevanz, zur Erhöhung der Informationssicherheit überprüft werden • Überprüfung der Objektivität bei der Identifizierung von Sicherheitslücken • Überprüfung, inwieweit operative Konzepte die Nutzbarkeit von Informationssystemen verringern • Kritische Betrachtung von Aussagen der IT-Entscheider über die Managementebene • Kritische Betrachtung von Aussagen der IT-Entscheider über den einfachen Mitarbeiter
Offenheit für Erfahrung	• Überprüfung, inwieweit die Unternehmenskultur mit den Vorschlägen und Entscheidungen der IT-Entscheider übereinstimmt • Überprüfung, inwieweit nötige und mögliche Weiterbildungsmaßnahmen für Mitarbeiter	• Kritische Prüfung von Vorschlägen und Projekten bezüglich zukünftig notwendiger Bausteine des IS-Managements • Hinweis auf die besondere Sensibilität von

		forciert werden • Überprüfung, in welchem Umfang IT-Manager/-Abteilungsleiter in Schulungsmaßnahmen eingebunden werden	Informationen • Besondere Beachtung von Hinweisen auf Fehler von Externen • Besondere Beachtung und kritische Überprüfung von Budgetvorschlägen • Kritische Begutachtung von Äußerungen dieser Personengruppe zum empfundenen Sicherheitsniveau
Verträglichkeit		• Überprüfung der Relevanz und Adäquanz von Firewalls als Baustein des IS-Managements • Überprüfung, inwieweit bei Sicherheitsvorfällen das eigene Verhalten der IT-Entscheider ausreichend reflektiert und hinterfragt wird	• Überprüfung, inwieweit Vorschläge zu rechtlichen Aspekten aus rationalen Gründen erfolgen oder aus Gründen der Einfachheit, um einer externen Forderungen zu genügen • Besondere Beachtung und Prüfung von Sicherheitsbedenken dieser Personengruppe • Besondere Beachtung von Aussagen zu Konsequenzen von Sicherheitsvorfällen
Gewissenhaftigkeit		• Vorschläge und Projekte, welche sich den softwareseitigen Mängeln und Defekten zuwenden, sollten höchst kritisch auf ihre Notwendigkeit überprüft werden • Überprüfung, inwieweit Konzepte und Richtlinien zur Gewährleistung der Informationssicherheit regelmäßig geprüft werden • Überprüfung, inwieweit Konzepte zur Fortentwicklung der Informationssicherheit genutzt und entwickelt werden • Kritische Überprüfung von erhöhten Budgetvorstellungen	• Besondere Beachtung von Vorschlägen und Projekten zu notwendigen Bausteinen des IS-Managements • Kritische Prüfung von Vorschlägen und Projekten zu notwendigen Bausteinen des IS-Managements durch objektiven Dritten • Besondere Beachtung von Empfehlungen zu Standards und Normen • Kritische Überprüfung, inwieweit der Mehraufwand für die Ermittlung von Sicherheitslücken den Nutzen erhöht • Kritische Überprüfung von Aussagen, welcher Ebene Informationssicherheit besonders wichtig ist. • Besondere Beachtung von Empfehlungen dieser Personengruppe zu notwendigen Weiterbildungsmaßnahmen • Überprüfung, inwieweit die Schulung bestimmter Mitarbeitergruppen zur Erhöhung der Informationssicherheit beiträgt • Besondere Beachtung von Empfehlungen zum Budget für die Verbesserung der Informationssicherheit

Tabelle 63: Zusammenschau der 44 Handlungsempfehlungen
Quelle: Herleitung aus Abschnitt 7.3

Abschließend kann festgehalten werden, dass im Rahmen der vorliegenden Arbeit lineare Zusammenhänge festgestellt worden sind, womit das Entscheidungsverhalten eines IT-Mitarbeiters in den spezifischen Ausprägungen seiner Persönlichkeit erklärbar wird. Aus den identifizierten, linearen Zusammenhängen wurden Handlungsempfehlungen hergeleitet, welche als Grundlage für die Einschätzung und Entwicklung von IT-Entscheidern mit gleicher Persönlichkeitsausprägung dienen und somit zur Erhöhung der Informationssicherheit in Organisationen beitragen können. Die Zusammenschau der Handlungsempfehlungen ermöglicht es, nach Messung der Persönlichkeitsmerkmale eines IT-Entscheiders, diesbezüglich konkrete Empfehlungen zu geben.

Keine Schuld ist dringender, als

die, Dank zu sagen.

(Marcus Tullius Cicero)

Danksagung

Mit großer Freude und Stolz habe ich den Moment der Fertigstellung meiner Dissertation sowie die Feier am Tage meiner Disputation empfunden. Diese Freude wäre mir ohne die Unterstützung einer Vielzahl von Menschen, die mich in den vergangenen Jahren auf meinem Weg begleitet haben, nicht vergönnt, so dass ich aufrichtigen Herzens all jenen „Danke!" zurufe, die mir halfen, diese Arbeit zu einem gelungenen Abschluss zu bringen.

Ganz besonderem Dank möchte ich meinem Doktorvater Herrn Prof. Dr. Michael H. Breitner aussprechen, der mir mit seinem Fachwissen stets zur Seite stand, für mich viele freie Abende opferte, mir mit konstruktiver Kritik die Sicht auf neue Inhalte eröffnete und mir nicht zuletzt auch privat zu einem wertvollen Menschen wurde.

Ich danke Frau Dr. Claudia König für Ihre wertvollen Ratschläge und einen ersten Einblick in die Vielfältigkeit der verschiedenen existierenden Modelle zur Persönlichkeit eines Menschen.

Ich danke insbesondere auch Herrn Prof. Dr. Hans-Jörg von Mettenheim für die Übernahme des Zweitgutachtens, die viele Zeit, die er sich für mich nahm und seine fachlich sehr guten Anmerkungen, die dieser Arbeit den letzten Feinschliff verliehen.

Meinen Kollegen am Institut, Dr. Günter Wohler, Nicole Knöchelmann, Dr. Patrick Bartels, Ina Friedrich, Dr. Finn Breuer, Markus Preylowski, Philipp Maske, Dr. Karsten Sohns, Dr. Christian Zietz sowie Dr. Gabriela Hoppe, gilt ebenfalls mein herzlicher Dank, denn sie waren mir in dieser Zeit kostbare Ansprechpartner und oftmals die Quelle meine Inspiration.

Während meiner Promotionszeit arbeitete ich parallel als Vertriebsleiter im Saturn Hannover. Auch dort gab es Menschen, die mich maßgeblich unterstützt und gefördert haben. Allen voran danke ich insbesondere dem Geschäftsführer Herrn Leonard Köhrer, der den Glauben in mich unerschütterlich bewahrte, mich als Mensch, als Führungskraft sowie in meinem Forschungsprojekt förderte und mir jede Möglichkeit gab, meiner Tätigkeit am Institut nachkommen zu können. Des Weiteren danke ich Herrn Frank Uttecht, der mich in gleicher Weise unterstützte. Ebenfalls Dank schulde ich Herrn Andree Seifert, mit dem ich oftmals über Stunden mein Thema besprach sowie dem gesamten Team des Saturn Hannovers.

X

Seit 2009 bin ich Geschäftsführer der goolive Deutschland GmbH. An dieser Stelle möchte ich dem ganzen Team meinen herzlichen Dank aussprechen, denn viele haben mir beim Abgleich der Fußnoten mit dem Literaturverzeichnis geholfen und ertrugen mit großer Freundlichkeit meinen unruhigen Gemütszustand in den letzten Monaten vor Abgabe der finalen Dissertation.

Für ihre fachliche Unterstützung, ihre oftmals unermüdliche Fähigkeit, mir zuzuhören, sich mit meinem Thema inhaltlich zu beschäftigen, für ihre Bereitschaft, mir mit Rat, aber auch aufmunternden Worten zu helfen, danke ich meinen Freunden, die ich an der Universität Hannover kennenlernen durfte: Christoph Schwarzbach, Dr. Michael Thomas, Dr. Simon Rüsche, Dres. Simone & Stefan Krummaker, Dr. Erkan Altun, Dr. Anne Prenzler, Dr. Nadine Hennigs, Dr. Petra Enß, Corinna Luedtke sowie Jan Zeidler.

Ganz besonderen Dank möchte ich den Menschen aussprechen, die mir privat aus unterschiedlichen Gründen nahe stehen und mir oft mit freundlichen Worten oder gemeinsam verbrachter Zeit, die Kraft gaben, die Arbeit zu Ende zu bringen oder mir durch Ablenkung die wichtige Energie gaben, mich wieder meinen Studien zu widmen: Prof. Dr. Meik Friedrich, Ercan Özcan, Susanne Janssen-Weetz, Gülbahar Isler, Dietrich Günther, Dilek Dogan, Sanjib Deb, Sami Khello Casado, Sabine Toboldt-Straub und Jasmin Hamidi. Nicht mit Gold aufzuwiegen ist ihre für mich erbrachte Geduld: Dass ich oftmals keine Zeit für sie hatte, dass ich häufig und ausführlich von meiner Arbeit sprach, was für die meisten nicht das spannendste Thema gewesen sein kann oder schlicht die Tatsache, dass sie mich oftmals mit schlechter Laune antrafen, wenn ich mein für mich festgesetztes tägliches Pensum nicht erreicht hatte und mich dann wieder aufrichteten.

Auf warmherzigste und liebevollste Weise möchte ich meiner Familie, insbesondere aber meiner Mutter und meinem Vater, für ihre unerschütterliche Liebe, für ihren unersetzlichen großen Glauben in mich und dafür, dass sie jeder Zeit für mich da waren und mir Kraft gaben, danken. Ohne Euren Beistand wäre diese Arbeit niemals entstanden!

Der größte Dank jedoch gebührt meiner Frau Nadine. Ich danke ihr aufrichtig und mit meiner ganzen Liebe für die unermüdliche ständige Korrekturarbeit meiner Arbeit, für die ewigen inhaltlichen Diskussionen, für ihr großes Vermögen, mir den Rücken freizuhalten, damit ich die Zeit und Muße hatte, mich an den Schreibtisch zu setzen, für ihre ständige Motivation und ihr Vermögen, mich auch in tiefster Verzweiflung zum Lachen zu bringen. Ihre Liebe hat mir die Zeit versüßt und mich durchhalten lassen.

Inhaltsverzeichnis

Abbildungsverzeichnis

Tabellenverzeichnis

XX

Diagrammverzeichnis

Abkürzungsverzeichnis

Abkürzung	Vollständige Bezeichnung
16 PF-R	16 Persönlichkeits-Faktoren-Test – revidierte Fassung
AERA	American Educational Research Association
APA	American Psychological Association
BDSG	Bundesdatenschutzgesetz
BSI	Bundesamt für Sicherheit in der Informationstechnik
CBT	International Guidelines on Computer-Based and Internet Delivered Testing
CEO	Chief Executive Officer
CIO	Chief Information Officer
CISO	Chief Information Security Officer
CRO	Chief Risk Officer
CSO	Chief Security Officer
D-PRF	Deutsche Personality Research Form
E	Extraversion
FPI-R	Freiburger Persönlichkeitsinventar
G	Gewissenhaftigkeit
i	Zeichen für die interne Konsistenz und Stabilität
i.V.m	in Verbindung mit
IDS	Intrusion Detection System
IM	Informationsmanagement
IPS	Intrusion Prevention System
IRS	Intrusion Response System
IRTA	Internationale Richtlinien für die Testanwendung
IS	Informationssicherheit
ISM	Informationssicherheits-Management
ITC	International Test Commission
ITIL	Information Technology Infrastructure Library
IuKdG	Informations- und Kommunikationsdienste Gesetz
KonTraG	Gesetz zur Kontrolle und Transparenz im Unternehmensbereich
LAN	Local Area Network
M	Zeichen für ein Multiplikator
MdStV	Mediendienste Staatsvertrag
N	Neurotizismus

NCME	National Council on Measurement in Education
NEO-FFI	NEO-Fünf-Faktoren-Inventar
O	Offenheit für Erfahrung
p	Zeichen für die Korrelation
ROI	Return on Investments
ROSI	Return on Security Investment
SCM	Service Continuity Management
SEC	Security and Exchange Commission
SEPT	Standards for Educational and Psychological Testing
sig. (2-seitig)	zweiseitige Signifikanz
SigG	Signaturgestz
SLM	Service Level Management
SOX	Sarbanes Oxley Act
SPSS	Statistical Package for the Social Sciences (ursprüngliche Bezeichnung)
TAG	Test Adaption Guidelines
TCO	Total Cost of Ownership
TDDSG	Teledienstedatenschutzgesetz
TDG	Teledienstegesetz
TK	Testkuratorium der Föderation Deutscher Psychologievereinigungen
V	Verträglichkeit
VPN	Virtual Private Network
WAN	Wide Area Network
α	Zeichen für die Signifikanz

„Die Neugier steht immer an erster Stelle

eines Problems, das gelöst werden will."

(Galileo Galilei)

1 Einleitung und Aufbau der Arbeit

1.1 Problemstellung und Ausgangspunkt

In den 90er Jahren kündigte die US-amerikanische Regierung Clinton die Vernetzung der Welt und den damit verbundenen Aufbau der notwendigen Infrastruktur an, womit sie den Begriff der Informationsgesellschaft in aller Munde katapultierte.[1] Seitdem steht, vornehmlich in den OECD-Ländern, der sozialstrukturelle Wandel von einer Industriegesellschaft in eine Informationsgesellschaft, in der Geschäftsprozesse unteilbar mit Informations- und Kommunikationsprozessen verbunden sind, außer Frage.[2] Neben den klassischen Produktionsfaktoren wie Arbeit, Boden und Kapital zeigt sich, dass für den Erfolg und die Wettbewerbsfähigkeit jedes Unternehmens, die Bedeutung von wissensintensiven Produkten und Dienstleistungen zunehmend steigt.[3] Insbesondere die Handlungsfähigkeit, Informationen aufzunehmen, zu filtern, zu verarbeiten und effizient zu Wissen in Form von wirtschaftlich nutzbaren Innovationen zu entwickeln, gewinnt deutlich an Relevanz.[4] Die Sicherheit von Informationssystemen wird daher zunehmend systemrelevant und sollte als Ernst zunehmendes Thema eingestuft werden, insbesondere weil Schwachstellen und Gefahren in der digitalen Welt permanent steigen.[5] Organisationen haben keine effektiven Risikomanagement-Systeme, welche mit dieser hohen Geschwindigkeit mithalten könnten,[6] mit der die Informationsfunktion sämtliche Geschäftsprozesse durchdringt, weshalb es als eine conditio sine qua non bezeichnet werden sollte, das Wissen zur Erhöhung der Sicherheit von Informationssystemen ständig zu erweitern.[7] Positive werthaltige wie negative und damit schädigende Informationen entscheiden über den Erfolg einer Organisation und sind, je nach ihrer Relevanz, in besonderem Umfang zu schützen.[8] Die Speicherung, Verarbeitung und Nutzung eines überwiegenden Teils dieser Informationen wie in Adressdatenbanken, Unternehmenskennzahlen, Patentideen oder Gutschriften erfolgt in digi-

---

[1] Vgl. SCHINK (2004), S. 13. Vertiefend zur Informationsgesellschaft vgl. KÜBLER (2005), S. 59-87; BÖSCHEN (2003), S. 25-29; BIZER/LUTTERBECK, *et al.* (2002), S. 44f.

[2] Nach HEINRICH, HEINZL und ROITHMAYR durchdringt die Information alle anderen Produktionsfaktoren. Vgl. HEINRICH/HEINZL, *et al.* (2004), S. XIV.

[3] Vgl. PIETSCH/MARTINY, *et al.* (2004), S. 39-48; HEINRICH/HEINZL, *et al.* (2004), S. 514; NÜTTGENS (1995), S. 5; BIZER/LUTTERBECK, *et al.* (2002), S. 69.

[4] Vgl. HÜSEMANN (2003), S. 104; WILLKE (2001), S. 11; NONAKA/TAKEUCHI (1997), S. 18 und S. 69-71; POLANYI (1958), S. 70; STEHR (2001), S. 56f.

[5] Vgl. BASKERVILLE (1993), S. 375.

[6] Vgl. COLWILL (2010), S. 2-3.

[7] Vgl. BASKERVILLE (1993), S. 375.

[8] Vgl. KERSTEN/KLETT (2005), S. V.

taler Form. Die Gewährleistung der Informationssicherheit rückt damit zu einer Schlüsselaufgabe, welche über den Fortbestand und den Erfolg der Organisation entscheiden kann. Im Vordergrund stehen in dem Zusammenhang Fragen, wie man ein gewünschtes Maß an Informationssicherheit realisieren kann, inwieweit dieses Niveau an Informationssicherheit sich gegenüber Dritten wie Aufsichtsbehörden, Partner und Kunden nachweisen lässt und in welchem Umfang sich Investitionen in die Informationssicherheitsmaßnahmen rentieren. Bei der Festlegung des Niveaus der Informationssicherheit bedarf es der Feststellung, in welchem Umfang die Sicherheit der Informationen sowie die Sicherheit vor den Informationen gewährleistet werden soll. Die daraus resultierenden, komplementären Sichten, Beherrschbarkeit und Verlässlichkeit der Informationssicherheit, bedürfen der organisationsspezifischen Dekretierung zuordenbarer Schutzziele. Sodann sind mögliche Gefahren und Schwachstellen für die Organisation zu ermitteln und deren Relevanz für die Gewährleistung beispielhafter Schutzziele wie der Verfügbarkeit, der Vertraulichkeit, der Integrität, der Zurechenbarkeit und der Revisionsfähigkeit festzulegen. Insbesondere die quantitativ und qualitativ steigende Anzahl von Schwachstellen und Angriffen erfordert schnellere und komplexere Gegenmaßnahmen bei gleichzeitiger umfassender Betrachtung der Sichten der Beherrschbarkeit und Verlässlichkeit.

Technische Aspekte zur Gewährleistung von Informationssicherheit stehen dabei im Fokus vieler IT-Entscheider, allerdings ist sich die Mehrzahl der Autoren einig, dass technische Maßnahmen wie Firewalls, Virusscanner oder Mailscanner umfangreich implementiert wurden.[9] In technische Absicherungsmaßnahmen wurden in der Vergangenheit hohe Beträge investiert,[10] ohne auf das besondere Zusammenspiel von technischen Aspekten und menschlichen Bedürfnissen zu achten. Die Erhöhung der Informationssicherheit sollte zukünftig, nach vorherrschender Meinung, dem soziotechnischen Anspruch genügen, Arbeitssysteme zu entwickeln, „...which are both technically efficient and have social characteristics which lead to high job satisfaction."[11] Die technische Absicherung ist zur Gewährleistung von Informationssicherheit unbedingt notwendig, jedoch zeigt sich eine breite Akzeptanz dafür, dass „...involvement of humans in information security is equally important and many examples exist where human activity can be linked to security issues",[12] somit rückt der Mensch in den Mittelpunkt des Interesses wie Abbildung 1 zeigt:[13]

---

[9]   Vgl. KERSTEN/KLETT (2005), S. V.
[10]   Vgl. KRUGER/KEARNEY (2008), S. 254.
[11]   WARREN/BATTEN (2002), S. 258.
[12]   KRUGER/KEARNEY (2008), S. 254.
[13]   Vgl. SPEARS (2006), S. 186.

3

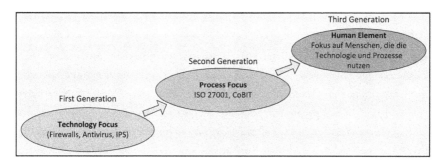

Abbildung 1: Entwicklung der Informationssicherheit
Quelle: Vgl. DONTAMSETTI/NARAYANAN (2009), S. 28.

Die Wirtschaftsinformatik ist vornehmlich technik- und aufgabenorientiert, wodurch der Mensch als Element des Informationssystems vernachlässigt wurde.[14] Nach KONRAD ZUSE ist eine gute Datenverarbeitung nur dann gegeben, wenn „…die Zusammenarbeit zwischen dem Menschen und der Maschine möglichst eng ist."[15] Allerdings ist die menschliche Schwachstelle bei der Gewährleistung von Informationssicherheit „…the most difficult to manage because you cannot control what is in people's heads and what they will be willing to talk about inadvertently or otherwise."[16] Lösungen zur Erhöhung der Informationssicherheit erweisen sich regelmäßig als limitierte Bausteine „…because humans can be so unpredictable and imperfect…",[17] wodurch die wissenschaftliche Mehrheit zu dem Schluss kam: „…it is becoming increasingly evident that 'the human factor is the Achilles heel of information security'…"[18] und einige Wissenschaftler sich zudem auf die Aussage einigen: „The weakest link the security chain is still the human factor".[19] Dabei besteht eine breite Einigkeit, dass der menschliche Faktor bei der Betrachtung von Schwachstellen für die Informationssicherheit oft übersehen wird und unter keinen Umständen unterschätzt werden sollte.[20] Nicht selten unbeachtet bleibt dabei, dass Informationssysteme letztlich „…auf die Absichten des Menschen zurückzuführen sind und das Menschen ein wesentliches Element, wenn nicht sogar das wichtigste Element…"[21] dieser Systeme sind. Übereinstimmend wird von diversen Autoren dargestellt, dass die Sicherheit von Informationssystemen nicht allein durch technische Maßnahmen gewährleistet werden kann, vielmehr

---

[14] Vgl. HEINRICH/HEINZL, et al. (2004), S. 14.
[15] KONRAD ZUSE (1970), zitiert nach HEINRICH/HEINZL, et al. (2004), S. 14.
[16] VENABLES (2006), S. 857.
[17] HALL (2009), S. 3.
[18] GONZALEZ/SAWICKA (2002), S. 1; vgl. HUANG/RAU, et al. (2010), S. 221; HOONAKKER/BORNOE, et al. (2009), S. 462; HUANG/RAU, et al. (2007), S. 906.
[19] WILLIAMS (2009), S. 48.
[20] HALL betont, dass "The human factor should not be underestimated" und legt einen besonderen Stellenwert auf Bildung, welche er „…as valuable as the proper technology." bezeichnet. HALL (2009), S. 3.
[21] Vgl. HEINRICH/HEINZL, et al. (2004), S. 14.

ist dafür eine gesamthafte Betrachtung der Technologie, des Menschen und der Prozesse notwendig,[22] wobei der Fokus der Entwicklungen vorrangig auf technischen Aspekten lag.[23] Nach REASON gibt es gegen die "... heimtückische Verkettung latenter menschlicher Fehler, die in jeder größeren Organisation zwangsläufig vorkommen", keine technologische Abhilfe. Deshalb sieht er institutionelle und soziale Faktoren als diejenigen an, die unsere Sicherheit am stärksten bedrohen.[24] Nach umfangreichen Recherchen wurde das Interesse des Autors auf die Fragestellung, welche Zusammenhänge zwischen Menschen und technischen, rechtlichen, organisatorischen sowie wirtschaftlichen Aspekten einer Organisation bestehen und inwieweit dadurch die Sicherheit von Informationen erhöht respektive reduziert wird, gelenkt. Als Maxime sollten im Folgenden das reaktive sowie das proaktive Denken und Handeln vorgezogen, welches auf Prozessbeherrschung gerichtet ist und somit den unternehmerischen Erfolg herbeiführt, welcher als Konsequenz vorangegangener Prozesse betrachtet wird.[25] Die überwiegende Anzahl der analysierten Fachmeinungen hält es für unerlässlich, zur Gewährleistung der Informationssicherheit, detaillierte Informationen und Erkenntnisse zur menschlichen Persönlichkeit zu generieren. Nach vorherrschender Meinung erfolgt die Erfassung der menschlichen Persönlichkeit durch Theorien zur Persönlichkeit, welche hypothetische Aussagen über die Struktur und Funktionsweise der individuellen Persönlichkeit liefern. Diese Aussagen können zum einen Erkenntnisse über den Aufbau, die Struktur und die Zusammenhänge der Persönlichkeit und zum anderen, basierend auf dem Wissen über die Persönlichkeit, können Vorhersagen über Verhaltensweisen und Lebensereignisse getroffen werden.[26] Zur adäquaten Einschätzung menschlicher Stärken und Schwächen kann die Persönlichkeitspsychologie als probates Mittel betrachtet werden, welche Interdependenzen zwischen der Sicherheit von Informationssystemen und der menschlichen Persönlichkeit aufzeigt. Die Feststellung des Aufbaus, der Struktur sowie der Zusammenhänge zur Persönlichkeit sollte, für bestimmte Typen von Menschen, zu konkreten praktischen Handlungsempfehlungen und zur Schaffung eines Rahmenwerks zur Gewährleistung von Informationssicherheit führen. Die Möglichkeit, Vorhersagen über Verhaltensweisen einer Persönlichkeit zu treffen, könnte eine Grundlage bilden, Menschen so zu sensibilisieren, dass sie auch mit neuartigen und komplexeren Gefahren für die Informationssicherheit zurechtkommen.

Der Autor entschied sich im Rahmen dieser Arbeit, die Zusammenhänge zwischen der menschlichen Persönlichkeit und der Sicherheit von Informationssystemen, veranlasst durch mehrere Gründe, zu

---

[22] Vgl. GONZALEZ/SAWICKA (2002), S. 1; HUANG/RAU, et al. (2010), S. 221; HOONAKKER/BORNOE, et al. (2009), S. 462; HUANG/RAU, et al. (2007), S. 906.
[23] Vgl. HALL (2009), S. 3.
[24] REASON/GRABOWSKI (1994), S. 305.
[25] Vgl. ZARNEKOW/BRENNER, et al. (2005), S. 16; BURSCH/GÜNTHER, et al. (2005), S. 72; MÜLLER (2003), S. 22; MÖRIKE (2004), S. 104.
[26] Vgl. AMELANG/SCHMIDT-ATZERT, et al. (2006), S. 16; ZIMBARDO/GERRIG, et al. (2008), S. 504.

5

erforschen: (1) Der Mensch stellt nach wie vor das größte Risiko bei der Gewährleistung der Sicher-

heit von Informationen dar.[27] (2) Die Beschreibung des Verhaltens von Organisationsmitgliedern

durch Methoden der differentiellen Psychologie und der Persönlichkeitsforschung haben eine hohe

Aktualität.[28] (3) Zusammenhänge zwischen der menschlichen Persönlichkeit und der Sicherheit von

Informationen werden in betrachteten Forschungsbeiträgen im günstigen Fall rudimentär behan-

delt.[29] Publizierte Beiträge von DEVARAJ (2008), SHROPSHIRE (2006) oder HUANG (2010) richten ihr wis-

senschaftliches Interesse auf abstrakte Termini wie „Technology Acceptance and Use" oder leiten ein

theoretisches Konstrukt ohne empirische Grundlagen her. Lehrbücher wie von GUPTA und SHARMAN

(2009) oder BIDGOLI (2006) behandeln das Thema Informationssicherheit und Persönlichkeit nur in

Ansätzen. Gemeinsam haben alle betrachteten Forschungsbeiträge die Einigkeit darüber, dass davon

ausgegangen wird, dass es Zusammenhänge zwischen der Persönlichkeit und dem Verhalten des

Menschen im organisationalen Kontext gibt. Theoretische und empirische wissenschaftliche Beiträge,

welche die Festlegung auf ein Modell zur Feststellung der Persönlichkeit verbunden mit konkreten

Fragestellungen zum Verhalten des Menschen bezüglich der Gewährleistung von Informationssicher-

heit aufzeigen, konnten vom Autor nicht identifiziert werden. Ein Anliegen der vorliegenden Arbeit

ist es deshalb, die bestehende Forschungslücke durch die empirische Analyse von Zusammenhängen

zwischen der menschlichen Persönlichkeit und der Gewährleistung von Informationssicherheit weiter

zu schließen.

---

[27] Vgl. VON SOLMS (2006), S. 167; SCHNEIER (2008), S. VII; VENABLES (2006), S. 857; HUANG/RAU, et al. (2010), S. 221; WILLIAMS (2009), S. 48; HOONAKKER/BORNOE, et al. (2009), S. 462; GONZALEZ/SAWICKA (2002), S. 1; HALL (2009), S. 3; HUANG/RAU, et al. (2007), S. 906; DE RAAD (2000); LACEY (2009); COLWILL (2010); WOLEK (2008).
[28] Vgl. dazu Werke von MYERS/REISS, et al. (2008); ZIMBARDO/GERRIG, et al. (2008); ASENDORPF (2007); BARENBAUM/WINTER (2008) ; AMELANG/SCHMIDT-ATZERT, et al. (2006); PAYK (2007); WIEDMANN (2006); NERDINGER/BLICKLE, et al. (2008); FISSENI (1998); MOOSBRUGGER/KELAVA (2007a); WEINERT (2004); VON ROSENSTIEL (1980).
[29] Vgl. DEVARAJ/EASLEY, et al. (2008); MANCHA/DIETRICH (2007); SHROPSHIRE/WARKENTIN, et al. (2006) ; HUANG/RAU, et al. (2010); LACEY (2009); GUPTA/SHARMAN (2009); VANCE/SUPONEN, et al. (2009) ; LEWIS (2006); LAYTON (2005); GONZALEZ/SAWICKA (2002) ; MITNICK/SIMON (2002); STANTON/STAM, et al. (2005); THEOHARIDOU/KOKOLAKIS, et al. (2005).

6

1.2   Zielsetzung und zentrale Forschungsfragen

Die vorhergehenden Überlegungen veranschaulichen die wissenschaftliche und praktische Relevanz sowie den weiteren Diskurs und die notwendige Untersuchung zur Reduzierung der Erkenntnisdefizite und führen zu folgenden grundlegenden Forschungsfragen dieser Arbeit:

1. **Feststellung von Zusammenhängen zwischen Informationssicherheit und Persönlichkeit**

   Welche Zusammenhänge existieren zwischen der Informationssicherheit und den Persönlichkeitsmerkmalen von IT-Entscheidern?

2. **Identifizierung von Handlungsempfehlungen zur Erhöhung der Informationssicherheit**

   Welche Handlungsempfehlungen können, bei Berücksichtigung der Persönlichkeitsmerkmale von IT-Entscheidern, zur Erhöhung der Informationssicherheit identifiziert werden?

Hierbei soll die vorliegende Arbeit einen Beitrag dazu leisten, Zusammenhänge zwischen der menschlichen Persönlichkeit und der Sicherheit von Informationen aufzuzeigen, um darüber Handlungsempfehlungen herzuleiten, welche zur Erhöhung der Sicherheit von Informationen führen sollen. Die Arbeit zielt somit auf die Beantwortung der formulierten Fragestellungen und der damit verbundenen empirischen Überprüfung deduzierender Unterfragen. Beide Forschungsfragen besitzen einen sehr abstrakten Charakter und werden, in Verbindung mit der Zielsetzung, nachfolgend durch Detailfragen weiter ausdifferenziert. Als Grundlage für die zweckdienliche Konkretisierung dieser Fragestellungen besteht das Erfordernis, den (1) *Forschungsbereich der Informationssicherheit durch einen zweckmäßigen, theoretischen Bezugsrahmen zu konzeptualisieren und zu operationalisieren.* Das zielt darauf, den Forschungsbereich der Informationssicherheit, als Teilbereich des Informationsmanagements, thematisch zu verorten und seine Relevanz demgemäß zu besprechen. Zur Beschreibung von Informationssystemen im Informationsmanagement werden von unterschiedlichen Autoren Prozesse, Menschen sowie Technologien herangezogen.[30] Das vorrangige Ziel des theoretischen Bezugsrahmens sollte jedoch, nach entsprechender Verortung des Begriffs Informationssicherheit, darin bestehen, transparent Fragestellungen zu operationalisieren, welche brauchbar für die empirische Erhebung sind und zu zweckmäßigen Handlungsempfehlungen führen. Vor dem Hintergrund hat sich der Autor nach entsprechender Literaturrecherche darauf festgelegt, dass ein theoretischer Bezugsrahmen, welcher den Begriff der Informationssicherheit nach seinen technischen, rechtlichen, organisatorischen und wirtschaftlichen Aspekten differenziert für den wissenschaftlichen Erkenntnisfortschritt der vorliegenden Arbeit die höchste Praktikabilität aufweist. Desweiteren be-

---

[30]   Vgl. HUANG/RAU, *et al.* (2010), S. 221; HOONAKKER/BORNOE, *et al.* (2009), S. 462; GONZALEZ/SAWICKA (2002), S. 1.

7

steht die (2) *Notwendigkeit, relevante Theorien der Persönlichkeit, zur adäquaten Beschreibung des Menschen durch eine standardisierte Methodik, zu identifizieren.* Die Dekretierung der Theorien zur Persönlichkeit verfolgt den Anspruch, eine eindeutige und von einem objektiven Dritten replizierbare Beschreibung zur Persönlichkeit zu erhalten und zudem einem automatisierbaren, methodischen Standard zu entsprechen, welcher sich für eine Onlinebefragung nutzen lässt. Diese Persönlichkeitstheorie soll univok verwertbare Aussagen über die Struktur und die Funktionsweise der individuellen Persönlichkeit liefern können.[31] Als Taxonomie zur Kategorisierung der menschlichen Persönlichkeit wurden hier die fünf Persönlichkeitsmerkmale nach COSTA und MCCRAE ausgewählt: (1) Neurotizismus, (2) Extraversion, (3) Offenheit für Erfahrung, (4) Verträglichkeit und (5) Gewissenhaftigkeit,[32] welche in Form eines standardisierten Tests erfragt werden können. Grundlage für diese Festlegung bildeten diverse Fachgespräche sowie eine entsprechende Literaturrecherche, welche in Abschnitt 4.3 dargestellt wird.

Der Anspruch der Betriebswirtschaftslehre, einen praxisrelevanten Erkenntnisfortschritt zu leisten, mündet in abschließenden Handlungsempfehlungen, welche im Rahmen eines iterativ verknüpften Forschungsprozesses hergeleitet werden soll und dessen Grundlage Detailfragen bilden. Hierbei soll geklärt werden, welche Relevanz dem IT-Entscheider zur Gewährleistung der Informationssicherheit in der Organisation zukommt? Vielfältige Fachmeinungen stufen die Relevanz des Menschen, in der Organisation für die Gewährleistung der Informationssicherheit, als sehr hoch ein.[33] Unabhängig davon, sollte durch eine empirische Erhebung, zu Beginn der vorliegenden Arbeit, die Relevanz des Menschen zur Gewährleistung der Informationssicherheit verifiziert oder falsifiziert werden. Erste Identifikationspunkte können, im Rahmen einer empirischen Erhebung, Fragen zu den Gefahrenbereichen in der Organisation oder nach Problemen sein, welche die Fortentwicklung der Informationssicherheit besonders beeinträchtigen. Weitergehend könnte auch die Klärung der Ursachen, welche zu einem mangelnden Sicherheitsbewusstsein beim Mitarbeiter führt, relevante Ansatzpunkte liefern.

Eine weitere Detailfrage sollte in der vorliegenden Arbeit klären inwieweit ein Zusammenhang zwischen den Persönlichkeitsmerkmalen eines IT-Verantwortlichen und seinen Entscheidungen respekti-

---

[31] Im Rahmen der vorliegenden Arbeit ist beabsichtigt, vorrangig gesunde Menschen zu analysieren, deswegen wurden Testverfahren der differenziellen Psychologie denen der klinischen Diagnostik vorgezogen. Außerdem wurden vorrangig Theorien der Persönlichkeit in Betracht gezogen, welche die Persönlichkeit durch zeitlich überdauernde Eigenschaften beschreiben konnten, um damit langfristige Vorhersagen über Verhaltensweisen und Lebensereignisse treffen zu können. Vgl. ZIMBARDO/GERRIG, *et al.* (2008), S. 504; AMELANG/SCHMIDT-ATZERT, *et al.* (2006), S. 16.
[32] Vgl. MCCRAE/COSTA (1983), S. 245f; ASENDORPF (2007), S. 155; DE RAAD (2000), S. 80; ELLIS/ABRAMS, *et al.* (2009), S. 236.
[33] Vgl. WILLIAMS (2009), S. 48; VON SOLMS (2006), S. 167; HALL (2009), S. 3; GONZALEZ/SAWICKA (2002), S. 1; HUANG/RAU, *et al.* (2010), S. 221; HOONAKKER/BORNOE, *et al.* (2009), S. 462; HUANG/RAU, *et al.* (2007), S. 906.

ve seiner Entwicklung im organisationalen Kontext, vorliegt. Im Rahmen dieser Frage soll festgestellt werden, ob Zusammenhänge zwischen den Persönlichkeitsmerkmalen und den Entscheidungen, die eine Person in der Organisation trifft, existieren. Das Fundament dieser Frage sollte eine empirische Erhebung darstellen. In dieser Erhebung sollen die erarbeiteten Fragen zur Informationssicherheit in Verbindung mit einem Modell zur Kategorisierung von Persönlichkeitsmerkmalen abgefragt werden. Das Antwortverhalten der Probanden sollte, je nach Ausprägung eines Persönlichkeitsmerkmals, analysiert werden. Neben einer tabellarischen Analyse, sollten eventuelle Zusammenhänge eindeutig durch Verfahren der induktiven Statistik nachgewiesen werden. Des weiteren sollten Wirkzusammenhänge für die unterschiedliche Persönlichkeitsausprägungen und jeweilige Dimensionen der Informationssicherheit aufgezeigt werden, wobei zu klären wäre welche Persönlichkeitsmerkmale einen starken und welche einen geringen Einfluss ausüben. Der Fokus der vorliegenden Arbeit richtet sich auf die Identifikation von linearen Zusammenhängen zwischen Persönlichkeitsmerkmalen und dem damit verbundenen Entscheidungsverhalten. Ziel dieser Frage ist es, die eindeutige Verifizierung oder Falsifikation von linearen Zusammenhängen zwischen unterschiedlich ausgeprägten Persönlichkeitsmerkmalen und Entscheidungen von IT-Mitarbeitern zu gewährleisten. Diese Wirkzusammenhänge sollten tabellarisch dargestellt werden, damit einen ersten Überblick über die Stärken und Schwächen unterschiedlich ausgeprägter Persönlichkeitsmerkmale aufzuzeigen. In dieser Übersicht sollte eine erste Einschätzung erfolgen, welche Merkmalsausprägungen besonders förderlich zur Erhöhung der Informationssicherheit sind und welche eventuell zu Schwachstellen führen können. Zudem sollte festgestellt werden, inwieweit sich lineare Zusammenhänge auf bestimmte Bereiche der Informationssicherheit, wie dem technischen oder organisatorischen, verorten lassen. Als Grundlage für die Identifikation linearer Zusammenhänge sollte eine empirische Erhebung vorgenommen werden.

Weitergehend hat der Autor versucht Vorhersagen, über Entscheidungen von IT-Mitarbeitern, mit unterschiedlichen Ausprägungen ihrer Persönlichkeitsmerkmale, treffen zu können. Zur Beantwortung dieser Frage ist es erforderlich, die herausgearbeiteten linearen Zusammenhänge aus den beiden vorherigen Detailfragen näher zu analysieren. Ein linearer Zusammenhang stellt eine besondere Betonung einer Personengruppe mit einer bestimmten Merkmalsausprägung zu einer ausgewählten Fragestellung dar. Eine besondere Betonung einer bestimmten Fragestellung von dieser Personengruppe lässt die Herleitung von Vorhersagen auf deren zukünftiges Verhalten bei ähnlichen Fragestellungen zu. Dieses prognostizierte Verhalten sollte zur Sicherstellung der Aussagekraft nur auf signifikanten Korrelationen basieren. Aufbauend auf diese Frage sollte dann hergeleitet werden welche Handlungsempfehlungen aufgrund unterschiedlicher Ausprägungen der Persönlichkeitsmerkmale für IT-Entscheider hergeleitet werden können. Auf Grundlage des prognostizierten Verhaltens sollte für die Personengruppen, mit bspw. hohem Neurotizismus oder geringer Offenheit für Erfahrung,

9

spezifische Handlungsempfehlungen gegeben werden können, um ein Höchstmaß an Informationssicherheit zu gewährleisten. Ziel dieser Frage sollte es sein, ein Raster zu entwickeln, welches für einen bestimmten Menschen nach Feststellung seiner Merkmalsausprägungen einen spezifischen Leitfaden bietet, der konkrete Handlungsempfehlungen aufführt, die bei erfolgreicher Einhaltung zu einer nachweisbaren Erhöhung der Informationssicherheit führen. Abschließend soll im Rahmen der Arbeit erforscht werden welche multivariaten Zusammenhänge sich aufzeigen lassen. Diese Frage steht in enger Anlehnung an die vorherige Frage und zielt darauf ab, die festgestellten linearen Zusammenhänge, anhand der erhobenen soziodemographischen Daten wie Führungsverantwortung oder Bildungsstand, näher zu analysieren. Untersucht werden könnte, ob bspw. ein IT-Entscheider mit geringer Gewissenhaftigkeit als Merkmalsausprägung sein Entscheidungsverhalten zusätzlich verändert, wenn er über einen geringen Bildungsstand verfügt oder in einer Firma mit einem hohen Umsatz beschäftigt ist. Im Rahmen einer multivariaten Analyse, sollte festgestellt werden, ob ein Proband mit bspw. geringer Offenheit für Erfahrung signifikante multivariate Zusammenhänge zu mehr als einer Fragestellung zur Soziodemographie oder zur Informationssicherheit aufweist. Die Feststellung multivariater Zusammenhänge kann Aufschluss darüber geben, ob bestimmte Merkmalsausprägungen im besonderen Umfang Einfluss auf die Informationssicherheit ausüben oder nicht. Aufgrund der breite dieser Frage könnte sie als Ausgangspunkt für weitere Forschungen dienen.

Abbildung 2 stellt die beschriebene Vorgehensweise der vorliegenden Arbeit dar:

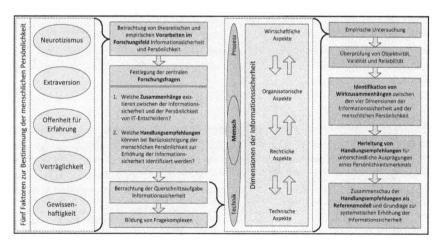

Abbildung 2: Vorgehensweise der vorliegenden Arbeit
Quelle: Eigene Darstellung

1.3 Methodik und Aufbau der Arbeit

Der Schwerpunkt der vorliegenden Arbeit bildet die Untersuchung von Zusammenhängen zwischen menschlichen Persönlichkeitsmerkmalen und ihren Entscheidungen zu Aspekten der Informationssicherheit. Das zentrale Ergebnis richtet sich dabei auf die Herleitung von Handlungsempfehlungen für unterschiedliche Ausprägungen von Persönlichkeitsmerkmalen, welche zu einem Höchstmaß an Informationssicherheit führen. Dabei orientiert sich die vorliegende Arbeit, aufgrund des explorativen Charakters, an der Wissenschaftstheorie des modernen Empirismus, welche auf das Vermächtnis von BACON[34] und LOCKE[35] zurückgeht. Als einer der Begründer der modernen Wissenschaft war BACON begeistert vom menschlichen Geist und dessen Fehlleistungen und beschrieb das Bedürfnis unseres Geistes, in zufälligen Ereignissen Muster zu erkennen. LOCKE vertrat, gut 70 Jahre später in seinem Werk „Concerning Human Understanding", die These, dass der menschliche Geist ein unbeschriebenes Blatt ist, das von den Erfahrungen beschrieben wird. Diese Grundgedanken gelten als die Wurzeln des modernen Empirismus[36], wonach das „...Wissen nur auf Sinneserfahrungen zurückgeht und wissenschaftlicher Fortschritt durch Beobachtung und Experiment erreicht wird."[37] Empirismus basiert auf dem Induktionsschluss, welcher „...vom Besonderen zum Allgemeinen, vom Einzelnen zum Ganzen, vom Konkreten zum Abstrakten..."[38] hinleitet.[39] Der Deduktionsschluss verläuft in gegensätzlicher Richtung, indem man vom Ganzen auf das Einzelne, vom Abstrakten auf das Konkrete und vom Allgemeinen auf das Besondere schließt.[40] Die Deduktion basiert auf einem logisch stringenten Vorgehen, welches davon ausgeht, dass richtige Prämissen, bei korrekter Anwendung der Ableitungsregeln, zu einer Konklusion führen, welche zweifelsfrei als bewiesen gilt. Allerdings wird durch Deduk-

---

[34] FRANCIS BACON (1561-1626) war ein englischer Rechtsanwalt, Philosoph und Staatmann. Vgl. ELLIS/ABRAMS, et al. (2009), S. 54; MYERS/REISS, et al. (2008), S. 4.

[35] JOHN LOCKE (1632-1704) war ein englischer Philosoph und Aufklärer. Vgl. ASENDORPF (2007), S. 29; MYERS/REISS, et al. (2008), S. 4.

[36] Schon ARISTOTELES und PLATON stritten sich um eine einheitliche Herangehensweise, Wissen zu erlangen. PLATONS These besagt, dass Wissen nicht unbedingt „durch Sinneswahrnehmungen erklärt werden muss", demzufolge also „deduktiv erlangt" wird und somit durch „logisches Denken erschlossen" werden kann. Vgl. MANDL/REINMANN-ROTHMEIER (2000), S. 5. Die aristotelische Wissenskonzeption hingegen stützt sich auf die Annahme, dass die „Sinneserfahrung die einzig wahre Wissensquelle" ist und somit „Erkenntnis [...] induktiv erlangt" wird, womit ARISTOTELES den Empirismus, „Gegenspieler des Rationalismus", ins Leben rief. Vgl. MANDL/REINMANN-ROTHMEIER (2000), S. 5; MUSGRAVE (1989), S. 388. Im 18. Jahrhundert führte schließlich der Philosoph IMMANUEL KANT die beiden Strömungen erstmalig zusammen. Er hielt Erfahrungen zur Wissensgewinnung für wichtig, war aber gleichzeitig der Ansicht, dass sie ohne logisches Denken nicht korrekt verstanden werden kann. Vgl. MANDL/REINMANN-ROTHMEIER (2000), S. 5; KANT (1922), S. 519f; NONAKA/TAKEUCHI (1997), S. 36.

[37] MYERS/REISS, et al. (2008), S. 5.

[38] BORTZ/DÖRING (2006), S. 300.

[39] Formale Schwierigkeiten mit dem Induktionsschluss führten letztlich zur Abkehr vom induktiven Empirismus zu einer deduktiv angelegten Wissenschaftstheorie, welche von POPPER 1989 mit dem kritischen Rationalismus entwickelt wurde. Vgl. BORTZ/DÖRING (2006), S. 300.

[40] Vgl. RAITHEL (2008), S. 12f; BEHNKE/BEHNKE (2006), S. 43; BROSIUS/KOSCHEL, et al. (2009), S. 39f.

11

tionsschlüsse kein neues Wissen erzeugt, sondern nur Redundantes,[41] wohingegen Induktionsschlüsse zu neuem und wahrheitserweiterndem Wissen führen; allerdings besteht gravierende Unsicherheit über die Richtigkeit des Ergebnisses.[42] Der vorhandene Stand der Forschung zeigte sich, wie in Abschnitt 1.1 dargestellt, als derartig rudimentär, dass die Bildung von Theorien als Ausgangspunkt verworfen wurde.

Methodisch entspricht die Vorgehensweise, im Rahmen dieser Arbeit, der Denkrichtung des wissenschaftlichen Realismus, wonach über ein induktives Vorgehen, durch die Verdichtung vieler Einzelbeobachtungen wissenschaftliche Gesetzmäßigkeiten und Theorien, erstellt werden.[43] Aufgrund des explorativen Charakters und der induktiven Vorgehensweise der Untersuchung, besitzen die in dieser Arbeit getroffen Aussagen und Handlungsempfehlungen lediglich eine vorläufige Gültigkeit, welche in weiteren wissenschaftlichen Forschungsarbeiten auf ihre Vergleichbarkeit, Generalisierbarkeit, Objektivität und Reproduzierbarkeit hin überprüft werden müssen.

Bezugnehmend auf die einleitende Problemstellung des Untersuchungsgegenstandes und der beschriebenen Zielsetzung, gliedert sich die vorliegende Arbeit neben Einleitung, kritischer Würdigung, Fazit und Ausblick in sechs Kapitel.

In **Kapitel 2** erfolgt die inhaltliche Heranführung an das Thema Informationssicherheit. Abschnitt 2.1 stellt eine Zusammenschau zu den Grundlagen der Informationssicherheit dar. Hierbei erfolgt die Abgrenzung des Informationsbegriffs zu Daten und Wissen. Es wird ein Überblick darüber gegeben, wie sich das Informationssystem in die Organisation einbettet und zusätzlich werden die Grundwerte, Ziele und Prinzipien der Informationssicherheit definiert. In Abschnitt 2.2 wird die Informationsinfrastruktur einer Organisation dargestellt und die Relevanz der Sicherheit von Informationen für Funktionsfähigkeit der Infrastruktur veranschaulicht, wodurch das Erfordernis für die Aufzählung von Beweggründen zur Gewährleistung von Informationssicherheit deutlich wird. Zudem werden Merkmale für sichere Organisationen und kritische Infrastrukturen erarbeitet und ein Verständnis für den Schutz von kritischen Infrastrukturen vermittelt. Nachfolgend wird in Abschnitt 2.3 die Notwendigkeit dargestellt, Informationssicherheit als Querschnittsaufgabe des Informationsmanagements zu betrachten. Dabei wird aufgezeigt, weshalb Informationsmanagement als unternehmerische Führungs-

---

[41] Typisches Beispiel hierfür wäre: „Wenn alle Menschen sterblich sind und Aristoteles ein Mensch ist, dann ist auch Aristoteles sterblich. Vgl. BORTZ/DÖRING (2006), S. 300.
[42] Vgl. BORTZ/DÖRING (2006), S. 300f. Eine weitere Form des Schließens stellt die Abduktion dar, welche genuin neues und innovatives Wissen erzeugt und damit potenziell warheitsgenerierend ist. Vgl. BORTZ/DÖRING (2006), S. 301.
[43] Vgl. BHASKAR (2009), S. Xf; HACKING/SCHULTE (1996), S. 43ff. VAN FRAASSEN beschreibt den wissenschaftlichen Realismus wie folgt: "Science aims to give us, in its theories, a literally true story of what the world is like; and acceptance of a scientific theory involves the belief that it is true. This is the correct statement of scientific realism." McMULLIN (1984), S. 35.

aufgabe zu betrachten ist und welche Ziele dem Informationsmanagement zu Grunde liegen sollten, damit das Thema Informationssicherheit als wichtige Querschnittsaufgabe begriffen wird. Abschnitt 2.4 widmet sich den Beteiligten in der Organisation und beschreibt, im Rahmen einer ersten Strukturierung, grundlegende Menschenbilder zur normativ-ethischen Einordnung von Mitarbeitern im organisationalen Kontext. In den folgenden Unterabschnitten werden die Rollen, Aufgaben, Verantwortlichkeiten und Erfolgsfaktoren von Mitarbeitern aufgeführt.

Im Rahmen von **Kapitel 3** wird der thematische Aspekt der Informationssicherheit, in einem zweckmäßigen theoretischen Bezugsrahmen, inhaltlich erarbeitet. Hierbei zielt die umfangreiche inhaltliche Erarbeitung des Begriffs Informationssicherheit darauf ab, das Thema umfassend zu ergründen und final relevante Fragestellungen für die empirische Erhebung in Kapitel 5 bereitzustellen. Thematische Schwerpunkte zur inhaltlichen Ergründung der Querschnittsaufgabe Informationssicherheit richten sich auf die technische, rechtliche, organisatorische und wirtschaftliche Dimension. In Abschnitt 3.1 werden die technischen Aspekte der Informationssicherheit erarbeitet. Maßnahmen zur Gewährleistung von Verlässlichkeit und Beherrschbarkeit, die Sicherheitsbausteine wie Firewall-, Antivirus-, Kryptographische oder auch Berechtigungssysteme beinhalten, werden erläutert. Abschnitt 3.2 beschreibt die rechtlichen Aspekte der Informationssicherheit wie Regelungen des Bundesdatenschutzgesetzes oder des Telemediengesetzes. Darauf folgend werden, in Abschnitt 3.3, organisatorische Aspekte der Informationssicherheit aufgeführt. Hierbei wird ein kurzer Einblick in die Grundlagen der Organisation gegeben, wie sich der IT-Bereich in die Organisation eingliedert und welche Relevanz eine Sicherheitsstrategie in der Organisation einnimmt. Sodann werden gegenwärtige Regelungen zum Sicherheitsmanagement, wie das IT-Grundschutzhandbuch, die ISO 27001 oder ITIL, beschrieben. In Abschnitt 3.4 werden wirtschaftliche Aspekte der Informationssicherheit erarbeitet. Hierbei wird betrachtet, welche Bedeutung die Information als Erfolgsfaktor für eine Organisation inne hat. Wirtschaftlichkeitsbetrachtungen des Autors beschreiben inhaltlich die Adäquanz zwischen Restrisiko und Investment, die Methode des „Total Cost of Ownership" und „Return of Security Investment". Zum Ende jedes Unterabschnitts wurden Items zur jeweiligen Dimension aus den inhaltlichen Darstellungen operationalisiert.

Hiernach wird in **Kapitel 4** auf den Menschen als zentralen Faktor zur Gewährleistung von Informationssicherheit eingegangen und nach einem Modell zur Beschreibung der menschlichen Persönlichkeit recherchiert. In Abschnitt 4.1 erfolgt die Einordnung der Begriffe Kommunikation und Interaktion. Anschließend folgt die Darstellung einer Kommunikationsbeziehung in interpersonalen Beziehungsnetzwerken sowie die Beschreibung des Phänomens Führung, welches, über die Basiswerte Leistung und Zufriedenheit, eine Interaktionsbeziehung steuern kann. Nachfolgend wird in Abschnitt 4.2 die Person und Persönlichkeit als Forschungsgegenstand, insbesondere der Psychologie, inhaltlich ergründet und beschrieben. Sodann erfolgt in Abschnitt 4.3 die inhaltliche Darstellung des Fünf-Faktoren-Modells als Theorie zur Beschreibung der menschlichen Persönlichkeit. In dem Zusammenhang gibt der Autor einen Überblick über die gängigen Theorien zur Kategorisierung der Persönlichkeit, hinterfragt die jeweiligen Vor- und Nachteile der spezifischen Theorie in Abschnitt 4.3.1. und legt sich auf den Trait-Ansatz zur Beschreibung des Menschen fest. Die historische, lexikalische und faktorenanalytische Entwicklung des Fünf-Faktoren-Modells wird in Abschnitt 4.3.2 inhaltlich erörtert. In Unterabschnitt 4.3.3 erfolgt die Ermittlung eines Messinstruments zur Feststellung der Persönlichkeit, welches eine hohe Validität, Reliabilität und Objektivität aufweist sowie im Rahmen einer Onlinebefragung als standardisiertes Messinstrument genutzt werden kann.

Im Anschluss wird in **Kapitel 5**, auf Basis der erstellten Items zum Forschungsgegenstand der Informationssicherheit sowie der Festlegung des Messinstruments zur Beschreibung Persönlichkeit, die empirische Untersuchung methodisch konzipiert und durchgeführt. In Abschnitt 5.1 erfolgen hierzu theoretische Vorüberlegungen, welche Methoden der Wirtschaftsinformatik im Rahmen der Erhebung angewandt werden sollen. Nach der Bestimmung von Standards und Gütekriterien wird die Methodik für die empirische Erhebung festgelegt. Dementsprechend wird in Abschnitt 5.2 die Auswahl der Untersuchungsobjekte für die Erhebung vorgenommen und der Aufbau beschrieben. Hiernach erfolgt in Abschnitt 5.3 die Konstruktion der Items für die Fragen zur Informationssicherheit und zu den soziodemographischen Daten. Demgemäß folgen in Abschnitt 5.4 die Erläuterung der Entwicklung des Fragebogens und die Implementation als Online-Befragung. Abgeschlossen wird das Kapitel mit der Gestaltung des Anschreibens in Abschnitt 5.5, dem Pretest in Abschnitt 5.6 sowie der Durchführung der Befragung und dem damit verbundenen Rücklauf.

Sodann wird in **Kapitel 6** eine Revision der erhobenen Daten sowie die deskriptive Darstellung der direkten Ergebnisse zu Fragen der Informationssicherheit durch Diagramme vorgenommen. Im Rahmen von Abschnitt 6.1 erfolgt die Revision der erhobenen Daten, wodurch die Gütekriterien Objektivität, Validität, Reliabilität und Generalisierbarkeit verifiziert oder falsifiziert werden sollen. Bezüglich der Fragen zur Persönlichkeit (NEO-FFI) werden bspw. die Mittelwerte der erhobenen Daten mit denen der Normstichprobe abgeglichen und Abweichungen identifiziert. In den Abschnitten 6.2, 6.3 und 6.4 werden die erhobenen Daten zur Soziodemographie, den Persönlichkeitsmerkmalen und zu Fragen der Informationssicherheit deskriptiv dargestellt.

In **Kapitel 7** wurde das Ziel verfolgt, anhand der erhobenen Daten lineare Zusammenhänge zwischen den Fragen zur Informationssicherheit und den unterschiedlichen Ausprägungen der menschlichen Persönlichkeitsmerkmale zu identifizieren. Im Rahmen des Abschnitts 7.1 wird dargestellt, zu welchen unterschiedlichen Aussagen die gleichen Daten, zum einen bei einer tabellarischen Analyse und zum anderen bei der Analyse mit Methoden der induktiven Statistik, führen können. In dem Zusammenhang entschied sich der Autor, für Ergebnisse dieser Arbeit nur signifikante Korrelationen zu betrachten. In Abschnitt 7.2. werden Ergebnisse, in Form von linearen Zusammenhängen zwischen Fragen zur Informationssicherheit und den unterschiedlichen Ausprägungen der Persönlichkeitsmerkmale, strukturiert nach den vier Dimensionen der Informationssicherheit, dargestellt. Aus den erarbeiteten Ergebnissen werden in Abschnitt 7.3 Handlungsempfehlungen konkludiert und nach den unterschiedlichen Ausprägungen der Persönlichkeitsmerkmale strukturiert. Somit enthält Abschnitt 7.3.7 beispielsweise für die Personengruppe mit geringer Verträglichkeit konkrete Handlungsempfehlungen, welche bei Einhaltung zur Erhöhung der Informationssicherheit beitragen. Abschnitt 7.4 zeigt eine Zusammenschau der erarbeiteten Handlungsempfehlungen, strukturiert nach der jeweiligen Ausprägung des Persönlichkeitsmerkmals. Nachfolgend wird in Abschnitt 7.5 durch einen kurzen Leitfaden versucht, die Nutzbarkeit der Ergebnisse für Praktiker zu erhöhen. Abschließend erfolgt in **Kapitel 8** die kritische Würdigung, in **Kapitel 9** das Fazit und **Kapitel 10** gibt einen Ausblick zur vorliegenden Arbeit. Die nachfolgende Abbildung zeigt den inhaltlichen und methodischen Aufbau der Arbeit:

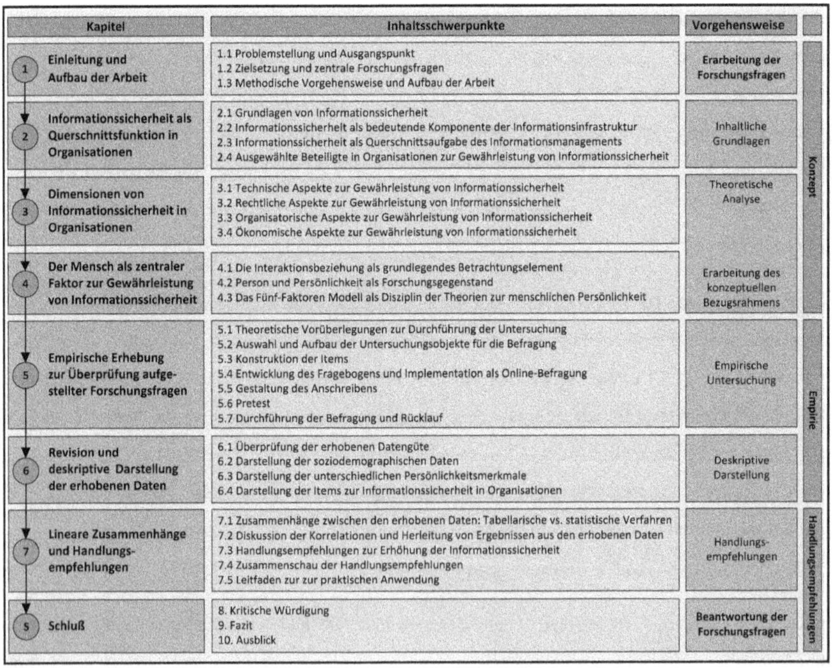

Kapitel	Inhaltsschwerpunkte	Vorgehensweise	
1 Einleitung und Aufbau der Arbeit	1.1 Problemstellung und Ausgangspunkt 1.2 Zielsetzung und zentrale Forschungsfragen 1.3 Methodische Vorgehensweise und Aufbau der Arbeit	Erarbeitung der Forschungsfragen	
2 Informationssicherheit als Querschnittsfunktion in Organisationen	2.1 Grundlagen von Informationssicherheit 2.2 Informationssicherheit als bedeutende Komponente der Informationsinfrastruktur 2.3 Informationssicherheit als Querschnittsaufgabe des Informationsmanagements 2.4 Ausgewählte Beteiligte in Organisationen zur Gewährleistung von Informationssicherheit	Inhaltliche Grundlagen	Konzept
3 Dimensionen von Informationssicherheit in Organisationen	3.1 Technische Aspekte zur Gewährleistung von Informationssicherheit 3.2 Rechtliche Aspekte zur Gewährleistung von Informationssicherheit 3.3 Organisatorische Aspekte zur Gewährleistung von Informationssicherheit 3.4 Ökonomische Aspekte zur Gewährleistung von Informationssicherheit	Theoretische Analyse	
4 Der Mensch als zentraler Faktor zur Gewährleistung von Informationssicherheit	4.1 Die Interaktionsbeziehung als grundlegendes Betrachtungselement 4.2 Person und Persönlichkeit als Forschungsgegenstand 4.3 Das Fünf-Faktoren Modell als Disziplin der Theorien zur menschlichen Persönlichkeit	Erarbeitung des konzeptuellen Bezugsrahmens	
5 Empirische Erhebung zur Überprüfung aufgestellter Forschungsfragen	5.1 Theoretische Vorüberlegungen zur Durchführung der Untersuchung 5.2 Auswahl und Aufbau der Untersuchungsobjekte für die Befragung 5.3 Konstruktion der Items 5.4 Entwicklung des Fragebogens und Implementation als Online-Befragung 5.5 Gestaltung des Anschreibens 5.6 Pretest 5.7 Durchführung der Befragung und Rücklauf	Empirische Untersuchung	Empirie
6 Revision und deskriptive Darstellung der erhobenen Daten	6.1 Überprüfung der erhobenen Datengüte 6.2 Darstellung der soziodemografischen Daten 6.3 Darstellung der unterschiedlichen Persönlichkeitsmerkmale 6.4 Darstellung der Items zur Informationssicherheit in Organisationen	Deskriptive Darstellung	
7 Lineare Zusammenhänge und Handlungsempfehlungen	7.1 Zusammenhänge zwischen den erhobenen Daten: Tabellarische vs. statistische Verfahren 7.2 Diskussion der Korrelationen und Herleitung von Ergebnissen aus den erhobenen Daten 7.3 Handlungsempfehlungen zur Erhöhung der Informationssicherheit 7.4 Zusammenschau der Handlungsempfehlungen 7.5 Leitfaden zur zur praktischen Anwendung	Handlungsempfehlungen	Handlungsempfehlungen
8 Schluß	8. Kritische Würdigung 9. Fazit 10. Ausblick	Beantwortung der Forschungsfragen	

Abbildung 3: Aufbau der vorliegenden Arbeit
Quelle: Eigene Darstellung

„Inmitten der Schwierigkeiten liegt die Möglichkeit."

(Albert Einstein)

2 Informationssicherheit als Querschnittsfunktion in Organisationen

2.1 Grundlagen von Informationssicherheit

2.1.1 Der Informationsbegriff in Abgrenzung zu Daten und Wissen

Der Informationsbegriff[44] ist einer der Schlüsselbegriffe im Bereich der Wirtschaftsinformatik, besitzt aber auch Bedeutung in der Betriebswirtschaftslehre und in der Informatik. Da der Begriff häufig intuitiver Benutzung unterliegt, ist es sinnvoll, ihn von solchen Begriffen wie denen des Wissens und der bloßen Daten zunächst abzugrenzen. Die Definitionsansätze, die die Fachliteratur in diesem Bereich aufführt, weisen keine Einheitlichkeit auf.[45]

Der Begriff der Information lässt sich, nach Heinrich, für die Wirtschaftsinformatik definieren als „...handlungsbestimmendes Wissen über historische, gegenwärtige und zukünftige Zustände der Wirklichkeit und Vorgänge in der Wirklichkeit, mit anderen Worten: Information ist Reduktion von Ungewissheit."[46] Grundsätzlich lässt sich der Begriff der Information einerseits aus den etymologischen Bereichen der Spracherklärung, andererseits aus den nachrichtentechnischen Interpretationen,[47] auf semiotischer Basis und schließlich auf der Basis der so genannten Pragmatik ableiten und definieren. Der etymologische Ursprung des Begriffes Information ist auf das lateinische Nomen „informatio" zurückführbar, das seinerseits von dem Verb „informo" ableitbar ist. In diesem Zusammenhang bedeutet „formo": „Ich forme" oder „Ich gestalte".[48] Die nachrichtentechnische Interpretation, die sich aus dem Begriff der Information ableitete, entstand in den 40er-Jahren des vorigen Jahrhunderts im Rahmen der Entwicklung von der Thermodynamik.[49] In dem Zusammenhang wurde der Begriff im Rahmen eines Modells für die Nachrichtenübermittlung genutzt, dem das Schema von

---

[44] Vgl. PIETSCH/MARTINY, *et al.* (2004), S. 41-43; BIZER/LUTTERBECK, *et al.* (2002), S. 68; KÜBLER (2005), S. 84-86; KRCMAR (2003), S. 15.

[45] Vgl. LEHNER/MAIER (1994), S. 8; BODE (1997), S. 449ff.

[46] HEINRICH (2002a), S. 7.

[47] Unter Nachrichtentechnik wird der Wissenschaftsbereich der Technik, der sich mit Verfahren und technischen Einrichtungen zur Aufnahme, Zwischenspeicherung, Aus- und Wiedergabe sowie zur Übermittlung von Nachrichten befasst, bezeichnet. Vgl. HEINRICH/HEINZL, *et al.* (2004), S. 449.

[48] Vgl. STOWASSER/PETSCHENIG, *et al.* (1998), S. 253; BIETHAHN/MUCKSCH, *et al.* (2000), S. 5; STAHLKNECHT/HASENKAMP (2005), S. 9.

[49] Vgl. SHANNON (1949) zitiert nach SHANNON/WEAVER (1976), S. 23. Die Thermodynamik beschäftigt sich mit dem Entstehen von Ordnung und Unordnung in Systemen. Vgl. bspw. KÖNIGSWIESER/HILLEBRAND (2008), S. 22; STEINLE (2005), S. 197. Insbesondere der zweite Hauptsatz der Thermodynamik besagt, „...daß sich physikalische Systeme generell in Richtung zunehmender Unordnung entwickeln." WOLF (2005), S. 316.

Sender und Empfänger sowie der Nachrichtenübertragung zwischen diesen beiden Bereichen zugrunde lag und liegt.[50]

Dem Sender-Empfänger-Modell der Kommunikation liegt das Prinzip der Signalübertragung zugrunde, das heißt der Informationsbegriff der Nachrichtentechnik arbeitet mit quantitativen Informationselementen, bei denen sich der Informationsgehalt in den Zeichen, mit denen die Nachrichten codiert sind, konzentriert.[51] Hierbei reduziert die Nachrichtentechnik den Informationsbegriff hauptsächlich auf statistische Dimensionen, so dass dieser sich besonders für technikbezogene Forschungssektoren der Wirtschaftsinformatik verwenden lässt.[52] Der semiotische Definitionsansatz entstammt der sprachwissenschaftlichen Analyse.[53] Im Rahmen der Semiotik lassen sich die Bereiche der Syntaktik, der Semantik und der Pragmatik voneinander als unterschiedliche interpretatorische Bereiche trennen.[54]

Die Syntaktik ist eine Strukturlehre der Sprache, die sich mit der Relation zwischen den unterschiedlichen Zeichen in sprachlichen Strukturen beschäftigt. Die Abgeschlossenheit bestimmter Zeichenmengen steht hierbei im Vordergrund.[55] Konventionen, mit denen die Sprache diese Zeichen kombiniert bzw. die formalen Regeln solcher Zeichen, gestalten die Relation der Zeichen untereinander.[56] Die Syntaktik ordnet diese sprachlichen Zeichen zugleich zu einer sinnvoll rezipierbaren Abfolge von Signalen, die sich als Daten bezeichnen lassen.[57]

Abbildung 4 zeigt anschaulich das Zusammenspiel zwischen Zeichenvorrat, Syntaktik, Semantik und Pragmatik, wobei der Grad des Verstehens zwischen Sender und Empfänger Ausgangspunkt für die Entstehung neues Wissen ist:

---

[50] Vgl. FLEISSNER (1998), S. 6.
[51] Vgl. DIERSTEIN (1997), S. 36; HEINRICH (2001), S. 125; BLIEBERGER/BURGSTALLER, et al. (2002), S. 17.
[52] Vgl. HEINRICH (2002b), S. 1040; FLEISSNER (1998), S. 13.
[53] Vgl. KRCMAR (2003), S. 16; MORRIS/POSNER (1988), S. 1ff.
[54] Vgl. VOß/GUTENSCHWAGER (2001), S. 27-29; MAIER/LEHNER (1995), S. 173. HEINRICH und ROITHMAYR definieren die Semiotik als die „...Lehre von den Zeichensystemen, den Beziehungen der Zeichen untereinander, zu den bezeichneten Objekten der Realität und der Vorstellungswelt des Menschen sowie zwischen dem Sender und dem Empfänger von Zeichen." Zitiert nach BIETHAHN/MUCKSCH, et al. (2004), S. 4-5.
[55] Vgl. HUANG/RAU, et al. (2010), S. 356.
[56] Vgl. HEINRICH/HEINZL, et al. (2004), S. 589; VOß/GUTENSCHWAGER (2001), S. 28; OELSNITZ/HAHMANN (2003), S. 38; FLEISSNER (1998), S. 11; TROTT ZU SOLZ (1992), S. 42; MAIER/LEHNER (1995), S. 172.
[57] Vgl. HAUN (2002), S. 178. Zur Syntaktik vergleiche vertiefend das „Syntactic-Semantic" Model von MÜLLER und STAPF MÜLLER/STAPF (1999), S. 298f.

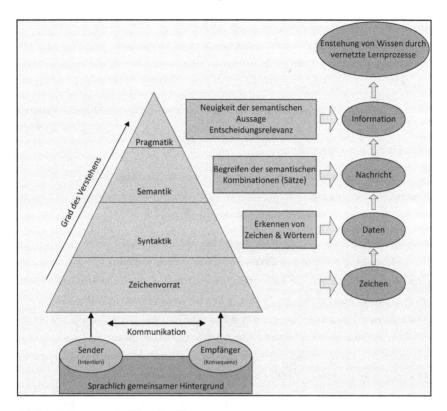

Abbildung 4: Abgrenzung des Wissensbegriffes

Quelle: Eigene Darstellung in Anlehnung an Krcmar *(2003), S. 17,* Voß/Gutenschwager *(2001), S. 29,* Kemper/Janke *(2002), S. 3,* North *(2005), S. 32,* Heinrich/Heinzl/Roithmayr *(2004), S. 589.*

Die syntaktischen Strukturen solcher Signalanordnungen lassen sich, da sie an ein technisches Trägermedium fixiert sind, maschinell-mechanisch auswerten und lesen.[58] In solcher Form sind sie für die Computerverarbeitung zugänglich.[59]

Die Ebene der Semantik liegt hierarchisch über der der Syntaktik, wobei die Semantik die Ordnung einzelner Sprachelemente zu Satzstrukturen übernimmt, also sie zu semantischen Strukturen verbindet.[60] Demgemäß bildet, im Kontext von Kommunikationsvorgängen, die Semantik die Ebene, auf der zwischen dem oben erwähnten nachrichtentechnischen Modell, dem Sender und Empfänger eine

---

[58] Vgl. Holey/Welter, et al. (2004), S. 24f; Gabriel/Beier (2003), S. 32.
[59] Vgl. Schwarzer/Krcmar (1999), S. 8; Holey/Welter, et al. (2004), S. 24. Zur Semantik von Daten siehe bspw. Nüttgens (1995), S. 282.
[60] Vgl. Fleissner (1998), S. 12; Voß/Gutenschwager (2001), S. 28.

sprachliche Verständnisebene erzeugt wird.[61] Soll zwischen Sender und Empfänger eine Kommunikation auf der intersubjektiven Ebene stattfinden, so wird für die Bedeutung der Semantik ein gemeinsamer Sinnzusammenhang vorausgesetzt, der aus der gemeinschaftlichen Sprache beider Einheiten besteht.[62]

Demgegenüber lässt sich die Zeichenerkennung auf der syntaktischen Ebene durchführen, ohne dass menschliches Bewusstsein im Sinne von Kommunikationsverständnis vorhanden sein muss. Dieser Vorgang ist rein maschinell realisierbar.[63]

Der Bereich der Pragmatik untersucht u. a., in welcher Form der Empfänger die Datenübermittlung rezipiert und welche möglichen Effekte entsprechende Nachrichten bei ihm zeitigen. Im Zentrum steht hier der Aspekt der Verwendbarkeit von Nachrichten.[64]

Die Pragmatik beschäftigt sich folglich mit den Effekten, die die Information der Nachricht auf den Empfänger ausübt. Dies betrifft zum Beispiel die Wirkung, die eine bestimmte Form des Neuigkeitsgrades impliziert.[65] Die Reaktionen des Empfängers von Nachrichten sind, wie die Pragmatik darstellt, abhängig von der Situation und dem Kontext, in dem sie auf den Empfänger treffen. Die Verwendungszusammenhänge können demgemäß in den Bereichen der Wirtschaftsinformatik und der Betriebswirtschaftlehre deutlich verschieden ausfallen. Die Handlungen, die aus den jeweiligen Informationszusammenhängen in den unterschiedlichen Wissenschaftsbereichen resultieren, sind ihrer Natur entsprechend auf unterschiedliche Zielvorstellungen ausgerichtet.

Mit dem aus den beiden Ebenen kombinierten Wissen[66] lässt sich die Summe von Fähigkeiten und Kenntnissen bezeichnen, welche von Subjekten zur Problemlösung eingesetzt werden.[67]

Die Information, die sich aus den Ebenen der Syntaktik und Semantik zusammensetzt, gibt theoretisch eine Trennschärfe vor, die in der Praxis respektive Realität nicht existieren muss.[68] Die theoretischen Grenzen zwischen diesen Bereichen sind von fließenden Übergängen gekennzeichnet.[69] Partiell

---

[61] Vgl. STREUBEL (1996), S. 18; FERSTL/SINZ (1993), S. 89.
[62] Vgl. GEBERT (1992), S. 1110; STREUBEL (1996), S. 18; PICOT/REICHWALD, et al. (2003), S. 63; HEINRICH/HEINZL, et al. (2004), S. 587.
[63] Vgl. WALL (1999), S. 7; SCHELLMANN (1997), S. 12; HILDEBRAND (2001), S. 7; WILLKE/KRÜCK, et al. (2001), S. 8.
[64] Vgl. VOß/GUTENSCHWAGER (2001), S. 28; MAIER/LEHNER (1995), S. 173; BIETHAHN/MUCKSCH, et al. (2004), S. 7; FANK (1996), S. 29; WALL (1999), S. 26.
[65] Vgl. MÜLLER/STAPF (1999), S. 186-187; MAG (1990), S. 6; PFAU (1997), S. 7; VOß/GUTENSCHWAGER (2001), S. 28.
[66] HEINRICH bezeichnet Wissen als Handlungsfähigkeit bzw. im Sinn einer Nominaldefinition als vernetztes Wissen. Vgl. HEINRICH (2002a), S. 19.. CEZANNE definiert im Rahmen der Volkswirtschaftslehre Wissen als eine günstige Kombination von Produktionsfaktoren. Zitiert nach VOß/GUTENSCHWAGER (2001), S. 20.
[67] Vgl. HAUN (2002), S. 178; BODENDORF (2003), S. 1f; OELSNITZ/HAHMANN (2003), S. 41.
[68] Vgl. FÖCKER/GOESMANN, et al. (1999), S. 36; GABRIEL/DITTMAR (2001), S. 18.
[69] Vgl. PROBST/RAUB, et al. (1999), S. 38f.

spiegelt sich diese Unschärfe in den Begriffsveränderungen der Wissenschaftsbereiche, die von „Datenverarbeitung" über „Informationsverarbeitung" bis zum aktuell vorherrschenden Begriff der „Wissensverarbeitung" reicht.[70]

Zudem ist der Informationsbegriff auf den der Kommunikation bezogen. Es lassen sich unterschiedliche Kommunikationsformen wie Mensch-zu-Mensch sowie Maschine-Mensch anführen, denen gemein ist, dass Kommunikation grundsätzlich dem Nachrichtenaustausch dient, der wiederum auf der Absicht beruht, Informationen weiter zu vermitteln.[71] Zur Charakterisierung lässt sich erneut das oben dargestellte nachrichtentechnische Modell der Übermittlung von Informationen von einem Sender zu einem Empfänger anführen. Sowohl die Mensch-zu-Mensch- als auch die Mensch-Maschine-Kommunikation beruhen auf gleichartigen Vereinbarungen und Regeln zur Nachrichtenübermittlung.[72]

Betrachtet man den Begriff des Wissens unter verwendungstechnischen Aspekten, so lassen sich zwei grundsätzliche Ebenen, nämlich die des individuellen Wissens und die des organisatorischen Wissens, mit je weiteren Untergliederungen unterscheiden.[73]

Das individuelle Wissen untergliedert sich weiter in implizites und explizites Wissen, wobei sich impliziertes technisches Wissen und impliziertes kognitives Wissen voneinander unterscheiden.[74] Die Ebene des implizierten technischen Wissens untergliedert sich in prozeduales Wissen, das implizierte kognitive Wissen wiederum untergliedert sich in mentale Modelle und Schemata. Des Weiteren unterteilt sich das explizite Wissen weiter in deklaratives Wissen, statistisches Wissen sowie kausales Wissen.[75]

Abbildung 5 zeigt unterschiedliche Arten von Wissen:

---

[70] Vgl. Gabriel/Beier (2003), S. 33.
[71] Vgl. Heinrich (2001), S. 132; Picot/Maier (1992), Sp. 930.
[72] Vgl. Gebert (1992), Sp. 1110.
[73] Vgl. Haun (2002), S. 100. Individuelles Wissen entsteht durch die soziale Interaktion zwischen impliziten und expliziten Wissen. Dabei wird die Wissenskonversion durch die vier Ebenen Sozialisation, Externalisierung, Kombination sowie Internalisierung bestimmt. Vgl. Heinrich (2002a), S. 466-467.
[74] Holey, Welter und Wiedemann bezeichnen als implizites Wissen, Wissen, welches an eine Person gebunden ist und sich schwer formalisieren und kommunizieren lässt. Dabei handelt es sich in erster Linie um Erfahrungen und Regeln, welche unbewusst angewendet und selten artikuliert werden. Vgl. Holey/Welter, et al. (2004), S. 281; Kübler (2005), S. 98; Biethahn/Mucksch, et al. (2004), S. 96. Explizites Wissen hingegen liegt in der Regel in formaler und strukturierter Form vor. Dadurch kann es leicht erfasst, verarbeitet, gespeichert und übertragen werden. Vgl. Biethahn/Mucksch, et al. (2004), S. 96; Holey/Welter, et al. (2004), S. 281; Kübler (2005), S. 123.
[75] Vgl. Heinrich (2002a), S. 466-467. Implizites Wissen wird auch als „Alltagswissen" bezeichnet, welches durch das soziale Umfeld und die kulturelle Praxis entsteht. Vgl. Kübler (2005), S. 139-142.

20

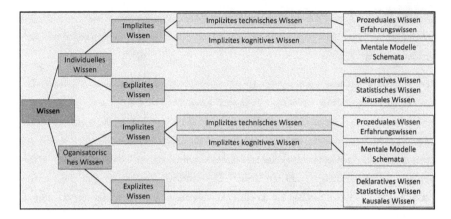

Abbildung 5: Wissensarten
Quelle: In Anlehnung an HAUN (2002), S. 101.

Die zweite oben angesprochene Ebene, die des organisationalen Wissens, untergliedert sich auf der implizierten Ebene in impliziertes technisches Wissen und impliziertes kognitives Wissen. Von der impliziten technischen Wissensebene ist die des prozedualen Wissens, also des Erfahrungswissens, ableitbar. Aus der implizierten kognitiven Wissensebene ergeben sich mentale Modelle und Schemata des Wissens.[76] Diese Wissensbegriffe sind im Vergleich zu den oben beschriebenen zeichentheoretischen Ebenen mehr auf der soziologisch-sozialen Ebene verortet, demnach auf die Wissensverwendbarkeit bezogen.[77]

2.1.2 Sicherheitsbegriff und Sicherheitsaspekte

Der Sicherheitsbegriff, der sich in Bezug auf computergestützte Informationssysteme entwickeln lässt, kann auf vier unterschiedliche Ebenen bezogen werden:

1. Auf den Anwendungsprozess, also auf den Aufgabenbereich des Systems, auf die

2. Kontext-Interpretation durch den Nutzer, also auf den Humanzusammenhang, auf die

3. technische Infrastruktur des Systems, also auf die gesamttechnischen Zusammenhänge sowie

4. auf die Datenübertragungssystematik und ihre physikalischen Medien.

---

[76] Vgl. HEINRICH/HEINZL, et al. (2004), S. 423-424; HAUN (2002), S. 101; Mentale Modelle werden nach herrschender Meinung als kritischer Faktor beim personalen und organisationalen Lernen bezeichnet. Dabei werden mentale Modelle bezeichnet als „...die Landkarten in unseren Köpfen, welche die Welt des Wissens zugänglich machen und bestimmen, welche Territorien und Bereiche zugänglich sind und welche nicht." WILLKE (2001), S. 48; Ein interessantes Beispiel zu mentalen Modellen beschreibt KRCMAR. Vgl. KRCMAR (2003), S. 420.

[77] Wissen gilt oft als Gemeingut par excellence, d.h. dass das Wissen im Prinzip allen Mitgliedern im gleichen Umfang zugänglich ist. Vgl. STEHR (2001), S. 60-61.

21

Die Software, in diesem Fall das Betriebssystem und bestimmte Anwendungsprogramme, bildet die logische Ebene, auf der sich Sicherheitsprobleme abspielen. Mit der Humannutzung fügt der Mensch sich selbst als Sicherheitsproblem in die computergestützte Informationssystematik ein. Hiermit wird die Sicherheitsproblematik erweitert und bezieht sich durch Einbindung des Menschen auf die Problematik einer nicht autorisierten Informationskenntnisnahme oder -veränderung im System.[78]

Abbildung 6 zeigt anschaulich, dass bei der Gewährleistung von Sicherheit die organisatorische, personelle, logische und physikalische Ebene betrachtet werden sollten und auf welche Gestaltungsdimensionen diese Einfluss nehmen:

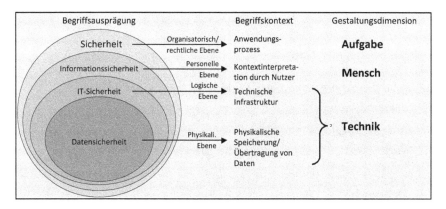

Abbildung 6: Herleitung eines ganzheitlichen Sicherheitsbegriffes
Quelle: In Anlehnung an LANGE (2005), S. 39, MÜLLER/STAPF (1999), S. 45-53, PETZEL (1996), S. 172-185.

Des Weiteren sind, im Kontext der Sicherheitsproblematik computergestützte Systeme, die Begriffe (1) Sicherheit im Allgemeinen, (2) Verlässlichkeit, die (3) Systembeherrschbarkeit sowie die (4) Ordnungsmäßigkeit zu diskutieren. Der Sicherheitsbegriff im Allgemeinen bezieht sich auf die rechtlich-organisatorischen Aspekte der Systemsicherheit. Der Begriff der Verlässlichkeit hingegen beschreibt das verlässliche Funktionieren des Systems.[79] Die Begriffe Beherrschbarkeit und Ordnungsmäßigkeit des Systems bedeuten wiederum, dass das System erstens gegen unzulässige Manipulationen immunisiert ist und zweitens, dass vorgegebene Erfordernisse des Funktionierens erfüllt werden.[80]

Abbildung 7 gibt einen Ausblick auf die voraussichtliche Entdeckungszeit bei der Verletzung eines Sicherheitsziels:

---

[78] Vgl. LIPPOLD (1992), Sp. 913; POHL/WECK (1993b), S. 21; ECKERT (2004), S. 4.
[79] Vgl. POHL/WECK (1993b), S. 20; DIERSTEIN (1997), S. 49.
[80] Vgl. DIERSTEIN (1997), S. 50; DIERSTEIN (2003), S. 11f.

22

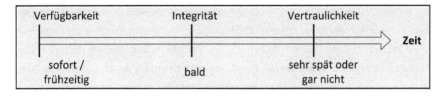

Abbildung 7: Voraussichtliche Entdeckungszeit bei Verletzung eines Sicherheitsziels
Quelle: In Anlehnung an KERSTEN (1995), S. 78.

Spezifische Sicherheitsziele der allgemeinen Sicherheitsproblematik, die im Rahmen computergestützter Systeme oben diskutiert werden, lassen sich für die besprochenen Systeme unterscheiden.
Die zentralen Begriffe sind demnach die Verfügbarkeit des Informationssystems (1), die Integrität des
Systems (2), die Vertraulichkeit des Systems (3), die Verbindlichkeit des Systems (4) sowie die Anonymität des Systems (5).

(1) Der Verfügbarkeitsbegriff des Systems beschreibt die Gewährleistungsfähigkeit des Computers
hinsichtlich der vom Nutzer jeweils geforderten Anwendungsebenen.

(2) Der Begriff der Integrität des Systems impliziert, dass keine unbemerkten Manipulationen die
Funktionsfähigkeit und damit zugleich die Sicherheit des Systems beeinträchtigen können.[81]

(3) Der Vertraulichkeitsbegriff schließt ein, dass unbefugter Zugriff auf die Datensystematik nicht
möglich sein soll.[82]

(4) Der Verbindlichkeitsbegriff besagt, dass die auf dem System kursierenden Daten bestimmten
Verantwortlichkeitsinstanzen konkret und präzise zugerechnet werden können.[83] Hierzu gehört
die Authentifizierbarkeit der Daten sowie die Identifizierbarkeit der Programme und Nutzer in
bestimmten Zusammenhängen.[84]

(5) Der Begriff der Anonymität beinhaltet, dass die Nutzeridentität des Users dennoch unter Datenschutz steht.[85]

Die Begriffe der Risikoproblematik zur Sicherheit in computergestützten Informationssystemen lassen sich auf unterschiedlichen Ebenen diskutieren. So unterscheidet man zwischen einem vorsätzli-
chen Angriff und einem Zufall, die beide, ihrem Wesen nach, Risiken für die Sicherheit des Systems
bedeuten. In diesem Rahmen sind Eintrittswahrscheinlichkeiten und Schadenspotenziale zu diskutie-

---

[81] Vgl. ECKERT (2004), S. 7; HOLZNAGEL (2003), S. 13.
[82] Vgl. SCHNEIDER (2007), S. 1; HOLZNAGEL (2003), S. 13; KERSTEN (1995), S. 76
[83] Vgl. KERSTEN (1995), S. 77; ECKERT (2004), S. 10.
[84] Vgl. RANNENBERG (1999), S. 55; VOßBEIN (1999), S. 55.
[85] Vgl. ECKERT (2004), S. 11; BSI, Bundesamt für Sicherheit in der Informationstechnik (2004a), Kapitel 1.

ren. Gefahren, die wirksam werden können, setzen voraus, dass Schwachstellen bzw. Sicherheitslücken in dem System vorliegen.[86]

Abbildung 8 zeigt, in einem Kausalmodell, wie eine Gefahr auf eine Schwachstelle wirkt und sich durch Einbezug von Eintrittswahrscheinlichkeit und Schadenspotenzial ein Risiko ergibt:

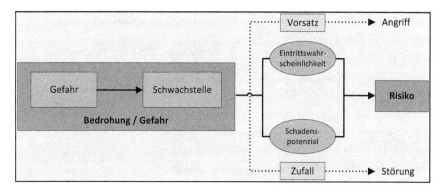

Abbildung 8: Kausalmodell zur Sicherheit von Informationssystemen
Quelle: In Anlehnung an ECKERT (2004), S. 6-21, LANGE (2005), S. 46.

Ein auf ähnlicher Ebene zu diskutierender Begriff ist der der Bedrohung, der analog zu dem der Gefährdung ist, denn Bedrohung setzt sich aus möglicher Gefahr und real vorhandenen Systemschwachstellen zusammen.[87] Sicherheitsproblematik, im Rahmen von Bedrohungen und Gefährdungen, diskutiert und analysiert die Begriffe auf zwei übergeordneten Ebenen: Einerseits auf der Ebene nicht beabsichtigt aufgetretener Bedrohungen, so betitelte Störungen, andererseits auf der Ebene von Bedrohungen, die mit Vorsatz ausgeführt werden und sich folglich als Angriffe identifizieren lassen.

Betrachtet man den ersten Begriff, nicht beabsichtigt aufgetretener Bedrohungen bzw. Störungen, so lässt sich des Weiteren zwischen höherer Gewalt und Fahrlässigkeit unterscheiden. Zu Störungen durch höhere Gewalt können technische Defekte und Katastrophen gezählt werden. Zur Fahrlässigkeit gehört das Versagen von menschlicher Seite oder ein ungenügendes Design des Systems. Vorsätzlich auftretende Bedrohungen bzw. Angriffe können aktiv oder passiv verlaufen, wobei aktiv die

---

[86] Vgl. STELZER (1990), S. 40; KONRAD (1998), S. 28.
[87] Vgl. KONRAD (1998), S. 25f; STELZER (1990), S. 33f.

mögliche absichtliche Zerstörung der Hardware zum Ziel hat, während passive Aktionen Spionagean-
griffe sein können, die bspw. aus Abhöraktionen bestehen.[88]

Tabelle 1 zeigt anschaulich das Spektrum möglicher Bedrohungen, dessen Ursachen in Fahrlässigkeit,
höherer Gewalt, aktiven Angriffen oder passiven Angriffen liegen können:

Unbeabsichtigt eingetretene Bedrohungen (Störungen)		Vorsätzlich ausgenutzte Bedrohungen (Angriffe)	
Fahrlässigkeit	Höhere Gewalt	Aktive Angriffe (Sabotage)	Passive Angriffe (Spionage)
• Menschliches Versagen • Mangelhaftes System-Design	• Katastrophen • Technischer Defekt • Systemalterung • Umwelteinflüsse	• Logische Manipulation • Physische Manipulation von Hardware -> Diebstahl -> Zerstörung	• Abhören -> des Dateninhalts -> von Kommunika-tionsbeziehungen • Logischer Diebstahl
Verfügbarkeit	Verfügbarkeit	Verfügbarkeit Integrität	Vertraulichkeit
Primär betroffene Schutzziele			

Tabelle 1: Bedrohungsarten bezüglich der Sicherheit von Informationssystemen
Quelle: In Anlehnung an bspw. ECKERT (2004), S. 14, LANGE (2005), S. 48, POHLMANN/BLUMBERG (2004), S. 44-62.

Über die oben dargestellten Sicherheitsbegriffe hinaus, lassen sich in Bezug auf Systemsicherheit
zudem die PC-Sicherheit, Datensicherheit, Betriebssystemsicherheit, Anwendungssicherheit, Kom-
munikationssicherheit, Netzwerksicherheit, Internetsicherheit, Transaktionssicherheit sowie die Da-
tenbanksicherheit aufführen.[89]

Eine Gesamtdefinition für die Bezeichnung des Sicherheitssystems lässt sich mit HEINRICH als ein „System, dessen Zielsetzung die Sicherheit der Informationsverarbeitung ist" betrachten.[90] Vor dem Hintergrund soll im folgenden Abschnitt ein Blick auf die Grundwerte und Prinzipien der Informationssicherheit geworfen werden, welche das Fundament für umfassende Informationssicherheit bilden.

2.1.3 Grundwerte und Prinzipien der Informationssicherheit

Die Problematik der Grundwerte und Informationssicherheitsprinzipien wird auf der generellen Ebene als Schutz vor Gefahr zusammengefasst.[91] Das englische Begriffspaar Safety und Security erlaubt

---

[88] Vgl. HOLZNAGEL (2003), S. 19f.
[89] Vgl. GREENFIELD/NIEDERMAYER (2006) ; HEATH JR./BARD, et al. (2006) ; VOLONINO/VOLONINO (2006) ; SCHIANO (2006) ; BIDGOLI (2006) ; SINGH (2006) ; FLEISSNER (1998) ; HIMMA (2006) ; BORISOV (2006) ; ITKIS (2006) ; HAMDI/BOUDRIGA, et al. (2006) ; SMITH (2006).
[90] HEINRICH (2002a), S. 279.
[91] Vgl. KRAMPERT (2003), S. 19f.

25

eine deutlichere Differenzierung als das deutsche Wort Sicherheit.[92] Safety impliziert in diesem Fall Geschütztheit vor nicht beabsichtigten Bedrohungen, Security hingegen beinhaltet die Geschütztheit vor mit Absicht ausgeführten Attacken. Grundlegende Ziele des Systems bilden die oben bereits angesprochenen Kriterien der Zurechenbarkeit, Revisionsfähigkeit, Verfügbarkeit, Integrität und Vertraulichkeit.[93]

Im Rahmen weiterer Untersuchungen lassen sich die Begriffe der Vertraulichkeit, Integrität und Verfügbarkeit der semantischen Dimension der Verlässlichkeit und die Begriffe der Zurechenbarkeit und Revisionsfähigkeit den der semantischen Dimension der Beherrschbarkeit zurechnen.

Abbildung 9 erklärt Ordnungsmäßigkeit; nur bei Beachtung der semantischen Dimensionen Verlässlichkeit und Beherrschbarkeit:

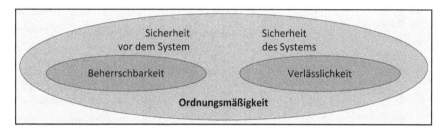

Abbildung 9: Perspektiven der Sicherheit von Informationssystemen
Quelle: In Anlehnung an DIERSTEIN (2004), S. 347ff, LANGE (2005), S. 41.

Eine differenzierte Betrachtung des Begriffs Verlässlichkeit (dependability) bedeutet, dass keine unzulässige Beeinträchtigung der Funktionsfähigkeit des Systems hinsichtlich Vertraulichkeit, Integrität und Verfügbarkeit bestehen darf. Die Gewährleistung der Verlässlichkeit führt zu einer Sicherheit des Systems.[94]

Verlässlichkeit / Technische Sicherheit / Sicherheit des Informationssystems		
Vertraulichkeit	Integrität	Verfügbarkeit

Abbildung 10: Verlässlichkeit eines Informationssystems
Quelle: Eigene Darstellung in Anlehnung an DIERSTEIN (2004), S. 347.

---

[92] Vgl. SCHNEIER (2008), S. 135; KERSTEN (1995), S. 53; MITNICK/SIMON (2002); PIETSCH/MARTINY, et al. (2004), S. 52f.
[93] Vgl. GORA/KRAMPERT (2003), S. 32f; KÖNIGS (2005), S. 103f; MÜLLER (2003), S. 46.
[94] Vgl. DIERSTEIN (2004), S. 346f; POMES/BREITNER (2005); ECKERT (2004), S. 6.

Der Begriff der Vertraulichkeit (confidentiality) bezieht sich auf die technischen Implikationen des Sicherheitssystems des Computers. Er bedeutet, dass nur User mit entsprechender Autorisierung das System und seine Informationen benutzen können. Der nicht autorisierte Zugriff auf private Informationen ist nicht möglich.[95] Die Vertraulichkeit lässt sich beispielsweise durch Verschlüsselung der Informationen mithilfe der Kryptographie herstellen.[96] Die Integrität (integrity) ergibt sich aus der Konsistenz der Daten, aus ihrer Aktualität, ihrer Vollständigkeit und ihrer Korrektheit.[97] Zugleich lassen sich diese Daten nicht verändern bzw. manipulieren. Der Begriff der Verfügbarkeit (availability) impliziert, dass die im System vorhandenen Daten und Informationen den zugangsberechtigten Teilnehmer jederzeit in vollem Umfang zur Verfügung stehen und nutzbar zu machen sind.[98] Nicht funktionsfähige Hardware wäre ein Vorfall, der die Verfügbarkeit des Systems in den Bereich des Mangels rückt.

Die Beherrschbarkeit des Systems bedeutet, wie oben bereits angesprochen, dass das System redigierbar ist, dass eine entsprechende Nachweisbarkeit für dritte Parteien, etwa des Rechtsverkehrs, existiert.[99] Beherrschbarkeit impliziert gleichermaßen die Zurechenbarkeit von Aktions- und Informationsebenen zu einem bestimmten Teilnehmer.[100] Zudem führt die Gewährleistung der Beherrschbarkeit zur Sicherheit vor dem Systems.[101]

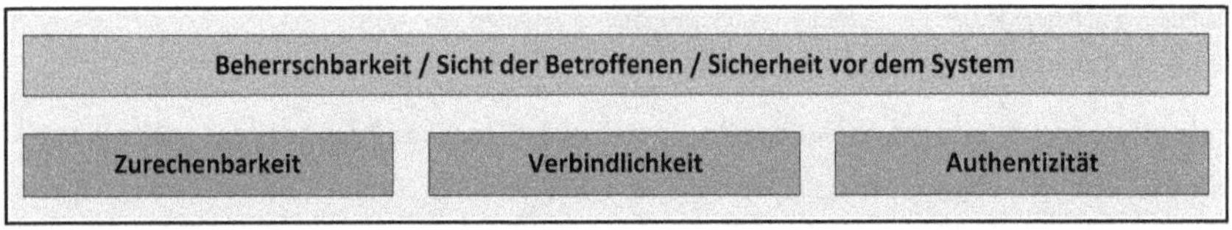

Beherrschbarkeit / Sicht der Betroffenen / Sicherheit vor dem System		
Zurechenbarkeit	Verbindlichkeit	Authentizität

Abbildung 11: Beherrschbarkeit eines Informationssystems
Quelle: Eigene Darstellung in Anlehnung an DIERSTEIN (2004), S. 348.

Beherrschbarkeit bedeutet, dass organisatorische, personelle und juristische Bereiche des Systems sich berechenbar verhalten.[102]

---

[95]   Vgl. AEBI (2004), S. 12; BITKOM (2003), S. 14.
[96]   Vgl. STAHLKNECHT/HASENKAMP (2005), S. 490 ff.
[97]   Vgl. PETZEL (1996), S. 208.
[98]   Vgl. PETZEL (1996), S. 208; ECKERT (2004), S. 10.
[99]   Vgl. BITKOM (2003), S. 15; DIERSTEIN (1997), S. 61.
[100] Vgl. DIERSTEIN (2004), S. 346, 349; BITKOM (2003), S. 15.
[101] Vgl. DIERSTEIN (2004), S. 346f; POMES/BREITNER (2005); ECKERT (2004), S. 6.
[102] Vgl. BITKOM (2003), S. 15; DIERSTEIN (2004), S. 346.

Die Begriffe der Beherrschbarkeit, Zurechenbarkeit, Verbindlichkeit und Authentizität beziehen sich eher auf die Sicherheit nicht-technischer Bereiche des Systems. In diesem Sinne bedeutet Zurechenbarkeit (accountability), dass das Verursacherprinzip von Daten- bzw. Systemaktionen funktioniert.[103] Verbindlichkeit (liability) ist auf Authentizität, d. h. auf die Zurechenbarkeit, sowie Verbindlichkeit der Daten bezogen.[104] Authentizität (authenticity) garantiert die Echtheit, d. h. die Zurechenbarkeit der Datenflüsse zu einem im Hintergrund befindlichen Rechtssubjekt auf sicherer Basis.[105]

Die Sicherheit computergestützter Informationsströme lässt sich, in diesem Zusammenhang, als ein Element der IT-Governance[106] betrachten. Die Schutzwürdigkeit von Daten, d. h. die Vermeidung von Risikosituationen, in denen diese Daten verloren gehen könnten, ist von Bedeutung, da ihr Fortbestehen den Fortbestand betriebswirtschaftlicher Organisationen garantiert. Andererseits muss jedes Unternehmen selbst auf betriebswirtschaftlicher Ebene Datensicherheit leisten. Insbesondere für diesen Bereich gelten die Kategorien der Verlässlichkeit und Beherrschbarkeit.[107] Abbildung 12 zeigt ein Informations- und Kommunikationssystem das aus Hardware und Netzen, Software, Organisation und Mitarbeitern besteht, welches von den beiden Sichten Beherrschbarkeit und Verlässlichkeit der Informationssicherheit umrahmt wird und als Dach umfassende Sicherheit bieten soll:

---

[103] Vgl. DIERSTEIN (2004), S. 349; BITKOM (2003), S. 15.
[104] Vgl. PETZEL (1996), S. 209; BITKOM (2003), S. 15.
[105] Vgl. FUMY/SAUERBREY (2006), S. 148; PETZEL (1996), S. 209; CSS/ETH (2006), S. 7.
[106] Unter IT-Governance werden die „Grundsätze, Verfahren und Maßnahmen zusammengefasst, die sicherstellen, dass mit Hilfe der eingesetzten IT die Geschäftsziele abgedeckt, Ressourcen verantwortungsvoll eingesetzt und Risiken angemessen überwacht..." werden. MEYER/ZARNEKOW, et al. (2003), S. 445.
[107] Vgl. POMES/BREITNER (2005), S. 24. Vertiefend zum Datensicherheitskonzept siehe bspw. POHLMANN/BLUMBERG (2004), S. 69f; SOKOL (2005), S. 103.

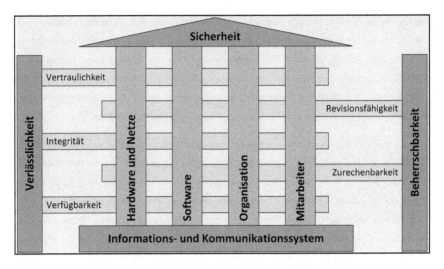

Abbildung 12: Säulen und Grundwerte eines Informations- und Kommunikationssystems
Quelle: Eigene Darstellung

Die oben diskutierten Begriffe beziehen sich in ihrer Gesamtheit auf die Rechtsverbindlichkeit, die den rechtssozialen Hintergrund der Gültigkeit dieser Daten gewährleistet.[108] Die Sicherheit von IT-Vorgängen ist prozessual aufzufassen. Sie muss permanent an eine sich wandelnde Umwelt angepasst werden.[109] Die technische Verfügbarkeit der Information ist hierfür nur partiell ausreichend. Das Governance-Institut stellt hierbei fest, dass die IT-Governance, unter betriebswirtschaftlichen Aspekten, dem Vorstand und dem Management des Unternehmens obliegt.[110] Die Verantwortung für die Sicherheit der Informationsflüsse ist, in diesem Sinne, dem Management eines Unternehmens wie deren Mitarbeitern zuzuordnen und kann als bedeutende Komponente der Informationsinfrastruktur bezeichnet werden, welche nachfolgend zur Gewährleistung der Informationssicherheit besprochen wird.

2.2 Informationssicherheit als bedeutende Komponente der Informationsinfrastruktur

2.2.1 Beweggründe für Informationssicherheit

Da im Rahmen betriebswirtschaftlicher Prozesse die Informationstechnologie, das Internet und die entsprechenden elektronischen Arbeitsprozesse einen immer größeren und bedeutenderen Raum

---

[108] Vgl. DIERSTEIN (2004), S. 349.
[109] Vgl. LANGOSCH (1994), S. 33-35.
[110] Vgl. IT GOVERNANCE INSTITUTE (2003), S. 11.

einnehmen, stellt sich zunehmend auch das Problem der Informationssicherheit. Die Informationsinfrastruktur größerer Organisationen, Institutionen sowie Unternehmen ist im zunehmenden Maße auf eine funktionierende Informationssicherheit angewiesen, die im Rahmen einer umfassenden Informationskultur aufrecht erhalten werden muss.[111] Beim Fehlen einer Informationssicherheitsstruktur können Schäden durch fehlerhafte Funktionserfüllung oder Systemausfälle, Forderungen nach Schadensersatz durch dritte Parteien nach sich ziehen, die zu beträchtlichen Kosten für das betreffende Unternehmen führen können. Solche Sicherheitsausfälle erstrecken sich gegebenenfalls nicht nur auf das unmittelbar betroffene Unternehmen, sondern auch auf andere beteiligte Geschäftskunden und können in der Öffentlichkeit ein negatives Image erzeugen sowie die Existenz von Unternehmen bedrohen.[112]

Da sich der Mensch und seine möglichen Fehlleistungen als Zentrum des Sicherheitsproblems erweisen, ist bei Mitarbeitern im betriebswirtschaftlichen Bereich besonderer Wert auf die Beachtung einer Sicherheitskultur und ihrer Begrifflichkeiten zu legen. Sicherheitskultur muss ein Element positiver Unternehmenskultur werden. Sie muss den Mitarbeitern über die bloße technische Unterrichtung und den organisatorischen Bereich hinaus, in ihr Handeln, Denken und Fühlen übergehen. Die informationelle Sektion eines Unternehmens beruht in diesem Sinne nicht nur auf den primärtechnischen Bedienungsfähigkeiten des Personals, hinsichtlich der elektronischen Bereiche, sondern ist unter ethischen Blickwinkeln und unter sozialen und kulturellen Aspekten ebenfalls zu betrachten. Mitarbeiter in betriebswirtschaftlichen Bereichen sollten entsprechend ihrer Unternehmenskultur, die Informationssicherheit, gemeint ist die Minimierung entsprechender Risiken, als selbstverständlichen Blickwinkel ihrer täglichen Aktivitäten betrachten.[113]

Da die Ethik IT-bezogener Betriebssicherheit nicht vorrangig zu den Selbstverständlichkeiten einer Unternehmenskultur gehört, liegt es nahe, dass sich die Unternehmen mit der Einführung eines Risiko-Managements beschäftigen, welches die Gefahren für ihre Informationssicherheit mit den oben dargestellten möglichen Folgen möglichst reduziert.[114] Der Risikobegriff hängt hinsichtlich seiner Definitionsformen von den Zielstellungen der unterschiedlichen Wissenschaftsbereiche ab, die ihn jeweils Interesse geleitet verwenden. Betriebswirtschaftlich gesehen lässt sich die Risikodefinition als effektbezogene Beeinträchtigung oder Bedrohung eines zielorientiert arbeitenden Systems betrachten.[115] Ein betriebswirtschaftliches Risikomanagement, das die unterschiedlichen Informationsebe-

[111] Vgl. HEINRICH (2002a), S. 19; SCHWARZE (2000), S. 17.
[112] Vgl. HUMPERT (2004), S. 7; MAI (2003), S. 37; BOURSEAU (2003), S. 197.
[113] Vgl. SCHLIENGER (2006), S. 27-30.
[114] Vgl. KÖNIGS (2005).
[115] Vgl. BRÜHWILER (2001), S. 110ff.

nen mit dem nötigen Sicherheitsmanagement ausstattet, lässt sich über verschiedene Ebenen interdependent kombinieren.

Den Rahmenkontext des Risikomanagements bilden entsprechend kommunikative Ebenen, die einerseits Kontrolle der Informationssicherheit und andererseits ein Reporting beinhalten, das mit den Überwachungsfunktionen des Systems übereinstimmt. Auf der obersten Ebene dieses Gesamtsystems existiert eine Analyse, die Risiken identifiziert, evaluiert und sie auf die Ebene der Risiko-Bewältigung überträgt. Hier werden betriebswirtschaftliche Strategien ausgearbeitet und implementiert, die ihrerseits in diesbezügliche Maßnahmen zur informationellen Sicherheit des Betriebsvorganges führen.

Abbildung 13 stellt das des Risikomanagement nach KÖNIGS dar:

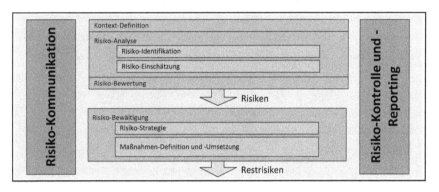

Abbildung 13: Aktivitäten im Risiko-Management
Quelle: In Anlehnung an KÖNIGS (2005), S. 7.

Die oben angesprochene Definition des Risikos als „Zielabweichung" von den betriebswirtschaftlich geplanten Zielstellungen, lässt sich hinsichtlich der ebenso betriebswirtschaftlich entstehenden Schäden auf die Problematik des Budgets, der Qualität sowie der Dauer betrachten. Grundsätzlich richtet sich Risiko-Management auf die Minimierung von Wirkungen, die sich aus Gefahren-Situationen für die betroffenen Mitarbeiter ergeben bzw. auf ihre mögliche Beseitigung. Der Fokus des Risiko-Managements richtet sich einerseits auf den Unsicherheitsfaktor Mensch bzw. den Mitarbeiter und andererseits auf die Objektbereiche, in die die Schadensereignisse fallen. Gegenwärtig beschäftigen sich die Standardisierungsgremien mit der Vereinheitlichung der Risiko-Terminologie.[116]

---

[116] Vgl. KÖNIGS (2005), S. 8.

Im Rahmen der Begrifflichkeiten, die den Bereich Informationssicherheit betreffen, sind im Folgenden konzis Terme vorzustellen, die diesen näher erläutern. Neben dem Begriff des Risikos wird in den diesbezüglichen Fachpublikationen der Begriff der Gefahr diskutiert. Gefahr wird dabei als möglicher Eintritt eines Systemschadens betrachtet.[117] Schaden wird als ein Nachteil bezeichnet, der durch eine Vermögensminderung oder durch einen Vermögensverlust verursacht wird. Schäden lassen sich als immaterielle oder ideelle Form des Verlustes definieren. Weitere Subklassifizierungen von Schaden lassen sich sowohl als primäre wie auch sekundäre Schäden identifizieren, die auf mittelbare Einflüsse durch Gefahren verursacht werden.[118] Für verursachte Schäden besteht jeweils eine Eintrittswahrscheinlichkeit, für die, wie in Abbildung 6 skizziert, eine Gefahr bzw. eine Schwachstelle als Ursache im Rahmen einer forensischen Analyse gefunden werden sollte.

Abbildung 14 zeigt beispielhaft den Zusammenhang zwischen der Eintrittswahrscheinlichkeit und der prognostizierten Schadenshöhe:

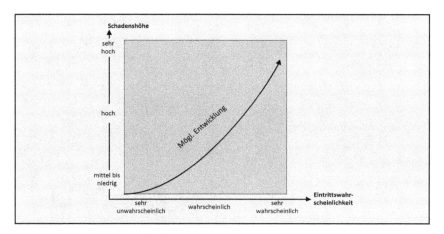

Abbildung 14: Schadenshöhe vs. Eintrittswahrscheinlichkeit
Quelle: In Anlehnung an Müller (2003), S. 71.

Die Problematik des Gefahrenbereiches für die Informationssystemsicherheit lässt sich generell unter zwei Oberbegriffen diskutieren: Einerseits den des

(1) Angriffs, andererseits unter dem der

---

[117] Petzel definiert unter Gefahr eine Sachlage, „...die bei ungehindertem Geschehensablauf zu einem Schaden, d.h. zur Minderung eines tatsächlich vorhandenen Bestandes rechtlich geschützter Güter und Rechte führen würde. Vgl. Petzel (1996), S. 104.
[118] Vgl. Müller (2003), S. 71; Pohlmann/Blumberg (2004), S. 124.

32

(2) Störung, bei dem die Kategorie der höheren Gewalt sich nicht auf menschliche Einwirkung bezieht.

Der Gefahrenbereich (1) Angriff lässt sich seinerseits in die Unterbegrifflichkeiten der Spionage und der Sabotage unterteilen. Spionagetätigkeiten, als Angriff auf Informationssysteme, lassen sich unter die Begriffe Abhören und logischer Diebstahl rubrizieren. Der Begriff der Sabotage bezieht sich hingegen mehr auf logische Manipulationsversuche, auf physische Manipulationsversuche am System oder auf den Diebstahl physischer Elemente des Systems.

Der Begriff der (2) Störung, dem die Informationssystemsicherheit unterliegen kann, klassifiziert sich weiter in Fahrlässigkeit und höhere Gewalt. Der Begriff der Fahrlässigkeit impliziert die fahrlässige Vernachlässigung von Sicherheitsregulierungen, ein fehlerhaftes Design des Systems und schließlich falsche Bedienung der Systemfunktionen. Höhere Gewalt umfasst bspw. den Ausfall des Systems, ausgelöst durch einen Stromausfall, Strahlung, elektrostatische Störungen, Feuchtigkeitseinwirkung, Explosionen, Brand, Verschmutzung oder Strahlungseinflüsse.

In Abbildung 15 werden die unterschiedlichen Gefahren für die Informationssicherheit durch Angriffe und Störungen dargestellt:

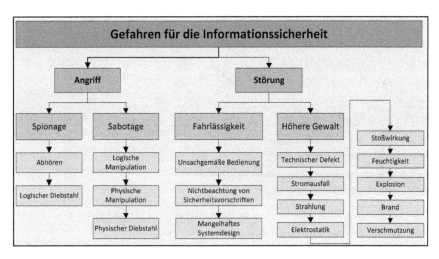

Abbildung 15: Gefahren für die Informationssicherheit
Quelle: In Anlehnung an HÖPPE/PRIEß (2003), S. 33.

Betrachtet man weitergehend nur die menschlichen Gefahrenverursacher für die Informationssicherheit des Systems, so lassen sich diese weiter in:

(1) Zutrittsberechtigte und

(2) Nicht-Zutrittsberechtigte Verursacher unterteilen.

Die Zutrittsberechtigten zum System können Zugriffsberechtigte oder Nicht-Zugriffsberechtigte sein.[119] Zugriffberechtigte, die Systemgefahren verursachen, können Vertragspartner, nicht zum Betrieb gehörende Mitarbeiter, jedoch auch eigene Betriebsmitarbeiter sein. Nicht-Zugriffsberechtigte, die Systemprobleme verursachen können, lassen sich in die gleichen Klassifizierungen unterteilen. Bei den Nicht-Zugriffsberechtigten ergänzt die Kategorie Besucher die drei besprochenen Kategorien. Von diesen sind die Nicht-Zutrittsberechtigten, die Gefahren verursachen können, zu unterscheiden. Diese bestehen beispielsweise aus Studierenden, die das System manipulieren, Menschen mit normalen kriminellen Energien, Hackern, Industriespionen, aber auch Konkurrenten, die sich für Systemkomponenten des Wettbewerbers interessieren.

Abbildung 16 führt unterschiedliche menschliche Verursacher von Gefahren nach Zutrittsberechtigten und Nicht Zutrittsberechtigten auf:

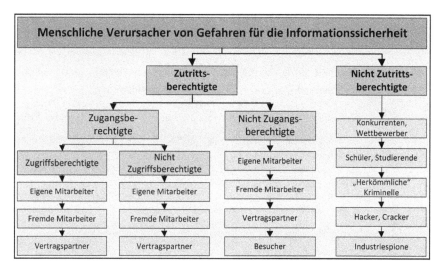

Abbildung 16: Menschliche Verursacher von Gefahren für die Informationssicherheit
Quelle: In Anlehnung an Mohr (1993), S. 42.

Im Zusammenhang mit Systemschäden, die von Mitarbeitern eines Unternehmens verursacht werden, lassen sich bestimmte Schadenskategorien ermitteln. Diese reichen von der Destruktion von Systemwerten, vom Systemausfall und somit einer betrieblichen Beeinträchtigung, vom Vorteilsver-

---

[119] Vgl. Mohr (1993), S. 42.

lust, der den Vertrauensverlust implizieren kann, von finanziellen Schäden bis hin zum Kostenbereich für eine Wiederinbetriebnahme, zu Mitarbeiterproblemen wie Kündigung oder Stress sowie zum Imageverlust. Auch die persönliche Unversehrtheit von Mitarbeitern kann in solchen Schadensfällen deutlich reduziert sein.[120]

Gefahren und Risiken lassen sich in einem weiteren Begriffsspektrum auch als Angriffe oder Bedrohungen für das System bezeichnen. Hierzu existieren außerdem unterschiedliche Kategorisierungen, um Gefahrenlagen klassifizieren zu können. So können sich Gefährdungen einerseits auf das Gesamtsystem, aber andererseits auch auf das Gesamtsystem sowie die Peripherien erstrecken.[121] Gefährdungen lassen sich aber auch auf die gesamten Systemobjekte, also technische Einrichtungen, Stromnetze oder Zentraleinheiten beziehen, indem hier falsche Bedienung, Sabotage oder Missbrauch eintreten.[122] Das Bundesamt für Sicherheit der Informationstechnik benennt in seinem IT-Grundschutzhandbuch fünf unterschiedliche Klassifizierungen von Gefährdungen: organisatorische Mängel des Systems, menschliche Fehler, technische Defekte, höhere Gewalt sowie vorsätzliche Handlungen.[123]

Bei Gefahren lassen sich zudem intern oder extern verursachte Anlässe unterscheiden. Die interne Gefahrenursache lokalisiert einen möglichen Angreifer als innerhalb des Unternehmens befindlich, die externe Gefahrenursache lokalisiert einen solchen demgemäß außerhalb.

Die oben bereits dargestellten, bewussten Angriffe auf das System beruhen überwiegend auf dem Entdecken von Systemschwachstellen, die anschließend ausgenutzt werden. Die Vorgehensweise solcher Angreifer unterteilt sich in drei Schritte:

(1) Auskundschaften des möglicherweise angreifbaren Systems,

(2) Konkretisieren von Angriffsstellen im Zielsystem,

(3) Selektieren von Angriffsstellen auf das Informationssystem, indem sie beispielsweise vorhandene Sicherheitsmaßnahmen außer Kraft setzen.

Angriffsmotive bestehen gewöhnlich aus finanziellen Problemen, einem unbestimmten Sachehrgeiz eines Hackers, Habgier oder Machtstreben.[124] Angriffe, die die Verfügungsbeeinträchtigung des Systems anstreben, lassen sich als Denial-of-Service-Angriffe beschreiben. Haben solche Angriffe unter-

---

[120] Vgl. DROUX (1984), S. 206; BSI, Bundesamt für Sicherheit in der Informationstechnik (2004b), M 6.62.
[121] Vgl. GROCHLA (1974).
[122] Vgl. KRAUSE (1974).
[123] Vgl. BSI, Bundesamt für Sicherheit in der Informationstechnik (2004b).
[124] Vgl. WECK (1984), S. 23; BLYTH/KOVACICH (2001), S. 61.

schiedliche Ursprungsstellen, so verwendet man den Begriff Distributed-Denial-of-Service-Angriff. Erfolgt ein Systemangriff sowie seine Kommunikationsrelationen in der Weise, dass sich der Angreifer zwischen dem Empfänger und Nachrichtensender platziert, so spricht man von einem Man-in-the-Middle-Angriff.[125]

Man spricht ferner von dynamischen Angriffen, wenn sie sich auf bestimmte Elemente des Systems beziehen, in denen variable Abläufe stattfinden sowie außerdem von statischen Angriffen, wenn sie nicht variabel ablaufen und sich auf eine präzise definierte äußere oder innere Systematik beziehen. Man unterscheidet weiterhin zwischen Sabotageangriffen auf das System, sofern sie von einer Systemschädigung bis hin zu einer Zerstörung des IS-Systems oder seiner Elemente führen können. Diese gelten als aktive Angriffe. Der logische Diebstahl hingegen bezieht sich auf das nicht erlaubte Kopieren fremder Daten, um sich diese rechtswidrig anzueignen sowie sie zu nutzen. Demgegenüber lässt sich das Abhören des Systems als zeitlich begrenzte oder auch permanente zielgerichtete Systemüberwachung respektive Überwachung von Systemkomponenten verstehen, die zum Ziel hat, den Datenverkehr mitlesen zu können. Diese Vorgehensweisen lassen sich unter dem Sammelbegriff Spionage fassen. Spionage impliziert Angriffsmethoden, mit denen ein Spion Informationen aus fremden Systemen zu gewinnen versucht.

Die oben bereits angesprochene logische Manipulation des Systems beinhaltet das Komplettieren, Verdoppeln oder insgesamt das Verändern von Dateien. Ist ein solcher Eingriff gelungen, so kann man ihn als Bedingung für den gegebenenfalls geplanten logischen Diebstahl am System bezeichnen. Logische Veränderungen des Systems betreffen unter anderem die Unterbrechung der Systemverbindungen. Die physische Manipulation hingegen beschreibt Angriffe, welche eine physische Abänderung der Hardware des Systems beabsichtigen. Physischer Diebstahl ist, im Gegensatz dazu, der schlichte Diebstahl fremder Hardware.

So lassen sich unter Spionage sowohl Abhören als auch logischer Diebstahl rubrizieren. Zum Abhören gehören die Methoden des Sniffing, Spoofing, der Ausnutzung von Serverdiensten, das Scannen von Ports, von Adressen, das Auffangen von Abstrahlungen, das Social Engineering, der Funktionsaufruf und das Einsehen von unternehmensinternen Zugangsberechtigungen und Wissensbasen. Die Sabotage lässt sich ihrerseits in logische Manipulationen, physische Manipulation des Systems sowie physischen Diebstahl unterteilen. Die logischen Manipulationen können aus IP-Bombing, Spamming, Hoax, Buffer-Overflow sowie Malware-Beeinträchtigungen bestehen.

---

[125] Vgl. SCHNEIER (2001), S. 174-177; SCHULTZ (2006), S. 207ff; GUPTA/SHARMAN (2009), S. 28; POHL/WECK (1993a), S. 14.

Bei den oben dargestellten Gefahrenkategorien für Systeme lassen sich unter den Oberkategorien Spionage und Sabotage eine Reihe weiterer Unterteilungen festlegen; wie Tabelle 2 zeigt:

	Gefahrenkategorie	Beispiele für Angriffsformen
Spionage	Abhören	• Unternehmensinternes Wissen/ Berechtigungen • Einsehen • Funktionsaufruf • Social Engineering • Abfangen von Abstrahlung • Adresscanning • Portscanning • Nutzung von Server-Diensten • Sniffer • Spoofing
Spionage	Logischer Diebstahl	• Unternehmensinternes Wissen/ Berechtigungen • Funktionsaufruf • Social Engineering • Nutzung von Server-Diensten • Sniffer • Spoofing • Malware
Sabotage	Logische Manipulation	• Unternehmensinternes Wissen/ Berechtigungen • Funktionsaufruf • Spoofing • Malware • IP-Bombing • Spamming • Hoax • Buffer-Overflow
Sabotage	Physische Manipulation	• Unternehmensinternes Wissen/ Berechtigungen • Einbruch
Sabotage	Physischer Diebstahl	• Unternehmensinternes Wissen/ Berechtigungen • Einbruch

Tabelle 2: Beispiele für Formen von Angriffen auf Informationssysteme
Quelle: In Anlehnung an Höppe/Prieß (2003), S. 37.

Um schließlich auf den Begriff der Störungen des Systems einzugehen, unterscheidet man grundsätzlich zwischen Fahrlässigkeit und höherer Gewalt, die solche Störungen auslösen können. Fahrlässigkeitsstörungen können, wie oben bereits angesprochen, aus falscher Bedienung, dem Nichtbeachten von Sicherheitsregulierungen sowie einem fehlerhaften Design des Systems entstehen. Als Beispiele für Störungsauslösungen lassen sich falsche Eingaben, physische Schäden am System sowie falsches Customizing betrachten. Die Vernachlässigung von Sicherheitsvorschriften kann aus fehlenden Qualifikationen der Mitarbeiter, mangelhafter Sorgfalt bzw. Akzeptanz, falscher Selbsteinschätzung hinsichtlich der eigenen Qualifikation sowie aus schlichter Gefahrenunkenntnis entstehen. Das mangelhafte Systemdesign kann zudem aus Fehlern in der Konzeption, Programmiermängeln sowie aus Regelungslücken bestehen. Der Begriff der höheren Gewalt in Bezug auf Systemgefahren, umfasst eine Vielzahl von Begriffen, die sich ihrerseits wieder unterscheiden lassen. So kann höhere Gewalt technische Systemdefekte, wie bspw. den Ausfall des Personals, Stromausfälle, das Auftreten von Dämp-

fen, Strahlungen sowie elektrostatischer Effekte, Stoßeinwirkungen auf das System, Explosionen,

Nässe, Brände und Verschmutzung, verursachen, welche Tabelle 3 entnommen werden können:

Gefahrenkategorie		Beispiele für Auslöser von Störungen
Fahrlässigkeit	Unsachgemäße Bedienung	• Falsches Customizing • Physische Beschädigung
	Nichtbeachtung von Sicherheitsvorschriften	• Unkenntnis von Gefahren • Mangelnde Akzeptanz • Selbstüberschätzung
	Mangelhaftes Systemdesign	• Konzeptionsfehler • Programmierfehler
Höhere Gewalt	Technischer Defekt	• Hardwareausfall • Softwarefehler
	Personalausfall	• Unfall • Krankheit
	Stromausfall	• Witterungsbedingungen • Streik • Netzausfall • Tiere
	Stoßwirkung	• Erdbeben • Fahrzeugunfall • Katastrophe im Umfeld
	Feuchtigkeit	• Wasserschaden • Klima • Witterungsbedingungen • Bauschaden
	Explosion	• Fahrzeugunfall • Bauschäden • Katastrophe im Umfeld
	Brand	• Blitzschlag • Katastrophe im Umfeld
	Verschmutzung	• Staub • Unfall

Tabelle 3: Beispiele für Auslöser von Störungen
Quelle: Eigene Erstellung in Anlehnung an HÖPPE/PRIEß (2003), S. 46.

Von besonderer Bedeutung für betriebswirtschaftliche Sicherheitsproblematiken des Systems sind

der Ausfall von Personal, technische Defekte und Stromausfälle zu benennen. Personalausfälle kön-

nen sich auf Unfälle, Krankheiten oder Streik beziehen. Technische Defekte können auf mangelhafte

Software sowie auf Ausfälle der Hardware basieren. Stromausfälle lassen sich auf Netzausfälle, Ein-

wirkungen durch Tiere, Überlastungen bei Großveranstaltungen, Umfeldkatastrophen sowie mögli-

cherweise auf Personalstreiks zurückführen.

Nach der umfassenden Veranschaulichung unterschiedlicher Beweggründe für die Gewährleistung

von Informationssicherheit, wie den Gefahren durch Fahrlässigkeit, höhere Gewalt, Spionage und

Sabotage u.a. durch menschliche Verursacher, wird der Autor im folgenden Abschnitt die Merkmale sicherer Organisationen aufführen.

2.2.2 Merkmale sicherer Organisationen und kritischer Infrastrukturen

Im Rahmen der zunehmenden Bedeutung der Sicherheitsproblematik von umfassenden Informationssystemen zeichnen sich zwei besonders bedeutende Bereiche ab: Einerseits die Frage, wie eine hohe Sicherheit in solchen Systemen zu erzeugen ist, andererseits die Bedingungen für eine solche Sicherheitserzeugung in kritischen Infrastrukturen, also in solchen Strukturen, die auf IT-Basis das Gesellschaftsganze bzw. seine wesentlichen Funktionsbereiche stützen, d.h. Funktionsfähigkeit in diesen Bereichen aufrecht erhalten.

Bei der Erforschung, wie sichere IT-Systeme entstehen, d.h. solche Organisationen, die die Unfallhäufigkeit minimieren können, kam es zu differierenden Resultaten. Sicherheitsstarke Organisationen wiesen dabei folgende Merkmale auf: „Die Sicherheitsaufmerksamkeit in diesen Organisationen ist hoch. Zudem existiert eine intensive Managementbeteiligung in den Sicherheitsbereichen des Unternehmens."[126] Die Bedingungen für eine hohe Sicherheitsordnung entstanden aus der

(1) Präsenz deutlich definierter Sicherheitsziele, die in Vorgaben für das Management gekleidet waren, des Weiteren aus einer

(2) besonders wertebezogenen Bedeutung der Sicherheitsperspektiven hinsichtlich bestimmter Technikeinsätze und im Hinblick auf die

(3) Arbeitsablaufgestaltung, zudem aus der Beteiligung des Managements des Unternehmens in sicherheitstechnischen Bereichen sowie aus der

(4) hohen Bewertung der Sicherheitsverantwortlichen des Unternehmens auf der hierarchischen Skala.

Zugleich hatten sicherheitsstarke Unternehmen ausgeprägte Gefahrenkontrollbereiche, die zu beachten waren. Die Gefahrenkontrolle bezog sich auf den Arbeitsbereich, das heißt auf eine Übersichtlichkeit zu gestaltender Arbeitsabläufe, auf die Schulung des Personals in Sicherheitsbelangen, auf die entsprechende Vermittlung von Motivation für Sicherheit an das Personal, auf die diesbezügliche Personalförderung, auf die enge Beziehung zwischen Management und Mitarbeitern, im Hinblick auf die Sicherheitskommunikation aus einem umfangreichen Berichtswesen hinsichtlich von Unfällen, auf entsprechenden Mitarbeiterqualifikationen aus Berufserfahrungen und aus der Aktivität von

---

[126] Vgl. REASON/GRABOWSKI (1994), S. 259ff.

Sicherheitsausschüssen im Unternehmen. Eine sicherheitstechnische Gestaltung der Arbeitswelt zeichnet sich durch eine saubere Arbeitsumgebung aus, um die bereits erwähnte Übersichtlichkeit und Klarheit von Arbeitsvorgängen zu gewährleisten; bspw. Hygiene hinsichtlich Lärmschutz, Beleuchtung und Luft sowie Sicherheitsvorrichtungen im Maschinenpark des Unternehmens. Was die Schulung des Personals in Bezug auf Sicherheit betrifft, so erfolgt diese erstens bei neu eingestelltem Personal, zweitens bei den Mitarbeitern permanent, drittens bei Vorgesetzten und viertens durch den Einsatz unterschiedlicher Schulungstechniken wie Filme und Rollenspiele. Zugleich entsteht durch diese Maßnahmen eine erhöhte Sicherheitsmotivation des Personals, die weiter gefördert wird, indem eine entsprechende Aufklärung bei Verstößen gegen Sicherheitsregularien durchgeführt wird. Eine Sensibilisierung für das Gefahrenpotenzial seitens der Mitarbeiter entsteht durch entsprechende Plakatierung im Unternehmen und Anerkennung sicherheitsgerechter Arbeitsausführung, die nach Möglichkeit individuell prämiert wird. Im Rahmen von Personalförderungsmaßnahmen, in Bezug auf Sicherheit, weisen sicherheitsstarke Organisationen eine dementsprechend optimale Besetzung der verantwortlichen Stellen auf. Zudem fördern sicherheitsstarke Organisationen eine adäquate Sicherheitskompetenz und bieten Freizeitaktivitäten an, die das Denken, im Sinne der Sicherheitsethik des Unternehmens, weiter fördern sollen. Außerdem besteht ein enges Verhältnis zwischen Management und Mitarbeitern in sicherheitsstarken Unternehmen. Die Kontakte, die sich auf Sicherheitsbelange erstrecken, sind ausgeprägt. Ferner existiert ein Unfallberichtswesen, dem hohe Priorität eingeräumt wird und Sicherheitsausschüsse tagen regelmäßig.[127]

Die Fachliteratur bezieht sich in ihrer Risiko- bzw. Gefahren- bzw. Sicherheitsforschung auf Systemdysfunktionalitäten, die sich in vielen Fällen aus Grenzbereichen der Schnittstellen ergeben.[128] Daraus ist zu schließen, dass sich, in Überlappungszonen von Systemen, keine einheitlichen Kompetenzbereiche mehr befinden. Dies führt zu gehäuften Risikofällen. Weitere Schwachpunkte des Systems sind die Schnittstellen zwischen Maschine und Mensch, Mensch und Mensch sowie Abteilung und Abteilung. Es liegt nahe, dass Sicherheitsstrategien zu konzipieren sind, die die Risiken wichtiger Systembereiche von Unternehmen minimieren. In solchen Sicherheitsstrategien arbeitet man mit Toleranzwerten, die die oben dargestellten Fehlerbereiche auf die größtmögliche Sicherheit hin auslegen sollen. Die Strategie der Ausfall- und Fehlerintoleranz versucht hingegen, durch regelmäßige Systemtests, verborgene Mängel vor dem Eintreten diesbezüglicher Schadensfälle aufzudecken und zu beheben. Diese beiden Strategien gilt es, bei Risiko-behafteten Technikanwendungen, in Kombination einzusetzen. Dabei lässt sich die Toleranz-Strategie als eine Ergänzung der Ausfall- und Fehlerin-

---

[127]   Vgl. PETZEL (1996), S. 47f.
[128]   Vgl. LEPLAT (1987), S. 181ff.

toleranz-Strategie verstehen. Zur Erhöhung der Sicherheit eines ganzen Systems trägt naturgemäß die human-adäquate Gestaltung des Systems bei, die sich darum bemüht, Ausfallzustände möglichst gering zu halten.[129]

Angriffe auf diese Gesamtstruktur werden, in den entsprechenden Publikationsbereichen, als Information Warfare bezeichnet, bilden also Elemente eines Risikobereiches, der mit einer universellen kriegstechnischen Bedeutung verbunden sein kann.[130] Entsprechend groß ist in diesen Bereichen der Sicherheitsbedarf. Kritische Systemstrukturen sind beispielsweise solche, die fundamentalen Versorgungsbereichen, wie der Energie- und Wasserversorgung, zugehören. Hierzu gehören leitungsgebundene Versorgungsstrukturen, wie die mit Gas, Öl und Elektrizität. Die Gesamtheit einer kritischen Systeminfrastruktur wiederum ist sowohl von staatlichen Leistungen als auch von Leistungen des Finanzsystems überwölbt.[131] Das Bundesinnenministerium hat acht kritische Infrastrukturen identifiziert: (1) Verkehrswesen, (2) Energieversorgung, (3) Informations- und Kommunikationstechnik, (4) Finanzinstitute, (5) Gefahrenträger wie Kernkraftwerke, (6) Behördenapparat, (7) Gesundheits- und Rettungswesen sowie (8) Andere.[132]

Am Beispiel der Energie- und Wasserversorgung ganzer Gesellschaften ist nachweisbar, dass diese nur auf der Basis einer vorgelagerten Informations- und Kommunikationsinfrastruktur zu leisten ist, welche eng mit zugehörigen staatlichen Stellen, wie dem Verkehrs- und Transportwesen, verzahnt ist. Um reibungslos funktionieren zu können, ist diese Struktur zusätzlich mit einem Finanzsystem verbunden, das die bürokratischen Wege der Bezahlung der Energieversorgung übernimmt. Unter der Kommunikationsinfrastruktur, die sich als kritisch im Sinne der vorliegenden Arbeit bezeichnen lässt, lassen sich rechnergesteuerte Informationsanlagen verstehen, die Schlüsselfunktionen in der Versorgungslage ganzer Gesellschaften einnehmen.[133] Die Transportinfrastruktur des Systems übernimmt die Distribution der physischen Ressourcen, beispielsweise der Versorgung mit Öl, und ist somit, mit dem Schienen- und Straßennetz sowie dem Flugverkehr, ebenfalls Teil des kritischen Systems. Dieses System könnte ebenfalls ohne die Leistungen des Finanzsystems, des Gesundheitswesens, der politischen Verwaltung sowie der Notfalldienste nicht dauerhaft funktionieren. Das Gesundheitswesen trägt mit Krankenhäusern und Laboratorien, das Finanzsystem mit Banken und Börsen, die Regierung, die Verwaltung sowie das Militär mit den jeweiligen Institutionen und die

---

[129] Vgl. PETZEL (1996), S. 48f.
[130] Zum Begriff Information Warfare vgl. vertiefend GEIGER (2000); McLENDON (2002) ; MINKWITZ (2000) ; POHL/CERNY (1998) ; RITTER (2000); LIBICKI (1995) ; JAEGER (2006) ; BERNHARDT/RUHMANN (1997) .
[131] Weitere Defintionen zu kritischen Infrastrukturen finden sich u.a. bei PCIPB (2003), S. vii; KRAEMER/CARAYON, et al. (2009), S. 520; LACEY (2009), S. 111; FISCHER/LEPPERHOFF (2005).
[132] Vgl. SCHADT (2005)
[133] Vgl. KOM (2001a), S. 2; HANSEN/NEUMANN (2002), S. 1101ff; TADAY (2002), S. 13ff.

Notfalldienste mit Polizei und Sanitätsdienst zur Aufrechterhaltung des Gesamtsystems und seiner Funktionen bei.

Abbildung 17 zeigt die zunehmende Abhängigkeit kritischer Infrastrukturen von vorgelagerten Informations- und Kommunikationsprozessen:

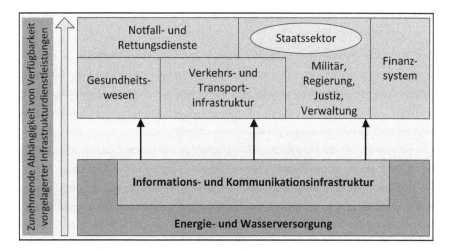

Abbildung 17: Systematik kritischer Infrastrukturen
Quelle: In Anlehnung an SCHADT (2005), S. 32-34, LANGE (2005), S. 90, WELSCH (2005), S. 655.

In diesem Bezug bekommt der Begriff der Kritikalität seine Bedeutung.[134] Er gilt als Maßstab für ein eventuelles Mangelverhalten eines Betrachtungselements des Systems.[135] Da die Mehrheit der oben dargestellten Infrastruktursektoren gegenwärtig, aufgrund des technischen Progresses, eine starke Vernetzung aufweist, ergeben sich aus den Subinfrastrukturen hohe Interdependenzniveaus. Wird folglich ein Element des Gesamtsystems beschädigt oder angegriffen, so geraten gegebenenfalls große Teile des übrigen Systems in Mitleidenschaft. Dies lässt sich bspw. an sich häufenden Stromausfällen feststellen, die in den USA Bundesstaaten länderübergreifend auftreten. Vor dem Hintergrund stellen sich Forscher wie FISCHER und LEPPERHOFF die Frage: „Can critical infrastructures rely on the internet?"[136] und wie können sie im Rahmen eines Information Warfare zukünftig geschützt werden.

Neben der Betrachtung von Beweggründen und Merkmalen zur Gewährleistung der Informationssicherheit, insbesondere in kritischen Infrastrukturen, besteht die besondere Relevanz, den Begriff der

---

[134] Vgl. MÖRIKE (2004), S. 9.
[135] Vgl. WEBER (2001), S. 68ff.
[136] FISCHER/LEPPERHOFF (2005), S. 485.

Informationssicherheit ganzheitlich im organisationalen Kontext zu erfassen. Um diesem Anspruch näher zu kommen, besteht die Notwendigkeit, das Thema Informationssicherheit im Informationsmanagement einer Organisation zu verankern, wofür die inhaltlichen Grundlagen im folgenden Abschnitt erörtert werden sollen.

2.2.3 Informationssicherheit als Querschnittsaufgabe des Informationsmanagements unternehmerische Führungsaufgabe

Einer der größten Herausforderungen für die Integration der Informationssicherheit in das Informationsmanagement besteht darin von einer Sichtweise, welche die Informationssysteme des Unternehmens oder die informationstechnische Infrastruktur betont zu einer managementorientierten Sichtweise der Organisation zu kommen.[137] Aus einer managementorientierten Perspektive heraus lassen sich folgende Herausforderungen an das Informationsmanagement aufzeigen. (1) Informationen sind geschäftskritische Faktoren, als (2) Erfolgsfaktor eine strategische Stellgröße, sie (3) versorgen das Management mit Informationen, gelten (4) im Zusammenspiel mit IuK-Technologien als Motor der Organisationsentwicklung, (5) erweitern die Unternehmensgrenzen und sind ein (6) Kostenfaktor. Abbildung 18 zeigt die Herausforderungen an das Informationsmanagement nach PIETSCH, MARTINY und KLOTZ:

Abbildung 18: Herausforderungen an das Informationsmanagement
Quelle: In Anlehnung an PIETSCH/MARTINY/KLOTZ (2004), S. 29.

Um auf die Bedeutung informationeller Systematik für den Bereich der Betriebswirtschaft zurück zu kommen, lässt sich ein betreffendes Informationsmanagement auch als Führungsaufgabe für das Unternehmertum bezeichnen.[138] Da Information in der digitalen Gesellschaft auch in Wirtschaftsprozessen als Produktionsfaktor bezeichnet wird, gilt es, in diesem Rahmen, Aktivitäten abzustimmen, die das Wissensmanagement der entsprechenden Bereiche betreffen. Demgemäß lässt sich die Be-

---

[137] Themen wie ASP, VoIP, Ubiquitious Computing, Multi-Thier-Architektur, Wireless LAN, ERP-, SCM- und CRM-Systeme werden vorranging aus der informationstechnischen Sichtweise entwickelt. Vgl. PIETSCH/MARTINY, *et al.* (2004), S. 29.
[138] Vgl. BIETHAHN/MUCKSCH, *et al.* (2000), S. 18; HILDEBRAND (2001), S. 78ff; GABRIEL/BEIER (2003), S. 22.

grifflichkeit der Informationswirtschaft bilden.[139] Die Schaffung der Informationswirtschaft beschreibt den Übergang in eine neue Wirtschaftsform, die mit umwälzenden Konsequenzen verbunden und welche mit denen der ersten industriellen Revolution vergleichbar ist. Forschung, Verwaltung und Industrie waren gerade noch damit beschäftigt, ihre internen Arbeitsabläufe, die Aufbauorganisation und die Nutzung informationstechnischer Systeme, Methoden, Verfahren und Anwendungen anzupassen, da erfolgte die Erfindung des Internets und begründete damit den Übergang in die Informationswirtschaft. In diesem neuen Zeitalter wurden, neben den Arbeits- und Produktionsprozessen, auch die Marktprozesse, im Sinne der Kommunikations- und Austauschprozesse zwischen Anbieter und Nachfrager, fundamental verändert. Dies hatte erhebliche Auswirkungen auf Marktauftritt, Aufbau- und Ablauforganisation, Produktionsprozesse, Verwaltungen, Bürger und Konsumenten. Dadurch erzeugte Konflikte und Probleme hatten eine andere Dimension als die Anpassungsprobleme, welche in den Anfängen der elektronischen Datenverarbeitung auftraten.[140] Die Änderungsdynamik, denen die Unternehmen und ihre Umwelten gegenwärtig ausgesetzt sind, entwickelt sich nicht zuletzt aus den Fortschritten der Informationstechnologie, auf die diese Unternehmen angewiesen sind.[141] Leitungshandeln, das im Rahmen eines effektiven volkswirtschaftlichen Managements ablaufen soll, ist wiederum auf Informationszusammenhänge gestützt.

Das Informationsmanagement lässt sich als Teil der Informationswirtschaft bezeichnen. Beim Informationsmanagement handelt es sich um Führungsaufgaben, die sich mit der sinnvollen Organisation und Koordination der computergestützten Informationssystematik eines Unternehmens beschäftigen.

[139] Vgl. GABRIEL/BEIER (2000), S. 3; GABRIEL/BEIER (2003), S. 21.
[140] Vgl. PIETSCH/MARTINY, et al. (2004), S. 57f.
[141] Vgl. STREUBEL (1996), S. 3f.

Abbildung 19 zeigt anschaulich, nach GABRIEL, die Einbettung des Informationsmanagements in die Informationswirtschaft:

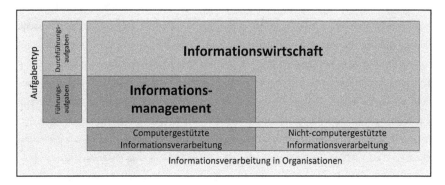

Abbildung 19: Abgrenzung von Informationswirtschaft zu Informationsmanagement
Quelle: In Anlehnung an GABRIEL/BEIER (2003), S. 27.

Im Vordergrund stehen hierbei die Steuerung, die Gestaltung und die Analyse der entsprechenden Prozesse.[142] Andererseits existieren Fachmeinungen, die die Führungsbereiche des Informationsmanagements als selbstständige Betriebsfunktion eines Unternehmens betrachten. Dies betrifft Funktionen wie den Vertrieb, die Produktion sowie die Beschaffung.[143] Die Eigenständigkeit des Informationsmanagements, im wirtschaftlichen Prozess, lässt sich durch das Durchdringen von IT-Technologien fast aller unternehmerischen Funktionsbereiche ableiten. So werden Computersysteme in der ökonomischen Planung, im Prokurement, in Allokation von Informationen sowie bei der Verarbeitung von Informationen als Unterstützung eingesetzt. Ähnliches gilt für das Design hierzu benötigter technischer sowie nicht-technischer Umfeldvoraussetzungen.[144]

---

[142] Vgl. GRIESE (1990), S. 643; STREUBEL (1996), S. 10; GABRIEL/BEIER (2000), S. 10.
[143] Vgl. HEINRICH (1993), Sp. 1749f; HEINRICH (2002b), S. 1040f.
[144] Vgl. VOß/GUTENSCHWAGER (2001), S. 70f.

Die Interdependenz des Informationsmanagements und der von ihm durchdrungenen Ebenen lässt

sich mit dem Ebenenmodell des Informationsmanagements nach VOß und GUTENSCHWAGER darstellen:

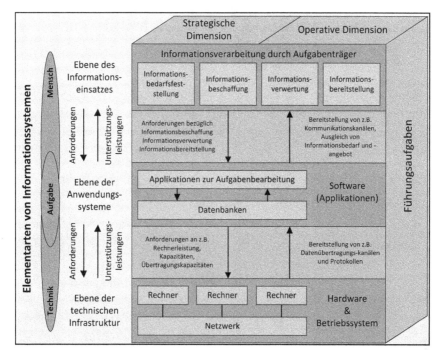

Abbildung 20: Ebenenmodell des Informationsmanagements
Quelle: In Anlehnung an VOß/GUTENSCHWAGER (2001), S. 74.

Das Modell arbeitet hinsichtlich der Durchdringung betrieblicher Abläufe auf drei Ebenen: der

(1) Ebene der Hardware und des Betriebssystems, der

(2) Ebene der Software sowie der

(3) Ebene der Informationsverarbeitung durch die Ausführenden und ihre Aufgaben.

Die unterste Ebene ist die der technischen Infrastruktur eines Betriebes. Die zweite Ebene bildet die

Anwendungsebene der Systeme, auf der bestimmte Datenbanken zum Einsatz kommen. Auf dieser

Ebene setzt der humane Nutzer die für seine Aufgabenbearbeitung nötigen Applikationssysteme der

Software ein.[145] Folglich laufen hier die technischen Grundvoraussetzungen der Hardware mit den

---

[145] Vgl. GABRIEL/RÖHRS (1995); GABRIEL/RÖHRS (2003); KRIEGER/STUCKY (1992), Sp. 455ff.

Software-Anwendungen zusammen. Die dritte Ebene ist die des Informationseinsatzes, ergo der Informationsverarbeitung, die zu konkreten informationstechnischen Anwendungen führt. Sie beschreibt die Funktionen des Aufgabenträgers, der die individuellen Anforderungen der Betriebsabläufe des Unternehmens in dementsprechende Operationen umsetzt. Diese drei Ebenen müssen, im Rahmen eines effektiven Informationsmanagements, miteinander koordiniert werden, so dass ein reibungsloser Ablauf gewährleistet werden kann.

Für die ganzheitliche Gewährleistung von Informationssicherheit als Querschnittsaufgabe des Informationsmanagements ist es unabdingbar, Grundlagen über die Ziele des Informationsmanagements zu schaffen, welches im folgenden Abschnitt, anhand weiterer inhaltlicher Recherchen, unternommen werden soll.

2.2.4 Ziele des Informationsmanagements zur Institutionalisierung von Informationssicherheit im Unternehmen

Das oben vorgestellte Informationsmanagement muss als Teil des organisatorischen Systems die Sicherheitsziele für die IT-Bereiche des Unternehmens formulieren, aus denen sich auch die Sicherheitsziele operationalisieren lassen. Ausgangspunkt ist die Unternehmenspolitik, die erwartungsgemäß auf präzise Ziele ausgerichtet ist.[146] HEINRICH postuliert, dass die Aufgaben und Ziele des Informationsmanagements „...in jedem Unternehmen in Abhängigkeit vom Leistungspotential der Informationsfunktion, dem zu seiner Umsetzung in Unternehmenserfolg erforderlichen Erfolgspotential der Informationsinfrastruktur und dem daraus resultierenden Stellenwert des Informationsmanagements abgeleitet...“ werden müssen.[147]

Solche Unternehmensziele lassen sich unter verschiedenen Zielrichtungen klassifizieren. So kann eine Zielhierarchie entstehen, die bestimmte Prioritäten in der Management-Ausrichtung des Unternehmens vorsieht. Generell lassen sich Zielstellungen in zwei große Sektoren unterteilen: in operative und in strategische Ziele.

---

[146] Vgl. BEIER/GABRIEL, et al. (1997), S. 3; GABRIEL/BEIER (2001), S. 3. PIETSCH, MARTINY und KLOTZ definieren Effektivität als auch Effizienz als Ziele des Informationsmanagements, weil es im Rahmen der Unternehmensführung wichtig ist bezüglich der Außenwirkung effektiv („to do the right things") und bezüglich der Innenwirkung effizient („to do the things right") zu handeln. Vgl. PIETSCH/MARTINY, et al. (2004), S. 97.

[147] HEINRICH (2002a), S. 21.

Beide Sektoren lassen sich weiter in (1) Sachziele, (2) Ergebnisziele, (3) Potenzialziele, (4) Wirtschaftlichkeitsziele und (5) Verhaltensziele unterteilen, wie Tabelle 4 darstellt:

Zielkategorie / Zielart		Strategisch	Operativ
	Sachziel	• Leistungspotenzial der Informationsfunktion erhöhen	• Bedarfsgerechte Information bzw. Datenbereitstellung
	Ergebnisziele	• Informationsqualität erhöhen	• Zeitliche und räumliche Adäquanz der Informationsbereitstellung
		• Datenschutz als Qualitätsmerkmal etablieren u. Kommunizieren	• Datenschutzaudit und Datenschutzprüfsiegel einführen
Formalziele	**Potenzialziele**	• Erhaltung der Sicherheit des Informationssystems	• Einsatz von Verschlüsselungsfunktionen auf Ebene der Anwendungssysteme und der technischen Infrastruktur
		• Einhaltung von Datenschutzvorschriften	• Einsatz von Funktionen zur Anonymi- und Pseudonomisierung
		• Flexibilität des Informationssystems erhöhen	• Umstellung von Großrechner auf Client-Server-Systeme
	Wirtschaftlichkeitsziele	• Produktivität des Informationssystems erhöhen	• Antwortzeiten des Informationssystems verringern
	Verhaltensziele	• Nutzerakzeptanz und -zufriedenheit sicherstellen	• Einhaltung von Ergonomieempfehlungen

Tabelle 4: Ziele des Informationsmanagements
Quelle: In Anlehnung an Heinrich (2002a), S. 21f, Pietsch/Martiny/Klotz (2004), S. 97-104, Nüttgens (1995), S. 73, Lange (2005), S. 33.

Der Begriff des Sachziels bezieht sich unter operativen Wirtschaftsaspekten auf eine Bereitstellung von Daten, die dem jeweiligen Bedarf des Unternehmens entsprechen. Unter strategischen Gesichtspunkten geht es bei Sachzielen darum, die Leistungsstärke der Informationsfunktionen für das Unternehmen zu steigern. Strategische Ziele richten sich folglich mit größerer Vehemenz auf die Stellung des Unternehmens in der ökonomischen Konkurrenz ihres Umfeldes. Hierbei sollen Analysen angelegt werden, mit denen sich eventuelle Erfolgsmöglichkeiten des Unternehmens präzise messen und somit auch sichern lassen. Strategische Ziele leisten demzufolge einen Operationsrahmen, in dem sich operative Ziele realisieren lassen, die präzise Maßnahmen zur Umsetzung der strategischen Bereiche bieten.[148] Andererseits fassen Sachziele das Leistungsspektrum eines Betriebes gewissermaßen zusammen, in dem sie die Art und das Volumen sowie den Zeitpunkt der auf den Markt ge-

---

[148] Vgl. Heinrich (2002a), S. 21; Beier/Gabriel, et al. (1997), S. 61; Hopfenbeck (1997), S. 394.

48

brachten Waren bzw. Leistungen des Unternehmens beschreiben. Diese unterscheiden sich von Formalzielen, welche eher die Ratio der unternehmerischen Tätigkeit darstellen.[149]

Als strategisches Ergebnisziel für ein Unternehmen lässt sich beispielsweise die Steigerung der informationellen Qualität des Unternehmens identifizieren. In der Zielhierarchie setzt sich die Bedeutung des Ergebnisziels fort, mit dem angestrebten Ziel, den Datenschutz als Qualitätsmerkmal des Unternehmens fest zu etablieren und ihn durch entsprechende Kommunikation in der Motivation der Mitarbeiter zu verankern. Betrachtet man Ergebnisziele unter operativen Aspekten, so handelt es sich um die räumliche und zeitliche Angemessenheit der Bereitstellung von Informationen. Die zweite Ebene realisiert sich in diesem Bereich dadurch, dass regelmäßige Datenschutzaudits und Datenschutzprüfsiegel angestrebt werden.

Betrachtet man Potenzialziele unter strategischen Aspekten, so steht für das Unternehmen die Sicherheitserhaltung der IT-gestützten Informationsbereiche des Unternehmens im Vordergrund. Konkret gehört hierzu die Realisierung und die Einhaltung entsprechender Vorschriften des Datenschutzes sowie die Steigerung der Flexibilität des computerbasierten Informationssystems des Unternehmens. Betrachtet man Potenzialziele hingegen unter operativen Aspekten, so ist der Einsatz von Verschlüsselungsmöglichkeiten der technischen Infrastruktur des Unternehmens angesprochen.

Zusammenfassend lassen sich operative Sachziele des Informationsmanagements als eine sukzessive Realisierung von Top-Down-Verfahren bezeichnen. Hierbei handelt es sich um die Herstellung einer Ziel-Mittel-Relation von unter zu übergeordneten Zielen.[150] Die konkrete Verwirklichung eines operativen Sachziels bezieht sich demzufolge auf die Bereitstellung eines bestimmten sowie benötigten Datenvolumens zum korrekten Zeitpunkt in adressatenadäquater Gestaltung.[151] Betrachtet man strategische Formalziele des Informationsmanagements, so lässt sich als Beispiel die permanente Verfügbarkeit und Korrektheit von Datenmengen nennen, die zu bestimmten ökonomischen Verwendungsprozessen nötig sind.[152] Solche Anwendungsmöglichkeiten bieten dem Unternehmen gegebenenfalls sogar Konkurrenzvorteile, wenn sie sich im Rahmen von Datenschutzanforderungen bewegen. Um ein weiteres Mal operative Formalziele des Informationsmanagements anzusprechen, so steht zusammenfassend betrachtet, die Wirtschaftlichkeit von Teilelementen des computerbasierten Informationssystems des Unternehmens bezogen auf bestimmte Anwendungen im Fokus.[153] Die

[149] Vgl. KOSIOL (1972), S. 223; HEINRICH/HEINZL, et al. (2004), S. 13; GABRIEL/BEIER (2001), S. 6. HEINRICH stellt Formalziele ausführlich mit Bezug auf die Qualität eines Produktes und Prozesses dar. Vgl. HEINRICH/HEINZL, et al. (2004), S. 262.
[150] Vgl. HILDEBRAND (2001), S. 36; KUHN (1990), S. 33; MAG (1995), S. 49f.
[151] Vgl. STREUBEL (1996), S. 12; SCHWARZE (1998), S. 53.
[152] Vgl. HEINRICH (1993), Sp. 1751f; HILDEBRAND (2001), S. 38f; HEINRICH (2002a), S. 97ff.
[153] Vgl. GABRIEL/BEIER (2003), S. 64.

oben angesprochene Sicherheitsproblematik bezieht sich zudem auf die Realisierung datenschutzrechtlicher Regulierungen. Auch solche Vorschriften bilden einen Sicherheitsrahmen, auf den sich das Datenschutzmanagement des Unternehmens bezieht. Zu bemerken ist unter anderem in diesem Zusammenhang, dass die Sicherheitsfunktionen in computergestützten Aktionsbereichen von großer Bedeutung für die Akzeptanz der gesamten Systematik sind. Da die Verarbeitungsprozesse, denen Daten in einem virtuellen System unterliegen, von dem einzelnen Bearbeiter kaum noch wahrgenommen werden können, bildet ein Gesamtkonzept informationeller Sicherheit auf technischer Basis eine nicht zu unterschätzende Wirtschaftlichkeitskomponente für das Unternehmen.[154]

Für die Gewährleistung von Informationssicherheit als Querschnittsaufgabe des Informationsmanagements sollten nach dem Modell von Voß und GUTENSCHWAGER und nach Festlegung der organisationsspezifischen Ziele folgende Fragen beantwortet werden:

(1) Welche menschlichen Aspekte müssen beim Informationseinsatz beachtet werden und wie sollte die adäquate Informationsverarbeitung durch den Aufgabenträger gestaltet werden für ein Höchstmaß an Informationssicherheit?

(2) Welche Anwendungssysteme können durch mangelnde Informationssicherheit beeinträchtigt werden?

(3) Welche technischen Aspekte haben einen besonderen Stellenwert zur Gewährleistung von Informationssicherheit?

Sodann könnten adäquate Antworten als Grundlage für die Institutionalisierung der Informationssicherheit als Querschnittsaufgabe des Informationsmanagements und damit zur Gewährleistung eines Höchstmaßes an Informationssicherheit fungieren. Neben den Grundlagen der Informationssicherheit wird der Autor, im folgenden Abschnitt, einen Überblick zu ausgewählten Beteiligten in der Organisation geben und eine mögliche Charakterisierung nach Menschbildern beschreiben.

---

[154] Vgl. MÜLLER/SCHODER (1999), S. 255ff; MÜLLER/GERD TOM MARKOTTEN (2000), S. 487.

2.3 Charakterisierung von Mitarbeitern in Organisationen zur Gewährleistung von Informationssicherheit

2.3.1 Menschenbilder als normativ-ethische Grundlage zur Einordnung von Mitarbeitenden in Organisationen

Zur Charakterisierung und zur Beurteilung von Handlungsformen, die von Individuen ausgehen, werden so genannte Menschenbilder konstruiert. Hierbei handelt es sich in den meisten Fällen um ideal-typisch geformte Konstruktionen, auf deren Basis sich normative oder empirische Aussagen über bestimmte Handlungsweisen des Menschen treffen lassen.[155] Modelle, die den betreffenden Menschenbildkonstruktionen zugrunde liegen, entstehen durch Abstraktion und der Generalisierung der Komplexität menschlicher Verhaltensweisen, Charakteristika und Wesensgehalten.[156] Menschenbilder verfügen in ihren Konstruktionen nicht zuletzt über Erklärungsmuster, die die sozialen Eigenschaften des Individuums, die Ziele seiner Handlung, seine Motivationen sowie seine Meinungen aus ihrem Entstehungshintergrund zumindest ansatzweise kausal herzuleiten suchen.[157]

Menschenbilder bieten in diesem Sinne die Möglichkeit, Aussagen über das Verhalten von Individuen in Organisationen zu treffen. Die Komplexität menschlicher Verhaltensweisen lässt eine bipolare Menschenbildlichkeit als unzulänglich erscheinen, denn die Reduktion auf zwei Alternativen bildet eine zu schmale Grundlage für die Beurteilung menschlicher Handlungen.[158] Diametrale Menschenbilder entsprechen etwa der Theorie von MCGREGOR, der die Theorie X und die Theorie Y als zweipoliges Menschenbild entwickelte. Dabei bezieht sich Theorie X auf die Aussage, dass der Mensch passiv, träge und verantwortungsscheu ist, wohingegen Theorie Y den Gegenpol darstellt. Bezogen auf das Verhalten der entsprechenden Individuen in Organisationen, kann sich die Operationalisierbarkeit dieser Theorie nur auf sehr eingeschränkte Aussagen beschränken, dass beispielsweise die betreffenden Individuen Arbeit nur unfreiwillig verrichten (X), während sie in ihrer Freizeit das gegenpolige Verhalten (Y) aufweisen.[159]

Tabelle 5 führt die wesentlichen Inhalte von MCGREGORS Theorie X und Theorie Y auf:

---

[155]   Vgl. WYSS (2000), S. 157-158; FRANKEN (2007), S. 247f.
[156]   Vgl. WEINERT (1995), Sp. 1497; WEINERT (1987), S. 1438; HENTZE/KAMMEL, et al. (1997), S. 54.
[157]   Vgl. LILGE (1980), S. 61.
[158]   Vgl. SCHOLZ (1994), S. 404.
[159]   Vgl. STEINLE (1978), S. 191; NEUBERGER (1994), S. 94; PROBST/DYLLICK (1987), Sp. 826; FRANKEN (2007), S. 248; CARL/FIEDLER, et al. (2008), S. 162.

„Theory X"	• Der Durchschnittsmensch hat eine angeborene Abneigung gegen Arbeit und versucht, ihr aus dem Wege zu gehen, wo er kann • Weil der Mensch durch Arbeitsunlust gekennzeichnet ist, muss er zumeist gezwungen, gelenkt, geführt und mit Strafe bedroht werden, um ihn mit Nachdruck dazu zu bewegen, das vom Unternehmen gesetzte Soll zu erreichen • Der Durchschnittsmensch zieht es vor, an die Hand genommen zu werden, möchte sich vor Verantwortung drücken, besitzt verhältnismäßig wenig Ehrgeiz und ist vor allem auf Sicherheit aus
„Theory Y"	• Die Verausgabung durch körperliche und geistige Anstrengungen beim Arbeiten kann als ebenso natürlich gelten, wie Spiel oder Ruhe • Von anderen überwacht und mit Strafe bedroht werden ist nicht das einzige Mittel, jemanden zu bewegen, sich für die Ziele des Unternehmens einzusetzen; ein verpflichtendes Ziel führt zu Selbstdisziplin und Selbstkontrolle • Wie sehr er sich Zielen verpflichtet fühlt, ist eine Funktion der Belohnung, die mit ihrem Erreichen verbunden ist • Der Durchschnittsmensch lernt unter geeigneten Bedingungen Verantwortung nicht nur zu übernehmen sondern sogar zu suchen • Die Anlage zu einem hohen Grad von Vorstellungskraft, Urteilsvermögen und Erfindungsgabe ist in der Bevölkerung weit verbreitet • Unter den Bedingungen der industriellen Arbeitswelt wird das Potential an Verstandeskräften, über das der Durchschnittsmensch verfügt, nur zum Teil genutzt

Tabelle 5: Inhalte von McGregors Theorie X & Y
Quelle: In Anlehnung an McGregor (1970), S. 47f, S. 61f.

Als adäquateres Menschenbild erscheint hingegen das pluralistische Menschenbild von Schein, das auf die entsprechende Komplexität menschlichen Verhaltens Rücksicht nimmt.[160] Scheins pluralistisches Menschenbild bietet eine Typologie, die vier verschiedenartige Kategorisierungen menschlichen Verhaltens impliziert. Schein unterscheidet dabei den (1) „rational-economic man", den (2) „social man", den (3) „self-actualizing man" vom (4) „complex man. Der Begriff des „rational-economic man" richtet sich nach der Theorie, dass der Mensch ein homo oeconomicus ist.[161] Diese Kategorisierung reduziert den Menschen und das Menschenbild auf das ökonomisch orientierte Gewinnstreben. Um die Einseitigkeit zu vermeiden fügt Schein den Begriff des „social man" hinzu.[162] Mit diesem „social man" werden die sozialen Bereiche berücksichtigt, um die das Menschenbild des homo oeconomicus seinem Wesen nach reduziert ist. Der Begriff des „self-actualizing man" entsteht aus unterschiedlichen Seins- bzw. Bedürfnisbereichen, die sich wiederum aus unterschiedlichen Theorien ergeben. So lässt sich der Begriff des „self-actualizing man" auf die Motivpyramide von Maslow beziehen, aus dem Bedürfnis von Mitarbeitern in Organisationen, steigende Kompetenz zu erwerben, aus dem Bedürfnis des Individuums nach Selbstkontrolle und Eigeninitiative sowie aus der Tendenz

---

[160] Vgl. Schein (1980), S. 71-106.
[161] Vgl. Neuberger (1994), S. 26; Scholz (1994), S. 406.
[162] Vgl. Schein (1980), S. 81.

des Individuums, eigene organisationale Selbstentfaltung zu betreiben, entsteht.[163] Der theoretische Ansatz des „complex man" versucht die Tatsache zu berücksichtigen, dass das dualistische Menschenbild (Theorie X/Y) zu einseitig aufgestellt ist.[164]

Tabelle 6 zeigt anschaulich unterschiedliche Inhaltsbereiche der Typologie nach SCHEIN:

„rational economic man"	• Er ist durch wirtschaftliche Anreize motiviert • Er ist passiv und wird von der Organisation manipuliert, motiviert und kontrolliert • Der Mensch hat irrationale Empfindungen, strebt aber trotzdem nach rationaler Bewältigung seiner Probleme • Organisationen können und müssen deshalb irrationale Gefühlssteuerung ausschalten
„social man"	• Der Mensch wird in erster Linie durch soziale Bedürfnisse motiviert und gewinnt sein Identitätsbewusstsein aus der Beziehung zu seinen Mitmenschen • Als Folge der Sinnentleerung der Arbeit wird in den sozialen Beziehungen am Arbeitsplatz Ersatzbefriedigung gesucht • Er wird stärker durch die sozialen Normen seiner Arbeitsgruppe als durch die Anreize und Kontrollen des Managements bestimmt • Der Vorgesetzte wird dann akzeptiert, wenn er das Bedürfnis nach Anerkennung und die sozialen Bedürfnisse der Mitarbeiter befriedigt
„self-actualizing man"	• Menschliche Bedürfnisse lassen sich in einer Hierarchie anordnen • Er strebt nach weitergehender Autonomie und Unabhängigkeit am Arbeitsplatz • Er bevorzugt Selbstmotivation und Selbstkontrolle • Es gibt keinen notwendigen Konflikt zwischen Selbstverwirklichung und organisatorischer Zielerreichung
„complex man"	• Er ist äußerst wandlungsfähig • Die Hierarchie der Bedürfnisse unterliegt starkem Wandel • Er ist lernfähig, erwirbt neue Motive ändert seine Motivationsstruktur • Seine Motive können in unterschiedlichen Systemen oder Subsystemen verschieden sein

Tabelle 6: Scheins Menschenbild-Typologie im Überblick
Quelle: In Anlehnung an SCHEIN (1980), S. 78, 82, 90, 95.

Bezieht man die jeweilige Situation des Mitarbeiters in einer Organisation in die Menschenbildkonzeption mit ein, so ist, was etwa Führungsstile betrifft, eine theoretische Einheitlichkeit schwer durchzuhalten, da sich Führungsstile immer den Anforderungen der jeweiligen Situation flexibel anpassen sollten. Die Lernfähigkeit von Mitarbeitern in Organisationen setzt Flexibilität und Wandlungsfähigkeit sowie den Druck von Umwelteinflüssen voraus. Dies versucht die Konzeption des „complex man" in ihre Ansätze mit einzubeziehen. Der Begriff des „complex man" sucht demnach die Situationsabhängigkeit des Verhaltens von Menschen in Organisationen zu berücksichtigen.[165] Die Komplexität moderner soziotechnischer Systeme, in denen Individuen vielschichtige Ziele verfolgen,

---

[163] Vgl. STEINLE (1978), S. 192; WOLF (2005), S. 188f; TIETZE (2007), S. 38f.
[164] Vgl. LILGE (1980), S. 59.
[165] Vgl. FRANKEN (2007), S. 249.

begünstigen ein Menschenbild, welches diese Mehrdimensionalität interner und externer Beziehungen unterstützt.[166] In der vorliegenden Arbeit wird von einem Menschenbild ausgegangen, welches sich zum einen an materiellen, ökologischen, sozialen und anderen Gesichtspunkten ausrichtet und zum anderen über komplexe Denk- und Bewertungsstrukturen verfügt, weshalb im Weiteren SCHEINS „complex man" zugrunde gelegt wird.

2.3.2 Aufgaben, Rollen und Verantwortlichkeiten unterschiedlicher Organisationsmitglieder

In Organisationen lassen sich, im Rahmen der hierarchischen Betrachtung, den jeweiligen Ebenen verschiedene Rollen zuschreiben. KÖNIGS nennt hierfür, in Bezug auf das unternehmensbezogene Risiko-Management, die Geschäftsleitung und den Verwaltungsrat, denen jeweils unterschiedliche Rollen in der Organisation zuzuschreiben sind. So obliegt es dem Verwaltungsrat, die Unternehmensspitze zu organisieren, wofür er eine Geschäftsleitung bestellt, die die strategische Festlegung von Unternehmenszielen, Ressourcenallokationen usw. bestimmt, wobei eine arbeitsteilige Entscheidungsaktivität stattfindet. Dies betrifft weitere Bereiche, wie das Monitoring des Geschäfts-Portfolios, die Abschätzung maximaler Risiken sowie die Stärkung des Bewusstseins für Risikofälle.[167]

Der so genannte Chief Executive Officer (CEO) trägt generell die Verantwortung für das diesbezügliche Management von Risiken in der Organisation. Hier sind, im Rahmen der so genannten ultimativen Ownership-Verantwortung, Betriebspolitiken impliziert, die Werteformulierung, die Organisation entsprechender Gruppierungen im Unternehmen, um Risiken zu minimieren. Die organisatorische Bewältigung dieser Aufgaben obliegt einer weiteren hierarchischen Struktur, zu der der Chief Risk Officer (CRO), und hierarchisch weiter von oben nach unten, der Risk Owner, der Risk Manager, der Chief Financial Officer (CFO), der Chief Operation Officer (COO) sowie der Linien-Manager verantwortlich sind.[168] Der Chief Risk Officer (CRO) übernimmt die Aufgabe, den gesamten Management-Prozess hinsichtlich der Risikoabschätzung des Unternehmens mit den anderen Bereichen abzustimmen und seine Prozessualität in allen Elementen aufrecht zu erhalten. Hierzu sind die entsprechenden Anpassungen, die Beschaffung der Ressourcen und die Bestimmung der jeweiligen Kompetenzen nötig. Der Chief Risk Officer ist besonders bei Kreditinstituten gefragt. Ihm obliegt es, hinsichtlich der Kreditvergabe, die finanzielle Risiko-Situation von Kreditnehmern korrekt einzuschätzen, möglichst operationelle Risiken zu minimieren sowie Bewertungssysteme für die Marktlage und ihre Risiken zu erarbeiten. Hierfür bedarf es einer generellen Risikoanalyse und -kontrolle des Kreditvolumens, sogar des kompletten Geschäftsvolumens eines Unternehmens. Der so genannte Risk Owner überschaut

---

[166] Vgl. WOLF (2005), S. 143f.
[167] Vgl. KÖNIGS (2005), S. 63-67.
[168] Vgl. KÖNIGS (2005), S. 64; COLLETTE/GENTILE, et al. (2009); FITZGERALD/KRAUSE (2008).

dagegen, im Rahmen seiner jeweiligen Verantwortung, nur einen bestimmten Sektor des Unternehmens. Risk Owner bilden normalerweise solche Führungs-Manager, die IT-Systeme einzuschätzen haben und in diesem Sinne Geschäftsprozesse überwachen. Der Risk Manager fungiert eher in kleineren Unternehmen an der Stelle, wo größere Unternehmen den Chief Risk Officer benötigen. Auch seine Aufgabe besteht darin, die notwendigen Kompetenzen und Instrumentarien zu koordinieren, die das Risiko seiner Organisation minimieren helfen.[169]

Die organisatorischen Aktivitäten dieser Hierarchie bilden ein Element der so genannten Corporate Governance, die im Interesse der Shareholder des Unternehmens handelt und sich nach einer Reihe von Vorschriften in diesem Bereich richten muss. Solche Vorschriften, wie beispielsweise der Sarbanes Oxley Act (SOX), sind in den letzten Jahren aufgrund von risikobezogenen Unternehmenszusammenbrüchen besonders in den USA deutlich verschärft worden.[170] Für die Bundesrepublik ist in diesem Bereich das KonTraG von Belang, die im Rahmen eines Überwachungssystems den Vorstand von Aktiengesellschaften dazu verpflichtet, ein entsprechendes Risikomanagement für die Anlagen des Unternehmens zu betreiben. Im Rahmen der neuen Vorschriften von Basel II (siehe Kapitel 3.2.4), sind Eigenkapitalvereinbarungen von Kreditnehmern ebenfalls in Kontrollmaßnahmen und -verpflichtungen, für die Banken gegenüber ihren Kreditnehmern, deutlich verschärft worden. Die jeweiligen Rating-Agenturen überprüfen beispielsweise die Höhe des Eigenkapitals von Unternehmen hinsichtlich ihrer Kreditwürdigkeit und der Zinslage. Das Sarbanes Oxley Gesetz fordert in den USA von den Unternehmen ein gründlicheres und umfangreicheres Reporting, das der internen Kontrolle des Unternehmens zugeordnet werden muss. Hier existieren einzuhaltende Mindest-Standards, ein Bereich, den der Chief Executive Officer und seine Untergebenen zu überwachen haben.

Um ein Risikomanagement in größeren Organisationen mit Effektivität betreiben zu können, ist es offenkundig von Bedeutung, die entsprechenden Kompetenzbereiche präzise festzulegen. So lassen sich für die oben erwähnten Verantwortlichen des CISO, des CIO, des CCO, des CRO und des CFO unterschiedliche Aufgaben in einem Unternehmen darstellen, für die diese Führungskräfte, hinsichtlich des Risikomanagements, jeweils verantwortlich sind.[171] Sämtliche aufgezählten Führungskräfte für das Risikomanagement sind generell für das Risikomanagement einer Organisation verantwortlich, was die Sicherheit von Informationen und Informationsströmen des Unternehmens anbelangt.

---

[169] Vgl. LACEY (2009), S. 197f; WYLDER (2004), S. 36f.
[170] Vgl. KÖNIGS (2005), S. 66.
[171] Vgl. BASELER AUSSCHUSS FÜR BANKENAUFSICHT (2004); ISO/IEC 17799 2005 (2005).

Tabelle 7 zeigt anschaulich die Zuordnung von Aufgaben an IT-Verantwortliche zur Gewährleistung eines Höchstmaßes an Informationssicherheit:

Aufgaben \ Verantwortliche	CISO	CIO	CCO	CRO	CFO
Risikomanagement	√	√	√	√	√
IT-Risikomanagement	√	√		teilweise	teilweise
Internes Kontrollsystem	√	√	√	√	√
Verantwortung und Haftung	√	√	√	√	√
Umfassende Dokumentation und Reporting	√	√	√	√	√
IT-Kontrollen und dazugehörige Prozesse	√	√			teilweise
Integrität und Korrektheit von Informationen	√	√			√
Verfügbarkeit von Informationen	√	√			√
Effizienz- und Effektivitätssteuerung	√	√			√
Zutrittskontrollen	√	√			teilweise
Zugriffskontrollen	√	√			teilweise
Rechtemanagment	√	√			teilweise
Kontrolle der Ein-, Aus- und Weitergabe von Informationen	√	√			√

Tabelle 7: Zuordnung von Aufgaben an Verantwortliche für Informationssicherheit
Quelle: In Anlehnung an BASELER AUSSCHUSS FÜR BANKENAUFSICHT (2004, ISO/IEC 17799 2005 (2005)

Der CRO und der CFO sind für das Risikomanagement von IT-Sektoren nur zum Teil verantwortlich. Für das interne Kontrollsystem, für Verantwortung und Haftung sowie für ein umfassendes Reporting und die entsprechende Dokumentation sind wieder alle fünf hierarchischen Ebenen verantwortlich. Bezüglich einzelner IT-Kontrollen und zugehöriger Prozeduren, obliegt dieser Bereich nur noch dem CISO und dem CIO. Gleiches gilt für die Wahrung der Vertraulichkeit von Informationen der Organisation, wobei hier auch der CFO Mitverantwortung trägt. Das gleiche gilt für die nächsten Ebenen einer zeitnahen Informationsverfügbarkeit und einer effektiven Informationssteuerung. Verantwortlich für Zutritts- und Zugriffskontrollen sowie für die Sicherheit des Rechtemanagements und für die Informationsweitergabe sind ebenfalls der CISO und der CIO.

Zu berücksichtigen ist hierbei die Tatsache, dass eine allgemeingültige Zuordnung von Verantwortlichkeitsbereichen zu bestimmten Führungskräften unmöglich erscheint. Vielmehr sind die obigen Angaben von Quellen, wie Basel II und ISO/IEC 2005, abgeleitet. Es handelt sich folglich, in Bezug auf die Informationssicherheit und das Risikomanagement, um eine eher allgemeine Orientierung, deren präzise Formulierung demnach den Unternehmen jeweils anheimgestellt ist. Es liegt nahe, dass Organisationen und Unternehmen diese Zuordnungen je nach den Schwerpunkten ihrer Sicherheitsanforderungen vornehmen. Die obige Darstellung zeigt, dass sich die unterschiedlichen Verantwortungsbereiche der verschiedenen Sicherheitsführungskräfte in sehr vielen Fällen überlappen. Eine der Aufgaben des Unternehmens muss es in diesem Zusammenhang sein, die Kompetenzbereiche präzise voneinander abzugrenzen.[172] Über 70% der Führungskräfte in der Bundesrepublik sind darüber informiert, dass sie für Rechtsschäden, die aus Sicherheitslücken entstehen, haftbar gemacht werden können. Hierbei können aber auch Bereiche auftreten, die von vielen Kräften nicht als sicherheitsrelevant oder nicht als informationssicherheitsrelevant betrachtet werden. Auch die dargestellten Bereiche der IT-Sicherheit bzw. der organisationalen Sicherheit im Allgemeinen müssen, hinsichtlich der Kompetenzen der Führungskräfte, präzise miteinander koordiniert werden. Diverse Studien zeigen, in Befragungen von IT-Führungskräften in der Bundesrepublik und in Großbritannien, dass sich die organisationalen Aufgaben des CISO und des CIO allmählich verschieben.[173] Die Studien ergaben weiter, dass die Bereiche der Informationstechnologie nicht hinreichend in das Risikomanagement vieler Organisationen mit einbezogen werden. Die aktive Transparenz sowie Aktualisierung von Finanzdaten von Unternehmen spielen hierfür eine Rolle, da die Aktualisierung dieser Daten zugleich Sicherheitsprobleme erzeugt. Demgemäß hat der CIO eine wichtige verantwortliche Rolle einzunehmen. Bezüglich der Sicherheit der Information wird dieser Aufgabensektor in Zukunft deutlich wachsen.[174] Mit der Erweiterung des Verantwortungsbereichs für den IT-Sicherheitsmanager, steigert sich zugleich aber auch seine Haftbarkeit. Das Sicherheitsmanagement des IT-Sektors fordert eigene Strukturen. Zugleich ist dieser sich erweiternde Bereich, mit der Ablauf- und der Aufbauorganisation des Unternehmens, noch einmal zu koordinieren. Als Sicherheitsverantwortungsbereiche sind Daten und Informationen, die Kontrolle der Informationsflüsse, eine interne Revision, eine externe Beratung und Abschlussprüfung sowie Prozessverantwortlichkeit im Allgemeinen zu nennen. Da diese Bereiche einander in vielen Fällen überlappen, also unterschiedliche Organisationszuständigkeiten miteinander konkurrieren, ist auch hier auf der Ebene des Managements eine präzise Abstimmung nötig. Unterschiedliche Fachberichte schlagen hierzu ein Management-Forum vor, das solche Anpassungen vornimmt. Ein solches Management-Forum ließe sich aus Teams zusammensetzen, die aus interdisziplinären Bereichen stammen und sich untereinander, hinsichtlich der Bedeutung bestimmter Definitionen, zu ihren Arbeitsbereichen abstimmen. Hier könnten präzise Richtlinien definiert, Maßnahmen überarbeitet und Abstimmungsbereiche festgelegt werden. Insgesamt ginge es um eine Intensivierung der Kommunikation zwischen den unterschiedlichen Bereichen, die sich durch interdisziplinäre Beratung wechselseitig in ihren Sicherheitsanforderungen bestärken

---

[172] Vgl. KÖNIGS (2005), S. 64f; FITZGERALD/KRAUSE (2008), S. 174ff.
[173] Vgl. Studien wie TELETRUST DEUTSCHLAND E. V. (2004) ; MOUTAFIS (2004) .
[174] Vgl. vertiefend QUACK (2004)

würden. Vorteile, die sich hier ergeben könnten, beträfen etwa ein gesteigertes Sicherheitsbewusst-

sein im Rahmen gesteigerter Sicherheitsaufmerksamkeit, die Abgleichung unterschiedlicher Perspek-

tiven, der Abbau von Mehrarbeit, der beständige Austausch von Informationen, abteilungsübergrei-

fende Koordinationen und Risikoabschätzungen sowie die Reduzierung von Zeiten und Wegen bei

der organisationalen Arbeit. Ebenfalls wäre die Aufarbeitung eines grundlegenden Konzeptes zur

Stärkung von Compliance der Mitarbeiter von Nöten. Festgestellt wurde zudem, dass bei IT-

Governance effektive Entscheidungen vorliegen, wenn sie sich durch ein gemeinsames Management

sowie eine gemeinsame Arbeitsebene von IT-Spezialisten auszeichnet. Konzentriert sich eine der

Parteien auf ein bestimmtes Risiko- bzw. Sicherheitsmanagement, so entsteht Ineffektivität.[175]

Zusammenfassend wurde, im Rahmen des Kapitels 2, ein Fundament geschaffen, welches einen

Überblick über die Grundlagen der Informationssicherheit bietet und eine erste Einordnung des Mit-

arbeiters im Organisationsgeschehen vornimmt. Damit wurde die Relevanz von Informationssicher-

heit als bedeutende Komponente der Informationsinfrastruktur dargestellt, es wurde aufgezeigt,

warum Informationssicherheit als Querschnittsaufgabe des Informationsmanagements gelten sollte

und es wurde eine erste Charakterisierung von Mitarbeitern vorgenommen. Nach dieser ersten Sen-

sibilisierung erfolgt, in Kapitel 3, die Erarbeitung eines zweckdienlichen Bezugsrahmens zur Erfassung

des Schwerpunkts Informationssicherheit. Hierbei zielt eine umfangreiche, inhaltliche Erarbeitung

des Begriffs Informationssicherheit darauf ab, das Thema ganzheitlich zu ergründen und final rele-

vante Fragestellungen bereitzustellen. Sodann wird in Kapitel 4 auf den Menschen als zentraler Fak-

tor zur Gewährleistung von Informationssicherheit eingegangen und nach einem Modell zur Be-

schreibung der menschlichen Persönlichkeit recherchiert. Erarbeitete Fragestellungen aus Kapitel 4

verbunden mit dem herausgearbeiteten Modell zur Beschreibung der Persönlichkeit, bilden die

Grundlage für die nachfolgende empirische Untersuchung in Kapitel 5.

---

[175] Vgl. BROWN/NASUTI (2008)

"In der Wissenschaft ist alles wichtig."

(Heinrich Heine)

3 Dimensionen von Informationssicherheit in Organisationen

Im Rahmen von Kapitel 2 wurden vom Autor Grundlagen besprochen, welche die weitere inhaltliche Erarbeitung der thematischen Schwerpunkte Informationssicherheit und Persönlichkeit in einem ersten Bezugsrahmen orientieren sollten. Bezugnehmend auf die in Kapitel 1.2 definierten Forschungsfragen, erfolgt in Kapitel 3 nun eine inhaltliche Fundierung der unterschiedlichen Dimensionen der Informationssicherheit. Hierbei wird der Begriff der Informationssicherheit nachfolgend in vier dimensionale Bereiche, welche nicht überschneidungsfrei sind, erfasst. Unterschieden wird zwischen den (3.1) technischen, (3.2) rechtlichen, (3.3) organisatorischen und (3.4) wirtschaftlichen Aspekten der Informationssicherheit. Für die avisierte empirische Untersuchung erfolgt in diesem Zusammenhang die Erarbeitung von Items zu den jeweiligen festgestellten Kernaspekten dieser Dimensionen.

3.1 Technische Aspekte zur Gewährleistung von Informationssicherheit

Es existiert eine Reihe möglicher Maßnahmen auf technischer Basis, die für die Sicherheit des Datenflusses in computergestützten Informationssystemen sorgen können. Die Voraussetzung dafür, dass solche Systeme funktionieren, ist ein möglichst schnelles Eruieren und Registrieren von sicherheitskritischen Problematiken. Solche Systeme werden als Einbruchserkennungssysteme oder Intrusion Detection Systems (IDS) bezeichnet.[176] Als ein Beispiel solcher Systeme lässt sich die Firewall-Systematik nennen.[177] Die Firewall-Systeme führen Analysen und Protokollfunktionen der Netzwerkaktivitäten des Nutzers in Echtzeit durch.[178] Die Protokoll- und Analysefunktionen der Einbruchserkennungssysteme sind in der Lage, interne Attacken und Zugriffe auf das System von nicht berechtigten Usern zu erkennen und abzuwehren. Es existieren unterschiedliche Firewall-Architekturen, die einerseits mit Paketfiltern arbeiten, andererseits mit so genannten Application Gateways. Filter funktionieren insofern, dass sie Transportschichten der Kommunikationsprotokolle des Users aufstellen und in dieser Form systematisch nicht befugte Eingriffe aussortieren. Diese Erkennung funktioniert automatisch. Unternehmen können im Rahmen solcher Sicherheitserfordernisse Netzwerke bilden, innerhalb derer sich sicherheitstechnische Firewalls etablieren lassen. Das so genannte IDS-System

---

[176] Vgl. vertiefend zu Intrusion Detection Systemen MITNICK/SIMON (2002), S. 4, 7; AEBI (2004), S. 35; COLWILL (2010), S. 2; DEBAR/VIINIKKA (2005); FLEGEL (2004); HENNEKE (2002) ; HOLZ/MEIER, *et al.* (2002); SPENNEBERG (2005); VON HELDEN/KARSCH (1998)

[177] Vgl. GOLDMAN (2006b), S. 515ff; FOX (2000), S. 549; HOLZ/MEIER, *et al.* (2002), S. 144.

[178] Vgl. GOLDMAN (2006a), S. 502ff; HENNEKE (2002), S. 200.

arbeitet mit automatischen Abwehrformen, die sich auf potenzielle Attacken beziehen. Letztere bezeichnet man als „Intrusion Response".[179]

Weitere systemtechnische Schutzvorrichtungen, die die Computerarbeit absichern können, sind Protokollierungssysteme und Anti-Viren-Programme. Protokollierungsprogramme überwachen durch automatisierte oder manuelle Aufzeichnungen des Computereinsatzes den laufenden User-Betrieb. Die Protokollführung macht es möglich, nachträglich zu eruieren, ob und in welcher Form Sicherheitsprobleme aufgetreten sind.[180]

3.1.1 Maßnahmen zur Gewährleistung von Verlässlichkeit

3.1.1.1 Firewall- und Antivirus-Systeme als Sicherheitsbarrieren zum Schutz von Netzwerktopologien

Maßnahmen, die die Verlässlichkeit von computergestütztem Arbeiten gewährleisten, bedürfen der Priorisierung. Dies setzt die Möglichkeit voraus, die auf Computer gestützte Arbeit bezogenen Risiken eines Unternehmens präzise einschätzen zu können. Die grundlegende Idee des Firewall-Systems besteht darin, zwischen dem Netzwerk des Unternehmens und den übrigen Teilnehmern des Internets eine Sicherheitsbarriere einzubauen.

Das Sicherheitskonzept des Firewall-Systems lässt sich mit einem Pförtner vergleichen, der die Ein- bzw. Ausgänge eines Unternehmens bzw. einer Institution hinsichtlich des Personenverkehrs überwacht. Ein Firewall-System lässt sich auf diese Weise als Schranke zwischen den unsicheren und den zu schützenden Netzteilen betrachten. In diesem Sinne kann man das Firewall-System als eine Art elektronischen Pförtner bezeichnen. Die Begriffe der Verlässlichkeit und Sicherheit ergänzen einander reziprok in diesem Verständnis. Ein Firewall-System, das auf einem individuellen Sicherheitskonzept beruht, ist zugleich auf die Verlässlichkeit seiner Schutzfunktionen für die Operationen des Unternehmens abgestimmt. Betrachtet man unterschiedliche Aufgaben dieses Systems, so lassen sich zehn verschiedene Aufgabenbereiche angeben, die das Firewall-System im Rahmen seiner Verlässlichkeitserfordernisse erfüllen können muss:

(1) Erstens kontrolliert das System den Zugang auf der User-Ebene des Computers und des Netzes. Hier geht es darum, die Nutzer zu kategorisieren, die über das Firewall-System ihre Kommunikation zum Unternehmen aufbauen. Der um Zugang bittende User, wird also auf seine Echtheit hin (Authentizität) überprüft.

---

[179] Vgl. BSI, Bundesamt für Sicherheit in der Informationstechnik (2002), S. 14; MÜLLER/EYMANN, et al. (2003), S. 411; VON HELDEN/KARSCH (1998), S. 80ff.

[180] Vgl. BSI, Bundesamt für Sicherheit in der Informationstechnik (2003), Kapitel M 2.110.

(2) Die zweite Ebene bildet die der Zugangskontrolle auf der Ebene des Netzwerkes selbst. Hierbei überprüft die Firewall-Systematik die IT-Systeme, die über das Firewall-System Kommunikation miteinander aufnehmen.

(3) Die dritte Ebene ist die der Zugangskontrolle auf dem Datenniveau. Hiernach überwacht das Firewall-System die Datenformen eines bestimmten Users, der über das Firewall-System hinaus seine Nutzerdaten überträgt. Die Echtheit der Daten wird mit einer so genannten digitalen Signatur von Firewall-Systemen festgestellt.

Abbildung 21 zeigt die Systematik eines Firewall-Systems:

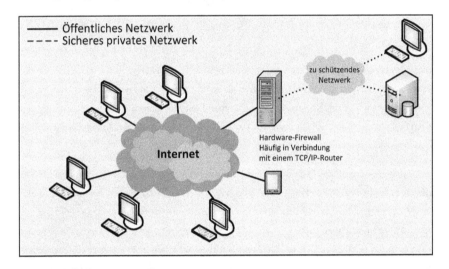

Abbildung 21: Idee eines Firewall-Systems
Quelle: Eigene Darstellung; vertiefend siehe bspw. POHLMANN/BLUMBERG (2004), S. 298.

(4) Grundlegend ist das Firewall-System so ausgerichtet, dass die Abschottung sich auf die Kommunikationsnetze bezieht, die ein bestimmter User benutzt. Zugreifende User, die von außen Eintritt verlangen, sind gezwungen, ihre Authentifizierung und Identifizierung vorzunehmen, bevor sie Zutritt erlangen können. Besucher sind als solche ebenfalls registriert. Ein installiertes System der Rechteverwaltung definiert, welche Dienste und Protokolle zu bestimmten Zeiten Kommunikation über das Firewall-System gestatten.

(5) Die Anwendungsebene ist ebenfalls von der Kontrolle erfasst, da eingegebene Befehle bzw. Dateigehalte transferiert werden, sofern sie zur definierten Aufgabenstellung nicht passen.

(6) Des Weiteren findet eine Dienste-Entkoppelung statt, so dass Lücken, Implementierungs- oder Konzeptionsmängel seitens der Dienste sich für Angriffe von außen nicht nutzen lassen.

(7) Die Protokoll-Auswertung des Firewall-Systems dient als Sicherung von Beweisen, da die betreffenden sicherheitsrelevanten Vorgänge protokolliert werden. Auf diese Weise lassen sich Sicherheitsmängel und entsprechende Ereignisse auf ihren Ursprung zurückverfolgen.

(8) Ein Security Management sorgt im Sinne eines Alarmsystems für schnell ausgelöste Reaktionen bei Sicherheitsproblemen.

(9) Demgemäß kaschiert das System die interne Netzstruktur, sodass das verwendete Netz vom unsicheren Außenbereich nicht sichtbar ist.

(10) Die Vertraulichkeit der Datenströme wird gewährleistet, so dass der Klartext der übermittelten Nachrichten im System selbst nicht auftritt.

Das Firewall-System bildet also im Sinne eines Übergangs einen so genannten „Common Point of Trust" als generellen Abkoppelungspunkt des sicheren Bereiches des Users vom unsicheren Außenbereich. Die zentralisierende Konzeption der Firewall-Systematik hat außerdem den Vorteil, dass sich Sicherheitsvorschriften zentral organisieren lassen. Die Überprüfung und Protokollierung erfolgt demzufolge von einer Stelle aus, die alle User erfassen kann. Die Kryptographie der Authentifizierung von Usern ist auf jedem einzelnen IT-Bereich zu kompliziert und komplex, sodass die zentralisierte Funktion der Firewall auch hier einen Vorteil bietet. Zudem sind für komplexe Rechnerbereiche, die überdies heterogen sind, kaum vereinheitlichende Realisierungen der Verschlüsselungstechniken vorhanden. Auch hier bedeutet ein Firewall-System die Einsparung von Kosten. Der „Common Point of Trust", der zwischen zwei Netzen besteht, vereinfacht zudem die Möglichkeiten der Protokollierung. Die Abschottung, die mit Firewall-Systemen möglich ist, verringert zugleich die Ebenen der Funktionalität, sodass sich zugleich die Angriffspunkte minimieren. Der Aufwand an Schutzmaßnahmen fokussiert sich in diesem Fall nur auf das Firewall-System, was dazu führt, dass IT-Systeme von außerhalb insgesamt durch Firewall-Systeme für ihre Sicherheit abgeschirmt werden können. Die Firewall-Systeme arbeiten in ihrer Binnenstruktur zu diesem Zweck mit konzentrisch angeordneten Schutzvorrichtungen.

Im Folgenden wird die Architektur der Firewall-Elemente dargestellt, mit denen das System das zu schützende Netz abschottet. Ein Firewall-System arbeitet hierbei mit unterschiedlichen Modulen, die über eine bestimmte Systemarchitektur aktiver Einheiten miteinander verbunden sind. Die Module reichen vom (1) Einbindungsmodul, (2) Analysemodul, (3) Entscheidungsmodul, (4) Verarbeitungsmodul, (5) Authentifizierungsmodul bis hin zum (6) Firewall-Schutzmodul, von entsprechenden Regelwerken, einer Logfile-Systematik und einem Security Management, das die Gesamtarchitektur umrahmt und die Module miteinander koppelt.[181]

Abbildung 22 zeigt den Aufbau eines aktiven Firewall-Elementes:

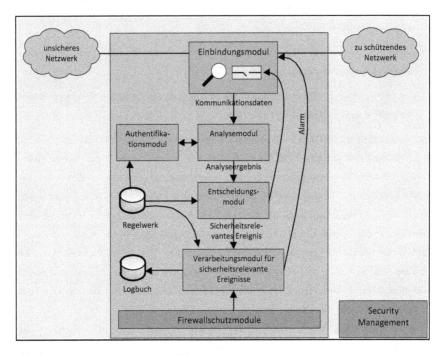

Abbildung 22: Aufbau eines aktiven Firewallelementes
Quelle: In Anlehnung an POHLMANN/BLUMBERG (2004), S. 303.

Die oben aufgezählten Module gelten als die aktiven Elemente des Firewall-Systems und werden nachfolgend konkretisiert:

(1) Das Einbindungsmodul übernimmt die Aufgabe das aktive Firewall-Element in das System der Kommunikation des Netzes einzubinden. Diese Einbindung ist so zu implementieren, dass das entsprechende Modul verhindert, dass die Daten der Kommunikation an ihm vorbeigehen, ohne dass eine Analyse stattfindet. Diese Einbindungsfunktion ist wesentlich, da sie den ersten Schritt in der Sicherheitskaskade darstellt. Systeme, die mit Standradbetrieb arbeiten und entsprechende Software-Anwendungen nutzen, gelten für den Einbindungsschritt als spezifisches Problem.

---

[181] Vgl. POHLMANN/BLUMBERG (2004), S. 302ff; BURSCH/GÜNTHER, *et al.* (2005), S. 271ff.

(2) Das Analysemodul analysiert den Datenfluss der Kommunikation und leitet ihn an das Entscheidungsmodul weiter. Die Tiefenschärfe und der Umfang der Analyse bilden wichtige Sicherheitsfaktoren und sind damit für die Qualität der aktiven Firewall-Elemente verantwortlich.

(3) Im Entscheidungsmodul findet die Analyse der Resultate der beiden anderen Module statt, sodass eine Abgleichung mit den Sicherheitsrichtlinien, gemäß der vorhandenen Definitionen des Systems, erfolgen kann. So genannte Access-Listen sorgen mit einem Prüfverfahren dafür, inwiefern die Datenflüsse das System durchlaufen können. Sind keine Probleme erkannt, aktiviert das Einbindungsmodul den Durchlass. Anderenfalls erfolgt eine Einstufung der Resultate als sicherheitsbedeutend, im Kontext eines zugehörigen Protokolls bzw. einer Protokollierung dieser Daten.

(4) Das Verarbeitungsmodul für sicherheitsbedeutende Resultate fertigt ein Logfile der relevanten Daten an und bezieht sie auf zugehörige Protokollelemente, die sich gegebenenfalls über den Alarmmechanismus des Systems an das Security Management weiterleiten lassen.

(5) Das Modul für die Authentifizierung übernimmt die Datenidentifikation sowie ihre Authentifizierung für die im System ablaufenden Prozesse hinsichtlich Nutzer usw.; das Modul arbeitet mit verschiedenen Authentifizierungsformen.

(6) Das Firewall-Schutzmodul liefert die aktiven Sicherheitsfunktionen, die den sicheren Betrieb der aktiven Elemente des Systems aufrechterhalten. Es enthält einen Integritätstest, Authentifizierungsmechanismus, Betriebssicherungsmechanismus, ein Regelwerk, eine Logfile-Systematik sowie ein Security Management.

Was spezifische Fälle, also individuelle Einsatzfälle, anbelangt, so lassen sich zwei größere Ebenen der Interpretation voneinander trennen: (1) Einerseits die Ebene des unsicheren Netzes, das innerhalb der eigenen Organisation liegt, (2) andererseits das unsichere Netz, welches außerhalb der eigenen User-Organisation angesiedelt ist.[182]

Einsatzfälle von Firewall-Systemen lassen sich in unterschiedlichen Formen klassifizieren. Geht man von den oben dargestellten beiden Ebenen aus, so ist das Kriterium für einen Einsatzfall innerhalb der eigenen Organisation die Vertrauenswürdigkeit des Gesamtnetzes. Ist diese Vertrauenswürdigkeit sehr hoch, so folgt einerseits eine regelmäßige Überprüfung der eingehenden Datenflüsse, andererseits liegt der Gesamtzusammenhang in der Eigenverantwortung des Nutzers. Befindet sich der Einsatzort außerhalb der eigenen Organisation, so ist das Kriterium der Vertrauenswürdigkeit ledig-

---

[182] Vgl. POHLMANN/BLUMBERG (2004), S. 305f.

lich problematisch erkennbar, da eine Reihe von spezifischen Faktoren hier den Bedingungshintergrund liefert. Insofern liegt der Einsatz nicht in der Eigenverantwortung des Users, infolgedessen sind die gesamten Risiken als hoch einzustufen.[183]

Wird als weiteres Kriterium die Vertrauenswürdigkeit des Kommunikationspartners als hoch eingestuft, so ist anzusetzen, dass die an der Kommunikation Beteiligten unter der gleichen Sicherheits-Guideline operieren und in diesem Sinne Teilnehmer der gleichen Organisation sind. Andererseits ist hierbei das Risiko so genannter Innenangreifer nach wie vor gegeben. Betrachtet man dem gegenüber den Einsatzfall außerhalb der Eigenorganisation, setzt also eine sehr geringe Vertrauenswürdigkeit des Kommunikationspartners an, so ist weiter anzunehmen, dass außenstehenden Beteiligten keine Vertrauenswürdigkeit zugeschrieben werden kann und dies prinzipiell nicht. Geht man von einem sehr geringen Angriffspotenzial innerhalb der Eigenorganisation aus, so liegt es nahe, dass die wie oben beschriebenen gleichen Sicherheits-Guidelines für alle zugrunde liegen, die der gleichen Organisation angehören. Wie oben beschrieben, können jedoch auch hier Innenangreifer auftreten. Geht man für den Einsatzfall außerhalb der Eigenorganisation von einem sehr hohen Angriffspotenzial aus, so liegt bei den Netzbeteiligten ein unterschiedlich hohes Schutzerfordernis nahe. Angreifer können folglich Hacker sein. Entsprechende unzulässige Eingriffe erfolgen möglicherweise aus dem Internet.

Die Übersicht lässt erkennen, dass die Firewall-Konzeptionen den spezifischen Anforderungen angepasst werden müssen. Die oben angegebenen Möglichkeiten lassen sich auch kombinieren, sie bilden demnach ein Bausteinsystem, das unterschiedliche Lösungsmöglichkeiten anbietet. Generell ist zu berücksichtigen, dass es unterschiedliche Sicherheitsdienste gibt, zwischen denen ausgewählt werden kann, dass unterschiedliche Designkonzeptionen von Firewall-Systematiken existieren, dass hier verschiedene Qualitätsniveaus vorhanden sind, dass die Systeme ihre Sicherheitsqualität auf der Basis von Nachweisbarkeit bieten müssen und dass unterschiedliche Tiefen, bezogen auf die Sicherheit der Kommunikationsniveaus, existieren. Eine spezifische Problematik des Einsatzes von Firewall-Systemen ergibt sich aus der Kombinierbarkeit des Intranets, ergo des firmeninternen Netzes mit dem Internet und seinen Funktionen. Solche Funktionsfähigkeit ist gewährleistet, sofern die Mitarbeiter auf die entsprechenden E-Mails, Datenbanken, Produktinformationen und WWW-Seiten, aber auch auf neue Software usw. zugreifen können.

Betrachtet man die Kombinationsmöglichkeit von Intranet und Internet, so sind drei Einheiten schematisch darstellbar. Die oberste Ebene bildet das Internet mit den entsprechenden Servern, den an-

---

[183] Vgl. BURSCH/GÜNTHER, et al. (2005), S. 240; POHLMANN/BLUMBERG (2004), S. 307.

geschlossenen WWW-Seiten und Datenbanken usw. Die untere spezifische Anwenderebene besteht beispielsweise aus einem Corporate Network, dass verschiedene Firmenorganisationen oder Unternehmen, die Kommunikationsbedarf besitzen, miteinander verbindet. Zwischen diesen beiden Ebenen besteht die Sicherheitssystematik, die im Sinne der oben beschriebenen Firewall-Konzeptionen zentral gesteuert ist.[184]

Damit Schutzvorrichtungen überhaupt greifen können, ist ihre korrekte Implementierung im Rahmen von Sicherheitsleitlinien erforderlich. Ein Firewall-System ist von gleicher Qualität wie die Sicherheitsdienste, auf die es ausgerichtet ist. Dies lässt sich durch eine präzise Sicherheitsleitlinie, die im Unternehmen erarbeitet ist, sicherstellen. Der Begriff „Connectivity" gibt an, dass zwischen dem möglichen, hohen Aufkommen von Netzverbindungen und der zum Schutz notwendigen Sicherheit ein Spannungsfeld besteht. Je höher die Connectivity genutzt wird, desto größer sind auch die Risiken, da jeder neue unbekannte User von außen, unerlaubte Zugriffsmöglichkeiten der Gelegenheit nach testen kann. Ein Unternehmen, das Sicherheitsvorkehrungen einhält, muss in diesem Sinne auch auf die Verlässlichkeit seiner Kommunikationspartner und der von ihnen gesendeten Daten achten.

Generell lassen sich die Ziele von Firewall-Konzeptionen folgendermaßen zusammenfassen:

(1) Sie bilden Sicherheitsmechanismen, welche die Übergänge zwischen sicheren und unsicheren Netzen beherrschbar machen,

(2) analysieren die Kommunikationsdatenflüsse,

(3) überwachen und kontrollieren die Kommunikationsrelationen zwischen den Netzpartnern,

(4) stellen eine Reglementierung der Datenflüsse sicher,

(5) leisten Protokolle sicherheitsproblematischer Vorgänge in der Kommunikation und

(6) alarmieren den Security Administrator bei Problemen.[185]

Unternehmen, die Firewall-Konzeptionen einsetzen wollen, müssen sich passend zu ihren spezifischen Problemen und Anforderungen für eine möglichst individuelle Firewall-Version entscheiden. Hierbei geht es um die Definition der Frage, welche Protokollierung zugelassen werden soll, welche IT-Konzeptionen die Kommunikation zwischen den Partnern zulassen soll und in welcher zeitlichen

---

[184] Vgl. POHLMANN/BLUMBERG (2004), S. 309.
[185] Vgl. GOLDMAN (2006a) ; GOLDMAN (2006b) ; POHLMANN/BLUMBERG (2004).

Periode Kommunikationen ablaufen sollen. Zuletzt geht es um die Implementierung und Prüfung einer bestimmten Sicherheitsleitlinie im Firewall-System.[186]

3.1.1.2 Reaktive und präventive Sicherheitsvorkehrungen zur Erhöhung der Verlässlichkeit durch Intrusion Control Systeme

Der Begriff der Intrusion Control beschreibt allgemein die Systematik, der die Zugriffssicherheit des Datenaustauschs in Informationsvorgängen gewährleistet wird. Intrusion bezeichnet ein Eindringen in integere Sicherheitsbereiche des Computers, deren Datengeheimnis gewährleistet bleiben muss.

Intrusion Control beschreibt in diesem Sinne die Kontrollsicherheit gegenüber dem Eindringen dritter Parteien in das System, um dort an geheime Daten heranzukommen. Generell werden drei Dimensionen der entsprechenden Sicherheitssystematik unterschieden:

(1) Eindringen ist zu verhindern als Prävention (IPS),

(2) Eindringen ist zu erkennen als Detection (IPS) und

(3) Eindringen ist zu beseitigen als Reaction (IRS).

Die drei Dimensionen beschreiben die Gesamtfunktion des Intrusion-Control-Systems. Zu dem System gehört sämtliche Hardware als auch Software, die die drei Ebenen in ihren Zielstellungen der Sicherheit darstellen. Das Funktionieren des Intrusion-Control-Systems besteht aus drei Ebenen, die als Reaktionsformen auf Angriffsversuche sowie auf Angriffe beschrieben werden können: Verhindern (IPS), Alarmgeben (IDS) und Begrenzung der Schädigung durch das Eindringen (IRS).[187] Die Begriffe werden im Folgenden näher erläutert.

Die Abkürzung IPS beschreibt das System der Intrusion Prevention. Es lässt sich als eine Perfektionierung des Systems der Intrusion Detection (IDS) beschreiben. Das Intrusion Prevention System erkennt also nicht nur Angriffsvorgänge auf zu schützende Computerdateien, es hemmt zugleich auch die Effekte solch erfolgreicher Versuche des Eindringens.[188] Das IPS richtet seine Analyseanstrengung auf den gesamten vorhandenen Datenstrom, bietet also einen Gesamtüberblick über das Angriffsproblem. Das IPS überprüft folglich die Übertragungsvorgänge und unterbricht, im Falle eines Alarms, den Datenübermittlungsvorgang oder variiert ihn. Das IPS kann ebenfalls in die Systematik von Firewall-Konstruktionen Einsicht nehmen und dabei ebenfalls die Datenströme sicherheitstechnisch ab-

---

[186] Vgl. POHLMANN/BLUMBERG (2004), S. 313.
[187] Vgl. BSI, Bundesamt für Sicherheit in der Informationstechnik (2002); DEBAR/VIINIKKA (2005); HOLZ/MEIER, et al. (2002).
[188] Vgl. HEINRICH/HEINZL, et al. (2004), S. 341; DREWS/KASSEL, et al. (1993), S. 154.

ändern.[189] Vorteile des IPS sind die Unkompliziertheit seiner Integrationsfähigkeit in das Gesamtsystem, seine reduzierten Interaktionsanforderungen, seine zentral konfigurierte Datenauswertungsfunktion, seine Anonymität hinsichtlich persönlicher Daten, sein zielgerichtetes Vorgehen hinsichtlich von Fehlern oder Angriffen, sein Aktivschutz sowie seine Simultanität hinsichtlich des Auffindens und der Blockierung von Angriffen. Demgegenüber bestehen die Nachteile des Systems darin, dass das IPS nicht in verschlüsselte Kommunikationsströme eindringen kann, dort demnach keine Erkennungsfähigkeit besitzt, dass die Netzanbindung bei falschen Alarmen reduziert ist, es gewisse Komplexitätsprobleme in der Konfiguration aufweist, seine Verfügbarkeit in vielen Fällen nur für LINUX und Windows existiert und es einen hohen Verkaufspreis hat. Unterschieden werden drei Systeme der Intrusion Prevention: Einerseits das (1) System Host Intrusion Prevention, das (2) System Network Intrusion Prevention, sowie schließlich das (3) System Hybrid Intrusion.[190]

Das System der Intrusion Detection bildet ein Erkennungssystem, das Attacken auf Computernetze bzw. individuelle Computer verhindert.[191] Zentrale Funktionen des IDS sind es:

(1) Attacken zu erkennen,

(2) Computerfunktionen zu überwachen, die

(3) Systemintegrität zu beobachten und eine

(4) Beweissicherung bei Angriffen und Störungen im System zu bemerken sowie die

(5) Nutzer zu informieren, sofern Attacken tatsächlich existieren.

Das IDS bildet einen passiv operierenden Sicherheitsbereich des Computernetzes, da es Attacken selbst nicht direkt abweisen kann. Im Folgenden werden unterschiedliche Formen des IDS (HIDS, NIDS und Hybrid-IDS) beschrieben:

(1) Das System „Host-Based Intrusion Detection" arbeitet sensorbezogen auf dem jeweils individuell zu sichernden Computer. HIDS arbeitet mit Informationen, die aus Systemdaten, Log-Daten und Kernel-Daten des Computers stammen. Das HIDS analysiert auch Missbrauch, den mögliche Zugangsberechtigte mit dem System betreiben. Das HIDS erkennt zudem Angriffe, die das NIDS nicht erkennt. HIDS bemerkt ebenso Angriffe durch heimliche Attacken wie beispielsweise Trojaner. Des Weiteren leistet das HIDS eine Analyse der Gesamtdaten des Computers. Das HIDS gibt klare Informationen über die Formen eines möglichen Angriffs. Problematisch am HIDS ist seine

---

[189] Vgl. BSI, Bundesamt für Sicherheit in der Informationstechnik (2007), S. 33.
[190] Vgl. BSI, Bundesamt für Sicherheit in der Informationstechnik (2007), S. 33; Kruth (2004), S. 239.
[191] Vgl. Kruth (2004), S. 238

mögliche Ausschaltbarkeit durch eine DoS-Attacke. Das HIDS kann demzufolge das Netz in seinen Aktivitäten nicht mehr analysieren und tritt außer Funktion, wenn das System passiv wird und verlangsamt aufgrund seiner hohen Datenerfordernisse die Leistung des Computers.[192]

(2) Das NIDS arbeitet mit „Network-Sniffern", die sich auf Netzwerkpakete richten. Das NIDS hat umfangreichere Abwehrmöglichkeiten als das HIDS, da es Attacken auf unterschiedliche Netzwerke oder Hosts erkennen kann. Es verfügt als Vorteile über Passivsensoren, die nicht erkennbar sind, verbessert den Schutz der Firewall, arbeitet auch bei einer Ausschaltung des Zielsystems und der Implementierungsaufwand ist niedrig. Nachteilig gestaltet sich bei NIDS die Bandbreitenproblematik, denn wenn in diesem Fall Lücken auftreten, bleibt die Überwachung unvollständig. Nachteilig ist ebenfalls, dass in Netzwerken mit „geswitchten" Funktionen, Analyse-Lücken entstehen können. Weitere Problematiken können sich beim Zugriff des Systems auf die kompletten Datenmengen ergeben.[193]

(3) Das System Hybride IDS kombiniert die Qualitäten des NIDS und des HIDS. Somit sind größere Abdeckungsmöglichkeiten der Analyse gegeben. Das zentral geschaltete Managementmodul des Hybriden IDS hat Verbindung mit dem NIDS und kombiniert die Vorteile der beiden Systeme, wogegen die Nachteile größtenteils wegfallen. Das IDS-System verhält sich gegenüber Attacken bzw. Einbrüchen passiv, wie oben bereits erwähnt wurde. Es sendet in diesem Sinne beispielsweise bei einem Einbruch Alarmsignale in Form eines Reportings und ist fähig, den Einbruch zu protokollieren.[194]

Das System Intrusion Response (IRS) bildet ein Element des ICS. Es funktioniert als Automatik-Reaktion auf Einbrüche und leitet seine Funktionsweise auf diese Weise ein. Entsprechend ist demnach eine aktive Form der Abwehr gegeben.[195] Die Ziele hierbei sind einerseits die Einbruchsschäden zu reduzieren sowie andererseits den Angreifer in seiner Identität festzustellen. Das IRS lässt sich insofern als eine Ergänzung des IDS beschreiben. Die Reaktionsstärken des Systems sind je nach Produkt zu differenzieren.[196] Zum einen hat das IRS die Möglichkeit, die Kommunikation des Angreifers mit dem Computer auszusetzen. Dies geschieht durch das Einschleusen von Reset-Paketen in die Netzverbindung.[197] Zusammenfassend lässt sich feststellen, dass das IRS die Fähigkeit besitzt, Attacken zu annullieren, Zeitfenster bereitzustellen, die Reaktionsmöglichkeiten bieten, den Attackieren-

---

[192] Vgl. HANSEN/NEUMANN (2005a), S. 713f; SPENNEBERG (2005), S. 47; DEBAR/VIINIKKA (2005), S. 207ff, 211; SCHNEIER (2001), S. 35.
[193] Vgl. FUMY/SAUERBREY (2006), S. 52; HANSEN/NEUMANN (2005a), S. 713f; DEBAR/VIINIKKA (2005), S. 207ff, 209.
[194] Vgl. o. V. (2008) ; DEBAR/VIINIKKA (2005), S. 207ff.
[195] DITTRICH und HIMMA verstehen unter Intrusion Response: „Measures adopted by the victim of a digital intrusion intended to investigate, repel, or punish the intrusion." DITTRICH/HIMMA (2006), S. 170.
[196] Vgl. BSI, Bundesamt für Sicherheit in der Informationstechnik (2002), S. 14.
[197] Vgl. BSI, Bundesamt für Sicherheit in der Informationstechnik (2002), S. 15.

den zu identifizieren und auf diese Weise zugleich Personalkosten zu verringern. Zu beachten sind in diesem Zusammenhang allerdings die Vorschriften des informationellen Selbstbestimmungsrechts, da die besprochenen Systeme eine intensive Erfassung der Daten der mit diesen Systemen arbeitenden User betreiben müssen.[198] Ein weiteres Sicherheitsproblem bilden logische Veränderungen bzw. Systemanomalien, die auch als Malware bekannt sind. Diese Systemanomalien lassen sich mit Anti-Viren-Programmen bekämpfen. Anti-Viren-Programme sind Software-Programme, die mit Virenscannern operieren. Es werden bestimmte Datenbereiche auf Malware hin analysiert und bei einem positiven Befund, beseitigen die Scanner die schädigenden Programmteile.[199]

Abbildung 23 strukturiert übersichtlich die Erkennung von Systemanomalien:

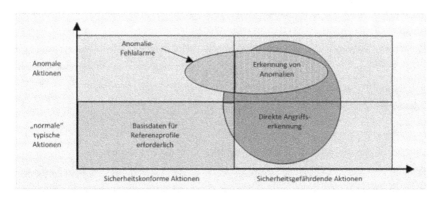

Abbildung 23: Erkennung von Anomalien
Quelle: In Anlehnung an POHLMANN/BLUMBERG (2004)

Protokollierungsprogramme, die den Systembetrieb aufzeichnen, tragen ebenfalls zur Erhöhung der Informationssicherheit von Rechnersystemen bei. Die Aufzeichnung laufender Betriebe versetzt den User in die Lage, erkennen zu können, ob und in welcher Form irgendwelche Angriffe oder Sicherheitsprobleme existieren. Dies dient zugleich der Sicherung von Beweisen.[200] Von Bedeutung für die informationelle Selbstbestimmung ist in diesem Zusammenhang, dass die Daten nur zu Protokollzwecken verwendet werden.[201]

---

[198] Vgl. HELDEN/KARSCH (1998), S. 77f; MÜLLER/EYMANN, et al. (2003), S. 411.
[199] Vgl. MITNICK/SIMON (2002), S. 95; KOSSAKOWSKI (2000), S. 453; BSI, Bundesamt für Sicherheit in der Informationstechnik (1997), Kapitel 2.3; SHOSTACK/STEWART (2008), S. 9.
[200] Vgl. BSI, Bundesamt für Sicherheit in der Informationstechnik (2004b), Kapitel M 2.64.
[201] Vgl. DEUTSCHER BUNDESTAG (2007), S. Abs. 4; Bundesdatenschutzgesetz (BDSG) (2003), §31.

3.1.2 Maßnahmen zur Gewährleistung von Beherrschbarkeit

3.1.2.1 Berechtigungssysteme zur Erhöhung der Zurechenbarkeit

Die Datensicherheit von Informationssystemen besteht nicht zuletzt darin, dass nur Personen mit diesen Systemen im Rahmen des Datenaustausches interagieren, die dazu jeweils autorisiert und authentifiziert sind. Hierfür existieren entsprechende Maßnahmen und Regelungen, die diese zwei Zugangsbedingungen sicherstellen. Geeignete Verfahren bilden die Basis, um User zu identifizieren und authentisieren, denn insbesondere in einer digitalen Gesellschaft, die zunehmend global agiert und somit enorme Datenmengen austauscht, erhalten derartige Verfahren und ihre Schutzfunktionen eine wachsende Relevanz.[202] Die Authentifizierung eines Nutzers wird in der Form der Zugangsberechtigung festgestellt und dies gegebenenfalls durch die Erkennung seiner biometrischen Daten und eines entsprechenden Passwortes des Users. Weitere Identifikationsvoraussetzungen können als Identitätsnachweis etwa eine Chipkarte oder ein physisches Token sein.[203] Die Autorisierung ist der zweite Schritt des Nutzers, um nach der Authentifizierung Systemzugang zu erhalten. Die Autorisierung des Nutzerzugangs kann beispielsweise mit so genannten Zugriffskontrolllisten (ACL) erfolgen. Beide Maßnahmen dienen präventiv der Sicherung der Datenströme innerhalb des Systems.[204]

Zur Authentifizierung und zur Autorisierung eines Nutzers, der Zugang zum Netz und zu den Daten sucht, lassen sich unterschiedliche Methoden darstellen. Auf der einen Seite existiert die Systematik der Anforderung eines bestimmten Passworts, das der Nutzer eingeben muss, möchte er einen Systemzugang erhalten. Dies lässt sich mit einer Ausweiskontrolle mittels des Personalausweises vergleichen. Passwörter haben bestimmte Mindestlängen, sie sind geheim zu halten und sollten nicht häufig geändert werden. Man kann Einmalpasswörter von dauerhaft zu nutzenden Passwörtern unterscheiden. Hinsichtlich der Authentifizierungsmethoden lassen sich kryptographische Vorgehensweisen von identifizierenden Vorgehensweisen unterscheiden. Das Einmalpasswort richtet sich in seiner Vorgehensweise auf die Nicht-Umkehrbarkeit bestimmter Funktionen, die die Geheimnisfunktionen der Initialisierung des Systems durch das Passwort gewährleisten. Die Funktionsabläufe richten sich nach dem so genannten S/Key (MD5-System). Die Authentifizierung eines Users, der Zugang zum Netz verlangt, besteht durch die Eingabe des „Nten"-Passworts, das anschließend die so bezeichnete One-Way-Funktion durchquert und mit dem entsprechenden abgespeicherten „N"-ten Funktionen abgeglichen wird.[205] Ein anderes Beispiel bietet das Security-Token-System, das mit dem Digipass-System arbeitet. Um dieses Werkzeug erfolgreich zur Datensicherung benutzen zu können,

---

[202] Vgl. Gora/Krampert (2003), S. 267; Adlmanninger (2008), S. 85f.
[203] Vgl. Horster (1993), S. 513f; Schneider (2000), S. 96.
[204] Vgl. Kersten (1995), S. 91; Schneider (2000), S. 97.
[205] Vgl. Kleiner/Müller, et al. (2005), S. 155-157; Eckert (2004), S. 445-451.

arbeitet der User mit einem Challenge-System, das mit PIN-Nummern funktioniert und sich auf Siche-rungsfunktionen der Firewall bezieht. Die entsprechende Kommunikationsverbindung verläuft in der Weise, in der der User seine jeweilige PIN-Nummer dazu verwendet, das Security-Token anzuwählen. Die Challenge wird anschließend eingegeben und im Rahmen des geheimen Schlüssels wird die Res-ponse eruiert.[206] Einer der wesentlichen Vorteile der Kommunikation über ein Mobiltelefon besteht darin, dass das GSM-Netz für einen weiten Nutzerkreis verfügbar ist, da viele User ein Handy besit-zen. Die verschlüsselten Daten sind für mögliche Angreifer nicht zugänglich. Das Sicherheitsniveau dieser Konstellation bietet höchste Qualität, da die benutzten Schlüssel sich im Speicher eines Hard-ware-Moduls befinden. Eine weitere Authentifizierungsmethode ist die Client-Authentifizierung, die über so betitelte Client-Zertifikate läuft, die wiederum öffentliche mit geheimen Schlüsseln des Clients abgleicht. Ein geeigneter Server überprüft entsprechende Passwörter, die weiterhin mit digi-talen Signaturen der Benutzer abgeglichen werden.

3.1.2.2   Digitale Signaturen zur Gewährleistung von Revisionsfähigkeit

Die Methoden der Kryptographie gelten insgesamt als sicherer Schutz für die Vertraulichkeit der In-formationsübermittlung mit Hilfe von Datenverschlüsselungssystemen. In diesem Zusammenhang ergibt sich zugleich die Möglichkeit, Digitaldokumente als gesetzlich verbindlich und damit als ge-richtsfest darzustellen. Die Bedeutung der gesetzlichen Absicherung, das heißt der Rechtsfähigkeit der digitalen Signatur, ist von Bedeutung, da beispielsweise bei Vertragskonstellationen eine beweis-feste Zurechenbarkeit der Digitalsignatur eines Absenders gegeben sein muss. Diese Nachweisbarkeit impliziert zugleich den Schutz der Integrität des Empfängers.[207]

Das deutsche Signaturgesetz definiert den Begriff digitale Signatur sinngemäß als ein „...Siegel zu digitalen Daten, das mit Hilfe eines zugehörigen öffentlichen Schlüssels, der mit einem Signatur-schlüsselzertifikat einer Zertifizierungsstelle „...“ versehen ist, den Inhaber des Signaturschlüssels und die Unverfälschbarkeit der Daten erkennen lässt."[208] Dies setzt die zuverlässige Identifizierbarkeit eines Unterzeichnenden voraus. Das digitale Datensiegel lässt sich mit einem Wachssiegel verglei-chen, mit dem Briefe verschlossen werden können.[209]

Digitale Signaturen sind eine spezifische Form des asymmetrischen Verschlüsselungsverfahrens, wel-ches bereits vorab beschrieben wurde. Grundsätzlich verfügt der Absender eines entsprechenden Dokuments über seinen privaten Geheimschlüssel, aus dem eine nur für das jeweilige Dokument

---

[206]   Vgl. POHLMANN/BLUMBERG (2004), S. 288-290.
[207]   Vgl. ECKERT (2004), S. 380; HOLZNAGEL (2003), S. 49.
[208]   Vgl. DEUTSCHER BUNDESTAG (1997), § 2(1).
[209]   Vgl. HOLZNAGEL (2003), S. 49.

geltende Signatur erstellt wird. So entsteht unter Nutzung eines Hash-Wertes im Kontext eines asymmetrischen Verschlüsselungsverfahrens eine digitale Signatur, die noch einmal transformiert wird. Die Authentifizierung gelingt nur, wenn der öffentliche Absenderschlüssel durch den privaten Schlüssel des Empfängers entschlüsselt werden kann. Der Empfänger geht mit dem so genannten Hash-Wert auf die Daten des Senders zu und benutzt diesen Wert zur Entschlüsselung.[210]

Abbildung 24 zeigt die Erzeugung und Verifikation einer digitalen Signatur:

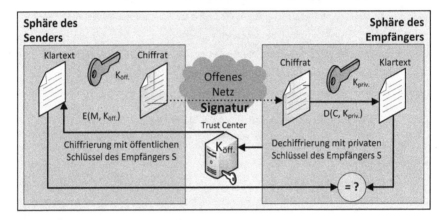

Abbildung 24: Erzeugung und Verifikation einer digitalen Signatur
Quelle: In Anlehnung an LANGE (2005), S. 59.

Die Entschlüsselung der Signatur erfolgt unter Benutzung des Public Key des Unterzeichners. Mit dem Abgleichen der Prüfsummen wird sichergestellt, dass sich die Digitalunterschrift auf eine vorhandene bezieht, dass diese Daten nach der Unterschrift nicht mehr abgeändert wurden und schließlich, dass diese Daten von dem Individuum stammen, dessen Public Key im Rahmen der Unterschriftsverifikation zur Anwendung gelangte.[211] Digitaler Signaturen sind von Vorteil, weil sie einerseits einem großen Nutzerkreis zugänglich sind, andererseits auch deutliche Schnelligkeitsgewinne erbringen. Zudem ist die digitale Signatur, selbst gegenüber mit der Hand angefertigten Unterschriften, zu einem hohen Grad fälschungssicher. Des Weiteren ist die Verifikation solcher Digitalsignaturen preiswert, da sie automatisch ablaufen kann. Nachteile können daraus entstehen, dass aufgrund der Unkompliziertheit, mit der sich Digitalsignaturen erstellen lassen, beim Unterschreibenden hinsichtlich der rechtlichen Wertung und Verwertbarkeit seiner Unterschrift kein ausreichendes Bewusstsein vorhanden ist.

---

[210] Vgl. SCHMEH (2001), S. 118f; BIZER/BRISCH (1995), S. 17.
[211] Vgl. POHLMANN/BLUMBERG (2004), S. 222.

Hieraus ergibt sich zum Beispiel die Problematik, dass Signaturen für Zusammenhänge erstellt werden, die aufgrund der Einfachheit des bloßen Mausklicks nicht das implizieren, was der Bildschirm gerade anzeigt.[212]

Langfristig können, bezogen auf die Gültigkeit von Digitalunterschriften, weitere Probleme entstehen, so dass sich beispielsweise kryptographische Methoden und Software-Techniken insofern ändern, als dass man später auf diese Unterschriften nicht mehr korrekt zurückgreifen kann, weil sie entweder nicht mehr lesbar oder nicht länger entschlüsselbar sind. Zugleich entsteht das Problem, dass Digitalunterschriften, lediglich mit der doppelten Benutzung der asymmetrischen Verschlüsselungsmethode, vollkommenen Schutz vor dem Zugang Dritter bieten. Die Digitalunterschrift ist demnach zusätzlich mit dem Public Key des Empfängers zu chiffrieren, um mehr Sicherheit zu erzeugen.[213]

3.1.3 Weitere Maßnahmen zur Gewährleistung der technischen Informationssicherheit

Mit dem Begriff Spam werden E-Mails beschrieben, die weitgehend Werbezwecken dienen. Der Begriff Spam leitet sich von einer Bezeichnung für ein amerikanisches Frühstücksfleisch in Dosen ab, wobei der Ausdruck Spam als Internet-Jargon gilt. Geht man davon aus, dass täglich E-Mails im zweistelligen Milliardenbereich verschickt werden, so ist der hiervon als Spam-Mails einzuschätzende Prozentsatz beunruhigend hoch bei über 95%. Die juristische Abwehr der Versendung solcher Mails ist aufgrund der Komplexität der IT-Technologie lediglich eingeschränkt zu leisten.[214]

Spam-Mails sind zwar kein direktes Sicherheitsproblem, richten jedoch betriebswirtschaftlichen Schaden an, da sie sich mit einem verstopften Briefkasten vergleichen lassen, aus dem die Nutzer unter erheblichem Zeitaufwand die wichtige Post herausfiltern müssen. Spam-Mails verursachen indirekte Sicherheitsprobleme, sofern sie geöffnet werden, indem übermittelte Trojaner, Würmer und Viren in das System des Nutzers eindringen. Zudem verbrauchen Spam-Mails bis zu 50% Speicherkapazität sowie Bandbreite, die anderweitig genutzt werden könnte. Demzufolge führen sie zu Arbeitszeitverlusten, da professionelle Netzarbeiter durch Spam-Mail permanent abgelenkt werden können. Versender von Spam-Mails nutzen beispielsweise den internationalen Adresslistenhandel, um an die privaten E-Mail-Adressen ihrer Empfänger zu kommen. Es gibt auch Robots, die Suchprogrammfunktionen ausführen und ebenfalls zum Auffinden privater E-Mail-Adressen dienen. Um Spam-Mails abzuwehren, existieren unterschiedliche Anti-Spam-Technologien. Beispielsweise lassen

[212] Vgl. POHLMANN/BLUMBERG (2004), S. 136f; SCHWARZE/SCHWARZE (2002), S. 31.
[213] Vgl. LIPPMANN/ROßNAGEL (2005), S. 1172-1175.
[214] Vgl. HUANG/RAU, et al. (2010), S. 222; PIETSCH/MARTINY, et al. (2004), S. 260; POHLMANN/BLUMBERG (2004), S. 247f.

sich E-Mailkopfzeilen analysieren, so dass Informationen zum Quell-Mailserver variieren. Auf diese Weise werden E-Mails identifiziert, die nicht von den Standard-Systemen wie Lotus Domino oder Microsoft Exchange stammen können.[215]

Ein weiteres System auf IT-Netzbasis, das Sicherheit gewährleisten kann, ist das sogenannte Virtual Private Network (VPN). Dies beinhaltet Lösungen der Hard- und Software mit unterschiedlichen Einsatzbereichen. VPN nutzt die offene Kommunikationsinfrastruktur des Internets. Hier ist eine Systematik angesprochen, mit der sich im Rahmen der Übertragung auf LANs usw. vertrauenswürdige Kommunikationsmöglichkeiten anbieten. Der Begriff „Virtual" sagt aus, dass das Netzwerk eben nur in einem virtuellen Scheinraum existiert, wohingegen der Begriff „Private" bedeutet, dass die entsprechende Kommunikation vertrauensgesichert, ergo privat abläuft. Zudem umschreibt der Terminus „Network", dass eine bestimmte klare Gruppe von IT-Systemen über Verbindung miteinander kommuniziert und entsprechende Protokollleistungen stattfinden. Die verschiedenen Verfahrensweisen von VPN arbeiten mit Authentifizierungsmethoden, Verschlüsselungen, der Nutzung digitaler Signaturen, Firewall-Lösungen sowie dem Tunneling. Zugleich arbeitet VPN mit kryptographischen Algorithmen, die rasche symmetrisch funktionierende Verschlüsselungsmethoden bei der Transmission von Daten benutzen. Das VPN-System beruht auf einer eigenen VPN-Pipeline, die nach außen sicherheitstechnisch abgeschottet wird. Das hierzu gehörende Corporate Network bietet die Möglichkeit, die jeweilige Kommunikationsinfrastruktur der Transmissionen frei zu gestalten und leistet damit gleichermaßen gute Verfügbarkeit. Die Nachteile bestehen in nicht unerheblichen Investitions- und Wartungskosten sowie den permanent anfallenden Kosten zur Entwicklung von Innovationen, die sich auf die sich fortwährend perfektionierende IT-Technik beziehen müssen.[216]

Die VPN-Sicherheitssystematik existiert in zwei Varianten: Es gibt eine (1) transparente Lösung, sowie eine (2) Black-Box-Lösung. In der transparenten VPN-Sicherheitslösung wird eine Sicherheitsschicht installiert, die mit dem Black-Box-Sicherheitssystem zu koppeln ist. Die Black-Box-Lösung wiederum besteht aus einem Gerät, das zwischen Netzwerkanschluss und IT-System geschaltet wird. Das Black-Box-System arbeitet mit zwei unterschiedlichen VPN-Gateways, die vor und hinter das unsichere Netz geschaltet werden.[217]

Abbildung 25 zeigt anschaulich ein Black-Box Sicherheitssystem:

---

[215] Vgl. SHOSTACK/STEWART (2008), S. 4-7; DLAMINI/ELOFF, et al. (2009), S. 6.
[216] Vgl. GORA/KRAMPERT (2003), S. 340f; STAHLKNECHT/HASENKAMP (2005), S. 108f; PANKO (2006), S. 918.
[217] Vgl. POHLMANN/BLUMBERG (2004), S. 272.

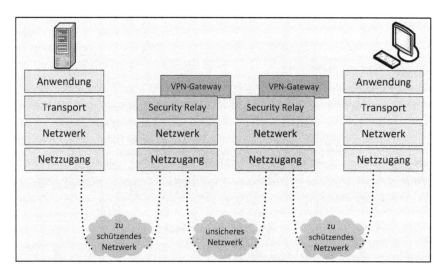

Abbildung 25: Black-Box Sicherheitssystem
Quelle: Eigene Abbildung in Anlehnung nach POHLMANN/BLUMBERG (2004), S. 272.

Die Black-Box bildet also eine Art Schnittstelle, die zu beiden Seiten des Netzes wie ein Token Ring funktioniert. Die Vorteile solcher Lösungen sind vielseitig, denn sie ermöglichen einerseits die Errichtung von Sicherheitsmodulen zwischen Endsystemen, andererseits lassen sich, für unterschiedliche Hardware-Systeme und verschiedenartige Systeme von Software, stets gleiche Black-Boxen nutzen, sodass sich ein geringer Aufwand einstellt. Des Weiteren bilden Black Boxes Sicherheitsmethoden, die von anderen Systemelementen unabhängig funktionieren. Es existiert zudem eine anwenderunabhängige Sicherheit; schließlich ist die Black Box unabhängig von bestimmten Workstations, die zu PCs, Host-Rechnern oder Unix-Systemen gehören. Die Sicherheitsdienste eines VPN-Gateways bieten die Integrität der verwendeten Daten, kontrollieren die Zugänge, garantieren Vertraulichkeit, können authentisieren, sichern Beweise, verwalten Rechte und evaluieren Protokolle. Diese Sicherheitssystematik führt insgesamt dazu, dass Datenmanipulationen auszuschließen sind, keine Datenklartexte lesbar sind, logische Kombinationen nur in einer erlaubten Form eingegangen werden, dritte Parteien nicht auf IT-Systeme zugreifen können, Kommunikationsprotokolle nur in erlaubter Form möglich sind und dass schließlich sicherheitsbedeutende Vorgänge protokollierbar und evaluuierbar sind.[218]

---

[218] Vgl. POHLMANN/BLUMBERG (2004), S. 272-274.

3.1.4   Potenzielle Items für die Erhebung der technischen Dimension der Informationssicherheit

Im Rahmen der vorliegenden Arbeit ist, wie in Kapitel 1 beschrieben, eine empirische Erhebung ge-plant. Zur Herleitung angemessener Items bilden die theoretischen Ausführungen der Abschnitte 3.1, 3.2, 3.3 und 3.4 eine erste Grundlage. Weitergehend wurden verschiedene Studien und Erhebungen analysiert, um bei den Items und den Auswahlantwortmöglichkeiten genaue Vorgaben machen zu können, welche zum Ziel haben, die statistischen Auswertungsmöglichkeiten zu erhöhen.[219] Die nach-folgende Tabelle 8 stellt mögliche thematische Items dar, welche über die inhaltlichen Ausführungen von Kapitel 3.1, der technischen Dimension, hergeleitet wurden. In dieser tabellarischen Aufführung werden potenzielle Optionen aufgeführt, welche in der Befragung mögliche Auswahlantwortmög-lichkeiten darstellen könnten.

Thematischer Item	Potenzielle Optionen
Ziele der Informationssicherheit	• Vertraulichkeit • Verfügbarkeit • Integrität • Zurechenbarkeit • Revisionsfähigkeit
Ziele der Informationssicherheit (->mit Zukunftsbezug)	• Vertraulichkeit • Verfügbarkeit • Integrität • Zurechenbarkeit • Revisionsfähigkeit
Bausteine eines Informationssicherheits-Management & Bausteine eines Informationssicherheits-Management (->mit Zukunftsbezug)	• Benutzerverwaltung • Zentrales Controlling eingesetzter Sicherheitssysteme • Alarm- und Eskalationssystem • Intrusion Detection- und Intrusion Prevention-Systeme • Kontrolle von Internet-Missbrauch • Virtual Private Networks • Identity Management Systeme • Firewalls • Virenschutz • Backup • Protokollierung unberechtigter Zugriffe • Schnittstellenüberwachung • Netzwerkzugangskontrolle • Spam Abwehr • Verschlüsselung • Elektronische Signaturen • Physische Sicherheit • Sonstiges

Tabelle 8: Items für den Themenschwerpunkt technische Dimension
Quelle: Eigene Herleitung aus den Inhalten von Kapitel 3.1

---

[219]   Vgl. <KES> (2006); HOHL (2006); DUSCHA (2008) ; CSS/ETH (2006), S. 48ff; MÜLLER (2003), S. 220f; MÜLLER/STAPF (1999), S. 100-114; HÖFLING (2005), S. 1f.

3.2 Rechtliche Aspekte zur Gewährleistung von Informationssicherheit

3.2.1 Regelungen des Bundesdatenschutzgesetz und der EU-Datenschutzrichtlinien

Der Grundsatz des BDSG, des Rechts auf *„informationelle Selbstbestimmung"*, leitet sich aus dem Art. 2 Abs. 1 des BDSG i. V. m. Art 1 Abs. 1 des Grundgesetzes ab. Der Gesetzgeber hat auf Bundesebene eine Reihe von Gesetzen erlassen, die den Datenschutz im Rahmen der informationellen Selbstbestimmung des Individuums gewährleisten soll. Generell lässt sich das informationelle Selbstbestimmungsrecht aus dem Persönlichkeitsrecht ableiten. Von hier aus lässt sich ein rechtlicher Bogen zu den entsprechenden Richtlinien der Europäischen Union schlagen. Das Bundesdatenschutzgesetz (BDSG) trat im Mai 2001 in Kraft.[220] Das Gesetz hat die Funktion, die Verwendung von Personendaten zu regeln.[221] Speziell richtet sich der gesetzliche Schutz auf den Umgang mit personenbezogenen Daten, die sich aus den Persönlichkeitsrechten des Individuums ableiten.[222] Mit dem Aufkommen des Internets und seiner massenhaften Nutzung wurde die Bedeutung des datenrechtlichen Persönlichkeitsschutzes zunehmend dringlicher. Das BDSG stellt Regeln auf, die sich auf die Zutritts- und die Zugangsbefugnis zu privaten Daten im IT-Bereich beziehen.[223] Das Datenschutzgesetz umfasst Regelungen zur Zugriffskontrolle auf persönliche Daten, zur Weitergabekontrolle, zur Auftragskontrolle und zur Verfügbarkeitskontrolle.

(1) Die Zugriffskontrollregelung sucht zu gewährleisten, dass nur berechtigte Personen auf die Nutzerdaten zugreifen können.

(2) Die Weitergabekontrolle sucht zu gewährleisten, dass die elektronische Transmission oder die Speicherung nicht von Unbefugten lesbar ist.

(3) Die Eingabekontrollregelung versucht zu verhindern, dass personenbezogene Daten im Verarbeitungssystem geändert oder eliminiert werden.

(4) Die Auftragskontrollregelung hingegen versucht zu gewährleisten, dass die Datenverarbeitung nur im Sinne der Direktiven eines Auftraggebers abläuft.

---

[220] Vgl. Bundesdatenschutzgesetz (BDSG) (2003); PETRI (2002), S. 726; SCHNEIDER (2002), S. 717.

[221] Vgl. BUSCH/WOLTHUSEN (2002), S. 42; Bundesdatenschutzgesetz (BDSG) (2003); HOLZNAGEL/SONNTAG (2002), S. 970.

[222] Das Grundrecht auf informationelle Selbstbestimmung wurde im sogenannten Volkszählungsurteil vom 15.12.1983 aus dem allgemeinen Persönlichkeitsrecht des Art. 2 Abs. 1 GG in Verbindung mit Art. 1 Abs. 1 GG abgeleitet. Vertiefend siehe HOFFMANN-RIEM (1998), S. 11.

[223] Vgl. SEIF (1986), S. 38; Bundesdatenschutzgesetz (BDSG) (2003); TADAY (1996), S. 48f.

(5) Die Verfügbarkeitskontrollregelung des Gesetzes versucht zu verhindern, dass persönliche Daten verloren gehen.[224]

Der §9h des BDSG umfasst auch ein Datenschutzaudit. Dieses Audit impliziert, dass die Datenverarbeitungssystemanbieter ihre Schutzkonzeptionen durch unabhängige Gutachter überprüfen lassen. Auf diese Weise soll ein dementsprechender Wettbewerb die Qualität des Datenschutzes erhöhen.[225] Das Bundesdatenschutzgesetz bezieht sich folglich nicht direkt auf die Informationssicherheit, sondern auf den personenbezogenen Datenschutz, der sich auf die Geheimhaltung des Namens, der Anschrift, Kreditkartennummer, des Geburtsdatums usw. erstreckt. Diese Daten sollen laut Gesetz nicht an Dritte übermittelt werden können, so dass zugleich eine Einbeziehung dieses Schutzes in den grundrechtlichen Bereich personeller Selbstbestimmung gemäß Artikel 1 Abs. 1 GG und Artikel 2 Abs. 1 GG vollzogen wurde.[226]

Auf betriebswirtschaftlicher Ebene ist zu bemerken, dass gemäß § 4f BDSG ein Unternehmen, das mehr als vier Angestellte beschäftigt, die sich mit personenbezogenen Daten beschäftigen, einen Datenschutzbeauftragten einschalten muss. Dieser arbeitet in direktem Kontext mit der Unternehmensleitung. Die Aufgabe dieses gegenüber dem Management des Unternehmens nicht weisungsgebundenen Datenschutzbeauftragten besteht darin, die im Unternehmen verwendeten Datensystematiken auf ihre Übereinstimmung mit dem BDSG hin abzugleichen.[227]

Der Beauftragte hat außerdem die Pflicht, die Anforderungen des Datenschutzgesetzes dem Personal des Unternehmens zu erläutern. Diese Erklärung betrifft besonders den Datenschutz, dass bedeutet die Erfordernis, personenschützende Informationen auf Datenbasis gemäß §4g BDSG nicht an dritte Parteien zu übermitteln. Der Datenschutz betrifft in diesem Bereich die Daten von Unternehmensmitarbeitern. Ein Verbot zur Speicherung oder Weiterverarbeitung personenbezogener Daten der Unternehmensmitarbeiter besteht, sofern die Betreffenden nicht ihre ausdrückliche Zustimmung zu solchen Verfahren gegeben haben. Insgesamt sollen demgemäß die Rechte, insbesondere die Kontrollrechte der betroffenen Mitarbeiter, angesprochen werden, aber auch mögliche Sanktionen bei Übertretungen des Gesetzes sowie die Prüfung der Umgangsformen mit personenschützenden Datenbeständen müssen dem Personal vermittelt werden. Für Verstöße gegen das Gesetz existieren

---

[224] Vgl. Duhr/Naujik, et al. (2002), S. 34; Bundesdatenschutzgesetz (BDSG) (2003); Gerohold/Heil (2001), S. 382.

[225] Vgl. Gerohold/Heil (2001), S. 379; Bachmeier (1996), S. 680; Roßnagel (2000), S. 1ff.

[226] Vgl. Bundesdatenschutzgesetz (BDSG) (2003), §1.

[227] Vgl. Adlmanninger (2008), S. 40; Fischer (2005), S. 458.

Straftatbestände, die Freiheitsstrafen bis zu zwei Jahren oder Geldstrafen bis zu 250 000 Euro nach sich ziehen können.[228]

Das Datenschutzgesetz entwickelt diese Konstellationen im §9 und der dazugehörigen Anlage mit den Kontrollvorschriften, die besonders die Eingabe von Daten im Kontext mit Aufträgen betreffen sowie Kontrollen von Usern, Datenausgabe, -weitergabe, -verfügbarkeit, Zugänge in das Datenspeichersystem, die Datenträgern und die Speichermedien und somit der gesamten Datenorganisation umschließt. Um diese Datensicherheit gewährleisten zu können, ist ein umfangreiches Informationssicherheitsmanagement von Nöten. Ein solches Management ist durch Zertifizierung nachweisbar, die von unabhängigen externen Gutachtern durchgeführt werde kann. In diesem Zusammenhang stellt sich die Problematik des Fernmeldegeheimnisses, da das Telekommunikationsgesetz es verbietet, Daten zu speichern und zu verarbeiten, die sich auf Telefonverbindungen beziehen. So gelten beispielsweise Privatgespräche von Mitarbeitern in einem Unternehmen als Bestandteil des Fernmeldegeheimnisses.[229]

3.2.1.1 Schutz der Privatsphäre durch das Grundgesetz und informationelle Selbstbestimmung als Grundlage des Datenschutzes

Das Grundgesetz der Bundesrepublik Deutschland bildet den verfassungsrechtlichen Rahmen, in dem sich die allgemeinen Persönlichkeitsrechte des Individuums entfalten (Artikel 1 GG). Dies betrifft beispielsweise die Unantastbarkeit der Menschenwürde (Art. 1 GG) sowie die freie Entfaltung der Persönlichkeit als Rechtstatbestand gemäß Art. 2 GG. Mit diesen Rechten sind Identitätsrechte gemeint, die sich auf die persönliche Unversehrtheit, auf den Schutz der Privatsphäre und der Intimsphäre beziehen.[230] Weitere Rechte der Person lassen sich aus dem Grundgesetzrahmen aus den Rechten auf Meinungs- und Informationsfreiheit gemäß Artikel 5 Abs. 1 GG ableiten. Zugleich gelten die Post- und Fernmeldegeheimnisse, nach Artikel 10 GG und dem Kompetenzrecht des Grundgesetzes für die Einrichtung von Fernmeldewesen, als vorgegebener Rechtsrahmen.[231]

Das allgemeine Persönlichkeitsrecht wird von verschiedenen Juristen als Teilelement der in Artikel 2 Absatz 1 GG definierten allgemeinen Handlungsfreiheit interpretiert. Diese Handlungsfreiheit bedarf im Rahmen des Persönlichkeitsrechtes des speziellen grundgesetzlichen Schutzes.[232] Die Einsicht in das Schutzbedürfnis dieser gesamten Sphäre ergab sich aus der Tatsache, dass die technische Fort-

---

[228] Vgl. STAHLKNECHT/HASENKAMP (2005), S. 479ff; Bundesdatenschutzgesetz (BDSG) (2003), §43 Abs. (3).
[229] Vgl. Bundesdatenschutzgesetz (BDSG) (2003); NIEDERMEIER (2006).
[230] Vgl. SEIF (1986), S. 38.
[231] Vgl. HOBERT (2000), S. 90f; RIEß (1997), S. 143.
[232] Vgl. JARRAS (1989), S. 857.

entwicklung von Eingriffsmöglichkeiten in die private Sphäre permanent zunahm und mit den traditionsgebundenen Rechtsmitteln des öffentlichen Rechts nicht mehr hinreichend geschützt werden konnte. Das Bundesverfassungsgericht (BVerfG) sowie der Bundesgerichtshof (BGH) bemühten sich daher in ihren Urteilen, die Rechte der Persönlichkeit durch eine adäquate rechtsverbindliche Urteilsfindung systematisch zu erweitern. Auf diese Weise ließen sich die Lücken des öffentlichen Rechtes, hinsichtlich des datenrechtlichen Personenschutzes, nach und nach schließen, da eine Anpassung an die technischen Möglichkeiten erfolgte.[233] Die Europäische Union versucht ihrerseits, durch Artikel 8 der Europäischen Konvention zum Menschenrechtsschutz (EMRK), den Schutz der individuellen Sphäre sicher zu stellen.[234] Das Volkszählungsurteil des Bundesverfassungsgerichts stellte fest, dass sich das Grundrecht auf informationelle Selbstbestimmung des Einzelnen aus den Persönlichkeitsrechten des Artikel 2 Abs. 1 GG i. V. m. Artikel 1 Abs. 1 GG ableiten lässt.[235] Dieses Urteil zum Recht auf Selbstbestimmung des Individuums war als Kompensation für die Tatsache gedacht, dass mit dem technischen Fortschritt der IT-Sektoren die systematische Speicherung, Evaluation und Weiterverarbeitung individueller Daten stattfand. Leitende Begriffe, die dem Gesamtkontext Datenschutz zuordenbar sind, betreffen das „Verbot mit Erlaubnisvorbehalt", die „Zweckbindung" der Datenbenutzung, sowie das „Gebot der Normenklarheit".[236] Datenschutz bezieht sich, auf der allgemeinen Ebene, auf den Schutz des Rechtes der Persönlichkeit der Person, auf die sich die Daten beziehen.[237] Die Begrifflichkeit „Verbot mit Erlaubnisvorbehalt" bedeutet, dass, sofern die Person der Erhebung ihrer Daten zustimmt oder ein Gesetz den Eingriff erlaubt, die betreffende Datenerhebung zur Person zulässig ist.[238] Schränkt der Gesetzgeber das Recht auf die informationelle Selbstbestimmung ein, so wird das oben zitierte Gebot der Normenklarheit bedeutend.[239] Der Begriff der Zweckbindung sagt aus, dass die betroffenen, individuell bezogenen Daten nur für einen Zieleinsatz genutzt werden dürfen, der die Zustimmung des Betreffenden hat.[240] Der Zweckbindungsbegriff unterliegt jedoch der Einschränkung, dass, beim Vorliegen allgemeiner Interessen, personenbezogene Datenerhebungen vorgenommen werden können, die den spezifischen Regelungssektoren des Datenschutzes aber angepasst sein müssen. In solchen Fällen greifen die entsprechenden Gesetze des Statistikbereiches, des Informations- bzw. des Kommunikationsbereichs mit dem Informations- und Kommunikationsdienste Gesetz (IuKDG) sowie die nachrichtendienstlichen Gesetze bzw. die Sozialgesetze der jeweili-

---

[233] Vgl. Vogelsang (1987), S. 39ff; Taday (1996), S. 48f.
[234] Vgl. Brühann (1997), S. 32.
[235] Vgl. Bundesbeauftragte für den Datenschutz (2006), S. 15; Sokol (2005), S. 206f; Bundesbeauftragte für den Datenschutz (1998), S. 15; Ulmer/Schrief (2004), S. 591; Ronellenfitsch (2005), S. 359.
[236] Vgl. Holznagel (2003), S. 167f.
[237] Vgl. Hobert (2000), S. 80f; Taday (1996), S. 73.
[238] Vgl. Strömer (2002), S. 346
[239] Vgl. Holznagel (2003), S. 168.
[240] Vgl. Holznagel (2003), S. 178

gen Länder. Hierunter fallen weiter die entsprechenden Staatsverträge zum Mediendienst (MdStV) sowie die jeweiligen Hochschul-, Melde-, bzw. Polizeigesetze.[241] Betrachtet man den Gesamtzusammenhang der Interdependenzen dieser Datenschutzbereiche und ihre gesetzlichen Regelungen, so lässt sich an oberster Stelle als überwölbende Rechtsvorschrift die Grundsatzbestimmung des Grundgesetzes darstellen, aus der sich die informationellen Selbstbestimmungsrechte ableiten.[242] Unter dieser obersten Rechtsvorschrift treten die Landesverfassungen in ihrer Rechtsgültigkeit, aus denen sich bereichsspezifische Gesetze der Länder ableiten, also beispielsweise das Hochschulgesetz usw. Daraus ergeben sich die Landesdatenschutzgesetze mit den betreffenden Normen der EU-Datenschutzrichtlinien.

Abbildung 26 zeigt den Zusammenhang zwischen unterschiedlichen Datenschutzbestimmungen:

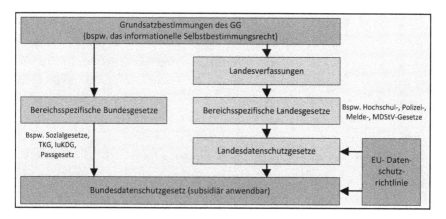

Abbildung 26: Rangfolge von Datenschutzbestimmungen
Quelle: Eigene Darstellung in Anlehnung an FAUST/TINNEFELD (1991), S. 17.

Die Datenschutzgesetze bieten folglich einen Individualschutz, der sich auf die rechtsstaatlich adäquaten Behandlungsformen personenbezogener Daten bezieht. Dabei geht es nicht zuletzt um die Verhinderung der Entstehung großer Machtzusammenballungen, die sich aus gegebenen Informationskonzentrationen ergeben könnten. Diese Schutzgesetze bieten zugleich den im Grundgesetz verankerten Schutz der individuellen Privatsphäre.[243]

---

[241] Vgl. HOBERT (2000), S. 98; GARSTKA (2003), S. 55
[242] Vgl. ULMER/SCHRIEF (2004), S. 591; RONELLENFITSCH (2005), S. 359; DEUTSCHER BUNDESTAG (2007), Art. 1 Abs. 1 und Art. 2 Abs. 1.
[243] Vgl. TADAY (1996), S. 77

3.2.1.2 Ausgewählte EU-Richtlinien zum Datenschutz

Die Datenschutzrichtlinien der Europäischen Union, die vom Europäischen Parlament und dem Rat der Europäischen Union stammen, wurden im Jahre 1995 gesetzlich verankert. Die Zielstellung der betreffenden Richtlinien war es, die datenschutzrechtlichen Gesetzesniveaus denen der EU-Mitglieder anzugleichen. Auf diese Weise sollte ein einheitliches Niveau des Datenschutzes mit gleicher Wertigkeit in allen Mitgliedsländern erreicht werden.[244] Zugleich begreift die EU-Datenschutzrichtlinie Rahmenregelungen flexibler Art in sich, die es ermöglicht, dass die jeweiligen datenschutzspezifischen Nationalbestimmungen in die EU-Richtlinie eingebaut werden können. Die Richtlinie bildet zugleich kein vollkommen neues Konzept, sondern besteht aus einer Zusammenfassung solcher Vorschriften, die hinsichtlich des Datenschutzes in Frankreich, England und Deutschland bereits vorhanden sind. Die Basis der EU-Richtlinie bezieht sich dabei weitgehend auf das deutsche Datenschutzgesetz BDSG.[245] Die datenschutzrechtlichen Regelungen der EU betreffen vor allem den ökonomisch gerichteten Binnenmarkt der Europäischen Union, enthalten aber auch, mit Artikel 25 und 26, Regelungen für elektronische Datentransmission personenbezogener Daten in solche Staaten, die außerhalb des EU-Bereichs liegen.[246] Dabei gilt als Grundlage die Angemessenheit der jeweils außerhalb der EU vorhandenen Datenschutzebenen. Datenschutzübermittlung ist zulässig, sofern in den Zielstaaten der Transferierung adäquate Schutzrichtlinien vorhanden sind. Ist das dortige Datenschutzniveau nicht angemessen, so verbietet Artikel 25 der EU-Richtlinie die entsprechende Übermittlung. In diesem Kontext lassen sich zwei Ebenen darstellen, auf denen gemäß EU-Vorschriften die Datenübermittlung personenbezogener Daten in ein außerhalb der EU liegendes Land zulässig ist. Ist das Niveau des Datenschutzes in dem betreffenden Drittland nicht angemessen, existiert beispielsweise ein Tatbestand von Ausnahmen, gemäß dem Katalog des Artikels 26 Abs. 17, gilt des Weiteren ein Ausnahmetatbestand gemäß Artikel 26 Abs. 2-47, so ist die Transferierung personenbezogener Daten gemäß EU-Recht nicht zulässig. Dies galt auch, sofern das so genannte Save-Harbour-Prinzip der USA vorliegt. Auch in diesem Fall ist die Übermittlung von personengeschützten Daten in die USA laut EU-Recht nicht zulässig. Geändert wurde dieser Tatbestand mit der Entscheidung 2001/497/EG der europäischen Kommission, welche Standardvertragsklauseln festlegte, die auf die oben beschriebene Richtlinie 95/46/EG zurückzuführen sind.[247] Erweitert wurde diese Entscheidung durch die Entscheidung 2004/915/EG, welche definierte Standardvertragsklauseln zur Übermittlung personenbezogener Daten in Drittländer erweiterte. Damit wurde ein Instrumentarium geschaffen, welches es

---

[244] Vgl. Bundesbeauftragte für den Datenschutz (2006), S. 21f; GEIS (1997), S. 289f.
[245] Vgl. HOBERT (2000), S. 93.
[246] Vgl. EUROPÄISCHES PARLAMENT (1995), Artikel 25, 26.
[247] Vgl. EUROPÄISCHES PARLAMENT (1995).

erlaubt, nach eindeutigen Regeln personenbezogene Daten in Drittländern zu übermitteln.[248] Die

Richtlinien für den Datenschutz der Europäischen Union gelten gegenwärtig als die bedeutendsten

übernationalen Normen für den personenbezogenen Datenschutz. Sie gelten sowohl für den öffentli-

chen als auch für den privaten Sektor. Hierbei macht die EU keine fundamentalen Unterscheidungen.

Der Begriff der Datenverarbeitung bezieht, in der EU-Richtlinie, sowohl die Datenerhebung als auch

ihre -nutzung in einen einheitlichen Bereich mit ein. Die entsprechenden Bestimmungen beziehen

sich auf Technologie übergreifende Zusammenhänge, die den Datenschutz zum Gegenstand haben.

Insofern bilden diese zusätzlichen Richtlinien eine Vervollständigung der ursprünglichen Sachzusam-

menhänge.[249]

3.2.2   Gesetz zur Kontrolle und Transparenz im Unternehmensbereich

Das Gesetz zur Kontrolle und Transparenz im Unternehmensbereich (KonTraG) wurde 1998 verab-

schiedet. Es enthält die Aufsichtspflichten für deutsche Unternehmen, die Daten im EDV-Bereich

verwenden. Das Gesetz hat zum Ziel, die Transparenz und die Überwachung solcher Daten, die in

betriebswirtschaftlich arbeitenden Unternehmen anfallen, zu vervollständigen und zu verbessern.

Hier bestand bis zum Zeitpunkt der Verabschiedung dieses Gesetzes eine rechtliche Lücke.[250] Ande-

rerseits dient das Gesetz auch der Absicherung der Datengeheimhaltung für die Unternehmen ihrer-

seits. Das KonTraG bildet eine eigenständige Gesetzesplattform, das bestimmte Änderungsrichtlinien

zu einer Reihe von Rechtsnormen enthält, die besonders und ausschließlich Kapitalgesellschaften

betreffen. So enthält das KonTraG Änderungen, die beispielsweise das Handelsgesetzbuch, das Ak-

tiengesetz sowie das Wertpapierhandelsgesetz und das Gesetz zu Kapitalgesellschaften mit be-

schränkter Haftung betreffen. Das KonTraG ist nicht zuletzt auch im Rahmen der von der Corporate

Governance geforderten Transparenz zu sehen, die es ermöglichen soll, Unternehmensvorgänge in

der Weise darzustellen, dass sie im Sinne eines positiven Verhaltens nachweisbar bleiben. Corporate

Governance und ihre Prinzipien entsprechen unter anderem den Richtlinien, die von der OECD erlas-

sen wurden.[251] Diese Transparenz ökonomisch-betriebswirtschaftlicher Vorgänge gewinnt ihre Be-

deutung aufgrund der sich permanent weiter international vernetzenden Wirtschaft und der ent-

sprechenden Vernetzung sämtlicher Informationssysteme. Hierbei wird der individuelle Datenschutz

zum Problem, sofern man nicht auf bestimmten unternehmenswirksamen Ebenen mit einem solchen

---

[248]   Vgl.   Europäisches Parlament   (1995);   Kommission der Europäischen Gemeinschaften   (2001b);   Kommission der Europäischen Gemeinschaften (2004).

[249]   Vgl. Brühann (1996), S. 68; Büllesbach (1998), S. 100. Vertiefend zu diesem Abschnitt vgl. die Website der
Europäischen Kommission mit dem Titel: „Schutz von personenbezogenen Daten" unter
http://europa.eu/legislation_summaries/information_society/l14012_de.htm

[250]   Vgl. Gora/Krampert (2003), S. 25; Böcking/Dörner, et al. (2000), S. 1285; Pietsch/Martiny, et al. (2004), 32f;
Spiegel (2002), S. 71.

[251]   Vgl. Adlmanninger (2008), S. 10f.

gerichtlich durchsetzbaren Schutz in der Form von Gesetzen beginnt. Der Umfang geeigneter rechtlicher Maßnahmen, die die Selbstorganisation der betreffenden Unternehmen angehen, wurde in das individuelle Ermessen der Unternehmen gestellt. Die Unternehmen selbst müssen demzufolge adäquate Anforderungen an die Überwachungssystematik einstellen.[252] Die Unternehmen sind durch das Gesetz explizit aufgefordert, ihre Datenströme nicht nur einer bloß technischen, sondern auch einer juristischen Kontrolle zu unterstellen. Hier geht es beispielsweise um die Klärung von Lücken des Datenschutzes und um die Ergreifung von Maßnahmen zur Beseitigung dieser Lücken. Die Jahresabschlussprüfung von Unternehmen gemäß § 317 HGB beinhaltet, dass der jeweilige Wirtschaftsprüfer die Funktionstüchtigkeit des EDV-Kontrollsystems des Unternehmens nachprüft.[253]

Das KonTraG hat bis zu einem gewissen Grad ähnliche Funktionen wie der Sarbanes-Oxley-Act in den USA. Diese Regelung auf gesetzlicher Basis wurde nach den Unternehmenszusammenbrüchen solcher Großbetriebe wie WorldCom zur Transparenz ökonomischer Vorgänge erlassen.[254] Das KonTraG ist dabei nur ein Artikelgesetz, das sich unter Bezug auf die oben dargestellten Aktien- bzw. Handelsgesetze als Ergänzung solcher Richtlinien versteht. Die wichtigsten Forderungen des KonTraG beziehen sich auf bestimmte Paragraphen des Aktiengesetzes und des Handelsgesetzbuchs. So liegt, hinsichtlich der Vorstandsregelungen des §91 Aktiengesetz, eine Überwachungssystematik als Forderung im KonTraG vor, die als Frühwarnsystem für Problementwicklungen zu verstehen ist, die wiederum das Unternehmen gefährden können.[255] Die Forderung des KonTraG bezieht sich außerdem auf § 93 des Aktiengesetzes, in dem die Sorgfaltspflichten der Vorstandsmitglieder im Hinblick auf die Gewissenhaftigkeit der Geschäftsleitung aufgeführt sind. Bei einem Streit über die Einhaltung von Sorgfaltspflichten gegenüber Geschäftsprozessen trifft die Beweislast die Geschäftsleitung. In Bezug auf § 371 HGB richten sich die Forderungen des KonTraG auf die Effektivität des Überwachungssystems des Unternehmens, wobei der Fokus auf die Ehrlichkeit der Inhalte der Jahresabschlussberichte des Unternehmens gemäß vorgeschriebener Buchführung hinsichtlich der Darstellung der Vermögens-, Finanz- und Ertragslage des Unternehmens (§264 HGB) liegt. Das KonTraG gibt bestimmte Kriterien an, die sich sowohl auf die Bilanzsumme und ihre Darstellung, als auch auf den Umsatz des Unternehmens und seine Darstellung sowie auf die Mitarbeiterzahl beziehen. Diese Gesamtdarstellungen haben Effekte, die sich auf die Sicherheit der Informationen beziehen und die Gesamtlage des Unternehmens und seine ökonomische Stabilität betreffen. Das KonTraG fordert in diesem Zusammenhang ein effektives Risikomanagement seitens der Unternehmensleitung, das sich auf die Infor-

---

[252] Vgl. NIEDERMEIER/JUNKER (2004), S. 13; TURCZYK (2005), S. 371f; ECKERT (2004), S. 174f.
[253] Vgl. HOLZNAGEL/SONNTAG (2002), S. 987; BUSCH/WOLTHUSEN (2002), S. 39; BÖCKING/DÖRNER, et al. (2000), S. 1286f.
[254] Vgl. SACKMANN (2008), S. 91f.
[255] Vgl. GORA/KRAMPERT (2003), S. 25f.

mationssicherheit des Unternehmens bezieht.[256] Ein zentrales Ziel ist die Sicherstellung einer Transparenz der Unternehmensvorgänge, die Risiken des Scheiterns sowie ökonomische Folgen verhindern soll. Die Informationssicherheit ist in diesem Sinne insofern zu gestalten, dass das Risikomanagement hier einbezogen ist, um mögliche Insolvenz-Gefahren frühzeitig zu erkennen.[257]

3.2.3 Informationssicherheit im Telemediengesetz

Die datenschutzrechtliche Relevanz des Personenschutzes bezieht sich auch auf den Bereich der Medien. In diesem Rahmen trat 1997 das Informations- und Kommunikationsdienste-Gesetz (IuKDG) in Kraft.[258] Umgangssprachlich existiert für dieses Gesetz der Ausdruck Multimediagesetz. Dies ist ein Artikelgesetz, das bestimmte andere Rechtsvorschriften ergänzt und vervollständigt. Das Bundesgesetz verfolgte das Ziel, Hindernisse für den ökonomischen Wettbewerb im Multimediamarkt zu beseitigen. Zugleich sollten vereinheitlichte Rahmenvoraussetzungen für das Informations- und Kommunikationsdienste-Angebot entstehen. Zudem enthalten die entsprechenden Vorschriften Hinweise zu Ordnungswidrigkeitsrechten bezüglich der Urheberbereiche und des Verbraucherschutzes.[259] Das IuKDG besteht aus drei wesentlichen Oberbereichen; erstens aus dem (1) Gesetz über die Nutzung von Telediensten (TDG), (2) Schutz personenbezogener Daten bei Telediensten (TDDSG) sowie dem (3) Gesetz zur digitalen Signatur (SIGG).[260] Außerdem enthält es Regelungen zur Änderung bestimmter Teile des Strafgesetzbuchs, insbesondere des Gesetzes zu Ordnungswidrigkeiten, Urheberrechten und bspw. des Preisangabegesetzes. Betrachtet man exemplarisch die Regelungen zum Signaturgesetz, so werden hier Rahmenvoraussetzungen für die Nutzung digitaler Signaturen im Geschäfts- und im Rechtsverkehr gegeben.[261] Das Teledienstdatenschutzgesetz gilt für sektorenspezifische Normen, die sich auf den personenbezogenen Datenschutz bei Telediensten beziehen. Medienbezogene Informationssicherheit wird durch das Informations- und Kommunikationsdienste-Gesetz angestrebt. Das IuKDG enthält in diesem Kontext eine Reihe datenschutzrechtlicher Vorschriften, welche einerseits Erstregelungen in Artikelform sowie auch Ergänzungen und Hinzufügungen in der Form eines Mantelgesetzes enthalten.[262] Der Begriff des Mantels leitet sich in diesem Kontext aus dem Multimediasektor ab, der als Sachobjekt des Gesetzes zu verstehen ist.[263] Die wichtigste Zielstellung des IuKDG ist die Schaffung präziser Rahmenvoraussetzungen, mit denen sich Kommunikationsdienste und Informationsleistungen im Multimedia-Sektor unter einheitlichen Nutzungsbedingungen ge-

---

[256] Vgl. Königs (2005), S. 52.
[257] Vgl. Böcking/Dörner, et al. (2000), S. 1285; Gora/Krampert (2003), S. 25; Pietsch/Martiny, et al. (2004), 32.
[258] Vgl. Gora/Krampert (2003), S. 249f; Engel-Flechsig (1997a), S. 90.
[259] Vgl. Hobert (2000), S. 120.
[260] Vgl. Ulrich (1999), S. 21ff.
[261] Vgl. Engel-Flechsig/Maennel, et al. (1997), S. 2982.
[262] Vgl. Engel-Flechsig (1997a), S. 90.
[263] Vgl. Engel-Flechsig (1997b), S. 8f.

währleisten lassen. Das IuKDG enthält zudem Regelungen zum Verbraucherschutz, zum Jugendmedienrecht sowie zum Strafrecht und Urheberrecht.[264]

Wesentliche Bestandteile des Informations- und Kommunikationsdienste-Gesetzes gingen im Rahmen einer Gesetzesreform am 01.03.2007 in das Telemediengesetz auf. Das Telemediengesetz (TMG) wurde am 18.01.2007 vom Deutschen Bundestag als Vorschrift zur Vereinheitlichung von Vorschriften über bestimmte elektronische Informations- und Kommunikationsdienste verabschiedet. Das TMG wurde als Artikel 1 des Elektronischer-Geschäftsverkehr-Vereinheitlichungsgesetz (ElGVG) verkündet und löst somit das Teledienstgesetz (TDG), das Teledienstedatenschutzgesetz (TDDSG) sowie weitestgehend den Mediendienste-Staatsvertrag (MDStV) ab, welche alle zeitgleich mit dem Inkrafttreten des Telemediengestzes als unwirksam erklärt wurden. Die Aufgabe des TMG ist die „...rechtlichen Anforderungen für elektronische Informations- und Kommunikationsdienste regeln sowie vereinheitlichen zu wollen...",[265] wobei es allgemeine Informationspflichten beim E-Commerce, die Haftung für Internetprovider sowie den Datenschutz im Internet regelt. Im Mittelpunkt des neuen Gesetzes stehen dabei Tele- und Mediendienste, wobei unter Mediendiensten, in der Regel, redaktionell gestaltete Online-Angebote von Nachrichten, Magazinen und Zeitungen verstanden werden. Teledienste umfassen hingegen über das Netz abrufbare Dienstleistungs- und Warenangebote. Hierbei wurde mit dem Telemediengesetz erstmals versucht, einheitliche Regelungen und Vorschriften für Tele- und Mediendienste aufzustellen. Vor dem Hintergrund entstand der Begriff der Telemedien, wobei hierbei zwischen den inhalts- und wirtschaftsbezogenen Anforderungen unterschieden wird. Besondere Anforderungen können im Rahmen des Gesetzes dekliniert werden für das (1) Impressum für Telemediendienste, die (2) Haftung von Dienstebetreibern für gesetzwidrige Inhalte, den (3) Datenschutz bei der Herausgabe von Daten sowie zum Betreiben von Telemediendiensten, die (4) Providerkompetenzen sowie zum (5) Vorgehen gegen Spam-Mails.[266] Der Datenschutz wird im TMG ausführlich in Abschnitt 4 geregelt. Im Rahmen der Neukonzeption des TMG erfolgt hier jedoch keine grundsätzliche Neuerung respektive Reform, vielmehr wurden die Regelungen des vorherigen Teledienstedatenschutzgesetzes 1:1 mit dem gleichen Anwendungsbereich des alten Teledienstedatenschutzgesetz akzipiert. Dies gilt sowohl für Nutzer derartiger Dienste im Arbeits- und Dienstverhältnis als auch zur Steuerung von Geschäfts- und Arbeitsprozessen innerhalb von und zwischen öffentlichen und nicht öffentlichen Stellen. Eindeutigkeit wurde beim Adressaten aus datenschschutzrechtlicher Perspektive vorgenommen, welcher nicht in einer juristischen Person Anwendung findet, sondern

---

[264] Vgl. HOBERT (2000), S. 120.
[265] HOEREN (2007b), S. 801.
[266] Vgl. HOEREN (2007b), S. 801f.

lediglich auf Daten natürlicher Personen.[267] Hierbei ist die Nutzung personenbezogener Daten entsprechend der alten Datenstruktur nur ausnahmsweise durch gesetzliche Ermächtigung respektive Einwilligung des Nutzers statthaft. Eine anderweitige Nutzung von personenbezogenen Daten ist ausdrücklich verboten. Die elektronische Billigung ist nur zulässig im Rahmen einer (1) adäquaten Protokollierung, wenn der (2) Nutzer seine Zustimmung eindeutig und bewusst vorgenommen hat, der (3) billigende Inhalt jederzeit erneut abrufbar ist und die (4) Revokation seitens des Nutzers sichergestellt ist.[268] Der strenge Umgang, welcher aus dem TDDSG stammt, führte dazu, dass die überwiegende Anzahl praktisch vorhandener elektronischer Zustimmungsregelungen im Internet nicht dem Datenschutzrecht entsprechen.[269]

3.2.4 Weitere ausgewählte Gesetze und Regelungen zur Gewährleistung von Informationssicherheit

Die rechtliche Seite der Informationssicherheit lässt sich unter weiteren verschiedenen Gesichtspunkten erörtern. Im Folgenden soll dies in Bezug auf das Signaturgesetz (SigG), mit Rücksichtnahme auf Basel II sowie unter Beachtung des Sarbanes Oxley Act (SOX) der USA, geschehen.

Das Signaturgesetz besitzt im Telekommunikationsbereich besondere Bedeutung, da die konventionelle Unterschrift einen Eindeutigkeitscharakter besitzt, den die elektronische Signatur nicht länger bieten kann. Elektronische Willenserklärungen und Erklärungen überhaupt, lassen sich im hohen Maße manipulieren, duplizieren und bilden, wegen ihrer immateriellen Übermittlung unter räumlichen und zeitlichen Aspekten, gegenüber der konventionellen Handunterschrift eine eingeschränkte Sicherheit.[270] Die digitale Signatur versucht dem Rechtsverkehr auf elektronischer Basis einen Sicherheitsrahmen zur Verfügung zu stellen, der der traditionellen Handunterschrift entspricht. Dies würde bedeuten, dass eine solche elektronische Signatur gegen Manipulation immun ist, sich weiterhin eindeutig hinsichtlich ihres Urhebers identifizieren lässt und sie demgemäß Rechtskraft für den Dokumentenverkehr repräsentiert. Um dies zu realisieren, arbeitet die digitale Signatur auf einer komplexeren technischen Basis, die ihrerseits mit Verschlüsselungstechniken operiert. Die Hintergrundtechnik zur Erstellung einer elektronischen Signatur arbeitet mit der Einschaltung eines so genannten Trust Centers, das mit geheimen Schlüsseln die Unterschrift des Unterzeichners in eine elektronische Zeichenfolge umsetzt. Hierbei spricht man von einem digitalen Fingerabdruck, der sich mit bestimmten Algorithmen zu einer eindeutigen Identifizierung des Betroffenen wieder entschlüsseln lässt. Im

---

[267] Vgl. HOEREN (2007b), S. 804.
[268] Vgl. HOEREN (2007b), S. 804f.
[269] Vgl. HOEREN (2007b), S. 805.
[270] Vgl. ROßNAGEL (1997), S. 75; HOBERT (2000), S. 129.

Rahmen der Erstellung elektronischer Signaturen existieren unterschiedliche Hierarchiestufen, die sich von der einfachen elektronischen bis zu einer qualifizierten elektronischen Signatur erstrecken.[271] Als Spezialform einer qualifizierten elektronischen Signatur lässt sich die akkreditierte Signatur (§ 15 Abs. 1 S. 4 SigG) bezeichnen. Die unterschiedlichen Hierarchie-Stufen beziehen sich auf den Bedeutungswert der jeweils damit verschlüsselten Inhalte, die mit sicheren Techniken identifizierbar signiert werden. Um solche Signaturen qualifiziert, also akkreditiert zu gestalten, bedarf es der Ausstellung eines qualifizierten Zertifikats seitens eines Zertifizierungsanbieters.[272] Zertifizierungsanbieter bedürfen des Nachweises der Qualifizierung und der Zuverlässigkeit des § 12 SigG. Die Anbieter von Zertifizierungsleistungen unterliegen ihrerseits, im Sinne § 14 SigG, spezifischer datenschutzrechtlicher Vorschriften. Zur Technik der Verschlüsselung bei digitalen Signaturen siehe vertiefend Abschnitt 3.1.2.2.[273]

Im Rahmen der so genannten Basel II-Regulierungen ergeben sich rechtliche Neubestimmungen für die Kreditsicherung der Kreditvergabe von Banken. Der Begriff Basel II umfasst spezielle Rating-Konditionen, welche die Kreditrisiken in Bezug auf die Deckung mit Eigenkapital des Kreditnehmers deutlich abhängiger gestalten, als dies bis zu Basel II der Fall gewesen war. Die diesbezüglichen Regulierungen beziehen sich speziell auf die Zusammensetzung der Kreditzinssätze, welche im Rahmen eines Risikomanagements für die Banken Kapitalsicherheit bilden sollen. Basel II bedeutet demzufolge eine Rahmenvereinbarung, die die operationellen Risiken der Verlustgefahr von Krediten minimiert. Die drei Säulen, auf denen die Rahmenvereinbarung ruht, sind Möglichkeiten von ersichtlichen Überprüfungsprozessen, Mindestkapitalanforderungen seitens der Kreditnehmer sowie die Garantie eines betrieblichen Managements, das auf Marktdisziplin beruht. Die Banken selbst sind gehalten, ein diesbezügliches Risiko-Management zu führen, das für die Sicherheit der Wiedereinbringungsmöglichkeit ihrer Kredite sorgt. Dazu ist das Top-Management bzw. die Geschäftsleitung in adäquatem Umfang in das Risiko-Management einzubinden, insbesondere bei der Vergabe von Krediten. Entsprechende Praktiken und Ratings liegen in Basel II und den diesbezüglichen Vorschriften vor.[274] Mit den vom 01.01.2007 beschlossenen EU-Richtlinien 2006/48/EG und 2006/49/EG sind die Regeln von Basel II für alle Finanzdienstleistungs- und Kreditinstitute der Mitgliedsstaaten der Europäischen Union anzuwenden.[275]

---

[271] Vgl. HOLZNAGEL (2003), S. 56.
[272] Vgl. POHLMANN/BLUMBERG (2004), S. 222; HOLZNAGEL (2003), S. 59f.
[273] Vertiefende zur digitalen Signatur vgl. DEUTSCHER BUNDESTAG (1997) ; IACONO/DIETZE (2005); SCHREIBER (2005).
[274] Vgl. GORA/KRAMPERT (2003), S. 25; ADLMANNINGER (2008), S. 11f; BASELER AUSSCHUSS FÜR BANKENAUFSICHT (2004).
[275] Vgl. EUROPÄISCHES PARLAMENT (2006a); EUROPÄISCHES PARLAMENT (2006b).

Der Sarbanes-Oxley-Act betrifft insbesondere die Verschärfung der Sicherheitsvorschriften für Unternehmen, im Rahmen der Rechenschaftslegung der Corporate Governance, und dies unter Berücksichtigung der Berichterstattung und internen Unternehmenskontrolle.[276] Nach diversen betrügerischen Konkursen von Unternehmen, wie bspw. Worldcom in den USA, wurde zur Verschärfung der Betriebskontrolle seitens der US-Regierung und speziell von den Abgeordneten Sarbanes und Oxley der Sarbanes Oxley Act initiiert. SOX enthält spezielle Bestimmungen für die Corporate Governance von Großunternehmen für die interne Kontrolle, das Reporting sowie die Besetzung von Aufsichtsräten. Einige Sanktionsmaßnahmen im Rahmen des SOX fallen bei Verstößen gegen die diesbezüglichen Vorschriften seit 2002 höher aus. Beispielsweise können Verstöße gegen die betreffenden Vorschriften bei der Börsennotierung, im Rahmen des SOX, hohe Haftstrafen für die beteiligten Manager nach sich ziehen. Die internen Kontrollstandards richten sich nach dem so genannten COSO-Standards, die von den US-Behörden Security and Exchange Commission (SEC) aufgelegt wurden. Der SOX ist also ein umfangreiches Regelwerk mit verschärften Voraussetzungen für die Bilanzsicherheit und das Risiko-Management von Unternehmen.[277]

---

[276] Vertiefend zum Sarbanes Oxley Act siehe BROWN/NASUTI (2008); FOOTE/NEUDENBERGER (2005).

[277] Vgl. SHOSTACK/STEWART (2008), S. 107; LACEY (2009), S. 34; ADLMANNINGER (2008), S. 10.

3.2.5 Potenzielle Items für die Erhebung der rechtlichen Dimension der Informationssicherheit

Wie bereits zuvor erwähnt, ist im Rahmen der vorliegenden Arbeit geplant, eine empirische Erhebung vorzunehmen. Nachfolgende Tabelle 9 stellt mögliche thematische Items dar, welche über die theoretischen Ausführungen von Kapitel 3.2, der rechtlichen Dimension, hergeleitet wurden. Auch in dieser tabellarischen Aufführung werden potenzielle Optionen aufgeführt, welche in der Befragung mögliche Auswahlantwortmöglichkeiten darstellen könnten.

Thematischer Item	Potenzielle Optionen
Konsequenzen von Sicherheitsvorfällen	• Strafanzeige gegen den Verursacher • Informationen wurden missbräuchlich durch Dritte verwendet • Strafen gegenüber Ihrer Firma oder Ihren Mitarbeitern • Abmahnung, Versetzung, Entlassung von Mitarbeitern
Compliance Anforderungen & Compliance Anforderungen (->mit Zukunftsbezug)	• Basel II • BDSG • GDPdU • KonTraG • SigV/SigG • Solvency II • SOX (Sarbanes Oxley Act) • TKG, TKÜV, TDSV • TMG (TDG, TDDSG, MdStV) • ZKDSG

Tabelle 9: Items für den Themenschwerpunkt der rechtlichen Dimension
Quelle: Eigene Herleitung aus den Inhalten von Kapitel 3.2

3.3 Organisatorische Aspekte zur Gewährleistung von Informationssicherheit

3.3.1 Grundlagen der Organisation

Der Begriff der Organisation lässt sich unter verschiedenen Aspekten diskutieren. Generell bedeutet Organisation einen Erfüllungszusammenhang, in Bezug auf komplizierte Aufgabenbereiche, in denen sich eine größere Anzahl von Individuen organisatorisch betätigt.[278] Die Begrifflichkeiten, die die Dimensionen der Organisation beschreiben, lassen sich weiter unter funktionalen, institutionalen oder instrumentalen bzw. strukturalen Aspekten thematisieren. Der institutionale Begriff der Organisation thematisiert ein Unternehmen und seine interdependenten Ebenen als Organisation.[279] Die funktionale Auffassung von Organisation beschreibt Organisation als einen prozessualen Vorgang, der sich auf die Gestaltung einer Organisation, d. h. auf die Aktivität des Organisierens selbst konzentriert. Der instrumentale oder strukturale Begriff der Organisation fokussiert sich hingegen auf das Prozess-

---

[278] Vgl. BLUM (2000), S. 3; KRÜGER (1994), S. 13; SCHULTE-ZURHAUSEN (2002), S. 1-5.
[279] Vgl. VAHS (2003), S. 17.

resultat organisatorischer Vorgänge bzw. auf die Organisation als einen Zustand, der eine bestimmte Struktur besitzt, die sich beschreiben lässt. Hier wird das Unternehmen als ein organisatorischer Zustand aufgefasst.[280]

Der Organisationsgrad, d. h. die Intensität des Organisationszustandes, richtet sich nach den Erfordernissen, die von innen und außen an die betreffende Institution herangetragen werden. Eine der wesentlichen Anforderungen besteht darin, den höchst möglichen Balancegrad zwischen der erforderlichen Organisationsstabilität und -flexibilität zu erzeugen. Die optimale Balance changiert zwischen Über- sowie Unterorganisation, d. h. zwischen überkomplizierter Balance und Unterstabilisierung der chaotischen Zustände am Rande fehlender Orientierung.[281] Grundsätzlich unterscheidet der Begriff der Organisation zwischen Abläufen und dem Aufbau von Organisationen. Zwischen den Prozessen beider Ebenen besteht eine klare Interdependenz. Zentrale Bereiche der Organisation und ihrer Systematisierung bilden Begriffe wie Phase, Rang, Zweck, Verrichtung, die sich wiederum in unterschiedliche Subkriterien unterteilen lassen. Mit diesen Feldern beschäftigt sich die Aufgabenanalyse des Organisationsbegriffs. Die Einordnung in größere Gesamtkomplexe von Organisation ist das Ziel der Aufgabensynthese. Die beiden Begriffe leisten in ihrem Zusammenspiel die Darstellung der Ablauforganisation, d. h. die Darstellung der einzelnen Schritte, die zu einer Konstituierung dessen, was Organisation bildet, führen. Die Gesamtheit dieser Darstellung und Bewältigung von Aufgabenbereichen, die die Organisation und ihre Abläufe beschreiben, wird in der Organisationstheorie als Konzept der Analyse-Synthese repräsentiert.[282]

3.3.2 Organisation der IT-Aktivitäten

3.3.2.1 Aufgaben und Struktur des IT-Bereichs: Eingliederungsmodelle

Die Integration unterschiedlicher IT-Modelle in das Informationsmanagement lassen sich nach operativen und strategischen Vorgehensweisen differenzieren. Die strategische Vorgehensweise orientiert sich langfristig an wettbewerbsbezogenen Planungsvorgängen, die sich unternehmensweit, infrastrukturell im Rahmen von IT-Modellen integrieren lassen. Hier geht es unter anderem um die Strategie der Informationsverarbeitung, um zu generierende Systemarchitekturen, das Monitoring technischer Fortschritte sowie Bedarfsplanungsaspekte. Dabei erstrecken sich die Aufgaben des operativen Informationsmanagements auf den Support der Systemnutzung, auf die Stützung des Systembetriebs

---

[280]   Vgl. Vahs (2003), S. 15.
[281]   Vgl. Blum (2000), S. 5; Krüger (1994), S. 14 und S. 25f.
[282]   Vgl. Blum (2000), S. 32f; Schulte-Zurhausen (2002), S. 39-44; Vahs (2003), S. 48-57.

bezüglich der Benutzerservices, Personalschulungen sowie der Software- bzw. Hardware-Verwaltung.[283]

Die Aufgaben des Informationsmanagements bilden Teilbereiche des Sicherheitsmanagements von Informationen. Es lassen sich hierbei strategische, operative und administrative Blickwinkel unterscheiden. Diese drei Bereiche beziehen sich einerseits auf die gesamte Organisation, lassen sich andererseits auch auf den IT-Sektor übersetzen, wobei hiernach Einzelbereiche bzw. Einzelabteilungen betroffen sind. Die Implementierung der betreffenden IT-Sektoren, in Bezug auf das Wissensmanagement, wird gewöhnlich bestimmten Projektteams anvertraut, die in ihren strategischen Plänen und ihrer Organisationsform deutlich differieren können. Das Sicherheitsmanagement der IT-Sektoren eines Unternehmens kann einerseits eine abteilungsinterne Aufgabenlösung oder andererseits als Querschnittsaufgabe integriert werden. Da das Sicherheitsmanagement von Informationen komplex und relevant ist, liegt es nahe, dass sich eine hohe Ebene der Unternehmenshierarchie mit der Verantwortung für dieses Management befasst.[284]

Die IT-Vorgänge im Unternehmen zielen darauf ab, möglichst alle Bedürfnisse an Informationsverarbeitung auf die Weise zu bedienen, dass eine höchst mögliche Effektivität und Verteilungsintegration gewährleistet wird. Dies impliziert ein großes Vertrauen seitens sämtlicher Elemente der Organisation und ihrer Ebenen in das systemeigene Informationsmanagement sowie wiederum ein Informationsmanagement, welches die Organisation optimal, bei einem möglichst geringen restriktiven Einfluss, schützt. Zur Erfüllung der diesbezüglichen Aufgaben existieren unterschiedliche Modelle.[285]

Für die oben bereits angesprochenen Organisationsformen der funktionalen und divisionalen sowie der Matrix-Gliederung divergieren die Inhalte der vorhandenen Modelle. Unter funktionalen Organisationsaspekten bietet das Wissensmanagement einen Integrationsbereich, die Stabsstelle, an, die durch einen zweiten IT-Sektor als Hauptbereich im Bezug auf das Finanzwesen und der Buchhaltung des Unternehmens ergänzt wird. In diesem Fall lässt sich IT als Linieninstanz auf der unteren Ebene des Unternehmens integrieren.

Die Verbindungslinien zwischen der Institutionsleitung (Geschäftsführung) sind in diesem Modell gewissermaßen doppelt abgesichert, da kommunikative Intensität gewährleistet ist. Bei der divisionalen Organisationsform ist die IT zentral integriert, um auf einer unteren Ebene bezogen auf den Verkauf der Produkte A, B sowie C, jeweils dezentral nachintegriert zu werden. Bei der Matrixorgani-

[283] MERTENS/KNOLMAYER (1995), S. 58f.
[284] Vgl. MERTENS/KNOLMAYER (1995), S. 58f; STAHLKNECHT/HASENKAMP (2005), S. 447-450.
[285] Vgl. HEINRICH (2002a), S. 44-48; MERTENS/KNOLMAYER (1995), S. 58-54; STAHLKNECHT/HASENKAMP (2005), S. 484ff.

sation liegt der IT-Bereich dezentralisiert unter dem Bereich der Finanzen auf der untersten Ebene der Hierarchie.[286]

Abbildung 27 zeigt die unterschiedlichen Eingliederungsformen von IT-Organisationen:

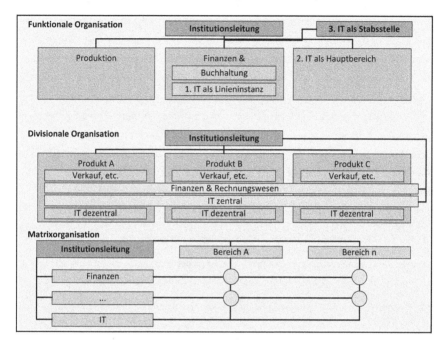

Abbildung 27: Eingliederungsformen von IT-Organisationen
Quelle: In Anlehnung an STAHLKNECHT/HASENKAMP (2002), S. 451, KRÜGER (1994), S. 111, MERTENS/KNOLMAYER (1995), S. 49.

3.3.2.2   Sicherheitsstrategie und -leitlinie

Die so genannte IT-Sicherheitsleitlinie ist als Basis für die Implementierung eines risikosicheren und ökonomisch angemessenen Sicherheitsstandards für Organisationen konzipiert, die datenbezogene Verantwortungssektoren verwalten, die im Rahmen ihrer Ziele solche Sicherheitsleitlinien benötigen. Die Sicherheitsleitlinie versucht alle Sektoren, in denen IT-Systeme zur Anwendung kommen, mit ihren Regelungen abzudecken. Die Leitlinie existiert auf zwei Ebenen: Einerseits ist eine übergeordnete Sicherheitsebene konzipiert, die den gesamten Rahmen möglicher Aspekte abdeckt, andererseits existieren untergeordnete Sicherheitssektoren, in denen für die jeweiligen IT-Dienstleistungen

---

[286]   Vgl. KRÜGER (1994), S. 111; STAHLKNECHT/HASENKAMP (2005), S. 447f und 484ff.

präzise Durchführungsmaßnahmen und Implementierungstechniken zur Gewährleistung maximaler IT-Sicherheit konzipiert sind. Außerdem ist zwischen der Größe der ökonomischen Unternehmen zu differenzieren, da größere Unternehmenseinheiten eines umfangreicheren Sicherheitsmanagements bedürfen als etwa mittelständische Betriebe.[287] Die Erstellung der Sicherheitsleitlinie für die IT-Technologie erfolgt in der Form eines schriftlichen Dokumentes. Dieses ist als Basis für das Sicherheitsmanagement des Unternehmens im Rahmen von IT-Nutzungen zu verwenden. Das Dokument enthält entsprechende Leitlinien, nicht aber einzelne Implementierungsformen für den IT-Bereich. Nach einer offiziellen Verabschiedung und In-Kraft-Setzung der IT-Sicherheitsleitlinie ist es nötig, dass das gesamte Unternehmenspersonal sich mit den Inhalten der IT-Sicherheitsprogramme vertraut macht. Besonders die Spezialisten, die sich mit dem IT-Sicherheitsmanagement des Unternehmens auseinandersetzen, also beispielsweise die Sicherheits- sowie Datenschutzbeauftragten für die jeweiligen Projekte, müssen über die vollständige Aktualversion der IT-Sicherheitsleitlinie informiert sein.[288] Beim Erstellen einer IT-Sicherheitsleitlinie ist bei einer schrittweisen Methodik nach POHLMANN eine Reihe von Punkten zu beachten, die für die Darstellung der unterschiedlichen Ebenen der Linie von Wichtigkeit sind. Die Koordination von IT-Sicherheit richtet sich auf Fragen wie:

(1) Welche IT-Services die Organisation für ihre wichtigsten Wertschöpfungsvorgänge verwendet?

(2) Welche weiteren Problembereiche bilden die Frage der Präzisionsausmaße, Integration sowie Verfügbarkeit, die IT-Dienste leisten müssen, damit das Unternehmen arbeiten kann?

(3) Welches Ausmaß hat die Vertraulichkeit, die bestimmten Unternehmensdaten zukommt?

(4) Welche Problematik möglicher Datenverluste, ihre Rekonstruktionsmöglichkeiten, die Unabkömmlichkeit bestimmter Datendienste für bestimmte Organisationsaufgaben, existieren?[289]

Ohne die Antworten zu diesen Fragen bzw. ohne eine Präzision dieser Anspruchsebenen sind IT-Sicherheitsmethoden kaum implementierbar.

Auf einer oberen Ebene gilt es mittels der IT-Sicherheitsleitlinie, die in die Wertschöpfungskette investierten Werte zu sichern, Informationsverarbeitung im Vertraulichkeitsbereich zu halten, der Datenschutzlage zu entsprechen, die Authentizität der Datenströme zu gewährleisten, einen Schaden möglichst gering zu halten sowie das Image der Organisation durch IT-Sicherheit zu fördern. Die Weiteren lassen sich durch zwei Schritte bei der Erstellung einer IT-Sicherheitsleitlinie bilden und zwar

---

[287] Vgl. POHLMANN/BLUMBERG (2004), S. 89f; PIETSCH/MARTINY, et al. (2004), S. 251; GORA/KRAMPERT (2003), S. 104.
[288] Vgl. vertiefend Projekt zwischen dem Institut für Wirtschaftsinformatik und dem Niedersächsischen Innenministerium und hierzu den Einführungserlass sowie der IT-Sicherheitslinie. Vgl. ZENTRALES IT-MANAGEMENT (2005a); ZENTRALES IT-MANAGEMENT (2005b).
[289] Vgl. POHLMANN/BLUMBERG (2004), S. 91.

einerseits durch die Bestimmung der zu erreichenden Sicherheitsniveaus sowie andererseits durch eine entsprechende Strategie des IT-Risikomanagements. Zur Bestimmung der erforderlichen Sicherheitsniveaus ist eine Quantifizierung wesentlicher Sicherheitsziele der Organisation notwendig, was gewöhnlich unter Zuhilfenahme von Rastern geschieht, die sich auf die Verlässlichkeit und Beherrschbarkeit und deren Ziele der Vertraulichkeit, Integrität, Verfügbarkeit, Revisonsfähigkeit und Zurechenbarkeit sowie ihren jeweiligen Ansprüchen an das Unternehmen beziehen. Eine Informationssicherheitsstrategie des Risikomanagements muss die basalen Informationssicherheitsprozeduren der Organisation klar bestimmen und die jeweiligen Kompetenzebenen für den Informationssicherheitsprozess klar festlegen. Im Kontext dieser beiden Anforderungsebenen zielt Informationssicherheit darauf ab, spezifische Formen der Umsetzung des Risikomanagements zu definieren, entsprechende Qualitätssicherungssysteme zu entwickeln, die Methodik des Ganzen hinsichtlich der Evaluierung von IT-Sicherheit darzustellen, die Einrichtung einer Kontinuitätsplanung zu organisieren, die für das gesamte Unternehmen und sein Personal verpflichtend ist, entsprechende Anlagen für die Sicherheit externer Kommunikationsformen herzustellen, Informationssicherheit als wesentliches Element für den ganzen Lebenszyklus des Informationssystems zu orientieren sowie das Sicherheitsbewusstsein des gesamten Unternehmenspersonals zu entwickeln. Betrachtet man nun die einzelnen Implementierungsschritte, die sich im Rahmen der Erstellung einer Sicherheitsleitlinie ergeben, so ist festzulegen, welche Items eine solche Leitlinie inhaltlich repräsentieren sollte. Grundlegend macht die IT-Sicherheitsleitlinie keine konkreten Angaben zur Implementierung von Informationssystem-Sicherheit. Andererseits sind die im Dokument vorhandenen Richtlinien präzise genug, um für umfangreiche Einsatzbereiche von IT-Technologie klar umsetzbare Ansätze zu geben. Generell geht es um die Sicherheit des Computersystems sowie um dessen Server, Workstations und Mainframes, die jeweils verschiedene Sicherheitszuschreibungen bekommen müssen. Für gewöhnlich umfasst die IT-Sicherheitsleitlinie Angaben zum (1) Zugriffsschutz, zur (2) Content Security, zum (3) Lebenszyklus des Systems sowie zu (4) Protokollierungsvorgängen.

(1) Der Schutz des Zugriffs auf Daten in IT-Systemen lässt sich beispielsweise durch die Sicherheit der Benutzeridentifikation sowie durch Reaktionen auf versuchte und nicht erfolgreiche Zugriffsversuche sichern.

(2) Die Content Security bezieht sich auf den Schutz vor Viren durch die Einrichtung bestimmter Codes, auf Virenbekämpfung und auf die Sicherheit von Net-Browsern.

(3) Die Systemlebenszyklussicherheit hingegen bezieht sich auf die Wartung des Systems, spezielle Reparaturvorgänge sowie auf ihre Installation.

(4) Zudem bezieht sich die Protokollierung unter Beachtung diverser Sicherheitsaspekte auf die Protokollauswertung und -speicherung usw.

Eine Reihe konkreter Maßnahmen dienen zugleich dem Schutz des Datenverkehrs. Hierbei sind vordringlich Firewalls zu nennen, so genannte Router zur Sicherung aktiver Netzwerkelemente. Allerdings beginnen Sicherheitsanforderungen bereits bei der Systementwicklung, da sich bereits hier das Qualitätssicherungsmanagement um Sicherheit bemühen muss. Sicherheitsebenen erstrecken sich, hinsichtlich der Erstellung von entsprechenden Leitlinien, weiter auf die Sicherheit der personellen Daten, der Software und ihre Einsatzmöglichkeiten, auf Schulungsmaßnahmen für das Personal, das mit dem System umgeht, auf Telearbeitsplätze, auf Outsourcing-Prozesse sowie nicht zuletzt auf die Sicherheit der Gesamtanlage im Rahmen baulicher Aspekte. Was den Lebenszyklus einer IT-Sicherheitsleitlinie anbelangt, so sind auf ihre Implementierung und In-Kraft-Setzung bezogen, die Sicherheitsabteilung der Organisation, die Personalabteilung, die Infrastrukturverwaltung sowie die Finanzabteilung, folglich sämtliche Nutzer sowie die IT-Abteilung in das Verfahren mit einzubeziehen. Alle Abteilungen bedürfen der entsprechenden Information darüber, dass diese Leitlinie langfristig gilt und als nachhaltiges Dokument zu betrachten ist. Zugleich liegen regelmäßige Aktualisierungsanforderungen im Rahmen dieses Dokumentes vor.[290] Die Entwicklung von Informationssicherheitsstrategien ist je nach organisationalen Anforderungen differenziert zu betrachten. Unter strategischen Aspekten bieten unterschiedliche Organisationen naturgemäß unterschiedliche Anforderungen an Sicherheit. Im Rahmen der Sicherheitserstellung für Hochschulen liegt eine Sicherheitsstrategie vor, die von generellen Leitlinien der Hochschulpolitik definiert ist. Eine solche allgemeine Richtlinie ist eine Basis, auf der sich grundlegende Handlungslinien für die Reduzierung von Sicherheitsrisiken für Informationssysteme ergeben, die an Universitäten in Verwendung sind. Sinnvoll ist, in diesem Gesamtbereich, die jeweilige Zustimmung von Hochschulleitungen zu bestimmten sicherheitsstrategischen Anforderungen.[291] Hochschulen, die entsprechende Implementierungen vornehmen, sind gehalten, sämtlichen Mitarbeitern diesbezügliche Richtlinien, die sich auf die Internetnutzung usw. beziehen, bekannt zu machen. Dies betrifft beispielsweise Netzsicherheitsleitlinien.[292] Die darauf bezogenen Sicherheitsstrategien bedürfen einer permanenten Aktualisierung.[293] Die Geltungssektoren solcher Leitlinien beziehen sich auf das gesamte Universitätspersonal, sämtliche wissenschaftlichen Institutionen und Fachbereiche der Hochschule sowie sonstige angeschlossene Anlagen. Sodann sind in allen Bereichen erforderliche Sicherheitsniveaus zu bestimmen, wozu besondere Analysen speziell gefährdeter Sicherheitsbereiche nötig sind. Auch für den universitären Bereich lassen sich strategische, taktische Aspekte sowie operative Aspekte der Entwicklung von IT-

[290] Vgl. MÖRIKE (2004),S. 12ff; HECKROTH (2002), S. 139f; MÜNCH (2005), S. 9.
[291] Vgl. MÜLLER (2003), S. 9; BSI, Bundesamt für Sicherheit in der Informationstechnik (2008), Abschnitt 6.1.3.
[292] Vgl. REPUBLIK ÖSTERREICH (2004), S. 21f.
[293] Vgl. MÜLLER (2003), S. 34.

Sicherheitsleitlinien nennen. Die unterschiedlichen Strategien verlangen folglich verschiedenartige Implementierungstechniken.[294]

3.3.3 Organisation der Informationssicherheit nach gegenwärtigen Ansätzen zum Sicherheitsmanagement

Im Folgenden werden vom Autor Ansätze zum Sicherheitsmanagement dargestellt, die sich auf konkrete Fälle der Verwendung beziehen. In diesem Rahmen existieren einerseits Standardwerke, die die Sicherheitsbereiche und ihre Anforderungen sowohl inhaltlich als auch methodisch stützen. Andererseits besteht angesichts eines breiten Angebots an Sicherheitssystemen die Problematik, welche dieser Systeme das größte Ausmaß an möglicher Sicherheit für den Datenbereich bieten. Es existieren demgemäß das IT-Grundschutzangebot, die Angebote von CobiT sowie die ISO 9000, 13335, 17799 Richtlinien, welche international festgelegte Sicherheitsstandards repräsentieren sowie FIPS 140 und ITSEC/CC, wie Abbildung 28 anschaulich zeigt:

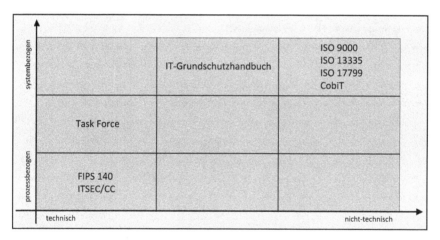

Abbildung 28: Kriterien zur Informationssicherheit im Vergleich
Quelle: Eigene Darstellung in Anlehnung an INITI@TIVE D21 TIVE D21, 2001 #151, ZSOLT BERTA/BUTTYÁN/VAJDA (2006), S. 812.

Eine Sonderform solcher Informationssicherheitskriterien bietet die Organisation nach ITIL. Diese Systeme bieten bestimmte Sicherheitsniveaus, die sich an heterogene Zielgruppen und nach unterschiedlichen Vorgehensweisen richten. Hierbei ist auf die Skalierbarkeit dieser Systeme, auf ihre Aktualisierbarkeit, ihre Verwendbarkeit für normale Unternehmens- bzw. Organisationsstrukturen,

---

[294] Vgl. UNIVERSITÄT HANNOVER (2002) ; BSTMFWFK (2001), S. 64.

ihre Kosten, ihre Unterstützung und Verwendungsfähigkeit bei bestimmten Tools, auf ihre Rücksichtnahme vorhandener Gesetze und legaler Vorgaben, auf ihre Möglichkeit, kryptographische Verfahren
zu verwenden sowie auf ihre internationale Verwendbarkeit zu achten.

3.3.3.1   Organisation der Informationssicherheit nach IT-Grundschutzhandbuch des BSI

Das so genannte IT-Grundschutzhandbuch bietet ein Standard-Sicherheitsniveau, das sich für IT-
Systeme generell nutzbar machen lässt. Dieses Grundschutzhandbuch enthält Hinweise zu standardisierten Sicherheitsmaßnahmen, die sich auf personelle, technische, organisatorische und infrastrukturelle Ebenen eines Unternehmens so beziehen lassen, dass eine Ausbaufähigkeit für komplexe und
risikoreiche Sektoren vorhanden ist. Dieses IT-Grundschutzhandbuch bietet weiterhin standardisierte
Sicherheitsmethoden, die sich auf Organisationsproblematiken, auf das Personal, auf die Hard- und
Software, auf Kommunikationsvorgänge, auf Notfälle sowie auf die Infrastruktur von Organisationen
hinsichtlich Problemlösungsansätzen beziehen.[295] Zu den Einzelaspekten bietet das IT-
Grundschutzhandbuch Bedarfsfeststellungen für Schutzleistungen, Modernisierungsansätze, Sicher-
heitschecks auf basaler Ebene, Sicherheitsanalysen, die Einsetzung von Sicherheits-IT-Maßnahmen
sowie IT-Analysen zur Organisationsstruktur. Die Adressaten für dieses Grundschutzhandbuch sind
Unternehmen, deren Größendimensionen von mittelständischen Unternehmen zu Großunterneh-
men reichen sowie auch Behörden, nicht jedoch Privatpersonen. Die Adressatenebene des IT-
Grundschutzhandbuchs beginnt zur Erleichterung der Implementierungsmöglichkeiten mit dem Satz
„Verantwortlich für Initiierung" und differenziert dann hinsichtlich der Adressaten „Verantwortlich
für Umsetzung". Die unterschiedlichen Verantwortungsbereiche der Adressaten des IT-
Grundschutzhandbuchs sind exakt benannt, so werden hierzu Rollen im Sinne von IT-
Sicherheitsbeauftragten, Adressaten der Personalabteilung, Adressaten der Brandschutzsektoren,
Administratoren, IT-Nutzer oder IT-Leiter jeweils einzeln genannt. Das IT-Grundschutzhandbuch ent-
hält, in diesem Sinne, etwa vierzig unterschiedliche Rollenbezeichnungen, so dass eine große Diffe-
renzierungsbreite für die jeweils Verantwortlichen der IT-Sicherheit gegeben ist.[296]

Das IT-Grundschutzhandbuch ist demnach auch für solche Serviceanbieter gedacht, die Internet-
dienste vorhalten, nicht jedoch für Vermittler von Netzdiensten. Auch Produzenten von Software-
produkten oder Hardware lassen sich als Adressaten des IT-Grundschutzhandbuchs betrachten. Be-

---

[295]   Vgl. GORA/KRAMPERT (2003), S. 42f; BSI, Bundesamt für Sicherheit in der Informationstechnik (2008).
[296]   Vgl. für Abschnitt 3.3.3.1 u.a. BSI, Bundesamt für Sicherheit in der Informationstechnik (2008); MEINTS (2006); BSI,
Bundesamt für Sicherheit in der Informationstechnik (2006b); TSINTSIFA (2005) ; RUCK/TSINTSIFA, et al. (2005) ; MÜNCH
(2005); BSI, Bundesamt für Sicherheit in der Informationstechnik (2004c); BSI, Bundesamt für Sicherheit in der Informationstechnik (2004b); LENZ (2003); FRIBERG/GERHARDT, et al. (2003) ; BSI, Bundesamt für Sicherheit in der Informationstechnik (2003); GORA/KRAMPERT (2003), S. 67ff.

sonders sind Administratoren von Software angesprochen, die mit den technischen Anweisungen über frühzeitige Implementierungsmöglichkeiten von Sicherheitsvorkehrungen unterrichtet werden müssen. Die methodischen Vorgehensweisen des IT-Grundschutzhandbuchs richten sich grundsätzlich auf bestimmte Komponenten der Gesamtsysteme, die anwendungsbezogen jeweils unterschiedliche Sicherheitsstandards erfordern. Eine umfangreiche IT-Konstellation ist in dem Grundschutzhandbuch insofern gegliedert, dass bestimmte Elemente einzeln auszuwählen sind und sich gemäß dieser Auswahl bestimmte Modellvorhaben durchführen lassen, was insbesondere die Netzsicherheit anbetrifft. Das IT-Grundschutzhandbuch bietet insgesamt fünf unterschiedliche Ebenen:

(1) Die IT-Systemebene, die

(2) Netzebene und Anwendungsbereiche,

(3) Darstellung von Infrastrukturen,

(4) Darstellung von IT-Systemen sowie

(5) übergeordnete Bereiche.

Der Bereich der übergeordneten Ebenen definiert Sicherheitsaspekte von IT-Technologien, die sich nicht auf spezifische Elemente von IT-oder Infrastrukturbestandteilen beziehen lassen. Hier sind solche Sektoren angesprochen, die übergeordnet die komplette IT-Konstellation aller Anwender behandeln.

Die Standard-Sicherheitsbeschreibungen, die das IT-Grundschutzhandbuch enthält, richten sich sowohl auf produktspezifische Konstellationen als auch auf technologiespezifische Konzeptionen und generische Bereiche aus. Was die generischen Anweisungen betrifft, so sind bspw. die Notfallvorsorge und gewisse Organisationserfordernisse betroffen. Da eine große Bandbreite von spezifischer Software und Lösungsangeboten im IT-Bereich existiert, sind produktspezifische Verwendungsweisen naturgemäß reduziert. Das IT-Grundschutzhandbuch deckt mit seinen Maßnahmen die gängigen Sicherheitserfordernisse ab, die sich auf IT-Verwendungen und -systeme im Durchschnitt beziehen lassen. Ist ein gesteigerter Sicherheitsstandard nötig, so sind spezifische Methoden erforderlich, die sich in ergänzender Form aufsetzen lassen.

In diesem Sinne enthält das IT-Grundschutzhandbuch weniger methodische Anweisungen für höhere Sicherheitsanforderungen. Zugleich enthält das Grundschutzhandbuch nur solche Standardmaßnahmen, die, weil sie an durchschnittlichen Sicherheitserfordernissen orientiert sind, nicht übermäßig kostenintensiv ausfallen. Extrem teure Sicherheitsinfrastrukturen werden folglich nicht angesprochen. Die wichtigsten Kosten der Implementierung beziehen sich demnach auf Maßnahmen der Organisation bei gleichem Personalaufwand. Ein weiterer Aufwand entfällt auf die IT-Grundschutz-

Analyse, deren Komplexität je größer ausfällt, desto stärker die Heterogenität des IT-Gesamtfeldes ausgeprägt ist. Unternehmen aus dem Mittelstandsbereich müssten für eine entsprechende Implementierung ungefähr drei Monate an Arbeitsaufwand berechnen.[297]

Tools, welche im Rahmen des Grundschutzhandbuchs angeboten werden, können implementierungsbezogen weiter entwickelt werden. Der Markt bietet, was Tools anbelangt, hierbei ebenfalls Ergänzungsmöglichkeiten. Die IT-Sicherheitsanforderungen, die das Grundschutzhandbuch enthält, beziehen sich unter anderem auf gesetzliche Regulierungen, die für Organisationen und ihre Sicherheitsanforderungen unumgänglich sind. Hierbei sei besonders auf die Protokollierung der Sicherheitsvorgänge hingewiesen. Eine inhaltliche Interpretation der gesetzlichen Vorschriften leistet das IT-Grundschutzhandbuch jedoch nicht. Vertiefendes Wissen bietet der Bundesdatenschutzbeauftragte für den Schutz solcher Bereiche in seinen Handreichungen im Internet.[298]

Die Methode des Grundschutzes bemüht sich darum, die Aufwendungen für die Planung, die Herstellung und die Implementierung von Sicherheitskonzeptionen zum IT-Bereich sinnvoll zu begrenzen. Es geht also nicht zuletzt darum, Aufwendungen für Risikoanalysen so zu minimieren, dass keine übermäßige Komplexität, aber begrenzbare Kosten erzielt werden können. Da die vom IT-Grundschutzhandbuch vorgeschlagenen Anwendungsformen weit verbreitet sind, ist, aufgrund einer gewissen Standardisierung, der Aufwand nicht erheblich. Zur Feststellung des Grundschutzbedarfs schlägt das IT-Grundschutzhandbuch vier Einsatzebenen vor: (1) Vorhandene Systemelemente bilden das IT-System ab, die (2) einzelnen Elemente werden präzise erfasst, es (3) erfolgen Analysen der zu treffenden Maßnahmen und es findet ein (4) Soll-Ist-Vergleich zwischen vorhandenen und geplanten Abschätzungsmaßnahmen statt.

Das IT-Grundschutzhandbuch gliedert die IT-Systeme dabei in folgende Grundelemente:

(1) Bausteine des Grundschutzhandbuches werden gelesen,

(2) Gefährdungssituationen werden analysiert,

(3) die Maßnahmenbeschreibung des Bausteins wird gelesen,

(4) ein Soll-Ist-Vergleich der Maßnahmen wird getroffen und

(5) noch fehlende Maßnahmen werden aufgelistet.[299]

---

[297] Zur Risikoanalyse mit IT-Grundschutz vgl. BSI, Bundesamt für Sicherheit in der Informationstechnik (2008), S. 167ff.
[298] Vgl. MÜNCH (2005); MEINTS (2006).
[299] Vgl. BSI, Bundesamt für Sicherheit in der Informationstechnik (2008); SCHWYTER/WISLER, et al. (2007); MEINTS (2006).

101

Aus diesen Elementen ergibt sich ein Katalog, der die Maßnahmenkonzeption des Grundschutzhandbuchs vermittelt. Die einzelnen Elemente des IT-Grundschutzhandbuchs des BSI lassen sich als Bau-
kastensystem in modularer Form auffassen. Die jeweiligen Elemente stützen die Abbildung realer IT-
Vorgänge. Die übergeordneten Ebenen solcher Systeme, gibt das Grundschutzhandbuch mit der (1)
Personalebene, der (2) Organisationsebene, den (3) Konzeptionen zur Notfallvorsorge, den (4) Kon-
zeptionen zur Datensicherung und den (5) Konzeptionen zum Datenschutz an. Die Infrastruktur der
Datensystematik kennzeichnet das IT-Grundschutzhandbuch mit Verkabelung, Räumlichkeiten,
Schutzumhüllungen, gebäudeinterne Arbeitsstationen und das Gebäude selbst. Das IT-
Grundschutzhandbuch unterscheidet, hinsichtlich IT-spezifischer Elemente, zwischen vernetzten
Systemen, Datenübertragungssystemen, Stand Alone-Systemen, Telekommunikation und weiteren
IT-Elementen.

Grundsätzlich legt das Grundschutzhandbuch fünf Gefährdungskriterien fest, die die Sicherheitsbereich betreffen: (1) Mängel in der Organisation, das (2) Auftreten höherer Gewalt, (3) humanes Fehl-
verhalten, (4) Versagen der Technik sowie (5) vorsätzliche Handlungen.

Den Gefährdungskriterien sind im Einzelnen Maßnahmen zugeordnet, welche diesbezüglich durchzuführen sind. Diese richten sich auf die Infrastruktur des Systems, auf die Organisation, das Personal,
die vorhandene Hardware bzw. Software, auf die Kommunikationswege sowie auf die Vorsorge für
Notfälle. Der so formulierte Soll-/Ist-Vergleich zwischen den zur Systemsicherheit bereits getroffenen
Maßnahmen und denen, die das IT-Grundschutzhandbuch empfiehlt, leistet einen präzisen Katalog
von zu treffenden Maßnahmen, die in diesem Zwischenbereich noch fehlen. Infolgedessen sind diese
Defizite durch eine erforderliche Systemsicherheit zu wahren bzw. wieder herzustellen.[300]

Das Bundesamt für Sicherheit und Informationstechnik wurde im Rahmen des BSI-
Einführungsgesetzes 1991 als oberste Bundesbehörde für Datensicherheit in Deutschland ins Leben
gerufen. Das Institut versteht sich als obersten Dienstleister für Sicherheit des Bundes. Als Adressaten lassen sich die Hersteller und Anwender von IT-Technik betrachten, die sich sowohl in Kommu-
nen, als auch in Bund und Ländern, jedoch auch in Unternehmen befinden. Private Nutzer sind als
Adressaten nicht ausgenommen. Das BSI berät, informiert und erteilt Zertifizierungen zur Qualität
der sicherheitsbezogenen Anwendungen.[301] Im Rahmen des IT-Grundschutzhandbuchs, entwarf das
BSI Anwendungsformen von Standardsicherheitsmaßnahmen, die das gesamte Sicherheitsmanagement von IT-Infrastrukturen in Organisationen zu orientieren vermögen. So entstehen Sicherheits-

---

[300] Zur Erstellung, Ermittlung und Bewertung von Gefährdungen vgl. BSI, Bundesamt für Sicherheit in der Informationstechnik (2008), S. 174ff.
[301] Vgl. HELMBRECHT (2004), S. 64; BSI, Bundesamt für Sicherheit in der Informationstechnik (2008), S. 158f.

102

konzeptionen auch für solche Organisationen und Behörden, die einen sehr hohen Schutzbedarf haben.[302] Der BSI-IT-Grundschutz betrachtet die Darstellung von Sicherheitserfordernissen im Rahmen eines Prozesses bzw. einer Prozessualität, die mit der Initiierung von IT-Sicherheit beginnt, sich in der Erstellung von Sicherheitskonzeptionen zur IT fortsetzt, mit der Umsetzung der Konzeption weiterführt und die Bewahrung der IT-Sicherheit in kontinuierlicher Form als Abschluss hat.[303]

Abbildung 29 zeigt den Sicherheitsprozess nach IT-Grundschutz, dessen Ziel die Aufrechterhaltung der IT-Sicherheit sowie dessen kontinuierliche Verbesserung darstellt:

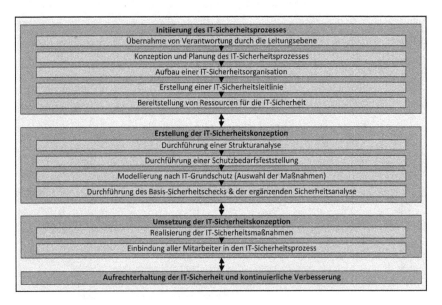

Abbildung 29: Sicherheitsprozess nach IT-Grundschutz
Quelle: Eigene Darstellung in Anlehnung an BSI (2004b), S. 21f, BSI (2006a), S. 10f.

Zur Darstellung des entsprechenden Sicherheitsprozesses unterteilt das BSI seine Notfallvorsorgekonzeptionen in unterschiedliche Bausteine.[304] Hierzu existiert im BSI-Konzept ein Katalog von Notfallvorsorgemaßnahmen. Am Beginn der Initiierung eines IT-Sicherheitsprozesses steht die Verantwortungsübernahme durch die Ebene der Organisationsleitung. Anschließend werden Elemente des IT-Sicherheitsprozesses konzipiert und geplant. Es wird eine IT-Sicherheitsorganisation aufgebaut, IT-

---

[302] Vgl. BSI, Bundesamt für Sicherheit in der Informationstechnik (2006a), S. 32; FRIBERG/GERHARDT, et al. (2003), S. 65f.
[303] Vgl. BSI, Bundesamt für Sicherheit in der Informationstechnik (2004b), S. 21f.
[304] Vgl. BSI, Bundesamt für Sicherheit in der Informationstechnik (2008), S. 24f.

Sicherheitsleitlinien werden erstellt und Ressourcen für die IT-Sicherheit, die erforderlich sind, werden bereit gestellt.[305] Der zweite Schritt umfasst die Erzeugung einer IT-Sicherheitskonzeption. Hierzu sind zunächst Strukturanalysen des Unternehmens bzw. der Organisation durchzuführen, der Schutzbedarf ist festzustellen und anschließend erfolgt eine Modellierung, gemäß IT-Grundschutz, mit der Auswahl bestimmter IT-Maßnahmen sowie angrenzenden Sicherheitschecks und ergänzenden Sicherheitsanalysen. Die Umsetzung der IT-Konzeption erfolgt demzufolge durch die Verwirklichung der betreffenden IT-Sicherheitsmaßnahmen sowie durch die Beteiligung sämtlicher Mitarbeiter an den betreffenden Sicherheitsprozessen. Ein Prozessabschluss bildet die Bewahrung und permanente Verbesserung von IT-Sicherheit in Organisationen, Institutionen bzw. Behörden.[306]

Abbildung 30 zeigt den Aufbau einer IT-Organisation, bezogen auf die Unternehmensgröße:

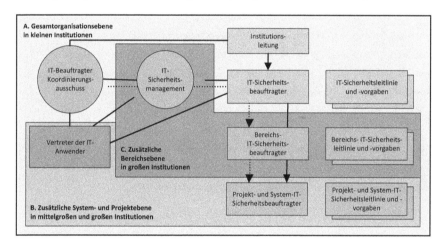

Abbildung 30: Aufbau der der IT-Organisation nach Unternehmensgröße
Quelle: Eigene Darstellung in Anlehnung an BSI (2006a), S. 20f.

Die eigentliche Konstruktion von IT-Sicherheitsorganisationen hängt von der Struktur der betreffenden Organisationen ab. Betrachtet man kleinere Institutionen, so wird ein IT-Beauftragter existieren, der mit der Institutionsleitung in kommunikativ-enger Verbindung steht. Der IT-Beauftragte operiert, im Rahmen eines IT-Sicherheitsmanagements, in Kommunikation mit den Vertretern der IT-Anwendung in der Institution. Es werden bestimmte IT-Sicherheitsleitlinien erstellt, IT-Vorgaben hierzu präzisiert und demgemäß bestimmte Sicherheitsprojekte durchgeführt. Dieses Sicherheitsma-

---

[305] Zur Planung des Sicherheitsprozesses vgl. BSI, Bundesamt für Sicherheit in der Informationstechnik (2008), S. 40f.
[306] Vgl. BSI, Bundesamt für Sicherheit in der Informationstechnik (2008), S. 55f.

nagement bedarf der permanenten Kooperation aller Institutionsebenen sowie der Einbindung aller beteiligten Mitarbeiter.[307]

3.3.3.2 Organisation der Informationssicherheit nach ITIL

Das Bibliothek ITIL sieht spezielle Methodiken für die Gewährleistung der Informationssicherheit vor. ITIL bildet sich aus den Anfangsbuchstaben IT für Information Technology sowie IL für Infrastructure Library. ITIL gilt als international akzeptierter Standard für die Implementierung von Best Practices für das Management, die Prozesse und die Gesamtorganisation. Diesbezügliche Studien des BSI kamen zu dem Resultat, dass IT-Sicherheit, IT-Betrieb und IT-Dienste in Kombination mit ITIL positive Synergien erzeugen.[308] Solche Synergien führen zu gesteigerter Sicherheit, die sich kostengünstig im Kontext von ITIL herbeiführen lässt. ITIL als System einer Standardbibliothek entstand in Großbritannien. Die Zielstellungen des Systems ist die Steigerung der Kundenorientiertheit, Prozessausrichtung sowie des Services von IT-Organisationen. Mit der erfolgreichen Steigerung der Effektivität dieser drei Ebenen lässt sich zugleich die ökonomische Effektivität von IT-Services im Rahmen von ITIL erhöhen. Die Methodik von ITIL lässt sich in drei Ebenen unterteilen. Die unterste Ebene ist die des (1) operativen Vorgehens, die (2) mittlere Ebene die der Taktik und die (3) oberste Ebene die der Strategie. Die operative Ebene bezieht sich einerseits konkret auf den Service-Support, im Systemsinn andererseits auf das Sicherheitsmanagement der Organisation. Die taktische Ebene wiederum bezieht sich auf die Service-Leistung und im weiteren Sinne ebenfalls auf Systemebenen sowie das Sicherheitsmanagement. Die strategische Ebene richtet sich dementgegen auf das Geschäftssystem selbst, wobei die beiden anderen Ebenen im weiteren Sinne einbezogen werden.[309]

Das Sicherheitsmanagement von ITIL wird über ein Service-Desk verwaltet, das die wichtigste Schnittstelle zu dem IT-Dienst und den Kunden bildet. Hier laufen Prozesse und Funktionen zusammen, die die Dienste anbieten und verwalten. Der so genannte „Single Point of Contact" bildet die wichtigste Kommunikationsposition, in der die Dienste mit dem Kunden bei Problemfällen und Anfragen Kontakt aufnehmen.[310] Betrachtet man die oben angesprochenen drei Ebenen, so enthält der Service-Support die Angebote des Problemmanagements sowie das Störungsmanagement, das die IT-Dienstleister im Rahmen von ITIL anbieten. Der Service-Support beschäftigt sich demnach mit wiederholten Störfällen, bietet Vorsorgedienste an und behebt akute Störungen.[311] Der Service Delivery

---

[307] Vgl. BSI, Bundesamt für Sicherheit in der Informationstechnik (2008); SCHWYTER/WISLER, et al. (2007).
[308] Vgl. YAO/WANG (2010), S. 1ff; JELLITI/SIBILLA, et al. (2010), S. 208.
[309] Vgl. TAMM/ZARNEKOW (2005) ; VICTOR/GÜNTHER (2004), S. 11; JELLITI/SIBILLA, et al. (2010), S. 208ff.
[310] Vgl. ZARNEKOW/BRENNER, et al. (2005), S. 59; BSI, Bundesamt für Sicherheit in der Informationstechnik (2005), S. 11, 14; VICTOR/GÜNTHER (2004), S. 24.
[311] Vgl. BSI, Bundesamt für Sicherheit in der Informationstechnik (2005), S. 15f.

bildet ein Verfügbarkeitsmanagement, das sich mit der permanenten Verbesserung der Funktions-

formen der IT-Systeme einer Organisation auseinander setzt. Hierzu gehören Präventivmaßnahmen,

die das künftige Ausfallen von Sicherheitssystemen prophylaktisch verhindern.[312] Das so genannte

Continuity Management, das ebenfalls zur Service Delivery gehört, sorgt für die Permanenzfunktio-

nen der Geschäftsprozesse, die in Ausnahmesituationen problematisch werden.[313]

ITIL arbeitet demzufolge mit drei Servicebereichen, wobei sich zum Service Delivery und Service Sup-

port als dritte Einheit der Service Desk hinzugesellt, der die Angebote der anderen beiden Bereiche

verwaltet. Das Service Desk bemüht sich um ein Availability Management, ergo um die Vermittlung

entsprechender Dienste zur Netzsicherheit, wie auch um ein Capacity Management, also um die Be-

reitstellung der verfügbaren Sicherheitskapazität.[314] Um die drei Serviceebenen gruppieren sich je-

weils drei bis vier weitere Serviceebenen. So gehören zum Service Support unter anderem das Prob-

lemmanagement, Changemanagement, Release Management sowie das Configuration Management.

Zum Service Delivery hingegen zählt das Finanzmanagement, Continuity Management, also die per-

manente Sicherheitsüberwachung, das Service Level Management und somit die Einstellung von

Sicherheitsdiensten auf bestimmte Anforderungsebenen. Hier laufen die Prozessfunktionen zusam-

men und werden an die Kunden weiter vermittelt, die eine entsprechende Sicherheitsdienstleistung

benötigen.[315] Das Release Management übersetzt sich mit dem Begriff Versionsmanagement ins

Deutsche. Dieses Versionsmanagement bezieht sich auf die Sicherheitsanforderungen bestimmter

Softwareversionen, die bei ihrer neuen Implementierung eigene Sicherheitsprobleme aufwerfen und

bemüht sich um entsprechende Stabilität und Integrität des neuen Systems. Das Konfigurationsma-

nagement erfasst Störungen der Sicherheit, die sich auf die Konfigurationselemente des Systems

beziehen und versucht, mit der Administration der verwendeten IT-Komponenten, die Sicherheits-

konfiguration des Systems zu stärken. Die hierzu verwendeten Datenbanken gelten als bedeutende

Elemente der Notfallvorsorge. Die zu Service Delivery gehörenden Management-Ebenen Service Le-

vel und Availability Management sowie das Kapazitätsmanagement erfüllen jeweils ihre eigenen Auf-

gabenstellungen.[316]

Abbildung 31 zeigt die ITIL-Prozesse im Überblick:

---

[312] Vgl. BSI, Bundesamt für Sicherheit in der Informationstechnik (2005), S. 25.
[313] Vgl. VICTOR/GÜNTHER (2004), S. 30; ZARNEKOW/BRENNER, et al. (2005), S. 61f.
[314] Vgl. VICTOR/GÜNTHER (2004), S. 25.
[315] Vgl. ZARNEKOW/BRENNER, et al. (2005), S. 60f; VICTOR/GÜNTHER (2004), S. 24.
[316] Vgl. BON/PIEPER (2005), S. 38-40.

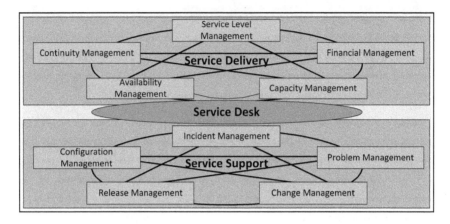

Abbildung 31: ITIL-Prozesse im Überblick
Quelle: Eigene Darstellung in Anlehnung an Vgl. VICTOR/GÜNTHER (2004), S. 25.

Das Service Level Management (SLM) bezieht sich vorwiegend auf Kundenbedürfnisse, die sich wiederum auf konkrete Serviceangebote beziehen und entsprechende Überwachungsaufgaben wahrnehmen.[317] Dies kann zum Beispiel im Rahmen einer vereinbarten organisationsweit greifenden Sicherheitsstrategie geschehen. Betroffen sind hierbei bestimmte IT-und Infrastrukturprozesse des Systems. Das Verfügbarkeitsmanagement macht bestimmte Standards für das Monitoring, die Planung und den Definitionsbereich der Systeme zugänglich. Ein Verfügbarkeitsmanagement gilt als elementarer Bestandteil des Sicherheitsmanagements, da es die Sicherheitszielstellungen des Systems absichert. Das Capacity Management wiederum stellt bestimmte Kapazitäten für den ökonomischen Bereich von IT-Ressourcen sicher. Dieses Management steuert den Einsatz von Sicherheitsressourcen unter besonderer Berücksichtigung der Wirtschaftlichkeit des Systems. Zudem sorgt das Service Continuity Management (SCM) für eine Kontinuität der Betriebsvorgänge von Sicherheitssystemen in Bezug auf die Datenflüsse in diesen Systemen. SCM analysiert dabei Risikoproblematiken, schätzt Folgeschäden ab, betreibt Notfallvorsorge und Katastrophenplanung. Das Financial Management beschäftigt sich im Rahmen von ITIL mit den Kosten und den Kostenbegrenzungsproblemen, die Sicherheitssysteme aufwerfen. In diesem Kontext ist die Problematik des Return on Security Investments (ROSI) relevant, welche im Rahmen der wirtschaftlichen Dimension der Informationssicherheit im nächsten Abschnitt weiter besprochen wird. Dies bedeutet, dass die Sicherheitssysteme im Gesamtbereich von ITIL ein hohes Maß an Rentabilität gewährleisten. Das Financial Management

---

[317] Vgl. BON/PIEPER (2005), S. 39f; BOOK/RUDOLPH (2006), S. 30f.

sorgt, in diesem Zusammenhang, für die nötige Transparenz der anfallenden Kosten.[318] Die oben dargestellten Richtlinien des IT-Grundschutzhandbuchs und des ITIL- Systems weisen deutliche Analogien und Ähnlichkeiten auf, so dass hinsichtlich der Sicherheitsaspekte und -anforderungen zwischen beiden Systemen eine große Schnittmenge existiert. ITIL begreift Sicherheitsdienste lediglich deutlicher als einen Service, den Organisationen bevorzugt in Anspruch nehmen.

3.3.3.3 Organisation der Informationssicherheit nach CobiT

Die Abkürzung CobiT bedeutet Control Objectives for IT and related Technology. Die Methode wurde von der Information Systems Audit and Control Association entwickelt.[319] Mit dieser Methode wird die Arbeitssicherheit im Kontrollumfeld von Informationssystemen erzeugt. CobiT richtet sich an unterschiedliche Adressaten. Erstens sind solche Anwender angesprochen, die IT-Dienstleistungen hinsichtlich ihrer Zuverlässigkeit besser kontrollieren wollen, zweitens sind IT-Mitarbeiter durch CobiT in ihren Arbeitsprozessen zu unterstützen, drittens werden Manager bei ihrer Risikoabwägung hinsichtlich von Investitionen für Kontrollmethoden unterstützt und viertens genießen Prüfmitarbeiter von Sicherheitssystemen durch CobiT Vorteile.[320] Die Methode von CobiT richtet sich grundsätzlich auf die drei Kriterien der Ordnungsmäßigkeit der Systemabläufe, insbesondere auf ihre Sicherheit und Qualität. Der Begriff der Ordnungsmäßigkeit umfasst bei CobiT und seinen Anwendungen die Kriterien der Zuverlässigkeit sowie die Garantie der Beachtung rechtlicher Vorschriften. Das Kriterium der Sicherheit umfasst die Verfügbarkeit der Systemerfordernisse, ihre Integrität sowie die Garantie der Vertraulichkeit, wobei sich das Kriterium der Qualität auf Effizienz und Effektivität bezieht, insbesondere bezogen auf die Funktionsformen des Systems. CobiT arbeitet in seinen Anwendungsformen mit der Annahme fünf unterschiedlicher IT-Ressourcen:

(1) IT-Anwendungen lassen sich demnach als Zusammenfassung programmierter und manueller Verfahren verstehen,

(2) Daten bilden Elemente, die extern und intern aufzufassen sind,

(3) Technologien bilden Datenbankverwaltungssysteme, Netzwerke sowie Anwendungen von Kommunikationen,

(4) Datenanlagen, also Hardware sind Ressourcen, die Informationssysteme beinhalten und

---

[318] BOOK/RUDOLPH (2006), S. 32; BON/PIEPER (2005), S. 133; VICTOR/GÜNTHER (2004), S. 30f.
[319] Vgl. SHOSTACK/STEWART (2008), S. 203; MCILWRAITH (2006), S. 9; DANIELYAN (2003), S. 51.
[320] Vgl. BROWN/NASUTI (2008); FLOWERDAY/VON SOLMS (2005), S. 609; KURU/IHSAN ARSUN, et al. (2006), S. 811ff.

(5) Mitarbeiter bzw. das Personal sind Einheiten, die über Bewusstsein und Knowledge zur Herstellung und zur Organisation von Informationssystemen verfügen.[321]

Aus diesen Ebenen generiert CobiT ein Management, das 34 Prozessformen umfasst, mit denen sich ein adäquates IT-Management erfolgsbezogen entwickeln lässt. CobiT geht dabei, unter Berücksichtigung von Datenprozessen, von einem Lebenszyklus von vier Niveaus aus. Hierbei handelt es sich um die (1) Planung und Organisation solcher Systeme, die (2) Beschaffung und Implementation der Systeme, woraus ihr (3) Betrieb und ihr Support erfolgt und schließt mit dem (4) Monitoring bzw. einer Überwachung der Systemprozesse ab. Für die 34 IT-Prozesse gibt CobiT 318 wesentliche Aufgaben an, die ihre jeweiligen IT-Ressourcen benötigen. Diese Aufgaben sind durch bestimmte Kontrollziele auf der Grundlage der Erfordernisse der oben erwähnten Ordnungsmäßigkeit, Sicherheit und Qualität, konstituiert.[322]

3.3.4 Potenzielle Items für die Erhebung der organisatorischen Dimension der Informationssicherheit

Wie bereits im vorigen Kapitel beschrieben, ist im Rahmen der vorliegenden Arbeit beabsichtigt, eine empirische Erhebung vorzunehmen. Nachfolgend stellt Tabelle 10 thematische Items dar, welche über die theoretischen Ausführungen von Kapitel 3.3, der organisatorischen Dimension, hergeleitet wurden. Auch in dieser tabellarischen Aufführung werden potenzielle Optionen aufgeführt, welche in der Befragung mögliche Auswahlantwortmöglichkeiten darstellen könnten.

Thematischer Item	Potenzielle Optionen
Standards und Normen & Standards und Normen (->mit Zeitbezug)	• BS7799 / ISO IEC 17799 • COBIT; Common Criteria • FIPS 140 • ISO 13335 • ISO 27001 • IT-Grundschutz • ITIL • ITSEC
Identifizierung von Sicherheitslücken	• Selbsteinschätzung der IT-Abteilung • Mitarbeiterfragebögen • Beobachtungen • Einzelinterviews • Sonstiges
Strategien und Managementansätze	• Schriftlich fixierte spezifische Konzepte und Richtlininen zur Informationssicherheit • Schriftlich fixierte Strategie für die Informationssicherheit

---

[321] Vgl. VON SOLMS (2005), S. 99ff; WOJTYNA (2006); ADLMANNINGER (2008), S. 12.
[322] Vgl. KURU/IHSAN ARSUN, et al. (2006), S. 824f; ZARNEKOW/BRENNER, et al. (2005), S. 62f.

	• Schriftlich fixierte Strategie für die Informationsverarbeitung • Umfassendes Sicherheitshandbuch • Schriftlich fixierte Maßnahmen zur Informationssicherheit • Schriftlich fixierter und validierter IT-Notfallplan
Überprüfung von Konzepten und Richtlinien	• alle 4 Wochen; alle 3 Monate; alle 6 Monate; jährlich; alle 2 Jahre; unregelmäßig
Überprüfung von Konzepten und Richtlinien (->mit Zeitbezug)	• alle 4 Wochen; alle 3 Monate; alle 6 Monate; jährlich; alle 2 Jahre; unregelmäßig
Wichtigkeit von Weiterbildungsmaßnahmen	• Sehr Hoch; Hoch; Neutral; Niedrig; Sehr Niedrig
Schulungsmaßnahmen für Mitarbeiter	• IT-Benutzer • IT-Fachkraft • IT-Sicherheitsadministrator • IT-Sicherheitsverantwortlicher • IT Manager/-Abteilungsleiter • IT-Bereichsleiter/CIO • CISO • Mitglied der Geschäftsleitung • Gesellschafter • Datenschutzbeauftragter • Revisor • Sonstige

Tabelle 10: Items für den Themenschwerpunkt der organisatorischen Dimension
Quelle: Eigene Herleitung aus den Inhalten von Kapitel 3.3

3.4 Ökonomische Aspekte zur Informationssicherheit

3.4.1 Informationen als bedeutendster Produktionsfaktor von Organisationen

Informationen stellen im Rahmen des Wissensmanagements einen bedeutenden Produktionsfaktor für Unternehmen dar, die ihre Wertschöpfungsaktivitäten optimal verwenden möchten. Die Tatsache, dass Informationen für Unternehmen als Produktions- und damit als Erfolgsfaktor aufzufassen sind, lässt sich auf fünf unterschiedlichen Niveaus darstellen:

(1) Informationen bilden die Basis für Geschäftsvorgänge des Unternehmens, die durch Informationsrelationen miteinander kombiniert sind und die zugleich das reibungslose Funktionieren der Geschäftsprozesse garantieren.

(2) Zudem bilden Informationen eigenständige Qualitätselemente, die sich auf die Schutzwürdigkeit der Geschäftsvorgänge, ihre Präzision, Aktualität und Vollständigkeit beziehen und es kann die

(3) Speicherung und Transformation von Informationen sowie ihre Sammlung als Basis für die Kostenfeststellung von Produktionseinheiten festgelegt werden und

(4) Informationen als Kommunikation zwischen den Unternehmensmitarbeitern als Grundlage des Unternehmenszusammenhangs und zudem lassen sich

(5) rationale Entscheidungen nur auf der Grundlage präziser Informationen auf allen hierarchischen Ebenen des Unternehmens treffen.[323]

Im Rahmen der Aktivitäten des rationalen Wissensmanagements richtet sich betriebswirtschaftliches Denken demnach zunehmend auf die Bedeutung dieser Informationsebenen. Betrachtet man diesen Zusammenhang unter systematischen oder auch schematischen Aspekten, so sind die Zeichen und Signale, aus denen sich Informationen zusammensetzen, auch als Wertbereiche aufzufassen. Daten, die sich in Nachrichten umsetzen, um eine Information zu bieten, bestehen aus Syntax und Semantik, welche wiederum Bedeutung beinhaltet, sowie aus Pragmatik, die die Zweckorientierung der Informationen bildet, wie bereits in Abschnitt 2.1.1 umfassend dargestellt wurde. Die Kommunikationswissenschaft bietet im Rahmen unterschiedlicher Interpretationsmodelle unterschiedliche Modelle an, nach denen kommunikationswissenschaftliche Begrifflichkeiten interpretierbar sind.[324] Informationen gelten hierbei als zweckorientierte Nachrichten, die sich in die Handlungssysteme zielgerichteter Aufgabenträger in bestimmte Handlungen umsetzen. Da sich Organisationen, insbesondere Unternehmen, in einem interdependenten Geflecht von Wettbewerbsvoraussetzungen befinden und eben dort agieren müssen, bilden solche Informationen demzufolge ebenso einen Produktionsfaktor, da sie die Allokation von Kapital und Arbeit in einen betrieblich exakten Rahmen erlauben, der für Rentabilität und gegebenenfalls für Konkurrenzvorteile sorgt, die denjenigen betreffen, der über die besten und schnellsten Informationsmöglichkeiten verfügt.[325]

Andererseits klagen Organisationen über einen immensen Informationsüberfluss.[326] Diese so genannte Informationsflut lässt sich eher als Datenflut bezeichnen und betrifft den Zustand der Überinformation bestimmter Entscheidungsträger im Unternehmen, so dass diese, bei der Differenzierung von bedeutenden und irrelevanten Informationen, überfordert sind. Die Relevanz von Informationen für Unternehmensentscheidungen richtet sich auf bestimmte Aufgabenbereiche, die sich klassifizieren lassen müssen. Hier geht es um die Frage, welche Informationen für die Durchführung bestimmter Aufgaben des Unternehmens erforderlich sind, wie die Verknüpfung solcher Informationen zu

---

[323] Vgl. PIETSCH/MARTINY, et al. (2004), S. 39f; vertiefend PIETSCH (1999).
[324] Diese werden in Abschnitt 4.1 umfassend dargestellt. Vertiefend vgl. vorab BONEBERG (1999), S. 269f; FISCHER/WISWEDE (1997), S. 295; HOMANS (1960), S. 271; HENTZE/KAMMEL, et al. (1997), S. 410; PIETSCH/MARTINY, et al. (2004), S. 86f.
[325] Vgl. KRUTH (2004), S. 30f; NÜTTGENS (1995), S. 5; DREIER (2002), S. 69; HEINRICH (2002a), S. 11; PIETSCH/MARTINY, et al. (2004), S. 39ff. In der rein funktionalistischen Perspektive würde nur der Mensch der Produktionsfaktor sein. Vgl. WOLF (2005), S. 97. Zum Wissen als Produktionsfaktor vgl. ausführlich TOBOLDT (2008), S. 4ff.
[326] Vgl. SPINNER (1994), S. 54; GRYZA/MICHAELIS, et al. (2000), S. 12.

erfolgen hat und welche Unternehmensziele mit diesen Informationen durchgesetzt werden sollen.[327]

Als Elemente eigenständiger Informationsprodukte lassen sich Fachinformationen in Bild- und Textform sowie in Musik- oder Filmform nennen. Sie unterscheiden sich von dem allgemeineren Begriff des Informationsguts. Letzterer Begriff bezieht sich, in Hinblick auf Unternehmen, auf einen Wirtschaftsbereich, der sich unternehmensextern konstituiert, wohingegen sich Information als Produktionsfaktor primär unternehmensintern entwickelt und generiert. Auf den unternehmensinternen Bereich lassen sich Informationen als Kostenträger, als Stütze zur Erfüllung bestimmter Unternehmensaufgaben sowie als informationelle Ressource bezeichnen, die die Unternehmensentscheidungen erleichtert, die Mitarbeiter zu bestimmten Aufgabenfeldern führt sowie Informationssysteme bietet. Die Betrachtung von Informationen als allgemeines Wirtschafts- und Informationsgut bezieht sich auf solche Informationen, die als Umsatzträger gelten können und sich damit als Betriebszweck darstellen lassen sowie eigenständige digitalisierte Inhalte als Produktbestandteile repräsentieren.[328]

Die Darstellung lässt erkennen, dass sich die Interpretation von Informationen als Wirtschaftsgut als ergänzendes Element zum Bereich der Information als Produktionsfaktor bezeichnen lässt. KLOTZ entwickelt eine Systematik, die die Komponenten von Informationen um eine Betriebskernleistung gruppiert. So erhöhen Informationen einerseits den Unternehmensnutzen, erhöhen andererseits die Produktsicherheit, bieten zudem personenbezogene und funktionale Ergänzungen des Betriebes, erleichtern außerdem die Nutzung bestimmter Programme, erhöhen dabei die Nutzungssicherheit und steigern somit die Produktsicherheit.[329]

Die Begriffe von Information als einem materiellen Wirtschaftsgut und als Produktionsfaktor lassen sich auch als Disparitäten interpretieren. So stellt STRASSMANN, unter dem Kriterium der Information als einem materiellen Wirtschaftsgut, hohe Vervielfältigungskosten den niedrigen Vervielfältigungskosten von Information als einen Wirtschaftsfaktor gegenüber. Unter materiellen Aspekten bilden Informationen durch ihren Gebrauch einen Wertverlust aus, der sich als Abnutzung bezeichnen lässt. Als Produktionsfaktor bilden Informationen dagegen Wertgewinne, in dem sie benutzt werden (bspw. als Softwareanwendung). Aus materieller Perspektive lassen sich Informationen leicht ent-

---

[327] Vgl. KÜPPERS (1999). Zur Informationsflut vgl. HANSEN/NEUMANN (2005b), S. 427; NERDINGER/BLICKLE, et al. (2008), S. 5; KRUTH (2004), S. 96.

[328] Vgl. KÖNIGS (2005), S. 167; KRCMAR (2003), S. 64f.

[329] Vgl. KLOTZ (2003), zitiert nach PIETSCH/MARTINY, et al. (2004), S. 44f.

wenden oder zerstören, jedoch bilden sie Aktualisierungsfaktoren, die eigenständige Wertsteigerungen ermöglichen.[330]

Zu beachten ist, dass sich materielle Güter und Objekte lediglich mit hohen Kosten vervielfältigen lassen. Schematisch fertige Informationen hingegen, bieten diese Problematik nicht, da ihre Kopierbarkeit kaum Kosten verursacht und enorm einfach abläuft, bspw. in Form der Speicherung auf einem USB-Stick. Im Bereich der Wirtschaftswissenschaften findet sich, hinsichtlich der ökonomischen Bewertung materieller Güter, eine umfangreiche Literatur, da nützliche Wert-Beurteilungen von Informationen und Wissen aufgrund des nur eingeschränkt überschaubaren Marktes und seiner größtenteils noch unbekannten Faktoren ungenügend ausfallen. Es besteht folglich eine wissenschaftliche Lücke, die ihren Ursprung nicht zuletzt in den oben dargestellten Gegensätzen der Interpretation beider Bereiche findet. In diesem Kontext sind Unternehmen gefordert, Lernprozesse einzuleiten, die diese Unterschiede nach und nach einebnen. Ein solcher Lernprozess kann dazu führen, dass Information als Produktionsfaktor kombinierbar wäre, sich auf diese Weise Innovationen generieren lassen, um somit die Gesamteffektivität des Unternehmens zu steigern.[331]

3.4.2 Wirtschaftlichkeitsbetrachtungen zur Gewährleistung von Informationssicherheit

3.4.2.1 Adäquanz von Informationssicherheit zwischen Investment und Restrisiko

Schutzmaßnahmen für die Daten und Datenströme, die Unternehmen im Rahmen ihrer IT-Verarbeitungssysteme benötigen, bilden ihrerseits Kostenfaktoren, die sich unter Kosten-Nutzen-Aspekten planbar machen lassen müssen. IT-Systeme leisten ihrerseits bereits Kostenreduktionen, steigern den Umsatz, begrenzen die Unternehmensrisiken und optimieren Geschäftsprozesse, wie sich aus E-Mail oder CAD-Systemen erkennen lässt. Diese Systeme gilt es im Unternehmen wirtschaftlich einzusetzen. Die betriebliche Rechnungstheorie bietet hierfür einerseits das Optimax-Prinzip, das Minimax-Prinzip sowie das Maximin-Prinzip. Das Optimax-Prinzip rechnet mit einer Kostenreduzierung bei simultaner Umsatzsteigerung im Rahmen der Kostenaufstellung des Unternehmens. Das Minimax-Prinzip hingegen rechnet mit einem gleich bleibenden Output respektive Umsatz die Möglichkeit der Kostenminimierung also Inputminimierung auf. Das Maximin-Prinzip wiederum kombiniert diese beiden Ansätze.[332] Das Rechnungswesen, das sich auf die IT-Sicherheit bezieht, lässt sich in Kosten- und Nutzenaspekte unterteilen. Kostenaspekte beziehen sich auf die Total Cost of Ownership (TCO), Nutzenaspekte dagegen auf den Return on Investments (ROI). Unter Kostenaspekte des TCO sind unter anderem Aufwendungen für die Implementierung von IT-Systemen des Unter-

---

[330] Vgl. STRASSMANN (1982), S. 75f.
[331] Vgl. BIETHAHN/MUCKSCH, et al. (2004), S. 97f; PIETSCH/MARTINY, et al. (2004), S. 47f; KLOTZ (2003) .
[332] Vgl. POHLMANN/BLUMBERG (2004), S. 406; POHLMANN (2004), S. 1f.

nehmens, die Mitarbeiterschulung sowie den Betrieb und seine Wartung zu betrachten. Hierbei wird mit der so genannten Kapitalwert-Methode gerechnet. Unter Nutzenaspekten des ROI werden die Möglichkeiten der Kostenminimierung in Bezug auf Umsatzsteigerungsformen eingerechnet, d. h. es handelt sich um die Rechnungen, die sich mit der Amortisierung der betreffenden Investitionen und Möglichkeiten zu Kostenkonsolidierungen beschäftigen. Die Tatsache, dass sich die Anschaffung und der Betrieb von Sicherheitstechnik, im Rahmen des ROI in der Bundesrepublik, keinesfalls flächendeckend durchgesetzt haben, hängt mit der Schwierigkeit zusammen, IT-Sicherheitsmethodiken unter Investitionsaspekten nachzuweisen.[333] Mathematische Modelle zeigen auf, dass sich funktional zwischen dem Investment zur Risikominderung sowie dem Betriebsergebnis ein Zusammenhang entwickelt, wie Abbildung 32 zeigt:

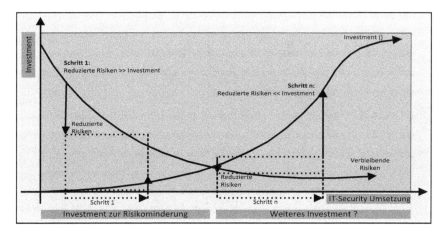

Abbildung 32: IT-Sicherheitsrisiken und -investment
Quelle: In Anlehnung an POHLMANN/BLUMBERG (2004), S. 408.

Die vorherige Abbildung demonstriert, dass mit kleineren Investitionen in die Risikoreduzierung im IT-Bereich, sich umfangreiche Kostenreduzierungen erzielen lassen. Solche Investitionen spielen sich in zwei Schritten ab. Die Funktionsvorgänge berechnen sich nach dem Pareto-Prinzip, der so genannten 80/20-Regel. Wendet ein Unternehmen 20% der möglichen Maßnahmen für die IT-Sicherheit in korrekter Form an, so lassen sich 80% Schutzbildung vor möglichen Attacken erreichen. Der zu erreichende sinnvolle Grundschutz für das Unternehmen erzeugt demnach einen geringen Aufwand.[334]

---

[333] Vgl. MIZZI (2010), S. 21; HANSEN/NEUMANN (2005b), S. 808f, 537f; GORA/KRAMPERT (2003), S. 83; SHOSTACK/STEWART (2008), S. 119, 121.Vertiefend zur Notwendigkeit der Informationsbeschaffung bei ROI-Methodiken vgl. TSIAKIS (2010), S. 9.
[334] Vgl. HANSEN/NEUMANN (2005b), S. 808f, 537f; GORA/KRAMPERT (2003), S. 83; MIZZI (2010), S. 21.

Ein Problem, für erweiterte Sicherheitsanwendungen nach der Implementierung eines Grundschutzes im Unternehmen, bildet der in diesem Fall große Kostenfaktor.

3.4.2.2 Kostenaspekte im Rahmen des Total Cost of Ownership

Am Beispiel der Anschaffung eines Firewall-Schutzsystems lässt sich erkennen, welchen Aufwand an Kosten ein Unternehmen betreiben muss, um sich mit einem solchen System, hinsichtlich der Gewährleistung von Informationssicherheit, abzusichern.[335] Die betreffende Einrichtung gliedert sich in die (1) Beschaffungsperiode, die (2) Installationsphase des Systems sowie in die (3) kontinuierliche Aufrechterhaltung des Systems Firewall.

(1) In der Beschaffungsphase eines Firewallsystems gilt es, die Systemanforderungen für die Sicherheit des Unternehmens präzise zu analysieren. Hierzu ist die Erstellung einer bestimmten Sicherheitspolitik des Unternehmens Voraussetzung. Zeitlich entsteht ein Bedarf zwischen zwei Wochen und drei Monaten für die Abdeckung der erforderlichen Aktivitäten. Es gilt, zwischen unterschiedlichen Systemen auszuwählen sowie administrative und infrastrukturelle sowie organisatorische Sicherheitsmaßnahmen zu präzisieren.

(2) Die Installationsphase des Systems umfasst alle infrastrukturellen Sicherheitsmaßnahmen, welche für den nachhaltigen Betrieb eines Firewallsystems notwendig sind. Zur Inbetriebnahme des Systems ist es sinnvoll, Rollenprofile für die Mitarbeiter zu konzipieren, die sich mit dem System und seiner Aufrechterhaltung beschäftigen sollen. Weitere Sicherheitsmaßnahmen können zwischen drei Wochen und drei Monaten Zeitaufwand bedeuten. In dieser Phase ist es für die Benutzer der Firewall zudem wichtig, Schulungsmaßnahmen durchzuführen, in deren Rahmen zudem Organisationsanweisungen erstellt werden sollten, damit unnötige Schwierigkeiten beim Betrieb vermieden werden und der richtige Umgang erfolgt.[336]

(3) Für die Aufrechterhaltung des Firewallsystems ist eine Reihe von Maßnahmen nötig, die von der Rechteverwaltung über die Logdatenanalysen bis hin zur generellen Administration des Systems und dem Security Management reichen. Die Problematik der Rechteverwaltung bezieht sich auf die Nutzungszugriffe des Personals auf das Firewallsystem. Rechnungsbeispiele zeigen, dass hierfür ein Gesamtaufwand von 18 Tagen im Jahr notwendig wäre, wenn man von einem Mitarbeiterstand von 1 000 Mitarbeitern eines Unternehmens ausgehen würde. Es wären in diesem Fall etwa 50 Veränderungen pro Monat notwendig. Die Logdatenanalyse bietet unterschiedliche

---

[335] Vgl. POHLMANN (2001).
[336] Vgl. POHLMANN/BLUMBERG (2004), S. 410f. POHLMANN führt zudem einige Kostenberechnungsbeispiele für die Installations- und Beschaffungsphase auf. Vgl. POHLMANN/BLUMBERG (2004), S. 411.

115

Aufwendungen. Der Betrieb eines Firewallsystems erfordert das Durchführen von Backups der Logdaten und des Regelwerks. Weitere Aufwendungen entfallen auf die korrekte Administration des Firewallsystems. Es gilt, dieses System in den IT-Gesamtaufbau des Unternehmens einzubinden. Sicherheitsleitlinien müssen integriert werden und die Installation des Firewallsystems muss auf Korrektheit beruhen. Hierfür sind die Durchführungen technischer und infrastruktureller Sicherheitsmaßnahmen notwendig. Des Weiteren sind organisatorische Sicherheitsmaßnahmen und personelle Sicherheitsmaßnahmen zu ergreifen. Organisatorische Sicherheitsebenen bedeuten, dass regelmäßig geprüft werden muss, ob sich neue Kombinationen unter Vermeidung des Common Point of Trust im Kontext des Firewallsystems gebildet haben. Außerdem bedeutet dieser Bereich, dass Logdaten einer kontinuierlichen Überprüfung unterzogen werden müssen, was beispielsweise die Abwehr möglicher Angriffe betrifft. Personelle Sicherheitsmaßnahmen hingegen implizieren, dass das Personal zum Beispiel permanent durch Informationsveranstaltungen auf die Sicherheitsproblematik hingewiesen wird, also ein erhöhtes Sicherheitsbewusstsein vorgehalten wird.[337] POHLMANN demonstriert in Rechenbeispielen für technische Sicherheit einen Aufwand von 4 Tagen im Jahr, für organisatorische Sicherheitsmaßnahmen ebenfalls 4 Tage, gleichfalls für infrastrukturelle Sicherheitsmaßnahmen, was sich insgesamt auf 12 Tage pro Jahr beläuft. Eine funktionierende Rechteverwaltung erfordert 18 Tage im Jahr, Logdatenanalyse 24 Tage, die Einrichtung neuer Dienste sechs Tage, der generelle administrative Aufwand beträgt 24 Tage pro Jahr und der Betrieb des Firewallsystems liegt bei 24 Tagen im Jahr.[338]

Der Aufwand nach dem Prinzip des Total Cost of Ownership variiert mit seinem Aufwand. Für den Fall eines Firewallsystems lassen sich bis zu sechsstellige Eurobeträge pro Jahr veranschlagen. Diese Größe variiert je nach der Form des verwendeten Firewallsystems, der Qualität dieses Systems, der Anzahl von Benutzern, der Unterschiedlichkeit der Kommunikationsprofile sowie der Unternehmensgröße. Weitere Problematiken ergeben sich aus Kosten-und-Nutzen-Betrachtungen im Bezug auf das zu tragende Risiko eines Firewallsystems und seiner Implementierung im Unternehmen. Betrachtet man beispielsweise einen Hacker-Angriff auf eine Bank von 1 000 Mitgliedern über das Internet, lässt sich hinsichtlich des Total Cost of Ownership im Rahmen eines Firewallsystems ein Anschaffungskostenbereich von etwa 250 000 Euro errechnen und Betriebskosten von rund 80 000 Euro pro Jahr angeben. Der Angriffsschaden bei einem erfolgreichen Hackerangriff beruht besonders auf dem Imageverlust der Bank, die ihr Sicherheitsprofil zu reparieren hat. Betrachtet man dies unter den oben dar-

---

[337] Vgl. POHLMANN/BLUMBERG (2004), S. 411-414.
[338] Vgl. POHLMANN/BLUMBERG (2004), S. 414.

gestellten Kosten der Anschaffung eines Firewallsystems, so ist die Rentabilität solcher Investitionen erkennbar. Die Schadenshöhe übersteigt die Anschaffungskosten des Firewallsystems bei weitem.[339]

Abbildung 33 zeigt das Risikoniveau bei unterschiedlichen Investitionen für Sicherheitstechnik:

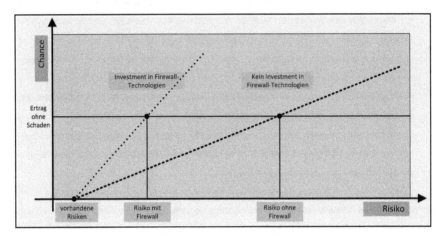

Abbildung 33: Ertrag bei einem bestimmten Investment in Schutzmaßnahmen
Quelle: In Anlehnung an POHLMANN/BLUMBERG (2004), S. 416.

Die Kosten-Nutzen-Betrachtung lässt sich mathematisch präzise durchführen. Die ursprüngliche Ablehnung von Sicherheitsinvestitionen ziehen gegebenenfalls hohe Sicherheitsaufwendungen nach sich, wenn auf allen Ebenen nachgerüstet werden muss. Berechnungsbeispiele zeigen, dass sich mit Investitionen in Maßnahmen zur Gewährleistung der Informationssicherheit die Wahrscheinlichkeit eines bestimmten Profits im Rahmen eines return on investments realisieren lässt.[340] Je höher der Schutzbedarf einer Institution allerdings ausfällt, desto geringer gestaltet sich die Gewinnwahrscheinlichkeit. Dies liegt schlicht daran, dass sich bei höherem Schutzbedarf die Aufwendung für diesen Bedarf entsprechend steigert. Verzichtet man jedoch auf Sicherheitsmaßnahmen, so ist der Unterschied umfangreicher als bei intensivem Implementieren von Sicherheitsmechanismen, da die Wahrscheinlichkeit eines Angriffs bei einem kleinen Schutzbedarf sinkt. Hier sind genaue Kosten-Nutzen-Relationen vom Unternehmen abzuwägen.[341]

---

[339] Vgl. POHLMANN/BLUMBERG (2004), S. 414-416.
[340] Die Methode zur Berechnung des Total Cost of Ownership wurde von FERIA und NUNN als Patent eingebracht und von der US-amerikanischen Patentbehörde als Patent 7,020,621 B1 aufgenommen. Vgl. FERIA/NUNN (2006) .
[341] KOOMEY, et al. beschreibt anhand eines DataCenters anschaulich die Nutzung der Methode TCO. Vgl. KOOMEY/BRILL, et al. (2007), S. 2-6. GROBE et al. beschreiben anhand eines Breitbandnetzwerkes die Methode des Total Cost of Owners-

3.4.2.3   Nutzenaspekte vor dem Hintergrund des Return on Security Investment

Bestimmte Berechnungsmodelle zeigen im Rahmen des Return on Security Investment (RoSI), dass sich Nutzenaspekte von Informationssystemen für Organisationen positiv rechnen. Das Modell RoSI lässt sich durch mehrere Variablen darstellen, wie Abbildung 34 zeigt:

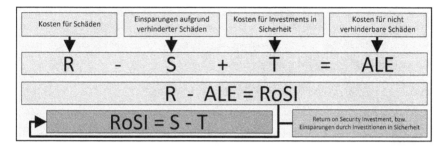

Abbildung 34: Formel zum Return on Security Investment
Quelle: In Anlehnung an POHLMANN/BLUMBERG (2004), S. 418.

Die betreffenden Modelle arbeiten mit Angaben zu Recovery Costs auf der Basis von Annahmen zu jährlichen Kosten durch Attacken auf die Sicherheit des Unternehmens.[342] Eine weitere Ebene des Modells bilden durch den Einsatz von Investitionen in Sicherheitsmaßnahmen die Savings Reduction of Recovery Costs. Die dritte Ebene wiederum bildet die der Tool Costs, das heißt die Investitionen in Sicherheitswerkzeuge. Diese drei Ebenen bilden R, S und T, um das Ergebnis ALE (Annual Loss Expenditure by Remaining Damage) darstellbar zu machen.[343] Auf einer unteren Rechnungsebene werden diese Beträge zusammengefasst und im Rahmen von RoSI schließlich als Return on Security Investment berechnet (RoSI=S-T). RoSI impliziert also, dass bei der Zusammensetzung sämtlicher Kosten demonstrierbar ist, in welcher Form und in welchem Zeitraum sich eine Investition in IT-Sicherheit im Rahmen des Return on Investment lohnt oder nicht lohnt. Um die Abkürzungen darzustellen, ist anzugeben, dass Savings die Kostenreduzierung wahrscheinlicher Schäden bedeutet. Total Cost, d.h. die Kosten für mangelnde Informationssicherheit, sind die kompletten Kostenaufwendungen, die für IT-Schutz gezahlt werden müssen, um mögliche Angriffe mit hoher Wahrscheinlichkeit abzuwehren. Der Begriff ALE stellt die verbleibenden Kosten nach der Investition in Schutzmethodiken dar und der

---

hip. Vgl. GROBE/ELBERS (2009), S. 524ff. Vertiefend zu TCO betrachte GRAY (2008), S. 63; MILLIGAN/HUTCHESON (2008), S. 189ff.

[342] Vgl. LACEY (2009), S. 36f. MAGKLARAS und FURNELL zeigen auf, dass mangelnde Investitionen in die Sicherheitsinfrastruktur einer Organisation schnell zu horrenden Kosten führen können. Vgl. MAGKLARAS/FURNELL (2005), S. 373.

[343] Vgl. POHLMANN (2006), S. 29f; ACEITUNO (2006), S. 17; TSIAKIS (2010), S. 9.

118

Begriff des Return on Security Investment zeigt die gesparten Kosten im Sinne des eingefahrenen Profits durch die Investition in Sicherheit auf.[344]

In einer Informationsgesellschaft sind Investitionen in Informationssicherheit, womit der Autor gleichermaßen die Datensicherheit als auch den Datenschutz bezeichnet, unvermeidbar. Grundsätzlich lässt sich feststellen, dass es sehr schwierig ist, direkte Kostenersparnisse aufgrund von Sicherheitsinvestitionen zu messen. Zweifelsfrei stellten CHAI et. al. in einer neueren Studie jedoch fest, dass der Aktienmarkt auf Investitionen in die Gewährleistung von Informationssicherheit positiv reagiert, wodurch folglich die Marktkapitalisierung einer Firma sich erhöht.[345]

Abbildung 35 zeigt das Verhältnis von Kosten zu Zeit beim Modell RoSI:

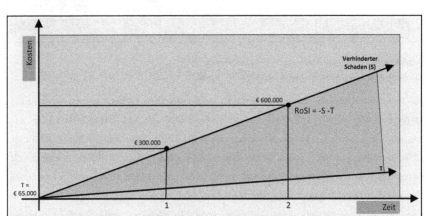

Abbildung 35: Return on Security Investment (ROSI)
Quelle: In Anlehnung an POHLMANN/BLUMBERG (2004), S. 422.

Die beschriebenen Darstellungen zu einer nachweisbaren Rentabilität von Maßnahmen für die Informationssicherheit stellen einen ersten Schritt dar, jedoch sind die Methodiken des TCO und RoSI nur begrenzt anwendbar. Dadurch sind Kostenersparnisse durch Sicherheitsinvestitionen nur schwer quantifizierbar. Allerdings wandeln sich industriegesellschaftliche Standards und Maßstäbe aktuell zu Maßstäben einer digitalen Wissensgesellschaft, in der Information als Erfolgsfaktor im globalen Rahmen eine zunehmend bedeutsame Rolle spielt, womit sich zunehmend gesteigerte Sicherheitsanforderungen entwickeln. Diese Entwicklung leistet den Modellen des RoSI und TCO Vorschub und führt

---

[344] Vgl. CHAI/KIM, et al. (2010), S. 1ff; CAVUSOGLU/MISHRA, et al. (2004), S. 87; SONNENREICH/ALBANESE, et al. (2006), S. 47f.
[345] Vgl. CHAI/KIM, et al. (2010), S. 9.

zu einem Entstehen einer Informationsökonomie.[346] Die Aufgabe der IT besteht eben nicht nur darin die eigene Firma konkurrenzfähig zu gestalten, sondern vielmehr besteht heutzutage die vorrangige Anforderung, unterschiedliche Risiken für den Erfolgsfaktor Informationen abzuwehren. Unabhängige Studien von CERTs zeigen einen dramatischen Anstieg von Sicherheitsvorfällen.[347] Betriebswirtschaftliche Betrachtungsweisen müssen statische und dynamische Blickwinkel dieser Gesamtentwicklung berücksichtigen. Statische Blickwinkel, insbesondere ein fehlender Einsatz an IT-Sicherheitsmethodiken, führen dazu, dass die Effektivität und wirtschaftliche Effizienz reduziert werden. Damit sind volkswirtschaftliche Belastungen zu erwarten, die deutliche Rentabilitätseinbußen nach sich ziehen können. Die dynamischen Blickwinkel nicht vorhandener IT-Sicherheitsmaßnahmen reduzieren die Gewinn- und Konkurrenzvorteile von Unternehmen auf den immer wichtiger werdenden Märkten der digitalen Technologie und der Technologie im IT-Bereich überhaupt. IT-Technologien werden gegenwärtig in fast allen Bereichen der Gesellschaft, wie Privathaushalten, Unternehmen, Behörden und allgemein sämtliche Forschungsbereichen, eingesetzt. Im Rahmen globaler Angriffsmöglichkeiten auf dessen Sicherheit können einzelne Bestandteile respektive Informationssysteme zu systemimmanenten Ausfällen führen, welche das Gesamtsystem betreffen. Diese Ausfälle können zu enormen wirtschaftlichen Schäden führen und in letzter Instanz auch zu gesellschaftlichen Verwerfungen und Unruhen. Digitale Sicherheit ist für die Informationsgesellschaft folglich ein zentrales Thema, dessen Bedeutung permanent zunimmt. Koordinationsbedarf liegt hier besonders im Bereich der G8- und G20-Staaten, die sich in regelmäßigen Zeitabständen auf internationaler Ebene zusammenfinden. Angesichts der Komplexität erforderlicher Sicherheitsmaßnahmen ist hier erhöhte Koordination und Kooperation geboten.[348] Um Sicherheitsprobleme positiv bewältigen zu können, werden im Folgenden aus den ausgeführten Überlegungen sowie parallel ausgewerteten Studien, der Versuch unternommen, adäquate Items für die avisierte empirischer Untersuchung herzuleiten.

---

[346] Vgl. CHAI/KIM, et al. (2010), S. 1; POHLMANN/BLUMBERG (2004)
[347] Vgl. CHAI/KIM, et al. (2010), S. 2.
[348] Schlussendliche Gedanken finden sich unter anderem bei THOMSON/VON SOLMS (2006); CHAI/KIM, et al. (2010); MIZZI (2010); TSIAKIS (2010); DUTTA/ROY (2008); TORRES/SARRIEGI, et al. (2006); GONZALEZ/SAWICKA (2002) ; WHITMAN (2003); HUANG/RAU, et al. (2010); VAN NIEKERK/VON SOLMS (2009).

3.4.3   Potenzielle Items für die Erhebung der wirtschaftlichen Dimension der Informationssicherheit

Wie bereits in Kapitel 1 beschrieben, ist beabsichtigt, im Rahmen der vorliegenden Arbeit eine empirische Erhebung vorzunehmen. Nachfolgend stellt Tabelle 11 mögliche thematische Items dar, welche über die theoretischen Ausführungen von Kapitel 3.4, der wirtschaftlichen Dimension, hergeleitet wurden. Auch in dieser tabellarischen Aufstellung werden potenzielle Optionen aufgeführt, welche in der Befragung mögliche Auswahlantwortmöglichkeiten darstellen könnten.

Thematischer Item	Potenzielle Optionen
Welche Konsequenzen hatten diese Sicherheitsvorfälle?	• Imageschaden • Kunden oder Aufträge wurden verloren • Informationen wurden missbräuchlich durch Dritte verwendet • Strafen gegenüber Ihrer Firma oder Ihren Mitarbeitern • Abmahnung, Versetzung, Entlassung von Mitarbeitern
Umsatz	• <1 Mio. Euro; >1 Mio. Euro; >10 Mio. Euro; >50 Mio. Euro; >100 Mio. Euro; >500 Mio. Euro; >1 Mrd. Euro; >10 Mrd. Euro; >100 Mrd. Euro; keine Angabe
Budget Informationsverarbeitung	• <50.000 Euro; >50.000 Euro; >100.000 Euro; >1 Mio. Euro; >10 Mio. Euro; >50 Mio. Euro; >100 Mio. Euro; >250 Mio. Euro; >500 Mio. Euro; keine Angabe
Budget Informationssicherheit	• <5.000 Euro; >5.000 Euro; >10.000 Euro; >25.000 Euro; >50.000 Euro; >100.000 Euro; >500.000 Euro; >1 Mio. Euro; >10 Mio. Euro; >50 Mio. Euro; keine Angabe
Einschätzung Budget Indormationssicherheit	• Zu Hoch • Hoch • Neutral • Niedrig • Zu Niedrig
Schadwert größter Sicherheitsvorfall	• <5.000 Euro; >5.000 Euro; >10.000 Euro; >25.000 Euro; >50.000 Euro; >100.000 Euro; >500.000 Euro; >1 Mio. Euro; >10 Mio. Euro; >50 Mio. Euro; keine Angabe
Schadwert alle Sicherheitsvorfälle	• <5.000 Euro; >5.000 Euro; >10.000 Euro; >25.000 Euro; >50.000 Euro; >100.000 Euro; >500.000 Euro; >1 Mio. Euro; >10 Mio. Euro; >50 Mio. Euro; keine Angabe

Tabelle 11: Items für den Themenschwerpunkt der wirtschaftlichen Dimension
Quelle: Eigene Herleitung aus den Inhalten von Kapitel 3.1

3.4.4 Potenzielle Items für die Erhebung mit übergreifenden Charakter

Neben den hergeleiteten Items der technischen, rechtlichen, organisatorischen und wirtschaftlichen Dimension sind einige Items entstanden, welche nicht eindeutig einer Dimension zugeordnet werden konnten. Diese Items werden vom Autor in der folgenden Tabelle als allgemeine Items dargestellt. Auf der Ebene der potenziellen Optionen, welche auch hier als Auswahlantwortmöglichkeiten dienen sollen, ist weitgehend die Einordnung nach den vier Dimensionen möglich. Dies ist die Voraussetzung für die zusammenhängende Analyse mit den Items, welche eindeutig den vier Dimensionen zuzuordnen sind.

Thematischer Item	Potenzielle Optionen
Gefahrenbereiche der Informationssicherheit & Gefahrenbereiche der Informationssicherheit (->mit Zukunftsbezug)	• Hacking, Vandalismus, Missbrauch • Informationsdiebstahl, Spionage, unbefugte Kenntnisnahme • Manipulation mit dem Ziel der Bereicherung • Nachlässigkeit und Irrtum der eigenen Mitarbeiter • Sabotage • Unbeabsichtigte Fehler von Externen • Dokumentationsseitige Mängel und Defekte • Softwareseitige Mängel und Defekte • Hardwareseitige Mängel und Defekte • Malware (Würmer, Trojaner, Viren, etc.) • Höhere Gewalt (Feuer, Erdbeben, Sturm, Wasser, etc.) • Andere Gefahrenbereiche
Ebenen der Informationssicherheit	• Top-Management • Mittleres Management • IT-Sicherheitsfachleute • Anwender in IT-lastigen Bereichen • Anwender in weniger IT-lastigen Bereichen • Sonstiges
Ursachen für mangelndes Sicherheitsbewusstsein	• \"Nicht wollen\" • \"Nicht wissen\" • \"Nicht können\" • Sonstiges

Tabelle 12: Items mit übergreifenden Charakter
Quelle: Eigene Herleitung aus den Inhalten von Kapitel 3

"Persönlichkeiten, nicht Prinzipien, bewegen das Zeitalter."

(Oscar Wilde)

4 Der Mensch als zentraler Faktor zur Gewährleistung von Informationssicherheit

4.1 Person und Persönlichkeit als Forschungsgegenstand

4.1.1 Person und Persönlichkeit

Der Begriff der Persönlichkeit stammt ursprünglich aus der lateinischen Sprache und zwar dort aus dem Begriff „Persona".[349] Die Übersetzung für diesen Begriff wird mit „Maske, Rolle, Charakter" angegeben.[350] Verschiedene Fachautoren wie bspw. ALLPORT suchen nachzuweisen, dass bereits der lateinische Schriftsteller und Philosoph CICERO (106-43 v. Chr.) unterschiedliche Bedeutungsformen von „Persona" in seinen Schriften verwendete.[351] So lässt sich „Persona" als eine Rollenbezeichnung verstehen, die das Auftreten des Individuums nach außen bezeichnet, sein wahres Wesen jedoch nicht enthüllt.[352] Hier bezieht sich der Autor unter anderem auf den etruskischen Wortstamm „phersuna", der sich auf einen maskierten Dämon bezieht.[353] Andere Bezüge lassen sich auf die Übersetzungsmöglichkeit des Begriffs „Persona" als den einer Theatermaske herstellen.[354]

Eine weitere Bedeutung für „Persona" bezieht sich auf eine Lebensrolle, die ein Individuum verkörpert. Hier lässt sich auf die „Personen der Handlung" eines Theaterstücks verweisen, die bereits in der Namensliste der Teilnehmer so angegeben werden.[355] Hier verkörpern Personen bzw. Personenrollen allerdings einen deutlich größeren Umfang hinsichtlich ihrer Charakterentwicklung usw. als in dem Wort „Maske". Allerdings ist erkennbar, dass sich die Rollenbedeutung des Begriffes „Persona" mit der der „Maske" verbinden lässt. Der Rollenbegriff ist gewissermaßen eine übergeordnete Bedeutung zur bloßen „Maske", durch die ein Sprecher seine Äußerungen kund tut.[356]

Der dritte Bedeutungsbegriff von „Persona" lässt sich als Zusammenfassung persönlicher Qualitäten, die ein Individuum arbeitsfähig machen, interpretieren. In dieser Bedeutung gebraucht CICERO den Begriff in manchen seiner Schriften. CICERO bezieht sich damit auf die individuellen Qualitäten, die der

---

[349] Vgl. FAULLANT (2007), S. 100; ASENDORPF (2007), S. 272; SEDLAK (2007), S. 160.
[350] Vgl. PAYK (2007), S. 63; BACKHAUS (2004), S. 1.
[351] Vgl. ALLPORT (1959), S. 26ff.
[352] Dabei besteht die Wichtigkeit eines weisen Menschen darin dem äußeren Anschein zu wiederstehen. Vgl. MYERS/REISS, et al. (2008), S. 677.
[353] Vgl. PAYK (2007), S. 62; HERRMANN (2000), S. 20.
[354] Vgl. LAUX (2003), S. 42; PAYK (2007), S. 63.
[355] Vgl. SIMON (2007), S. 41; HERRMANN (2000), S. 20.
[356] Vgl. ASENDORPF (2007), S. 272; LAUX (2003), S. 43; FAULLANT (2007), S. 101 Zum Rollenbegriff vgl. NERDINGER/BLICKLE, et al. (2008), S. 565f.

Schauspieler hinter seiner Persona-Maske aufbringt. Hier kommen innere Qualitätsstrukturen ins Spiel.[357] Die letzte Bedeutung lässt sich mit dem Begriff der Würde und Besonderheit der Person verbinden. Auch hier scheint Cicero die Wortbedeutung begründet zu haben, in dem er das frei geborene Bürgertum mit dem Begriff „Persona" in Verbindung brachte. Hier kommt ein juristischer Sinn in den Definitionsansatz hinein, der den freien Bürger vom Sklaven unterschied, der in der römischen Gesellschaft nicht Träger von Rechten war.[358]

Die Darstellung lässt erkennen, dass schon die Antike den Begriff nicht einheitlich verstand. Vielmehr wurden innere Aspekte des Menschen und äußere Aspekte, also zwei Betrachtungsdimensionen in den Begriff integriert. Die Vielschichtigkeit der Begriffsbildung setzt sich auch im frühmittelalterlichen Christentum und in der Spätantike fort. Die theologische Begriffsentwicklung von „Persona" verbindet sich später mit der theologischen Darstellung der Dreieinigkeit von Vater, Sohn und heiligem Geist.[359] Im sechsten Jahrhundert n. Chr. bezeichnete auch der Philosoph BOETHIUS die Person als ein vernunftbestimmtes Wesen, welches unteilbar sei.[360] Der Begriff der „Persona" übertrug sich also von den drei Einheiten des Vaters, des Sohnes und des Heiligen Geistes auf den getauften Christen, der nun als Bürger in einem Staat Gottes definierbar war.[361] Im weiteren Verlauf des Mittelalters leitete man daher von „Persona" den Begriff der „Personalitas" (lat. Für Persönlichkeit) ab.[362]

Von hier aus gelangten die deutschen Mystiker zu ihrem Begriff der „Persönlichkeit". Die Mystiker, die den Begriff der „Persönlichkeit" bildeten, setzten allerdings voraus, dass Persönlichkeit auch durch Glauben entsteht, in dem Persönlichkeit die unsterbliche, ja göttliche Wesensseite des Menschen bildet.[363] Die nicht quantifizierbaren Bestandteile dieses Begriffes sind in der heutigen Persönlichkeitspsychologie nach wie vor anzutreffen. Mit solchen Begriffen (z. B. „Versuchsperson") beginnt

---

[357] Vgl. LAUX (2003), S. 43; SIMON (2007), S. 41f.
[358] Vgl. LOHL (2006)S. 114f; KOCH (1960), S. 5. Dabei wird das Bürgertum mit dem Aufweichen der feudalen Standesordnung als eine Klasse verstanden, die „...sich weder durch Geburt (wie der Adel), noch durch monopolisierte Qualifikation (wie die zünftig organisierten Handwerker) noch durch einen einheitlichen Besitz von Grund und Boden (wie die Bauern)..." konstituierte. HUNGERLAND (2002), S. 67.
[359] Vgl. HERRMANN (2000), S. 21. Durch Neuplatonismus und Scholastik wurde die aristotelische Dreiteilung zwischen Sinnlichkeit, natürlicher Seele und begnadeter Geist bis in die Neuzeit festgeschrieben. In Freuds Persönlichkeitsmodell findet sich diese antike Trias wieder, demzufolge das ‚Es', welches Gewissen und Ethik vertritt und das triebgesteuerte ‚Ich' durch das ‚Über-Ich' in Balance gehalten wird. Vgl. PAYK (2007), S. 64.
[360] Vgl. LAUX (2003), S. 44.
[361] Vgl. HERRMANN (2000), S. 21.
[362] Vgl. SEDLAK (2007), S. 160.
[363] Vgl. KOCH (1960), S. 9; HERRMANN (2000), S. 21; Der griechische Begriff Charisma bezieht sich in ähnlicher Form auf die göttliche Eingebung und bedeutet wörtlich übersetzt ‚göttliche Gnadengabe'. Vgl. NERDINGER/BICKLE, et al. (2008), S. 311.

eine gewisse Abwertung des Begriffes der Person,[364] wofür die Begriffsbildung der experimentellen Psychologie sich als Beispiel anführen lässt.

4.1.2 Person und Persönlichkeit als Forschungsgegenstand der Psychologie

Die Wissenschaft der Psychologie arbeitet mit unterschiedlichen Definitionen des Begriffes „Persönlichkeit" und „Person". Eine konsensfähige Definition findet sich in der Psychologie für diese Begriffe nicht. Auf diese Weise entsteht eine Situation, in der unterschiedliche Persönlichkeitsforscher den Begriff für ihre Erkenntnisinteressen jeweils derart auslegen, dass eine Generalisierung nicht möglich ist. Bereits im Jahre 1937 stellte ALLPORT fest, dass mehr als 50 unterschiedliche Verwendungsformen für den Begriff Persönlichkeit in der Psychologie im Umlauf waren[365] und postulierte 1936 „...in my judgement you should issue an entire Handbook on personaliy; the subject cannot be treated surreptitiously as a subdivision of a subdivision of social psychology."[366]LERSCH[367] betrachtet die Person als eine Grundform menschlichen Seins. Dabei wird der Bereich der allgemeinen Psychologie als ein Aufgabensektor konstatiert, der zu untersuchen hat, wie der Mensch in der Welt bzw. seiner Umwelt agiert.[368]WELLEK[369] betrachtet Persönlichkeit unter dem Aspekt der Ganzheitlichkeit eines seelischen Seins, das jeweils eine Einmaligkeit besitzt.[370]Einen anderen Definitionsansatz vertritt THOMAE,[371] welcher es als wesentlich betrachtete, dass das Menschsein je individuelle Aspekte aufweist, die ihre eigenen Begriffe zur Individualität zur Ablaufgestaltung beitragen.[372] Der Psychologe EYSENCK[373]betont, in seinem Persönlichkeitsbegriff hingegen, die Wichtigkeit der Permanenz eines organisierten Charakters, des Intellekts, der Physis und des Temperaments. Die Gesamtheit dieser

---

[364] Diese Entwicklung lässt sich bspw. in dem Wesen projektiver Verfahren aufzeigen, „...dass es etwas hervorruft, was – auf verschiedene Art – Ausdruck der Eigenwelt des Persönlichkeitsprozesses der Versuchsperson ist." AMELANG/SCHMIDT-ATZERT, et al. (2006), S. 98.

[365] Vgl. ALLPORT (1959), S. 26ff; ASENDORPF (2007), S. 2; WIEDMANN (2006), S. 57.

[366] ALLPORT (1936), zitiert nach BARENBAUM/WINTER (2008), S. 3. Das erste ‚Handbook of Personality' erschien von BORGATTA und LAMBERT 1968. Vgl. BARENBAUM/WINTER (2008), S. 3

[367] PHILIPP LERSCH war ein Münchener Psychologe (1898-1972) und gehörte in den sechziger und siebziger Jahren zu den führenden Vertretern der deutschen Ausdruckspsychologie. Vgl. PAYK (2007), S. 65.

[368] Vgl. LERSCH (1938), S. 11f.

[369] ALBERT WELLEK war ein Leipziger Psychologe (1904-1972) und gehörte zum Direktorat von Philipp Lersch an der Universität Leipzig. Vgl. http://www.uni-leipzig.de/~psycho/hist2.html; Abruf am 18.02.2009.

[370] WELLEK betrachtete dabei die Diagnostik als eine Methodenlehre, welche das Ziel habe Personen richtig zu beurteilen. Vgl. AMELANG/SCHMIDT-ATZERT, et al. (2006), S. 2; WELLEK (1966), S. 51ff.

[371] HANS THOMAE war ein bedeutender Entwicklungspsychologe und Begründer der interdisziplinären Gerontologie (1915-2001). Vgl. http://de.wikipedia.org/wiki/Hans_Thomae; Abruf am 23.02.2009.

[372] Dabei werden in seiner Meinung Persönlichkeitsmodelle, welche auf statisch-psychometrischen Persönlichkeitsbeschreibungen aufbauen, der Abbildung einer Person nicht gerecht, vielmehr sind zusätzlich biographisch-genetische und psychosoziale Aspekte der Persönlichkeitsentwicklung zu berücksichtigen. Vgl. PAYK (2007), S. 67; ASENDORPF (2007), S. 43; THOMAE (1996), S. 103ff.

[373] HANS JÜRGEN EYSENCK war bedeutender britischer Persönlichkeitspsychologe deutscher Herkunft. Besondere Aufmerksamkeit erlangte er durch sein Persönlichkeitsmodell P-E-N, welches die beiden Persönlichkeitsdimensionen Neurotizismus und Extraversion beschreibt. Vgl. DE RAAD/PERUGINI (2002a), S. 2; ASENDORPF (2007), S. 149; FAULLANT (2007), S. 120. Vertiefend werden bei FRANKEN die Persönlichkeitsfaktoren von EYSENCK ergänzt durch Temperamenttypen dargestellt. Vgl. FRANKEN (2007), S. 22; ASENDORPF (2007), S. 179.

Organisation bildet eine spezifische Anpassungsfähigkeit an die Umwelt, die dann eine „Persönlichkeit" ergebe.[374]Im Jahre 1964 veröffentlicht GUILFORD[375] seine Persönlichkeitstheorie als die eines besonders durch Individualität strukturierten Gesamtbestands, die eine unverwechselbare Struktur von Persönlichkeitsmerkmalen aufweist.[376] Die Vielfalt dieser Definitionsansätze ist jedoch so gelagert, dass ein genereller Begriff von Persönlichkeit ableitbar ist, der die Einzigartigkeit bzw. die Unverwechselbarkeit des Individuums bildet. Wesentliche Begriffe, die bei den Autoren gemeinsam vorhanden sind, sind die der Konsistenz der Persönlichkeit und die der Stabilität der Persönlichkeit. Dies gilt als Basis-Merkmal von Persönlichkeit.[377] Der Definitionsansatz von WEINERT, beschreibt Persönlichkeit als ein vergleichsweise stabiles Grundmuster von Denkprozessen, von unterschiedlichen Verhaltensweisen und Gefühlsformen einer Person.[378] Aktuelle Definitionsansätze wie von SEDLAK beschreiben die Persönlichkeit des Menschen, welcher „...in seinem Handeln als Person nicht nur seine personale Identität verwirklicht, sondern darüber hinaus eigenständige, von den Rollenmustern der Gesellschaft (weitgehend) unabhängige Strukturen des Verhaltens entwickelt.[379]GERRIG[380] und ZIMBARDO[381] definieren Persönlichkeit „...als eine komplexe Menge von einzigartigen psychischen Eigenschaften, welche die für ein Individuum charakteristischen Verhaltensmuster in vielen Situationen und über einen längeren Zeitraum hinweg beeinflussen."[382]Eine kurze prägnante Definition gibt MYERS,[383] welcher Persönlichkeit als, dass "...für ein Individuum charakteristische Muster des Denkens, Fühlens und Handelns..."[384] definiert.[385]

---

[374] Vgl. AMELANG/SCHMIDT-ATZERT, et al. (2006), S. 240; DE RAAD (2000), S. 72f; ASENDORPF (2007), S. 181.

[375] JOY PAUL GUILFORD war ein US-amerikanischer Psychologe (1897-1987), welcher besonders durch seine psychometrischen Studien zur menschlichen Intelligenz bekannt wurde. Vgl. AMELANG/SCHMIDT-ATZERT, et al. (2006), S. 20, 95; ASENDORPF (2007), S. 209f; PAYK (2007), S. 65.

[376] Dabei bezeichnet Guilford jeden Wesenszug (trait) als einen konstanten Aspekt, über den sich Menschen unterscheiden lassen. Vgl. PAYK (2007), S. 65.

[377] Vgl. AMELANG/SCHMIDT-ATZERT, et al. (2006), S. 240; LAUX (2003), S. 15f.

[378] Vgl. WEINERT (2004), S. 131. Auch GERRIG und ZIMBARDO schreiben der Persönlichkeit grundlegende Konzepte wie Einzigartigkeit und charakteristische Verhaltensmuster zu. Vgl. ZIMBARDO/GERRIG, et al. (2008), S. 504.

[379] SEDLAK (2007), S. 160.

[380] Richard Gerrig ist US-amerikanischer Psychologe, welcher bekannt wurde durch diverse Veröffentlichungen kognitionspsychologischer Bücher. Vgl. ZIMBARDO/GERRIG, et al. (2008) Rückdeckel.

[381] PHILIP ZIMBARDO ist ein US-amerikanischer Psychologe (geboren 1933), welcher bekannt wurde durch seine Stanford-Gefängnisstudie und durch seine Veröffentlichungen populärwissenschaftlicher Psychologiebücher. Vgl. ZIMBARDO/GERRIG, et al. (2008) Rückdeckel.

[382] ZIMBARDO/GERRIG, et al. (2008), S. 504. PIAGET versteht unter dem Begriff des Individuums das auf sich selber zentrierte Ich, welches durch seine moralische und intellektuelle Egozentrik, die Wechselbeziehungen, ohne die ein Gemeinschaftsleben nicht denkbar wäre, behindert. Unter Persönlichkeit versteht PIAGET hingegen ein Individuum, welches in erster Linie die Achtung vor dem Mitmenschen über die eigene Freiheit stellt und sich damit freiwillig einem Gefüge wechselseitig verbindlicher Normen beugt. Vgl. SEDLAK (2007), S. 160.

[383] DAVID MYERS ist ein US-amerikanischer Sozialpsychologe (geboren 1942),welcher bekannt wurde durch diverse Veröffentlichungen sozialpsychologischer Bücher und Schriften zum christlichen Glauben; Vgl. MYERS/REISS, et al. (2008).

[384] MYERS/REISS, et al. (2008).

[385] Als Charakter wird ein Gefüge von dispositionellen Bereitschaften und konstanten Verhaltensmustern verstanden, welches eher den statischen und verfestigten Kern der Persönlichkeit widerspiegelt. Vgl. PAYK (2007), S. 69..

4.1.3   Kontroverse: Person versus Situation

In der Diskussion um die Definition solcher Begriffe wie „Person" und „Persönlichkeit" dreht es sich unter anderem um die Frage, welche Gegensätzlichkeit die Begriffe „Person" und „Situation" für die Begrifflichkeiten bilden könnten. Von Bedeutung war hier die Frage, in welcher Form und über welchen Begriff sich das Verhalten des Menschen sowie seine Erlebnisperspektiven besser erfassen ließen. Es liegt nahe, dass bestimmte psychologische Richtungen den Einfluss der Situation und der Umwelt auf den Menschen - im Rahmen eines bestimmten Determinismus - für erheblich hielten.[386] So betrachteten die Theoretiker des Situationismus die Einflüsse der Umwelt als wichtiger für menschliches Verhalten als die Wesensgehalte, die in der Person liegen sollten.[387] Eigenschaftstheoretiker negierten dagegen die Stabilität menschlicher Eigenschaften und zogen den anderen Begriff als definitorischen Ansatz vor.[388] Das Fünf-Faktoren Modell richtet sich vornehmlich auf die endogene Disposition[389] und weist der Umwelt nur eine geringe Rolle zu, wohingegen systemtheoretische Konzeptionen zwischen externen Reizen und internen Dispositionen komplexe Interaktionen darstellen.[390] Im Laufe der weiteren wissenschaftlichen Entwicklungen näherten sich die beiden Standpunkte an. In der Theorie des Interaktionismus lässt sich eine Synthese beider Definitionen erkennen. Hier finden sowohl situative Einflüsse als auch Personendefinitionen ihre Berücksichtigung hinsichtlich der Erklärung von Aktionsformen des Menschen.[391] Die betreffenden Diskussionen führten jedoch wieder auf die Problematik zurück, in welcher Form vielmehr die Situation als die stabile Persönlichkeit für die Definition Bedeutung gewinnen könnte.

Die Konsistenztheorie der Persönlichkeit fokussiert sich auf die Personalanteile an der Entwicklung menschlichen Verhaltens.[392] Dabei ist den verschiedenen Varianten der Konsistenztheorien „…die Idee gemeinsam, dass Personen versuchen, vorhandene interne Inkonsistenzen zwischen persönlichen Beziehungen, eigenen Gedanken, Überzeugungen, Gefühlen und Handlungen so gering wie

---

[386]   Vgl. SCHEFFER/HECKHAUSEN (2006), S. 45; KELAVA/MOOSBRUGGER (2007), S. 344. Vertiefend KENRICK/FUNDER (1988); MOSER (1991).

[387]   Vgl. KELAVA/MOOSBRUGGER (2007), S. 344.Vertiefend MISCHEL (1968)

[388]   Grundlegende Annahme der Eigenschaftstheoretiker ist dabei, dass sich „…das Erleben und Verhalten von Menschen in Form von Eigenschaften (‚traits') beschreiben lässt…", welche als zeitlich stabile und breite Dispositionen zu bestimmten Verhaltensweisen konsistent in verschiedenen Situationen auftreten. Vgl. AMELANG/SCHMIDT-ATZERT, et al. (2006), S. 8.

[389]   Dispositionen werden in diesem Zusammenhang als motivationale Eigenschaften gedeutet. Vgl. STEINLE (2005), S. 579.

[390]   Vgl. SCHEFFER/HECKHAUSEN (2006), S. 45.

[391]   Vgl. KRAHÉ (1992), S. 37f. Die Interaktionstheorie stellt ein Denkmodell bereit, welches viele Überschneidungen mit der kontextoffenen und personalistischen Variante der Situationstheorie hat. Sie fordert eine ‚Rückkehr der Akteure' und akzentuiert Gedanken der proaktiven Kontextbeeinflussung. Vgl. WOLF (2005), S. 178.

[392]   Zugleich bemüht sich diese Theorie, Umweltaspekte und situative Aspekte in ihre Differenzierung menschlichen Verhaltens einzubeziehen. Dabei fokussiert sich die Konsistenztheorie auf grundlegende Persönlichkeitsqualitäten, die sich mit unterschiedlichen Messinstrumenten erfassen lassen. Vgl. KRAHÉ (1992), S. 13ff.

möglich zu halten."[393] Das so genannte Fünf-Faktoren-Modell der Persönlichkeit bildet zu einem hohen Grad einen Kompromiss der oben dargestellten unterschiedlichen Ansätze. Als Arbeitsbasis soll dieses Big-Five-Model der Persönlichkeit vorrangig dargestellt werden.[394]

4.2   Das Fünf-Faktoren Modell als Disziplin der Theorien zur menschlichen Persönlichkeit

4.2.1   Exzerpt gängiger Persönlichkeitstheorien

Gegenwärtige Theorien zur Persönlichkeit zeigen sich in einer breiten Vielfalt, wobei es keine einheitliche Persönlichkeitstheorie gibt, die eine Mehrheit der Psychologen unterstützt. Vielmehr zeigen sich in den unterschiedlichen Theorien wiederholt Grundannahmen die von einer Mehrzahl übereinstimmend bestätigt werden. Dabei leistet jeder Theorietyp einen unterschiedlichen Beitrag zur Erfassung der menschlichen Persönlichkeit. Persönlichkeitstheorien werden als hypothetische Aussagen über die Funktionsweise und Struktur der individuellen Persönlichkeit betrachtet. Sie unterstützen dabei zwei wesentliche Ziele der Psychologie, indem sie zum einen eine Erkenntnis über den Aufbau, die Struktur und die Zusammenhänge der Persönlichkeit liefern und zum anderen eine Vorhersage treffen über Verhaltensweisen und Lebensereignisse basierend auf dem Wissen über die Persönlichkeit.[395] Gebräuchliche Theorien zur Persönlichkeit sind die:[396]

(1) Psychoanalytische Theorie von SIGMUND FREUD,[397] welche in den Worten des Begründers, ein (i) Verfahren ist zur Untersuchung seelischer Vorgänge, die sonst kaum zugänglich sind, eine (ii) Behandlungsmethode neurotischer Störungen, welche sich auf diese Untersuchungen bezieht und eine (iii) Reihe von psychologischen, durch diesen Weg erhaltenen, Einsichten, die eine neue wissenschaftliche Disziplin erzeugen.[398] FREUD ersetzte dabei die Hypnose durch die Methode der freien Assoziation, deren Bedeutung in der außerordentlichen Fantasietätigkeit des Seelenlebens begründet ist. Unter freier Assoziation wird eine Methode zur Erforschung des Unbewussten verstanden. Dabei entspannt sich der Befragte und spricht über alles, auch wenn es nichtssagend

---

[393]   Vgl. HECKHAUSEN (2006), S. 26.
[394]   Vgl. vertiefend BORKENAU/OSTENDORF (2008); SMITH/CANGER (2004); DIGMAN (1990); MAURER (2006); DIGMAN (1989); MCCRAE/JOHN (1992); DE RAAD (2000); MCADAMS (1992).
[395]   Vgl. ZIMBARDO/GERRIG, et al. (2008), S. 504. Dabei führen unterschiedliche Theorien zu unterschiedlichen Vorhersagen über die Art und Weise, wie sich Menschen bestimmten Bedingungen anpassen und auf diese reagieren. Vgl. ZIMBARDO/GERRIG, et al. (2008), S. 504.
[396]   Die nachfolgend aufgeführten wesentlichen Typologisierungen von Persönlichkeitstheorien entsprechen der herrschenden Meinung diverser populärwissenschaftlicher psychologischer Werke. Vgl. ELLIS/ABRAMS, et al. (2009), S. 15; ZIMBARDO/GERRIG, et al. (2008), S. 503ff; MYERS/REISS, et al. (2008), S. 587ff; ASENDORPF (2007), S. 13ff.
[397]   SIGMUND FREUD (1856-1939) war ein bedeutender österreichischer Arzt, Tiefenpsychologe und Religionskritiker, der als Begründer der Psychoanalyse weltweit Bekanntheit erlangte und als einer der einflussreichsten Denker des 20. Jahrhunderts gilt. Seine Methoden und Theorien werden bis in die heutige Zeit kontrovers diskutiert. MYERS/REISS, et al. (2008), S. 589; ASENDORPF (2007), S. 16.
[398]   Vgl. SEDLAK (2007), S. 171.

oder peinlich ist, was ihm spontan einfällt.[399] Ziel des psychoanalytischen Ansatzes ist es, mit Hilfe der freien Assoziation die Spur der Probleme aus der fernen Vergangenheit und Gegenwart zurückzuverfolgen und schmerzliche und unbewusste Erinnerungen zu wecken bzw. zu befreien.[400] FREUD verglich dabei die menschliche Psyche mit einem Eisberg, dessen Spitze das Bewusste darstellte, welche als ‚Ich' bezeichnet wird. Der größere Teil des Eisbergs, welcher unter Wasser liegt, stellt in seiner Theorie das Unbewusste dar, auch als ‚Es' bekannt und ein Teil, der zwischen Bewussten und Unbewusstem liegt, wurde von FREUD als Vorbewusstes bzw. ‚Über-Ich' bezeichnet.[401] Das ‚Ich' bezeichnet das bewusst arbeitende bzw. ausführende Organ und sucht - nach FREUDS Meinung nach dem Realitätsprinzip - einen Kompromiss zwischen des ‚Es', des ‚Über-Ichs' und der Realität. Dem Lustprinzip folgend, strebt das ‚Es', als ein Reservoir unbewusster Energie primärnach Erfüllung aggressiver sowie sexueller Triebe an. Das ‚Über-Ich' liefert Ziele für die Zukunft und bildet die Richtschnur für die Urteilsfähigkeit, wobei es als Teil der Persönlichkeit internalisierte Normen und Ideale repräsentiert.[402]

(2) Sozial-kognitive Theorien betrachten das Verhalten eines Menschen als Resultat der Interaktion zwischen dem Individuum und seinem sozialen Umfeld, wobei eine solide Verbindung zwischen bestimmten Verhaltensweisen und der Persönlichkeit eines Menschen hergestellt wird.[403]BANDURA[404] legt den Fokus dabei auf die Interaktion von Person und Situation (Umweltfaktoren) und nannte ihn den reziproken Determinismus, indem der Mensch sowohl der Architekt der Umwelt ist, als auch ihr Produkt.[405] Die Persönlichkeit wird im Rahmen dieser Theorie durch einen biopsychosozialen Ansatz erforscht, welcher durch drei Aspekte geprägt wird. (i) Biologische Einflüsse wie genetisch determiniertes Temperament, Hirnaktivität und Reaktionsbereitschaft des autonomen Nervensystems, (ii) Psychologische Einflüsse wie unbewusste Denkprozesse, ein optimistischer oder pessimistischer Attributionsstil und erlernte Reaktionen sowie (iii) soziokulturelle Einflüsse wie Erfahrungen aus der Kindheit, kulturelle Erwartungen, soziale Unterstützung und der Einfluss der Situation.[406] Als zentrales Konstrukt seiner Theorie erarbeitete Bandura die Selbstwirksamkeit.[407] Demnach „...erhöhen positive Überzeugungen zur Wirksamkeit der eigenen

---

[399] Vgl. FAULLANT (2007), S. 103; MYERS/REISS, et al. (2008), S. 590; AMELANG/SCHMIDT-ATZERT, et al. (2006), S. 526.
[400] Vgl. ZIMBARDO/GERRIG, et al. (2008), S. 515f; ASENDORPF (2007), S. 16f; FISSENI (2004), S. 10f.
[401] Vgl. ASENDORPF (2007), S. 18; ZIMBARDO/GERRIG, et al. (2008), S. 517; MYERS/REISS, et al. (2008), S. 590.
[402] Vgl. MYERS/REISS, et al. (2008), S. 591; HECKHAUSEN (2006), S. 22; PAYK (2007), S. 64; ASENDORPF (2007), S. 17f; ZIMBARDO/GERRIG, et al. (2008), S. 518.
[403] Vgl. MYERS/REISS, et al. (2008), S. 619; ZIMBARDO/GERRIG, et al. (2008), S. 525.
[404] ALBERT BANDURA (geboren 1925) ist ein kanadischer Psychologe, welcher Begründer sozialer Lerntheorien ist und spezialisiert in den Bereichen der sozial-kognitiven Theorien und der Selbstwirksamkeitserwartung. Vgl. MYERS/REISS, et al. (2008), S. 619; FRANKEN (2007), S. 62.
[405] Vgl. SEIDEL (2009), S. 224; ZIMBARDO/GERRIG, et al. (2008), S. 528; SCHMIDT (2006), S. 83; MYERS/REISS, et al. (2008), S. 620.
[406] Vgl. MYERS/REISS, et al. (2008), S. 620.
[407] Vgl. ZIMBARDO/GERRIG, et al. (2008), S. 528; ASENDORPF (2007), S. 236.

Handlungen in einer Aufgabensituation die Anstrengungsbereitschaft, Persistenz und damit die Erfolgswahrscheinlichkeit."[408] Entsprechend beeinflusst das Gefühl die Selbstwirksamkeit, die Motivation, die Leistung und die Wahrnehmung des Menschen in vielfältiger Weise. Bei einem mangelnden Glauben an sich selbst können auch höchste Fähigkeiten unter Umständen die erfolgreiche Bewältigung einer Aufgabe verhindern.[409]KUHL führt aus, dass globale Willenskonzepte eine enorme Vorhersagekraft entfalten können, wenn offensichtlich ist, wie Personen ihre eigene Selbstwirksamkeit einstufen, wodurch zudem ihre Effizienz und ihr Verhalten recht gut vorhergesagt werden können.[410] Weitergehend findet der kognitiv-affektive Ansatz von MISCHEL Erwähnung, welcher die Wichtigkeit des Verständnisses, wie Verhalten als Funktion der Interaktionen zwischen Personen und Situationen entsteht, betont. Von CANTOR wurde der Ansatz der sozialen Intelligenz geprägt, die sich auf die Fähigkeiten bezieht, die Menschen durch ihre Erfahrungen mit Aufgaben des Lebens erlernen.[411]

(3) Bei der humanistischen Theorie richtet sich das Interesse vorrangig auf das Streben der Menschen nach Selbstbestimmung und -verwirklichung. Dabei ging die Grundannahme nicht wie bei FREUD von einem ,kranken' Menschen aus, sondern von einem ,gesunden'[412] Menschen und dessen selbst berichteten Gefühlen und Erlebnissen.[413] Vorreiter dieser Richtung waren ROGERS, MASLOW und HORNEY, welche glaubten, dass die Motivation für das Verhalten einer Person aus dem Angeborenen und erlernten Anlagen resultiert.[414] Dabei wurde ein besonderes Augenmerk auf das Potenzial des Menschen gelegt, welcher nach MASLOW seine Motivation an einer Bedürfnishierarchie orientiert. In der MASLOW'SCHEN Bedürfnispyramide sucht der Mensch hierarchisch zuerst nach Befriedigung seiner physiologischen Bedürfnisse, dann strebt er nach Sicherheit, gefolgt von dem Wunsch nach Liebe und Zugehörigkeit. Demzufolge strebt der Mensch nach einem positiven Selbstwertgefühl, das gefolgt wird von dem Streben nach Selbstverwirklichung.[415] Selbstverwirklichung bezeichnet dabei das höchste psychologische Bedürfnis, welches erst ver-

---

[408] HECKHAUSEN/HECKHAUSEN (2006), S. 409. Zimbardo definiert Selbstwirksamkeit als eine Überzeugung, angemessene Verhaltensresultate in bestimmten Situationen erzielen zu können. Vgl. ZIMBARDO/GERRIG, et al. (2008), S. 528.

[409] Vgl. NERDINGER/BLICKLE, et al. (2008), S. 438; KUHL (2006), S. 311; ZIMBARDO/GERRIG, et al. (2008), S. 528; Fisseni führt ein Beispiel auf, bei dem eine mangelnde Vorerfahrung die Zuversicht in die eigenen Fähigkeiten reduziert und zu geringerem Selbstvertrauen und höherer Angst führt. Vgl. FISSENI (2004), S. 289.

[410] Vgl. KUHL (2006), S. 312. PUNCH führt die Wichtigkeit des Konzepts der Selbstwirksamkeit auf beim eigenständigen Lernen von Studenten. Vgl. PUNCH (2006), S. 90. DARWIN führt in seinem Buch ,The Descent of Man' an: „Ignoranz erzeugt leichter Selbstvertrauen, als Wissen es tut." Vgl. MYERS/REISS, et al. (2008), S. 624.

[411] Vgl. ZIMBARDO/GERRIG, et al. (2008), S. 528-530.

[412] ABRAHAM MASLOW begründete diesen Ansatz damit, dass „...jede Motivationstheorie, die unsere Aufmerksamkeit verdient, muss sich mit den größten Fähigkeiten eines gesunden und starken Menschen ebenso befassen wie mit den Abwehrmanövern einer verkümmerten Seele." MASLOW (1970), zitiert nach MYERS/REISS, et al. (2008), S. 603.

[413] Vgl. MYERS/REISS, et al. (2008), S. 603.

[414] Vgl. ZIMBARDO/GERRIG, et al. (2008), S. 522.

[415] Vgl. ASENDORPF (2007), S. 221f; MYERS/REISS, et al. (2008), S. 603f; SCHEFFER/HECKHAUSEN (2006), S. 59.

130

haltensbestimmend werden kann, wenn alle physischen und psychischen Grundbedürfnisse erfüllt sind und ein positives Selbstwertgefühl erreicht wurde.[416] Im Verlauf der Persönlichkeitsentwicklung überlagern dabei Wachstumsbedürfnisse die zu Anfang bestehenden Mangelbedürfnisse.[417] ROGERS stimmte mit MASLOW in vielen Aspekten überein und führte zusätzlich in seinem personenzentrierten Ansatz drei Faktoren auf, welche er als unabdingbar bezeichnete. Dabei wird, seiner Meinung nach, das Wachstum der Motive gefördert, wenn Echtheit sowie unbedingte Wertschätzung und Empathie bei einem Menschen vorlägen.[418]Das humanistische Konzept hatte ähnlichen Einfluss auf die Beratung, die Bildung, die Kindererziehung und das Management wie der psychoanalytische Ansatz von FREUD. Dabei haben viele Menschen den Gedanken von ROGERS und MASLOW aufgenommen, dass „…ein positives Selbstkonzept der Schlüssel zu Glück und Erfolg, dass die Akzeptanz und Empathie, die einem entgegengebracht werden die eigenen positiven Gefühle stärken und das Menschen grundsätzlich gut sind und auch durchaus fähig besser zu werden."[419]

(4) Theorien über das Selbst hatten ihren stärksten Fürsprecher in JAMES,[420] welcher drei Komponenten der Erfahrung des Selbst identifizierte: Das (i) materielle Ich, welches das körperliche Ich sowie die materiellen Objekte in seiner Umgebung bezeichnete, das (ii) soziale Ich, dass ein Bewusstsein darstellt wie andere einen sehen sowie das (iii) spirituelle Ich, welches private Gedanken und Gefühle überwacht. Dementsprechend befassen sich Theorien des Selbst damit wie jedes Individuum sein Selbstbild reguliert.[421] Dabei richtet es sich auf das Selbstkonzept, welches eine besondere Bedeutung für das Verständnis der menschlichen Persönlichkeit hat.[422] Das Selbstkonzept bezeichnet dabei eine „…dynamische geistige Struktur, die intra- und interpersonale Verhaltensweisen und Prozesse motiviert, interpretiert, strukturiert, vermittelt und reguliert."[423] Der weitaus größte Teil des Selbstkonzepts besteht aus individuell charakteristischem

[416] Vgl. SCHEFFER/HECKHAUSEN (2006), S. 59; MYERS/REISS, et al. (2008), S. 604; CARL/FIEDLER, et al. (2008), S. 162.
[417] Vgl. HECKHAUSEN (2006), S. 28; ASENDORPF (2007), S. 222.
[418] Vgl. ZIMBARDO/GERRIG, et al. (2008), S. 522; MYERS/REISS, et al. (2008), S. 604. Unbedingte Wertschätzung ist dabei durch das vollkommene Akzeptieren eines anderen Menschen gekennzeichnet. Empathie äußert sich, wenn der Zuhörer echtes Verständnis aufbringt, wodurch die Offenheit und Vertraulichkeit im Gespräch erhöht wird. Vgl. MYERS/REISS, et al. (2008), S. 604.
[419] MYERS/REISS, et al. (2008), S. 605.
[420] WILLIAM JAMES (1842-1910) war ein US-amerikanischer Psychologe und Philosoph, Mitbegründer des philosophischen Pragmatismus und nahm mit seinen Theorien Grundideen der Gestaltungpsychologie und des Behaviorismus vorweg. Vgl. http://de.wikipedia.org/wiki/William_James; Abruf am 22.07.2009.
[421] Vgl. ZIMBARDO/GERRIG, et al. (2008), S. 531.
[422] Vgl. ZIMBARDO/GERRIG, et al. (2008), S. 544. Kinder entwickeln etwa mit dem zwölften Lebensjahr, also am Ende ihrer Kindheit, ein Gefühl für die eigene Identität und den eigenen Wert und somit ein Selbstkonzept. Vgl. MYERS/REISS, et al. (2008), S. 174.
[423] ZIMBARDO/GERRIG, et al. (2008), S. 531. ASENDORPF bezeichnet das Selbstkonzept als einen dispositionalen Anteil des Mich, welcher aus universellen und individualtypischen Wissen über die eigene Person besteht. Vgl. ASENDORPF (2007),

131

Wissen, bspw. einer Persönlichkeitseigenschaft wie Gewissenhaftigkeit.[424] Manche Aspekte erscheinen lediglich individualtypisch, allerdings werden sie von fast allen anderen Menschen ge-
teilt.[425] Die Kernfrage des Selbstkonzepts „Wer bin ich?" führt zu einem Gefühl für die eigene
Identität, den eigenen Wert und zu eigenen Gedanken und Gefühlen.[426] In diesem Zusammenhang wird das Selbstwertgefühl als eine generalisierte Bewertung des Selbst definiert,[427] wobei
Menschen Verhaltensweisen zeigen wie Selbstbeeinträchtigung um das Selbstwertgefühl aufrecht zu erhalten.[428] Dabei zeigen kulturvergleichende Forschungen, dass kollektivistische Kulturen zu einem interdependenten Verständnis des Selbst führen und die Betonung eher auf der
Tradition der gemeinsam praktizierten Handlungsweisen abzielt, wohingegen individualistische
Kulturen zu einem independenten Verständnis des Selbst führen.[429]

(5) Abschließend wird vom Autor die Trait-Theorie beschrieben, welche die Grundlage für fünf wesentliche Faktoren der Persönlichkeit bildet. Diese stellen einen Kernaspekt der geplanten empirischen Untersuchung dar, welche in den folgenden Abschnitten detailliert im Rahmen des Fünf-
Faktoren Modells Verwendung findet. Dabei werden Menschen nach einer begrenzten Anzahl
von eindeutig unterscheidbaren Typen klassifiziert und das Ausmaß der Skalierung wird über unterschiedliche Eigenschaften, sogenannten Traits, festgestellt.[430] Persönlichkeitstypen sind dabei
Alles-oder-Nichts-Phänomene, welche klar umgrenzt und nicht überlappbar sind. HIPPOKRATES[431]
entwickelte im 5. Jahrhundert vor Christus die Temperamentstypentheorie, welche die Persönlichkeit anhand von Körpersäften eines Menschen zu bestimmen versuchte.[432] Er beschrieb vier
Temperamentstypen: die Sanguiniker, die Phlegmatiker, die Choleriker und die Melancholiker,
welche jeweils durch die Vorherrschaft eines der vier Körpersäfte (Blut, Schleim, schwarze und
gelbe Galle) charakterisiert wird.[433] GALENOS[434] beschrieben vier Persönlichkeitstypen: die (i) San-

S. 263. Es umfasst die Wahrnehmungen, Ideen und Gefühle, die eine Person über sich selbst entwickelt und wird definiert als die kognitive Repräsentation der eigenen Person über sich selbst. Vgl. BIHLER (2006), S. 112.
[424] Dieser Anteil ist der persönlichkeitspsychologisch interessante Bereich. Vgl. ASENDORPF (2007), S. 263.
[425] Vgl. ASENDORPF (2007), S. 263.
[426] Vgl. MYERS/REISS, et al. (2008), S. 963. ACHTZIGER zeigt anschaulich unterschiedliche Auswirkungen auf das Selbstkonzept, je nachdem ob eine abwägende oder planende Bewusstseinslage vorliegt. Vgl. ACHTZIGER/GOLLWITZER (2006), S.
289.
[427] Der Vergleich eigener besonderer Fähigkeiten mit denjenigen der Mitmenschen erzeugt das Selbstwertgefühl, wobei
es aus Erfahrung, und zwar aus einer Interpolation von Erfolgserlebnissen, entsteht. Vgl. SEIDEL (2009), S. 26.
[428] Vgl. ZIMBARDO/GERRIG, et al. (2008), S. 532, 544. Menschen sind darauf aus, die eigene Person positiv zu beurteilen und
von anderen positiv beurteilt zu werden. Vgl. NERDINGER/BLICKLE, et al. (2008), S. 126.
[429] Vgl. MYERS/REISS, et al. (2008). S. 131; ZIMBARDO/GERRIG, et al. (2008), S. 544.
[430] Vgl. ZIMBARDO/GERRIG, et al. (2008), S. 504f. Der englische Begriff ‚trait' bedeutet Eigenschaft; man spricht gegenwärtig
in der psychologischen Literatur eher von Merkmalen. Vgl. MYERS/REISS, et al. (2008), S. 608.
[431] Hippokrates von Kos (um 460 v. Chr.) gilt als der bedeutendste Arzt des Altertums. Ihm verdankt die Welt den Hippo-
kratischen Eid. Vgl. ZIMBARDO/GERRIG, et al. (2008), S. 505.
[432] Vgl. ASENDORPF (2007), S. 179; FRANKEN (2007), S. 20.
[433] Vgl. ASENDORPF (2007), S. 179; FRANKEN (2007), S. 20; PAYK (2007), S. 70.

guiniker als fröhlich und aktiv, (ii) die Phlegmatiker als apathisch und träge, (iii) die Melancholiker als traurig und grüblerisch sowie die (iv) Choleriker als aufbrausend und reizbar.[435] Eine weitere Typisierung wurde um 1942 von SHELDON[436] und KRETSCHMER[437] vorgenommen, welcher Menschen aufgrund ihres Körperbaus in ektomorphe (groß, anfällig, dünn), mesomorphe (athletisch, muskulös, stark) und endomorphe (weich, fett, rund) einteilte.[438]Gemeinsam haben Typisierungen, dass es getrennte, diskontinuierliche Kategorien gibt, in welche sich Menschen einordnen lassen.[439]

Als Trait werden Merkmale und Persönlichkeitszüge bezeichnet, die typische Veranlagungs- und Verhaltensmuster eines Menschen - in seiner Art und Weise zu handeln und zu fühlen - ausdrücken.[440] Trait-Theorien gehen von kontinuierlichen Dimensionen aus, wie Intelligenz oder Freundlichkeit, welche Menschen prädisponieren, sich über verschiedene Situationen mit überdauernden Merkmalen und Eigenschaften konsistent zu verhalten.[441] Abbildung 36 zeigt, wie ein Trait als intervenierende Variable fungiert und Mengen von Reizen und Reaktionen zusammen bringt, welche auf den ersten Blick wenig miteinander gemein haben. Als Prädispositionen verursachen Traits Verhalten, jedoch betrachten konservative Trait-Theoretiker den Begriff ‚Trait' nur im Rahmen einer deskriptiven Dimension, womit einfache Muster von beobachtetem Verhalten beschrieben werden.[442] Die Entwicklung der Trait-Forschung lässt sich zum Teil auf eine außergewöhnliche Begegnung des 22-jährigen Psychologiestudenten GORDON ALLPORT,[443] welcher von einem Gespräch mit SIGMUND FREUD in Wien berichtete, das ihn lehrte, dass die Psychoanalyse „...trotz all ihrer Verdienste vielleicht zu sehr in die Tiefe geht und dass Psychologen gut daran täten, zunächst den manifesten Motiven ihre volle Aufmerksamkeit zuzuwenden, ehe sie ins Unbewusste vordringen."[444]

---

[434] GALENOS (etwa 129-216 n. Chr.) war griechischer Arzt und Anatom. Seine Kategorisierung wurde bis Ende des Mittelalters jahrhundertelang geglaubt. Vgl. ZIMBARDO/GERRIG, et al. (2008), S. 505.

[435] Vgl. ZIMBARDO/GERRIG, et al. (2008), S. 505; MYERS/REISS, et al. (2008), S. 608.

[436] WILLIAM SHELDON (1898-1977) war US-amerikanischer Mediziner und Psychologe. Vgl. ZIMBARDO/GERRIG, et al. (2008), S. 505.

[437] ERNST KRETSCHMER (1888-1964) war ein deutscher Psychiater, welcher die menschliche Konstitution erforschte und eine Typenlehre aufstellte. Vgl. PAYK (2007), S. 70.

[438] Vgl. ZIMBARDO/GERRIG, et al. (2008), S. 505; ASENDORPF (2007), S. 174.Kretschmer unterschied die Konstitutionstypen leptosome, athletisch, pyknisch und sonstige; vertiefend vgl. ASENDORPF (2007), S. 174; PAYK (2007), S. 70f; FISSENI (2004), S. 10f.

[439] Vgl. ZIMBARDO/GERRIG, et al. (2008), S. 507.

[440] Vgl. MYERS/REISS, et al. (2008), S. 608.

[441] Vgl. ZIMBARDO/GERRIG, et al. (2008), S. 507.

[442] Vgl. ZIMBARDO/GERRIG, et al. (2008), S. 507.

[443] GORDON WILLARD ALLPORT (1897-1967) war ein US-amerikanischer Psychologe und Mitbegründer der humanistischen Psychologie und ein einflussreicher Vertreter der Persönlichkeitspsychologie, in dessen Rahmen er die fünf Faktoren der Persönlichkeit mitentwickelte. Vgl. ELLIS/ABRAMS, et al. (2009), S. 226; HECKHAUSEN (2006), S. 28; PAYK (2007), S. 63. ALLPORT war der einflussreichste Schüler von WILLIAM STERN (1871-1938) und begründete mit ihm das Eigenschaftsparadigma. Vgl. ASENDORPF (2007), S. 36.

[444] MYERS/REISS, et al. (2008), S. 608.

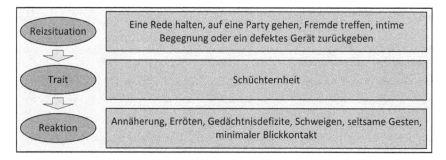

Abbildung 36: Schüchternheit als Trait: Reiz, Trait und Reaktion
Quelle: In Anlehnung an ZIMBARDO/GERRIG/GRAF (2008), S. 507.

Durch seine Forschungen gelang es ALLPORT, eine auf identifizierbaren Verhaltensmustern beruhende Definition von Persönlichkeit zu entwickeln, dessen Ziel es war, Traits zu beschreiben und nicht die individuellen Attribute zu erklären.[445] ALLPORT bezeichnete einen Trait als ein „…verallgemeinertes und fokalisiertes neuropsychisches System (das dem Individuum eigentümlich ist) mit der Fähigkeit, viele Reize funktionell äquivalent zu machen und konsistente äquivalente Formen von Handlung und Ausdruck einzuleiten und ihren Verlauf zu lenken."[446] Folgende Elemente haben nach ELLIS und AB-RAMS alle Definitionen zu Traits gemeinsam:

(1) ‚Traits are stable within a given individual',

(2) ‚Traits vary among individuals',

(3) ‚Traits can be measured',

(4) ‚Traits are responsible for closely related behaviors'.[447]

1936 erarbeite ALLPORT mit seinem Kollegen ODBERT erstmals systematisch eine Liste von 17.953 Adjektiven, um individuelle Unterschiede zwischen Menschen zu beschreiben und legte damit den Grundstein für die Entwicklung des Fünf-Faktoren Modells.[448] Im Verlauf der vorliegenden Arbeit wird der Autor den angelsächsisch geprägten Begriff des ‚Traits' synonym mit dem deutschen Begriff des Persönlichkeitsmerkmals verwenden.

---

[445] Vgl. MYERS/REISS, et al. (2008).
[446] ALLPORT (1937), zitiert nach HECKHAUSEN (2006), S. 28 oder SCHEFFER/HECKHAUSEN (2006), S. 46.
[447] Vgl. ELLIS/ABRAMS, et al. (2009), S. 220.
[448] Vgl. ELLIS/ABRAMS, et al. (2009), S. 227; HENDRIKS/HOFSTEE, et al. (2002), S. 80; DE RAAD (2000), S. 9; ASENDORPF (2007), S. 154; BORKENAU/OSTENDORF (2008), S. 7; SCHEFFER/HECKHAUSEN (2006), S. 47.

4.2.2 Das Fünf-Faktoren Modell der Persönlichkeit

4.2.2.1 Historische Entwicklung des Fünf-Faktoren-Modells der Persönlichkeit

Angesichts der Vielschichtigkeit der Problematik der Definitionsmöglichkeiten dessen, was Mensch-sein bedeutet, liegt es nahe, dass die Entstehung des Fünf-Faktoren Modells[449] eine längere histori-sche Entwicklung hinter sich hat.[450] Zunächst wurde von einer basalen, lexikalischen Hypothese aus-gegangen, die sich auf die Arbeiten von GALTON,[451] KLAGES,[452] BAUMGARTEN,[453] ALLPORT und ODBERT be-rief.[454] Eine weitere Forschungstraditionslinie beruft sich auf die Konzipierung von Fragebögen, mit denen schon immer basale Persönlichkeitsdimensionen erfasst wurden. Die beiden Entwicklungsli-nien näherten sich im Laufe der Zeit einander an. Bereits im lexikalischen Grundlagenansatz waren die bedeutendsten fünf Persönlichkeitsdimensionen eruiert und bis zu hohen Graden definiert. Die-ser Ansatz geht von der Grundannahme aus, dass die natürliche Sprache des Individuums tatsächlich alle bedeutenden Persönlichkeitsdimensionen, die den sozialen Umgang des Menschen prägen, be-reits enthält. Die Bedeutung des jeweiligen Persönlichkeitsmerkmals ließe sich am Umfang des Wort-schatzes erkennen, der dafür aufgewendet wurde.[455] GOLDBERG[456] formuliert diesen Ansatz sinnge-mäß wie folgt, dass mit der Komplexität persönlicher Dimensionen sich auch der Wortschatz weiter entwickelt und sich dafür durch aktuelle Ereignisse und neue Zustände ein neues Vokabular entwi-ckelt. Persönlichkeitsunterschiede werden laut GOLDBERG mit einem entsprechend differenziertem Vokabular konstatiert, erschlossen und ausgedrückt. Die Alltagssprache einer Persönlichkeit ließe infolgedessen unter anderem auf die Grunddimensionen ihrer Persönlichkeit schließen.[457] Schon der englische Forscher GALTON versuchte mit der Lexikographie der englischen Sprache im Jahre 1884 Begriffe zusammen zu fassen, die eine umfangreiche Beschreibung von Persönlichkeitsdimensionen

---

[449] Das Fünf-Faktoren Modell wird von diversen Autoren auch als Big-Five Modell bezeichnet.

[450] Vgl. McCrae/John (1992), S. 177ff; De Raad/Perugini (2002b), S. 6; Barbaranelli/Caprara (2002), S. 109f; Formy Duval Hill/Williams, et al. (2002), S. 418; Myers/Reiss, et al. (2008), S. 607ff.

[451] Sir Francis Galton (1822-1911) war ein britischer Naturforscher und Mitbegründer der differenziellen Psychologie. Er wandte mit Pearson erstmals den Korrelationskoeffizienten an. Vgl. Ellis/Abrams, et al. (2009), S. 31.

[452] Ludwig Klages (1872-1956) war ein deutscher Philosoph und Psychologe.

[453] Franziska Baumgarten (1889-1970) war eine schweizerische Arbeitspsychologin und forschte besonders im Bereich der Charakterologie. http://de.wikipedia.org/wiki/Franziska_Baumgarten-Tramer; Abruf am 08.06.2009.

[454] Vgl. John/Naumann, et al. (2008), S. 117; De Raad (2000), S. 100; Wiedmann (2006), 79; Faullant (2007), S. 107.

[455] Vgl. Goldberg (1981), S. 141.

[456] Lewis R. Goldberg (geboren 1932) ist ein US-amerikanischer Persönlichkeitspsychologe, der die Entwicklung der Taxo-nomie der fünf Faktoren mit vorantreibt, allerdings argumentiert, dass für ihn relevante Merkmale 'urgency', 'agree-ableness', 'conscientiousness', 'emotional stability', und 'intellect' sind. Vgl. Saucier/Goldberg (2002), S. 1ff.

[457] Vgl. Amelang/Bartussek (2001), S. 365; Backhaus (2004), S. 4.

135

möglich machen sollten.[458] Der deutsche Philosoph KLAGES berief sich 1926 in seiner „Sedimentationshypothese"[459] auf GALTON, als er seinen lexikalischen Ansatz begann.[460]

Unter Sedimentation verstand KLAGES, dass sich die Beschreibungsmöglichkeiten einer Persönlichkeit und individueller Differenzierung als „Sediment" in der natürlichen Sprache ablagerten.[461] Bestimmte Merkmale sollten sich mit bestimmten Vokabularen daher beschreiben lassen. KLAGES ging davon aus, dass sämtliche Wörter, die in einer Sprache eine Persönlichkeit beschreiben, ein komplettes Inventar zur Persönlichkeitsbeschreibung enthalten müssen. Erstmals nahm BAUMGARTEN 1933 eine systematische Studie vor, die diese Thesen empirisch umzusetzen versuchte. BAUMGARTEN erstellte in ihrer Arbeit eine Liste mit 688 Substantiven und 941 Adjektiven, die Persönlichkeitsmerkmale beschrieben. 1936 griffen ALLPORT und ODBERT auf diese Arbeiten zurück, als sie in der englischen Sprache ähnliche Bemühungen vornahmen, um Persönlichkeit zu beschreiben.[462] Die Autoren orientierten sich dabei an Webster's New International Dictionary von 1925. Hier filterten sie sämtliche Begriffe heraus, die Verhalten und Persönlichkeit beschreiben. Sie stellten eine Liste von 17.953 Wörtern zusammen, die weitgehend Adjektive aufwies.[463]

ALLPORT und ODBERT stellten die Begriffe gemäß vier Kategorien zusammen.[464] Die wichtigste Kategorie beschrieb „persönliche Züge" und enthielt 4504 Wörter, die sich auf stabile Persönlichkeitsmerkmale und Verhaltensweisen bezogen. Als Beispiele für diese erste Kategorie lassen sich Wörter wie „introvertiert" und „gesellig" nennen. Der zweite Begriffszusammenhang bezog sich auf Zustandsbeschreibungen, die eher temporär oder kurz dauernde Stimmungen und Aktivitäten beschrieben. Hier lassen sich Beispiele wie „Jubeln" und „Verlegen sein" nennen. Die dritte Kategorie bestand aus wertenden Begriffen, die von Menschen für ihr Verhalten untereinander zur Verwendung gelangen. Beispiele hierfür sind „Unbedeutend" und „Würdig". Die vierte Kategorie beschäftigt sich mit den Restbegriffen, mit denen sich beispielsweise Talente, physische Charakteristika und nicht eindeutige Begriffe hinsichtlich von Persönlichkeitsbeschreibung darstellen lassen.[465]

---

[458] Vgl. ASENDORPF (2007), S. 154; GOLDBERG (1993), S. 26; DE RAAD (2000), S. 100; FAULLANT (2007), S. 107.
[459] Unter Sedimentationshypothese versteht man die „...Annahme, dass alle wichtigen Persönlichkeitseigenschaften umgangssprachlich durch Eigenschaftsworte repräsentiert sind..." ASENDORPF (2007), S. 478.
[460] Vgl. BORKENAU/OSTENDORF (2008), S. 7; JOHN/ANGLEITNER, et al. (1988), S. 176; ASENDORPF (2007), S. 150f.
[461] Vgl. ASENDORPF (2007), S. 478.
[462] Vgl. FAULLANT (2007), S. 107; JOHN/ANGLEITNER, et al. (1988), S. 176; BORKENAU/OSTENDORF (2008), S. 7.
[463] Vgl. ELLIS/ABRAMS, et al. (2009), S. 227; FORMY DUVAL HILL/WILLIAMS, et al. (2002), S. 412; HENDRIKS/HOFSTEE, et al. (2002), S. 80; SCHEFFER/HECKHAUSEN (2006), S. 47; DE RAAD (2000), S. 9.
[464] DE RAAD führt die einzelnen Kategorien auf und stellt die erste von 134 Seiten von ALLPORT dar, welche seine Kategorisierung verdeutlicht. DE RAAD (2000), S. 9f.Vertiefend siehe ALLPORT/ODBERT (1936), S. 26ff.
[465] ALLPORT und ODBERT identifizierten folgende Kategorien: (1) 'personality traits', such as sociable, aggressive, fearful, (2) 'temporarystates, moods, and activities', (3) 'highly evaluativejudgments of personal conduct and reputation' and (4) 'physical characteristics, capacities and talents' Vgl. JOHN/NAUMANN, et al. (2008), S. 117.

Im Jahre 1943 berief sich CATTELL[466] besonders auf die erste Kategorie „persönlicher Merkmale" und benutzte sie zu seiner Identifizierung von Persönlichkeitsbeschreibungen, die sich in der englischen Sprache durch Wörter vorfinden ließen. CATTELL ordnete die von ALLPORT und ODBERT aufgestellten Begriffe nach Gegensatzpaaren. Dabei leitete er durch inhaltsanalytische, korrelationsstatistische und faktorenanalytische Methoden 171 bipolare Cluster von Synonymen und Antonymen zusammen.[467] Anschließend führte er eine Inspektion der Korrelationsmatrizen durch, wodurch die zu große Anzahl von Variablen zur Persönlichkeitsbeschreibung auf 35 reduziert und dadurch handhabbar wurde. Diese Reduzierung diente unter anderem der Möglichkeit, inhaltliche sowie faktorenanalytische Interpretationen des Begriffsinventars vorzunehmen.[468] CATTELL gelangte schließlich nach einer weiteren Extraktion zu zwölf wesentlichen Persönlichkeitsfaktoren, die er mit vier weiteren in sein System „Sixteen Personality Factors Questionnaire" (16 PF) einführte.[469] Diese 12 Faktoren waren jedoch durch andere Autoren nicht replizierbar.[470]

Viele Forscher führten CATTELL'S Forschungen fort. FISKE[471] nutzte für seine Arbeiten die Ringvariablen von CATTELL und gelangte mit drei Clusteranalysen zu fünf grundlegenden Persönlichkeitsfaktoren.[472] Diese ähnelten bereits den Dimensionen des Fünf-Faktoren Modells, waren mit ihm jedoch nicht identisch.[473] Mit den Studien von TUPES und CHRISTAL näherten sich anschließend die Dimensionen dem Modell deutlicher an.[474] Die beiden Autoren nutzten ihre Darstellung von Persönlichkeitsmerkmalen zur Beurteilung von Persönlichkeiten der Soldaten für die US-Armee. Diese Persönlichkeitsmerkmale sollten für die Prognosemöglichkeit zur künftigen Entwicklung der Charaktere von Offiziersanwärtern genutzt werden.[475] TUPES und CHRISTAL beriefen sich wiederholt auf fünf wesentliche

---

[466] RAYMOND BERNARD CATTELL (1905-1998) war ein britisch-US-amerikanischer Persönlichkeitspsychologe, welcher u. a. den Screen-Test zur Feststellung der Faktorenzahl für die Faktorenanalyse entwickelte. Cattell war Schüler von CHARLES SPEARMAN und CYRIL BURT. Vgl. ELLIS/ABRAMS, et al. (2009), S. 229; BARENBAUM/WINTER (2008), S. 10.

[467] Vgl. BORKENAU/OSTENDORF (2008), S. 8; DE RAAD/PERUGINI (2002b), S. 16f.Vertiefend vgl. CATTELL (1946), S. 219-232.

[468] Vgl. FISSENI (1998), S. 314; BORKENAU/OSTENDORF (2008), S. 8. DE RAAD führt die 35 Variablen zur Persönlichkeitsbeschreibung in einer Tabelle auf. Vgl. DE RAAD (2000), S. 6.

[469] Vgl. DE RAAD (2000), S. 8f; FAULLANT (2007), S. 109; JOHN/NAUMANN, et al. (2008), S. 118; ASENDORPF (2007), S. 149.

[470] Vgl. BORKENAU/OSTENDORF (2008), S. 8; ELLIS/ABRAMS, et al. (2009), S. 18; DE RAAD (2000), S. 11.

[471] DONALD W. FISKE (1917-2003) war US-amerikanischer Psychologe mit Schwerpunkt methodischen Aspekten zur Analyse der Persönlichkeit. Sein Artikel von 1959, 'Convergent and Discriminant Validation by the Multitrait-Multimethod Matrix', ist im 100 Jahre alten ‚flagship journal', dem Psychological Bulletin der am häufigsten zitierteste Artikel, nachzulesen. http://chronicle.uchicago.edu/030515/fiske.shtml; Abruf am 02.05.2009.

[472] Vgl. DE RAAD (2000), S. 7; WIEDMANN (2006), S. 79; HENDRIKS/HOFSTEE, et al. (2002), S. 80. DERAAD legt jedoch dar, dass vorher bereits andere Autoren ähnliche Ergebnisse erarbeitet haben. Vgl. DE RAAD (2000), S. 100.

[473] Vgl. ELLIS/ABRAMS, et al. (2009), S. 236.

[474] Vgl. MCCRAE/COSTA (2008), S. 159; DE RAAD (2000), S. 3; TUPES/CHRISTAL (1992), S. 231-238.

[475] Vgl. DE RAAD (2000), S. 6; FAULLANT (2007), S. 110.

Persönlichkeitsfaktoren.[476] Diese Faktoren ähnelten sehr stark den Faktoren, die später als die fünf wesentlichen Dimensionen in das Modell eingingen.[477]

Im Jahre 1963 nutzte der Forscher NORMAN die Ansätze von TUPES und CHRISTAL und kombinierte sie mit den Variablenansätzen von CATTELL. So entstanden 20 Rating-Skalen, die sich auf fünf Persönlichkeitsfaktoren beziehen ließen.[478] Die Lösung bot eine gute Replizierbarkeit, wurde mehrfach variiert, erweitert und perfektioniert. In seinen späteren Forschungen wiederholte NORMAN die Methoden von ALLPORT und ODBERT und benutzte hierfür erneut das Webster's Third New International Dictionary. NORMAN fügte der ursprünglichen Wortliste 171 Begriffe hinzu. Die Begriffe seiner Kategorien teilte er anschließend 10 unterschiedlichen Klassen zu, die den jeweils entgegen gesetzten Dimensionen der „Fünf Faktoren" entsprachen.[479] NORMAN bezog sich folglich auf die Arbeiten von CATTELL, um einen breiteren Variablensatz zu erhalten, der für die Personenbeschreibung, besonders in Bezug auf die Formulierung von Fragebögen, besser zu verwenden war.

Der Forscher GOLDBERG (1981, 1990) führte auf den vorhandenen Datenbasen die Beschreibungsmöglichkeiten fort und gelangte, unter Bezug auf die Vorarbeiten, zum Begriff der fünf zentralen Persönlichkeitsfaktoren.[480] Im Gegensatz zu CATTELL, selektierte GOLDBERG nach objektiven und expliziten Ausschlusskriterien zur Sicherung der Repräsentativität.[481] Zusätzlich wurde die semantische Konsistenz der Cluster empirisch von GOLDBERG evaluiert; er rotierte eine höhere Anzahl von Variablensets als CATTELL.[482] Die Forschungen von GOLDBERG werden als entscheidende Beiträge anerkannt, welche zur allgemeinen Durchsetzung und Anerkennung des Fünf-Faktoren Modells führten. Die Forschungslinie wurde von MCCRAE und JOHN hiernach unter Bezug auf die Auswertung entsprechender Persönlichkeitsfragebögen weitergeführt.[483] Der Unterschied der Fragebögen zu dem lexikalischen Ansatz besteht darin, dass die Fragebögen mit ganzen Sätzen arbeiten, um ein umfangreicheres Bild der Persönlichkeitsdimension zu erhalten.[484] In der Zeitphase von 1921 bis 1953 unterschieden sich die Fragebögen zur Persönlichkeitserhebung zunächst deutlich voneinander. Später konvergierten die Testforen der Fragebögen deutlich. Die fünf Dimensionen waren besonders für die psychologische

---

[476] Vgl. TUPES/CHRISTAL (1992), S. 250.
[477] TUPES und CHRISTAL identifizierten die Merkmale Extraversion, Verträglichkeit, Verlässlichkeit, emotionale Stabilität und Kultur. Vgl. FAULLANT (2007), S. 109f.
[478] DERAAD stellt diese fünf Faktoren mit ihren jeweils vier bipolaren Skalen anschaulich dar. Vgl. DE RAAD (2000), S. 3.
[479] Vgl. FAULLANT (2007), S. 110.
[480] Vgl. SAUCIER/GOLDBERG (2002), S. 29; JOHN/NAUMANN, et al. (2008), S. 119; ELLIS/ABRAMS, et al. (2009), S. 236.GOLDBERG gab diesen fünf zentralen Faktoren den Namen ‚Big-Five', weil sie auf eine sehr breite Übereinstimmung trafen. Vgl. JOHN/NAUMANN, et al. (2008), S. 119.
[481] Vgl. JOHN (1990), S. 75.
[482] Vgl. FAULLANT (2007), S. 110.
[483] Vgl. MCCRAE/JOHN (1992), S. 185; TSAOUSIS (2002), S. 237; BARRETT (2002), S. 457ff; BARBARANELLI/CAPRARA (2002), S. 109ff.
[484] Vertiefend zur Entwicklung und Validität von Fragebögen vgl. TSAOUSIS (2002), S. 237ff; BARRETT (2002), S. 457ff; BARBARANELLI/CAPRARA (2002), S. 109ff.

138

Forschung und Persönlichkeitserhebung von Belang, so dass sich hier eine Konvergenz der Inhalte mehr oder minder automatisch ergab. Dies betraf besonders negative Gefühlswelten und -zustände, die sich auf die zwischenmenschlichen Beziehungen auswirken konnten.

Abbildung 37 zeigt die Differenzierung in ‚Instabil – Stabil' und ‚Introvertiert – Extrovertiert' sowie die Typen Melancholisch, Cholerisch, Phlegmatisch und Sanguinisch.[485]

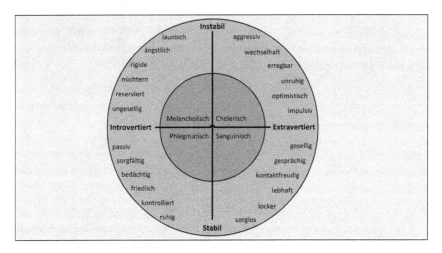

Abbildung 37: Die vier Quadranten von Eysenck
Quelle: ASENDORPF (2007), S. 609.

EYSENCK fasste die Resultate von in 35 Ländern (1973, 1990) durchgeführten Persönlichkeitstests unter drei breiten Dimensionen zusammen. Er bestimmte Neurotizismus (emotional stabil vs. emotional instabil), Extraversion (nach innen vs. nach außen orientiert) und Psychotizismus (freundlich und rücksichtsvoll vs. aggressiv und asozial) und arbeitete ein Instrumentarium zu ihrer Erfassung aus.[486] Dabei glaubte EYSENCK, dass sich die individuellen Variationen auf zwei Dimensionen reduzieren lassen und entwickelte, in Anlehnung an die Temperamentstypen von HIPPOKRATES, vier Quadranten der Persönlichkeit. Die Persönlichkeitspsychologie gelangte im Anschluss an diesen Gesamtkontext zu dem Konsens, dass Neurotizismus und Extraversion grundlegende Persönlichkeitsfaktoren darstellten. Andererseits reichten diese beiden Dimensionen nicht aus, um die menschliche Persönlichkeit hinreichend zu beschreiben. Im Zusammenhang mit den Forschungen von GOLDBERG (1983), fügten MCCRAE und COSTA schließlich als erneute Erweiterung der Faktoren Neurotizismus, Extraversion und

---

[485] Vgl. ELLIS/ABRAMS, *et al.* (2009), S. 19f; ASENDORPF (2007), S. 179; MYERS/REISS, *et al.* (2008), S. 609; PAYK (2007), S. 67f.
[486] Vgl. ZIMBARDO/GERRIG, *et al.* (2008); ELLIS/ABRAMS, *et al.* (2009), S. 19f; ASENDORPF (2007), S. 179; AMELANG/SCHMIDT-ATZERT, *et al.* (2006), S. 130.

Offenheit für Erfahrung (NEO, 1976), die Faktoren Verträglichkeit und Gewissenhaftigkeit ihrem Mo-

dell hinzu.[487] Die Entwicklung von Messinstrumenten zu Persönlichkeitsmerkmalen wird ebenso in

„Hogans Personality Inventory" um eine einzige Kategorie erweitert. Auch Hogan lehnt sich demge-

mäß an die fünf grundlegenden Faktoren an.[488] Zusammenfassend stellt Tabelle 13 die zeitliche Ent-

wicklung der fünf Faktoren dar:

Autor(en)	Faktor I	Faktor II	Faktor III	Faktor IV	Faktor V
Fiske (1949)	Confident Self-Expression	Social Adaptability	Conformity	Emotional Control	Inquiring Intellect
Tupes & Christal (1961)	Surgency	Agreeableness	Dependability	Emotional Stability	Culture
Norman (1963)	Surgency	Agreeableness	Conscientiousness	Emotional Stability	Culture
Digman und Takemoto-Chock (1981)	Extraversion	Friendly Compliance	Will to Achieve	Ego Strength (Anxiety)	Intellect
Goldberg (1981, 1989)	Surgency	Agreeableness	Conscientiousness	Emotional Stability	Intellect
McCrae & Costa (1985)	Extraversion	Agreeableness	Conscientiousness	Neuroticism	Openness to Experience
De Raad et al. (1988)	Extraversion	Agreeableness vs. Cold-Heartedness	Conscientiousness	Emotional Instability	Culture

Tabelle 13: Lexikalische Entwicklung der „Big Five"-Faktoren
Quelle: In Anlehnung an JOHN (1990), S. 72.

Bei der näheren inhaltlichen Betrachtung, zeigen die fünf Faktoren, trotz partiell unterschiedlicher

Benennung und Autoren, eindeutig erkennbare Überschneidungen.

4.2.2.2 Lexikalische und faktorenanalytische Persönlichkeitsforschung als Grundlage der Persönlichkeitsmerkmale: Beschreibung der fünf breiten Faktoren

Das Fünf-Faktoren Modell der Persönlichkeit lässt sich als eine komplexe Darstellung persönlicher

Qualitäten betrachten. Es entwickelte sich aus der oben dargestellten Zersplitterung der vielen Defi-

nitionsansätze, die zur Beschreibung von Persönlichkeit gebildet wurden. In der Mitte der 80er Jahre

des vorigen Jahrhunderts entstand nach und nach ein Konsens, dass fünf wesentliche Persönlich-

keitsfaktoren (Big Five) sich auf die Weise zusammenfassen ließen, dass mit den entsprechenden

---

[487] Vgl. DE RAAD (2000), S. 80; MCCRAE/COSTA (1983), S. 245f; ASENDORPF (2007), S. 155; ELLIS/ABRAMS, et al. (2009), S. 236.
[488] Vgl. DE RAAD/PERUGINI (2002b), S. 16.Vertiefend zum Hogans Personality Inventory siehe HOGAN (1986).

140

unabhängigen Dimensionen, die das Modell bildeten, eine Anzahl von wichtigen Charakteristika der Person zu bezeichnen sei.[489] Die Basis dieses Eigenschaftsmodells bildet den lexikalischen Ansatz von GALTON.[490] In diesem Ansatz kristallisierte sich mit der Zeit das Modell der fünf Faktoren als wesentlichste Dimension zur Darstellung menschlicher Eigenschaften heraus. Dabei trugen COSTA und MCCRAE mit umfangreichen Studien und der Erstellung von Messinventaren zur Erfassung der Big Five entscheidend zu einem breiten Konsens über die fünf Faktoren bei. Die von ihnen gewählten Bezeichnungen für die fünf Faktoren sind, in der gegenwärtigen Literatur, die am häufigsten verwendeten und werden demnach für die vorliegende Arbeit verwendet. Zudem bauen die Forschungen von BORKENAU und OSTENDORF auf denen von COSTA und MCCRAE auf. Im Rahmen ihrer Arbeiten portierten sie entwickelte Messinventare auf den deutschsprachigen Raum und validierten die fünf Faktoren über eine Normstichprobe von 11.724 Personen.[491] Die fünf wesentlichsten Persönlichkeitsmerkmale sind: (1) Extraversion, (2) Verträglichkeit, (3) Gewissenhaftigkeit, (4) Neurotizismus und (5) Offenheit für Erfahrung.[492]

(1) Der erste Faktor ist der des **Neurotizismus** (Neuroticism, ‚N').[493] Diese Dimension erfasst individuelle Unterschiede von Personen, bezüglich ihrer emotionalen Labilität (Neurotizismus) und ihrer emotionalen Stabilität. Hierbei ist das Konzept der Impulskontrolle ein wichtiger Aspekt, wonach Menschen im Laufe ihrer Entwicklung lernen, ihre Wünsche und Begierden zu kontrollieren. Die Unfähigkeit, Versuchungen zu widerstehen, wird als Indikator für höhere Neurotizismuswerte gedeutet. OSTENDORF und BORKENAU weisen darauf hin, dass das Merkmal nicht als eine psychiatrische Kategorie und nicht zur Diagnose psychischer Störungen missverstanden werden darf. Das Merkmal wurde dimensional gestaltet und erfasst vielmehr die graduell unterschiedliche Ausprägung, in der sich alle Menschen voneinander unterscheiden. Im Kern erfasst das Merkmal Neurotizismus die Art und Weise, wie Emotionen, insbesondere negative Emotionen, vom Menschen erfasst werden. Emotional stabile Menschen beschreiben sich in dieser Merkmalsdimension als ausgeglichen, ruhig, sorgenfrei und geraten auch in Stresssituationen nicht aus der Ruhe. Der vollkommen emotional stabile Mensch (N=0) lässt sich durch nichts aus der Ruhe bringen. Menschen mit hohen Ausprägungen im Neurotizismus hingegen geben häufig an, dass sie leicht aus dem seelischen Gleichgewicht zu bringen sind und oft negative Gefühlszustände erleben, von denen sie geradezu überwältigt werden. Neurotizistische Menschen sind weniger dazu in der La-

---

[489] Vgl. GOLDBERG (1981), S. 159; JOHN/NAUMANN, et al. (2008), S. 119; SAUCIER/GOLDBERG (2002), S. 29; ELLIS/ABRAMS, et al. (2009), S. 236.
[490] Vgl. ELLIS/ABRAMS, et al. (2009), S. 239; JOHN/NAUMANN, et al. (2008), S. 117; SAUCIER/GOLDBERG (2002), S. 30; FORMY DUVAL HILL/WILLIAMS, et al. (2002), S. 421.
[491] Vgl. NEO-FFI Testmanual. BORKENAU/OSTENDORF (1993); BORKENAU/OSTENDORF (2008).
[492] Vgl. DE RAAD (2000), S. 100, 5ff.
[493] Die englischen Begriffe wurden der Übersetzung von ASENDORPF entnommen Vgl. ASENDORPF (2007), S. 155.

ge, ihre Gefühle zu kontrollieren und neigen zu unrealistischen Ideen. Emotionale Instabilität führt oft zu vielen Sorgen, wobei Probanden angeben, häufig erschüttert, betroffen, unsicher, beschämt, verlegen, ängstlich, nervös und traurig zu reagieren. Das jeweilige Individuum weist Empfindlichkeit und Unausgeglichenheit auf und ihnen fehlt in vielen Fällen die Kontrollfähigkeit ihrer Bedürfnisse.[494]

(2) Der zweite Persönlichkeitsfaktor ist die **Extraversion** (,E'). Hohe Werte in Extraversion deuten auf gesellige Menschen hin, welche sich zusätzlich als selbstsicher, gesprächig, aktiv, heiter, energisch und optimistisch bezeichnen. Extrovertierte Personen lieben die Aufregung und neigen zu einem heiteren Naturell. Sie fühlen sich auf gesellschaftlichen Versammlungen wohl, halten sich gern in Gruppen auf und mögen die Menschen. Hohe Extraversionswerte bedeuten, dass menschliche Wesen sich nach außen wenden, soziale Seiten ausleben und über Unternehmungslust und Aktivität verfügen. Diese Extraversion bedeutet das Bedürfnis, Gruppen zu bilden, Selbstbewusstsein in diesen Gruppen zu formieren und Durchsetzungsfähigkeit zu beweisen, wobei stets Optimismus ausgestrahlt wird. Dagegen sind Personen mit geringen Werten in Extraversion eher zurückhaltend als unfreundlich, eher ausgeglichen als unsicher oder phlegmatisch, eher unabhängig als folgsam. Eine typische Charakterisierung einer introvertierten Person ist schwierig, weil „,...Introversion zum Teil eher als ein Fehlen von..."[495] als ein Gegensatz zu Extraversion angesehen werden muss. Ihr Hauptcharakteristikum ist der Wunsch, allein zu sein, wobei sie nicht notwendigerweise unter sozialer Ängstlichkeit leiden. Dabei sind introvertierte Menschen nicht pessimistisch oder unglücklich, auch wenn sie nicht die überschäumende Lebhaftigkeit eines Menschen mit hohen Extraversionswerten haben.[496]

(3) Der Faktor der **Offenheit für Erfahrung** (Openness to Experience, ,O') beschreibt das Interesse von Menschen, sich mit neuen Erlebnissen, Eindrücken und Erfahrungen zu beschäftigen. Personen mit hohen Werten werden als wissbegierig, intellektuell, phantasievoll, künstlerisch interessiert und experimentierfreudig bezeichnet. Sie geben an, dass sie ihre positiven und negativen Gefühle akzentuiert wahrnehmen, ein reges Phantasieleben besitzen und an vielen öffentlichen und persönlichen Entwicklungen interessiert sind. Hohe Werte bei dem Faktor Offenheit für Erfahrung gehen einher mit der Bereitschaft, bestehende Normen kritisch zu hinterfragen und neuartige ethische, soziale und politische Wertvorstellungen zu prüfen. Solche Personen bevorzugen Abwechslung, sind oft unkonventionell, erproben neue Handlungsweisen und verhalten

---

[494] Vgl. BORKENAU/OSTENDORF (2008), S. 40; MCCRAE/COSTA (2008), S. 164; DE RAAD (2000), S. 94-96; DE RAAD/PERUGINI (2002b), S. 8-9.

[495] BORKENAU/OSTENDORF (2008), S. 40.

[496] Vgl. BORKENAU/OSTENDORF (2008), S. 40; MCCRAE/COSTA (2008), S. 164; DE RAAD (2000), S. 88-91; DE RAAD/PERUGINI (2002b), S. 6-7.

sich unabhängig in ihrem Urteil. Niedrige Werte bei diesem Faktor gehen einher mit dem Vorzug von Bewährtem und Bekanntem gegenüber Neuem, der Neigung zu eher konservativen Einstellungen und konventionellen Verhalten sowie zu gedämpften emotionalen Reaktionen.[497]

(4) Der Faktor der **Verträglichkeit** (Agreeableness, V) bezeichnet ein Merkmal, welches vorrangig interpersonales Verhalten beschreibt. Personen mit hohen Werten verfügen über das zentrale Merkmal des Altruismus, d.h. sie begegnen anderen Menschen mit Wohlwollen, Mitgefühl, Gutmütigkeit und Verständnis. Sie neigen zu einem kooperativen und nachgiebigen Verhalten und haben ein starkes Bedürfnis nach Harmonie. Extremfälle solcher Eigenschaften führen zu Abhängigkeit und Unterwürfigkeit. Sie neigen zu zwischenmenschlichem Vertrauen und wollen stets anderen Menschen helfen, wobei sie davon überzeugt sind, dass diese sich ebenso verhalten werden. Eine hohe Verträglichkeit impliziert die Vertrauens- und Hilfsbereitschaft als soziale Faktoren des Individuums. Personen mit geringen Werten von Verträglichkeit beschreiben sich in ihrem Verhalten als eher kompetitiv als kooperativ, sind misstrauisch gegenüber anderen Menschen, antagonistisch und egozentrisch. Sie haben die Fähigkeit, für Interessen einzustehen und zu kämpfen. Verträgliche Menschen sind beliebter als Menschen mit geringer Verträglichkeit, womit eine hohe Verträglichkeit als sozial erwünscht bezeichnet werden kann.[498]

(5) **Gewissenhaftigkeit** (Conscientiousness, G) beschreibt eine gewisse Dimension der Selbstkontrolle, die sich auf den aktiven Prozess der Planung, Organisation und Durchführung von Aufgaben bezieht. Hohe Werte bei Gewissenhaftigkeit zeichnen Menschen aus, welche zielstrebig, ausdauernd, systematisch, ehrgeizig, willensstark, ordentlich, fleißig, diszipliniert, genau, penibel, pünktlich und zuverlässig sind. Bezeichnet man Individuen als gewissenhaft, so impliziert dies auch Pflichtbewusstsein, Entschlossenheit, Prinzipientreue und Leistungsorientiertheit. Der Aspekt der sozialen Erwünschtheit bezieht sich vorrangig auf akademische und berufliche Leistungen. Negative Aspekte einer hohen Gewissenhaftigkeit zeigen sich in zwanghafter Arbeitssucht, übertriebener Ordentlichkeit und einem übertrieben hohen Anspruchsniveau. Personen mit einer geringen Gewissenhaftigkeit verfolgen ihre Ziele mit geringerem Engagement und beschreiben sich eher als gleichgültig, nachlässig und unbeständig.[499]

Tabelle 14 zeigt für die fünf Faktoren entsprechend charakterisierende Eigenschaftswörter mit hoher und geringer Merkmalsausprägung auf:

[497] Vgl. BORKENAU/OSTENDORF (2008), S. 40; MCCRAE/COSTA (2008), S. 164; DE RAAD (2000), S. 96-98; DE RAAD/PERUGINI (2002b), S. 9f.

[498] Vgl. BORKENAU/OSTENDORF (2008), S. 40; MCCRAE/COSTA (2008), S. 164; DE RAAD (2000), S. 91-92; DE RAAD/PERUGINI (2002b), S. 7.

[499] Vgl. BORKENAU/OSTENDORF (2008), S. 40; MCCRAE/COSTA (2008), S. 164; DE RAAD (2000), S. 92-94; DE RAAD/PERUGINI (2002b), S. 8.

Persönlichkeitsmerkmal	Hohe Merkmalsausprägung	Geringe Merkmalsausprägung
Extraversion	Redselig, freudig, lebenslustig, herzlich, kontaktfähig und -freudig, heiter, abenteuerlustig, aktiv, gesellig, personenorientiert, aufgeweckt, spontan, dynamisch, dominant, gesprächig, temperamentvoll, feurig, begeisterungsfähig	Unspontan, zurückhaltend, zugeknöpft, eigenbrötlerisch, einsilbig, distanziert, verschlossen, reserviert, scheu, kontaktscheu, nach innen gekehrt, schweigsam, ungesellig, still
Verträglichkeit	Warmherzig, gutgläubig, gutwillig, naiv, freimütig gefällig, bescheiden, bedürfnislos, sanft, altruistisch, aufrichtig, großzügig, hilfsbereit, uneigennützig, nachgiebig, arglos, großherzig, gütig, vertrauensvoll, geradlinig, direkt, entgegenkommend, versöhnlich, ehrlich	Eingebildet, eigennützig, selbstgefällig, streitsüchtig, rechthaberisch, kalkulierend, verschlagen, kalt, zynisch, misstrauisch, hinterlistig, unkooperativ, unaufrichtig, unversöhnlich, arrogant, rüde, dickköpfig, berechnend, gerissen, hartherzig, eitel, grob
Gewissenhaftigkeit	Perfektionistisch, verlässlich, ordentlich, arbeitsam, ausdauernd, zuverlässig, planvoll, eifrig, pünktlich, willensstark, motiviert, pflichtbewusst, ehrgeizig, gewissenhaft, prinzipientreu, strebsam, selbstdiszipliniert, kompetent, beharrlich, fleißig, genau	Leichtfertig, schlampig, sprunghaft, planlos, bequem, arbeitsscheu, willensschwach, lässig, leichtsinnig, chaotisch, ziellos, undiszipliniert, unverlässlich, unsorgfältig, unbeständig, unachtsam, träge, hedonistisch, ehrgeizlos, faul
Neurotizismus	Selbstzweiflerisch, emotional, anerkennungsbedürftig, unsicher, sensibel, unausgeglichen, wehleidig, unzufrieden, nervös, reizbar, ängstlich, beunruhigt, angespannt, empfindlich	Robust, ausgeglichen, selbstsicher, selbstvertrauend, entspannt, selbstzufrieden, gefestigt, unempfindlich, sorglos, sicher, gefühlsstabil, zufrieden, ruhig, locker, gelassen
Offenheit für Erfahrungen	Kreativ, unkonventionell, musisch, nonkonformistisch, neugierig, originell, hat viele Interessen, offen, liberal, empfindungsfähig, feinfühlig, erfinderisch, einfallsreich, fantasiereich, geistreich	Dogmatisch, eingefahren, konventionell, unflexibel, fantasielos, konservativ, unkünstlerisch, nüchtern, pragmatisch, unkritisch, eingeschränkte Interessen, praktisch, erdverbunden, realistisch, sachlich

Tabelle 14: Eigenschaftswörter der „Big Five"-Faktoren
Quelle: In Anlehnung an OSTENDORF/ANGLEITNER (2004b), S. 33-45, FAULLANT (2007), S. 115, MOBERG (1999), S. 250.

4.2.3   Feststellung der Persönlichkeit

4.2.3.1   Messinstrumente zur Bestimmung der Persönlichkeit

Entsprechend der Vielzahl von unterschiedlichen Theorien zur Persönlichkeit, welche in Kapitel 4.2.1 dargestellt wurden, variieren auch die Möglichkeiten zur Erfassung der jeweiligen Persönlichkeit. In diesem Zusammenhang wurde für die vorliegende Arbeit die eigenschaftsorientierte Trait-Theorie ausgewählt, welche in ihrer lexikalischen und faktorenanalytischen Entwicklung in Kapitel 4.2.2.2 dargestellt wurde. Der Trait-Ansatz ist gekennzeichnet durch die empirische Suche von logisch separaten Verhaltensweisen, die gemeinsam auftreten und sich im Anschluss zu einem Faktor zusammenführen lassen.[500] Die Erfassung erfolgt dabei nicht über ein Experiment oder eine Beobachtung, son-

---

[500]   Vgl. ELLIS/ABRAMS, et al. (2009), S. 220f ; SMITH/CANGER (2004), S. 466.

dern durch das quantitative Instrument der Befragung mit einem Fragebogen.[501] Die Verbreitung und damit verbundene Akzeptanz der sogenannten Big Five lässt sich bei der Nutzung von Messinstrumenten[502] aufzeigen, insbesondere weil sie mit unterschiedlichsten Messinstrumenten nachgewiesen werden konnten - „...ein Umstand, der zu überzeugend erscheint, um als zufällig abgeurteilt werden zu können."[503] Dabei erfolgte sowohl die theoretische Konzeption, als auch die technische Konstruktion der jeweiligen Messinstrumente unterschiedlich. Bei der Entwicklung von Messinstrumenten wurden vorrangig drei unterschiedliche Ansätze verfolgt:

(1) Die Messung nach der kontrastierenden Gruppenstrategie oder nach Kriteriengruppen,[504] verfolgt das Ziel, zwei Gruppen nach einem vorher definierten Attribut zu differenzieren, wobei nur Indikatoren unterstützt werden, welche empirisch bestätigt wurden. Die Vorreiter bei der Messung von psychologischen Störungen ist hierbei das Minnesota Multiphasic Personality Inventory (MMPI).[505] Die Ergebnisse dieses Instruments erfahren aufgrund fehlender systematischer experimenteller Studien häufig Kritik, weil sie dadurch faktorenanalytisch nicht nachvollziehbar sind und die Konstruktvalidität nur schwer sicherzustellen ist.[506]

(2) Messinstrumente, welche aufgrund logischer Kontemplation auf Basis einer eindeutigen Theorie zur Persönlichkeit definiert wurden, werden als rational-theoretische Verfahren bezeichnet. Zu dieser Kategorie zählt bspw. der auf der Theorie von CARL JUNG[507] aufbauende Meyers-Briggs Type Indicator (MBTI)[508], welcher vornehmlich bei der Personalauswahl Anwendung erfährt. Inventare, die auf den ‚needs'[509] von MURRAY[510] basieren, sind das Personality Research Form (PRF)[511] und das Edwards Personal Preference Schedule (EPPS)[512].

---

[501] Vgl. DE RAAD (2000), S. 24.

[502] RAITHEL versteht unter einem Messinstrument ein standardisiertes Instrument (Werkzeug, Mittel), welches zur systematischen Zuordnung von Zahlen zu Objekten genutzt und aus mehreren Indikatoren gebildet wird. Messinstrumente bei sozialwissenschaftlichen Studien werden in Form von Itembatterien dargestellt, wobei sie alle Dimensionen und Facetten des Konstrukts berücksichtigen sollten. Vgl. RAITHEL (2008), S. 41.

[503] FAULLANT (2007), S. 131.

[504] Vgl. BORTZ/DÖRING (2006), S. 330.

[505] ZIMBARDO/GERRIG, et al. (2008), S. 539-541. Der MMPI ist der am besten erforschte und in den USA am häufigsten angewandte klinische Persönlichkeitstest. Vgl. MYERS/REISS, et al. (2008), S. 958; DE RAAD/PERUGINI (2002b), S. 17.

[506] AMELANG/SCHMIDT-ATZERT, et al. (2006), S. 101; ZIMBARDO/GERRIG, et al. (2008), S. 539-541.

[507] CARL GUSTAV JUNG (1875-1961) war ein schweizerischer Mediziner, Psychologe und Begründer der analytischen Psychologie. JUNG war ein Schüler von FREUD, wandte sich aber später von ihm ab, weil er der Meinung war „...dass wir auch ein kollektives Unbewusstes haben, eine gemeinsame Erbmasse an Bildern, die sich aus den universellen Erfahrungen unserer Spezies..." ableiten lässt. Vgl. MYERS/REISS, et al. (2008), S. 595f.

[508] Dieser Test wird in einer erweiterten Form mit dem Namen Golden Profiler of Personality (GPOP) weltweit am häufigsten in Assessment-Centern eingesetzt. Vgl. ECK/JÖRI, et al. (2007), S. 145.

[509] Vgl. SCHEFFER/HECKHAUSEN (2006), S. 55; FORMY DUVAL HILL/WILLIAMS, et al. (2002), S. 412; DE RAAD/PERUGINI (2002b), S. 14. Beispielhafte psychogene 'needs' nach Murray sind: Erniedrigung, Leistung, sozialer Anschluss, Aggression etc. Vgl. SCHEFFER/HECKHAUSEN (2006), S. 56.

(3) Zentrale Messinstrumente im Rahmen der vorliegenden Arbeit basieren auf faktorenanalytischen Inventaren, welche vorrangig auf Basis des lexikalischen Ansatzes mit der Faktorenanalyse hergeleitet werden. Hierbei werden stark korrelierende Fragen zu einer Skala wie bspw. Neurotizismus gebündelt. Die einzelnen Skalen, wie Neurotizismus zu Extraversion, sollten hingegen nur eine geringe Korrelation aufweisen, wodurch allgemeinhin ihre Unabhängigkeit bestätigt wird. Mit dieser Methode entwickelte Messinstrumente sind das Eysenck Personality Inventory (EPI)[513], das 16 Personality Factor Questionnaire (16PF)[514], das California Personality Inventory (CPI)[515], der Occupational Personality Questionnaire (OPQ)[516] sowie das Hogan Personality Inventory (HPI)[517].[518] Die gegenwärtig relevantesten faktorenanalytischen Messinstrumente sind die von Costa und McCrae entwickelten Modelle NEO-PI-R und NEO-FFI, welche in den folgenden beiden Abschnitten beschrieben werden.

4.2.3.2 Das Inventar NEO-PI-R zur Messung der Persönlichkeitsmerkmale

Um diese fünf Persönlichkeitsmerkmale auch empirisch darstellen zu können, entwickelten Costa und McCrae in den 1980er Jahren einen mehrdimensionalen Persönlichkeitsfragebogen, den NEO-PI, mit den fünf breiten Dimensionen Neurotizismus, Extraversion, Offenheit für Erfahrung, Verträglichkeit und Gewissenhaftigkeit.[519] Es ging den Autoren grundsätzlich um die Möglichkeit der Operationalisierung der Persönlichkeitsmerkmale.[520] Sie orientierten sich bei ihren clusteranalytischen Arbeiten an den von Cattell erarbeiteten 16 Persönlichkeitsfaktoren in seinem „Sixteen Personality Factors Questionnaire"[521], dessen Entwicklung ausführlich in Kapitel 4.2.2.1 dargestellt wurde. Dabei identifizierten sie vorerst die drei Merkmale Neurotizismus, Extraversion und Offenheit für Erfahrung, wodurch sich das Akronym NEO bildete. Durch weitere lexikalische Analysen und diversen Studien entwickelten Costa und McCrae die verbleibenden Merkmale Gewissenhaftigkeit und Verträglichkeit.[522] Die Persönlichkeitsfaktoren wurden mit Facetten weiter spezifiziert, allerdings enthielt die anfängliche Version das NEO-PI noch keine Möglichkeit, die Facetten für Verträglichkeit und Gewis-

---

510 Henry Murray (1893-1988) war ein US-amerikanischer Psychologe und Begründer einer Persönlichkeitstheorie, die auf ‚needs' und ‚press' basiert. Er entwickelte zudem den Thematic Apperception Test (TAT), welcher eine weite Verbreitung unter Psychologen erfährt. Vgl. Asendorpf (2007), S. 223f.

511 Vgl. De Raad/Perugini (2002b), S. 16; Brunstein (2006), S. 236; Hendriks/Hofstee, et al. (2002), S. 90.

512 Vgl. Bortz/Döring (2006), S. 233; Ellis/Abrams, et al. (2009), S. 16f; Hendriks/Hofstee, et al. (2002), S. 90.

513 Vgl. Asendorpf (2007), S. 149f; Ellis/Abrams, et al. (2009), S. 235f.

514 Vgl. Ellis/Abrams, et al. (2009), S. 232; Eck/Jöri, et al. (2007), S. 144; Amelang/Schmidt-Atzert, et al. (2006), S. 259.

515 Vgl. Eck/Jöri, et al. (2007), S. 143f; Schmit/Kihm, et al. (2002), S. 202f; Ellis/Abrams, et al. (2009), S. 16f.

516 Vgl. Schmit/Kihm, et al. (2002), S. 196.

517 Vgl. Nerdinger/Blickle, et al. (2008), S. 590; De Raad/Perugini (2002b), S. 16.vertiefend vgl. Hogan (1986).

518 Vgl. Schmit/Kihm, et al. (2002), S. 199f; De Raad/Perugini (2002b), S. 16f.

519 Vgl. Borkenau/Ostendorf (2008), S. 12; Amelang/Schmidt-Atzert, et al. (2006), S. 271.

520 Vgl. Pervin (2000), S. 266.

521 Vgl. De Raad (2000), S. 8f; Faullant (2007), S. 109; John/Naumann, et al. (2008), S. 118; Asendorpf (2007), S. 149.

522 Vgl. Ostendorf/Angleitner (2004a); De Raad/Perugini (2002b), S. 10; Borkenau/Ostendorf (2008), S. 12.

senhaftigkeit zu unterscheiden. Der Persönlichkeitsfaktor des Neurotizismus`, zum Beispiel, enthielt die Facetten der Ängstlichkeit, Reizbarkeit, Depression, sozialen Befangenheit, Impulsivität und Verletzlichkeit. Der Begriff der Extraversion wurde mit denen der Herzlichkeit, Geselligkeit, Durchsetzungsfähigkeit, Aktivität, Erlebnishunger und Frohsinn kombiniert, wie Tabelle 15 aufzeigt.[523]

Merkmalsdimension	Facetten	Englische Bezeichnungen
Neurotizismus	Ängstlichkeit, Reizbarkeit, Depression, Soziale Befangenheit, Impulsivität, Verletzlichkeit	Anxiety, Angry Hostility, Depression, Self-Consciousness, Impulsiveness, Vulnerability
Extraversion	Herzlichkeit, Geselligkeit, Durchsetzungsfähigkeit, Aktivität, Erlebnishunger, Frohsinn	Warmth, Gregariousness, Assertiveness, Activity, Excitement-Seeking, Positive Emotions
Offenheit für neue Erfahrungen	Offenheit für Fantasie, Offenheit für Ästhetik, Offenheit für Gefühle, Offenheit für Handlungen, Offenheit für Ideen, Offenheit für Werte- und Normensysteme	Fantasy, Aesthetics, Feelings, Actions, Ideas, Values
Verträglichkeit	Vertrauen, Freimütigkeit, Altruismus, Entgegenkommen, Bescheidenheit, Gutherzigkeit	Trust, Straightforwardness, Altruism, Compliance, Modesty, Tender-mindedness
Gewissenhaftigkeit	Kompetenz, Ordnungsliebe, Pflichtbewusstsein, Leistungsstreben, Selbstdisziplin, Besonnenheit	Competence, Order, Dutifulness, Achievement Striving, Self–Discipline, Deliberation

Tabelle 15: Die 5-Faktoren der Persönlichkeit des NEO-PI-R und deren wesentliche Facetten
Quelle: Vgl. ZIMBARDO/GERRIG/GRAF (2008), S. 509, AMELANG/SCHMIDT-ATZERT/FYDRICH/ZIELINSKI (2006), S. 272, WIEDMANN (2006), S. 83, MYERS/REISS/WAHL/HOPPE-GRAFF (2008), S. 613, ASENDORPF (2007), S. 157.[524]

Das NEO-PI (1985)[525] wurde in der „reivised'-Version NEO-PI-R (1992)[526] um je sechs Facetten für die Merkmale Verträglichkeit und Gewissenhaftigkeit vervollständigt, wobei die fünf Faktoren bei dem NEO-PI-R aus 240 Items gebildet wurden.[527] Jedem Persönlichkeitsmerkmal ordnete man jeweils 48 Items zu, welche dieses umfassend charakterisieren soll. Als Beispielitem für Neurotizismus lassen sich Satzergänzungen nennen. So wurde die Facette der Ängstlichkeit bspw. aus dem Item 61 „Ich empfinde selten Furcht oder Angst" und die Facette Reizbarkeit aus dem Item 6 mit dem Satzbeispiel „Ich ärgere mich oft darüber, wie andere Leute mich behandeln" gebildet. Bei dem Merkmal der Gewissenhaftigkeit wurde für die Feststellung der Facette Kompetenz der Satz „Ich bin eine in vielem

[523] Vgl. ZIMBARDO/GERRIG, et al. (2008), S. 509; AMELANG/SCHMIDT-ATZERT, et al. (2006), S. 272; MYERS/REISS, et al. (2008), S. 613; ASENDORPF (2007), S. 157; WIEDMANN (2006), S. 83.

[524] Ursprünglich hauptsächlich in Verbindung mit dem NEO-PI-R-Modell aufgeführt in MCCRAE/COSTA (1985); BORKENAU/OSTENDORF (1993); BORKENAU/OSTENDORF (2008).

[525] Vgl. JOHN/NAUMANN, et al. (2008), S. 125; ZIMBARDO/GERRIG, et al. (2008), S. 541.

[526] Vgl. BORKENAU/OSTENDORF (2008), S. 12; ASENDORPF (2007), S. 156.

[527] Vgl. ASENDORPF (2007), S. 156; BORKENAU/OSTENDORF (2008), S. 12.

kompetente Person" genutzt.[528] Der Fragebogen arbeitet mit einer fünffach abgestuften so genann-

ten Likert-Skala, die die Rubriken „Starke Ablehnung", „Ablehnung", „Neutral", „Zustimmung", „Star-

ke Zustimmung" beinhaltet.[529] Die Durchführung eines Tests, in dem die Probanden Selbstbewertun-

gen vornehmen, dauert ca. 34 Minuten.[530] Die Tests werden in standardisierten Schablonen ausge-

wertet. Die Durchführenden der Studien legen anschließend einen Profilbogen der betreffenden

Individuen an, in den die Daten des Tests eingetragen werden. Mit Hilfe von graphischen Übersichten

lassen sich Kurven erstellen, die den Wert von 0 bis 48 und den Prozentrang des Probanden reprä-

sentieren. Die Auswertungen können die Probanden schriftlich erhalten, jedoch auch in einer Lang-

form mit ausführlicher Darstellung der Facetten und die die Eigeninterpretation des Profils zulässt.[531]

4.2.3.3   Das Inventar NEO-FFI zur Messung der Persönlichkeitsmerkmale

Die Bearbeitung des NEO-PI-R erforderte von den jeweiligen Probanden einen enormen Zeitaufwand

mit ca. 35 Minuten, weshalb COSTA und MCCRAE 1992 eine Kurzfassung des NEO-PI-R entwickelten

und ihm den Namen NEO-FFI gaben. Dieses Modell basiert auf den Forschungen aus dem NEO-PI-R

und beschreibt ebenfalls die fünf breiten Persönlichkeitsmerkmale Neurotizismus, Extraversion, Of-

fenheit für Erfahrung, Verträglichkeit und Gewissenhaftigkeit. Dabei besteht das NEO-FFI nicht aus

240 Items, sondern lediglich aus 60 Items, d.h. 12 für jedes Persönlichkeitsmerkmal, wobei dem NEO-

PI-R die Items entnommen wurden, welche die höchste Faktorenladung in der entsprechenden Di-

mension aufwiesen. Nachträgliche repräsentative Studien zeigten, dass die Faktoren des NEO-FFI

signifikant mit den Faktoren des NEO-PI-R Modells korrelierten.[532] Durch die Reduzierung der Items

ist Erfassung jedoch vorrangig auf die fünf Faktoren gerichtet und nicht auf die spezifischen Facet-

ten.[533] Im NEO-PI-R werden für die Herleitung jeder Facette acht Items abgefragt, wodurch sich pro

Persönlichkeitsmerkmal sechs unterschiedliche Facetten ergeben. Die 60 Items und 12 Items pro

Merkmal, welche für die Konstruktion des NEO-FFI herangezogen wurden, repräsentieren allerdings

in unterschiedlichem Ausmaß die einzelnen Facetten. Die Facetten des Faktors Neurotizismus, bei-

spielsweise, erfassen drei Items der Facette Ängstlichkeit, zwei Items der Facette Verletzlichkeit und

soziale Befangenheit, vier Items der Facette Depression, ein Item der Facette Reizbarkeit sowie kein

Item der Facette Impulsivität. Bezüglich der übrigen vier Persönlichkeitsmerkmale verhält sich die

Verteilung ähnlich. Da unter Experten jedoch Einmütigkeit bezüglich der Robustheit und

---

[528]   Vgl. AMELANG/BARTUSSEK (2001), S. 373ff; AMELANG/SCHMIDT-ATZERT, et al. (2006), S. 280ff.
[529]   Vgl. BORKENAU/OSTENDORF (2008), S. 17.
[530]   Vgl. DE RAAD/PERUGINI (2002b), S. 12.
[531]   Vergleiche grundsätzlich Modell NEO-PI-R BORKENAU/OSTENDORF (2008), S. 12; DE RAAD/PERUGINI (2002b), S. 13-15; ASEN-
        DORPF (2007), S. 156; ZIMBARDO/GERRIG, et al. (2008), S. 541; DE RAAD (2000), S. 80; MYERS/REISS, et al. (2008), S. 613.
[532]   Vgl. JOHN/NAUMANN, et al. (2008), S. 125.
[533]   Vgl. BORKENAU/OSTENDORF (1993), S. 11.

Replizierbarkeit der Fünf-Faktoren-Struktur herrscht, lassen sich entsprechend „...bei jedem einzelnen Faktor verschiedene Facetten unterscheiden."[534] Die empirischen Belege für die postulierte Facettenstruktur sind dabei allerdings weniger eindeutig als für die fünf großen Merkmalsbereiche.[535] Für die vorliegende Arbeit wird sich der Autor sowohl auf die Facetten der fünf breiten Faktoren aus Tabelle 15, als auch auf die dargestellten charakterisierenden Eigenschaftswörter von OSTENDORF und ANGLEITNER aus Tabelle 14 beziehen. Die durchschnittliche Zeit, welche Probanden für die Komplettierung des NEO-FFI Messinstruments brauchen, beträgt ca. 10 Minuten.[536]

Das NEO-FFI wird als das gegenwärtig relevanteste Modell zur Erfassung der menschlichen Persönlichkeit mit den fünf breiten Faktoren angesehen und spiegelt, nach AMELANG „...den aktuellen Stand der faktorenanalytischen Grundlagenforschung in der differentiellen Psychologie wider...",[537] wobei es eine „...angemessene Mischung zwischen Varianzmächtigkeit und Ökonomie auf der einen sowie Differenzierungsgrad auf der anderen Seite..."[538] darstellt. Für die empirische Erhebung dieser Arbeit wurde die deutsche Version des NEO-FFI Modells verwendet, welche 1993 von BORKENAU und OSTENDORF sinngemäß aus der angloamerikanischen Version von COSTA und MCCRAE erstellt wurde. In einem weiteren Kontrollschritt wurde die deutsche Übersetzung zurückübersetzt und von den Autoren auf Originalität überprüft. Über eine Stichprobe von 2.112 Probanden wurde die Validität und Reliabilität bestätigt. BORKENAU und OSTENDORF führten, nach obiger Einschätzung von AMELANG, weitere Erhebungen durch und erhöhten die Stichprobe auf 11.724 Probanden. Auf Basis dieser Stichprobe führten sie eine Normierung durch, wodurch die Validität und Reliabilität nachweislich erhöht werden konnte.[539] Die internen Konsistenzen, nach CRONBACH Alpha, erhöhten sich zur Stichprobe von 1993 und zeigten für die fünf Skalen Werte von $\alpha=,72$ bis $\alpha=,87$ auf, welche ausführlich in Tabelle 32 in Abschnitt 6.1.1 dargestellt werden. Durchschnittlich belief sich die interne Konsistenz auf $\alpha > ,8$, womit sie über der des deutschen Personality Research Form, der Skala des revidierten Freiburger Persönlichkeitsinventars und der deutschen Version des revidierten 16PF-Tests, lag. Die Stabilität wurde über Retests überprüft, welche zwischen $\alpha=,65$ bis $\alpha=,81$ in einem Testzeitraum von zwei Jahren lagen.[540] Zusätzlich führten BORKENAU und OSTENDORF, zur Feststellung der Validität, Hauptkomponentenanalysen durch, welche als zufriedenstellend bezeichnet werden können.[541]

---

[534] COSTA, MCCRAE und DYE (1991), zitiert nach BORKENAU/OSTENDORF (2008), S. 10.
[535] JOHN und SRIVASTAVA (1999), zitiert nach BORKENAU/OSTENDORF (2008), S. 12.
[536] Vergleiche grundsätzlich Modell NEO-FFI BORKENAU/OSTENDORF (2008), S. 7-12; JOHN/NAUMANN, et al. (2008), S. 130-136; ASENDORPF (2007), S. 46f; SCHEFFER/HECKHAUSEN (2006), S. 47-50.
[537] AMELANG/SCHMIDT-ATZERT, et al. (2006), S. 271.
[538] AMELANG/SCHMIDT-ATZERT, et al. (2006), S. 269.
[539] Vgl. BORKENAU/OSTENDORF (2008), S. 3, 26, 17f, 28-30.
[540] Vgl. BORKENAU/OSTENDORF (2008), S. 18.
[541] Vgl. BORKENAU/OSTENDORF (2008), S. 19-21.

Messinstrument	Items	Merkmale	Durchführung	Normstichprobe	Int. Konsistenz
NEO-PI-R	240	5	Standardisiert; ca. 35 Min.	12.323	α > ,81
NEO-FFI	60	5	Standardisiert; ca. 10 Min.	11.724	α > ,80
D-PRF	234	14	Standardisiert; ca. 30 Min.	4.237	α > ,76
FPI-R	138	9	Standardisiert; ca. 21 Min.	3.740	α > ,78
16 PF-R	184	16	Standardisiert; ca. 26 Min.	1.209	α > ,74

Tabelle 16: Übersicht relevanter Messinstrumente im deutschsprachigen Raum
Quelle: Vgl. MYERS/REISS/WAHL/HOPPE-GRAFF (2008), S. 613, AMELANG/SCHMIDT-ATZERT/FYDRICH/ZIELINSKI (2006), S. 250ff.

4.2.3.4 Andere relevante Messinstrumente im deutschen Sprachraum

Neben den angesprochenen Testverfahren existieren im deutschsprachigen Raum weitere etablierte Persönlichkeitstest, welche mehr als die fünf vorgestellten Faktoren darstellen. Im Folgenden werden drei ausgewählte Tests beispielhaft dargestellt. Das Deutsche Personality Research Form (D-PRF),das Freiburger Persönlichkeitsinventar (FPI-R) oder das 16 Persönlichkeits Faktoren Test – revidierte Fassung (16 PF-R), weisen ebenfalls eine hohe Zuverlässigkeit und Gültigkeit wie das NEO-FFI allerdings wurden sie aus mehreren Gründen für die weitere Erhebung ausgeschlossen.[542] Das D-PRF basiert dabei auf einem multivariaten Fragebogen mit 234 Items, welcher 14 Skalen[543] enthält. Das Modell basiert auf einer alters- und geschlechtsdifferenzierenden Normstichprobe von 4.237 Probanden. Die Retest-Stabilitäten liegen nach ca. drei Jahren bei α=,69 bis α=,83.[544] Das FPI-R ist ein faktorenanalytisch und itemmetrisch begründetes Verfahren, welches auf einem Fragebogen mit 138 Items und 9 Skalen[545] enthält. Das Modell basiert auf einer alters- und geschlechtsdifferenzierenden Normstichprobe von 3.740 Probanden. Die Retest-Stabilitäten liegen nach ca. drei Jahren bei α=,73 bis α=,83.[546]

---

[542] Vgl. MYERS/REISS, et al. (2008), S. 613; Zudem stellt der Hogrefe Verlag, der die Test professionell vertreibt auf seiner Website wesentliche Unterschiede dar. Vgl. www.hogrefe.de; Abruf: 05.10.2009.

[543] Die 14 Skalen sind Leistungsstreben, Geselligkeit, Aggressivität, Dominanzstreben, Ausdauer, Bedürfnis nach Beachtung, Risikomeidung, Impulsivität, Hilfsbereitschaft, Ordnungsstreben, Spielerische Grundhaltung, Soziales Anerkennungsbedürfnis, Anlehnungsbedürfnis, Allgemeine Interessiertheit. Vgl. http://www.testzentrale.de/?mod=detail&id=253; Abfrage am: 16.09.2009.

[544] Vgl. MYERS/REISS, et al. (2008), S. 613; AMELANG/SCHMIDT-ATZERT, et al. (2006), S. 250ff, 257. Eine ausführliche Beschreibung des D-PRF findet sich bei WIEDMANN. Vgl. WIEDMANN (2006), S. 84.

[545] Die 9 Skalen sind Lebenszufriedenheit, Soziale Orientierung, Leistungsorientierung, Gehemmtheit, Erregbarkeit, Aggressivität, Beanspruchung, Körperliche Beschwerden, Gesundheitssorgen, Offenheit, außerdem die zwei Sekundärskalen Extraversion und Emotionalität. Vgl. http://www.testzentrale.de/?mod=detail&id=247; Abfrage am: 16.09.2009.

[546] Vgl. MYERS/REISS, et al. (2008), S. 613; AMELANG/SCHMIDT-ATZERT, et al. (2006), S. 250ff. AMELANG stellt Beispielitems zu Erfragung der Skalen des FPI-R vor. Vgl. AMELANG/SCHMIDT-ATZERT, et al. (2006), S. 257. PAYK stellt anschaulich die Skalen des FPI-R beim Erschöpfungssyndrom dar. Vgl. PAYK (2007), S. 306.

Bei dem 16 PF-R handelt es sich um ein objektiven Fragebogentest zur mehrdimensionalen Persönlichkeitsdiagnostik, welches ursprünglich im anglo-amerikanischen Raum von CATTELL entwickelt wurde. Es basiert auf 16 Skalen,[547] welche über die Abfrage von 184 Items erstellt werden. Die internen
Konsistenzen liegen bei durchschnittlich α=,74. Für die Normierung liegt eine alters- und ge-
schlechtsdifferenzierende bevölkerungsrepräsentative Stichprobe von 1.209 Probanden vor.[548] Die
Bearbeitungsdauer liegt für alle drei Tests zwischen 20 bis 50 Minuten.[549] Die drei beschriebenen
Tests wurden aufgrund von drei Aspekten nicht weiter in Betracht gezogen:

(1) Die Anzahl der zu beantwortenden Items liegt bei mindestens 138, welches eine durchschnittliche Testdauer von über 20 Minuten bedeutet, wodurch es im Rahmen einer Online-Umfrage zu
enormen Abbrüchen kommen würde.[550]

(2) Die Forderung im Rahmen der vorliegenden Arbeit, der intensiven Anwendung der induktiven
Statistik um vorhandene Korrelationen signifikant nachweisen zu können. Diese Forderung wäre
aufgrund der Anzahl von mindestens neun Skalen nicht realisierbar da die Skalen multipliziert mit
den erarbeiteten vier Dimensionen zwischen 45 bis 80 Untersuchungsbereiche definieren würde,
welche jeweils auf die definierten Fragen angewandt werden müssten.

(3) Zudem weist das NEO-FFI Modell die höchste Normung durch eine Stichprobe von 11.724 Personen und gleiche oder höhere interne Konsistenzen auf.[551] Neben dem NEO-FFI existiert im
deutschsprachigen Raum das Big-Five-Inventory Modell (BFI) zur Feststellung der fünf Faktoren,
welches von JOHN und RAMSTEDT entwickelt wurde. Es stellt die fünf Faktoren über 48 Items fest,
welche untereinander allerdings eine hohe Korrelation von bis zu α=,39 aufweisen, weshalb LANG
et al. die statistisch unabhängige Erhebung der fünf Faktoren durch dieses Modell in Frage stellen.[552]

---

[547] Die 16 Skalen sind Primärfaktoren: Wärme, Logisches Schlussfolgern, Emotionale Stabilität, Dominanz, Lebhaftigkeit,
Regelbewusstsein, Soziale Kompetenz, Empfindsamkeit, Wachsamkeit, Abgehobenheit, Privatheit, Besorgtheit, Offenheit für Veränderung, Selbstgenügsamkeit, Perfektionismus, Anspannung. Zudem werden folgende Globalfaktoren
hergeleitet: Extraversion, Unabhängigkeit, Ängstlichkeit, Selbstkontrolle, Unnachgiebigkeit. Vgl.
http://www.testzentrale.de/?mod=detail&id=256; Abfrage am: 16.09.2009.
[548] Vgl. MYERS/REISS, et al. (2008), S. 613; AMELANG/SCHMIDT-ATZERT, et al. (2006), S. 250ff, 257.
[549] Vgl. http://www.testzentrale.de/; Abfrage am: 16.09.2009.
[550] Vgl. BAUR/FLORIAN (2009), S. 123-125.
[551] Vgl. BORKENAU/OSTENDORF (2008), S. 17.
[552] Vgl. FAULLANT (2007), S. 137.

„Die Zahl ist das Wesen aller Dinge."

(Pythagoras von Samos)

5 Empirische Erhebung zur Überprüfung aufgestellter Forschungsfragen

5.1 Theoretische Vorüberlegungen zur Durchführung der Untersuchung

5.1.1 Methodenspektrum der Wirtschaftsinformatik

Im Gegensatz zur Mathematik, bei der die klare Logik eindeutige Resultate hervorbringt, werden Theorien in empirischen Untersuchungen[553] in den Geistes- und Naturwissenschaften nach dem Muster durchgeführt, dass „...wenn genug Belege vorhanden sind, die sie, über jeden Zweifel hinaus beweisen..."[554] sie für wahr erklärt werden. Im folgenden Abschnitt wird vom Autor dargelegt, wie durch Methodik, eine strukturierte Vorgehensweise und die Nutzung eindeutiger Gütekriterien eine Theorie durch „fehlerbehaftete" Experimente trotzdem validiert werden kann.

Eine Methode ist ein auf einem Regelsystem aufbauendes Verfahren, welches zur Erlangung von Erkenntnissen oder praktischen Ergebnissen genutzt wird.[555] Von einer wissenschaftlichen Methode wird zudem erwartet, dass das jeweilige Vorgehen durch intersubjektiv nachvollziehbare und nachprüfbare Verhaltensregeln beschrieben wird.[556] Das empirisch-betriebswirtschaftliche Methodenspektrum, welches in diesem Kapitel Anwendung findet, bedient sich hauptsächlich quantitativer und qualitativer Methoden.[557] Bortz bezeichnet die Menge aller Merkmalsausprägungen als quantitative Daten einer Untersuchung, wohingegen von qualitativen Daten gesprochen wird, wenn Merkmale oder Merkmalsausprägungen verbal beschrieben werden.[558] Das aktive Methodenspektrum der Wirtschaftsinformatik beschränkt sich zu 91% auf sechs Kernmethoden: (1) argumentativ-deduktive Analyse, (2) Fallstudie, (3) Prototyping, (4) quantitative Querschnittsstudie, (5) konzeptionell-deduktive Analyse und die (6) formal deduktive Analyse, wobei der Schwerpunkt mit ca. 35% Anteil eindeutig bei der argumentativ-deduktiven Analyse liegt. Das methodologische Spezifikum des „Information Systems Research" ist hingegen die quantitative Querschnittsstudie mit einem Anteil von

---

[553] Eine empirische Untersuchung liegt dann vor, wenn Erfahrungen über die Realität gesammelt und systematisiert werden und das Vorgehen so dokumentiert wird, dass es intersubjektiv nachvollziehbar und damit reproduzierbar ist. Vgl. Brosius/Koschel, et al. (2009), S. 18.

[554] Bortz/Döring (2006), S. 20. Vgl. zudem für Grundbegriffe Häder (2006), S. 19-23.

[555] Vgl. Bibliogr. Inst. und Brockhaus (2005). Nach Häder stellen Methoden „...Systeme von Handlungsanweisungen und Regeln dar, um bestimmte Erkenntnisse realisieren zu können beziehungsweise um bestimmte Resultate zu erzielen. Methoden dienen damit stets der Erreichung eines bestimmten Ziels; zum Beispiel der Gewinnung von Informationen. Häder (2006), S. 20.

[556] Vgl. Wilde/Hess (2006), S. 1f.

[557] Vgl. Backhaus/Erichson, et al. (2006), S. 136; Weis/Steinmetz (2002), S. 344.

[558] Vgl. Häder (2006), S. 23.

ca. 30%. In den letzten Jahren stieg der Anteil quantitativ-empirischer Methoden in der Wirtschafts-informatik kontinuierlich an, was auf den Druck zurückzuführen ist, international publizieren zu müs-sen.[559]

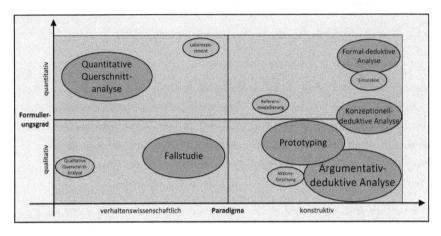

Abbildung 38: Empirisch gestütztes Methodenprofil der Wirtschaftsinformatik
Quelle: In Anlehnung an WILDE/HESS (2007), S. 284.

Quantitative Methoden intendieren soziale Phänomene zu klassifizieren, indem erklärende, be-schreibende und numerische Betrachtungsweisen herangezogen werden. Methoden qualitativer Art hingegen suchen einen verstehenden Zugang, um aufgedeckte Ursachen und Zusammenhänge zu begründen.[560] Die quantitative Methodik zeichnet sich besonders dadurch aus, dass komplexe Sach-verhalte überschaubar und übersichtlich durch Zahlenwerte dargestellt werden können und dadurch bestehendes Wissen strukturierter organisiert werden kann.[561] Quantitative Daten bieten außerdem den Vorteil, feine und präzise Messungen durchzuführen. Durch die hohe Abstraktion können quanti-tative Daten auf einer breiten Basis gesammelt werden, zudem können aufgrund dieser Daten nützli-che Szenarien gebildet werden.[562] Bei der Verwendung von Zufallsstichproben bieten quantitative Daten die Möglichkeit, über statistische Auswertungsmethoden auf die jeweilige Grundgesamtheit[563] Rückschlüsse herzuleiten. Ein weiterer relevanter Vorteil stellt die Möglichkeit dar, durch Variabilisie-

---

[559] Vgl. WILDE/HESS (2007), S. 285.

[560] Vgl. BORTZ/DÖRING (2006), S. 296-297.

[561] Vgl. HARTMANN (1970), S. 105.

[562] BRYMAN (2004), S. 66 u. 76; JOHNSON/ONWUEGBUZIE (2004), S. 19 Brosius bezeichnet quantitative Verfahren als solche, „...in denen empirische Beobachtungen über wenige, ausgesuchte Merkmal systematisch mit Zahlenwerten belegt und auf einer zahlenmäßig breiten Basis gesammelt werden." Qualitative Verfahren hingegen „...beschreiben ein komplexes Phänomen in seiner ganzen Breite." BROSIUS/KOSCHEL, et al. (2009), S. 19-20.

[563] Unter einer Grundgesamtheit wird die Menge von Objekten verstanden, über die Aussagen getroffen werden sollen. Vgl. BROSIUS/KOSCHEL, et al. (2009), S. 71; ZUCCHINI (2009), S. 27.

rung vorhandene Ursache-Wirkungs-Beziehungen zu untersuchen.[564] Entsprechende quantitative Daten können aufgrund der strukturierten Erhebungsform verglichen werden. Die Schwächen der quantitativen Methoden bestehen hauptsächlich in der Inflexibilität aufgrund der starren Struktur und Standardisierung sowie aus der Schwierigkeit aufgrund des hohen Abstraktionsgrades soziale Beziehungen und komplexe Situationen vollständig zu erfassen.[565] Aufgrund der langen Tradition von quantitativen Forschungsmethoden stehen für viele Fragestellungen Messinstrumente zur Verfügung.[566] In Bereichen, die bereits stark erforscht sind oder bei wiederkehrenden Fragestellungen haben quantitative Methoden entsprechende Vorteile.[567]

Qualitative Forschungsmethoden sind aufgrund ihrer offenen, eher unstrukturierten Vorgehensweise wesentlich flexibler als quantitative Methoden und haben ihre Anwendungsbereiche in vergleichsweise unvorhersehbaren Situationen. Sie können zeitnah Veränderungen berücksichtigen und dynamische Prozesse untersuchen und eignen sich somit durch ihren induktiven Ansatz für explorative Vorgehensweisen und neue Entdeckungen.[568] Die Einnahme des Standpunktes des Forschungssubjektes oder besonders tiefgründige Analysen einiger weniger Aspekte eines Gegenstandes, erlauben es den qualitativen Methoden, detaillierter und reichhaltiger die Wirklichkeit wiederzugeben und bspw. die komplexen Absichten verschiedener Untersuchungssubjekte zu verstehen.[569] Analyse und Auswertung oftmals umfangreicher qualitativer Daten, erfordern verhältnismäßig einen höheren Zeitaufwand. Aufgrund der unstandardisierten Untersuchungsmethodik und der geringen Anzahl von Untersuchungsobjekten, sind jedoch die Vergleichbarkeit, Generalisierbarkeit, Objektivität und Reproduzierbarkeit von Erhebungsdaten nur bedingt möglich.[570] Rückschlüsse auf die Grundgesamtheit sind aufgrund der geringen Fallzahl problematisch.[571]

---

[564] Vgl. ONWUEGBUZIE/JIAO, et al. (2007), S. 214.
[565] Vgl. JOHNSON/ONWUEGBUZIE (2004), S. 19.
[566] Vgl. SCHNELL/HILL, et al. (2005), S. 49.
[567] Vgl. HEINZE (1995), S. 13.
[568] Vgl. JOHNSON/ONWUEGBUZIE (2004), S. 20; PUNCH (2005), S. 238; ERZBERGER (1998), S. 67.
[569] Vgl. PUNCH (2005), S. 238; BORTZ/DÖRING (2006), S. 296; JOHNSON/ONWUEGBUZIE (2004), S. 20.
[570] Vgl. BORTZ/DÖRING (2006), S. 297; JOHNSON/ONWUEGBUZIE (2004), S. 20.
[571] Vgl. SEIPEL/RIEKER (2003), S. 109.

Tabelle 17 zeigt das Methodenspektrum der Wirtschaftsinformatik:

Methode	Beschreibung
Formal-/konzeptionell- und argumentativ-deduktive Analyse	Semi-formale, rein sprachliche und mathematisch-fomale Modelle können als Formalisierungstufen für das logisch-deduktive Schließen als Forschungsmethode genutzt werden.
Qualitative und quatitative Querschnittanalyse	Hierbei werden Techniken wie die Delphi-Methode, Fragebögen, Inhaltsanalysen, etc. zusammengefasst, wobei sie auf mehrere Individuen angewandt werden. Das Querschnittsbild über mehrere Befragte lässt Rückschlüsse auf die Grundgesamtheit zu.
Prototyping	Zur Generierung neuer Erkenntnisse werden Anwendungssysteme vorab entwickelt und bewertet.
Fallstudie	Komplexe und schwierig abgrenzbare Gegebenheiten werden mit der Fallstudie in ihrem natürlichen Kontext untersucht, wobei qualitativ-empirisch wenige Probanden intensiv untersucht werden.
Labor-/Feldexperiment	Im Rahmen einer kontrollierten Umgebung werden Kausalzusammenhänge über die wiederholte Beeinflussung einer Experimentalvariable untersucht. Die Manipulation erfolgt dabei unter Laborbedingungen oder in der natürlichen Umgebung.
Simulation	Ein zu untersuchendes System wird hierbei modellhaft abgebildet. Erkenntnisse über das Verhalten des Systems werden gewonnen indem Umweltzustände durch unterschiedliche Modellparameter nachgestellt werden.
Referenzmodellierung	Durch Beobachtungen oder aus Theorien werden vereinfachte Abbildungen von Systemen meist Idealkonzepte erstellt. Induktion oder Deduktion zielt darauf ab Erkenntnisse zu vertiefen und weitere Gestaltungsvorlagen zu generieren.
Grounded Theory	Als gegenstandsverankerte Theoriebildung wird die Grounded Theory bezeichnet, wobei die Gewinnung neuer Theorien durch intensive Beobachtung der zu untersuchenden Gegebenheiten im Feld durch eindeutige definierte Vorgehensweisen erfolgt.

Tabelle 17: Methodenspektrum der Wirtschaftsinformatik mit Anwendungsbeispielen
Quelle: In Anlehnung an WILDE/HESS (2007), S. 282.

Die Auswahl der „richtigen" und angemessenen Forschungsweise hängt deshalb davon ab, ob die präferierte Methode der wissenschaftlichen Problemstellung gerecht wird, weshalb jedem Forschungsvorhaben eine inhaltliche Ausgangsanalyse voranzustellen ist. An dieser Stelle ist aber auch festzuhalten, dass in der Forschungspraxis der stilisierte Dualismus zwischen den betrachteten Ansätzen sukzessive einem ergänzenden „Nebeneinander" bzw. integrierten Methodenverbund (Triangulation und/oder Inhaltsanalyse; engl.: content analysis) weicht.

Vor dem Hintergrund des zugrunde liegenden Forschungsvorhabens wird nachfolgend versucht, von einem oftmals stilisierten Dualismus der betrachteten Ansätze zu einer integrierten Methodenauswahl zu kommen, bei der sowohl qualitative, jedoch vorrangig quantitative Ansätze, Verwendung finden. Bezüglich der weiteren Untersuchung wird an dieser Stelle angemerkt, dass die Zusammenhänge zwischen Persönlichkeitsmerkmalen auf der einen und den Sicherheitsvorstellungen und -verhalten der Probanden auf der anderen Seite gegenwärtig nicht erforscht sind. Vor diesem Hintergrund ist zu bedenken, dass die Forschungsfrage mit qualitativen Forschungsmethoden analysierbar wäre. Allerdings sind die beiden angesprochenen Bereiche jeweils umfassend erforscht. Die Bestimmung von Fünf-Faktoren im Rahmen des NEO-FFI Modells wird von einer breiten Masse an wissenschaftlichen Vertretern als valides Instrumentarium anerkannt (siehe hierzu Kapitel 4.3). Außerdem existieren zu dem Forschungsbereich des Sicherheitsverhaltens in Organisationen umfassende Studien, welche es ermöglichen, quantitative Forschungsmethoden zu bevorzugen. Für die vorliegende Arbeit schlussfolgert der Autor, dass die quantitative Methode für die Erforschung des beschriebenen Zusammenhangs die höchste Adäquanz aufweist.

5.1.2 Primär- vs. Sekundäranalyse

Vor der Entscheidung für eine empirische Untersuchung soll entschieden werden, ob eine Primär- oder Sekundäranalyse zielführender ist, um die gestellte Forschungsfrage zu klären. Die Vorteile einer Sekundärstudie wären erhebliche Kosten- und Zeitvorteile.[572]

Viele Studien beschäftigen sich mit dem Menschen als vorrangigen Auslöser von Informationssicherheitsrisiken; wie bspw. die Publikationen „<kes>-Microsoft-Sicherheitsstudie 2006"[573], „Fallstudie zur Informationssicherheit"[574] oder auch „Einfluss von Mitarbeitenden auf die Informationssicherheit - Effektive Informationssicherheit kann nicht alleine mit technischen und organisatorischen Mitteln erreicht werden."[575] Zudem wird in einer Vielzahl von Werken die Relevanz von Menschen in der Informationssicherheit aufgeführt, ohne dass jedoch versucht wird, einen fundamentalen psychologischen Zusammenhang herzuleiten.[576] Lediglich die Studie „Aus der Abwehr in den Beichtstuhl"[577] leitet einen tiefenpsychologischen Zusammenhang zwischen Sicherheit von Informationssystemen und dem Menschen her. Empirische Erhebungen zu den Zusammenhängen von Persönlichkeitsmerkmalen und der Informationssicherheit in Organisationen können demgemäß an dieser Stelle nicht aufgezeigt werden. Aufgrund dessen hat der Autor für die weitere Arbeit festgelegt, eine Primäranalyse durchzuführen. Die Erhebung der Daten einer Primäranalyse kann auf verschiedene Weisen erfolgen.

In der vorliegenden Arbeit wird aus zwei Gründen die Befragung als Instrument für die Primäranalyse genutzt:

(1) Das zu verwendende Fünf-Faktoren Modell NEO-FFI zur Analyse menschlicher Persönlichkeitsmerkmalen ist nur valide bei der Nutzung des vorgeschriebenen Fragebogens.[578]

---

[572] Vgl. MEFFERT (1998), S. 146; BORTZ/DÖRING (1995), S. 346.
[573] HOHL (2006); <KES> (2006).
[574] HOLTHAUS/TEUFEL (1998) .
[575] SCHLIENGER (2006).
[576] POHLMANN/BLUMBERG (2004); LAYTON (2005); LEWIS (2006); MCILWRAITH (2006); BSI, Bundesamt für Sicherheit in der Informationstechnik (2008); WOLEK (2008); LACEY (2009).
[577] AK SICHERHEIT (2008) .
[578] Die Validität dieses Fragebogens wurde für den deutschsprachigen Raum durch 11.724 Probanden überprüft. Vgl. BORKENAU/OSTENDORF (2008), S. 17.

(2) Die soziale Wirklichkeit[579] wird in der geplanten Befragung durch aktuelles menschliches Verhalten und, eine Ebene tiefer, durch das Verhalten in natürlichen Situationen beschrieben (s. Abbildung 39: Hauptgegenstandsbereiche der empirischen Sozialforschung).[580]

Da sich die untersuchten Situationen nicht nur auf sinnlich erfassbare Sachverhalte beschränken, hat sich der Autor für die Befragung entschieden, weil diese zudem Motive und Hintergründe in Erfahrung bringt.[581] Neben diesen beiden Aspekten, wäre die Wahl der Beobachtung aufgrund der geographisch weit verstreuten Stichprobe aus zeitlichen und organisatorischen Gründen nicht vertretbar. Die Entscheidung, eine geographisch weit verbreitete Stichprobe zu erheben, ist darin begründet, möglichst umfassendes Datenmaterial zu erhalten, um fundierte Aussagen treffen zu können, wodurch das wissenschaftliche Gütekriterium der hohen Untersuchungsrepräsentativität dargestellt wird.[582] Repräsentativität intendiert, dass die betrachtete Stichprobe allen untersuchungsrelevanten Merkmalen der Grundgesamtheit entspricht und somit ein verkleinertes Abbild der Wirklichkeit aufzeigt.[583] Umfangreiche qualitative und quantitative Daten lassen sich erfolgreich nur durch statistische Erhebungen aufnehmen.[584] Die quantitative Form der Befragung gehört neben dem Experiment, der Soziometrie und der Beobachtung zu den am häufigsten verwendeten quantitativen Datenerhebungsverfahren.[585]

---

[579] Vertiefend zum Begriff der sozialen Wirklichkeit siehe STEINLE (2005), S. 716-719.
[580] Vgl. ATTESLANDER (1991), S. 81.
[581] Vgl. MEFFERT (1998), S. 148-149.
[582] Vgl. BORTZ/DÖRING (2005), S. 31-35; BURZAN (2005), S. 127; BROSIUS/KOSCHEL (2001), S. 80; KOCH (1997), S. 121-127.
[583] Vgl. STEINKE (1999), S. 246.
[584] Vgl. BUTTLER/FICKEL (2002a), S. 20-22. Vertiefend BUTTLER/FICKEL (2002b).
[585] Vgl. BÖHLER (2004), S. 40; HOMBURG/KROHMER (2006), S. 250-262; BEREKOVEN/ECKERT, et al. (2006), S. 149-156.

Abbildung 39 zeigt die Hauptgegenstandsbereiche der empirischen Sozialforschung:

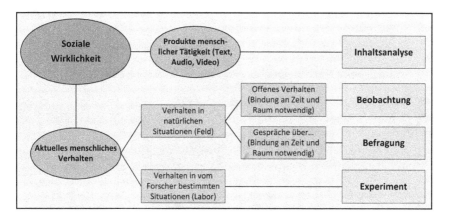

Abbildung 39: Hauptgegenstandsbereiche der empirischen Sozialforschung
Quelle: In Anlehnung an ATTESLANDER (1991), S. 81.

Die Zielgruppe für die Datenerhebung sind IT-Entscheider und IT-Anwender in deutschsprachigen Organisationen und Unternehmen. In der Vorarbeit zur Datensammlung wurden vom Autor in den einzelnen Kapiteln Fragen herausgearbeitet, welche die Zielrichtung der Datenerhebung definieren. Nachfolgend ist beabsichtigt mit den erhobenen Daten deskriptiv die gegenwärtige Situation der Informationssicherheit im deutschsprachigen Raum darzustellen. Im Anschluss an die deskriptive Darstellung erfolgt die Feststellung und Interpretation von Zusammenhängen zwischen den einzelnen Datensätzen. Im Rahmen der Datensammlung wird der Schwerpunkt auf geschlossene Fragen gelegt, wodurch vermieden werden soll, dass Begrifflichkeiten unterschiedliche Interpretationsrichtungen erhalten und Antworten nicht mehr eindeutig auswertbar sind.

5.1.3   Standards und Gütekriterien für psychologische Tests und Fragebogen

MOOSBRUGGER definiert Teststandards als vereinheitlichte Leitlinien, „in denen sich allgemein anerkannte Zielsetzungen zur Entwicklung, Adaption, Anwendung und Qualitätsbeurteilung…"[586] von Tests widerspiegeln. Im Rahmen von psychologischen Tests und Fragebogen wird nicht darauf abgezielt, gewisse Standards „buchstabengetreu" zu erfüllen. Vielmehr geht es um die souveräne Beachtung der verschiedenen Phasen der Planung und Durchführung der jeweiligen Erhebung. Diese Standards beziehen sich auf unterschiedliche Bereiche wie bspw. die Entwicklung und Bewertung im Rahmen der Testkonstruktion, der Anpassung und Übersetzung im Rahmen der Testadaption, der

---

[586] MOOSBRUGGER/HÖFLING (2007), S. 194.

158

Durchführung, Auswertung und Interpretation bei der Testanwendung und der generellen Einhaltung von Gütekriterien und Standards bei der Testentwicklung und -bewertung bei der Qualitätsbeurteilung.[587] Diese Standards zielen in den einzelnen Phasen der Planung, Gestaltung und Durchführung einer Erhebung darauf, dass getroffene Aussagen mit hoher Wahrscheinlichkeit zutreffen.[588]

Tabelle 18 beschreibt welche Organisationen weltweit relevante Standards entwickelt:

Organisation	Beschreibung
International Test Commission (ITC)	Vereinigung unterschiedlicher nationaler Testkommissionen und Psychologievereinigungen mit Forschern, welche sich im Schwerpunkt mit psychologischen Tests beschäftigen. Als Hauptziel wird die Zusammenarbeit und der Austausch bezogen auf die Konstruktion, Verbreitung und Anwendung von psychologischen Tests angesehen.
Testkuratorium der Föderation Deutscher Psychologievereinigungen (TK)	Die Föderation Deutscher Psychologenvereinigungen (Deutsche Gesellschaft für Psychologie e.V. und Berufsverband Deutscher Psychologinnen und Psychologen e.V. (DGPs und BDP)) trägt ein Testkuratorium, welches zum Ziel hat, verbindliche Qualitätsstandards zu formulieren und die Öffentlichkeit vor diagnostischen Verfahren zu schützen, welche unzureichend sind oder bei denen die Anwendung unqualifiziert vorgenommen wird. Federführend wurde bspw. der Standard DIN 33430 zur berufsbezogenen Eignungsbeurteilung entwickelt.
National Council on Measurement in Education (NCME)	Förderung von Projekten der pädagogischen Psychologie, wobei psychometrische Testverfahren optimiert werden und die Anwendung der pädagogisch-psychologischen Diagnostik verbessert werden soll.
American Educational Research Association (AERA)	Gründung im Jahr 1916. Vorrangige Aufgabe ist die ständige Verbesserung im Bildungsbereich. In dem Zusammenhang unterstützt die AERA empirische Untersuchungen und deren praktische Umsetzung.
American Psychological Association (APA)	Größte Psychologenvereinigung der Welt mit 150.000 Mitgliedern, u.a. mit dem Ziel die psychologische Forschung durch Verbesserung der Forschungsmethoden und -bedingungen und Qualifikation sowie der Entwicklung von Standards.

Tabelle 18: Organisationen, die weltweit relevante Teststandards entwickelt haben
Quelle: In Anlehnung anMOOSBRUGGER/KELAVA (2007b, MOOSBRUGGER/HÖFLING (2007).

Anforderungen für psychologische Tests liegen vorrangig in zwei Kompendien für Teststandards vor:

(1) Das von der AERA, APA und NCME herausgegebene Werk „Standards for Educational and Psychological Testing" (SEPT)[589] ist in einer deutschen Fassung in der vierten Auflage „Standards für pädagogisches und psychologisches Testen" (SPPT)[590] erschienen.

[587] Vgl. FISSENI (2004), S. 286-287; MOOSBRUGGER/HÖFLING (2007), S. 194-195
[588] Vgl. MOOSBRUGGER/HÖFLING (2007), S. 194.
[589] American Educational Research Association (2004). Die von der AERA herausgegebenen Standards wurden erstmalig 1954 herausgegeben und liegen seit 1999 in der fünften Fassung vor. Sie entsprechen nach herrschender Meinung dem aktuellen Stand der psychologischen Diagnostik und thematisieren besonders die Themen Konstruktvalidität, Kri-

(2) Bei dem anderen Werk handelt es sich um die „Anforderungen an Verfahren und deren Einsatz bei berufsbezogenen Eignungsbeurteilungen", welche in der DIN 33430 niedergelegt sind.[591]

Als Fundament für eine erfolgreiche Befragung wird vom Autor ein Fragebogen entwickelt, welcher diesen Grundanforderungen genügen soll. Zudem sollte sich die Qualität des Fragebogens an den Testgütekriterien orientieren. Die Einhaltung dieser Gütekriterien[592] erlaubt es, Schlussfolgerungen aus den erhobenen Daten auf die Grundgesamtheit zu ziehen.[593] Die Überprüfung des Fragebogens anhand dieser Gütekriterien ist somit unabdingbar, jedoch ist die Qualität der empirischen Erhebung nicht nur von diesen Kriterien abhängig, sondern vorrangig von der Art und Weise, wie die Daten erhoben werden.[594] Bei der Durchführung werden die Gütekriterien erstmals im Rahmen des Pretest überprüft.[595] Folgende Gütekriterien werden im Folgenden vorrangig betrachtet:

(1) Objektivität bedeutet, dass die Ergebnisse vom Befragten unabhängig sein sollten. Allerdings sollten diese unabhängigen Befragten mit dem gleichen Messinstrument übereinstimmende Ergebnisse erzielen. Der besondere Vorteil von schriftlichen Befragungen ist, dass keine Gefahr durch Interviewbeeinflussung besteht und somit die Objektivität als sehr hoch eingeschätzt wird. Anderseits sollte verhindert werden, dass die Nähe zur Forschungsthematik zu einer entscheidenden Beeinflussung des Wissenschaftlers führt.[596] In der Befragungssituation besteht der Nachteil, dass der Befragte durch externe Einflüsse beeinflusst werden kann und damit die Ergebnisse verzerrt werden. Die Nutzung eines Online-Fragebogens eignet sich durch die Distanz zwischen Forscher und Befragten gut zur Verhinderung der Ursache-Wirkungs-Beziehung, wodurch die Objektivität erhöht wird und somit die Vergleichbarkeit und Reproduzierbarkeit der Ergebnisse ermöglicht wird.[597]

(2) Unter Reliabilität wird der Grad bezeichnet, mit welchem ein untersuchtes Merkmal bei aufeinanderfolgenden Befragungen mit dem gleichen Umfragebogen die gleichen Ergebnisse erzielt.[598] Die Wiederholbarkeit einer Datenerhebung enthält dabei Potenzial für Unstimmigkeiten,

---

terien für die Nutzung kritischer Trennwerte (Cut-Off-Werte) sowie die Item-Response-Theorie. Vgl. Moosbrug-ger/Höfling (2007), S. 195.
[590] Häcker (1998).
[591] Deutsches Institut für Normung (2002).
[592] In diesem Rahmen kann postuliert werden, dass alle Disziplinen der Wissenschaft gleichartigen Gütekriterien bzw. Mindestanforderungen zu genügen haben. Vgl. Wolf (2005), S. 14.
[593] Vgl. Bortz/Döring (1995), S. 180.
[594] Vgl. Krämer (2008), S. 5.
[595] Vgl. Atteslander (1991), S. 340.
[596] Vgl. Johnson/Onwuegbuzie (2004), S. 20.
[597] Vgl. Punch (2005), S. 238; Onwuegbuzie/Jiao, et al. (2007), S. 214.
[598] Vgl. Schnell/Hill, et al. (2005), S. 151.

insbesondere aufgrund des kontextbezogenen Charakters von qualitativen Daten.[599] Im Rahmen der Standards für psychologisches und pädagogisches Testen wird unter Reliabilität das Ausmaß verstanden, in welchem erhobene Daten frei von Messfehlern sind.[600] Die sorgfältige Auswahl der demographischen Zusammensetzung der Stichprobe gilt als der bestimmende Faktor für eine hohe Reliabilität. Methoden zur Bestimmung der Reliabilität können über den Retest, den Paralleltest, die Testhalbierung sowie durch die Bestimmung der internen Konsistenz erfolgen.[601] Da die Befragung in den jeweiligen Organisationen nur einmal möglich war und kein Paralleltest durchgeführt wurde, kann die Reliabilitätsprüfung in der folgenden Untersuchung nur über die Methode der internen Konsistenz, in diesem Fall über den Alphakoeffizienten nach CRONBACH überprüft werden, welcher eine Erweiterung der Testhalbierungsmethode zur Folge hat.[602] Zur Erhöhung der Reliabilität hält sich der Autor bei der Formulierung der Fragen an die „termini technici", wodurch bei fachkundigen Probanden eindeutige Antworten ermöglicht werden sollten.[603] Im weiteren Verlauf der Arbeit wird die von SCHERMELLEH-ENGEL genutzte Beschreibung von Reliabilität als Arbeitsdefinition genutzt. Dabei wird unter Reliabilität „...die Genauigkeit einer Messung verstanden. Ein Testverfahren ist perfekt reliabel, wenn die damit erhaltenen Testwerte frei von zufälligen Messfehlern sind. Das Testverfahren ist umso weniger reliabel, je größer die Einflüsse von zufälligen Messfehlern sind."[604]

(3) Das Kriterium der Validität hat als Grundvoraussetzung das Kriterium der Reliabilität.[605] Unter Validität versteht man, inwieweit ein Test dazu in der Lage ist, genau das zu messen, was er beabsichtigt zu messen. Im Rahmen der Validitätsprüfung nach Häcker wird dabei beurteilt, „wie angemessen, wie bedeutsam und wie nützlich die spezifischen Schlussfolgerungen sind, die aus Testwerten gezogen werden können."[606] Im Rahmen der Online-Befragung sind aufgrund des Ausschlusses der Interviewbeeinflussung validitätsmindernde Faktoren als gering einzuschätzen. Zweifel können bei der Frage angebracht werden, inwieweit die Untersuchungsergebnisse auf die reale Welt übertragbar sind. Die Nachweise bei der Überprüfung der Validität können über die Inhalts-, Konstrukt- und Kriteriumsvalidität erbracht werden.[607] Dabei wird überprüft: (1) ob die Operationalisierung dem zu untersuchenden Konstrukt entspricht (Konstruktvalidität), (2) die Ergebnisse in sich konsistent sind (interne Validität) und (3) inwieweit die Ergebnisse transferiert

---

[599] Vgl. vertiefend PUNCH (2005), S. 247ff; MILES/HUBERMAN (1994), S. 277ff; LAMNEK (2006), S. 142ff.
[600] Vgl. HÄCKER (1998), S. 23.
[601] Vgl. SCHERMELLEH-ENGEL/WERNER (2007), S. 113.
[602] Zitiert nach LIENERT/RAATZ (1994); Orginalquelle vgl. CRONBACH (1951).
[603] Vgl. BUTTLER/CHRISTIAN (2000), S. 54ff.
[604] SCHERMELLEH-ENGEL/WERNER (2007), S. 114.
[605] Vgl. ATTESLANDER (1991), S. 340.
[606] HÄCKER (1998), S. 10.
[607] Vgl. HÄCKER (1998), S. 10.

werden können oder graduell generalisierbar sind (externe Validität).[608] Die von HARTIG benutzte Definition von Validität wird im Folgenden als Arbeitsdefinition übernommen; welche Validität als „ein integriertes bewertendes Urteil über das Ausmaß, in dem die Angemessenheit und die Güte von Interpretationen und Maßnahmen auf Basis von Testwerten oder anderen diagnostischen Verfahren durch empirische Belege und theoretische Argumente gestützt sind."[609] soll betrachtet werden. Im Folgenden hält sich der Autor an die Auslegung von RÖSSLER, die die Objektivität über die Unabhängigkeit von Personen und Institutionen definiert. Reliabilität bedingt hierbei die Reproduzierbarkeit des Ergebnisses unter gleichen Bedingungen. Die Validität unterstellt demnach, dass kein Verfahrens- oder Instrumenteneinfluss vorliegt.[610]

Neben diesen Gütekriterien werden weitere Qualitätsanforderungen wie die Skalierung, die Normierung, die Testökonomie, die Nützlichkeit, die Zumutbarkeit, die Unverfälschtheit sowie die Fairness bei der Konzeption des Fragebogens beachtet.[611]

Als Rahmenwerk für national und international anerkannte Standards und Gütekriterien werden im weiteren Verlauf der Planung, Konzeption und Durchführung der Datenerhebung die „Standards for Educational and Psychological Testing" (SEPT) und die „Anforderungen an Verfahren und deren Einsatz bei berufsbezogenen Eignungsbeurteilungen" (DIN 33430) Verwendung finden. In der nachfolgenden Tabelle wird durch die auszugsweise dargestellte Aufführung beider Teststandards eine Schnittmenge ersichtlich:

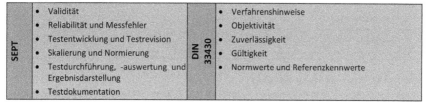

SEPT		DIN 33430	
• Validität		• Verfahrenshinweise	
• Reliabilität und Messfehler		• Objektivität	
• Testentwicklung und Testrevision		• Zuverlässigkeit	
• Skalierung und Normierung		• Gültigkeit	
• Testdurchführung, -auswertung und Ergebnisdarstellung		• Normwerte und Referenzkennwerte	
• Testdokumentation			

Tabelle 19: Schnittmengen der Standards SEPT und DIN 33430
Quelle: In Anlehnung an MOOSBRUGGER/HÖFLING (2007), S. 195-197; vertiefend DIN (2002, AERA (2004, HÄCKER (1998).

Neben diesen Teststandards wird in der weiteren Arbeit zudem punktuell auf die folgenden Teststandards (1) „Test Adaption Guidelines" (TAG),[612] (2) „Internationale Richtlinien für die Testanwen-

[608] Vgl. LAMNEK (2006), S. 155ff.
[609] HARTIG/FREY, et al. (2007), S. 136.
[610] Vgl. RÖßLER/UNGERER (2008), S. 9.
[611] Vgl. MOOSBRUGGER/KELAVA (2007b), S. 18ff.
[612] International Test Commission (2000b).

dung" (IRTA)[613] sowie die (3) „International Guidelines on Computer-Based and Internet Delivered Testing" (CBT)[614] Bezug genommen.

Zur Überprüfung der jeweiligen Gütekriterien werden statistische Verfahren eingesetzt. Insbesondere bei der Analyse der Daten lassen sich drei Grundaufgaben der Statistik spezifizieren:

(1) Die deskriptive Statistik widmet sich der Beschreibung und Darstellung der Daten, die

(2) explorative Statistik befasst sich mit dem Auffinden von Strukturen, Hypothesen und Fragestellungen und die

(3) induktive Statistik stellt Methoden bereit, welche durch stochastische Modelle statistische Schlüsse ermitteln soll.[615]

5.1.4 Methodik der Untersuchung

Für die weitere methodische Vorgehensweise, im Rahmen der empirischen Erhebung, bezieht sich der Autor im Folgenden auf das Befragungsmodell von BURGESS, welches in seinen einzelnen Phasen in Abbildung 40Abbildung 40 beschrieben ist.

Abbildung 40: Phasen des Befragungsmodells
Quelle: Eigene Darstellung in Anlehnung an BURGESS (2001), S. 1, RAITHEL (2008), S. 27, BROSIUS/KOSCHEL/HAAS (2009), S. 43; vertiefend vgl. BORTZ/DÖRING (2006), S. 1ff.

Bei der Definition des Umfrageziels sollten eindeutige und klare Begriffe verwandt werden und es sollte nicht zu vage sein, um zu gewährleisten, dass bei der Literaturrecherche offene Problemfelder entdeckt werden können.[616] Die grundlegenden Forschungsfragen der vorliegenden Arbeit, welche in Abschnitt 1.2 hergeleitet wurde, lauten:

---

[613] ITC (2000a).
[614] International Test Commission (2005).
[615] Vgl. FAHRMEIR/KÜNSTLER, et al. (2007), S. 11; ZUCCHINI (2009), S. 1.
[616] Vgl. BURGESS (2001), S. 1.

1. Welche Zusammenhänge existieren zwischen der Informationssicherheit und den Persönlichkeitsmerkmalen von IT-Entscheidern?

2. Welche Handlungsempfehlungen können, bei Berücksichtigung der Persönlichkeitsmerkmale von IT-Entscheidern, zur Erhöhung der Informationssicherheit identifiziert werden?

Des Weiteren wurden in den vorangegangenen Kapiteln 2, 3 und 4 durch eine Literaturrecherche entsprechende Problemfelder herauskristallisiert und kapitelbezogene Theorien abgeleitet. Aufgestellte Theorien wurden in spezifische Fragestellungen überführt. Im Rahmen dieses Forschungsprozesses, wurde der Fokus, bezugnehmend auf RAITHEL, auf drei Zusammenhangsbereiche gelegt: (1) Der Entdeckungszusammenhang impliziert die Frage: „Was soll erforscht werden?", der (2) Begründungszusammenhang zielt darauf zu erfragen: „Wie soll etwas erforscht werden?" und der (3) Verwertungszusammenhang beschäftigt sich mit den Fragestellungen: „Was geschieht mit den Ergebnissen?" bzw. „Warum, zu welchem Zweck?".[617]

(1) Primärer Ausgangspunkt im Rahmen des „Entdeckungszusammenhangs" für die Forschungsthematik, bildet die Frage, inwieweit sich die Informationssicherheit in Organisationen erhöhen lässt. In dem Zusammenhang wurde durch entsprechende Literaturrecherche und -auswertung von diversen Studien erkannt, dass der vorrangige Auslöser für Lücken in der Informationssicherheit in einem fehlerhaften Verhalten des Menschen begründet ist.[618] Zur Schließung dieser Lücke, empfiehlt die betrachtete Literatur vorrangig die Erhöhung der Aspekte technischer Sicherheit mit bspw. Firewall-, Antivirus-, Intrusion-Detection- oder speziellen Berechtigungssystemen.[619] Weitergehende Literatur beschäftigt sich zudem mit den organisatorischen Aspekten der Informationssicherheit und schlägt umfangreiche Organisationskonzepte wie bspw. das IT-Grundschutz-Konzept, ISO 27001/17799, ITIL oder CobiT vor.[620] In den letzten Jahren werden zunehmend Awareness-Kampagnen thematisiert, welche intendieren, den Menschen zu einem erhöhten Sicherheitsbewusstsein zu entwickeln.[621] Awareness-Kampagnen sollen ein wichtiges Entwicklungsinstrument für Mitarbeiter sein, jedoch setzt die Forschungsfrage des Autors an ei-

---

[617] Vgl. RAITHEL (2008), S. 25; TÖPFER (2009), S. 21ff.

[618] Vgl. bspw. <kes> Sicherheitsstudie, bei der, der Irrtum und Nachlässigkeit eigener Mitarbeiter wie schon in den vorangegangenen Jahren regelmäßig Platz 1 belegt. <kes> (2006), S. 3; SCHLIENGER (2006), S. 1.

[619] Vgl. bspw. BSI, Bundesamt für Sicherheit in der Informationstechnik (2002); FLEGEL (2004); HENNEKE (2002) ; GOLDMAN (2006a) ; GOLDMAN (2006b) ; BRAIN (2006); SLADE (2006) .

[620] Vgl. bspw. WOJTYNA (2006); VON SOLMS (2005); BSI, Bundesamt für Sicherheit in der Informationstechnik (2008); SCHWYTER/WISLER, et al. (2007); MEINTS (2006); BSI, Bundesamt für Sicherheit in der Informationstechnik (2006b); TSINTSIFA (2005) ; RUCK/TSINTSIFA, et al. (2005) ; FEDERRATH (2005) ; BSI, Bundesamt für Sicherheit in der Informationstechnik (2004b); BSI, Bundesamt für Sicherheit in der Informationstechnik (2005); CALDER/WATKINS (2006); DUMMER (2006); O. V. (2006); WEISSMANN (2005)

[621] Vgl. bspw. LAYTON (2005); MCILWRAITH (2006); ROPER (2006); RUDOLPH (2006) ; VOM BROCKE/BUDDENDICK (2005) ; WALSH (2006); WOLEK (2008); HEROLD (2005).

ner tieferen Ebene an, indem erklärt werden soll, inwiefern Persönlichkeitsmerkmale wie Neurotizismus, Extraversion, Offenheit, Gewissenhaftigkeit und Verträglichkeit das grundsätzliche
Sicherheitsverhalten des Mitarbeiters beeinflussen (siehe Kapitel 7). Feststellungen wie die der
<kes>-Sicherheitsstudie, in der festgestellt wurde, dass die Auswirkungen für menschliches Fehl-
verhalten in Nachlässigkeit, Irrtum, Gewohnheiten und Unkenntnis liegen, wurden bereits mehrfach bestätigt.[622] Im Rahmen dieser Arbeit wird nicht versucht, festzustellen, welche Auswirkungen es gibt, sondern vielmehr soll geklärt werden, welche Ursachen und menschlichen Eigenhei-
ten respektive Persönlichkeitsmerkmale diesen zugrunde liegen.

(2) Im Rahmen des „Begründungszusammenhanges" stehen die methodischen Schritte an erster
Stelle, welche zum Ziel haben, möglichst eindeutige, objektive und intersubjektiv nachprüfbare
Hypothesen zu ermöglichen. Ein besonderes Augenmerk wird in dieser Untersuchungsphase darauf gelegt, zu den jeweiligen Items passende Skalen zu entwickeln, welche im Rahmen der Analyse mit Hilfe von Diskriminanz- und Clusteranalysen statistische Zusammenhänge darstellen sollen. Die Einhaltung der Gütekriterien bei der Entwicklung des Fragebogens als auch bei nachträg-
licher, statistischer Überprüfung der Reliabilität und Validität, wird eine hohe Bedeutung zugesprochen. Weitere methodische Schritte sind im Folgenden die formale und inhaltliche Beschreibung der zu erhebenden Stichprobe, der formale und inhaltliche Aufbau des Fragebogens, die
Herleitung der einzelnen Items und Skalen, die Gestaltung des Fragebogens und Anschreibens,
der Pretest sowie die Durchführung der Umfrage. In Kapitel 6 und 7 erfolgt anschließend die Da-
tenaufbereitung und -analyse.

(3) Als Verwertungs- bzw. Wirkzusammenhang werden die Effekte einer Untersuchung sowie der
jeweilige Beitrag zur Lösung der Forschungsfrage verstanden. Diese erkenntnistheoretische Funktion beabsichtigt zu erläutern, wie das Wissen im Rahmen der empirischen Erhebung und Auswertung erweitert wurde. In diesem Kontext sollen Empfehlungen für die praktische Umsetzung
aufgezeigt werden. In Kapitel 7.2 wird der Wirkzusammenhang dargestellt und es werden konkrete Maßnahmen zum Verwertungszusammenhang hergeleitet.

Die Erhebung im Rahmen dieser Arbeit wird, bedingt durch den Stand der Theorieentwicklung, als
populationsbeschreibende Untersuchung durchgeführt und hat aufgrund der interdisziplinären For-

---

[622] Vgl. <KES> (2008), S. 18ff.

schungsfrage einen explorativen Charakter,[623] wobei im Verlauf der Analyse erarbeitete Detailfragen geprüft und evaluiert sowie Empfehlungen auf die Grundgesamtheit ausgesprochen werden.[624]

5.2 Auswahl und Aufbau der Untersuchungsobjekte für die Befragung

Im Rahmen von empirischen Erhebungen werden unterschiedliche Verfahren angewandt, wie aus nachfolgender Abbildung 41 ersichtlich wird:

(1) Die Zufallsauswahl entnimmt, per Zufallsprinzip aus einer vollständigen Liste aller Objekte der Population[625], eine Stichprobe. Grundlage ist, dass jedem Objekt dieselbe Auswahlwahrscheinlichkeit unterstellt wird.[626] Zufallsstichproben haben den Vorteil, dass sie global repräsentativ sind, „...wenn ihre Zusammensetzung in nahezu allen Merkmalen der Populationszusammensetzung entspricht.[627] Die Zufallsauswahl kann über die einfache Zufallsauswahl, die geschichtete Auswahl, die mehrstufige Auswahl oder eine Klumpenstichprobe stattfinden.[628] Strenggenommen erfordert die Anwendung der induktiven Statistik, dass „...jedes Element der Grundgesamtheit, unabhängig davon, welche weiteren Elemente schon zur Stichprobe gehören, mit gleicher Wahrscheinlichkeit ausgewählt werden kann."[629]

---

[623] Explorieren kommt aus dem lateinischen und bedeutet exploare. Demgemäß sollen Sachverhalte erkundet, erforscht und ausfindig gemacht werden. Exploration ist gezeichnet von Neugierde, wobei sich eher sekundär Ideen entwickeln wie Dinge funktionieren. Vgl. BORTZ/DÖRING (2006), S. 352-353.

[624] Vgl. BORTZ/DÖRING (2006), S. 50-51.

[625] Als Population werden sämtliche Fälle in einer Gruppe, aus der eine Stichprobe für eine Studie gezogen werden soll, gezählt. Vgl. MYERS/REISS, et al. (2008), S. 28.

[626] Vgl. DULLER (2007), S. 7; STELAND (2007), S. 4; ZUCCHINI (2009), S. 29; vertiefend mit Anwendungsbeispielen vgl. BORTZ/DÖRING (2006), S. 396ff.

[627] BORTZ/DÖRING (2006), S. 398. Die gängige Annahme, dass mit steigender Stichprobengröße auch die Repräsentativität steigt, bestätigt sich nur bei unverzerrter Auswahl der Stichprobe, andernfalls wiederholt sich mit zunehmender Stichprobengröße lediglich der Fehler in großem Stil.Vgl. BORTZ/DÖRING (2006), S. 398.

[628] Vgl. RAITHEL (2008), S. 56; BROSIUS/KOSCHEL, et al. (2009), S. 78; RÖßLER/UNGERER (2008), S. 6; MYERS/REISS, et al. (2008), S. 28.

[629] RAITHEL (2008), S. 58.

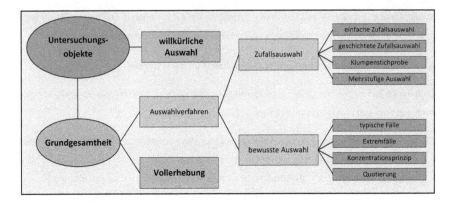

Abbildung 41: Auswahlverfahren für Untersuchungsobjekte
Quelle: Eigene Darstellung in Anlehnung an BROSIUS/KOSCHEL/HAAS (2009), S. 78, RAITHEL (2008), S. 56, RÖß-
LER/UNGERER (2008), S. 6.

(2) Neben der Zufallsauswahl werden in Meinungsumfragen häufig Verfahren der bewussten Auswahl angewandt. Diesen Verfahren liegt eine bestimmte Stichprobe zugrunde, welche jedoch nicht mehr als zufällig angesehen werden kann.[630] Die bewusste Auswahl wird vorgenommen nach typischen Fällen, Extremfällen, dem Konzentrationsprinzip und der Quotierung. Grundsätzlich gelten diese Verfahren als problematisch, hinsichtlich der Repräsentativität und bezogen auf die Grundgesamtheit, da nicht nach dem Wahrscheinlichkeitsprinzip sondern nach sachlogischen Erwägungen die Auswahl getroffen wird.[631] Bei der bewussten Auswahl „...werden Merkmalsträger danach ausgewählt wie ‚brauchbar' bzw. wie zentral ihre Untersuchung für die Beantwortung der gewählten Fragestellung ist."[632]

(3) Bei der willkürlichen Auswahl (Bequemlichkeitsauswahl) handelt es sich „...um ein ‚Auswählen aufs Geratewohl' nach dem Motto: ‚Man nimmt, was man kriegen kann."[633] Bei solchen willkürlichen Stichproben ist unklar, welche Population sie repräsentieren, vielmehr werden die Zielpopulationen im Nachhinein konstruiert, wodurch ihre theoretische Bedeutung gering ist.[634]

(4) Da die Anzahl der Grundgesamtheit für diese Arbeit nicht ermittelbar ist und zudem eine Befragung sämtlicher Untersuchungssubjekte zeitlich und finanziell nicht vertretbar wäre, wird im Folgenden eine Vollerhebung aller Listenmitglieder durchgeführt.

---

[630] Vgl. FAHRMEIR/KÜNSTLER, et al. (2007), S. 27f; RAITHEL (2008), S. 57f.
[631] Vgl. BORTZ/DÖRING (2006), S. 483; BROSIUS/KOSCHEL, et al. (2009), S. 83.
[632] BROSIUS/KOSCHEL, et al. (2009), S. 83.
[633] RAITHEL (2008), S. 56.
[634] Vgl. BORTZ/DÖRING (2006), S. 723.

Im Gegensatz zur Vollerhebung, bei der alle untersuchten Teilnehmer einbezogen werden, wird die „...Teilerhebung der Elemente einer Grundgesamtheit durch die Ziehung einer Stichprobe vorgenommen. Eine Stichprobe soll dabei ein verkleinertes strukturgleiches Abbild der Grundgesamtheit darstellen...".[635] Im weiteren Verlauf der Arbeit wird als Stichprobe die Menge der erhobenen Daten bei einer Vollerhebung sämtlicher Listenmitglieder bezeichnet. Unter dieser Stichprobe wird eine Menge aller Untersuchungseinheiten verstanden, welche die untersuchungsrelevanten Eigenschaften der Auswahlgesamtheit möglichst genau darstellt.[636] Insbesondere für die Methoden der induktiven Statistik[637] ist es erforderlich, dass die Stichprobe grundlegenden Eigenschaften der Auswahlgesamtheit entspricht.[638] Die Auswahlgesamtheit beläuft sich auf 889 Untersuchungsobjekte. BORTZ bemerkt dazu, dass man „...bei der Anlage einer populationsbeschreibenden Untersuchung mit großer Sorgfalt darauf zu achten [hat], dass die angestrebte Grundgesamtheit, die Auswahlgesamtheit und die Inferenzpopulation möglichst identisch sind.[639] Grundlage für die **Repräsentativität der Auswahlgesamtheit** ist ihre möglichst genaue Beschreibung, wobei folgende Fragen beantwortet werden sollen:[640]

(1) Über welche Personengruppen sollen Aussagen getroffen werden?

Die Forschungsfrage zielt darauf ab, das Sicherheitsverhalten von Menschen in Organisation zu analysieren. Demgemäß ist beabsichtigt, IT-Entscheider in Form von IT-Managern und – Abteilungsleitern, IT-Bereichsleitern und CIOs, CISOs, Mitgliedern der Geschäftsleitung (mit IT-Affinität), IT-Fachkräfte, IT-Sicherheitsverantwortlichen sowie Senior Consultants zu befragen.

(2) Welche Überlegungen nahmen Einfluss bei der Bestimmung der Auswahlgesamtheit?

Die Bestimmung der Auswahlgesamtheit erfolgte vor dem Hintergrund der Forschungsthematik, welche die Frage stellt, inwieweit Persönlichkeitsmerkmale von Menschen die Informationssicherheit in Organisationen beeinflussen. Die Tatsache, dass IT-Entscheider befragt werden sollen, die aufgrund ihrer IT-affinen Tätigkeit, Verantwortung und qua Position soziodemographisch über einen höheren Bildungsstand verfügen und somit intensiv[641] Dienste wie E-Mail und Internet nutzen, führte zu dem

---

[635] BROSIUS/KOSCHEL, et al. (2009), S. 73 vertiefend vgl. BORTZ/DÖRING (2006), S. 741.
[636] Vgl. RAITHEL (2008), S. 54.
[637] Die Induktive (schließende) Statistik ermöglicht es Rückschlüsse auf die von den erhobenen Daten auf die Grundgesamtheit vorzunehmen. Vgl. DULLER (2007), S. 9.
[638] Vgl. DULLER (2007), S. 7.
[639] BORTZ/DÖRING (2006), S. 401.
[640] Vgl. MOOSBRUGGER/HÖFLING (2007), S. 198; Nachfolgende Kriterien wurden recherchiert bei BAUR/FLORIAN (2009), S. 109; BORTZ/DÖRING (2006), S. 480.
[641] Nach der Erhebung von TNS Infratest nutzen 2009 durchschnittlich 87.5% der Menschen mit dem Bildungsabschluss Abitur das Internet, wohingegen Personen mit formal einfacher Bildung nur zu 52.7% das Internet nutzen. Vgl. T. N. S. Infratest Sozialforschung Initiative, D21. e V. (2009), S. 10.

Entschluss, die Daten online zu erheben. Vor diesem Hintergrund war das Ziel, aus unzähligen Onli-
neangeboten zwei Portale auszuwählen, welche einen hohen Verbreitungs- und Reputationsgrad
genießen und zudem die Möglichkeit bieten, komplette Adressen herauszufiltern.

(3) Nach welchen Verfahren wurde die Auswahlgesamtheit recherchiert und welche Rahmendaten
liegen vor?

Die Auswahlgesamtheit wurde über die zwei IT-affinen Portale www.cio.de und www.itheads.at erstellt. Bei dem Portal www.cio.de handelt es sich um eines der größten Kommunikationsplattformen
Europas für IT-Strategien.[642] Die Leser der gleichnamigen Zeitschrift CIO[643] bestehen zu 90.1% aus IT-
affinen CIOs, Vorständen, Geschäftsführern sowie IT-Bereichs- und IT-Abteilungsleitern, von denen
90.5% über 100 Mitarbeiter verantworten.[644] Das Online-Netzwerk von www.cio.de hat rund 30.000
Mitglieder.[645] Aus dem Portal www.cio.de wurden 721 relevante Datensätze (80.7%) mit Vorname,
Nachname, Telefonnummer, E-Mail-Adresse, Geschlecht, Firma und Position herausgefiltert. Das
Portal www.itheads.at wird betrieben von der österreichischen Zeitschrift Computerwelt und stellt
ein Verzeichnis von wichtigen Persönlichkeiten der österreichischen IT-Branche dar.[646] Einen besonderen Zulauf an IT-Entscheidern erfährt das Portal regelmäßig aufgrund der einmal jährlich erschei-
nenden Druckausgabe der Computerwelt, in der die wichtigsten österreichischen IT-Manager aufgeführt sind.[647] Aus dem Portal www.itheads.at wurden 167 relevante Datensätze (18.8%) mit Vorname, Nachname, Telefonnummer, E-Mail-Adresse, Geschlecht, Firma und Position herausgefiltert. Ein
weiterer Datensatz stammt von dem IT-Sicherheitsverantwortlichen der Fakultät für Wirtschaftswissenschaften der Leibniz Universität Hannover. Zudem sind die Befragungsteilnehmer der Auswahlgesamtheit zu 95.1% männliche und zu 4.9% weibliche Teilnehmer.

(4) Welche   Besonderheiten   des   Auswahlverfahrens   könnten   die   Einschränkung   der
Generalisierbarkeit begründen bzw. erhöhen?

---

[642] „Das Portal für den CIO. Informationen zu den IT-Strategien der wichtigsten deutschen Unternehmen und Zugang zu
Europas größtem CIO-Netzwerk."Eigene Werbung des Portals www.cio.de
[643] Die Zeitschrift CIO ist bei den deutschsprachigen IT-Entscheidern das führende Magazin. Zudem bestehen nur geringe
Überschneidungen mit der Computerwoche, welche sich an ein breiteres Publikum richtet. Vgl. LAC/2008 (2008) zitiert nach CIO (2009), S. 9.
[644] Vgl. CIO (2009), S. 7.
[645] Vgl. CIO (2009), S. 18.
[646] Vgl. hierzu FAQ: http://www.itheads.at/view.aspx?name=FAQ.
[647] Vgl. interviewte Persönlichkeiten in der Computerwelt: http://www.itheads.at/interviews.aspx; Vgl. Sonderausgabe
http://www.itheads.at/view.aspx?name=ABOUT.

Da allen Teilnehmern der Auswahlgesamtheit nachweislich ein IT-affiner Hintergrund unterstellt wird, ist die Gefahr eines systematischen Fehlers im Rahmen eines Overcoverage[648] zu vernachlässigen. Ein Undercoverage kann ausgeschlossen werden, weil die öffentlich zugänglichen Adressdatenbestände der beiden Portale zu 100% eingesehen und geprüft wurden.[649] Für die Generalisierbarkeit spricht, wie oben dargestellt, dass die befragte Zielgruppe im Rahmen der Forschungsfrage IT-affin ist und somit allgemeinhin Dienste wie E-Mail und Internet nutzt. Diese Behauptung wird dadurch gestärkt, dass die Auswahlgesamtheit ausschließlich auf den beschriebenen Internetportalen recherchiert wurde. Die Generalisierbarkeit der Auswahlgesamtheit wird dadurch eingeschränkt, dass nur Nutzer mit hinterlegter E-Mail-Adresse die zu befragende Zielgruppe bilden, wodurch Nutzer, welche nur eine Telefonnummer oder nur den Namen hinterlegt haben, ausgeschlossen werden. Besonders gestört wird die Generalisierbarkeit zudem durch bestimmte Gruppen, welche aufgrund von Datenschutzbedenken, technischen Hürden oder Zeitknappheit nicht an der Befragung teilnehmen.[650] Die Nichtteilnahme dieser Gruppe kann, insbesondere im Rahmen der Feststellung von Persönlichkeitsmerkmalen, zu enormen Verzerrungen führen und wird deshalb in Kapitel 6 durch stochastische Methoden überprüft.

(5) Welche strukturellen Besonderheiten der Auswahlgesamtheit schränken eine Verallgemeinerung der Ergebnisse auf andere Populationen ein?

Die Übertragbarkeit der Auswahlgesamtheit auf die generelle Population von IT-Entscheidern im deutschsprachigen Raum ist nur eingeschränkt gegeben, d.h. mit einem entsprechend hohen Standardfehler möglich. Annäherungen der Auswahlgesamtheit auf die deutschsprachige Population von IT-Entscheidern sind aufgrund der strukturellen Besonderheit der Zielgruppe zum gegenwärtigen Zeitpunkt nicht möglich. Die Voraussetzung dafür wäre - für eine erste Näherung – eine Aufstellung soziodemographischer Daten der Gesamtpopulation an IT-Entscheidern im deutschsprachigen Raum,[651] welche es zunächst erlaubt, die Repräsentativität zu überprüfen und in einem weiteren Schritt über vergleichbare Identifikationsmerkmale eine Gewichtung der erhobenen Daten vorzunehmen.

Im weiteren Verlauf der Arbeit wird zu klären sein, inwieweit die zu erhebende Stichprobe auf die Auswahlgesamtheit oder sogar auf die gesamte deutschsprachige Population von IT-Entscheidern

---

[648] Von Overcoverage spricht man, wenn Untersuchungsobjekte befragt werden, obwohl sie nicht zur Auswahlgesamtheit gehören. Das Gegenteil bildet der Begriff Undercoverage, welcher vorliegt, wenn Untersuchungsobjekte nicht befragt werden, obwohl sie zur Auswahlgesamtheit gehören sollten. Vgl. BAUR/FLORIAN (2009), S. 109.

[649] Nach der Befragung wurden die Adressdatenbestände des Portals www.cio.de bezüglich der Zugangsmöglichkeiten reduziert, d.h. E-Mail, Telefonnummer, Nachname, uvm. waren nur noch bestätigten Kontakten ersichtlich.

[650] Vgl. BAUR/FLORIAN (2009), S.

[651] Der Autor konnte trotz intensiver Literaturrecherche hierzu keine statistisch repräsentativen Daten erhalten.

anwendbar ist und ob Rückschlüsse gebildet werden können. Ein gangbarer Ansatz bezüglich der Generalisierung der Auswahlgesamtheit könnte darin liegen, die Gewichtung nach Schichtungs-merkmalen wie Geschlecht, Adressat und Position vorzunehmen und somit von der Stichprobe auf die Auswahlgesamtheit zu schließen.[652] Angelehnt an das Gewichten nach Schichtungsmerkmalen im Rahmen der geschichteten Auswahl, sollte zudem das Quotenverfahren betrachtet werden, welches im Rahmen der bewussten Auswahl Verwendung findet und nach Identifikationsmerkmalen quo-tiert.[653] Das Quotenverfahren und genügend große Stichproben führen zu repräsentativen, d.h. auf die Gesamtpopulation übertragbaren, Ergebnissen.[654] Dementsprechend wird in Kapitel 6 eine Über-prüfung beschriebener Gütekriterien vorgenommen und zudem die Anteile der Identifikationsmerk-male der Stichprobe mit der, der Auswahlgesamtheit verglichen und bei Bedarf eine Gewichtung vorgenommen.[655] Abschließend bleibt anzumerken, dass „Repräsentativität in der Forschungspraxis eher eine theoretische Zielvorgabe als ein Attribut konkreter Untersuchungen darstellt...",[656] umso intensiver wurde in diesem Abschnitt darauf geachtet, durch die theoretische Fundierung ein Höchstmaß an Stichprobenrepräsentativität zu gewährleisten.

5.3 Konstruktion der Items

Das Messinstrument in Form der Items und des Fragebogens hat, wie die Stichprobenbildung, einen großen Einfluss auf die Validität der erhobenen Daten. In der Online-Umfrageforschung haben sich in den vergangenen Jahren zunehmende Standards wie bspw. internationale Richtlinien für Online Um-fragen[657] oder Werke wie das von JACKOB herausgebildet[658], die sich gezielt mit der Sozialforschung im Internet beschäftigen und definieren wie Items formuliert werden sollten.[659] Im Folgenden wird the-oretisch auf die Grundlagen für die Entwicklung von Items eingegangen und im Anschluss werden die speziellen Ansprüche für Items im Rahmen einer Online-Umfrage diskutiert.

Die Kategorie der Items mit Antwortvorgaben ist in der modernen Testkonstruktion vorherrschend und auch unter der Bezeichnung Multiple Choice bekannt. Die Anforderung der intersubjektiv ein-deutigen Auswertung wird dadurch ermöglicht, wodurch die Items als auswertungsobjektiv gelten.[660]

---

[652] Vgl. BORTZ/DÖRING (2006), S. 51, 481.
[653] Vgl. ZUCCHINI (2009), S. 33.
[654] Vgl. RÖßLER/UNGERER (2008), S. 6.
[655] Vgl. BORTZ/DÖRING (2006), S. 259.
[656] BORTZ/DÖRING (2006), S. 398.
[657] International Test Commission (2005).
[658] JACKOB (2009).
[659] MAURER/JANDURA (2009), S. 67.
[660] Vgl. BORTZ/DÖRING (2006), S. 215.

Nachfolgend werden in Tabelle 20 - angelehnt an BORTZ - beispielhaft Antwortmodalitäten zu Testitems aufgeführt:

Items mit offener Beantwortung	• Freie Gestaltung: „Was halten Sie von …?" • Freie Deutung: „Was sagt Ihnen das …?" • Freie Assoziation: „Bilde möglichst viele Wörter zu folgenden Buchstaben …?"
Items mit halbof-fener Beantwor-tung	• Einfachantworten: „Was versteht man unter dem Begriff …?" • Mehrfachantworten: „An welchen Tälern liegen die folgenden Städte …?" • Reihenantworten: „Welche Klavierstücke sind Ihnen bekannt?" • Sammelantworten: „Welches lateinische Verb trifft mehr oder weniger auf die folgenden Vokabeln zu: …?"
Items mit Ant-wortvorgaben	• Alternativantworten: „Unter Anamnese versteht man die Vorgeschichte einer Erkrankung: Richtig O Falsch O ?" • Auswahlantworten: „Ein Grundstück ist 10m x 10m groß und kostet 10.000 Euro. Was kostet ein Quadratmeter?" Antwort A, Antwort B, Antwort C, Antwort D • Umordnungsantworten: „Ordne mit dem kleinsten beginnend die folgenden Wer-te nach ihrer Größe!" A: 3, B: 8, C:1, D:7, E:12 • Zuordnungsantworten: „Welche Hauptstadt gehört zu welchem Land?" A: Berlin, B: Moskau, C: Byzanz ; a) Russland, b) Türkei, c) Deutschland • Ergänzungsantworten: „Blitz verhält sich zu Hören wie Donner zu ………" A: Gewit-ter, B: Sehen, C: Regen, D: Wolken

Tabelle 20: Testitems und deren Antwortmodalitäten
Quelle: In Anlehnung an RÜTTER (1973) zitiert nach BORTZ/DÖRING (2006), S. 214.

Neben der Unterscheidung nach Items mit offener, halboffener Beantwortung und mit Antwortvorgaben, konstatieren JANKISZ und MOOSBRUGGER, dass die sprachliche Eindeutigkeit des Item-Inhaltes
sowie die sprachliche Verständlichkeit von besonderer Bedeutung sind.[661] Die mangelnde sprachliche
Verständlichkeit birgt die Gefahr von Fehlinterpretationen und Motivationseinbußen seitens der
Befragten. Demgemäß sollte bei der Formulierung der Items darauf geachtet werden, dass sie ohne
große Mühe nach einmaligem Durchlesen möglichst verständlich sind. Zur Erhöhung der sprachlichen
Verständlichkeit sollten folgende Aspekte eingehalten werden:

(1) Komplizierte und lange Satzkonstruktionen sollten vermieden werden,

(2) Umständliche Fragen und Abkürzungen sind zu vermeiden,

(3) Fachbegriffe, welche nur einem kleinen Teil der befragten Zielgruppe geläufig sind, sind zu erset-
zen,

(4) Items sollten positiv konstruiert werden, insbesondere sollten doppelte Verneinungen vermieden werden,

---

[661] Vgl. JANKISZ/MOOSBRUGGER (2007), S. 64.

(5) Intensitäts- und Häufigkeitsangaben sind verwirrend und nicht eindeutig, wodurch sie ebenfalls wenig geeignet sind.[662]

Zur Schaffung einer intersubjektiv gemeinsamen Verständnisbasis ist es von besonderem Erfordernis, dass sprachliche Eindeutigkeit gegeben ist, welche inkludiert ist, wenn alle Befragten „…den Iteminhalt in gleicher Weise verstehen und die Antworten entsprechend der individuellen Ausprägung des interessierenden Merkmals geben."[663]

Die sprachliche Eindeutigkeit knüpft sich an folgende Aspekte:

(1) Zeitpunkt und Zeitspanne sollten eindeutig definiert sein, die

(2) Antwortrichtung sollte bezüglich des interessierenden Konstrukts eindeutig gegeben sein,

(3) Universalausdrücke wie „immer", „nie", oder „alle" sollten vermieden werden, die

(4) Definition sollte vor dem eigentlichen Item stehen und nicht in dem Item selbst, ein

(5) Item sollte nur eine Aussage haben, der jeweilige

(6) Iteminhalt sollte stets nur auf eine Weise interpretiert werden können,

(7) Items sollten inhaltlich so konstruiert sein, dass kein unterschiedliches Vorwissen erforderlich ist.[664]

BORTZ führt ergänzend zu JANKISZ und MOOSBRUGGER folgende Regeln an:

(1) Quantifizierende Umschreibungen mit Begriffen wie „fast", „kaum" oder „selten" sind in Kombination mit Ratingskalen problematisch,

(2) Items, die praktisch von allen Befragten verneint werden, sind ungeeignet,

(3) zur Ermittlung von Einstellungen sind Iteminhalte ungeeignet, welche wahre Sachverhalte darstellen.[665]

Erhebliche Unterschiede bei der Konstruktion der Items für Online-Umfragen im Vergleich zu einer Konstruktion mit Items für eine Paper-and-Pencil-Befragung sind nicht bekannt. BAUR berichtet, dass es bei Items mit offener Beantwortung vermehrt zu Antwortverweigerern kommt.[666] BOSNJAK und BEHNKE weisen daraufhin, dass ältere Personen und Personen mit geringem Bildungsgrad besonders

---

[662] Vgl. JANKISZ/MOOSBRUGGER (2007), S. 64.
[663] JANKISZ/MOOSBRUGGER (2007), S. 65.
[664] Vgl. JANKISZ/MOOSBRUGGER (2007), S. 65. Vgl. vertiefend die Ausführungen von PORST. Zitiert nach BORTZ/DÖRING (2006), S. 255.
[665] Vgl. BORTZ/DÖRING (2006), S. 255.
[666] Vgl. BAUR (2008), S. 123.

häufig einzelne Items nicht beantworten oder die Befragung vorzeitig abbrechen.[667] Zudem stellt DeLeeuw fest, dass Fragen zur Sexualität, zu extremistischen politischen Positionen und zum Einkommen in Deutschland zur Antwortverweigerung führen können.[668]

Abschließend werden für jedes Item und die Gesamtheit der Items die von Bouchard entwickelten Prüfkriterien hinterfragt:

(1) Welche Fragen sind überflüssig?

(2) Wiederholen sich Items?

(3) Ist jedes Item erforderlich?

(4) Können die Antwortvorgaben als angemessen erachtet werden?

(5) Sind einzelne Items zu allgemein formuliert?[669]

Neben den in Tabelle 20 beschriebenen formalen Richtlinien zur Fragekonstruktion und den Regeln zur sprachlichen Verständlichkeit und Eindeutigkeit, werden bei der Entwicklung der Items folgende in Tabelle 21 dargestellte Fragen als Leitlinien zur Konstruktion der Items beachtet.

- Wurde bei der Itemformulierung der Einfluss einer eventuellen Ermüdung oder eines Desinteresse des Befragten beobachtet?
- Ist die Frage eindimensional beantwortet und führt somit den Befragten verstärkt in eine Antwortrichtung?
- Ist bei den jeweiligen Items darauf geachtet worden, dass sich Befragte von der Art ihrer Antwort nicht bloßgestellt fühlen und dementsprechend nicht wahrheitsgemäß antworten?
- Welche sprachliche Ausdrucksfähigkeit wird von dem Befragten im Rahmen der Beantwortung der Items erwartet?
- Stimmt die Konstruktion der Items mit dem Verständnishorizont der Befragten überein?
- Inwieweit ist das Item für die zu befragende Zielgruppe verständlich formuliert?
- Wird der zu erhebende Sachverhalt von der befragten Zielgruppe eindeutig wahrgenommen und kann er beschrieben werden?
- Verletzen die Items eventuell die Privatsphäre der Befragten?
- Erfolgt die konkrete und plastische Darstellung des zu erhebenden Sachverhalts?
- Wird im Rahmen der Itemformulierung darauf geachtet, Suggestivfragen zu verhindern, welche ein bestimmtes Antwortverhalten forcieren könnten?
- Inwieweit wird durch Items soziale Erwünschtheit provoziert?

Tabelle 21: Leitfragen zur Konstruktion von Items
Quelle: In Anlehnung an Brosius/Koschel/Haas (2009), S. 106.

Die geplante Untersuchung wird im Folgenden durch drei Abschnitte näher charakterisiert:

Vgl. Bosnjak/Batinic (2002); Behnke/Baur, et al. (2006).
Vgl. de Leeuw (2001).
Vgl. Bouchard (1976) zitiert nach Bortz/Döring (2006), S. 244f.

(1) Items zur Feststellung der Persönlichkeitsmerkmale im Rahmen des NEO-FFI-Modells,

(2) Items zur Informationssicherheit in Organisationen sowie

(3) Fragen zu soziodemographischen Daten der befragten Zielgruppe.

5.3.1 Items im NEO-FFI-Modell nach Borkenau und Ostendorf

Ein Teilziel der vorliegenden Arbeit ist die Beschreibung von grundlegenden Persönlichkeitsmerkmalen der befragten Auswahlgesamtheit. Die Items zur Feststellung von Persönlichkeitsmerkmalen werden durch die Festlegung auf das NEO-FFI von BORKENAU und OSTENDORF definiert, welche durch 60 Items in Ihrem Modell die Persönlichkeitsmerkmale (Skalen) Neurotizismus, Extraversion, Offenheit, Verträglichkeit und Gewissenhaftigkeit abfragen.[670] Das NEO-FFI-Modell ist ein „...faktorenanalytisch konstruiertes Fragebogenverfahren, welches der Erfassung individueller Merkmalsausprägungen..."[671] dient. Diese Persönlichkeitsmerkmale sind auch als die Big Five bekannt und gehen ursprünglich auf die Forschungen von COSTA und MCCRAE zurück.[672] Das NEO-FFI-Modell wurde umfassend in Kapitel 4.2.3.3 beschrieben. Testverfahren wie das D-PRF,[673] FPI-R[674] oder 16 PF-R,[675] welche im deutschsprachigen Raum ebenfalls zur Persönlichkeitsdiagnostik eingesetzt werden und eine hohe Zuverlässigkeit und Gültigkeit aufweisen, wurden aufgrund von drei Aspekten nicht weiter in Betracht gezogen:

(1) Die Anzahl der zu beantwortenden Items liegt bei mindestens 138,[676] wodurch es im Rahmen einer Online-Umfrage zu enormen Abbrüchen kommen würde.[677]

(2) Die Forderung der intensiven Anwendung der induktiven Statistik auf die vorhandenen „erheblichen" Zusammenhänge von fünf Skalen zu vier Dimensionen der Informationssicherheit, wodurch 20 Untersuchungsbereiche definiert werden.[678]

---

[670] Vgl. umfassend BORKENAU/OSTENDORF (2008); BORKENAU/OSTENDORF (1993).

[671] BORKENAU/OSTENDORF (2008), S. 7.

[672] Vgl. bspw. MCCRAE/COSTA (1990); MCCRAE/COSTA (1994); MCCRAE/JOHN (1992); COSTA/MCCRAE (1994) ; COSTA/MCCRAE (1980)

[673] D-PRF bezeichnet das „Deutsche Personality Research Form", welches 238 zu beantwortende Items enthält, die auf 14 Skalen dargestellt werden. Vgl. MYERS/REISS, et al. (2008), S. 613.

[674] FPI-R bezeichnet das „Freiburger Persönlichkeitsinventar", welches 138 zu beantwortende Items enthält, die auf 9 Skalen dargestellt werden. Vgl. MYERS/REISS, et al. (2008), S. 613.

[675] Das 16 PF-R bezeichnet das „16 Persönlichkeits-Faktoren-Test – revidierte Fassung", welches 184 zu beantwortende Items enthält, die auf 16 Skalen dargestellt werden. Vgl. MYERS/REISS, et al. (2008), S. 613.

[676] Das FPI-R hat 138, das 16 PF-R hat 184 und das D-PRF hat 238 Items. Vgl. MYERS/REISS, et al. (2008), S. 613; http://www.testzentrale.de/ Abfrage am: 16.09.2009.

[677] Vgl. BAUR/FLORIAN (2009), S. 123-125.

[678] Das FPI-R hätte 45 (9x5), das 16 PF-R hätte 80 (16x5) und das D-PRF 70 (14x5) relevante Untersuchungsbereiche. Vgl. MYERS/REISS, et al. (2008), S. 613; http://www.testzentrale.de/ Abfrage am: 16.09.2009.

(3) Zudem weist das NEO-FFI Modell die höchste Normung durch eine Stichprobe von 11.724 Personen auf.[679]

Die 60 Items zum NEO-FFI-Modell sind eindeutig festgelegt und bestehen aus jeweils 12 Items pro Merkmalsbereich. Die einzelnen Items können in Anhang A eingesehen werden. Hierbei werden nur Items mit Antwortvorgaben in Form von Auswahlantworten abgefragt, wobei fünf auswählbare Antworten möglich sind: „Starke Ablehnung", „Ablehnung", „Neutral", „Zustimmung" und „Starke Zustimmung".[680] Nach der Beantwortung der Items durch den Befragten werden die Ergebnisse über eine vorgefertigte Schablone erzeugt, welche auf einer Werteskala von 0 bis 48 die jeweiligen Merkmale wiedergeben.[681]

5.3.2 Items zu den vier Dimensionen der Informationssicherheit

Bei der Erarbeitung der vier Dimensionen der Informationssicherheit wurden vom Autor für jede Dimension entsprechende thematische Items sowie potenzielle Optionen hergeleitet. Diese thematischen Items oder auch Befragungsschwerpunkte finden sich in Kapitel 3.1.4, 0, 3.3.4, 0 sowie 0. Mit den in Kapitel 5.3 beschriebenen Grundsätzen zur Konstruktion von Items wurden entsprechend valide Items gebildet, die für diese empirische Erhebung genutzt werden. Die jeweils erarbeiteten potenziellen Optionen wurden überprüft und als Auswahlantwortmöglichkeiten für die gebildeten Items übernommen. Nachfolgende Tabellen führen die jeweiligen Items auf:

- Welche Bausteine des Informationssicherheits-Managements werden bei Ihnen zukünftig die höchste Priorität haben?
- Welche Bausteine eines Informationssicherheits-Managements sind bei Ihnen besonders relevant?
- Welche Ziele der Informationssicherheit haben für Sie zukünftig die höchste Priorität?
- Welche Ziele der Informationssicherheit wurden in den letzten 24 Monaten besonders verletzt?

Tabelle 22: Items für die technische Dimension
Quelle: Eigene Herleitung

- Welche Compliance Anforderungen werden bei Ihnen bezüglich des Schutzes von Informationen beachtet?
- Welche Compliance Anforderungen werden bei Ihnen bezüglich des Schutzes von Informationen zukünftig die höchste Priorität haben?

Tabelle 23: Items für die rechtliche Dimension
Quelle: Eigene Herleitung

---

[679] Vgl. BORKENAU/OSTENDORF (2008), S. 17. Das FPI-R weist eine Normung von 3.740, das 16 PF-R von 1.209 und das D-PRF von 4.327 Probandinnen und Probanden auf. Vgl. http://www.testzentrale.de/ Abfrage am: 16.09.2009.
[680] Vgl. BORKENAU/OSTENDORF (2008), S. 17.
[681] Vgl. BORKENAU/OSTENDORF (2008), S. 38ff.

- Auf welche Art und Weise werden bei Ihnen in der Firma Lücken bei der Informationssicherheit identifiziert?
- Für wie wichtig erachten Sie es regelmäßig Weiterbildungsmaßnahmen für Mitarbeiter zum Schutz der Informationssicherheit anzubieten?
- Welche der folgenden Strategien und Managementansätze nutzen Sie in Ihrer Firma?
- Welche Ebenen betrachten Informationssicherheit als wichtiges Thema?
- Welche Mitarbeiter werden bei Ihnen im Hause besonders in Fragen der Informationssicherheit geschult?
- Welche Probleme beeinträchtigen Sie besonders bei der Fortentwicklung der Informationssicherheit?
- Welche Standards und Normen werden bei Ihnen angewandt?
- Welche Standards und Normen werden bei Ihnen zukünftig die höchste Priorität haben?
- Wie oft sollten Konzepte und Richtlinien zur Informationssicherheit in Ihrer Firma überprüft werden?
- Wie regelmäßig werden umgesetzte Konzepte und Richtlinien zur Informationssicherheit in Ihrer Firma überprüft?

Tabelle 24: Items für die organisatorische Dimension

Quelle: Eigene Herleitung

- Welche Konsequenzen hatten diese Sicherheitsvorfälle?
- Welchen Schadenwert hat das größte aufgetretene Sicherheitsereignis der letzten 24 Monate?
- Welchen Schadenwert hatten die aufgetretenen Sicherheitsereignisse der letzten 24 Monate?
- Welcher Umsatz wurde in Ihrer Firma im Jahr 2008 ausgewiesen?
- Welches Budget stand für Informationsverarbeitung im Jahr 2008 zur Verfügung?
- Welches Budget wurde für Maßnahmen zur Verbesserung der Informationssicherheit verwendet?
- Wie schätzen Sie das Budget zur Verbesserung der Informationssicherheit ein?

Tabelle 25: Items für die wirtschaftliche Dimension

Quelle: Eigene Herleitung

- Auf welche Ursachen lässt sich am Ehesten ein mangelndes Sicherheitsbewusstsein beim jeweiligen Mitarbeiter zurückführen?
- Bitte kreuzen Sie an, in welchen Gefahrenbereichen in den letzten 24 Monaten die meisten Sicherheitsvorfälle auftraten? (stets Mehrfachnennung)
- Welche von diesen eben genannten Gefahrenbereichen haben für Sie die höchste Priorität?
- Wie sicher empfinden Sie die Informationssicherheit in Ihrer Firma?

Tabelle 26: Items mit übergreifendem Charakter

Quelle: Eigene Herleitung

5.3.3 Items zur Ermittlung soziodemographischer Faktoren

Zentrale Voraussetzung für eine empirische Erhebung ist die Verortung der erhobenen Daten. Das geschieht in der Regel über strukturbildende Merkmale wie demographische, soziographische oder bspw. kaufverhaltensbezogene Daten, welche im Weiteren als soziodemographische Daten bezeichnet werden.[682] Soziodemographische Daten stellen zudem eine wichtige Grundlage dar, um von der

---

[682] Vgl. TÖPFER (2009), S. 198.

Stichprobe auf die Auswahlgesamtheit Rückschlüsse herzustellen. In Tabelle 27 werden die für die empirische Untersuchung genutzten soziodemographischen Daten aufgeführt:

Item	Option oder Freitext
Vorname	• Freitext
Nachname	• Freitext
Firma	• Freitext
Geschlecht	• männlich; weiblich
E-Mail	• Freitext
Postleitzahl	• Freitext
Land	• Deutschland; Österreich; Schweiz; Luxembourg; Liechtenstein; Anderes Land
Alter	• <20; >20; >30; >40; >50; >60; >70
Höchster Bildungsabschluss	• Kein Schulabschluss; Hauptschulabschluss; Realschulabschluss; Fachhochschulreife; Hochschulereife; Ausbildung; Fachhochschulabschluss; Hochschulabschluss; Promotion; Habilitation; Sonstiges
Nationalität	• Deutschland; Österreich; Schweiz; Niederlande; Frankreich;
Welche Position trifft auf Sie am meisten zu?	• IT Manager/Abteilungsleiter; IT-Bereichsleiter/CIO; CISO; Mitglied der Geschäftsleitung; (Senior-)Consultant; Revisor; IT-Sicherheitsverantwortlicher; IT-Fachkraft; Mitarbeiter; Datenschutzbeauftragter; Sonstiges
Haben Sie Führungsverantwortung?	• Nein; >5 Personen; >10 Personen; >25 Personen; >50 Personen; >100 Personen; >500 Personen; >1000 Personen; >5000 Personen
Welches jährliche Einkommen haben Sie?	• <20.000; >20.000; >30.000; >40.000; >50.000; >60.000; >80.000; >100.000; >150.000; kein Einkommen
Wie viele Beschäftigte hat Ihre Firma etwa?	• <25; >25; >50; >100; >250; >500; >1000; >5.000; >10.000; >100.000; keine Angabe
Wie viele Beschäftigte arbeiten in der Informationsverarbeitung?	• <5; >5; >10; >25; >50; >100; >250; >500; keine Angabe
Wie viele Beschäftigte in der Informationsverarbeitung beschäftigen sich mit Informationssicherheit?	• <5; >5; >10; >25; >50; >100; >250; >500; keine Angabe
Zu welcher Branche gehört Ihre Firma?	• Energie; Handel; Telekommunikation; Beratung; Öffentlich; Wissenschaft/Bildung; Chemie; Handwerk; Finanzwirtschaft; Transport/Verkehr; Verlag/Medien; Gesundheit; Sonstiges

Tabelle 27: Items für die Erhebung der soziodemographischen Daten
Quelle: Eigene Herleitung

178

5.4   Entwicklung des Fragebogens und Implementation als Online-Befragung

Während ein Fragebogen aus einer ad hoc Sammlung von Items bestehen kann[683], handelt es sich bei

einem Test aus psychologischer Sicht um ein „...wissenschaftliches Routineverfahren zur Erfassung

eines oder mehrerer empirisch abgrenzbarer psychologischer Merkmale mit dem Ziel einer möglichst

genauen quantitativen Aussage über den Grad der individuellen Merkmalsausprägung..."[684]

vorzunehmen. Bei der Erstellung der Umfrage wurde besonders darauf geachtet, die Anzahl der

Items möglichst gering zu halten und dabei trotzdem, hinsichtlich der Qualität, vertretbare

Ergebnisse zu erhalten. Die Umfrage setzt sich zusammen aus den vom Autor aus Kapitel 3

extrahierten thematischen Items zur Informationssicherheit (welche in Kapitel 5.3 konstruiert

wurden), den fest definierten Items zur Feststellung der Persönlichkeitsmerkmale nach dem NEO-FFI-

Modell[685] sowie den in Kapitel 5.3.3 ermittelten Items zu den soziodemographischen Aspekten. Zur

Feststellung der Persönlichkeitsmerkmale werden nach BORKENAU und OSTENDORF im Rahmen des

NEO-FFI-Modells 60 Fragen mit je 5 Skalenoptionen erfragt. Die Items zur Informationssicherheit

umfassen 27 Fragen mit zusammen addierten 238 optionalen Antwortmöglichkeiten. Die

soziodemographischen Aspekte werden über 18 unterschiedliche Items mit 108

Antwortmöglichkeiten und vier offenen Antwortmöglichkeiten erfragt. Dem Befragten wird die

Möglichkeit gegeben, die Umfrage anonym zu beantworten. Zudem besteht kein Zwang, bestimmte

Antworten zu geben. Im Rahmen der Untersuchung wurden die Items zur Persönlichkeit an den

Beginn der Befragung gestellt, weil anzunehmen war, dass sie für einen IT-Entscheider am

unverständlichsten sind und eventuell am Ende der Befragung unzureichend beachtet würden.

Darauf folgten die Items zur Informationssicherheit, welche nicht sachlogisch entsprechend ihrer fünf

Strukturierungsbereiche, sondern in unterschiedlicher Reihenfolge zur Erhöhung der Objektivität

jeder einzelnen Antwort, abgefragt wurden. Lediglich die Fragen, welche einerseits einen

Vergangenheitsbezug, andererseits einen Zukunftsbezug hatten, wurden aufeinander folgend

gesetzt. Zum Ende der Erhebung wurden die soziodemographischen Daten abgefragt.

Bei der Gestaltung des Fragebogens sind vor allem inhaltliche und optische Aspekte zu beachten[686],

allerdings ist die frühzeitige Betrachtung von Aspekten der Datenerfassung, -aufbereitung, und -

analyse unabdingbar für die spätere Ergebnisextraktion. Bestimmte Verfahren und Programme sind

z. T. nicht nutzbar, wenn der Fragebogen nicht ein gewisses Format aufweist. Aus diesem Grund

wurde im Rahmen der Itemkonstruktion darauf geachtet, dass möglichst viele Optionen vorgegeben

---

[683]   Vgl. JANKISZ/MOOSBRUGGER (2007), S. 69.
[684]   MOOSBRUGGER/KELAVA (2007c), S. 2.
[685]   Siehe hierzu Fragebogen im Anhang A.
[686]   Vgl. vertiefend BEHNKE/BAUR, et al. (2006).

wurden. Zudem wurde für die Nutzung multivariater Methoden versucht, möglichst viele Variablen mit demselben Skalenniveau und gleich vielen Merkmale vorzugeben. Das konkrete Untersuchungsproblem, in Verbindung mit den definierten Fragen zum NEO-FFI-Modell, bestimmte die Entscheidung für eine mündliche, eine Telefon-gestützte oder eine schriftliche Befragung. Eine höhere Erfolgsquote bei einem Interview würde auf der anderen Seite zu höheren Zeit- und Kostenaufwendungen führen. Die Präsenz eines Interviewers führt dazu, dass die Antworten der Befragten weniger ehrlich sind als bei schriftlichen oder Telefon-gestützten Befragungen. Dementsprechend bietet die schriftliche oder Telefon-gestützte Befragung eine minimale Interviewer-Beeinflussung und geringere Kosten. Die schriftliche Befragung bietet des Weiteren für den Befragten eine erhöhte Anonymität und die Möglichkeit, sich mit der Thematik eingehender beschäftigen zu können.[687] Als weiterer Vorteil für die schriftliche Befragung kann angeführt werden, dass hierdurch die Möglichkeit besteht, an eher schwer erreichbare Personen wie Geschäftsführer oder IT-Manager herantreten zu können.[688] Ein eindeutiger Nachteil der schriftlichen Befragung ist, dass nicht nachvollzogen werden kann, wer tatsächlich den Fragebogen ausgefüllt hat.[689] Der Gefahr, dass Fragen missverstanden werden, wurde durch eine sorgfältige Fragebogenkonstruktion sowie durch einen Pretest vorgebeugt (siehe Kapitel 5.6). Eine bei einer schriftlichen Befragung zu erwartende geringe Rücklaufquote wurde durch ein in Kapitel 5.5 erläutertes Erinnerungsschreiben vermieden.[690] Wie bereits in Kapitel 5.2 erwähnt, wird der Auswahlgesamtheit durch ihre entsprechende Kompetenz eine hohe Online-Erreichbarkeit unterstellt, weshalb sich der Autor im Weiteren für die Umsetzung der schriftlichen Befragung für das Online-Befragungs-Tool EvaSys entschieden hat. Seit 2004 haben Online-Befragungen die Methode schriftlicher Befragungen weitgehend verdrängt. Im Jahr 2006 wurden in Deutschland bereits 21% der Befragungen online durchgeführt, was der Häufigkeit persönlich durchgeführter Interviews entspricht. In den USA wird überdies seit einigen Jahren jedes dritte Interview online durchgeführt.[691] Von großen Unternehmen durchgeführte Marktforschungsstudien werden sogar zu 50% online abgewickelt.[692]

EvaSys ist das von der Gottfried Wilhelm Leibniz Universität eingesetzte Evaluationssystem,[693] welches auf hoch entwickelten Datenerfassungstechniken sowie Internet-Technologien basiert und mit-

---

[687] Vgl. FRIEDRICHS (1981), S. 237; SCHNELL/HILL, et al. (2005), S. 359.
[688] Vgl. COOPER/SCHINDLER (2003), S. 324f.
[689] Vgl. KLAMMER (2005), S. 228.
[690] Vgl. COOPER/SCHINDLER (2003), S. 344.
[691] Vgl. MAURER/JANDURA (2009), S. 61; DEUTSKENS/JONG, et al. (2006), S. 119.
[692] Vgl. EVANS/MATHUR (2005), S. 196.
[693] Vgl. http://www.rrzn.uni-hannover.de/evasys.html, Abruf am 30.08.2009; Die Software wird von ca. 300 Hochschulen weltweit eingesetzt: z. B. von der Helmut-Schmidt-Universität, Universität Mainz, Universität Stuttgart, Bayerische Julius-Maximilian-Universität Würzburg, Universität Wien, Universität St. Gallen, Universität Duisburg-Essen u.v.m. Vgl. http://www.electricpaper.de/produkte/evasys-education/referenzen.html; Abruf am: 30.08.2009.

tels dem sich u. a. Evaluationen von Lehrveranstaltungen erfolgreich durchführen lassen.[694] Zudem bietet EvaSys einen hybriden Aufbau (Papier-basierte Automation und Onlinebefragungen in einem), wobei über strukturierte Abläufe für die Umfrageverwaltung, Formulargestaltung und das Berichtswesen die Grundlagen gebildet werden. Die angewendete Software verfügt über ein reiches Spektrum an Funktionen und bietet u.a. an, die Organisationstruktur abzubilden, ist zentral wie auch dezentral nutzbar, bietet leistungsstarke Funktionen für Berichtswesen und Qualitätsmanagement, verfügt über eine breite Schnittstellenvielfalt und unterstützt den Nutzer durch eine hohe Flexibilität beim Befragungsverfahren. Beispielsweise können über die Software Einladungen elektronisch verschickt werden und es kann jedem Befragten eine Losung gegeben werden, mit der er sich zunächst authentifizieren muss.[695]

Bei der Implementation der Items in die Befragungssoftware, wurde besonders der Tatsache Rechnung getragen, dass der Interviewer nicht vor Ort ist und somit die Motivation zur Teilnahme nicht beeinflusst werden konnte. Dementsprechend musste sichergestellt werden, dass die Beantwortung des Fragebogens allein durch das Anschreiben und den Fragebogen möglich ist.[696] Die Fragen wurden so strukturiert, dass sie zu einer bestmöglichen Resonanz bei den Befragten führen sollten. Bei dem Aspekt der Steigerung der Teilnahmebereitschaft, wird in der Literatur zwischen Nutzerfreundlichkeit und Zugänglichkeit unterschieden.[697] Es wurde folglich darauf geachtet, dass die Länge des Fragebogens eine kritische Größe nicht überschreitet, da sich anderenfalls die Genauigkeit der Erhebung reduziert und die Abbruchquote steigt.[698] Die Möglichkeit einer Verkleinerung der Schriftgröße, welche einen geringeren Fragebogen-Umfang hätte suggerieren können, bietet die Software EvaSys bedauerlicherweise nicht.[699] Unter Zugänglichkeit werden vor allem technische Aspekte der Umsetzung thematisiert. Besonders beachtet werden sollte, inwiefern unterschiedliche Browser und Bildschirmauflösungen die Bearbeitungsmöglichkeiten des Fragebogens einschränken.[700] Bei der Gestaltung des Fragebogens entsprechen die Vorgaben der Software EvaSys den Zugänglichkeitsanforderungen, indem vorrangig schwarze Schrift auf hellem Hintergrund eingesetzt wird,[701] das Layout einheitlich aufgebaut ist und bspw. Abstände zwischen Optionsfeldern von gleicher Größe sind.

---

[694] Vgl. http://www.electricpaper.de/produkte/evasys-education/ueberblick.html, Abruf am 30.08.2009; Die Software EvaSys wird von der Firma Electric Paper, Gesellschaft für Softwarelösungen mbH, vertrieben.

[695] Vgl. http://www.electricpaper.de/produkte/evasys-education/ueberblick.html, Abruf am 30.08.2009.

[696] Vgl. SCHNELL/HILL, et al. (2005), S. 360.

[697] Vgl. MAURER/JANDURA (2009), S. 67.

[698] Vgl. SCHÜTZENMEISTER/BUßMANN (2008), S. 245; POST (2008), S. 67; ZERBACK/SCHOEN, et al. (2009), S. 27f; PÖTSCHKE (2009), S. 86.

[699] Vgl. BURGESS (2001), S. 7.

[700] Vgl. THEOBALD (2007), S. 108ff.

[701] Vgl. DILLMAN (2007), S. 385.

5.5 Gestaltung des Anschreibens

Bei der Gestaltung des Anschreibens sollte, wie oben besprochen, insbesondere darauf geachtet werden, dass der Leseaufwand zu Beginn einer Befragung möglichst gering gehalten wird, wodurch sich die Wahrscheinlichkeit eines Abbruchs minimiert. Dementsprechend sollten Einleitungstexte eher kurz sein und nur die wichtigsten Informationen enthalten.[702] Für den generellen Aufbau des Anschreibens hat sich der Autor an die Empfehlungen von RICHTER gehalten:

(1) Wer ist verantwortlich für die Befragung?,

(2) Anrede des Befragten,

(3) Warum wird die Untersuchung durchgeführt?,

(4) Antwortappell,

(5) Rücklauftermin,

(6) Anleitung zum Ausfüllen des Fragebogens,

(7) Zusicherung der Anonymität,

(8) Dauer des Ausfüllens,

(9) Dank für die Mitarbeit sowie

(10)Beschreibung des Auswahlverfahrens.[703]

Diese Grundsätze des Anschreibens werden von diversen Autoren für das korrekte elektronische Anschreiben per E-Mail bestätigt.[704] Die nachfolgende Tabelle zeigt die Kategorisierung des verwendeten Anschreibens nach den Kriterien von RICHTER:

Kriterium	Text im E-Mail-Anschreiben
Anrede des Befragten (2)	• „Sehr geehrter Herr Mustermann,…"
Warum wird die Untersuchung durchgeführt? (3)	• „…ich schreibe meine Doktorarbeit über eine völlig neue Thematik! Die Zusammenhänge von Persönlichkeitsmerkmalen und "Lücken" in der Informationssicherheit von Unternehmen."
Beschreibung des Auswahlverfahrens (10)	• „Ich habe Sie als Experten für meine Umfrage aus dem Portal www.cio.de herausgefiltert…"
Dauer des Ausfüllens (8)	• „…würde mich freuen, wenn Sie mir bei einer etwa 10-minütigen Umfrage (nur geschlossene Fragen) helfen könnten."
Zusicherung der Anonymität	• „Ich versichere Ihnen hiermit allerdings, dass ich Ihre Daten vertraulich

---

[702] Vgl. MAURER/JANDURA (2009), S. 67; DILLMAN (2007), S. 378.
[703] Vgl. RICHTER (1970), S. 148f; zitiert nach BORTZ/DÖRING (2006), S. 257.
[704] Vgl. BAUR/FLORIAN (2009), S. 122; PÖTSCHKE (2009), S. 84.

(7)	*behandeln werde."*
Antwortappell (4)	• *„Über die aggregierten Auswertungsergebnisse, inwieweit die Persönlichkeit mit der Informationssicherheit im Unternehmen zusammenhängt, möchte ich Sie im Anschluss gern informieren."* • *„Sicher ist Ihre Zeit ausgesprochen knapp bemessen, doch vielleicht interessieren Sie die Ergebnisse meiner Forschungstätigkeit, die auch Ihr Unternehmen zukünftig „sicherer" gestalten könnte!"*
Wer ist verantwortlich für die Befragung? (1)	• *„Für Rückfragen können Sie mich sehr gern unter 0511-762-17244 erreichen."* • *„Dipl.-Ök. Robert Pomes, Wissenschaftlicher Mitarbeiter, Institut für Wirtschaftsinformatik der Gottfried Wilhelm Leibniz Universität Hannover, Institutsleiter: Prof. Dr. M. H. Breitner, Königsworther Platz 1, 30167 Hannover"*
Dank für die Mitarbeit (9)	• *„Vielen lieben Dank im Voraus."*
Anleitung zum Ausfüllen des Fragebogens (6)	• Die Anleitung erfolgte auf dem Fragebogen.

Tabelle 28: Kategorisierung des E-Mail-Anschreibens nach den Kriterien von Richter
Quelle: Eigene Erarbeitung in Anlehnung an RICHTER (1970), S. 148f; zitiert nach BORTZ/DÖRING (2006), S. 257.

Das Kriterium des Rücklauftermins wird nicht verwendet, da je nach Resonanz geplant ist, entsprechende Erinnerungsschreiben zu versenden. Das verwendete E-Mail-Anschreiben ist in Anhang B hinterlegt. POST und BAUR bestätigen zudem, dass sich durch die personalisierte Ansprache, insbesondere in der Onlinewelt, die Unverbindlichkeit der Kontaktaufnahme reduziert und damit die Teilnahmebereitschaft erhöht.[705] Zusätzlich wurde besonderer Wert darauf gelegt, bei dem Empfänger Interesse für die Thematik zu erzeugen. Im Verlauf der Umfrage kam es daher zu einem regen Austausch, welcher sich zum einen in 173 empfangenen persönlichen E-Mails und zum anderen in über zehn Fachgesprächen zeigte. Mit einem Abstand von einer Woche wurde außerdem ein Erinnerungsschreiben an die verbliebenen Nicht-Antworter versendet, welches im Anhang C eingesehen werden kann. Bei diesem Erinnerungsschreiben wurde nochmals versucht, Interesse für die Thematik zu erzeugen. Dabei wurde darauf hingewiesen, dass bei den bisherigen Befragungsergebnissen bereits signifikante Ergebnisse herausgefiltert wurden.

5.6   Pretest

Nach der Entwicklung der Erhebungstechnik und des Erhebungsinstrumentariums „…muss das jeweilige Instrumentarium einem sogenannten Pretest unterzogen werden."[706] Pretests sind auch bei Knappheit von Forschungsressourcen für die Entwicklung von Fragebögen unumgänglich,[707] wobei

---

[705]   Vgl. SCHÜTZENMEISTER/BUßMANN (2008), S. 251; BAUR/FLORIAN (2009), S. 122; POST (2008), S. 262.
[706]   TOUTENBURG/HEUMANN (2008), S. 11f.
[707]   Vgl. BORTZ/DÖRING (2006), S. 130, 355f; SCHNELL/HILL, et al. (2005), S. 347; BROSIUS/KOSCHEL, et al. (2009), S. 135; TÖPFER (2009), S. 241; BAUR weist zudem daraufhin, dass „…Maßnahmen der Fragebogenevaluation, insbesondere ein Pretest

MOHLER sogar aussagt: „If you do not have the resources to pilot-test your questionaire, don't do the study".[708] Aufgrund dessen wurde der entwickelte Fragebogen vorab bezüglich Verständlichkeit, Eindeutigkeit sowie Praktikabilität überprüft. Die Revision wurde mit potenziellen Befragungsteilnehmern durchgeführt sowie mit Theoretikern aus den Disziplinen der Psychologie, der Wirtschaftswissenschaften und der Sozialwissenschaften. Die Pretests erfolgten im Zeitraum vom 04. Februar 2009 bis zum 10. April 2009. Während dieses Zeitraumes wurden einmal 11 und ein weiteres Mal 12 Fragebögen ausgefüllt sowie im Anschluss mit den Befragungsteilnehmern besprochen. Ein zweiter Pretest wurde durchgeführt, weil sich im Verlauf des ersten Pretests erhebliche Änderungen des Erhebungsinstruments ergeben haben.[709] Anschließend wurden unter Anderem folgende Änderungen vorgenommen:

• Endgültige Festlegung auf das NEO-FFI-Modell zur Feststellung der Persönlichkeitsmerkmale. Als Begründung stand vorrangig, dass die Abfrage von mehr als 60 Items als nicht akzeptabel erachtet wurde; in Verbindung mit weiteren 44 Fragen zu Soziodemographie und zum Themenblock Informationssicherheit.

• Ergänzung des zeitlichen Aspekts bei sechs ausgewählten Fragen, mit der Intention, im Rahmen der Auswertung Korrelationen zwischen Persönlichkeitsmerkmalen und ihrem Zukunfts- und Vergangenheitsbezug herzuleiten.

• Erhöhung der Anzahl der Items, welche zu soziodemographischen Daten abgefragt werden, von 12 auf 17 zur exakteren Einordung der Befragten.

• Verortung der Abfrage der soziodemographischen Daten zum Ende der Online-Befragung, aufgrund einer postulierten, eher restriktiven Informationsweitergabe von IT-Entscheidern.

• Fortlaufende Anpassung und Iteration von sprachlicher Verständlichkeit und Eindeutigkeit des gesamten Fragebogens (siehe Kapitel 5.3).[710]

Die Befragungsergebnisse, welche im Rahmen der Pretests erhoben wurden, gingen nicht in die Auswertung der Befragung ein.[711] Die allgemeine Empfehlung für die Durchführung von Pretests, ein

---

und Expertenvalidierungen, unverzichtbare Maßnahmen zur Sicherung der Qualität des Fragebogens und damit zur Minimierung der Abbruchquoten." sind BAUR/FLORIAN (2009), S. 126.
[708] Zitiert nach Statistisches Bundesamt (1996), S. 16.
[709] SCHÜTZENMEISTER/BUßMANN (2008), S. 251.
[710] Zu dieser Vorgehensweise vgl. bspw. BROSIUS/KOSCHEL, et al. (2009), S. 170.
[711] Vgl. BORTZ/DÖRING (1995), S. 331.

Prozent der Auswahlgesamtheit zu befragen, wurde mit 2,5% erfüllt.[712] Die Bearbeitungszeit für den Fragebogen variierte bei den Pretests von 12 bis zu 18 Minuten.

5.7 Durchführung der Befragung und Rücklauf

Als generelle Rahmenrichtline für die empirische Befragung und Durchführung des Fragebogens, wurde bei allen Schritten die Richtlinie der ITC beachtet, welche besagt, dass „...ein fachlich kompetenter Testanwender Tests in fachgerechter, angemessener und ethisch korrekter Weise einsetzt und berücksichtigt dabei die Bedürfnisse und Rechte der am Testprozess Beteiligten, die Gründe für die Testung sowie den weiteren Kontext, in dem der Test stattfindet."[713] Im Hinblick auf die Testanwendung, wurde bei der Erarbeitung den internationalen Richtlinien für die Testanwendung (IRTA) zur Auswahl angemessener Test besondere Beachtung zuteil.[714] Das avisierte Zeitfenster für die geplante Erhebung, wurde nach Abgleich verschiedener Fachmeinungen, auf 7 Wochen festgelegt.[715] Des Weiteren sollte der Befragungszeitraum begrenzt werden, um zu verhindern, dass sonstige Ereignisse zu einer abrupten Änderung der Einstellung der Befragten zum Erhebungsthema führen.[716] Wie SCHÜTZENMEISTER ausführlich darstellt, wurde für den Betreff „Umfrage..." die höchste Ausschöpfungsquote erreicht, weshalb dieser für das E-Mail-Anschreiben übernommen wurde.[717] Die ersten 50 E-Mail Anschreiben wurden am Mittwoch, den 15. April 2009 um 06 Uhr versandt, um die Massentauglichkeit des E-Mail-Versandes zu prüfen. Nach erfolgreicher Prüfung, begann gegen 09 Uhr der Versand an die verbliebenen 839 Adressaten. Die vorherrschende Fachmeinung ist, dass die Erfolgsquote bei einer Umfrage am höchsten ist, wenn die E-Mail zwischen 09 und 10 Uhr morgens versandt wird.[718] Die E-Mail wurde, wie in Kapitel 5.5 beschrieben, verschickt. In der E-Mail wurde auf die hinterlegte Umfrage auf der Website https://eva.rrzn.uni-hannover.de/evasys/online/ hingewiesen und dem Befragten die Losung „Sicherheit" zur Teilnahme mitgeteilt.

Am ersten Tag wurden 50 Rückläufer vermeldet bzw. 28.2% der Gesamtrückläufer. Wie die Rücklaufstatistik in Diagramm 1 zeigt, sind in den ersten drei Tagen 86 Rückläufer und damit 48.5% zu vermelden gewesen. Am vierten und fünften Tag der Umfrage, welches ein Samstag und Sonntag war, redu-

---

[712] Vgl. FRIEDRICHS (1981), S. 245.

[713] ITC (2000a), S. 8. „Um dieses Ziel zu erreichen wird sichergestellt, dass der Testanwender über die notwendigen Fachkompetenzen für die Testdurchführung verfügt sowie über das Fachwissen zu und Verständnis von Tests und ihrer Anwendung, das dem Testprozess zugrunde liegt und ihn durchdringt." ITC (2000a), S. 8.

[714] Vgl. MOOSBRUGGER/HÖFLING (2007), S. 202. Vgl. vertiefend ITC (2000a); International Test Commission (2000b); International Test Commission (2005).

[715] Vertiefend zu Befragungszeiträumen vgl. WESEMANN/GRUNWALD, et al. (2008), S. 274ff. BAUR bestätigt, dass Onlineumfragen mindestens drei Wochen durchgeführt werden sollten. Vgl. BAUR/FLORIAN (2009), S. 122.

[716] Vgl. FRIEDRICHS (1981), S. 239.

[717] Vgl. SCHÜTZENMEISTER/BUßMANN (2008), S. 253.

[718] Vgl. SCHÜTZENMEISTER/BUßMANN (2008), S. 259.

zierte sich die Rücklaufquote auf zwei bzw. einen Rückläufer täglich. Kumuliert wurden innerhalb der ersten sechs Tage 98 Rückläufer verbucht und damit 55.4% der Gesamtrückläufer. Um die Rücklaufquote zusätzlich zu erhöhen, wurde am Dienstag, den 21. April 2009 um 10 Uhr, eine Erinnerungs-E-Mail (Anhang B) an die verbliebenen Nicht-Antworter verschickt.[719] Ziel war es, das Erstanschreiben nochmals in Erinnerung zu bringen und die verbliebenen vier Werktage als Möglichkeit zur Beantwortung zu nutzen, da auf dem darauffolgenden Montag für gewöhnlich neue Aufgaben der Befragten dringender sein würden. Die Resonanz auf das Erinnerungsschreiben führte zu 38 Rückläufern am ersten Tag und kumulierte sich in den ersten vier Tagen zu 62 weiteren Rückläufern.[720] Beide versandte Schreiben erzeugten jeweils am ersten Tag mit 50 bzw. 38 beantworteten Fragebögen die meisten Rückläufer, welches einer kumulierten Rücklaufquote von 49.7% am ersten Tag entspricht. Wie aus Diagramm 1 ersichtlich ist, wurden in den ersten 7 Tagen der Umfrage damit 159 bzw. rund 90% der Gesamtrückläufer gezählt.

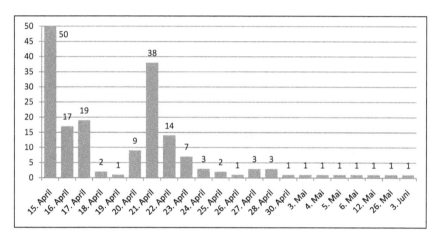

Diagramm 1: Rücklauf der Fragebogen auf Tagesbasis
Quelle: Eigene Darstellung[721]

Einschlägige Fachmeinungen empfehlen ein zweites und drittes Erinnerungsschreiben zu versenden sowie eine telefonische Nachfassaktion durchzuführen, jedoch wurde vor dem Hintergrund der angeschriebenen Zielgruppe der IT-Entscheider und den zu erwartenden Beschwerden wegen Belästigung

---

[719] Vgl. PÖTSCHKE (2009), S. 84; SCHÜTZENMEISTER/BUßMANN (2008), S. 252; BAUR/FLORIAN (2009), S. 120.
[720] Diese Erkenntnisse decken sich mit den Angaben von BAUR. Vgl. BAUR/FLORIAN (2009), S. 120ff.
[721] Samstage und Sonntage sind als schwarze Balken in dem Diagramm gekennzeichnet.

davon im Weiteren abgesehen.[722] Insgesamt wurden nach sieben Wochen 177 Rückläufer erzielt. Aus den letzten sechs Wochen kamen lediglich 18 Rückläufer und somit 10.2% hinzu. Die Entscheidung, das E-Mail-Anschreiben zwischen 09 Uhr und 10 Uhr morgens zu versenden, wird zudem durch Diagramm 2 bestätigt, welches nachweist, dass im Zeitraum von 10 Uhr bis 14 Uhr die meisten Rückläufer zu verzeichnen waren. Die meisten Rückläufer wurden zwischen 11 und 12 Uhr mit einer Rücklaufquote von 34 bzw. 19.2% verbucht.

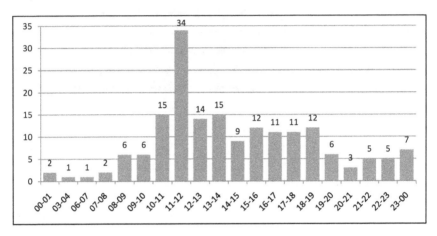

Diagramm 2: Rücklauf der Fragebogen auf Stundenbasis
Quelle: Eigene Darstellung

Die Auswahlgesamtheit von 889 Untersuchungsobjekten reduzierte sich auf 748 Untersuchungsobjekte, weil 141 E-Mail-Anschreiben aufgrund einer fehlerhaften E-Mail-Adresse zurückkamen. Als Begründung dafür kann bspw. der Wechsel der E-Mail-Adresse, eine Arbeitsplatz-Änderung und somit eine daraus resultierende verzögerte Pflege der E-Mail-Eintragung bei den Portalen www.cio.de und www.itheads.at angeführt werden. Durch die Auswahlgesamtheit von 748 Untersuchungsobjekten wurden auf diese Weise insgesamt 177 Rückläufer erzeugt, wodurch sich eine Gesamtrücklaufquote von 23.7% ergibt. In der Fachliteratur variieren Rücklaufquoten stark und liegen bspw. in der ausführlichen Untersuchung von SCHÜTZENMEISTER im Durchschnitt bei 14.9% mit dem Erstanschreiben und 33.7% nach zwei Erinnerungsanschreiben.[723] Von den 177 Teilnehmern haben 159 Personen die Umfrage nicht anonym beantwortet, welches einer Quote von 89,8% entspricht. Davon haben

---

[722] Vgl. FRIEDRICHS (1981), S. 239. MAURER beschreibt Rücklaufquoten von deutlich unter 50%. MAURER/JANDURA (2009), S. 66. POST führt bei seiner Befragung von Klimaforschern eine Rücklaufquote von 56% an. POST (2008), S. 261. Bortz berichtet von Rücklaufquoten zwischen 10% und 90% und weist daraufhin, dass die höchsten Rücklaufquoten bei homogenen Teilpopulationen erzielt werden. BORTZ/DÖRING (2006), S. 256f. Vgl. auch PÖTSCHKE (2009), S. 83.

[723] Vgl. SCHÜTZENMEISTER/BUßMANN (2008), S. 253.

141 Befragte im Klartext ihren Arbeitgeber angegeben, welche tabellarisch in Anhang F aufgeführt sind.

5.8 Statistische Vorgehensweise zur Feststellung von Korrelationen

Tabellarische Analysen, zeigen interessante Zusammenhänge auf, jedoch ist deren wissenschaftliche Validität und Reliabilität vor dem Hintergrund der Methoden der induktiven Statistik[724] begrenzt. Als conditio sine qua non für die Aussagekraft von Kapitel 7 müssen **unbestreitbare** Aussagen über **Korrelationen** und deren **statistische Signifikanz** zu möglichen vorhandenen Zusammenhängen getroffen werden können.

Unter statistischer Signifikanz drückt sich „…die Wahrscheinlichkeit aus, mit der ein Ergebnis auf Zufall zurückzuführen…"[725] ist, womit jedoch noch nichts über die Bedeutung des Ergebnisses erklärt wird.[726]

Die Irrtumswahrscheinlichkeit der Signifikanz richtet sich nach dem Konfidenzintervall und zeigt eine schwache Signifikanz für $\alpha <= 0,05$, welche für eine 5%-ige Irrtumswahrscheinlichkeit steht, eine signifikante Wahrscheinlichkeit für $\alpha <= 0,01$ sowie eine hohe bzw. sehr signifikante Wahrscheinlichkeit für $\alpha <= 0,001$.[727] Der Koeffizient eines Zusammenhangs wird als Korrelationskoeffizient bezeichnet. Er trifft Aussagen, ob sich die Ausprägungen zweier Merkmale gleich- oder gegenläufig verhalten, dabei liegt der Wertebereich eines Korrelationskoeffizienten zwischen -1 bis +1.[728]

Im Folgenden soll geklärt werden, mit welchen statistischen Verfahren sich das gewonnene Datenmaterial auswerten lässt. Eine erste Unterscheidung maßgeblicher statistischer Auswertungsmethoden lässt sich vornehmen, indem geklärt wird, ob sie auf die Inhalte, also die Vari-

---

[724] Die induktive Statistik stellt Methoden bereit, welche durch stochastische Modelle statistische Schlüsse ermitteln soll. Vgl. FAHRMEIR/KÜNSTLER, et al. (2007), S. 11; ZUCCHINI (2009), S. 1. Dabei ermöglicht die induktive (schließende) Statistik Rückschlüsse von der untersuchten Auswahlgesamtheit auf die Grundgesamtheit vorzunehmen. Vgl. DULLER (2007), S. 9.

[725] MYERS/REISS, et al. (2008), S. 45. Signifikanz ist ein wichtiges Kriterium für die Beurteilung der Gültigkeit von Untersuchungsergebnissen. Mit der statistischen Signifikanz kann eine Aussage über die Bedeutsamkeit der Befunde getroffen werden. Sie ist eine Bezeichnung für die Wahrscheinlichkeit, mit der angenommen werden kann, dass die Unterschiede zwischen den Stichproben nicht zufällig, sondern Kennzeichen der Untersuchungseinheit sind. Vgl. RAITHEL (2008), S. 123; JANSSEN/LAATZ (2005), S. 42.

[726] Vgl. MYERS/REISS, et al. (2008), S. 45; BEHNKE/BAUR, et al. (2006), S. 334; FAHRMEIR/KÜNSTLER, et al. (2007), S. 418.

[727] Vgl. RAITHEL (2008), S. 123; TOUTENBURG/HEUMANN, et al. (2008), S. 56; RÖßLER/UNGERER (2008), S. 131.

[728] Vgl. BORTZ/DÖRING (2006), S. 732; TÖPFER (2009), S. 224. Gleichläufig bedeutet, wenn höhere Ausprägungen eines Merkmals mit höheren des anderen einhergehen. Von gegenläufigen Ausprägungen wird gesprochen, wenn niedrigere Ausprägungen eines Merkmals mit höheren Ausprägungen eines anderen Merkmals einhergehen. Vgl. TÖPFER (2009), S. 224.

ablen, oder auf die Merkmalsträger, ergo die Objekte, gerichtet sind.[729] Auf Variablen sind dabei vorrangig statistische Methoden, wie die Regressionsanalyse,[730] die Faktorenanalyse,[731] die Kontingenzanalyse[732] sowie die Korrelationsanalyse ausgerichtet, welche auch als Zusammenhangsanalysen bezeichnet werden.[733]

Der andere Bereich der statistischen Methoden zielt auf Objekte und hat Unterschiedsanalysen zum Ziel. Er beinhaltet Verfahren wie die Varianzanalyse, die Diskriminanzanalyse und die Clusteranalyse. Diese Methoden können bei der Datenauswertung kombiniert werden, wobei zunächst Methoden, welche sich auf Variablen beziehen, eingesetzt werden. Im Anschluss werden Objekte bspw. anhand der Position oder Branche analysiert, um Zusammenhänge zu erschließen.[734]

In Tabelle 29 werden nach TÖPFER Leitfragen, welche vor der Nutzung jedes statistischen Verfahrens gestellt werden sollten, aufgeführt:

Fragestellung	Methode
Wie stark ist der funktionale Zusammenhang (y=f(x)), welcher auch als Ursache-Wirkungs-Zusammenhang bezeichnet wird, zwischen zwei oder mehreren metrisch skalierten Variablen?	Regressionsanalyse
Welche direkt messbaren Variablen und Kriterien beziehen sich auf den gleichen Sachverhalt und „laden" deshalb auf einen dahinter liegenden Faktor?	Faktorenanalyse
Wie stark ist der Zusammenhang zwischen zwei oder mehreren ordinal bzw. nominal skalierten Variablen?	Kontingenzanalyse
Wie stark ist der Zusammenhang zwischen zwei oder mehreren ordinal bzw. metrisch skalierten Variablen?	Korrelationsanalyse
Welche Kombination von Merkmalen und Merkmalsausprägungen erzeugt als Nutzenbündel für bestimmte Nutzer und Objekte den höchsten Nutzen?	Conjoint-Analyse
Welche Kausalbeziehungen existieren bei mehrstufigen Ursache-Wirkungs-Beziehungen zwischen bestimmten Ursachen und bestimmten Wirkungen und in welcher Stärke treten sie direkt oder indirekt über Mediator- oder Moderatorvariablen auf?	Kausalanalyse
Wie stark ist die Streuung von gemessenen metrischen Merkmalswerten zwischen und innerhalb von Gruppen und wie unterscheiden sich die gemessenen Ausprägungen bestimmter Variablen?	Varianzanalyse
Wie eindeutig sind durch die Analyse von Merkmalen Objekte unterschiedlichen Gruppen zuordenbar und inwieweit können einer definierten Gruppe bisher unbekannte Objekte zugeordnet werden?	Diskriminanzanalyse
Welche homogenen Objekte können in Gruppen nach bestimmten Kriterien zueinander zusammengefasst werden, welche möglichst heterogen gegenüber Objekten anderer Gruppen sind?	Clusteranalyse

Tabelle 29: Spezifische Fragestellungen und zugehörige statistische Methoden
Quelle: In Anlehnung an TÖPFER (2009), S. 217.

---

[729] Vgl. TÖPFER (2009), S. 215f.

[730] Zur Regressionsanalyse vergleiche vertiefend CLEFF (2008), S. 145ff; BEHNKE/BEHNKE (2006), S. 367ff; CAPUTO/FAHRMEIR (2009), S. 241.

[731] Vertiefend vergleiche zur Faktorenanalyse ein Buchkapitel von FROMM (2008a) sowie die Ausführungen RAITHEL zur Hauptkomponenten- und Faktorenanalyse RAITHEL (2008), S. 105ff.

[732] Vgl. BORTZ/DÖRING (2006), S. 151f. BAUR und AKREMI beschäftigen sich sehr intensiv mit Kreuztabellen und Kontingenzanalysen. Vgl. BAUR/AKREMI (2008)

[733] Vgl. TOUTENBURG/HEUMANN (2008), S. 297-299; FAHRMEIR/KÜNSTLER, et al. (2007), S. 119; BORTZ/DÖRING (2006), S. 514f.

[734] Vgl. BEHNKE/BAUR, et al. (2006), S. 356ff; TOUTENBURG/HEUMANN, et al. (2008), S. 231; TÖPFER (2009), S. 216f; BORTZ/DÖRING (2006), S. 726. Vertiefend zur Pärchenbildung bei der Clusteranalyse siehe KIRCHHOFF/KUHNT, et al. (2008), S. 74ff.

Statistische Methoden werden grundsätzlich in drei Bereiche unterteilt:

(1) Univariate Verfahren, welche in Kapitel 6 bereits zum Einsatz kommen und in jeder empirischen Analyse als Basisauswertung durchgeführt werden.[735] Das können Streuungs- und Lageparameter sowie Häufigkeitsverteilungen sein, welche jeweils auf eine Variable ausgerichtet sind.

(2) Bivariate Verfahren überprüfen Hypothesen über Zusammenhänge und beinhalten bspw. Kontingenzanalysen, Kreuztabellen, Regressions- und Korrelationsanalysen.[736]

(3) Multivariate Verfahren untergliedern sich in Strukturen prüfende Methoden sowie Strukturen entdeckende Verfahren. Faktoren- und Clusteranalysen gehören zu den Strukturen entdeckenden Verfahren, wohingegen die Multiple Regressions-, die Varianz-, die Diskriminanz-, die Kausalanalyse und die Conjoint-Analyse sich auf Strukturen prüfende Verfahren beziehen.[737] Die Struktur entdeckenden Verfahren ermöglichen Interdependenzanalysen. Abhängigkeiten werden bei den Struktur prüfenden Verfahren über Wirkungs- und Unterschiedshypothesen ermittelt und im Rahmen von Dependenzanalysen durchgeführt.[738] Interdependenz- und Dependenzanalysen lassen sich zudem auf bivariate Verfahren ausdehnen.[739] Kontingenzanalysen, Kreuztabellen und Korrelationsanalysen werden als ungerichtete Interdependenzanalysen bezeichnet. Regressionsanalysen erreichen als ungerichtete Modellrechnungen das Niveau von Dependenzanalysen, wenn bspw. mehrere unabhängige Variablen als Ursache auf eine abhängige Variable als Wirkung bezogen werden, spricht man zudem von einer multiplen Regressionsanalyse, welche den multivariaten Verfahren zuzurechnen wäre.[740]

Im Rahmen der vorliegenden Arbeit werden - in Kapitel 7 - vorrangig die Zusammenhänge zwischen zwei oder mehreren ordinal bzw. metrisch skalierten Variablen hergeleitet. Das zugehö-

---

[735] Vergleich zur Berechnung univariater Werte mit SPSS CLEFF (2008), S. 70ff. Zur Thematik univariate Verteilungen gibt BENNINGHAUS eine strukturierte Übersicht. Vgl. BENNINGHAUS (2007), S. 29ff.

[736] Bivariate Zusammenhänge beschäftigen sich mit Zusammenhängen von jeweils zwei Variablen. Dabei lautet die formale Struktur einer bivariaten Zusammenhangshypothese: Zwischen zwei Merkmalen X und Y besteht ein Zusammenhang. Dabei kann bei einer gerichteten Hypothese zusätzlich die Richtung des Zusammenhangs in Form eines positiven oder negativen Koeffizienten dargestellt werden. Vgl. BORTZ/DÖRING (2006), S. 506f; TÖPFER (2009), S. 217; BENNINGHAUS (2007), S. 66ff.

[737] Vgl. BENNINGHAUS (2007), S. 251f; TÖPFER (2009), S. 218. Multivariate Verfahren untersuchen dahingegen Zusammenhänge zwischen jeweils mindestens zwei Variablen. Vgl. BORTZ/DÖRING (2006), S. 506. Zur Berechnung von multivariaten Zusammenhängen mit SPSS vgl. DULLER (2007), S. 140ff.

[738] Vgl. TÖPFER (2009), S. 218.

[739] Vgl. BORTZ/DÖRING (2006), S. 506f, 523.

[740] Vgl. TÖPFER (2009), S. 218. Praktisches Beispiel zur multiplen Regressionsanalyse findet sich bei FAHRMEIR/KÜNSTLER, et al. (2007), S. 492-494. FROMM beschreibt ein Anwendungsbeispiel zur multiplen, linearen Regression mit SPSS FROMM (2008b), S. 352ff.

rige statistische Verfahren, welches dafür sinnvoll ist, ergibt sich aus Tabelle 29 und ist die Korrelationsanalyse, welche auf PEARSON zurückgeht.[741] Bei einer statistischen Signifikanz ergibt der Korrelationskoeffizient die Enge und Richtung des Zusammenhangs zwischen zwei Merkmalen.[742] Bei der Korrelationsanalyse werden die Verfahren nach PEARSON, KENDALL-TAU-B und SPEARMAN zur Berechnung des Korrelationskoeffizienten unterschieden. KENDALL-TAU-B und SPEARMAN sind statistische Verfahren, welche einen Rangkorrelationskoeffizienten berechnen, wenn mindestens eine der beiden zu korrelierenden Variablen ordinal skaliert oder die Voraussetzung einer Normalverteilung für einen statistischen Signifikanztest nicht erfüllt ist.[743] Der Korrelationskoeffizient nach PEARSON misst Richtung und Stärke des linearen Zusammenhangs der Variablen und setzt eine metrische Skala voraus. Der Korrelationskoeffizient nach PEARSON ist definiert durch:[744]

$$r_{x,y} = \frac{\frac{1}{n-1}\Sigma(x - \bar{x})(y - \bar{y})}{\sqrt{\frac{1}{n-1}\Sigma(x - \bar{x})^2}\sqrt{\frac{1}{n-1}\Sigma(y - \bar{y})^2}}$$

Dabei ist der Korrelationskoeffizient $r_{x,y}$ der Quotient aus Kovarianz[745] und Standardabweichung[746] der beiden Variablen, wobei die Normierung sicherstellt, dass er den Wert 1 im Fall eines vollkommenen mathematischen Zusammenhangs annimmt. Die Ausdrücke $\sqrt{\frac{1}{n-1}\Sigma(x - \bar{x})^2}$ und $\sqrt{\frac{1}{n-1}\Sigma(y - \bar{y})^2}$ bezeichnen in der obigen Formel die geschätzten Standardabweichungen s_x und s_y der zu berechnenden Variablen. Der Term $\frac{1}{n-1}\Sigma(x - \bar{x})(y - \bar{y})$ bestimmt die geschätzte Kovarianz der Variablen x und y und berechnet die Stärke und Richtung des linearen Zusammenhangs in Form eines nicht normierten Maßes.[747] Dem Korrelationskoeffizienten werden folgende Eigenschaften zugeschrieben:

(1) Dimensionslosigkeit,

(2) Werte können absolut minimal 1 bis maximal -1 annehmen,

---

[741] Vgl. BORTZ/DÖRING (2006), S. 22, 732; FAHRMEIR/KÜNSTLER, et al. (2007), S. 148ff; TÖPFER (2009), S. 168.

[742] Vgl. BORTZ/DÖRING (2006), S. 507; CLEFF (2008), S. 106; JANSSEN/LAATZ (2005), S. 388f.

[743] Vgl. CLEFF (2008), S. 106f; JANSSEN/LAATZ (2005), S. 393.

[744] Vgl. MÜLLER-BENEDICT (2006), S. 249; BEHNKE/BEHNKE (2006), S. 132, 188; JANSSEN/LAATZ (2005), S. 389; STELAND (2007), S. 51; ZUCCHINI (2009), S. 300f.

[745] Die Kovarianz beschreibt die Streuung einer bivariablen Verteilung und misst damit die Streubreite eines Streudiagramms. Vgl. MÜLLER-BENEDICT (2006), S. 109. Die Kovarianz dient als Basis für den Korrelationskoeffizienten und stellt den linearen Zusammenhang von x zu y dar. Vgl. TOUTENBURG/HEUMANN, et al. (2008), S. 61.

[746] Die Standardabweichung zeigt die Streuung der Testwertvariable x um den Mittelwert auf. MOOSBRUGGER/KELAVA (2007a), S. 399; BORTZ/DÖRING (2006), S. 741; BEHNKE/BEHNKE (2006), S. 133.

[747] Vgl. TOUTENBURG/HEUMANN, et al. (2008), S. 61; JANSSEN/LAATZ (2005), S. 389; MÜLLER-BENEDICT (2006), S. 109.

(3) Stärke eines linearen Zusammenhangs wird berechnet,

(4) Vertauschen der Variablen erzeugt keine Änderung im Ergebnis und die

(5) Richtung des Zusammenhangs zeigt sich in einem positiven oder negativen Vorzeichen.[748]

Die Voraussetzung für die Anwendung der Korrelationsanalyse nach PEARSON ist die Normalverteilung der erhobenen Werte.[749] In Tabelle 33 sollen, durch den KOLMOGOROV-SMIRNOV-Test, die Normalverteilungen nachgewiesen werden. Für die Berechnung des Korrelationskoeffizienten nach PEARSON werden drei Hypothesen formuliert: $H_1: p > 0$, wenn ein positiver Zusammenhang besteht, $H_1: p < 0$, wenn ein negativer Zusammenhang besteht und $H_1: p = 0$, wenn kein Zusammenhang besteht.

Korrelationskoeffizient	Interpretation
$p = 0$	keine Korrelation
$0 < |p| \leq 0,15$	schwache Korrelation
$0,15 < |p| \leq 0,5$	bedeutsame Korrelation
$0,5 < |p| \leq 0,9$	starke Korrelation
$0,9 < |p| \leq 1$	sehr starke Korrelation
$|p| = 1$	Vollständige Korrelation

Tabelle 30: Interpretation des Korrelationskoeffizienten für die vorliegende Untersuchung
Quelle: In Anlehnung an BEHNKE/BEHNKE (2006), S. 131, RAITHEL (2008), S. 154.

Für den weiteren Fortgang der Untersuchung wird folgende Festlegung bezüglich des Korrelationskoeffizienten, wie in Tabelle 30 aufgeführt, vorgenommen. Insbesondere in Abschnitt 7.2 wird, für die Diskussion und die Handlungsempfehlungen als auch bei der ersten Strukturierung der erarbeiteten Korrelationskoeffizienten, regelmäßig auf diese Einteilung Bezug genommen.[750]

---

[748] Vgl. BEHNKE/BEHNKE (2006), S. 130; JANSSEN/LAATZ (2005), S. 389f; RAITHEL (2008), S. 154f.
[749] Vgl. JANSSEN/LAATZ (2005), S. 390; RAITHEL (2008), S. 154.
[750] Vergleiche zur Festlegung der Interpretationsintervalle des Korrelationskoeffizienten RAITHEL (2008), S. 154; BEHNKE/BEHNKE (2006), S. 131.

„Ich stehe Statistiken etwas skeptisch gegenüber. Denn laut Statistik

haben ein Millionär und ein armer Kerl jeder eine halbe Million."

(Franklin D. Roosevelt)

6 Revision und deskriptive Darstellung der erhobenen Daten

6.1 Überprüfung der erhobenen Datengüte

Die Güte von erhobenen Daten und die damit verbundene Übertragbarkeit der Ergebnisse auf andere Populationen sind bei Online-Stichproben nur eigeschränkt möglich:

(1) Internetnutzer unterscheiden sich zum Erhebungszeitpunkt deutlich von der Gesamtbevölkerung und die

(2) verschiedenen Nutzerpopulationen weichen im Internet sehr stark voneinander ab.[751]

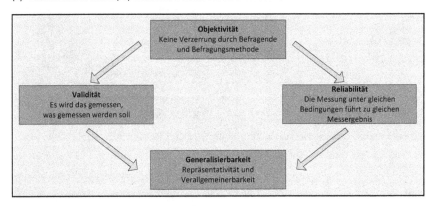

Abbildung 42: Gütekriterien für die Erhebung von Daten
Quelle: Eigene Darstellung in Anlehnung an TÖPFER (2009), S. 197.

Im Folgenden wird der stufenweise Versuch unternommen, die Reliabilität und Validität der Stichprobe zu bestimmen:

(1) Für die Auswahlgesamtheit von 748 Untersuchungsobjekten, für die

(2) Gesamtheit der Nutzer der Portale www.cio.de sowie www.itheads.at.

---

[751] Vgl. BAUR/FLORIAN (2009), S. 112.

(3) Des Weiteren wird überprüft, inwieweit die Stichprobe Aussagen auf die Gesamtheit der IT-Entscheider im deutschsprachigen Raum zulässt, wie bereits in Kapitel 5.1.3 ausführlich beschrieben und in Abbildung 42 dargestellt wird.

TÖPFER fügt den Kriterien der Objektivität, Reliabilität und Validität zusätzlich das Kriterium der Generalisierbarkeit hinzu. Generalisierbarkeit fordert von Test- bzw. Stichprobenergebnissen, dass das Ausmaß, mit dem von den einzelnen Beobachtungen auf „das Universum zulässiger Beobachtungen"[752] verallgemeinert werden kann, möglichst groß ist. Dabei wird untersucht, inwieweit die in einer Erhebung einbezogenen Untersuchungsobjekte so ausgewählt wurden, dass die Stichprobe auf eine größere Population übertragen werden kann.[753] Die Aussagen der vorliegenden Erhebung werden sich vorrangig auf die Auswahlgesamtheit der Untersuchungsobjekte beziehen. Eine wesentliche Grundlage für die Repräsentativität einer Stichprobe ist die zufällige Ziehung von Untersuchungsobjekten aus der Auswahlgesamtheit. Aufgrund der geringen Auswahlgesamtheit von 749 Untersuchungsobjekten wurde in Kapitel 5.1.4 die Entscheidung getroffen, im Rahmen der Untersuchung eine Vollerhebung der Auswahlgesamtheit vorzunehmen. Aufgrund dessen wird in der vorliegenden Untersuchung eine Generalisierbarkeit nur annäherungsweise stattfinden können. Eine erste Aussage über die Repräsentativität der Stichprobe aus der Auswahlgesamtheit lässt sich schließen, indem die Fehlergrenze der Stichprobe berechnet wird. Die Fehlergrenze lässt Rückschlüsse auf die Verteilung der Merkmale in der Grundgesamtheit zu.[754] Mit der Formel $Z \times \sqrt[2]{p \times \frac{1-p}{Q}}$ lässt sich die Fehlergrenze berechnen.[755] Z symbolisiert dabei, für welches Konfidenzintervall die Fehlergrenze steht, p bezeichnet den Stichprobenanteil aus der Auswahlgesamtheit Q. Ein Konfidenzintervall mit dem Konfidenzniveau 1-α bezeichnet ein Intervall, in dem der wahre Wert t mit möglichst großer Wahrscheinlichkeit liegt.[756] Die Stichprobe n beläuft sich auf 177, der Quotient zur Auswahlgesamtheit Q=749 lautet 0,2363. Legt man bspw. eine Sicherheitswahrscheinlichkeit von 1-α=0,95 zugrunde, ergibt sich bei einer Normalverteilung ein Z-Wert[757] von 1,96. Basierend auf dieser Berechnung, könnte bei einer repräsentativen Erhebung, welche über eine Zufallsstichprobe aus der Grundgesamtheit aller IT-Entscheider genommen worden wäre, gesagt werden, dass mit einer Fehlergrenze von 3,04% alle IT-Entscheider im deutschsprachigen Raum mit 95%iger Sicherheit die gleichen Antworten gegeben

---

[752] CRONBACH (1972), S. 18ff. zitiert nach TÖPFER (2009), S. 198.
[753] Vgl. TÖPFER (2009), S. 198.
[754] Vgl. RAITHEL (2008), S. 56.
[755] Vgl. RUMSEY/MAJETSCHAK, et al. (2005), S. 191.
[756] Vgl. ECKLE-KOHLER/KOHLER (2009), S. 174. Konfidenzintervalle werden in der Statistik auch als Bereichsschätzer bezeichnet. Übliche Werte für Konfidenzintervalle sind α=0,05 für ein 95% Intervall oder α=0,01 für ein 99% Intervall. Vgl. DULLER (2007), S. 223f; ECKLE-KOHLER/KOHLER (2009), S. 174; FAHRMEIR/KÜNSTLER, et al. (2007), S. 386.
[757] Vgl. FAHRMEIR/KÜNSTLER, et al. (2007), S. 393; ECKLE-KOHLER/KOHLER (2009), S. 188-191; BEHNKE/BEHNKE (2006), S. 297; Eine ausführliche Tabelle für weitere Z-Werte für die Standardnormalverteilung findet sich u. a. bei DULLER (2007), S. 255.

hätten, wie es in der vorliegenden Erhebung, der Fall ist. Bei größeren Stichproben wird die Bestimmung von Konfidenzintervallen erheblich erleichtert, wenn die Binomialverteilung[758] durch $(N \times p(1-p) > 9)$ hinreichend gut durch eine Normalverteilung approximiert werden kann. Bei der vorliegenden Untersuchung ergibt sich demgemäß ein Wert von 31,94 > 9. Folglich kann eine Normalverteilung angenommen werden.[759] Die Normalverteilung wurde erstmalig angenommen von LAPLACE,[760] welcher in seinem Grenzwerttheorem unterstellte, dass jedes Merkmal normalverteilt ist, wenn seine konkrete Ausprägung durch eine Vielzahl von unabhängig wirkenden Faktoren bedingt ist. Dabei ist es nicht erforderlich, dass die ursächlichen Variablen identisch verteilt sind.[761]RAITHEL definiert die Normalverteilung als „... eine symmetrische, eingipflige Verteilung, bei der sich die meisten Werte um den Mittelwert gruppieren, während die Häufigkeiten nach beiden Seiten gleichmäßig abfallen."[762] Der zentrale Grenzwertsatz geht von einer asymptotischen Normalverteilung aus, wenn der Stichprobenumfang sehr groß wird.[763] BEHNKE folgert weiter, dass unabhängig von der Ausgangsform der Verteilung einer Zufallsvariablen, die Summe aus n solcher Zufallsvariablen immer normalverteilt sind.[764] Dementsprechend wird im weiteren Verlauf der Revision der Güte zu überprüfen sein, inwieweit die vorliegenden Daten eine Normalverteilung aufweisen, wodurch sich die Annahme der Generalisierbarkeit erhärten könnte. Zudem ist die Normalverteilung der Untersuchungsvariablen Grundvoraussetzung für eine Analyse- und Testverfahren, welche in Kapitel 7 durchgeführt werden.[765] Inwieweit die vorliegende empirische Erhebung Rückschlüsse zulässt auf die Auswahlgesamtheit oder die Population aller deutschsprachigen IT-Entscheider, wird im Folgenden über die Prüfung der Reliabilität und Validität erfolgen. Objektivität liegt für die vorliegende Erhebung im Rahmen der in Kapitel 5.1.3 beschrieben Kontrolle der Messbedingungen vor und stellt eine wesentliche Voraussetzung für die Reliabilität dar.[766] Bei vorliegender Reliabilität und Validität wird abschließend das Kriterium der Generalisierbarkeit geprüft.

---

[758] Bei einer Binomialverteilung handelt es sich um eine Wahrscheinlichkeitsverteilung für eine diskrete Zufallsvariable mit nur zwei Werten, welche auch als dichotome Variable bezeichnet wird. Mit dieser Verteilungsform lässt sich testen, ob die Grundgesamtheit mit einem prozentualem Häufigkeitsanteil für eine Variable in der Stichprobe vereinbar ist. Vgl. JANSSEN/LAATZ (2005), S. 532.

[759] Vgl. BORTZ/DÖRING (2006), S. 418.

[760] PIERRE SIMON MARQUIS DE LAPLACE (1749-1827) war als französischer Mathematiker Begründer des klassischen Wahrscheinlichkeitsbegriffs, welcher auch als Laplace-Wahrscheinlichkeit bekannt ist. Vgl. FAHRMEIR/KÜNSTLER, et al. (2007), S. 188.

[761] Vgl. BEHNKE/BEHNKE (2006), S. 303.

[762] RAITHEL (2008), S. 121.

[763] Vgl. ZUCCHINI (2009), S. 224; RÖßLER/UNGERER (2008), S. 85; DULLER (2007), S. 211. Unabhängig voneinander beweisen erstmalig LINDEBERG und LÉVY den zentralen Grenzwertsatz. Vgl. BEHNKE/BAUR, et al. (2006), S. 272. Der Grenzwertsatz von DEMOIVRE gilt als Spezialfall und bestimmt, dass für große n „...sich die Binomialverteilung B(n,p) durch eine Normalverteilung mit dem Erwartungswert np und der Varianz np(1-p) approximieren..." lässt. DULLER (2007), S. 211.

[764] Vgl. BEHNKE/BAUR, et al. (2006), S. 271.

[765] Vgl. RAITHEL (2008), S. 121.

[766] Vgl. SCHERMELLEH-ENGEL/WERNER (2007), S. 114.

6.1.1 Feststellung der Validität, Reliabilität und Repräsentativität der NEO-FFI-Daten

Im Rahmen der Überprüfung wurden drei Datensätze von 177 entfernt, weil der Teil zur Feststellung der Persönlichkeit nicht ausgefüllt war. Bei der Überprüfung möglicher Extremwerte (Anhang D) ergaben sich keine Gründe für weitere Ausschlüsse. In Tabelle 31 werden Mittelwerte[767] und Standardabweichungen[768] für die Persönlichkeitsmerkmale der erhobenen Werte und der Normstichprobe dargestellt. Aufgrund der geringen Fallzahl bei den weiblichen Befragten, wird lediglich auf die Erhebung der männlichen Befragten eingegangen. Der Grundansatz ist dabei, dass wenn die Mittelwerte von zwei Erhebungen auf vielen Beobachtungen beruhen und die Standardabweichungen nur wenig Variabilität aufweisen, die Unterschiede zwischen den Gruppen wahrscheinlich gleichfalls reliabel sind.[769]

Persönlichkeits-merkmal	Geschlecht		Erhobene Werte	N	Normwerte NEO-FFI[770]	N	Abwei-chung
Neurotizismus	männlich	Mittelwert	12,48	163	19,64	4.219	-7,16
		Standardabweichung	6,16	163	7,86	4.219	
	weiblich	Mittelwert	15,83	6	23,25	7.505	-7,42
		Standardabweichung	7,47	6	8,34	7.505	
Extraversion	männlich	Mittelwert	31,71	163	27,71	4.219	4
		Standardabweichung	5,25	163	6,77	4.219	
	weiblich	Mittelwert	28,68	6	28,76	7.505	-0,08
		Standardabweichung	7,11	6	6,63	7.505	
Offenheit für Erfahrung	männlich	Mittelwert	30,71	163	31,50	4.219	-0,79
		Standardabweichung	5,28	163	6,75	4.219	
	weiblich	Mittelwert	32,00	6	32,43	7.505	-0,43
		Standardabweichung	9,67	6	6,29	7.505	
Verträglichkeit	männlich	Mittelwert	31,33	163	28,93	4.219	2,4
		Standardabweichung	5,22	163	5,81	4.219	
	weiblich	Mittelwert	29,67	6	30,97	7.505	-1,3
		Standardabweichung	6,09	6	5,48	7.505	
Gewissenhaftigkeit	männlich	Mittelwert	36,99	163	30,47	4.219	6,52
		Standardabweichung	5,52	163	7,30	4.219	
	weiblich	Mittelwert	37,83	6	31,10	7.505	6,73
		Standardabweichung	4,45	6	7,01	7.505	

Tabelle 31: Mittelwerte und Standardabweichungen der Skalen des NEO-FFI Modells
Quelle: Eigene Erhebung; Berechnung mit SPSS 16

---

[767] Der Mittelwert wird auch als arithmetisches Mittel bezeichnet und ist die bekannteste Maßzahl. Sie wird berechnet durch die Summe aller Messwerte, dividiert durch deren Anzahl. Vgl. BORTZ/DÖRING (2006), S. 734; MYERS/REISS, et al. (2008), S. 41; BROSIUS/KOSCHEL, et al. (2009), S. 51.

[768] Die Standardabweichung zeigt die Streuung der Testwertvariable x um den Mittelwert auf. MOOSBRUGGER/KELAVA (2007a), S. 399; BORTZ/DÖRING (2006), S. 741; BEHNKE/BEHNKE (2006), S. 133.

[769] Vgl. MYERS/REISS, et al. (2008), S. 44.

[770] Angegebene Normwerte des NEO-FFI Modells finden sich in BORKENAU/OSTENDORF (2008), S. 18.

Ersichtlich aus Tabelle 31 ist jedoch, dass die Mittelwertabweichungen der weiblichen Befragten nur gering von denen der männlichen Befragten abweichen. Bei den männlichen Befragten ergeben sich nur geringe Abweichungen für die Merkmale Offenheit für Erfahrung (-0,79) und Verträglichkeit (2,4). Eine leicht erhöhte Abweichung ist für das Merkmal der Extraversion anzuführen, mit einer Differenz der Mittelwerte von vier, wobei das Merkmal bei den erhobenen Untersuchungsobjekten stärker ausfällt, allerdings eine geringere Standardabweichung von 1.5 aufweist. Eindeutige Abweichungen zeigen sich bei den Merkmalen Neurotizismus (-7,16) und Gewissenhaftigkeit (6,52), welche sich annähernd ähnlich bei den weiblichen Befragten wiederspiegeln. Ein Abgleich dieser Abweichungen mit einer Stichprobe, welche sich nur auf die Befragung von IT-Entscheidern oder im weiteren Rahmen auf Manager bezieht, konnte nicht erfolgen, da eine solche Stichprobe nicht vorlag. Als Erklärungsansatz für diese Abweichungen von der Normstichprobe soll für die Gruppe der IT-Entscheider angeführt werden, dass Personen in Managementpositionen generell über eine höhere emotionale Stabilität (geringer Neurotizismus) und eine höhere Gewissenhaftigkeit verfügen. Die Differenz zwischen den Mittelwerten spiegelt damit den nachvollziehbaren Unterschied zwischen einer bevölkerungsrepräsentativen Population und einer Population von IT-Entscheidern wieder.[771]

Die Reliabilitäten der fünf Persönlichkeitsskalen wurden durch die Stichproben über 11.724 Fälle von BORKENAU und OSTENDORF bereits hinreichend bewiesen. Im Rahmen der vorliegenden Untersuchung wurde berechnet, inwieweit sich ähnliche Reliabilitäten ergeben.

Persönlichkeitsmerkmal	Reliabilität	Erhobene Werte	N	Normwerte NEO-FFI[772]	N	Abweichung
Neurotizismus	i	0,490	174	0,87	11.724	-0,380
Extraversion	i	0,617	174	0,81	11.724	-0,193
Offenheit für Erfahrung	i	0,316	174	0,75	11.724	-0,434
Verträglichkeit	i	0,390	174	0,72	11.724	-0,330
Gewissenhaftigkeit	i	0,232	174	0,84	11.724	-0,608

Tabelle 32: Interne Konsistenz der Skalen des NEO-FFI Modells
Quelle: Eigene Erhebung; Berechnung mit SPSS 16

In Tabelle 32 wurde die interne Konsistenz[773] der erhobenen Item-Skalen des NEO-FFI Modells nach dem CRONBACH-Alphakoeffizienten, welcher sowohl auf dichotome als auch auf polytome Items an-

---

[771] Vgl. MYERS/REISS, et al. (2008), S. 44.
[772] Vgl. BORKENAU/OSTENDORF (2008), S. 18.
[773] Interne Konsistenz ist ein Maß für die wechselseitigen Korrelationen bei der Beantwortung einzelner Items eines Tests oder Fragebogens, wobei eine hohe interne Konsistenz als Hinweis für eine hohe Reliabilität des Instruments angesehen werden kann. Vgl. BORTZ/DÖRING (2006), S. 730; MOOSBRUGGER/KELAVA (2007a), S. 393.

wendbar ist und die Homogenität der gesamten Skala darstellt, berechnet.[774] Die Berechnung der internen Konsistenz führt zu stabilen Schätzungen der Reliabilität.[775] Der Alphakoeffizient[776] ist dabei umso höher, je höher die Anzahl der Items im Test und je höher die Iteminterkorrelationen sind.[777] Aufgrund der geringen Anzahl der erhobenen Daten stellten sich für den Alphakoeffizienten nach CRONBACH Abweichungen zwischen <0,2 bis zu >0,6 heraus.[778] Angesichts des eindeutigen Testkonstrukts und der bewiesenen Reliabilitäten durch die Normstichprobe, kann von der Reliabilität des Tests ausgegangen werden.[779] Nach NUNNALLY und BERNSTEIN sind Alphakoeffizienten zwischen 0,80 und 0,96 eindeutige Beweise für Konstrukt-Reliabilität.[780] Die für das NEO-FFI Modell berichteten durchschnittlichen Konsistenzen belaufen sich auf 0,80 und liegen damit über den mittleren Konsistenzen der bereits thematisierten Modelle D-PRF, FPI-R sowie 16 PF-R.[781]

Wie bereits erwähnt, gilt die Normalverteilung als Grundvoraussetzung für eine Reihe von Analyse- und Testverfahren,[782] welche einfach optisch nach der Erstellung eines Histogramms oder QQ-Diagramms überprüft werden kann. In Diagramm 3 wird das Persönlichkeitsmerkmal Verträglichkeit in einem QQ-Diagramm sowie in einem Histogramm dargestellt. Das Histogramm zeigt die Streuung eines Testwerts und gibt zudem noch einen ersten Überblick über das Antwortverhalten der Befragten. Zusätzlich ist eine Normalverteilungskurve eingezeichnet, welche einen ersten Eindruck vermittelt, ob die erhobenen Werte dieser entsprechen.[783] In einem QQ-Diagramm werden die erwarteten Werte einer Normalverteilung in Form einer Geraden dargestellt und die beobachteten Werte in Form von Punkten. Die Hypothese einer Normalverteilung ist hoch, wenn die beobachteten Werte in etwa auf der Winkelhalbierenden liegen.[784]

---

[774] Vgl. FROMM (2008b), S. 319.
[775] Vgl. BORTZ/DÖRING (2006), S. 198; MOOSBRUGGER/KELAVA (2007a), S. 391.
[776] Formel zu Berechnung des Alphakoeffizienten Vgl. FISSENI (2004), S. 57; SCHERMELLEH-ENGEL/WERNER (2007), S. 125; FROMM (2008b), S. 319; BORTZ/DÖRING (2006), S. 199.
[777] Vgl. RAITHEL (2008), S. 47; SCHERMELLEH-ENGEL/WERNER (2007), S. 124f.
[778] Herrschende Fachmeinung ist, dass die interne Konsistenz mit zunehmender Länge des Fragebogens steigt. Vgl. JANKISZ/MOOSBRUGGER (2007), S. 34.
[779] Vertiefende Ausführungen zur Reliabilität der fünf Faktoren bei DE RAAD (2000), S. 91f.
[780] Vgl. NUNNALLY/BERNSTEIN (1994); zitiert nach DEUTSKENS/JONG, et al. (2006), S. 125; Vgl. SCHNELL/HILL, et al. (2005), S. 153.
[781] Vgl. BORKENAU/OSTENDORF (1993), S. 18.
[782] Vgl. RAITHEL (2008), S. 121; JANSSEN/LAATZ (2005), S. 241; DULLER (2008), S. 108.
[783] Vgl. STELAND (2007), S. 39f; BORTZ/DÖRING (2006), S. 218.
[784] Vgl. TOUTENBURG (2009), S. 265; STELAND (2007), S. 39.

198

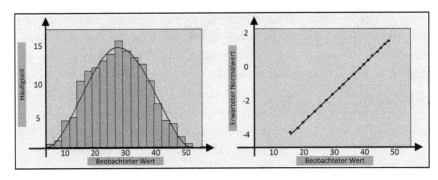

Diagramm 3: Histogramm und QQ-Diagramm für das Merkmal Verträglichkeit
Quelle: Eigene Erhebung; Berechnung mit SPSS 16

Exakt lässt sich die Normalverteilung über den Goodness-of-Fit-Chiquadrattest,[785] SHAPIRO-WILK-Test[786] oder den KOLMOGOROV-SMIRNOV-Test aufzeigen. Im Folgenden hat sich der Autor für den Test auf Normalverteilung nach KOLMOGOROV und SMIRNOV entschieden, welcher „...überprüft, ob Daten aus einer vollständig bestimmten stetigen Wahrscheinlichkeitsverteilung stammen, zum Beispiel aus einer Standardnormalverteilung."[787] Die Hypothese, dass die Verteilungen normalverteilt sind, kann beibehalten werden, wenn der Wert der asymptotischen Signifikanz[788] (p-Werte) deutlich über 0,05 liegt.[789]

In Tabelle 33 sind zudem noch die Varianz,[790] das KOLMOGOROV-SMIRNOV-Z,[791] die Schiefe und Kurtosis aufgeführt. Die Schiefe gibt Auskunft darüber, wie weit der Mittelwert vom Median abweicht und kann bei $s = 0$ als symmetrisch bezeichnet werden, bei $s > 0$ handelt es sich um eine rechtsschiefe

---

[785] Der Kontingenztafeltest oder auch Goodness-of-Fit überprüft, ob zwischen zwei nominalskalierten Merkmalen ein Zusammenhang besteht oder wie die Verteilung eines Merkmals zu einem Verteilungstyp passt. Vgl. DULLER (2008), S. 107; BORTZ/DÖRING (2006), S. 613.

[786] Bei dem Test auf Normalverteilung und einer Fallzahl unter 50 würde der SHAPIRO-WILK-Test angewandt werden. Vgl. JANSSEN/LAATZ (2005), S. 242.

[787] DULLER (2008), S. 108.

[788] Dabei drückt die statistische Signifikanz „...die Wahrscheinlichkeit aus, mit der ein Ergebnis auf Zufall zurückzuführen ist. Sie sagt nichts über die Bedeutung des Ergebnisses aus." MYERS/REISS, et al. (2008), S. 45. Die Irrtumswahrscheinlichkeit der Signifikanz richtet sich nach dem Konfidenzintervall und bedeutet für α <= 0,05 (5%-ige Irrtumswahrscheinlichkeit) schwach signifikant, für α <= 0,01 signifikant sowie für α <= 0,001 hoch bzw. sehr signifikant. Vgl. RAITHEL (2008), S. 123.

[789] Vgl. JANSSEN/LAATZ (2005), S. 242f; TOUTENBURG (2009), S. 245. Falls der Wert nur aus Nullen bestehen würde, wäre die „beobachtete Verteilung mit an Sicherheit grenzender Wahrscheinlichkeit nicht aus einer normalverteilten Grundgesamtheit..." JANSSEN/LAATZ (2005), S. 243.

[790] Die Varianz bezeichnet ein quantitatives Maß, welches für die Unterschiedlichkeit (Variabilität) einer Anzahl von erhobenen Werten steht. Eine Varianz von 0 würde kein Vorliegen von Variabilität bedeuten. CLEFF (2008), S. 59-61; BORTZ/DÖRING (2006), S. 744.

[791] TOUTENBURG et.al. veranschaulichen die Zusammensetzung des KOLMOGOROV-SMIRNOV Z-Wertes. Vgl. TOUTENBURG/HEUMANN, et al. (2008), S. 173.

Verteilung und $s< 0$ stellt eine linksschiefe Verteilung dar.[792] Bei den beobachteten Verteilungen handelt es sich um weitgehend symmetrische Verteilungen (nahe bei $s = 0$), wobei zwei leicht rechtsschief und drei leicht linksschief sind. Welche Form der Verteilung vorliegt, zeigt die Kurtosis auf.

Die fünf Persönlichkeitsmerkmale können, wie nachfolgende Testtabelle aufzeigt, als normalverteilt bezeichnet werden:

Persönlichkeitsmerkmal	N	Varianz	Kolmogorov-Smirnov Z	Asymptotische Signifikanz (2-seitig)	Schiefe	Kurtosis
Neurotizismus	174	37,481	1,247	,089	,675	,238
Extraversion	174	28,016	1,096	,181	,202	-,488
Offenheit für Erfahrung	174	29,995	,739	,646	-,132	-,106
Verträglichkeit	174	27,220	,867	,440	-,246	,140
Gewissenhaftigkeit	174	29,461	,659	,777	-,158	-,259

Tabelle 33: Test auf Standardnormalverteilung nach Kolmogorov-Smirnov
Quelle: Eigene Erhebung; Berechnung mit SPSS 16

Hierbei bedeuten Werte von drei, dass eine mesokurtische oder eingipflige Verteilung vorliegt, welche umso steiler wird, je größer der Wert über drei liegt und als leptokurtisch oder steilgipflig bezeichnet wird. Flachgipflige Verteilungen werden als platykurtische Verteilungen bezeichnet und werden durch einen Kurtosis Wert unter drei gekennzeichnet.[793] Dementsprechend haben die beobachteten Verteilungen aufgrund eines Kurtosiswertes unter drei einen platykurtischen Charakter.

Als Validität eines Tests wird verstanden, inwieweit ein Test dazu in der Lage ist, genau das zu messen, was er beabsichtigt zu messen[794] und unterstellt damit vorrangig, dass kein Verfahrens- oder Instrumenteneinfluss vorliegt.[795] Die Nachweise bei der Überprüfung der Validität können über die Inhalts-, Konstrukt- und Kriteriumsvalidität erbracht werden,[796] welche umfassend durch BORKENAU und OSTENDORF erbracht wurden.[797] Zudem wurde darauf geachtet, dass die Aspekte zur Erhöhung der Validität (s. Kapitel 5.1.3) eingehalten wurden.

---

[792] Vgl. JANSSEN/LAATZ (2005), S. 206f; ZUCCHINI (2009), S. 125; CLEFF (2008), S. 62f.
[793] Vgl. CLEFF (2008), S. 65; ZUCCHINI (2009), S. 126.
[794] HÄCKER (1998), S. 10.
[795] Vgl. RÖßLER/UNGERER (2008), S. 9.
[796] Vgl. HÄCKER (1998), S. 10.
[797] Vgl. BORKENAU/OSTENDORF (2008), S. 7ff, 26f; vertiefend siehe OSTENDORF (1990); BORKENAU/OSTENDORF (1993); OSTENDORF/ANGLEITNER (2004a).

6.1.2 Feststellung der Validität, Reliabilität und Repräsentativität der Daten zu Fragen der Informationssicherheit

Im Rahmen der Erhebung der Items zur Informationssicherheit und zu den soziodemographischen Daten wurde ein besonderes Augenmerk auf die Einhaltung der in Kapitel 5.1.3 beschriebenen Gütekriterien gelegt. Diese Kriterien wurden bei der Methodik der Untersuchung (siehe Abschnitt 5.1.4), der Auswahl sowie des Aufbaus der Untersuchungsobjekte (siehe Abschnitt 5.2), der Konstruktion der Items (siehe 5.3), der Entwicklung des Fragebogens (siehe Abschnitt 5.4), der Gestaltung des Anschreibens (siehe Abschnitt 5.5), dem Pretest (siehe Abschnitt 5.6) und der Durchführung der Befragung (siehe Abschnitt 5.7) durchgehend mit äußerster Sorgfalt beachtet. Zur Revision der erhobenen Daten wird nachfolgend zusätzlich die Homogenität der vier Dimensionen nach dem CRONBACH Alphakoeffizient überprüft und es wird anhand einer Quotierung überprüft, inwieweit die erhobenen Daten der Auswahlgesamtheit entsprechen.

Die CRONBACH Alphakoeffizienten weisen Werte von durchschnittlich über 0,5 auf, womit die Skalen als reliabel bezeichnet werden können, wie in Tabelle 34 dargestellt wird:

Dimension	N	Items	Cronbach Alphakoeffizient
Technische Dimension	174	52	0,862
Rechtliche Dimension	174	26	0,801
Organisatorische Dimension	174	83	0,845
Wirtschaftliche Dimension	174	62	0,502

Tabelle 34: Cronbach Alphakoeffizient für die erhobenen Items zu den vier Dimensionen der Informationssicherheit
Quelle: Eigene Erhebung; Berechnung mit SPSS 16

Zur Überprüfung, inwieweit Rückschlüsse auf die Auswahlgesamtheit möglich sind, wurde im Folgenden betrachtet, wie bei den Items (Adressat/Herkunft sowie Geschlecht) die Zusammenhänge zwischen den erhobenen Daten und der Auswahlgesamtheit sind. Um die nichtparametrischen Zusammenhänge festzustellen, wurde der Korrelationskoeffizient[798] nach KENDALL-TAU-B quantifiziert, welcher die Stärke eines monotonen Zusammenhangs misst.[799] Zudem verzichtet das Verfahren nach KENDALL-TAU auf die Annahme äquidistanter Abstände, d.h. er basiert „…ausschließlich auf den ordi-

---

[798] Ein Korrelationskoeffizient trifft Aussagen, ob sich die Ausprägungen zweier Merkmale gleich- oder gegenläufig verhalten. Der Wertebereich eines Korrelationskoeffizienten liegt zwischen -1 bis +1. Gleichläufig bedeutet, wenn höhere Ausprägungen eines Merkmals mit höheren des anderen einhergehen, wohingegen von gegenläufig gesprochen wird, wenn niedrigere Ausprägungen eines Merkmals mit höheren einhergehen. Vgl. TÖPFER (2009), S. 224.

[799] Vgl. FAHRMEIR/KÜNSTLER, et al. (2007), S. 168; BENNINGHAUS (2007), S. 155; CLEFF (2008), S. 106; BEHNKE/BEHNKE (2006), S. 175; RÖßLER/UNGERER (2008), S. 64.

nal zulässigen Informationen, ob eine Merkmalsausprägung größer oder kleiner ist."[800] BENNINGHAUS

beschreibt eine „...perfekte Beziehung..." zwischen zwei Merkmalen, wenn nach KENDALL-TAU-B ein

Wert von 1 berechnet wird.[801] Der berechnete Zusammenhang zwischen Adressat und Herkunft bei

den erhobenen Daten zur Auswahlgesamtheit ist mit einer starken Korrelation von $p = 0,957$ sehr

signifikant. Für den Zusammenhang bezüglich des Geschlechts wurde, mit hoher Signifikanz, ein star-

ker Zusammenhang von $p = 0,833$ errechnet.

Item	Merkmal	Anzahl Erhobene Daten	Anteil	Anzahl Auswahlgesamtheit	Anteil	2-seitige Signifikanz	Korrelations-Koeffizient
Adressat; Herkunft	www.itheads.at	32	20,1%	167	18,8%	,000	,957
Adressat; Herkunft	www.cio.de	126	79,2%	717	80,7%		
Geschlecht	Männlich	163	96,4%	845	95,1%	,000	,833
Geschlecht	Weiblich	6	3,6%	44	4,9%		

Tabelle 35: Zusammenhänge zwischen den erhobenen Daten und der Auswahlgesamtheit
Quelle: Eigene Erhebung; Berechnung mit SPSS 16

Im Folgenden werden deskriptiv die erhobenen Items zu soziodemographischen Aspekten, zu dem

Bereich der Informationssicherheit sowie zu den unterschiedlichen Persönlichkeitsmerkmalen darge-

stellt.

6.2 Darstellung der soziodemographischen Daten

Die deskriptive Darstellung der folgenden Daten sind das direkte Ergebnis der in Kapitel 5 beschrie-

benen empirischen Erhebung. Bei der Darstellung der einzelnen Ergebnisse wird bei der Angabe der

Quelle jeweils die genaue Nummerierung der Frage angegeben, welche auf dem Fragebogen in An-

hang A eingesehen werden kann. Die Umfrage wurde mit dem System EvaSys durchgeführt, aller-

dings wurde auf die automatischen Auswertungen von EvaSys aus folgenden Gründen verzichtet:

(1) Keine Möglichkeit des Ausschlusses von unvollständigen Datensätzen.

(2) Eine mangelnde grafische Qualität bei der Übernahme von Diagrammen erschwert die Lesbar-
keit.

(3) Keine Möglichkeit der individuellen Anpassung von Textelementen und Auswahl von Diagramm-
formaten, wodurch die Interpretierbarkeit stark eingeschränkt wird.

(4) Die inhaltliche Zusammenführung von verwandten Fragen ist nicht möglich.

---

[800] CLEFF (2008), S. 118.
[801] Vgl. BENNINGHAUS (2007), S. 155f.

Aufgrund dessen wurden die Rohdaten übernommen und nachfolgende Diagramme mit der Software Microsoft Excel erstellt.

Die Erhebung ergab einen Rücklauf von 177 Datensätzen, welche aufgrund von Unvollständigkeit um drei auf 174 Datensätze reduziert wurde.[802] Diese in die weitere Auswertung einbezogenen Datensätze enthielten sechs weibliche und 163 männliche Respondenten.[803] Diagramm 4 zeigt die Herkunft der erhobenen Daten nach Ländern und Postleitzahlen.

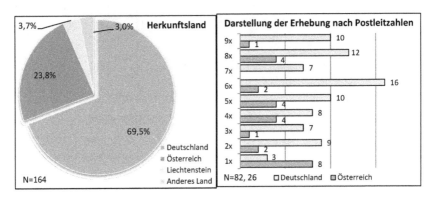

Diagramm 4: Herkunftsland und Postleitzahlen der erhobenen Untersuchungsobjekte
Quelle: Eigene Erhebung; Fragen 3.7 und 3.6

Es ist zu erkennen, dass ein Großteil der Respondenten aus Deutschland, Österreich sowie ein kleiner Teil aus Lichtenstein stammen. Im Bereich der anderen Länder wurden deutschsprachige Personen aus den Niederlanden und Frankreich aufgeführt. Zur Darstellung der näheren geographischen Verteilung wurden die Postleitzahlen der Befragten aus Deutschland und Österreich herangezogen. Die Übersicht in Diagramm 4 zeigt, dass aus Deutschland in den Postleitzahlengebieten 1-9, jeweils drei bis 16 Respondenten, an der Umfrage teilgenommen haben. Diagramm 5 zeigt das Alter der Befragten und den Bildungsabschluss. Dass sich die Befragung an Entscheider aus dem IT-Umfeld richtet, spiegelt sich auch bei der Altersstruktur wieder. 97% der Befragten sind über 30 Jahre und 74,6% sind über 40 Jahre alt. Der Schwerpunkt der Befragung bildet die Altersgruppe der 40- bis 50-jährigen, welche mit einem Anteil von 44,2% vertreten ist.[804]

---

[802] Siehe hierzu Abschnitt 5.7.
[803] Eigene Erhebung Anhang A, Frage 3.4.
[804] Ihr Anteil in der gesamtdeutschen Bevölkerung liegt im Durchschnitt bei 16,7%, d.h. hier weichen die Befragten aufgrund Ihrer jeweiligen Position eindeutig von der Gesamtbevölkerung ab. Vgl. Statistisches Bundesamt (2008b), S. 44.

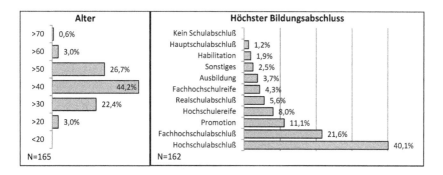

Diagramm 5: Alter und Bildungsabschluss
Quelle: Eigene Erhebung; Fragen 3.8 und 3.9

Die Befragten verfügen über eine hohe durchschnittliche Bildung. Von 162 Befragten, welche Ihren Bildungsabschluss angegeben haben, verfügen 74,7%[805] über einen universitären Abschluss und sogar 87% mindestens über die Fachhochschulreife.

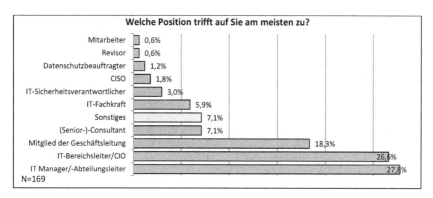

Diagramm 6: Position der Befragten
Quelle: Eigene Erhebung; Fragen 3.11

Unter den Befragten nehmen die Personen mit einer Habilitation, einer Promotion[806] oder einem Hochschulabschluss einen Anteil von 53,1%[807] ein. In Diagramm 6 wird die Position der Befragten aufgeführt. Dabei sind die beiden größten Populationen IT-Manager und Abteilungsleiter mit 27,8%

---

[805] Der bevölkerungsrepräsentative Durchschnitt für Deutschland liegt bei 12,3%. Vgl. Statistisches Bundesamt (2008a), S. 10.

[806] Der Anteil der Befragten, welcher über eine Habilitation oder Promotion verfügt, liegt bei 13%, der des bevölkerungsrepräsentativen Durchschnitts in der deutschen Bevölkerung bei 0,95%. Vgl. Statistisches Bundesamt (2008a), S. 10.

[807] Der bevölkerungsrepräsentative Durchschnitt für Deutschland liegt bei 7,6%. Vgl. Statistisches Bundesamt (2008a), S. 10.

sowie IT-Bereichsleiter und CIOs mit 26,6%. Mit 18,3% stellt die Gruppe der Mitglieder der Geschäfts-leitung eine weitere große Population dar. Der einfache Mitarbeiter, die Revisoren und Datenschutz-beauftragten stehen insgesamt für lediglich 2,4% der erhobenen Befragten.

IT-affine Mitarbeiter wie IT-Sicherheitsverantwortliche, IT-Fachkräfte und Consultants stellen zu-sammen 16% der betrachteten Population.

In Diagramm 7 werden die Ergebnisse zur Frage nach Führungsverantwortung und zum Einkommen dargestellt. Es zeigt sich, dass 74,6% der Befragten eine Position inne haben, in der sie mindestens für fünf Personen die direkte Verantwortung haben. Diese Angabe deckt sich weitestgehend mit den verschiedenen in Diagramm 6 angegebenen Positionen, welche aufgrund Ihrer Bezeichnung mit erhöhter Führungsverantwortung in Verbindung gebracht werden können. Der IT-Manager, der IT-Bereichsleiter, das Mitglied der Geschäftsführung sowie der CISO haben einen kumulierten Anteil von 74,5%.

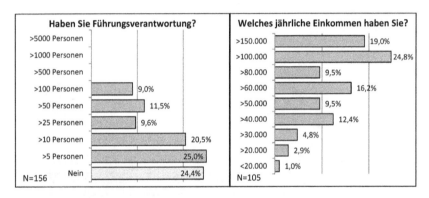

Diagramm 7: Führungsverantwortung und jährliches Einkommen
Quelle: Eigene Erhebung; Fragen 3.12 und 3.13

Das jährliche Einkommen beinhaltet 105 Untersuchungsobjekte und damit unterdurchschnittlich wenig. Bei der Einkommenverteilung spiegelt sich wieder, dass vorrangig IT-Entscheider befragt wurden, wobei die obersten zwei Einkommenklassen mit einem überproportional hohem Jahreseinkommen, mit einerseits über 100.000 Euro (43,8% der Befragten) sowie andererseits über 40.000 Euro (91,4% der Befragten), vertreten sind. Dementsprechend wurde lediglich von 8,6% der Befragten ein jährliches Einkommen von unter 40.000 Euro nachgewiesen. Diagramm 8 zeigt die Branche und den Umsatz der Probanden.

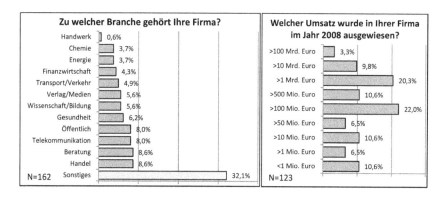

Diagramm 8: Branche und Umsatz der befragten Unternehmen
Quelle: Eigene Erhebung; Fragen 3.17 und 2.22

Bei der Branchenverteilung ist anschaulich zu sehen, dass, bis auf das Handwerk, alle Branchen einen Anteil zwischen 3,7% und 8,6% an der Befragung haben. Eine breite, aber ausgeglichene Streuung über eine hohe Anzahl von Branchen ist ein Indiz für die Objektivität der Befragung. Der jähliche Umsatz der befragten Unternehmen in 2008 zeigt, dass, nach Definition der Europäischen Kommission, zu 72,4% Großunternehmen befragt wurden, welche einen Umsatz von über 50 Millionen Euro aufweisen.[808] Kleine und Kleinstunternehmen bezeichnen Unternehmen mit weniger als 10 Millionen Euro und haben in der befragten Population einen Anteil von 17,1%, wohingegen mittlere Unternehmen mit bis zu 50 Millionen Euro Umsatz einen Anteil von 10,6% der Befragten ausmachen.[809] Diagramm 9 zeigt die Beschäftigten der jeweiligen Unternehmen im Bereich der Informationsverarbeitung und der Informationssicherheit gesamthaft. Es zeigt sich, dass, bezüglich der Beschäftigtenzahl, 66,9% der Unternehmen als Großunternehmen, 17,8% als Mittlere Unternehmen und 14,7% als Kleine und Kleinstunternehmen bezeichnet werden können.[810] Bezüglich Umsatz und Anzahl der Beschäftigten haben Großunternehmen mit 72,4% bzw. 66,9% einen überproportional großen Anteil an der Befragung.

---

[808] Die Europäische Kommission definiert Großunternehmen als Firmen mit mehr als 50 Mio. Euro Jahresumsatz (Vgl. Europäische Kommission (2003), S. L124/39; Statistisches Bundesamt (2008b), S. 491; SELLIEN/ARENTZEN, *et al.* (1998).

[809] Kleine und Kleinstunternehmen werden als Unternehmen mit weniger als 10 Millionen Euro Umsatz bezeichnet. Mittlere Unternehmen haben per definitionem bis 50 Millionen Euro Jahresumsatz. Europäische Kommission (2003), S. L124/39; Statistisches Bundesamt (2008b), S. 491; SELLIEN/ARENTZEN, *et al.* (1998).

[810] Nach der Definition der Europäischen Kommission werden Unternehmen mit mehr als 249 Beschäftigten als Großunternehmen, mit weniger als 249 Beschäftigten als Mittlere Unternehmen und mit bis zu 49 Mitarbeitern als Kleine und Kleinstunternehmen bezeichnet. (Vgl. Europäische Kommission (2003), S. L124/39; Statistisches Bundesamt (2008b), S. 491; Nach dem Gabler Wirtschaftslexikon hingegen haben Mittlere Unternehmen 10 bis 499 Beschäftigte und Großunternehmen mehr als 500 Beschäftigte. Vgl. SELLIEN/ARENTZEN, *et al.* (1998).

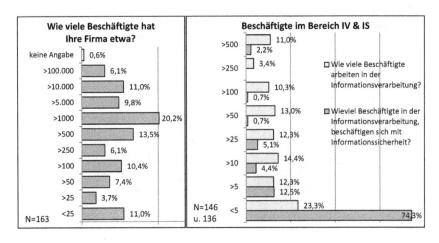

Diagramm 9: Beschäftigte im Unternehmen in der IV und IS
Quelle: Eigene Erhebung; Fragen 3.14, 3.15 und 3.16

Der Anteil der Beschäftigten in der Informationsverarbeitung zeigt sich in den Skalen >5 bis >100 gleichverteilt zwischen 10,3% bis 14,4%. Allerdings geben 11% der befragten Unternehmen an, mehr als 500 Beschäftigte in der Informationsverarbeitung zu beschäftigen, wohingegen 23,3% weniger als fünf Personen beschäftigen. Im Bereich Informationssicherheit beschäftigen 74,3% der Unternehmen weniger als fünf Mitarbeiter, jedoch geben auch 2,2% bzw. 3 Unternehmen an, mehr als 500 Personen für den Bereich Informationssicherheit zu beschäftigen. Der Bereich >5 bis 50 Mitarbeiter beinhaltet zusammen 22,1% der Befragten.

6.3 Darstellung der unterschiedlichen Persönlichkeitsmerkmale

Im Verlauf der Überprüfung der fünf Persönlichkeitsausprägungen, welche durch den NEO-FFI-Test erhoben wurden, sind in Abschnitt 6.1 bereits umfassende Prüfungen vorgenommen wurden. Nachfolgend werden die Mittelwerte der Normstichprobe von BORKENAU und OSTENDORF zu den erhobenen Werten anschaulich dargestellt. Tabelle 36 zeigt die Mittelwerte, die Fallzahlen und das Geschlecht der Befragten, jeweils bezogen auf die Persönlichkeitsmerkmale:

Persönlichkeitsmerkmale nach NEO-FFI	Geschlecht	Mittelwert Eigene Erhebung	N	Mittelwert Normwerte	N
Neurotizismus (N)	männlich	12,48	163	19,64	4.219
	weiblich	15,83	6	23,25	7.505
Extraversion (E)	männlich	31,71	163	27,71	4.219
	weiblich	28,68	6	28,76	7.505
Offenheit für Erfahrung (O)	männlich	30,71	163	31,5	4.219
	weiblich	32	6	32,43	7.505
Verträglichkeit (V)	männlich	31,33	163	28,93	4.219
	weiblich	29,67	6	30,97	7.505
Gewissenhaftigkeit (G)	männlich	36,99	163	30,47	4.219
	weiblich	37,83	6	31,1	7.505

Tabelle 36: Arithmetische Mittelwerte der fünf Faktoren (Eigene Erhebung und Normwerte)
Quelle: Eigene Erhebung; Berechnung mit SPSS 16;
Normwerte vgl. BORKENAU/OSTENDORF (2008), S. 18.

In Diagramm 10 werden die erhobenen Werte für das männliche Geschlecht mit der hellblauen Linie dargestellt, wohingegen die braune Linie die Normwerte des NEO-FFI Modells nach BORKENAU und OSTENDORF darstellt. Auf der Abszisse sind die Anfangsbuchstaben der fünf Persönlichkeitsmerkmale, auf der Ordinate die 48 möglichen Werte, welches das jeweilige Persönlichkeitsmerkmal annehmen kann, abgebildet. Erkennbar ist, dass die Werte zur Extraversion, Offenheit für Erfahrung und Verträglichkeit nah

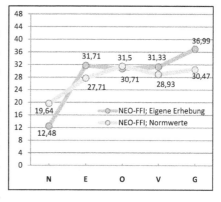

Diagramm 10: Erhobene Werte und Normwerte des NEO-FFI-Modells für männliche Befragte
Quelle: Tabelle 36

an den Werten der Normstichprobe liegen. Die erhobenen Werte zu den Merkmalen Neurotizismus und Gewissenhaftigkeit weichen von der Normstichprobe ab, allerdings bewegen sie sich im Rahmen der Standardabweichung; wie Tabelle 31 zeigt. Wie in Abschnitt 6.1 bereits skizziert sowie später in Kapitel 7 diskutiert, könnte dieses Merkmal auf die Besonderheit der Position des IT-Entscheiders zurückzuführen sein. Diagramm 11 zeigt trotz der geringen Fallzahl von lediglich sechs weiblichen Befragten trotzdem einen ähnlichen Verlauf der hellblauen Linie wie in Diagramm 10. Zudem sind die Werte für Extraversion, Offenheit für Erfahrung und Verträglichkeit fast identisch mit den Werten der Normstichprobe. Bei den Merkmalen zu Neurotizismus und Gewissenhaftigkeit lässt sich wiederum eine ähnliche Abweichung wie bei den männlichen Befragten aufzeigen.

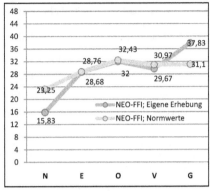

Diagramm 11: Erhobene und Normwerte des NEO-FFI-Modells für weibliche Befragte

Quelle: Tabelle 36

6.4 Darstellung der Items zur Informationssicherheit in Organisationen

Die aufgenommenen Items zur Informationssicherheit werden im Folgenden nach Fragen (1) zu allgemeinen Aspekten, (2) zur technischen Dimension, (3) zur rechtlichen Dimension, (4) zur organisatorischen Dimension und (5) zur wirtschaftlichen Dimension erläutert. Die Strukturierung begründet sich zum einen in der Entwicklung der Items im Rahmen der vier Dimensionen der Informationssicherheit in Kapitel 3, zum anderen soll ein Rückbezug bei der folgenden Diskussion und Entwicklung der Handlungsempfehlungen in Kapitel 7.3 erleichtert vorgenommen werden können.

Unter den **(1) allgemeinen Aspekten** werden Fragen verstanden, welche nicht exakt einer der vier Dimensionen zuzuordnen sind. Allerdings lassen sich auch diese Fragen in ihren Optionen nach den vier Dimensionen strukturieren, worauf in Kapitel 7.2 bei der Erarbeitung der Korrelationen Bezug genommen wird, mit dem Ziel, eindeutige Zusammenhänge darzustellen. Die Gefahrenbereiche in Organisationen und welche Relevanz sie in den letzten 24 Monaten hatten und zukünftig haben werden, wird in Diagramm 12 aufgezeigt. Der größte Gefahrenbereich der letzten 24 Monate ist mit 77,2% die Nachlässigkeit und der Irrtum der eigenen Mitarbeiter, welcher zugleich zukünftig nur noch eine Priorität von 50,3% hat.[811] Bezüglich seiner zukünftigen Priorität, verbucht dieser Gefahrenbereich den höchsten absoluten Einbruch von 26,9%. Ähnliches gilt für die darüber liegenden

---

[811] Diese Angaben decken sich mit Studien wie bspw. der <kes> Microsoft Studie, welche über mehrere Jahre durch ihre Befragung zu dem Ergebnis kam, dass der Mensch in der Vergangenheit ein Sicherheitsrisiko war. Jedoch haben die Befragten mehrheitlich jährlich wiederkehrend behauptet, dass dies zukünftig eine weniger gewichtigere Rolle einnehmen würde. <kes> (2006), S. 4; <kes> (2008), S. 2.

Optionen der dokumentations-, software- und hardwareseitigen Mängel und Defekte, welche eine wesentlich geringere zukünftige Priorität haben.

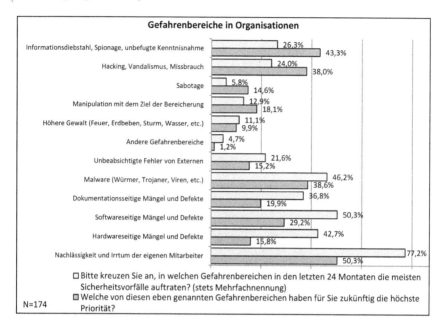

Gefahrenbereiche in Organisationen

Diagramm 12: Gefahrenbereiche in Organisationen[812]
Quelle: Eigene Erhebung; Fragen 2.1 und 2.2

Der Gefahrenbereich der ‚Malware' hat in der Vergangenheit mit 46,2% den dritthöchsten Stellenwert eingenommen und wird auch zukünftig relevant, jedoch mit 38,6% nicht mehr so hoch priorisiert sein. Eine wesentlich höhere Priorität erhalten, laut Umfrage, in Zukunft die Gefahrenbereiche ‚Sabotage' mit einer Erhöhung von 5,8% auf 14,6%, der Bereich ‚Hacking, Vandalismus, Missbrauch' mit einer Steigerung von 24% auf 38% sowie der Bereich, Informationsdiebstahl, Spionage, unbefugte Kenntnisnahme', welcher einen Anstieg von 26,3% auf 43,3% zeigt. Eine Mehrheit von 63,7% empfindet die Informationssicherheit in ihrer Firma, wie Diagramm 13 zeigt, als hoch bis sehr hoch. Demgegenüber beurteilen lediglich 5,9% die Informationssicherheit als niedrig bis sehr niedrig.

---

[812] Bei dieser Frage konnten die Befragten mehrere Antworten ankreuzen, wodurch die kumulierte Anzahl der prozentualen Werte über 100% liegt. Die prozentualen Angaben beziehen sich auf die Interviewten, jeweils dividiert durch die Fallzahl N.

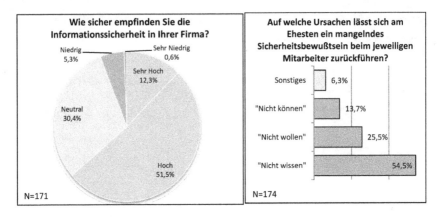

Diagramm 13: Gefühlte IS und mitarbeiterbezogene Ursachen für mangelnde IS
Quelle: Eigene Erhebung; Fragen 2.19 und 2.12

Noch interessanter werden die Antworten der IT-Entscheider auf die Frage, worauf mangelndes Sicherheitsbewusstsein beim Mitarbeiter zurückzuführen wäre, woraufhin 54,5% angaben, dass die Antwort das ‚Nicht wissen' des Mitarbeiters sei. Ganze 25,5% der Befragten unterstellen, dass die Mitarbeiter ‚Nicht wollen' und immerhin 13,7% behaupten, dass die Mitarbeiter ‚Nicht können'.

(2) Technische Items der Informationssicherheit werden in Diagramm 14 aufgezeigt, welche die Ziele der Informationssicherheit sowie die Bausteine des Informationssicherheits-Managements darstellen. Dabei wurden beide Diagramme nach zwei Fragen, einerseits mit Bezug zur Vergangenheit und andererseits zur zukünftigen Entwicklung, unterteilt. Bei der Zurechenbarkeit und der Vertraulichkeit entsprechen die Verletzungen der letzten 24 Monate ungefähr denen zukünftiger Priorität. Verfügbarkeit und Vertraulichkeit wurden mit 33,3% und 32% in der Vergangenheit zwar besonders verletzt, allerdings haben sie zukünftig eine geringere Priorität mit 29,2% und 30,9%. Die Integrität weist mit 12,8% einen geringen Verletzungsgrad für die rückwirkenden 24 Monate auf, jedoch wird ihr zukünftig mit 24% eine fast doppelt so hohe Bedeutung zugemessen.

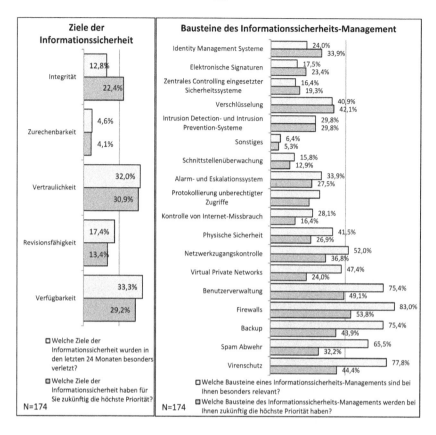

Diagramm 14: Ziele der IS und Bausteine des IS-Managements[813]

Quelle: Eigene Erhebung; Fragen 2.3, 2.4, 2.6 und 2.7

Als Bausteine des IS-Managements, welche gegenwärtig eine hohe Bedeutung haben, die zukünftig stark abnimmt, können Virtual Private Networks, Benutzerverwaltung, Firewalls, Backup, Spam Abwehr und Virenschutz genannt werden. Die höchste Differenz zeigt sich beim Virenschutz, welcher gegenwärtig eine Relevanz von 77,8% inne hat und zukünftig nur noch für 44,4% der Befragten relevant ist. Die höchste gegenwärtige als auch zukünftige Relevanz haben Firewall-Systeme. Eine steigende zukünftige Priorität verbuchen Identity Management Systeme, elektronische Signaturen, das zentrale Controlling eingesetzter Sicherheitssoftware sowie der Bereich der Verschlüsselung.

---

[813] Bei dem rechten Schaubild, in Diagramm 14, konnten die Befragten mehrere Antworten ankreuzen, wodurch die kumulierte Anzahl der prozentualen Werte über 100% liegt. Die prozentualen Angaben beziehen sich auf die Interviewten; jeweils dividiert durch die Fallzahl N.

Ergebnisse bezüglich der **(3) rechtlichen Dimension** der Informationssicherheit werden in Diagramm

15 aufgezeigt.

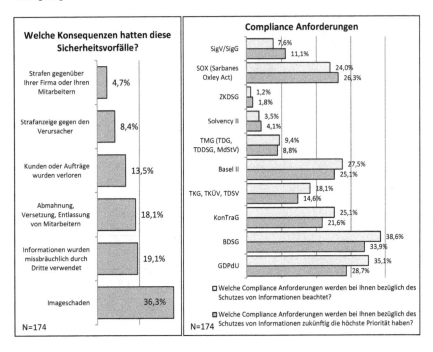

Diagramm 15: Konsequenzen von Sicherheitsvorfällen und Compliance Anforderungen[814]

Quelle: Eigene Erhebung; Fragen 2.5, 2.10 und 2.11

Das Schaubild zeigt zum einen, welche Konsequenzen Sicherheitsvorfälle für das befragte Unterneh-

men hatten und zum anderen, welche Compliance Anforderungen gegenwärtig und zukünftig die

höchste Priorität erhalten. Als vorrangige Konsequenz aus entstandenen Sicherheitsvorfällen wird

von den Befragten der ‚Imageschaden' mit 36,3% der Befragten angegeben. Besonders relevante

Compliance Anforderungen sind in den Befragten Unternehmen gegenwärtig das BDSG, die GDPdU,

das KonTraG sowie Basel II, welche zukünftig je eine geringere Priorität erhalten. An fünfter Stelle

rangiert der Sarbanes Oxley Act mit 24%, der zukünftig eine höhere Priorität aufweist mit 26,3%. Nur

geringe gegenwärtige Relevanz werden dem ZKDSG und Solvency II zugeschrieben mit 1,2% und

3,5%.

---

[814]   Bei dem rechten Schaubild in Diagramm 15 konnten die Befragten mehrere Antworten ankreuzen, wodurch die kumulierte Anzahl der prozentualen Werte über 100% liegt. Die prozentualen Angaben beziehen sich auf die Antworter jeweils dividiert durch die Fallzahl N.

(4) Organisatorische Fragen zur Informationssicherheit werden in den folgenden drei Diagrammen deskriptiv dargestellt.

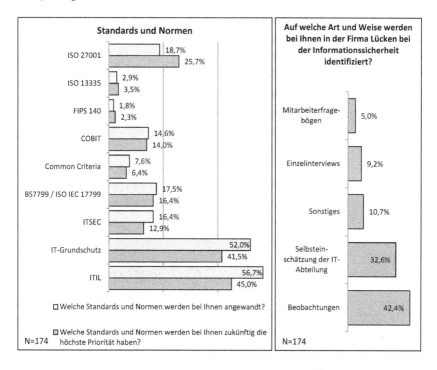

Diagramm 16: Standards und Normen sowie Identifizierung von Lücken in der IS[815]
Quelle: Eigene Erhebung; Fragen 2.8, 2.9 und 2.13

Diagramm 16 stellt die Priorität von Standards und Normen gegenwärtig und zukünftig dar sowie die Art und Weise wie Lücken in der Informationssicherheit identifiziert werden. Es lässt sich aufzeigen, dass die meist angewandten Standards gegenwärtig 'ITIL' und der 'IT-Grundschutz' sind mit 56,7% und 52%, jedoch verringert deren zukünftige Priorität sich auf 45% und 42,5%. Eine sehr geringe gegenwärtige und zukünftige Bedeutung wird den Standards 'ISO 13335', 'FIPS 140' und den 'Common Criteria' zugewiesen.

Eine hohe Anwendung erfährt gegenwärtig die Norm ISO 27001 mit 18,7% der Befragten, die zukünftig noch eine höhere Priorität bekommen soll nach 25,7% der Befragten. In den befragten Unternehmen wurden Lücken in der Informationssicherheit vornehmlich über Beobachtungen und die Selbsteinschätzung der IT-

---

[815] Bei dem linken Schaubild in Diagramm 16 konnten die Befragten mehrere Antworten ankreuzen, wodurch die kumulierte Anzahl der prozentualen Werte über 100% liegt. Die prozentualen Angaben beziehen sich auf die Interviewer; jeweils dividiert durch die Fallzahl N.

Abteilung mit 42,4% und 32,6% identifiziert. Einzelinterviews und Mitarbeiterfragebögen hatten mit 9,2% und 5% nur einen geringen Anteil bei der Feststellung von Lücken. Die am häufigsten eingesetzte Strategie in Unternehmen zur Gewährleistung von Informationssicherheit waren ‚Schriftlich fixierte spezifische Konzepte und Richtlinien zur Informationssicherheit', welche 64,3% von 174 befragten Unternehmen angaben. Sehr häufig wurde ein schriftlich fixierter und validierter IT-Notfallplan mit 47,4% genutzt bzw. in 46,2% der Fälle wurden schriftlich fixierte Maßnahmen zur Informationssicherheit definiert. Zudem wurden mit einem hohen Anteil von 39,2% und 37,4% Strategien zur Informationsverarbeitung und zur Informationssicherheit genannt. Ein umfassendes Sicherheitshandbuch führten 28,1% der befragten Unternehmen. Konzepte und Richtlinien zur Informationssicherheit werden in 35,9% der Unternehmen nur unregelmäßig überprüft, wie die befragten Personen aufzeigten. Für die zukünftig unregelmäßige Überprüfung solcher Konzepte plädieren jedoch nur 12,5% der Befragten. Ein Anteil von 40,7% gab an, dass Konzepte und Richtlinien zur Informationssicherheit einmal jährlich überprüft werden. Dieser Wert entspricht ungefähr dem Wert von 36,9% der Befragten, welche auch zukünftig die jährliche Überprüfung als sinnvoll erachten. Nach Meinung der IT-Entscheider sollten allerdings Konzepte und Richtlinien zur Informationssicherheit fast dreimal so oft ‚alle 6 Monate' und ‚alle 3 Monate' überprüft werden.

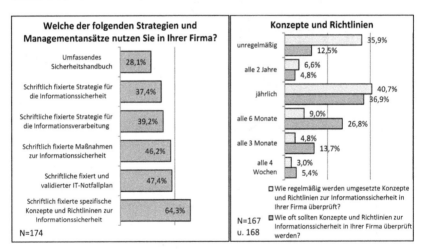

Diagramm 17: Strategien und Managementansätze sowie Konzepte und Richtlinien[816]
Quelle: Eigene Erhebung; Fragen 2.14, 2.16 und 2.17

---

[816] Bei dem linken Schaubild in Diagramm 17 konnten die Befragten mehrere Antworten ankreuzen, wodurch die kumulierte Anzahl der prozentualen Werte über 100% liegt. Die prozentualen Angaben beziehen sich auf die Interviewten; jeweils dividiert durch die Fallzahl N.

Die Wichtigkeit, regelmäßig Weiterbildungsmaßnahmen für die Mitarbeiter zum Schutz der Informationssicherheit anzubieten, erachteten 74,3% der befragten Personen als ‚Hoch' bis ‚Sehr Hoch'. Neutral verhielten sich zu dem Aspekt 20,5% der Befragten und als niedrig bis sehr niedrig stuften lediglich 5,3% Weiterbildungsmaßnahmen ein. Besonders häufig werden IT-Sicherheitsadministratoren und IT-Sicherheitsverantwortliche mit 56,3% und 50,6% der befragten Unternehmen in Fragen der Informationssicherheit geschult.

Mit einem hohen Anteil von 38,5% bis 47,7% der Unternehmen werden allerdings auch IT-Benutzer, IT-Bereichsleiter und CIOs, IT-Fachkräfte, IT-Manager und IT-Abteilungsleiter sowie Datenschutzbeauftragte geschult. CISOs, Mitglieder der Geschäftsleitung und Revisoren werden mit einem wesentlich geringeren Anteil in 9,8%, 11,5% und 16,7% der befragten Unternehmen in Fragen der Informationssicherheit geschult. Nur in 2,3% der untersuchten Unternehmen wurden Gesellschafter in Fragen der Informationssicherheit geschult.

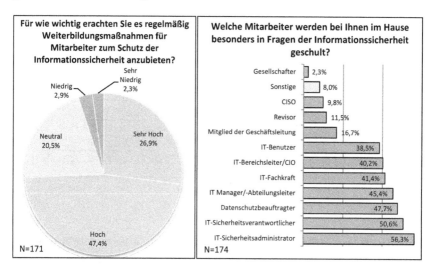

Diagramm 18: Weiterbildungsmaßnahmen in Organisationen[817]
Quelle: Eigene Erhebung; Fragen 2.20 und 2.21

Fragen zu **(5) wirtschaftlichen Aspekten** der Informationssicherheit werden in den folgenden zwei Diagrammen dargestellt. Diagramm 19 zeigt, dass in 27,1% der befragten Unternehmen ein Budget

---

[817] Bei dem rechten Schaubild in Diagramm 18 konnten die Befragten mehrere Antworten ankreuzen, wodurch die kumulierte Anzahl der prozentualen Werte über 100% liegt. Die prozentualen Angaben beziehen sich auf die Interviewten; jeweils dividiert durch die Fallzahl N.

von bis zu 100.000 Euro im Jahr für die Informationsverarbeitung zur Verfügung stand. 85,6% der befragten Unternehmen gaben ein Budget von bis zu 50 Millionen Euro jährlich an. 50 Millionen Euro und darüber standen nur noch einem Anteil von 14,4% der Befragten für die Informationsverarbeitung jährlich zur Verfügung. Ein Budget von über 500 Millionen Euro pro Jahr entfiel nur auf 4,2% bzw. 5 befragte Unternehmen. Maßnahmen zur Verbesserung der Informationssicherheit im Unternehmen haben in 32% der Unternehmen nur eine Relevanz von bis zu 10.000 Euro jährlich. Ein Budget von über 10.000 Euro bis zu 100.000 Euro entfiel wiederrum auf 32% der befragten Unternehmen. Ein Betrag von über 100.000 bis zu 500.000 Euro wurde von 22% der Unternehmen jährlich für Informationssicherheit ausgegeben. Maßnahmen, welche ein Budget von über 500.000 Euro jährlich überschritten, entfielen auf 14% der befragten Unternehmen.

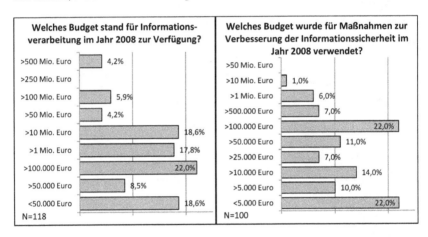

Diagramm 19: Budget IV und Budget IS
Quelle: Eigene Erhebung; Fragen 2.23 und 2.24

Das Budget zur Verbesserung der Informationssicherheit schätzt die Mehrheit der befragten IT-Entscheider mit 58,7% als nicht zu hoch und nicht zu niedrig ein, wie aus Diagramm 20 zu erkennen ist. Als ‚Niedrig' oder ‚Zu Niedrig' bezeichneten 34% der Befragten ihr Budget zur Verbesserung der Informationssicherheit. Ein geringer Anteil von 7,3% hielt das vorhandene Budget für ‚Hoch', jedoch bezeichnete keiner der befragten IT-Entscheider das vorhandene Budget als ‚Zu Hoch'. In über 53,9% der befragten Unternehmen hatte das größte aufgetretene Sicherheitsereignis der letzten 24 Monate einen Schadenwert von unter 5.000 Euro. Zudem hatten sämtliche aufgetretene Sicherheitsereignisse in 54,4% der Unternehmen einen Schadenwert von unter 5.000 Euro. Einzelereignisse mit einer Schadenwertgröße von über 5.000 Euro bis zu 100.000 Euro verzeichneten 28,1% der befragten Unternehmen. Einzelereignisse von 100.000 Euro bis zu 500.000 Euro wurden in

13,5% der Unternehmen vermerkt. Zu einzelnen Schadensereignissen mit einem Wert über 500.000 Euro bis zu 10 Millionen wurde aus 4,4% der befragten Unternehmen berichtet. Keines der befragten Unternehmen gab einen Schadenwert von über 10 Millionen Euro an. Bis auf den Ausreißer der Gesamtschadensereignisse unter 5.000 Euro, verliefen die Schadenwerte ab 5.000 Euro bis zu 10 Millionen Euro in einem Intervall von 3,8% bis zu 10,1% der befragten Unternehmen.

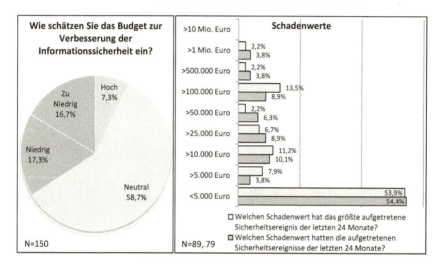

Diagramm 20: Einschätzung Budget IS sowie höchster und kumulierter Schadenwert
Quelle: Eigene Erhebung; Fragen 2.25, 2.26 und 2.27

Nach Einschätzung der befragten IT-Entscheider wird von 85,4% der IT-Sicherheitsfachleute die Informationssicherheit als wichtiges Thema eingestuft. Daneben behaupten die IT-Entscheider, dass das TOP-Management zu 56,7% die Thematik Informationssicherheit als wichtig erachtet. Anwendern in weniger IT-lastigen Bereichen werden nur in 7,6% der Fälle von den IT-Entscheidern als sicherheitsaffin betrachtet wie Diagramm 21 darstellt:

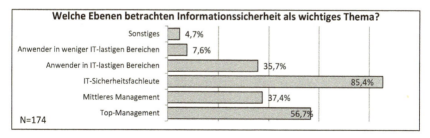

Diagramm 21: Ebenen die Informationssicherheit als wichtiges Thema betrachten
Quelle: Eigene Erhebung; Fragen 2.15

Mit 74,3% sehen fast ¾ der befragten IT-Entscheider das größte Problem für die Fortentwicklung der Informationssicherheit im Bewusstsein der Anwender wie Diagramm 22 aufzeigt:

Welche Probleme beeinträchtigen Sie besonders bei der Fortentwicklung der

Kein Geld — 31,6%
Keine Kontrollen — 14,0%
Unzureichende Teilkonzepte — 7,0%
Mangelnde Konzepte — 11,7%
Vorhandene Konzepte werden nicht umgesetzt — 19,9%
Mangelnde Qualifikation der Mitarbeiter — 15,8%
Keine Möglichkeiten zur Durchsetzung von sicherheitsrelevanten Maßnahmen — 19,3%
Keine geeigneten Methoden, Instrumente und Werkzeuge — 11,1%
Bewusstsein beim TOP-Management — 43,3%
Bewusstsein beim mittleren Management — 28,1%
Bewusstsein beim Anwender — 74,3%

N=174

Diagramm 22: Probleme, die die Fortentwicklung der IS beeinträchtigen
Quelle: Eigene Erhebung; Fragen 2.18

Im folgenden Abschnitt 7.1 wird aufgezeigt, wie mit den erhobenen und dargestellten Daten aus Kapitel 5 und 6 Zusammenhänge berechnet werden können, welche in Kapitel 7 zur Diskussion gestellt und in Handlungsempfehlungen spezifiziert werden sollen. Zur Herleitung der folgenden Zusammenhänge werden einführend Verfahren der induktiven Statistik vorgestellt und im weiteren Verlauf multivariate Methoden zur Berechnung genutzt. Die Grundlage von Kapitel 7 besteht darin, lineare Zusammenhänge zwischen den erhobenen Daten zur Persönlichkeit in Verbindung mit der Soziodemographie sowie den Fragen zur Informationssicherheit herzuleiten, welche zudem statistische Signifikanz haben. Als Hauptziel beabsichtigt der Autor aufgezeigte Korrelationen, nach einer prüfenden Diskussion, in konkrete Ergebnisse zu überführen und daraus Handlungsempfehlungen zu bestimmen.

"Die Wissenschaft nötigt uns, den Glauben an einfache Kausalitäten aufzugeben."

(Friedrich Nietzsche)

7 Lineare Zusammenhänge und Handlungsempfehlungen

7.1 Beispielhafte Darstellung von Zusammenhängen zwischen den erhobenen Daten mittels tabellarischer und statistischer Verfahren

7.1.1 Tabellarische Konkordanz bei ausgewählten Daten

Das Ziel dieses Kapitels ist die Bestimmung von Zusammenhängen zwischen den einzelnen Persönlichkeitsausprägungen und den erhobenen Daten zur Informationssicherheit. Als weiteres Unterscheidungsmerkmal und zur Spezifizierung dieser Zusammenhänge, werden die erhobenen soziodemographischen Daten herangezogen.[818] Dabei kann die Darstellung unterschiedlicher prozentualer Anteile ein erster Ansatz sein, um Zusammenhänge zwischen den fünf Persönlichkeitsausprägungen[819] und den erhobenen Fragen zur Soziodemographie und zur Informationssicherheit aufzudecken. Demgemäß wurden, in einer ersten Annäherung, tabellarisch alle 346 möglichen Optionen[820] den fünf Persönlichkeitsausprägungen gegenübergestellt. Die Strukturierung erfolgte in mehreren Schritten:

(1) Sortierung aller 174 Datensätze nach einem der fünf Persönlichkeitsausprägungen,

(2) hälftige Aufteilung in einen Block mit hohen und einen weiteren Block mit den geringen Ausprägungen der ausgewählten Persönlichkeitsausprägung,

(3) spaltenweise Summierung des Antwortverhaltens bei allen 346 Optionen für den jeweiligen Block und

(4) Berechnung des Multiplikators M, welcher eine Maßzahl für den Unterschied zwischen der hohen sowie geringen Persönlichkeitsausprägung darstellt.

Die erstellte Tabelle ist komplett in Anhang E dargestellt und wird in Kapitel 7.2 für die nähere Betrachtung einer Korrelation herangezogen. In Tabelle 37 wird ein ausgewähltes Beispiel aus dieser ersten Strukturierung vorgestellt und im Folgenden erläutert. Aufgeführt sind in den Spalten beispielhaft drei Optionen des Alters und sieben Optionen zu der Frage nach dem jährlichen Einkommen

---

[818] Siehe hierzu die deskriptive Darstellung der Persönlichkeitsausprägungen in Abschnitt 6.3, der soziodemographischen Daten in Abschnitt 6.2 und der Fragen zur Informationssicherheit in Abschnitt 6.4.

[819] Die fünf Persönlichkeitsausprägungen Neurotizismus, Extraversion, Offenheit für Erfahrung, Verträglichkeit und Gewissenhaftigkeit wurden umfassend theoretisch in Abschnitt 4.2.2 beschrieben.

[820] Die 346 Optionen wurden bei der Konstruktion der Items entwickelt und sind in Kapitel 5.3.2 und 5.3.3 dargestellt.

der Befragten. In den Zeilen sind die Persönlichkeitsausprägungen Neurotizismus, Offenheit für Erfahrung und Gewissenhaftigkeit angegeben und diese jeweils untergliedert nach ihrer geringen sowie hohen Ausprägung. Die in den Zeilen zu den Persönlichkeitsausprägungen aufgeführten Werte entsprechen den jeweiligen Antworten der Befragten. Bei der Frage nach dem Alter beträgt die Fallzahl 153, bei der nach dem jährlichen Einkommen 102. Der Multiplikator M bezeichnet die prozentuale Abweichung der geringeren zur höheren Anzahl und berechnet sich durch Division des höheren Wertes durch den geringeren Wert abzüglich eins multipliziert mit 100. Bei der Differenzierung nach dem Alter, zeigt sich eine maximale Abweichung der Werte über alle Persönlichkeitsausprägungen von 28,1% und eine durchschnittlich gewichtete Abweichung von 5,3%. Aus diesen Werten kann die Schlussfolgerung gezogen werden, dass für das Alter von 30 bis 60 Jahren, unabhängig von der jeweiligen Persönlichkeitsausprägung, keine relevanten Zusammenhänge vorhanden sind.

N = 174, 153, 102		Alter			Welches jährliche Einkommen haben Sie?						
Option / Ausprägung		<30	<40	<50	<30.000	>40.000	>50.000	>60.000	>80.000	>100.000	>150.000
Neurotizismus	Gering	19	37	22	0	5	4	3	6	18	13
	Hoch	18	36	22	5	8	6	14	4	8	7
	M1	0,0%	2,9%	0,0%	400,0%	60,0%	75,0%	366,7%	50,0%	112,5%	85,7%
Offenheit für Erfahrung	Gering	18	32	23	2	6	6	8	4	12	9
	Hoch	19	41	21	3	7	4	9	6	14	11
	M2	11,1%	21,9%	9,5%	0,0%	16,7%	20,0%	12,5%	50,0%	8,3%	22,2%
Gewissenhaftigkeit	Gering	20	34	20	5	11	7	13	5	9	5
	Hoch	17	39	24	0	2	3	4	5	17	15
	M3	11,1%	15,2%	20,0%	400,0%	450,0%	166,7%	225,0%	0,0%	77,8%	200,0%

Tabelle 37: Zusammenhänge von Persönlichkeitsausprägungen mit einzelnen Optionen des Alters und Einkommens

Quelle: Eigene Erhebung

Bei der Frage zum jährlichen Einkommen kann für das Persönlichkeitsmerkmal Offenheit für Erfahrung eine maximale Abweichung von 50% festgestellt werden, allerdings lässt sich für alle Gehaltsklassen nur eine durchschnittlich gewichtete Abweichung von 12,5% ermitteln. Hier kann geschlussfolgert werden, dass das Persönlichkeitsmerkmal Offenheit für Erfahrung nur einen geringen Einfluss auf das jährliche Einkommen hat.

Anders hingegen bei den Persönlichkeitsmerkmalen Neurotizismus und Gewissenhaftigkeit: Die Angaben der Befragten, für die Gehaltsklassen 30.000 Euro bis 80.000 Euro, betragen

(1) bei einem hohem Neurotizismus 34 und bei einem geringen Neurotizismus nur 13, woraus sich ein durchschnittlicher Unterschied von 161,5% berechnen lässt.

(2) Befragte mit einer hohen Gewissenhaftigkeit, haben in den Gehaltsklassen lediglich ein Aufkommen von 10, wohingegen die Befragten mit geringer Gewissenhaftigkeit 37 Angaben aufführen, wodurch sich eine prozentuale Differenz zum kleinen Wert von 270% ergibt.

Die Gehaltsklasse von 80.000 Euro bis 100.000 Euro zeigt sich dazu mit einem Verhältnis von 11 zu 9 über beide Persönlichkeitsausprägungen als ausgeglichen und zeigt damit eine Differenz von 22,2% auf.

Für die Gehaltsklassen von 100.000 Euro bis über 150.000 Euro kehren sich die Werte um und betragen für

(1) hohen Neurotizismus nur 15 Befragte und für einen geringen Neurotizismuswert 30 Befragte, wodurch sich ein Unterschied von 100% ergibt.

(2) Befragte mit einer geringen Gewissenhaftigkeit, kommen in den Gehaltsklassen nur mit 14 Personen vor, wohingegen Befragte mit einer hohen Gewissenhaftigkeit auf 31 Personen kommen, so dass sich eine Differenz von 121,4% ergibt.

Das Ergebnis lässt, bezugnehmend auf die Ausprägungen Neurotizismus und Gewissenhaftigkeit, die Schlussfolgerung zu, dass es hohe prozentuale Unterschiede beim Antwortverhalten gibt, welches sich zudem bei beiden Persönlichkeitsausprägungen bei der Option ‚>80.000' umkehrt.

Aus diesen Ergebnissen können folgende Schlussfolgerungen aufgezeigt werden:

- Ein hoher Wert bei Gewissenhaftigkeit bzw. geringer Wert bei Neurotizismus äußern sich in einem hohen jährlichen Einkommen.

- Ein geringer Wert bei Gewissenhaftigkeit bzw. hoher Neurotizismus äußern sich in einem niedrigen jährlichen Einkommen.

- Offenheit für Erfahrung hat dagegen nur einen sehr geringen Einfluss auf das jährliche Einkommen.

- Unabhängig, ob hohe oder geringe Werte für Neurotizismus, Offenheit für Erfahrung oder Gewissenhaftigkeit vorliegen, ist die Altersverteilung weitgehend gleichverteilt.

Über diese Vorgehensweise lässt sich ein Überblick über verschiedene Zusammenhänge der erhobenen Daten aufzeigen. Tabellarische Analysen in dieser Form wurden als erste Annäherung für die gesamten erhobenen Daten vorgenommen und sind in Anhang E hinterlegt.

222

7.1.2 Statistische Konkordanz bei ausgewählten Daten

Im Folgenden sollen die einfachen Zusammenhänge zwischen Persönlichkeitsausprägungen, Alter und Einkommen, welche in Tabelle 37 in Abschnitt 7.1.1 geschildert wurden, durch statistische Methoden bestätigt oder negiert werden, welche in Abschnitt 5.8 erläutert worden sind. Dazu wird der Korrelationskoeffizient mit Hilfe von SPSS[821] zwischen Neurotizismus, Offenheit für Erfahrung und Gewissenhaftigkeit und den soziodemographischen Daten des Alters und Einkommens berechnet.

N = 174, 153, 102		Alter			Welches jährliche Einkommen haben Sie?						
Option / Ausprägung		>30	>40	>50	>30.000	>40.000	>50.000	>60.000	>80.000	>100.000	>150.000
Neurotizismus	p	-,037	,018	-,032	,159*	,092	,116	,115	-,011	-,153*	-,128
	Signifikanz	,631	,810	,675	,037	,229	,126	,130	,887	,044	,092
	M1	0,0%	2,9%	0,0%	400%	60%	75%	366,7%	50%	112,5%	85,7%
Offenheit für Erfahrung	p	-,029	,124	-,025	-,031	,058	,012	,037	,089	-,052	,087
	Signifikanz	,701	,102	,747	,689	,448	,875	,625	,243	,498	,253
	M2	11,1%	21,9%	9,5%	0,0%	16,7%	20%	12,5%	50%	8,3%	22,2%
Gewissenhaftigkeit	p	-,012	-,061	,117	-,138	-,231**	-,043	-,193*	,062	,178*	,152*
	Signifikanz	,872	,424	,123	,069	,002	,572	,011	,418	,019	,046
	M3	11,1%	15,2%	20%	400%	450%	166,7%	225%	0,0%	77,8%	200%

Tabelle 38: Korrelationen von Persönlichkeitsausprägungen mit einzelnen Optionen des Alters und Einkommens

Quelle: Eigene Erhebung; Berechnung mit SPSS 17

In Tabelle 38 und in der weiteren folgenden Untersuchung werden schwach signifikante Korrelationen mit einem ‚*', signifikante Korrelationen mit zwei ‚**' und stark signifikante Korrelationen mit drei Sternen ‚***' gekennzeichnet. Wie bereits die anteiligen Zusammenhänge von Tabelle 37 darstellen, dürften keine Zusammenhänge zwischen dem Alter und den ausgewählten drei Persönlichkeitsausprägungen vorhanden sein. Das wird durch obige Korrelationstabelle bestätigt, welche keine signifikanten Korrelationen feststellt, wodurch die Unabhängigkeit des Alters von den drei ausgewählten Persönlichkeitsmerkmalen bestätigt werden kann.[822] Bezüglich des Einkommens lassen sich folgende Schlussfolgerungen ziehen:

---

[821] Das Programm SPSS wurde im Rahmen dieser Arbeit in der Version 17 genutzt.
[822] Zudem existieren keine signifikanten Korrelationen zwischen dem Alter und den verbliebenen beiden Persönlichkeitsausprägungen Extraversion und Verträglichkeit. Dadurch lässt sich die Schlussfolgerung aufstellen, dass das Alter und die Persönlichkeitsausprägungen unabhängig voneinander sind.

(1) **Neurotizismus:** Die Persönlichkeitsausprägung zeigt bei über 30.000 Euro und über 100.000 Euro schwache Signifikanzen mit einem Korrelationskoeffizienten von $p=,159$ und $p=-,153$ auf. Für diese beiden Gehaltsklassen zeigt auch der Multiplikator M1 aus Tabelle 37 einen hohen Wert von 400% bzw. 112,5% an. Allerdings zeigt sich hier besonders prägnant, dass ein hoher Multiplikator nicht zwangsläufig eine signifikante Korrelation begründet, obwohl M1 für über 60.000 Euro einen Wert von 366,6% aufweist. Der Korrelationskoeffizient p zeigt eine Korrelation auf, allerdings beträgt die Irrtumswahrscheinlichkeit $\alpha=0,13$, wodurch nicht von einer schwach signifikanten Korrelation gesprochen werden kann. Ähnliches gilt für über 50.000 Euro und über 150.000 Euro mit einer schwachen Korrelation von $p=,116$ und $p=-,128$, jedoch mit einer nicht mehr schwachen Signifikanz von $\alpha=,126$ und $\alpha=,092$.

(2) **Offenheit für Erfahrung:** Die Korrelationskoeffizienten p sind für alle Gehaltsklassen mit mindestens unter p=,089 sehr gering und es kann für keinen Wert p eine statistische Signifikanz nachgewiesen werden. Damit kann die These, dass kein nachweisbarer Zusammenhang zwischen Offenheit für Erfahrung und dem Einkommen besteht, aus Kapitel 7.1.1 bestätigt werden.

(3) **Gewissenhaftigkeit:** Für dieses Persönlichkeitsmerkmal zeigen sich gleich bei vier Einkommensklassen (>40.000, >60.000, >100.000, >150.000) statistisch signifikante Korrelationen. Dabei kann eine Korrelation als bedeutsam und signifikant bezeichnet werden und drei als schwach korrelierend und schwach signifikant. Auch hier zeigt sich, wie beim Neurotizismus, bspw. bei der Gehaltsklasse über 30.000 Euro, dass ein hoher Multiplikator M3 (400%) nicht unbedingt eine statistisch signifikante Korrelation bedeutet.

Das Persönlichkeitsmerkmal Offenheit für Erfahrung zeigt keine eindeutigen Korrelationen zum Einkommen auf. Für die Persönlichkeitsmerkmale Neurotizismus und Gewissenhaftigkeit können für zwei bis vier Gehaltsklassen signifikante Korrelationen nachgewiesen werden, allerdings nicht für alle Gehaltsklassen, deswegen wurde in einem weiteren Schritt das Haupt-Item „Welches jährliche Einkommen haben Sie?" auf Korrelationen mit den fünf Persönlichkeitsmerkmalen untersucht. Zudem wurde das Haupt-Item „Alter" auf Korrelationen mit den fünf Faktoren überprüft. In den nachfolgenden Tabellen werden die fünf Faktoren aus Gründen der Darstellbarkeit mit ‚N' für Neurotizismus, ‚E' für Extraversion, ‚O' für Offenheit für Erfahrung, ‚V' für Verträglichkeit und ‚G' für Gewissenhaftigkeit abgekürzt (siehe Abschnitt 4.2.2.2).

Tabelle 39 führt die Korrelationskoeffizienten und deren statistische Signifikanz zwischen den fünf Persönlichkeitsmerkmalen und den Haupt-Items des Alters und des Einkommens auf:

Item		N	E	O	V	G
Welches jährliche Einkommen haben Sie?	Korrelation p nach PEARSON	-,328***	,261**	,032	,190*	,370***
	Signifikanz α (2-seitig)	,000	,005	,735	,042	,000
	N	115	115	115	115	115
Alter	Korrelation p nach PEARSON	-,090	-,105	,029	,080	,098
	Signifikanz α (2-seitig)	,250	,179	,717	,309	,211
	N	164	164	164	164	164

Tabelle 39: Korrelationen der fünf Faktoren mit den Haupt-Item des Alters und Einkommens
Quelle: Eigene Erhebung; Berechnung mit SPSS 17

Es bestätigt sich auch hier, dass das Item ‚Alter' zu keinem Persönlichkeitsmerkmal eine signifikante Korrelation aufweist, wohingegen das jährliche Einkommen beim Merkmal Neurotizismus und Gewissenhaftigkeit eine bedeutsame Korrelation mit einer hohen Signifikanz von unter α=,001 aufweist. Demzufolge kann für ein Konfidenzintervall von 99,9% eine Korrelation von p=-,328 für Neurotizismus und p=,370 für Gewissenhaftigkeit bestätigt werden. Für das Persönlichkeitsmerkmal Offenheit für Erfahrung kann auch bezüglich der Korrelationsanalyse nach dem Haupt-Item keine signifikante Korrelation festgestellt werden. Zusätzlich zeigt diese Analyse noch auf, dass der Faktor Extraversion eine signifikante bedeutsame Korrelation und der Faktor Verträglichkeit eine schwach signifikante Korrelation aufweist.

7.2 Diskussion der Korrelationen und Herleitung von Ergebnissen aus den erhobenen Daten

In den nachfolgenden Unterabschnitten werden gemäß der in Kapitel 7.1 beispielhaft dargestellten Schritte zum einen die Korrelation der fünf Persönlichkeitsausprägungen mit den Haupt-Items, zum anderen die Korrelationen mit den jeweiligen Antwort-Optionen erarbeitet. Diese erarbeiteten Korrelationen werden diskutiert und tabellarisch in Ergebnisse aggregiert. Dabei orientiert sich die nachfolgende Strukturierung an den in Kapitel 3 erarbeiteten konzeptionellen Bezugsrahmen und seinen vier Dimensionen der Informationssicherheit sowie der deskriptiven Darstellung der erhobenen Daten im Rahmen des Kapitels 6 in den Abschnitten 6.2, 6.3 und 6.4. Im letzten Unterabschnitt werden Korrelationen der fünf Faktoren zu den allgemeinen Items diskutiert. Für den Korrelationskoeffizienten nach PEARSON wird durchgängig das Zeichen ‚p' genutzt und für die zweiseitige Signifikanz das griechische Zeichen ‚α', wobei der Wert der Signifikanz in den aufgeführten Tabellen mit ‚sig. (2-seitig)' gekennzeichnet ist.

7.2.1 Ergebnisse für die technische Dimension der Informationssicherheit

Als Grundlage zur Feststellung von Zusammenhängen zwischen den fünf Persönlichkeitsmerkmalen und den technischen Aspekten der Informationssicherheit wurden die vier Fragen 2.3, 2.4, 2.6 und 2.7 mit 52 Optionen genutzt. Zu dem Item 2.3 konnte der Autor keine Korrelation nachweisen. Das jeweilige Antwortverhalten wurde deskriptiv in Diagramm 14 in Kapitel 6.4 dargestellt. Das Item 2.2 wurde für die Analyse hinzugezogen, weil es technische Teilaspekte beinhaltet. Aus Tabelle 40 werden die signifikanten Korrelationen für die technische Dimension ersichtlich.

Für den Bereich **(1) Neurotizismus** lassen sich zwei signifikante Korrelationen darstellen. Zum einen besteht ein negativer Zusammenhang in Frage 2.6 bei der Option ‚Virtual Private Networks',[823] d.h. 174 Probanden zeigen eine Korrelation von p=-,151 mit einer Irrtumswahrscheinlichkeit von 4,7% bzw. α=,047. Daraus lässt sich ableiten, dass Probanden mit einem geringen Neurotizismus dazu tendieren, ‚Virtual Private Networks' als relevanten Baustein des IS-Managements zu betrachten. Bei Frage 2.2 zeigt sich, dass Befragte mit einem hohem Neurotizismus-Wert dazu tendieren, den Gefahrenbereich ‚Softwareseitige Mängel und Defekte' als zukünftig nicht so hoch zu priorisieren, da er mit α=,047 und einer Korrelation von p=,151 eine schwache Signifikanz aufweist.

Bezüglich des Faktors **(2) Extraversion** lässt sich in der technischen Dimension bei Frage 2.4 eine schwach signifikante bedeutsame Korrelation p=,156 mit einer Signifikanz von α=,040 anführen.[824]

---

[823]   Optionen bzw. Antwortmöglichkeiten aus der empirischen Erhebung werden mit einem Hochzeichen (‚') gekennzeichnet.

[824]   MYERS/REISS, et al. (2008), S. 46.

Daraus lässt sich folgern, dass die untersuchten Probanden mit einer hohen Extraversion dazu tendieren, das Ziel der ‚Revisionsfähigkeit' als zukünftig zu hoch zu priorisieren.

Item	Option	Korrelation, Signifikanz	N	E	O	V	G
Frage 2.4: Welche Ziele der Informationssicherheit haben für Sie zukünftig die höchste Priorität? (siehe Diagramm 14)	Revisionsfähigkeit	p	-,083	,156*	-,079	,084	,081
		sig. (2-seitig)	,273	,040	,301	,271	,291
Frage 2.6: Welche Bausteine eines Informationssicherheits-Managements sind bei Ihnen besonders relevant? (siehe Diagramm 14)	Zentrales Controlling eingesetzter Sicherheitssysteme	p	-,104	,133	-,036	,017	,162*
		sig. (2-seitig)	,171	,081	,638	,819	,033
	Kontrolle von Internet-Missbrauch	p	,145	,034	-,155*	-,052	,076
		sig. (2-seitig)	,057	,654	,041	,497	,319
	Virtual Private Networks	p	-,151*	,037	-,074	,009	,207**
		sig. (2-seitig)	,047	,630	,335	,903	,006
	Firewalls	p	-,035	-,097	-,006	-,170*	,058
		sig. (2-seitig)	,647	,201	,942	,025	,447
	Netzwerkzugangskontrolle	p	,013	,053	,087	-,009	,174*
		sig. (2-seitig)	,866	,491	,254	,908	,022
Frage 2.7: Welche Bausteine des Informationssicherheits-Managements werden bei Ihnen zukünftig die höchste Priorität haben? (Diagramm 14)	Intrusion Detection- und Intrusion Prevention-Systeme	p	-,072	,001	,150*	,024	,106
		sig. (2-seitig)	,346	,989	,048	,753	,165
	Elektronische Signaturen	p	-,098	,006	,150*	-,053	-,044
		sig. (2-seitig)	,201	,939	,048	,489	,566
Frage 2.2: Welche von diesen eben genannten Gefahrenbereichen haben für Sie die höchste Priorität? (siehe Diagramm 12)	Softwareseitige Mängel und Defekte	p	,151*	-,067	-,031	-,005	-,185*
		sig. (2-seitig)	,047	,383	,683	,951	,015

Tabelle 40: Korrelationen der fünf Faktoren mit Item-Optionen zur technischen Dimension der IS
Quelle: Eigene Erhebung; Berechnung mit SPSS 17; N=174

Für den Faktor der **(3) Offenheit für Erfahrung** zeigen sich in der technischen Dimension drei relevante Korrelationen. Bei geringer Offenheit für Erfahrung tendieren die befragten Personen bei Frage 2.6 zu einer Überbetonung der ‚Kontrolle von Internet-Missbrauch' als relevanten Bereich des IS-Managements ($p=-,155;\alpha=,041$). Zu hohe Offenheit für Erfahrung führen bei Frage 2.7 zur Überbetonung von ‚Intrusion Detection- und Intrusion Prevention-Systemen' sowie von ‚elektronischen Signaturen' als Baustein des IS-Management mit zukünftig hoher Priorität (jeweils $p=-,150;\alpha=,048$).

Eine **(4)** geringe **Verträglichkeit** der untersuchten Probanden führt bei Frage 2.6 zu einer Überbetonung von ‚Firewalls' als relevanten Baustein eines IS-Managements ($p=-,170;\alpha=,025$).

Für den Faktor der **(5) Gewissenhaftigkeit** ergeben drei Fragen statistisch signifikante Zusammenhänge bezüglich der technischen Aspekte der Informationssicherheit. Für das ‚zentrale Controlling eingesetzter Sicherheitssysteme' ($p=,162;\alpha=,033$) sowie die ‚Netzwerkzugangskontrolle' ($p=,174; \alpha=,022$) sind in Frage 2.6 bedeutsame Korrelationen darstellbar. Die Antwortmöglichkeit ‚Virtual Private Networks' ($p=-,207;\alpha=,006$) weist zudem eine signifikante Wahrscheinlichkeit von 99,4% auf. Die drei signifikanten Korrelationen für diese Frage lassen die Schlussfolgerung zu, dass Probanden mit einer hohen Gewissenhaftigkeit Bausteine des IS-Management besonders betonen respektive überbetonen. Probanden mit geringer Gewissenhaftigkeit zeigen bei der Frage nach ‚softwareseitigen Mängeln und Defekten' als zukünftigen Gefahrenbereich einen linearen Zusammenhang (p=-,185; α=,015) mit einer Irrtumswahrscheinlichkeit von 1,5%.

Tabelle 41 führt die Wirkzusammenhänge in der technischen Dimension auf:

Ausprägung des Persönlichkeitsmerkmals	Auswirkung auf technische Aspekte	Signifikanz
Geringer Neurotizismus	• Überbetonung von ‚*Virtual Private Networks*' als relevanter Baustein des IS-Managements	*
Hoher Neurotizismus	• Überbetonung von ‚*softwareseitigen Mängeln und Defekten*' als Gefahrenbereich mit hoher Priorität	*
Geringe Extraversion	• Keine Korrelation	
Hohe Extraversion	• Überbetonung des Ziels ‚*Revisionsfähigkeit*' als zukünftig höchste Priorität	*
Geringe Offenheit für Erfahrung	• Überbetonung der ‚*Kontrolle Internet-Missbrauch*' als relevanter Baustein des IS-Managements	*
Hohe Offenheit für Erfahrung	• Überbetonung von ‚*Intrusion Detection- und Intrusion Prevention-Systeme*' als Baustein des IS-Managements mit zukünftig höchster Priorität	*
	• Überbetonung von ‚*Elektronischen Signaturen*' als Baustein des IS-Managements mit zukünftig höchster Priorität	*
Geringe Verträglichkeit	• Überbetonung von ‚*Firewalls*' als relevanter Baustein des IS-Managements	*
Hohe Verträglichkeit	• Keine Korrelation	
Geringe Gewissenhaftigkeit	• Überbetonung von ‚*softwareseitigen Mängeln und Defekten*' als Gefahrenbereich mit hoher Priorität	*
	• Überbetonung des ‚*zentralen Controlling eingesetzter Sicherheitssysteme*' als relevanter Baustein des IS-Managements	*
Hohe Gewissenhaftigkeit	• Überbetonung von ‚*Virtual Private Networks*' als relevanter Baustein des IS-Managements	**
	• Überbetonung der ‚*Netzwerkzugangskontrolle*' als relevanter Baustein des IS-Managements	*

Tabelle 41: Wirkzusammenhänge für die technische Dimension der Informationssicherheit
Quelle: Herleitung aus eigener Erhebung

7.2.2 Ergebnisse für die rechtliche Dimension der Informationssicherheit

Die Zusammenhänge zwischen den fünf Persönlichkeitsmerkmalen und den rechtlichen Aspekten der Informationssicherheit wurden durch die drei Fragen 2.5, 2.10 und 2.11 mit 24 Optionen erhoben. Die Ergebnisse der Fragen wurden deskriptiv in Diagramm 15 in Kapitel 6.4 dargestellt. Lineare Zusammenhänge für die rechtliche Dimension der Informationssicherheit werden in Tabelle 43 dargestellt.

Für das Persönlichkeitsmerkmal des **(1) Neurotizismus** hat der Autor, im Rahmen der empirischen Erhebung, keine signifikanten Korrelationen nachweisen können. Daraus lässt sich folgern, dass der

Faktor Neurotizismus, unabhängig von der Ausprägung, keinen Einfluss auf das Antwortverhalten der untersuchten Probanden bezüglich der rechtlichen Dimension hat.

Der Faktor **(2) Extraversion** führt bei drei Optionen zu linearen Zusammenhängen. Hohe Extraversion führt bei Frage 2.5 zu einer schwach signifikanten Korrelation für die Option ‚Strafanzeige gegen den Verursacher'(p=,132; α=,044) und für die Option ‚Abmahnung, Versetzung, Entlassung von Mitarbeitern' (p=,145; α=,049). Hier lässt sich folgern, dass Befragte mit einer hohen Extraversion eher dazu tendieren, Sicherheitsvorfälle mit Konsequenzen zu ahnden. Eine geringe Ausprägung des Merkmals Extraversion führt bei Frage 2.10 für die Option ‚SigV/SigG' zu einer Überbetonung dieser Compliance Anforderung, welche sich in einer bedeutsamen linearen Korrelation (p=,161; α=,049) zeigt.

Die hohe **(3) Offenheit für Erfahrung** führt bei der Frage 2.5, welche die Konsequenzen von Sicherheitsvorfällen erfragt, zu einer Überbetonung der Option ‚Strafanzeige gegen den Verursacher' mit einer signifikanten bedeutsamen Korrelation (p=,169; α=,026).

Item	Option	Korrelation, Signifikanz	N	E	O	V	G
Frage 2.5: Welche Konsequenzen hatten diese Sicherheitsvorfälle? (siehe Diagramm 15)	Strafanzeige gegen den Verursacher	P	-,035	,132*	,169*	,023	,105
		sig. (2-seitig)	,649	,044	,026	,763	,169
	Informationen wurden missbräuchlich durch Dritte verwendet	P	,082	-,094	-,004	-,169*	-,048
		sig. (2-seitig)	,280	,218	,954	,026	,525
	Strafen gegenüber Ihrer Firma oder Ihren Mitarbeitern	P	,127	-,001	-,006	,142*	-,010
		sig. (2-seitig)	,096	,986	,937	,046	,900
	Abmahnung, Versetzung, Entlassung von Mitarbeitern	P	-,062	,145*	,027	-,031	,084
		sig. (2-seitig)	,419	,049	,726	,688	,269
Frage 2.10: Welche Compliance Anforderungen werden bei Ihnen bezüglich des Schutzes von Informationen beachtet? (siehe Diagramm 15)	SigV/SigG	P	,112	-,161*	,074	-,096	-,106
		sig. (2-seitig)	,141	,011	,329	,206	,165
	SOX (Sarbanes Oxley Act)	P	-,088	,082	-,008	,166*	,118
		sig. (2-seitig)	,247	,281	,916	,029	,120
Frage 2.11: Welche Compliance Anforderungen werden bei Ihnen bezüglich des Schutzes von Informationen zukünftig die höchste Priorität haben? (siehe Diagramm 15)	SigV/SigG	P	,126	-,125	,036	-,080	-,197**
		sig. (2-seitig)	,098	,099	,633	,295	,009
	SOX (Sarbanes Oxley Act)	P	-,131	,057	,002	,143*	,127
		sig. (2-seitig)	,084	,458	,980	,039	,094

Tabelle 42: Korrelationen der fünf Faktoren mit Item-Optionen zur rechtlichen Dimension der IS
Quelle: Eigene Erhebung; Berechnung mit SPSS 17; N=174

Befragte mit einer **(4) geringen Verträglichkeit** weisen bei Frage 2.5 eine bedeutsame Korrelation (p=-,169; α=,026) mit einer Irrtumswahrscheinlichkeit von 2,6% auf. Keine andere Ausprägung eines Persönlichkeitsmerkmals weist bezüglich der Option ‚Informationen wurden missbräuchlich durch Dritte verwendet' als Konsequenz eines Sicherheitsvorfalls eine relevante Korrelation auf. Für eine hohe Verträglichkeit zeigen sich drei lineare Zusammenhänge. Bei Frage 2.5 zeigt sich bei Befragten mit einer hohen Verträglichkeit, als Konsequenz eines Sicherheitsvorfalls, ein linearer Zusammenhang zur Option ‚Strafen gegenüber Ihrer Firma oder Ihren Mitarbeitern' (p=,142; α=,046). Frage 2.10 erfragt die Relevanz gegenwärtiger Compliance Anforderungen und Frage 2.11 die zukünftige Relevanz von Compliance Anforderungen. Bei beiden Fragen zeigt sich ein linearer Zusammenhang bei Befragten mit einer hohen Verträglichkeit zur Option ‚SOX (Sarbanes Oxley Act)' mit p=,166; α=,029 und p=,143; α=,039. Hieraus lässt sich schließen, dass Befragte mit einer hohen Verträglichkeit neue Compliance Anforderungen besonders betonen und diesen gerecht werden wollen.

Der Faktor **(5) Gewissenhaftigkeit** zeigt bei den Befragten einen linearen Zusammenhang zu rechtlichen Aspekten der Informationssicherheit. Dabei führt eine geringe Gewissenhaftigkeit zur Überbetonung der Option ‚SigV/SigG' bei der Frage 2.11, bezüglich der zukünftigen Relevanz von Compliance Anforderungen (p=-,197; α=,009), mit einer signifikanten Wahrscheinlichkeit von 99,1%.

Tabelle 43 führt die Wirkzusammenhänge in der rechtlichen Dimension auf:

Ausprägung des Persönlichkeitsmerkmals	Auswirkung auf rechtliche Aspekte	Signifikanz
Geringer Neurotizismus	• Keine Korrelation	
Hoher Neurotizismus	• Keine Korrelation	
Geringe Extraversion	• Überbetonung des *‚SigV/SigG'* als Compliance Anforderung zum Schutz von Informationen	*
Hohe Extraversion	• Überbetonung von *‚Abmahnung, Versetzung, Entlassung von Mitarbeitern'* als Konsequenz von Sicherheitsvorfällen	*
Geringe Offenheit für Erfahrung	• Keine Korrelation	
Hohe Offenheit für Erfahrung	• Überbetonung von *‚Strafanzeigen gegen den Verursacher'* zum Schutz von Informationen	**
Geringe Verträglichkeit	• Überbetonung von *‚Informationen wurden missbräuchlich durch Dritte verwendet'* als Konsequenz von Sicherheitsvorfällen	*
Hohe Verträglichkeit	• Überbetonung von *‚Strafen gegenüber Ihrer Firma oder Ihren Mitarbeitern'* als Konsequenz von Sicherheitsvorfällen	*
	• Überbetonung von *‚SOX (Sarbanes Oxley Act)'* als Compliance Anforderung zum Schutz von Informationen	*
	• Überbetonung von *‚SOX (Sarbanes Oxley Act)'* als zukünftige Compliance Anforderung zum Schutz von Informationen mit hoher Priorität	*
Geringe Gewissenhaftigkeit	• Überbetonung von *‚SigV/SigG'* als zukünftige Compliance Anforderung zum Schutz von Informationen	**
Hohe Gewissenhaftigkeit	• Keine Korrelation	

Tabelle 43: Wirkzusammenhänge für die rechtliche Dimension der Informationssicherheit
Quelle: Herleitung aus eigener Erhebung

7.2.3   Ergebnisse für die organisatorische Dimension der Informationssicherheit

Lineare Zusammenhänge zwischen organisatorischen Aspekten der Informationssicherheit und den fünf Faktoren der Persönlichkeit wurden durch die Fragen 2.8, 2.9, 2.13, 2.14, 2.15, 2.16, 2.17, 2.18, 2.20 und 2.21 mit 83 Optionen ergründet. Die Fragen 2.1 und 2.2 wurden für die Analyse hinzugezogen, weil sie organisatorische Teilaspekte beinhalten. Die deskriptive Darstellung des jeweiligen Antwortverhaltens wurde im Rahmen des Kapitels 6.4 in den Diagrammen 12, 16, 17 und 18 vorgenommen. Für die Frage 2.17 konnten keine Korrelationen zu den Persönlichkeitsmerkmalen festgestellt werden. Aus Tabelle 44 werden die signifikanten Korrelationen zwischen den fünf Persönlichkeitsfaktoren und der organisatorischen Dimension der Informationssicherheit ersichtlich.

Der Faktor des **(1) Neurotizismus** weist, je nach Ausprägung, in acht Fragestellungen lineare Zusammenhänge zu den organisatorischen Aspekten der Informationssicherheit auf. Geringer Neurotizismus führt in Frage 2.1 zu einer Überbetonung der Option ‚Nachlässigkeit und Irrtum der eigenen Mitarbeiter' als Gefahrenbereich mit hoher Priorität (p=-,151; α=,047). In Frage 2.14 betonen die Befragten mit geringem Neurotizismus, als Strategien und Managementansätze, die Option ‚Schriftlich fixierte Maßnahmen zur Informationssicherheit' (p=-,149; α=,050) und ‚Schriftlich fixierter und validierter IT-Notfallplan' (p=-,164; α=,030). Probanden mit geringem Neurotizismus zeigen einen linearen Zusammenhang bei der Option ‚alle 2 Jahre' in der Frage 2.16, welche die Überprüfung von umgesetzten Konzepten und Richtlinien zur Informationssicherheit aufnimmt. Die errechnete Korrelation ist bedeutsam mit einer Signifikanz von 99,6% (p=-,220; α=,004). Auf die Frage 2.21, welche Mitarbeiter im Hause besonders in Fragen der Informationssicherheit geschult werden, zeigten die Probanden mit geringem Neurotizismus einen linearen Zusammenhang zur Option ‚CISO' (p=-,159; α=,036). Hohe Neurotizismuswerte zeigen sich in der organisatorischen Dimension bei drei Fragestellungen zur Informationssicherheit. Frage 2.2 weist eine Überbetonung der Option ‚Sabotage' als Gefahrenbereich mit hoher Priorität auf (p=,174; α=,022). Probanden mit hohem Neurotizismus zeigen eine bedeutsame Korrelation mit einer Signifikanz von 99,6% bezüglich der Option ‚unregelmäßig' auf die Frage, wie regelmäßig Konzepte und Richtlinien zur Informationssicherheit in ihrer Firma überprüft werden (p=,217; α=,004; Frage 2.16). Als ‚Sehr Niedrig' erachten es die Befragten mit hohem Neurotizismus, regelmäßig Weiterbildungsmaßnahmen für Mitarbeiter zum Schutz der Informationssicherheit anzubieten; wie aus Frage 2.20 hervorgeht (p=,162; α=,033).

Das Persönlichkeitsmerkmal der **(2) Extraversion** weist keine Korrelationen zu organisatorischen Fragestellungen bezüglich seiner geringen Ausprägung aus. Bei hoher Extraversion lassen sich hingegen sieben lineare Zusammenhänge darstellen. Davon weisen drei Korrelationen eine Signifikanz von über 99% auf. Probanden mit hoher Extraversion betonen die Option ‚ISO 27001' sowohl bei den gegenwärtig angewandten, als auch bei den Standards und Normen mit zukünftig höchster Priorität (p=,158; α=,038; Frage 2.8 sowie p=,189; α=,012; Frage 2.9). Sicherheitslücken werden bei Personen mit hoher Extraversion bevorzugt durch ‚Einzelinterviews' identifiziert (p=,160; α=,035; Frage 2.13). Besonders betont werden bei genutzten Strategien und Managementansätzen ein ‚Schriftlich fixierter und validierter IT-Notfallplan' zur Gewährleistung von Informationssicherheit (p=,174; α=,022;

Frage 2.14). Ein bedeutsamer linearer Zusammenhang zeigt sich bei der Frage nach der Ebene, welche das Thema Informationssicherheit als besonders relevant einstuft. Probanden mit hoher Extraversion betonen hierbei vorzugsweise die Option ‚TOP-Management', mit einer Signifikanz von 99,3% (p=,203; α=,007; Frage 2.15). Eine signifikante Korrelation zeigt sich zudem bei der Frage 2.16, welche klären soll, wie oft Konzepte und Richtlinien zur Informationssicherheit in der jeweiligen Firma überprüft werden. Das erhobene Antwortverhalten zeigt mit einer geringen Irrtumswahrscheinlichkeit von 0,5% auf, dass die Befragten, die Option ‚alle 3 Monate' präferieren würden (p=,210; α=,005). Als weitere Korrelation mit einer Irrtumswahrscheinlichkeit von 0,6%, lässt sich Frage 2.21, welche die Personengruppen in der Firma erfragt, die besonders in Aspekten der Informationssicherheit geschult werden. Probanden mit hoher Extraversion betonen besonders den ‚IT-Benutzer'(p=,206; α=,006).

Bezüglich des Faktors (3) **Offenheit für Erfahrung** lassen sich drei Korrelationen darstellen. Bei geringer Ausprägung der Offenheit für Erfahrung kann für die Option ‚Neutral', bei der Frage nach der Wichtigkeit von Weiterbildungsmaßnahmen, ein linearer Zusammenhang angeführt werden (p=-,185; α=,015; Frage 2.20). Auf die Frage, welche Personengruppen bezüglich der Informationssicherheit besonders geschult werden, wird von den Befragten mit geringer Ausprägung des Persönlichkeitsmerkmals die Option ‚IT Manager/-Abteilungsleiter' präferiert (p=-,159; α=,036; Frage 2.21). Für Probanden mit hoher Offenheit für Erfahrung ist ein linearer Zusammenhang bei der Option ‚Unbeabsichtigte Fehler von Externen', für die Frage nach den Ursachen für die Sicherheitsvorfälle der letzten 24 Monate(p=,154; α=,043; Frage 2.1), feststellbar.

Der Faktor der **(4) Verträglichkeit** weist bei geringer Ausprägung keine Korrelationen auf. Probanden mit hoher Verträglichkeit betonen lediglich die Option ‚Unbeabsichtigte Fehler von Externen' bei Sicherheitsvorfällen der letzten 24 Monate (p=,155; α=,042; Frage 2.1).

Item	Option	Korrelation, Signifikanz	N	E	O	V	G
Frage 2.1: Bitte kreuzen Sie an, in welchen Gefahrenbereichen in den letzten 24 Monaten die meisten Sicherheitsvorfälle auftraten? (siehe Diagramm 12)	Unbeabsichtigte Fehler von Externen	p	-,058	,131	,154*	,155*	-,049
		sig. (2-seitig)	,450	,084	,043	,042	,521
Frage 2.2: Welche von diesen eben genannten Gefahrenbereichen haben für Sie die höchste Priorität? (siehe Diagramm 12)	Nachlässigkeit und Irrtum der eigenen Mitarbeiter	p	-,151*	,085	-,053	-,004	,031
		sig. (2-seitig)	,047	,265	,489	,954	,683
	Sabotage	p	,174*	,008	-,046	,039	,061
		sig. (2-seitig)	,022	,917	,544	,611	,425
Frage 2.8: Welche Standards und Normen werden bei ihnen angewandt? (siehe Diagramm 16)	ISO 27001	p	,048	,158	,068	,028	,075
		sig. (2-seitig)	,533	,038	,376	,713	,322
	ITIL	p	-,122	,124	-,011	,048	,165*
		sig. (2-seitig)	,108	,102	,888	,531	,029
Frage 2.9: Welche Standards und	ISO 13335	p	,132	-,131	-,025	-,128	,161*

Frage	Item-Option						
Normen werden bei Ihnen zukünftig die höchste Priorität haben? (siehe Diagramm 16)	ISO 27001	sig. (2-seitig)	,082	,084	,740	,094	,034
		p	-,097	,189*	,141	-,020	,098
		sig. (2-seitig)	,203	,012	,064	,794	,197
Frage 2.13: Auf welche Art und Weise werden bei Ihnen in der Firma Lücken bei der Informationssicherheit identifiziert? (siehe Diagramm 16)	Einzelinterviews	p	-,115	,160*	,080	-,106	,170*
		sig. (2-seitig)	,132	,035	,291	,165	,025
Frage 2.14: Welche der folgenden Strategien und Managementansätze nutzen Sie in Ihrer Firma? (siehe Diagramm 17)	Schriftlich fixierte Maßnahmen zur Informationssicherheit	p	-,149*	,113	-,007	,103	,059
		sig. (2-seitig)	,050	,136	,924	,175	,439
	Schriftlich fixiert und validierter IT-Notfallplan	p	-,164*	,174*	-,063	-,027	,083
		sig. (2-seitig)	,030	,022	,406	,727	,279
Frage 2.15: Welche Ebenen betrachten Informationssicherheit als wichtiges Thema?	Top-Management	p	-,088	,203**	,013	,139	,179*
		sig. (2-seitig)	,246	,007	,866	,068	,018
Frage 2.16: Wie regelmäßig werden umgesetzte Konzepte und Richtlinien zur Informationssicherheit in Ihrer Firma überprüft? (siehe Diagramm 17)	alle 3 Monate	p	-,088	,210**	-,050	,007	,093
		sig. (2-seitig)	,249	,005	,516	,931	,220
	alle 6 Monate	p	-,040	,096	,071	,051	,156*
		sig. (2-seitig)	,601	,206	,350	,508	,040
	alle 2 Jahre	p	-,220**	,100	-,045	,124	,081
		sig. (2-seitig)	,004	,191	,552	,104	,287
	unregelmäßig	p	,217**	-,114	,107	-,009	-,163*
		sig. (2-seitig)	,004	,133	,161	,907	,032
Frage 2.18: Welche Probleme beeinträchtigen Sie besonders bei der Fortentwicklung der Informationssicherheit?	Mangelnde Konzepte	p	,123	-,045	,066	,012	-,157*
		sig. (2-seitig)	,106	,559	,389	,879	,039
	Unzureichende Teilkonzepte	p	,131	-,030	,055	-,086	-,177*
		sig. (2-seitig)	,086	,699	,473	,258	,019
Frage 2.20: Für wie wichtig erachten Sie es, regelmäßig Weiterbildungsmaßnahmen für Mitarbeiter zum Schutz der Informationssicherheit anzubieten? (siehe Diagramm 18)	Sehr Hoch	p	-,091	,088	,106	-,038	,193**
		sig. (2-seitig)	,233	,250	,165	,616	,011
	Neutral	p	-,016	,014	-,185*	,059	-,036
		sig. (2-seitig)	,831	,855	,015	,443	,634
	Sehr Niedrig	p	,162*	-,068	-,013	-,082	-,140
		sig. (2-seitig)	,033	,376	,865	,283	,065
Frage 2.21: Welche Mitarbeiter werden bei Ihnen im Hause besonders in Fragen der Informationssicherheit geschult? (siehe Diagramm 18)	IT-Benutzer	p	-,139	,206*	-,010	-,009	,259***
		sig. (2-seitig)	,067	,006	,893	,901	,001
	IT Manager/-Abteilungsleiter	p	-,020	-,004	-,159*	,061	,053
		sig. (2-seitig)	,795	,953	,036	,422	,488
	CISO	p	-,159*	,089	,015	,109	,098
		sig. (2-seitig)	,036	,241	,840	,154	,200
	Mitglied der Geschäftsleitung	p	-,085	,106	,006	,105	,157*
		sig. (2-seitig)	,267	,164	,936	,168	,039

Tabelle 44: Korrelationen der fünf Faktoren mit Item-Optionen zur organisatorischen Dimension der IS
Quelle: Eigene Erhebung; Berechnung mit SPSS 17; N=174

Das Persönlichkeitsmerkmal der **(5) Gewissenhaftigkeit** weist bezüglich der Fragen zur organisatorischen Dimension der Informationssicherheit 11 lineare Zusammenhänge auf. Bei geringer Gewissenhaftigkeit können vier Korrelationen dargestellt werden. Die Option ,ISO 13335' wird bei der Frage nach Standards und Normen mit zukünftig höchster Priorität besonders präferiert (p=-,161; α=,029;

Frage 2.9). Als Überprüfungszeitraum, in dem Konzepte und Richtlinien für Informationssicherheit

überprüft werden, wird von Probanden mit geringer Gewissenhaftigkeit überwiegend die Option

‚unregelmäßig' angegeben (p=-,163; α=,032; Frage 2.16). Als Gründe für Probleme bei der Fortent-

wicklung der Informationssicherheit werden bei den Probanden mit geringer Gewissenhaftigkeit

besonders ‚Mangelnde Konzepte' (p=-,157; α=,039; Frage 2.18) und ‚Unzureichende Teilkonzep-

te'(p=-,177; α=,019; Frage 2.18) angegeben. Befragte mit hoher Gewissenhaftigkeit zeigen für sieben

Fragen zur organisatorischen Dimension lineare Zusammenhänge auf. Für die Option ‚ITIL' bei der

Frage nach angewandten Standards und Normen lässt sich für Personen mit hoher Gewissenhaftig-

keit eine Korrelation darstellen (p=,165; α=,029; Frage 2.8). Bezüglich der Frage nach der Art und

Weise, der Identifizierung von Sicherheitslücken, betonen Befragte mit hoher Gewissenhaftigkeit die

Option ‚Einzelinterviews' (p=,170; α=,025; Frage 2.13). Ein linearer Zusammenhang lässt sich bei der

Frage nach den Ebenen, welche Informationssicherheit als wichtiges Thema betrachten, darstellen.

Hier wird die Option ‚Top-Management' (p=,179; α=,018; Frage 2.15) bei Probanden mit hoher Ge-

wissenhaftigkeit präferiert; mit einer ähnlichen Korrelation wie bei Befragten mit hoher Extraversion

(p=,203; α=,007). Die Option ‚alle 6 Monate' wird von den Befragten bei der Frage betont, in wel-

chem Zeitraum, Konzepte und Richtlinien in ihrer Firma überprüft werden (p=,156; α=,040; Frage

2.16). Als ‚Sehr Hoch' wird von den Probanden mit hoher Gewissenhaftigkeit die Wichtigkeit von

Weiterbildungsmaßnahmen für die Mitarbeiter verstanden (p=,193; α=,011; Frage 2.20). Befragte mit

einer hohen Gewissenhaftigkeit geben mit einer sehr signifikanten Wahrscheinlichkeit von 99,9% an,

dass IT-Benutzer in ihrem Unternehmen besonders geschult werden (p=,259; α=,001; Frage 2.21). Bei

der gleichen Frage betonen die Probanden zudem die Option ‚Mitglied der Geschäftsleitung' mit

einer bedeutsamen Korrelation und schwacher Signifikanz (p=,157; α=,039; Frage 2.21).

Tabelle 45 führt die Wirkzusammenhänge in der organisatorischen Dimension auf:

Ausprägung des Persönlichkeitsmerkmals	Auswirkung auf organisatorische Aspekte	Signifikanz
Geringer Neurotizismus	• Überbetonung der *Nachlässigkeit und Irrtum der eigenen Mitarbeiter'* als Gefahrenberiech mit der höchsten Priorität	*
	• Überbetonung *Schriftlich fixierte Maßnahmen zur Informationssicherheit'* als genutzte Strategien und Managementansätze	*
	• Überbetonung *Schriftlich fixiert und validierter IT-Notfallplan'* als genutzte Strategien und Managementansätze	*
	• Überbetonung *alle 2 Jahre'* als Zeitraum indem Konzepte und Richtlinien überprüft werden	**
	• Überbetonung des *‚CISO',* welcher in Fragen der Informationssicherheit besonders geschult wird	*
Hoher Neurotizismus	• Überbetonung des *‚Sabotage'* als Gefahrenbereich mit der höchsten Priorität	*
	• Überbetonung *‚unregelmäßig'* als Zeitraum indem Konzepte und Richtlinien überprüft werden	**
	• Überbetonung *Sehr niedrig'* bei der Wichtigkeit von Weiterbildungsmaßnahmen für die Mitarbeiter	*

Geringe Extraversion	• Keine Korrelation	
	• Überbetonung von *ISO 27001* bei angewandten Standards und Normen	*
	• Überbetonung von *ISO 27001* bei Standards und Normen mit zukünftig höchster Priorität	*
	• Überbetonung von *Einzelinterviews* bei Art und Weise der Identifizierung von Sicherheitslücken	*
Hohe Extraversion	• Überbetonung *Schriftlich fixiert und validierter IT-Notfallplan* als genutzte Strategien und Managementansätze	*
	• Überbetonung *TOP-Management* als Ebene, welche Informationssicherheit als wichtiges Thema einstuft	**
	• Überbetonung *alle 3 Monate* als Zeitraum indem Konzepte und Richtlinien überprüft werden	**
	• Überbetonung des *IT-Benutzer*, welcher in Fragen der Informationssicherheit besonders geschult wird	**
Geringe Offenheit für Erfahrung	• Überbetonung *Neutral* bei der Wichtigkeit von Weiterbildungsmaßnahmen für die Mitarbeiter	*
	• Überbetonung des *IT Manager/-Abteilungsleiter*, welcher in Fragen der Informationssicherheit besonders geschult wird	*
Hohe Offenheit für Erfahrung	• Überbetonung *Unbeabsichtigte Fehler von Externen* bei Sicherheitsvorfällen der letzten 24 Monate	*
Geringe Verträglichkeit	• Keine Korrelation	
Hohe Verträglichkeit	• Überbetonung *Unbeabsichtigte Fehler von Externen* bei Sicherheitsvorfällen der letzten 24 Monate	*
Geringe Gewissenhaftigkeit	• Überbetonung von *ISO 13335* bei Standards und Normen mit zukünftig höchster Priorität	*
	• Überbetonung *unregelmäßig* als Zeitraum indem Konzepte und Richtlinien überprüft werden	*
	• Überbetonung *Mangelnde Konzepte* als Probleme bei der Fortentwicklung der Informationssicherheit	*
	• Überbetonung *Unzureichende Teilkonzepte* als Probleme bei der Fortentwicklung der Informationssicherheit	*
Hohe Gewissenhaftigkeit	• Überbetonung von *ITIL* bei angewandten Standards und Normen	*
	• Überbetonung von *Einzelinterviews* bei Art und Weise der Identifizierung von Sicherheitslücken	*
	• Überbetonung *TOP-Management* als Ebene, welche Informationssicherheit als wichtiges Thema einstuft	*
	• Überbetonung *alle 6 Monate* als Zeitraum indem Konzepte und Richtlinien überprüft werden	*
	• Überbetonung *Sehr Hoch* bei der Wichtigkeit von Weiterbildungsmaßnahmen für die Mitarbeiter	*
	• Überbetonung des *IT-Benutzer*, welcher in Fragen der Informationssicherheit besonders geschult wird	***
	• Überbetonung des *Mitglied der Geschäftsleitung*, welcher in Fragen der Informationssicherheit besonders geschult wird	*

Tabelle 45: Wirkzusammenhänge für die organisatorische Dimension der Informationssicherheit
Quelle: Herleitung aus eigener Erhebung

Durch Konzipierung der Items mit einer fünfachen Likert-Skala wurde die Grundlage geschaffen, Korrelationen des gesamten Items zu einem Persönlichkeitsmerkmal herzustellen. Bezüglich der organisatorischen Dimension, konnten in zwei Items Korrelationen zur den erfragten Persönlichkeitsmerkmalen festgestellt werden. Probanden mit hohem Neurotizismus wiesen mit einer signifikanten Wahrscheinlichkeit von 99,1% einen linearen Zusammenhang zur Frage, wie regelmäßig umgesetzte Konzepte und Richtlinien zur Informationssicherheit überprüft werden, auf (p=,204; α=,009; Frage 2.16). Bei dem gleichen Item ließ sich für Befragte mit geringer Extraversion eine bedeutsame Korrelation nachweisen, welche eine signifikante Wahrscheinlichkeit von 99,6% aufweist (p=-,221; α=,004). Für Probanden mit einer geringen Offenheit für Erfahrung konnte, bei der Frage zur Priorität von regelmäßigen Weiterbildungsmaßnahmen für Mitarbeiter zum Schutz der Informationssicherheit, ein linearer Zusammenhang festgestellt werden (p=-,160; α=,038; Frage 2.20). Für Probanden mit geringer Gewissenhaftigkeit konnte ebenfalls eine bedeutsame Korrelation mit einer signifikanten Wahrscheinlichkeit von 99,2% zu diesem Item festgestellt werden(p=-,204; α=,008).

Abschließend wurde bei den Fragen 2.16 und 2.20, welche über eine 5- und 6-fach Likert Skala verfügen, nachgewiesen, dass übergreifende Zusammenhänge zu zwei Persönlichkeitsmerkmalen bestehen. Tabelle 46 zeigt die linearen Zusammenhänge auf:

Item	Korrelation, Signifikanz, N	N	E	O	V	G
Frage 2.16: Wie regelmäßig werden umgesetzte Konzepte und Richtlinien zur Informationssicherheit in Ihrer Firma überprüft? (siehe Diagramm 17)	p	,204**	-,221**	,006	,036	-,146
	sig. (2-seitig)	,009	,004	,941	,642	,062
	N	165	165	165	165	165
Frage 2.20: Für wie wichtig erachten Sie es, regelmäßig Weiterbildungsmaßnahmen für Mitarbeiter zum Schutz der Informationssicherheit anzubieten? (siehe Diagramm 18)	p	,110	-,072	-,160*	,013	-,204**
	sig. (2-seitig)	,156	,351	,038	,867	,008
	N	169	169	169	169	169

Tabelle 46: Korrelationen der fünf Faktoren mit Items zur organisatorischen Dimension der IS
Quelle: Eigene Erhebung; Berechnung mit SPSS 17

Bei Frage 2.16 wurde erfragt, wie regelmäßig umgesetzte Konzepte und Richtlinien zur Informationssicherheit in der jeweiligen Firma überprüft werden. Hierbei wurden die folgenden sechs Optionen, alle ‚4 Wochen', ‚alle 3 Monate', ‚alle 6 Monate', ‚jährlich', ‚alle 2 Jahre' und ‚unregelmäßig' erfragt. Im Rahmen der Auswertung konnten zwei bedeutsame Korrelationen nachgewiesen werden. Befragte mit hohem Neurotizismus zeigen über alle sechs Optionen ein ähnliches Antwortverhalten mit einer signifikanten Wahrscheinlichkeit von 99,1% (p=,204; α=,009). Eine bedeutsame Korrelation konnte auch für Probanden mit geringer Extraversion aufgezeigt werden; mit einer signifikanten Wahrscheinlichkeit von 99,6% (p=-,221; α=,004). Die Einschätzung, für wie wichtig es die befragten Personen erachten, dass regelmäßig Weiterbildungsmaßnahmen für Mitarbeiter zum Schutz der Informationssicherheit angeboten werden, wurde in Frage 2.20 ergründet. Dabei wurden die Optionen ‚Sehr Hoch', ‚Hoch', ‚Neutral', ‚Niedrig' und ‚Sehr Niedrig' als Antwortalternativen erfragt. Dabei konnten für zwei Persönlichkeitsmerkmale lineare Zusammenhänge zur organisatorischen Fragestellung nachgewiesen werden. Probanden mit geringer Offenheit für Erfahrung wiesen eine Korrelation zu angeführten Optionen auf (p=-,160; α=,038). Einen noch stärkeren Zusammenhang zu den erfragten Optionen der Frage, wiesen Befragte mit geringer Gewissenhaftigkeit mit einer signifikanten Wahrscheinlichkeit von 99,2% auf (p=-,204; α=,008).

7.2.4 Ergebnisse für die wirtschaftliche Dimension der Informationssicherheit

Zur Feststellung von linearen Zusammenhängen zwischen den fünf Persönlichkeitsmerkmalen und wirtschaftlichen Aspekten der Informationssicherheit, wurden vom Autor die sieben Fragen 2.22, 2.23, 2.24, 2.25, 2.26, 2.27 und 2.5 genutzt. Frage 2.5 wurde für die Analyse hinzugezogen, weil sie wirtschaftliche Teilaspekte beinhaltet. Als Antwortalternativen wurden 64 Optionen zur Auswahl gestellt, welche deskriptiv in Diagramm 19 und 20 dargestellt wurden. Für die Items 2.26 und 2.27 konnten keine Korrelationen zu den Persönlichkeitsmerkmalen festgestellt werden. In Tabelle 47 hat der Autor die signifikanten Korrelationen für die wirtschaftliche Dimension dargestellt.

Das Persönlichkeitsmerkmal des **(1) Neurotizismus** weist bezüglich der wirtschaftlichen Aspekte drei lineare Zusammenhänge auf. Bei einem geringen Neurotizismus betonen die Befragten bei der Frage, welche Höhe das Budget zur Verbesserung der Informationssicherheit aufwies, besonders die Option ‚>500.000 Euro' mit einer signifikanten Wahrscheinlichkeit von 88,6% (p=-,187; α=,014; Frage 2.24). Für einen hohen Neurotizismus wird als Konsequenz von Sicherheitsvorfällen die Option ‚Imageschaden' präferiert; mit einer signifikanten Wahrscheinlichkeit von 87,3% (p=,168; α=,027; Frage 2.5). Mit einer signifikanten Wahrscheinlichkeit von 88,0% wird bei der Einschätzung des Budgets zur Verbesserung der Informationssicherheit von Probanden mit einem hohen Neurotizismus die Option ‚Zu Niedrig' betont (p=,177; α=,020; Frage 2.25). Für den Faktor der **(2) Extraversion** zeigt sich sowohl bei geringer, als auch bei hoher Ausprägung für die Befragten kein linearer Zusammenhang zu den erhobenen Items. Die **(3) Offenheit für Erfahrung** führt ebenfalls zu keiner nachweisbaren Korrelation für die erhobenen Items der wirtschaftlichen Dimension. Bei hoher Offenheit für Erfahrung können zwei lineare Zusammenhänge nachgewiesen werden; mit einer signifikanten Wahrscheinlichkeit von über 86,0%. Befragte Probanden betonten bei der Frage nach dem Budget, welches für die Informationsverarbeitung zur Verfügung stand, besonders die Option ‚<50.000 Euro'(p=,157; α=,039; Frage 2.23). Auf die Frage, welches Budget für Maßnahmen zur Verbesserung der Informationssicherheit verwendet wird, wurde von den Probanden mit hoher Offenheit für Erfahrung bevorzugt die Option ‚<5.000 Euro' angegeben (p=,166; α=,028; Frage 2.24).

Item	Option	Korrelation, Signifikanz	N	E	O	V	G
Frage 2.5: Welche Konsequenzen hatten diese Sicherheitsvorfälle? (siehe Diagramm 15)	Imageschaden	p	,168*	-,028	,127	,035	-,009
		sig. (2-seitig)	,027	,716	,094	,649	,903
	Kunden oder Aufträge wurden verloren	p	-,061	,117	-,083	,125*	,012
		sig. (2-seitig)	,421	,125	,274	,046	,877
Frage 2.22: Welcher Umsatz wurde in Ihrer Firma im Jahr 2008 ausgewiesen? (siehe Diagramm 8)	>1 Mio. Euro	p	-,011	-,071	-,035	-,257***	-,013
		sig. (2-seitig)	,881	,354	,651	,001	,865
	>10 Mrd. Euro	p	-,081	,163*	,063	,114	,175*
		sig. (2-seitig)	,287	,031	,408	,133	,021

237

Frage 2.23: Welches Budget stand für Informationsverarbeitung im Jahr 2008 zur Verfügung? (siehe Diagramm 19)	<50.000 Euro	p	-,027	-,075	,157*	-,021	,063
		sig. (2-seitig)	,724	,326	,039	,784	,413
	>50 Mio. Euro	p	-,123	,125	-,155*	,075	,173*
		sig. (2-seitig)	,106	,101	,041	,328	,022
Frage 2.24: Welches Budget wurde für Maßnahmen zur Verbesserung der Informationssicherheit verwendet? (siehe Diagramm 19)	<5.000 Euro	p	-,052	,017	,166*	,122	,043
		sig. (2-seitig)	,492	,825	,028	,109	,570
	>500.000 Euro	p	-,187*	,089	,005	,060	,105
		sig. (2-seitig)	,014	,245	,952	,435	,169
Frage 2.25: Wie schätzen Sie das Budget zur Verbesserung der Informationssicherheit ein? (siehe Diagramm 20)	Niedrig	p	-,117	,007	,015	,007	,137*
		sig. (2-seitig)	,123	,932	,840	,926	,048
	Zu Niedrig	p	,177*	-,131	,083	,042	-,217**
		sig. (2-seitig)	,020	,085	,276	,580	,004

Tabelle 47: Korrelationen der fünf Faktoren mit Item-Optionen zur wirtschaftlichen Dimension der IS
Quelle: Eigene Erhebung; Berechnung mit SPSS 17; N=174

Bezüglich des Persönlichkeitsmerkmals der (4) Verträglichkeit konnten zwei lineare Zusammenhänge nachgewiesen werden. Bei geringer Verträglichkeit lässt sich eine bedeutsame Korrelation mit einer hohen signifikanten Wahrscheinlichkeit von 99,9% aufzeigen. Befragte betonten bei der Frage nach dem Unternehmensumsatz bevorzugt die Option ‚>1 Mio. Euro'(p=-,257; α=,001; Frage 2.22). Probanden mit hoher Verträglichkeit führten bei der Frage nach der Konsequenz von Sicherheitsvorfällen besonders die Option ‚Kunden oder Aufträge wurden verloren' an (p=,125; α=,046; Frage 2.5). Das Persönlichkeitsmerkmal der (5) Gewissenhaftigkeit führt zu vier relevanten Korrelationen bei den Probanden bezüglich der Items zur wirtschaftlichen Dimension. Für Befragte mit geringer Gewissenhaftigkeit konnte auf die Frage, wie sie das Budget zur Verbesserung der Informationssicherheit einschätzen, eine bedeutsame Korrelation für die Option ‚Zu Niedrig' nachgewiesen werden; mit einer signifikanten Wahrscheinlichkeit von 99,6% (p=,217; α=,004; Frage 2.25). Probanden mit hoher Gewissenhaftigkeit zeigten einen linearen Zusammenhang bei der Frage nach dem Unternehmensumsatz bei der Option ‚>10 Mrd. Euro'(p=,175; α=,021; Frage 2.22). Bei der Frage, welches Budget für die Informationsverarbeitung zur Verfügung stand, konnte eine Korrelation zur Option ‚>50 Mio. Euro' nachgewiesen werden (p=,173; α=,022; Frage 2.23). Zudem zeigten die Probanden mit hoher Gewissenhaftigkeit bei den wirtschaftlichen Items zur Frage, wie sie das Budget zur Verbesserung der Informationssicherheit einschätzen, einen linearen Zusammenhang zur Option ‚Niedrig' auf (p=,137; α=,048; Frage 2.25).

Tabelle 48 führt die Wirkzusammenhänge in der wirtschaftlichen Dimension auf:

Ausprägung des Persönlich-keitsmerkmals	Auswirkung auf wirtschaftliche Aspekte	Signi-fikanz
Geringer Neurotizismus	• Überbetonung der Option ‚*>500.000 Euro*' als Budget, welches für Maßnahmen zur Verbesserung der Informationssicherheit verwendet wird	*
Hoher Neurotizismus	• Überbetonung von ‚*Imageschaden*' als Konsequenz von Sicherheitsvorfällen	*
	• Überbetonung ‚*Zu Niedrig*' bei der Einschätzung des Budget zur Verbesserung der Informationssicherheit	*
Geringe Extraversion	• Keine Korrelation	
Hohe Extraversion	• Keine Korrelation	
Geringe Offenheit für Erfahrung	• Keine Korrelation	
Hohe Offenheit für Erfahrung	• Überbetonung der Option ‚*<50.000 Euro*' als Budget, welches für Informationsverarbeitung zur Verfügung stand	*
	• Überbetonung der Option ‚*<5.000 Euro*' als Budget, welches für Maßnahmen zur Verbesserung der Informationssicherheit verwendet wird	*
Geringe Verträglichkeit	• Überbetonung der Option ‚*>1 Mio. Euro*' als Unternehmensumsatz	***
Hohe Verträglichkeit	• Überbetonung von ‚*Kunden oder Aufträge wurden verloren*' als Konsequenz von Sicherheitsvorfällen	*
Geringe Gewissenhaftigkeit	• Überbetonung ‚*Zu Niedrig*' bei der Einschätzung des Budget zur Verbesserung der Informationssicherheit	**
Hohe Gewissenhaftigkeit	• Überbetonung der Option ‚*>10 Mrd. Euro*' als Unternehmensumsatz	*
	• Überbetonung der Option ‚*>50 Mio. Euro*' als Budget, welches für Informationsverarbeitung zur Verfügung stand	*
	• Überbetonung ‚*Niedrig*' bei der Einschätzung des Budget zur Verbesserung der Informationssicherheit	*

Tabelle 48: Wirkzusammenhänge für die wirtschaftliche Dimension der Informationssicherheit
Quelle: Herleitung aus eigener Erhebung

Abschließend wurde bei der Frage 2.25, zur Einschätzung des Budgets zur Verbesserung der Informationssicherheit, welche über eine 5-fach Likert Skala mit den Optionen ‚Zu Hoch', ‚Hoch', ‚Neutral', ‚Niedrig' und ‚Zu Niedrig' verfügt, nachgewiesen, dass übergreifende Zusammenhänge zu zwei Persönlichkeitsmerkmalen bestehen. Tabelle 49 zeigt die linearen Zusammenhänge auf:

Item	Korrelation, Signifikanz, N	N	E	O	V	G
Frage 2.25: Wie schätzen Sie das Budget zur Verbesserung der Informationssicherheit ein? (siehe Diagramm 20)	P	,113	-,169*	,096	,039	-,223**
	sig. (2-seitig)	,171	,040	,246	,641	,007
	N	148	148	148	148	148

Tabelle 49: Korrelationen der fünf Faktoren mit Items zur wirtschaftlichen Dimension der IS
Quelle: Eigene Erhebung; Berechnung mit SPSS 17

Probanden mit einer geringen Ausprägung der Extraversion, weisen im Antwortverhalten einen linearen Zusammenhang zur gestellten Frage auf (p=-,169; α=,040; Frage 2.25). Ein linearer Zusammenhang zu dieser Frage lässt sich auch bei Befragten mit geringer Gewissenhaftigkeit aufzeigen. Die nachgewiesene Korrelation ist bedeutsam; mit einer signifikanten Wahrscheinlichkeit von 99,3% (p=-,223; α=,007; Frage 2.25).

7.2.5 Ergebnisse für allgemeine Items zur Informationssicherheit

Lineare Zusammenhänge zwischen den fünf Persönlichkeitsmerkmalen und den allgemeinen Frage-stellungen zur Informationssicherheit konnten mit den Fragen 2.1, 2.12, 2.19, 2.2 ermittelt werden, welche in Diagramm 12 und 13 deskriptiv dargestellt wurden. Für die Fragen 2.2 und 2.12 konnten keine Korrelationen zu den Persönlichkeitsmerkmalen festgestellt werden. Zur Feststellung von Zu-sammenhängen dienten, im Rahmen dieser Fragen, 15 Antwortalternativen. Aus Tabelle 50 werden die signifikanten Korrelationen für allgemeine Aspekte der Informationssicherheit ersichtlich:

Item	Option	Korrelation, Signifikanz	N	E	O	V	G
Frage 2.1: Bitte kreuzen Sie an, in welchen Gefahrenbereichen in den letzten 24 Monaten die meisten Sicherheitsvorfälle auftraten? (siehe	Höhere Gewalt (Feuer, Erd-beben, Sturm, Wasser, etc.)	P	-,070	,093	-,120	,161*	,004
		sig. (2-seitig)	,357	,220	,115	,034	,963
Frage 2.19: Wie sicher empfinden Sie die Informationssicherheit in Ihrer Firma? (siehe Diagramm 13)	Sehr Hoch	P	-,038	,050	,183*	-,004	,067
		sig. (2-seitig)	,614	,515	,015	,957	,381
	Niedrig	P	,072	-,024	,178*	,029	-,084
		sig. (2-seitig)	,347	,749	,019	,699	,271

Tabelle 50: Korrelationen der fünf Faktoren mit allgemeinen Item-Optionen zur IS
Quelle: Eigene Erhebung; Berechnung mit SPSS 17; N=174

Bezüglich der Persönlichkeitsfaktoren des Neurotizismus und der Extraversion konnten keine linea-ren Zusammenhänge zu den allgemeinen Items zur Informationssicherheit festgestellt werden. Für den Faktor **(3) Offenheit für Erfahrung** hat der Autor bei hoher Ausprägung zwei Korrelationen fest-gestellt. Befragte Personen betonen bei der Frage, wie sicher sie die Informationssicherheit in ihrer Firma empfinden, besonders die Optionen ‚Sehr Hoch' als auch ‚Niedrig' mit einer signifikanten Wahrscheinlichkeit von über 98,0% (p=,183; α=,015 sowie p=,178; α=,019; Frage 2.19). Das Persön-lichkeitsmerkmal der **(4) Verträglichkeit** weist einen linearen Zusammenhang auf. Bei Befragten mit hoher Verträglichkeit führt die Frage nach den Gefahrenbereichen, in denen die meisten Sicherheits-vorfälle in den letzten 24 Monaten aufgetreten sind, zu einer Überbetonung der Option ‚Höhere Ge-walt (Feuer, Erdbeben, Sturm, Wasser, etc.)' (p=,161; α=,034; Frage 2.1).

Tabelle 51 führt die Wirkzusammenhänge zu allgemeinen Aspekten auf:

Ausprägung des Persönlich-keitsmerkmals	Auswirkung auf allgemeine Aspekte	Signi-fikanz
Geringer Neurotizismus	• Keine Korrelation	
Hoher Neurotizismus	• Keine Korrelation	
Geringe Extraversion	• Keine Korrelation	
Hohe Extraversion	• Keine Korrelation	
Geringe Offenheit für Erfahrung	• Keine Korrelation	
Hohe Offenheit für Erfahrung	• Überbetonung der Option *Sehr Hoch'* bzgl. der Einschätzung wie die Informationssi-cherheit empfunden wird	*
	• Überbetonung der Option *Niedrig'* bzgl. der Einschätzung wie die Informationssicher-	*

	heit empfunden wird	
Geringe Verträglichkeit	• Keine Korrelation	
Hohe Verträglichkeit	• Überbetonung *‚Höhere Gewalt (Feuer, Erdbeben, Sturm, Wasser, etc.)'* bei Sicherheits-vorfällen der letzten 24 Monate	*
Geringe Gewissenhaftigkeit	• Keine Korrelation	
Hohe Gewissenhaftigkeit	• Keine Korrelation	

Tabelle 51: Wirkzusammenhänge für allgemeine Aspekte zur Informationssicherheit
Quelle: Herleitung aus eigener Erhebung

Bei Frage 2.19 hat der Autor die Probanden nach Ihrer Einschätzung gefragt, für wie sicher sie die Informationssicherheit in ihrer Firma erachten. Als Antwortalternativen wurde eine Likert-Skala mit den Optionen ‚Sehr Hoch', ‚Hoch', ‚Neutral', ‚Niedrig' und ‚Sehr Niedrig' verwandt. Übergreifende lineare Zusammenhänge konnten dadurch für den Faktor der **Gewissenhaftigkeit** festgestellt werden. Bei geringer Gewissenhaftigkeit lässt sich eine bedeutsame Korrelation mit einer signifikanten Wahrscheinlichkeit von 97,0% nachweisen (p=-,167; α=,030; Frage 2.19). Tabelle 52 zeigt den linearen Zusammenhang auf:

Item	Korrelation, Signifikanz, N	N	E	O	V	G
Frage 2.19: Wie sicher empfinden Sie die Informationssicherheit in Ihrer Firma? (siehe Diagramm 13)	p	,080	-,075	-,088	,049	-,167*
	sig. (2-seitig)	,302	,330	,256	,527	,030
	N	169	169	169	169	169

Tabelle 52: Korrelationen der fünf Faktoren mit Items zu allgemeinen Aspekten der IS
Quelle: Eigene Erhebung; Berechnung mit SPSS 17

Kumuliert konnten vom Autor 62 signifikante Korrelationen herausgefiltert werden. Besonderes Augenmerk wird bei der Herleitung adäquater Handlungsempfehlungen auf dem Faktor Gewissenhaftigkeit liegen, für den 20 lineare Zusammenhänge festgestellt werden konnten. Für das Persönlichkeitsmerkmal Neurotizismus konnten 13 und für Offenheit für Erfahrung 11 lineare Zusammenhänge nachgewiesen werden. Für die Faktoren Extraversion und Verträglichkeit wurden jeweils neun signifikante Korrelationen festgestellt. Besonderes Augenmerk wird bei der folgenden Herleitung von Handlungsempfehlungen auf 10 signifikanten Korrelationen liegen, welche eine Irrtumswahrscheinlichkeit von unter 1% aufweisen.

7.3 Handlungsempfehlungen zur Erhöhung der Informationssicherheit

Die in Kapitel 7.2 erarbeiteten Ergebnisse für die technische, rechtliche, organisatorische und wirtschaftliche Dimension, werden vom Autor in den folgenden Unterabschnitten nach ihrer jeweiligen Ausprägung des Persönlichkeitsmerkmals strukturiert. Dabei werden lineare Zusammenhänge mit Eigenschaftswörtern zur jeweiligen Ausprägung des Faktors verknüpft, wodurch konkrete Handlungsempfehlungen beschrieben werden. Grundlage für die Auswahl der Eigenschaftswörter bildet die Klassifizierung von OSTENDORF, welche in Tabelle 14 dargestellt wurde. In den vorhergehenden Abschnitten wurden vom Autor 62 lineare Zusammenhänge dargestellt. 16 Korrelationen, bei denen die Fallzahl bei der jeweiligen Antwortalternative unter einem Wert von 20 war, werden nur hilfsweise erwähnt. Zur Bestätigung dieser linearen Zusammenhänge bedarf es weiterer empirischer Untersuchungen. Grundlage für die nachfolgenden Handlungsempfehlungen bilden damit 44 lineare Zusammenhänge.

7.3.1 Empfehlungen bei geringem Neurotizismus

Personen mit geringem Neurotizismus können nach OSTENDORF als robust, ausgeglichen, selbstsicher, selbst-vertrauend, entspannt, selbstzufrieden, gefestigt, unempfindlich, sorglos, sicher, gefühlsstabil, zufrieden, ruhig, locker und gelassen beschrieben werden. Tabelle 53 führt die linearen Zusammenhänge in den vier Dimensionen bei geringem Neurotizismus auf:

Dimension	Lineare Zusammenhänge bei geringem Neurotizismus	Signi-fikanz
Technisch	• Überbetonung von *„Virtual Private Networks'* als relevanter Baustein des IS-Managements	*
Rechtlich	• Keine Korrelation	
Organisatorisch	• Überbetonung der *„Nachlässigkeit und Irrtum der eigenen Mitarbeiter'* als Gefahrenbereich mit der höchsten Priorität	*
	• Überbetonung *„Schriftlich fixierte Maßnahmen zur Informationssicherheit'* als genutzte Strategien und Managementansätze	*
	• Überbetonung *„Schriftlich fixiert und validierter IT-Notfallplan'* als genutzte Strategien und Managementansätze	*
	• Überbetonung *„alle 2 Jahre'* als Zeitraum indem Konzepte und Richtlinien überprüft werden	**
	• Überbetonung des *„CISO'*, welcher in Fragen der Informationssicherheit besonders geschult wird	*
Wirtschaftlich	• Überbetonung der Option *„>500.000 Euro'* als Budget, welches für Maßnahmen zur Verbesserung der Informationssicherheit verwendet wird	*
Allgemein	• Keine Korrelation	

Tabelle 53: Lineare Zusammenhänge bei geringem Neurotizismus
Quelle: Herleitung aus eigener Erhebung

Probanden mit geringem Neurotizismus neigen im Bereich der **technischen Dimension** dazu ‚Virtual Private Networks' als relevanten Baustein des IS-Management zu betrachten. Da Probanden mit dieser Persönlichkeitsausprägung eher sorglos und gelassen sind, ist davon auszugehen, dass sie sich zu sehr auf eine vorhandene technische Absicherung der Informationssicherheit verlassen. Vor dem Hintergrund sollten Entscheidungen von Personen mit geringem Neurotizismus dahingehend überprüft werden, ob die technische Absicherung der Informationssicherheit in dem Umfang, wie diese Personengruppe es vermutet, überhaupt stattgefunden hat. Für rechtliche Aspekte der Informationssicherheit lassen sich im Rahmen der erfragten Items, keine linearen Zusammenhänge für Personen mit geringem Neurotizismus nachweisen. Organisatorische Aspekte weisen bei fünf Items lineare Zusammenhänge auf. Der lineare Zusammenhang zur Option ‚Nachlässigkeit und Irrtum der eigenen Mitarbeiter' als Gefahrenbereich mit der höchsten Priorität, lässt sich assoziieren mit den Attributen

242

selbstsicher, selbst-vertrauend und selbstzufrieden. In diesem Zusammenhang stellt sich die Frage, inwieweit Personen mit geringem Neurotizismus zu sehr von sich selbst überzeugt sind und als Gefahrenbereiche eher den Irrtum und die Nachlässigkeit anderer Mitarbeiter identifizieren. Demnach empfiehlt der Autor als Handlungsempfehlung die Überprüfung der Nachlässigkeit und des Irrtums der Personengruppe der IT-Entscheider mit geringem Neurotizismus. Da diese Personengruppe fehlerbehaftetes Handeln besonders bei den eigenen Mitarbeitern betont, sollte zudem überprüft werden, inwieweit das Arbeitsklima darunter leidet. Zwei weitere lineare Zusammenhänge ergeben sich für die befragte Personengruppe mit geringem Neurotizismus bei Frage 2.14, welche genutzte Strategien und Managementansätze der IT-Entscheider erfragt. Ein linearer Zusammenhang ergibt sich bei der Option ‚Schriftlich fixierte Maßnahmen zur Informationssicherheit' und der Option ‚Schriftlich fixiert und validierter IT-Notfallplan'. Beide Antwortalternativen haben eher operativen Charakter. Der Autor empfiehlt demgemäß die Überprüfung, inwieweit der Fokus von IT-Entscheidern mit geringem Neurotizismus besonders auf operative Maßnahmen und Pläne fixiert ist. Da sich dieser lineare Zusammenhang gleich bei zwei Antwortalternativen zeigt, besteht zusätzlich ein erhöhtes Kostenrisiko und die Gefahr der Bürokratisierung. Mit einer signifikanten Wahrscheinlichkeit von über 99,0% betonen Befragte die Option ‚alle 2 Jahre' (höchster Zeitraum von fünf Antwortalternativen) bei der Frage, wie regelmäßig Konzepte und Richtlinien zur Informationssicherheit in ihrer Firma überprüft werden. Bei der Betrachtung der Attribute locker, selbstsicher und sorglos für die Ausprägung des geringen Neurotizismus`, lässt sich folgern, dass diese Personengruppe sich zu sicher fühlt und dadurch zusätzliche Sicherheitslücken entstehen. In dem Zusammenhang wird empfohlen die Adäquanz und Regelmäßigkeit der Überprüfung von Konzepten und Richtlinien, durch IT-Entscheider mit geringem Neurotizismus, von objektiven Dritten zu begutachten. Zu den Attributen sorglos und gelassen lässt sich ein Zusammenhang zur Option ‚CISO' aufzeigen, welchen die befragten IT-Entscheider zu der Personengruppe zählen, welche insbesondere in Fragen der Informationssicherheit geschult wird. Dieser lineare Zusammenhang zeigt, dass die befragten IT-Entscheider mit geringem Neurotizismus vornehmlich davon ausgehen, dass der CISO entsprechend geschult wird. Das durch die Sorglosigkeit und Gelassenheit unrealistische Sicherheitsgefühl, welches sie annehmen, könnte zu weiteren Sicherheitslücken führen. Vor dem Hintergrund wird vom Autor empfohlen, IT-Entscheider mit geringem Neurotizismus dahin gehend zu entwickeln, sich selbst mit Informationssicherheitsrisiken zu beschäftigen. Bei wirtschaftlichen Aspekten lässt sich ein linearer Zusammenhang zur Option ‚>500.000 Euro' bei der Frage, welches Budget für Maßnahmen zur Verbesserung der Informationssicherheit verwendet wird, feststellen. Diese Option liegt im oberen Drittel der möglichen Antwortalternativen. IT-Entscheider mit geringem Neurotizismus rechnen demzufolge mit einem höheren Budget als der Durchschnitt der Befragten angibt. Diese überhöhte Einschätzung des vorhandenen Budgets indiziert wiederum einen Zusammenhang zu den Attributen sorglos, sicher, locker und gelassen. Hier gilt es, zu überprüfen, inwieweit IT-Entscheider mit geringem Neurotizis-mus dazu neigen, ihr vorhandenes Budget zu überschreiten.

Zusammenfassend werden vom Autor für IT-Entscheider mit geringem Neurotizismus folgende Handlungsempfehlungen vorgeschlagen:

- Überprüfung der tatsächlichen, technischen Absicherung von Informationen bei Vorschlägen und Projekten von IT-Entscheidern

- Überprüfung von Nachlässigkeit und Irrtum organisatorischer Vorschläge und Projekte von IT-Entscheidern

- Überprüfung des Arbeitsklimas zwischen Mitarbeitern und IT-Entscheidern

- Überprüfung, inwieweit IT-Entscheider zu sehr auf operative Maßnahmen und Pläne fixiert sind (Stichwort: Kostenrisiko und Bürokratisierung)

- Begutachtung durch einen objektiven Dritten, inwieweit Konzepte und Richtlinien adäquat und regelmäßig überprüft werden

- IT-Entscheider entsprechend entwickeln, dass sie sich selbst „mehr" mit Informationssicher-heitsrisiken beschäftigen

- Überprüfung der Budgetgrenzen

7.3.2 Empfehlungen bei hohem Neurotizismus

OSTENDORF ordnet Menschen mit hohem Neurotizismus Attribute zu wie selbstzweiflerisch, emotional, anerkennungsbedürftig, unsicher, sensibel, unausgeglichen, wehleidig, unzufrieden, nervös, reizbar, ängstlich, beunruhigt, angespannt und empfindlich. Tabelle 54 führt die linearen Zusammenhänge in den vier Dimensionen bei hohem Neurotizismus auf:

Dimension	Lineare Zusammenhänge bei hohem Neurotizismus	Signi-fikanz
Technisch	• Überbetonung von *'softwareseitigen Mängeln und Defekten'* als Gefahrenbereich mit hoher Priorität	*
Rechtlich	• Keine Korrelation	
Organisatorisch	• Überbetonung der *'Sabotage'* als Gefahrenbereich mit der höchsten Priorität	*
	• Überbetonung *'unregelmäßig'* als Zeitraum indem Konzepte und Richtlinien überprüft werden	**
Wirtschaftlich	• Überbetonung von *'Imageschaden'* als Konsequenz von Sicherheitsvorfällen	*
	• Überbetonung *'Zu Niedrig'* bei der Einschätzung des Budgets zur Verbesserung der Informationssicher-heit	*
Allgemein	• Keine Korrelation	

Tabelle 54: Lineare Zusammenhänge bei hohem Neurotizismus
Quelle: Herleitung aus eigener Erhebung

Der hohe Neurotizismus führt in der technischen Dimension bei den befragten IT-Entscheidern zu einem linearen Zusammenhang bei der Option ‚softwareseitigen Mängeln und Defekten' als Gefahrenbereich mit hoher Priorität, d.h. diese befragten Personen überbetonen die Relevanz dieser Antwortalternative. Die Attribute ängstlich, unsicher und empfindlich lassen Assoziationen zu softwareseitigen Mängeln und Defekten zu, da es sich hierbei um einen sehr komplexen Bereich handelt. Als Handlungsempfehlung sollte demnach die Überprüfung solcher Mängel von objektiven Dritten erfolgen, um ein eventuelles Kostenrisiko auszuschließen. Vorschläge und Entscheidungen dieser Personengruppe sollten jedoch kritisch überprüft werden, da sie durchaus die risikoaverse Intention, der Erhöhung der Informationssicherheit, zuträglich sein können. Keine linearen Zusammenhänge können bei der hohen Ausprägung des Neurotizismus zu rechtlichen Aspekten der Informationssicherheit nachgewiesen werden. Organisatorische Aspekte führen zu zwei linearen Zusammenhängen. Als Gefahrenbereich mit der höchsten Priorität lässt sich für die Personengruppe mit hohem Neurotizismus die Option ‚Sabotage' nachweisen. Attribute wie ängstlich, beunruhigt, unsicher und nervös unterstützen die Betonung von Sabotage, welche die gewaltsame Beschädigung und Zerstörung von Geräten, Infrastruktur und Maschinen impliziert. Entscheidungen und Vorschläge von IT-Entscheidern mit hohem Neurotizismus, zum Schlagwort Sabotage, sollten dahingehend überprüft werden, inwieweit diese von objektiven Dritten als sinnvoll erachtet werden. Die Nichtbeachtung des Zusammenhangs könnte zu einer Übersicherung dieses Gefahrenbereichs führen, welches erhöhte Kosten zur Folge hätte. Bei der Frage, in welchem Zeitraum Konzepte und Richtlinien überprüft werden sollten, lässt sich für befragte IT-Entscheider mit hohem Neurotizismus ein linearer Zusammenhang für die Option ‚unregelmäßig' nachweisen. Die festgestellte Korrelation verfügt über eine signifikante Wahrscheinlichkeit von über 99,0%. Attribute wie ängstlich, beunruhigt, unsicher und nervös unterstützen für den Faktor des hohen Neurotizismus dieses Antwortverhalten. In diesem Zusammenhang empfiehlt der Autor, Vorschläge und Entscheidungen der Personengruppe mit hohem Neurotizismus, die sich auf die Regelmäßigkeit von Überprüfungen beziehen, kritisch zu überprüfen, um Bürokratisierung zu verhindern. In der wirtschaftlichen Dimension lassen sich zwei lineare Zusammenhänge aufzeigen, welche befragte IT-Entscheider mit hohem Neurotizismus besonders betonen. Bei der Frage nach der Konsequenz von Sicherheitsvorfällen, wurde die Option ‚Imageschaden' hervorgehoben, welche Zusammenhänge zur den Attributen unsicher und ängstlich zulässt. Das impliziert zum einen, dass diese Personengruppe sehr auf die Außenwirkung von Sicherheitsvorfällen bedacht ist, was sich durch das Attribut sensibel unterstützen lässt. Auf der anderen Seite kann diese Angst und Unsicherheit zu mangelnder Transparenz führen, wenn bei einem Sicherheitsvorfall externe Institutionen zu spät informiert werden. In diesem Fall könnte der Imageschaden noch höher ausfallen. Vor dem Hintergrund empfiehlt der Autor für die Personengruppe mit hohem Neurotizismus, Transparenzkriterien zu überprüfen respektive zu implementieren. Bezüglich der Frage, wie die IT-

Entscheider das Budget zur Verbesserung der Informationssicherheit einschätzen, wurde ein linearer Zusammenhang zur Option ‚Zu Niedrig' festgestellt. Die Betonung dieser Option wird durch Attribute wie unsicher, ängstlich und sensibel unterstützt. Der Autor empfiehlt in dem Zusammenhang erhöhte Budgetvorstellungen der Personengruppe mit hohem Neurotizismus, dessen Ursprung in Unsicherheit und Ängstlichkeit begründet sein könnte, kritisch zu überprüfen. Vorschläge und Entscheidungen dieser Personengruppe sollten jedoch nicht per se verworfen werden, da sie durch das Attribut der Sensibilität durchaus berechtigt sein können.

Für IT-Entscheider mit hohem Neurotizismus werden vom Autor zusammenfassend folgende Handlungsempfehlungen vorgeschlagen:

- Vorschläge und Entscheidungen bezüglich möglicher Gefahrenbereiche kritisch betrachten und evtl. von objektiven Dritten überprüfen lassen (Stichwort: Kostenrisiko)

- Kritische Betrachtung von Vorschlägen und Entscheidungen zur Regelmäßigkeit von Konzept- und Richtlinienüberprüfungen (Stichwort: Bürokratisierung)

- Überprüfung respektive Implementation von Transparenzkriterien bei Sicherheitsvorfällen

- Kritische Überprüfung von erhöhten Budgetforderungen zur Verbesserung der Informationssicherheit

7.3.3   Empfehlungen bei geringer Extraversion

Menschen mit geringer Extraversion können nach OSTENDORF als unspontan, zurückhaltend, zugeknöpft, eigenbrötlerisch, einsilbig, distanziert, verschlossen, reserviert, scheu, kontaktscheu, nach innen gekehrt, schweigsam, ungesellig und still beschrieben werden. Tabelle 55 führt die linearen Zusammenhänge in den vier Dimensionen bei geringer Extraversion auf:

Dimension	Lineare Zusammenhänge bei geringer Extraversion	Signi-fikanz
Technisch	• Keine Korrelation	
Rechtlich	• Überbetonung des ‚SigV/SigG' als Compliance Anforderung zum Schutz von Informationen	*
Organisatorisch	• Keine Korrelation	
Wirtschaftlich	• Keine Korrelation	
Allgemein	• Keine Korrelation	

Tabelle 55: Lineare Zusammenhänge bei geringer Extraversion
Quelle: Herleitung aus eigener Erhebung

Der Faktor der Extraversion zeigt für die technische, organisatorische, wirtschaftliche Dimension sowie für allgemeine Aspekte der Informationssicherheit keine linearen Zusammenhänge. Für die rechtliche Dimension lässt sich, bei der Frage, welche Compliance-Anforderungen zum Schutz von Informationen verwendet werden, ein linearer Zusammenhang für die Option ‚SigV/SigG' nachweisen. Attribute wie distanziert, eigenbrötlerisch, scheu und verschlossen unterstützen das Ziel des Signaturgesetzes, die Rechtssicherheit für elektronische Prozesse zu erhöhen. In diesem Zusammenhang sollte bei der Personengruppe mit geringer Extraversion die Sinnhaftigkeit und Nutzbarkeit von Vorschlägen und Entscheidungen bezüglich rechtlicher Aspekte überprüft werden.

Für IT-Entscheider mit geringer Extraversion werden vom Autor folgende Handlungsempfehlung vorgeschlagen:

- Überprüfung der Sinnhaftigkeit und Nutzbarkeit technischer Vorschläge und Entscheidungen

7.3.4 Empfehlungen bei hoher Extraversion

Personen mit hoher Extraversion können nach OSTENDORF als redselig, freudig, lebenslustig, herzlich, kontaktfähig und -freudig, heiter, abenteuerlustig, aktiv, gesellig, personenorientiert, aufgeweckt, spontan, dynamisch, dominant, gesprächig, temperamentvoll, feurig und begeisterungsfähig beschrieben werden. Tabelle 56 führt die linearen Zusammenhänge in den vier Dimensionen bei hoher Extraversion auf:

Dimension	Lineare Zusammenhänge bei hoher Extraversion	Signifikanz
Technisch	• Überbetonung des Ziels *Revisionsfähigkeit* als zukünftig höchste Priorität	*
Rechtlich	• Überbetonung von *Abmahnung, Versetzung, Entlassung von Mitarbeitern* als Konsequenz von Sicherheitsvorfällen	*
Organisatorisch	• Überbetonung von *ISO 27001* bei angewandten Standards und Normen	*
	• Überbetonung von *ISO 27001* bei Standards und Normen mit zukünftig höchster Priorität	**
	• Überbetonung von *Einzelinterviews* bei Art und Weise der Identifizierung von Sicherheitslücken	*
	• Überbetonung *Schriftlich fixiert und validierter IT-Notfallplan* als genutzte Strategien und Managementansätze	*
	• Überbetonung *TOP-Management* als Ebene, welche Informationssicherheit als wichtiges Thema einstuft	**
	• Überbetonung des *IT-Benutzer*, welcher in Fragen der Informationssicherheit besonders geschult wird	**
Wirtschaftlich	• Keine Korrelation	
Allgemein	• Keine Korrelation	

Tabelle 56: Lineare Zusammenhänge bei hoher Extraversion
Quelle: Herleitung aus eigener Erhebung

Für befragte IT-Entscheider mit hoher Extraversion konnten neun lineare Zusammenhänge nachgewiesen werden. In der technischen Dimension betonen die Probanden, bei der Frage nach dem Informationssicherheitsziel mit der zukünftig höchsten Priorität, die Option ‚Revisionsfähigkeit' besonders. Im Gegensatz zu den klassischen und allgemein akzeptierten Zielen der Informationssicherheit wie Vertraulichkeit, Verfügbarkeit und Integrität ist das Ziel der Revisionsfähigkeit eher aktuellen Ursprungs. Attribute wie aufgeweckt, begeisterungsfähig und kontaktfähig weisen Zusammenhänge zu dieser Betonung auf. In diesem Zusammenhang sollte überprüft werden, inwieweit die Personengruppe mit hoher Extraversion nur einem Trend folgt oder dem Ziel der Revisionsfähigkeit tatsächlich die notwendige Relevanz zu teil werden sollte. Bezüglich der Frage zu rechtlichen Aspekten der Informationssicherheit, wurde als Konsequenz von Sicherheitsvorfällen, ein linearer Zusammenhang für die Option ‚Abmahnung, Versetzung, Entlassung von Mitarbeitern' festgestellt. Die besondere Betonung dieser Option lässt Assoziationen zu den Attributen temperamentvoll, dominant und gesprächig zu. Vor diesem Gesichtspunkt sollte überprüft werden, inwieweit die temperamentvolle und dominante Art der Personen mit hoher Extraversion dem Betriebsklima zuträglich ist und ob die entsprechende Entscheidung aus der Sicht eines objektiven Dritten gerechtfertigt war. Auf der anderen Seite könnte das Attribut der Gesprächigkeit dazu geführt haben, dass diese Personengruppe delikate Aspekte, wie die Entlassung eines Mitarbeiters, eher kommuniziert als eine Person mit einer hohen Gewissenhaftigkeit oder geringen Extraversion. In diesem Rahmen empfiehlt der Autor, zur Wahrung des Betriebsklimas, die kritische Überprüfung disziplinarischer Entscheidungen von IT-Entscheidern mit hoher Extraversion. Für organisatorische Aspekte der Informationssicherheit konnten sieben lineare Zusammenhänge nachgewiesen werden. Befragte IT-Entscheider betonen die Option ‚ISO 27001' besonders; sowohl bei der Frage nach gegenwärtig angewandten Standards und Normen, als auch bei Standards und Normen mit zukünftig höchster Priorität. Bei letzterer Frage weist die nachgewiesene Korrelation eine signifikante Wahrscheinlichkeit von über 99,0% auf. Die ISO 27001 spezifiziert die Anforderungen an ein Informationssicherheits-Managementsystem und wurde erstmalig am 15.10.2005 veröffentlicht und handelt sich somit um eine aktuelle Norm. Attribute des Persönlichkeitsmerkmals wie begeisterungsfähig, redselig und aufgeweckt weisen, in dieser Beziehung, inhaltliche Verbindungen auf. Die Begeisterungsfähigkeit und Dominanz von Personen mit hoher Extraversion können dazu führen, dass deren Entscheidungen schnell von anderen Teammitgliedern mitgetragen wird. Dementsprechend schlägt der Autor vor, zu überprüfen, inwieweit die Norm ISO 27001 von der Personengruppe mit hoher Extraversion tatsächlich für die Belange zur Erhöhung der Informationssicherheit in der Organisation zuträglich ist. Die Attribute aufgeweckt und aktiv führen regelmäßig zu neuen Vorschlägen und Entscheidungen, welche kritisch auf ihre Notwendigkeit, zur Erhöhung der Informationssicherheit, überprüft werden sollten. Bei der Frage, auf welche Art und Weise Sicherheitslücken in der Firma identifiziert werden, zeigt sich bei den Befragten ein linearer Zusammenhang bei der Option ‚Einzelinterviews'. Der hohen Extraversion lässt sich das Attribut personenorientiert und gesprächig zuweisen. Vor diesem Gesichtspunkt stellt sich die Frage, inwieweit bei der Identifizierung von Sicherheitslücken zu hoher Wert auf Einzelmeinungen gelegt und damit die Objektivität eingeschränkt wird. Der Autor empfiehlt bei dieser Personengruppe die Überprüfung der Objektivität bei der Identifizierung von Sicherheitslücken. Ein weiterer linearer Zusammenhang ergibt sich für die Probanden mit hoher Extraversion bei der Frage nach genutzten Strategien und Managementansätzen bei der Option ‚Schriftlich fixiert und validierter IT-Notfallplan'.

Der festgestellte Zusammenhang zeigt Beziehungen zu dem Attribut dominant und personenorientiert auf, da es sich bei der Antwortalternative um ein operatives Gestaltungsinstrumentarium handelt. Vor dem Hintergrund empfiehlt der Autor, zu überprüfen, inwieweit diese Betonung die Bürokratie erhöht und damit die Nutzbarkeit von Informationssystemen verringert. Eine Korrelation mit einer signifikanten Wahrscheinlichkeit von über 99,0% lässt sich auf die Frage, welche Ebenen Informationssicherheit als wichtiges Thema einstufen, feststellen. Probanden mit hoher Extraversion betonen besonders die Option ‚TOP-Management‘, welcher Attribute wie personenorientiert und herzlich zuweisbar sind. Unter der Annahme, dass sich Probanden mit anderen Persönlichkeitsausprägungen bei Aussagen zur Ebene des TOP-Managements eher zurückhalten, empfiehlt der Autor, Aussagen von Personen mit hoher Extraversion zur Managementebene, kritisch zu betrachten, da eine Personenorientierung sich nicht negieren lässt. Mit einer signifikanten Wahrscheinlichkeit von über 99,0% existiert eine Korrelation bei der Frage, welche Mitarbeiter in Fragen der Informationssicherheit besonders geschult werden. Hier wurde von Probanden mit hoher Extraversion besonders die Option ‚IT-Benutzer‘ betont. Die Wahl dieser Antwortalternativen steht in Beziehung zu Attributen wie dominant und personenorientiert. Vor dem Hintergrund, dass es sich bei dem vorherigen linearen Zusammenhang um das TOP-Management handelt und bei dieser um die IT-Benutzer, beide über eine signifikante Wahrscheinlichkeit von über 99,0% verfügen, könnte sich hier das Sprichwort: „Nach oben schleimen und nach unten treten“ anführen. Das Attribut herzlich beim TOP-Management wird beim einfachen IT-Benutzer durch das Attribut dominant abgelöst. Der Autor empfiehlt vor dem Gesichtspunkt die kritische Betrachtung von Aussagen dieser Personengruppe zum einfachen Mitarbeiter. Lineare Zusammenhänge für wirtschaftliche und allgemeine Aspekte der Informationssicherheit konnten nicht nachgewiesen werden.

Zusammenfassend werden vom Autor für IT-Entscheider mit hoher Extraversion folgende Handlungsempfehlungen vorgeschlagen:

- Überprüfung, inwieweit ein Ziel wie Revisionsfähigkeit zur Erhöhung der Informationssicherheit beiträgt

- Überprüfung von disziplinarischen Entscheidungen gegenüber Mitarbeitern

- Vorschläge und Entscheidungen bezüglich aktueller Standards und Normen sollten im Hinblick auf ihre Relevanz zur Erhöhung der Informationssicherheit überprüft werden

- Überprüfung der Objektivität bei der Identifizierung von Sicherheitslücken

- Überprüfung, inwieweit operative Konzepte die Nutzbarkeit von Informationssystemen verringern

- Kritische Betrachtung von Aussagen der IT-Entscheider über die Managementebene

- Kritische Betrachtung von Aussagen der IT-Entscheider über den einfachen Mitarbeiter

7.3.5 Empfehlungen bei geringer Offenheit für Erfahrung

Personen mit geringer Offenheit für Erfahrung können nach OSTENDORF als dogmatisch, eingefahren, konventionell, unflexibel, fantasielos, konservativ, unkünstlerisch, nüchtern, pragmatisch, unkritisch, praktisch, erdverbunden, realistisch, eingeschränkt interessiert und sachlich beschrieben werden. Tabelle 57 führt die linearen Zusammenhänge in den vier Dimensionen bei geringer Offenheit für Erfahrung auf:

Dimension	Lineare Zusammenhänge bei geringer Offenheit für Erfahrung	Signifikanz
Technisch	• Überbetonung der *Kontrolle Internet-Missbrauch'* als relevanter Baustein des IS-Managements	*
Rechtlich	• Keine Korrelation	
Organisatorisch	• Überbetonung *Neutral'* bei der Wichtigkeit von Weiterbildungsmaßnahmen für die Mitarbeiter	*
	• Überbetonung des *IT Manager/-Abteilungsleiter'*, welcher in Fragen der Informationssicherheit besonders geschult wird	*
Wirtschaftlich	• Keine Korrelation	
Allgemein	• Keine Korrelation	

Tabelle 57: Lineare Zusammenhänge bei geringer Offenheit für Erfahrung
Quelle: Herleitung aus eigener Erhebung

Befragte IT-Entscheider mit geringer Offenheit für Erfahrung weisen drei lineare Zusammenhänge auf. In der technischen Dimension zeigt sich eine Korrelation bei der Frage nach den relevanten Bausteinen des Informationssicherheits-Managements. Hier betonten die Probanden besonders die Option ‚Kontrolle Internet-Missbrauch', welche sich mit Attributen wie praktisch, pragmatisch und konventionell, aber auch mit eingefahren und fantasielos beschreiben lässt. Zum einen beschreiten diese Personen den „einfachsten" Weg, indem sie den Fokus auf die technische Kontrolle von Internet-Missbrauch legen, zum anderen trägt es nicht zwangsläufig zur Motivation der Mitarbeiter bei, wenn sie wissen, dass alle Aktivitäten überprüft werden können. Diese Vorgehensweise ist angebracht, wenn die Unternehmenskultur auf fremd- und nicht selbstmotivierte Mitarbeiter ausgerichtet ist. Vor dem Hintergrund empfiehlt der Autor bei IT-Entscheidern mit geringer Offenheit für Erfahrung, zu überprüfen, inwieweit die dargestellte Ausrichtung auf fremdmotivierte Mitarbeiter mit der Unternehmenskultur übereinstimmt. Für rechtliche Aspekte der Informationssicherheit sind keine linearen Zusammenhänge nachweisbar. Organisatorische Aspekte der Informationssicherheit führen zu zwei linearen Zusammenhängen. Besonders betont wird von den befragten IT-Entscheidern mit geringer Offenheit für Erfahrung die Option ‚Neutral' bei der Frage nach der Wichtigkeit von Weiterbildungsmaßnahmen für die Mitarbeiter. Zur Wahl der Antwortalternative lassen sich Attribute wie eingeschränkt interessiert, eingefahren, unflexibel und unkritisch aber auch realistisch und sachlich assoziieren. Damit stellt sich die Frage, inwieweit Befragte mit geringer Offenheit für Erfahrung, Ihre Mitarbeiter adäquat bei Weiterbildungsmaßnahmen unterstützen und somit die Fortentwicklung des Unternehmens und die Gewährleistung der Informationssicherheit fördern. Auf der anderen Seite kann dieser Personengruppe eine sachliche und realistische Einschätzung von Weiterbildungsmaßnahmen unterstellt werden. Vor dem Hintergrund der Attribute eingefahren und unflexibel, empfiehlt der Autor bei dieser Personengruppe, kritisch zu überprüfen, inwieweit mögliche und nötige Weiterbildungsmaßnahmen für Mitarbeiter von IT-Entscheidern mit geringer Offenheit für Erfahrung forciert werden. Ein weiterer linearer Zusammenhang ergibt sich für die Personengruppe, welche besonders in Fragen der Informationssicherheit geschult wird. Befragte mit geringer Offenheit für Erfahrung gehen davon aus, dass die Gruppe der ‚IT Manager/-Abteilungsleiter' vornehmlich in Fragen, welche sich mit der Sicherheit von Informationen beschäftigen, geschult werden. Eigenschaftswörter wie sachlich, konservativ und realistisch sind Anzeichen, dass diese Personengruppe tatsächlich bevorzugt geschult wird. Anderseits könnten Attribute wie fantasielos, unkritisch und eingefahren die Aussage dieser Personengruppe als unreflektiert kennzeichnen. In diesem Zusammenhang wird vom Autor empfohlen, bezüglich der Entscheidungen von IT-Entscheidern mit geringer Offenheit für Erfahrung, zu überprüfen, in welchem Umfang ‚IT Manager/-Abteilungsleiter' in Schulungsmaßnahmen eingebunden werden. Für die wirtschaftliche und rechtliche Dimension der Informationssicherheit konnten keine linearen Zusammenhänge für die befragte Personengruppe mit geringer Offenheit für Erfahrung festgestellt werden.

Zusammenfassend werden vom Autor für IT-Entscheider mit geringer Offenheit für Erfahrung folgende Handlungsempfehlungen vorgeschlagen:

- Überprüfung, inwieweit die Unternehmenskultur mit den Vorschlägen und Entscheidungen der IT-Entscheider übereinstimmt

- Überprüfung, inwieweit nötige und mögliche Weiterbildungsmaßnahmen für Mitarbeiter forciert werden

- Überprüfung, in welchem Umfang IT-Manager/-Abteilungsleiter in Schulungsmaßnahmen eingebunden werden

7.3.6   Empfehlungen bei hoher Offenheit für Erfahrung

Menschen mit hoher Offenheit für Erfahrung können nach OSTENDORF als kreativ, unkonventionell, musisch, non-konformistisch, neugierig, originell, breit interessiert, offen, liberal, empfindungsfähig, feinfühlig, erfinderisch, einfallsreich, fantasiereich und geistreich beschrieben werden. Tabelle 58 führt die linearen Zusammenhänge in den vier Dimensionen bei hoher Offenheit für Erfahrung auf:

Dimension	Lineare Zusammenhänge bei hoher Offenheit für Erfahrung	Signi-fikanz
Technisch	• Überbetonung von *‚Intrusion Detection- und Intrusion Prevention-Systeme'* als Baustein des IS-Managements mit zukünftig höchster Priorität	*
	• Überbetonung von *‚Elektronischen Signaturen'* als Baustein des IS-Managements mit zukünftig höchster Priorität	*
Rechtlich	• Überbetonung von *‚Strafanzeigen gegen den Verursacher'* zum Schutz von Informationen	*
Organisatorisch	• Überbetonung *‚Unbeabsichtigte Fehler von Externen'* bei Sicherheitsvorfällen der letzten 24 Monate	*
Wirtschaftlich	• Überbetonung der Option *‚<50.000 Euro'* als Budget, welches für Informationsverarbeitung zur Verfügung stand	*
	• Überbetonung der Option *‚<5.000 Euro'* als Budget, welches für Maßnahmen zur Verbesserung der Informationssicherheit verwendet wird	*
Allgemein	• Überbetonung der Option *‚Sehr Hoch'* bzgl. der Einschätzung wie die Informationssicherheit empfunden wird	*

Tabelle 58: Lineare Zusammenhänge bei hoher Offenheit für Erfahrung
Quelle: Herleitung aus eigener Erhebung

Befragte Probanden mit hoher Offenheit für Erfahrung zeigten in der technischen Dimension der Informationssicherheit zwei lineare Zusammenhänge. Die Optionen ‚Intrusion Detection- und Intrusion Prevention-Systeme' sowie ‚Elektronischen Signaturen' werden als Bausteine des IS-Managements mit zukünftig höchster Priorität von dieser Personengruppe besonders betont. Bezüglich der vier anderen Persönlichkeitsmerkmale, können zu beiden Fragestellungen keine signifikanten Korrelationen aufgeführt werden. Attribute wie offen, interessiert und neugierig können die besondere Betonung durch diese Personengruppe erklären, da es sich bei ‚elektronischen Signaturen' und bei ‚Intrusion Detection sowie Intrusion Prevention Systemen' um aktuelle Schwerpunkte des IS-Managements handelt. Vor dem Hintergrund empfiehlt der Autor Betonungen dieser Personengruppe ernst zu nehmen, da diese Personen ein besonderes Gespür für neuartige Sicherheitslücken haben. Auf der anderen Seite sollten Empfehlungen von Probanden mit hoher Offenheit für Erfahrung kritisch überprüft werden, weil neuartige Entwicklungen zudem stets einer sachlichen Bewertung bedürfen. In der rechtlichen Dimension betonen Probanden mit hoher Offenheit für Erfahrung besonders die Option ‚Strafanzeige gegen den Verursacher' als Konsequenz aus Sicherheitsvorfällen. Attribute wie offen und non-konformistisch könnten zu dieser Überbetonung führen. Eine hohe Offenheit, bei solchen sensiblen Themen, könnte kontraproduktiv sein, demgemäß wird dieser Fall, trotz der geringen Fallzahl von 18, als Beispiel herangezogen. Vor dem Hintergrund empfiehlt der Autor IT-Entscheidern mit hoher Offenheit für Erfahrung, auf die Sensibilität von Informationen und der damit verbundenen Tragweite hinzuweisen. In der organisatorischen Dimension wird die Option ‚Unbeabsichtigte Fehler von Externen' bei den Sicherheitsvorfällen der letzten 24 Monate von der Personengruppe mit hoher Offenheit für Erfahrung besonders betont. Die Betonung dieser Option von Personen, welche sich durch die Attribute offen und unkonventionell auszeichnen, könnte darauf hinweisen, dass solche Missstände in der Regel, aufgrund der damit verbundenen Peinlichkeit, eher versteckt bleiben. Der Autor empfiehlt, Hinweisen auf Fehler von Externen, bei der Personengruppe mit hoher Offenheit für Erfahrung, besonders nachzugehen. Im Bereich der wirtschaftlichen Aspekte der Informationssicherheit führen, bei den Befragten mit hoher Offenheit für Erfahrung, zwei Fragen zu linearen Zusammenhängen. Bei der Frage, welches Budget für die Informationsverarbeitung und welches für Maßnahmen zur Verbesserung der Informationssicherheit zur Verfügung steht, betonten befragte IT-Entscheider jeweils die niedrigste mögliche Option. Dabei überstieg das absolute Antwortverhalten, für beide Fragen, das bis zu dreifache von Probanden mit geringer Offenheit für Erfahrung. Für die vier anderen Persönlichkeitsmerkmale ließen sich hingegen, bei beiden Antwortalternativen, keine signifikanten Korrelationen nachweisen und das absolute Antwortverhalten zeigte sich bei der Gewichtung der Persönlichkeitsmerkmale weitgehend paritätisch. Die den Probanden zugeschriebenen Attribute wie offen, non-konformistisch und unkonventionell führen bei diesen beiden Zusammenhängen zur „schonungslosen" Darstellung der Wahrheit und des sehr geringen Budgets. Vor dem Hintergrund empfiehlt der Autor, Hinweise von IT-Entscheidern mit hoher Offenheit für Erfahrung, bzgl. eines zu geringen Budgets, nicht unbeachtet zu lassen. Auf der anderen Seite sollten mögliche Budgetvorstellungen dieser Personengruppe, aufgrund der Attribute fantasiereich, einfallsreich und empfindungsfähig, kritisch betrachtet werden. Ein linearer Zusammenhang wird bei der Option ‚Sehr Hoch', zur Frage nach der empfundenen Sicherheit, nachgewiesen. Attribute wie offen, feinfühlig und empfindungsfähig sind Hinweise darauf, dass die Personengruppe mit hoher Offenheit für Erfahrung ein besonderes Gefühl für die empfundene Sicherheit im Unternehmen hat und dieses auch ausspricht. Überprüft werden sollte in diesem Zusammenhang, inwieweit das hohe Sicherheitsniveau adäquat ist oder ob es unnötige bürokratische Hürden schafft. Aufgrund dessen empfiehlt der Autor, bei Personen mit hoher Offenheit für Erfahrung, die kritische Begutachtung von Äußerungen zum empfundenen Sicherheitsniveau.

Zusammenfassend werden vom Autor für IT-Entscheider mit hoher Offenheit für Erfahrung folgende Handlungsempfehlungen vorgeschlagen:

- Kritische Prüfung von Vorschlägen und Projekten bezüglich zukünftig notwendiger Bausteine des IS-Managements

- Hinweis auf die besondere Sensibilität von Informationen

- Besondere Beachtung von Hinweisen auf Fehler von Externen

- Besondere Beachtung und kritische Überprüfung von Budgetvorschlägen

- Kritische Begutachtung von Äußerungen dieser Personengruppe zum empfundenen Sicherheitsniveau

7.3.7 Empfehlungen bei geringer Verträglichkeit

Personen mit geringer Verträglichkeit können nach OSTENDORF als eingebildet, eigennützig, selbstgefällig, streitsüchtig, rechthaberisch, kalkulierend, verschlagen, kalt, zynisch, misstrauisch, hinterlistig, unkooperativ, unaufrichtig, unversöhnlich, arrogant, rüde, dickköpfig, berechnend, gerissen, hartherzig, eitel und grob beschrieben werden. Tabelle 59 führt die linearen Zusammenhänge in den vier Dimensionen bei geringer Verträglichkeit auf:

Dimension	Lineare Zusammenhänge bei geringer Verträglichkeit	Signi-fikanz
Technisch	• Überbetonung von *Firewalls* als relevanter Baustein des IS-Managements	*
Rechtlich	• Überbetonung von *Informationen wurden missbräuchlich durch Dritte verwendet* als Konsequenz von Sicherheitsvorfällen	*
Organisatorisch	• Keine Korrelation	
Wirtschaftlich	• Keine Korrelation	
Allgemein	• Keine Korrelation	

Tabelle 59: Lineare Zusammenhänge bei geringer Verträglichkeit
Quelle: Herleitung aus eigener Erhebung

Lineare Zusammenhänge für befragte IT-Entscheider mit geringer Verträglichkeit können bei zwei Aspekten nachgewiesen werden. Die Option ‚Firewalls' als relevanter Baustein des IS-Managements wird besonders von Probanden mit geringer Verträglichkeit in der technischen Dimension betont. Eigenschaftswörter wie rechthaberisch, kalkulierend und misstrauisch können Hinweise auf die Beweggründe dieser Personengruppe geben. Der Autor empfiehlt bei Personen mit geringer Verträglichkeit, zu überprüfen, inwieweit die Überbetonung der Option ‚Firewalls' in ihrer misstrauischen und rechthaberischen Art begründet ist oder ob sie einem Kalkül, entsprechend dem Attribut kalkulierend, folgen. Ein weiterer linearer Zusammenhang zeigt sich in der rechtlichen Dimension bei Personen mit geringer Verträglichkeit. Bei der Frage nach den Konsequenzen von Sicherheitsvorfällen konnte eine Korrelation bei der Option ‚Informationen wurden missbräuchlich durch Dritte verwendet' nachgewiesen werden. Aus Attributen wie berechnend, arrogant, unkooperativ, eingebildet und misstrauisch können Zusammenhänge zu dieser Wahl konstruiert werden. Vor dem Hintergrund empfiehlt der Autor bei der Personengruppe mit geringer Verträglichkeit, zu überprüfen, inwieweit bei Sicherheitsvorfällen das eigene Verhalten ausreichend reflektiert wird und sich die Suche nach der Sicherheitslücke nicht nur auf Dritte beschränkt. Für die organisatorischen, wirtschaftlichen und allgemeinen Aspekte der Informationssicherheit, konnten keine linearen Zusammenhänge für die befragte Personengruppe mit geringer Verträglichkeit festgestellt werden.

Für IT-Entscheider mit geringer Verträglichkeit werden vom Autor folgende Handlungsempfehlungen vorgeschlagen:

- • Überprüfung der Relevanz und Adäquanz von Firewalls als Baustein des IS-Managements

- Überprüfung, inwieweit bei Sicherheitsvorfällen das eigene Verhalten der IT-Entscheider ausreichend reflektiert und hinterfragt wird

7.3.8 Empfehlungen bei hoher Verträglichkeit

Personen mit hoher Verträglichkeit können nach OSTENDORF als warmherzig, gutgläubig, gutwillig, naiv, freimütig, gefällig, bescheiden, bedürfnislos, sanft, altruistisch, aufrichtig, großzügig, hilfsbereit, uneigennützig, nachgiebig, arglos, großherzig, gütig, vertrauensvoll, geradlinig, direkt, entgegenkommend, versöhnlich und ehrlich beschrieben werden. Tabelle 60 führt die linearen Zusammenhänge in den vier Dimensionen bei hoher Verträglichkeit auf:

Dimension	Lineare Zusammenhänge bei hoher Verträglichkeit	Signi-fikanz
Technisch	• Keine Korrelation	
Rechtlich	• Überbetonung von *SOX (Sarbanes Oxley Act)'* als Compliance Anforderung zum Schutz von Informationen	*
	• Überbetonung von *SOX (Sarbanes Oxley Act)'* als zukünftige Compliance Anforderung zum Schutz von Informationen mit hoher Priorität	*
Organisatorisch	• Überbetonung *Unbeabsichtigte Fehler von Externen'* bei Sicherheitsvorfällen der letzten 24 Monate	*
Wirtschaftlich	• Überbetonung von *Kunden oder Aufträge wurden verloren'* als Konsequenz von Sicherheitsvorfällen	*
Allgemein	• Keine Korrelation	

Tabelle 60: Lineare Zusammenhänge bei hoher Verträglichkeit
Quelle: Herleitung aus eigener Erhebung

Für Probanden mit hoher Verträglichkeit konnten sechs lineare Zusammenhänge nachgewiesen werden. Für die technischen Aspekte der Informationssicherheit ließen sich keine Korrelationen aufzeigen. Im Bereich der rechtlichen Aspekte der Informationssicherheit konnte für die Option *SOX (Sarbanes Oxley Act)'* sowohl bei der Frage nach gegenwärtigen, als auch nach zukünftigen Compliance Anforderungen, ein linearer Zusammenhang festgestellt werden. Die Betonung dieser Option von Probanden mit hoher Verträglichkeit kann begründet werden mit zugehörigen Attributen wie versöhnlich, nachgiebig, sanft und entgegenkommend. In dem Zusammenhang empfiehlt der Autor zu überprüfen, inwieweit Vorschläge, zu rechtlichen Aspekten, von der Personengruppe mit hoher Verträglichkeit, aus rationalen Gründen forciert oder aus Gründen der Einfachheit, um einer externen Forderung gerecht zu werden. Bei den organisatorischen Aspekten konnte ein linearer Zusammenhang bei der Option *Unbeabsichtigte Fehler von Externen'* zur Frage nach den Sicherheitsvorfällen der letzten 24 Monate nachgewiesen werden. Die besondere Betonung dieser Option, von der Personengruppe mit hoher Verträglichkeit, lässt sich aus den Attributen direkt, ehrlich, aufrichtig und geradlinig schließen. Attribute dieser Probanden, wie bedürfnislos, altruistisch und uneigennützig, festigen diesen Zusammenhang zusätzlich. Vor dem Hintergrund empfiehlt der Autor, geäußerte Sicherheitsbedenken dieser Personengruppe besonders zu beachten und zu prüfen. In der wirtschaftlichen Dimension lässt sich für die Option *Kunden oder Aufträge wurden verloren'*, bei der Frage nach der Konsequenz von Sicherheitsvorfällen, ein linearer Zusammenhang nachweisen. Attribute wie ehrlich, aufrichtig, geradlinig und direkt, erhöhen die Validität von Aussagen dieser Personengruppe zu Sicherheitsaspekten und zugehörige Eigenschaftswörter, wie uneigennützig und bedürfnislos, zeigen, dass die besondere Betonung nicht aufgrund von eigenen Interessen erfolgte. Der Autor empfiehlt bei IT-Entscheidern mit einer hohen Verträglichkeit, getroffene Aussagen zu Konsequenzen von Sicherheitsvorfällen besonders zu beachten.

Zusammenfassend werden vom Autor für IT-Entscheider mit hoher Verträglichkeit folgende Handlungsempfehlungen vorgeschlagen:

- Überprüfung, inwieweit Vorschläge zu rechtlichen Aspekten aus rationalen Gründen erfolgen oder aus Gründen der Einfachheit um einer externen Forderungen zu genügen

- Besondere Beachtung und Prüfung von Sicherheitsbedenken dieser Personengruppe

- Besondere Beachtung von Aussagen zu Konsequenzen von Sicherheitsvorfällen

7.3.9 Empfehlungen bei geringer Gewissenhaftigkeit

Personen mit geringer Gewissenhaftigkeit können nach OSTENDORF als leichtfertig, schlampig, sprunghaft, planlos, bequem, arbeitsscheu, willensschwach, lässig, leichtsinnig, chaotisch, ziellos, undiszipliniert, unverlässlich, unsorgfältig, unbeständig, unachtsam, träge, hedonistisch, ehrgeizlos und faul beschrieben werden. Tabelle 61 führt die linearen Zusammenhänge in den vier Dimensionen bei geringer Gewissenhaftigkeit auf:

Dimension	Lineare Zusammenhänge bei geringer Gewissenhaftigkeit	Signi-fikanz
Technisch	• Überbetonung von *softwareseitigen Mängeln und Defekten* als Gefahrenbereich mit hoher Priorität	*
Rechtlich	• Keine Korrelation	
Organisatorisch	• Überbetonung *unregelmäßig* als Zeitraum indem Konzepte und Richtlinien überprüft werden	*
	• Überbetonung *Mangelnde Konzepte* als Probleme bei der Fortentwicklung der Informationssicherheit	*
Wirtschaftlich	• Überbetonung *Zu Niedrig* bei der Einschätzung des Budget zur Verbesserung der Informationssicherheit	**
Allgemein	• Keine Korrelation	

Tabelle 61: Lineare Zusammenhänge bei geringer Gewissenhaftigkeit
Quelle: Herleitung aus eigener Erhebung

Für den Bereich der technischen Aspekte der Informationssicherheit konnte, für die Personengruppe mit geringer Gewissenhaftigkeit, ein linearer Zusammenhang nachgewiesen werden. Bei der Frage nach dem Gefahrenbereich mit zukünftig hoher Priorität wurden von den Befragten vorzugsweise die Option *softwareseitigen Mängeln und Defekten* gewählt. Mit der Ausprägung der geringen Gewissenhaftigkeit verbundene Attribute, wie leichtfertig, schlampig, unsorgfältig und undiszipliniert, könnten darauf hinweisen, dass diese Korrelation hauptsächlich diesen Persönlichkeitseigenschaften geschuldet ist. Die Aussage, dass dieser lineare Zusammenhang relevant ist, wird zudem durch die Attribute wie chaotisch, arbeitsscheu und planlos geschwächt. In diesem Zusammenhang empfiehlt der Autor, Vorschläge bezüglich softwareseitiger Mängel und Defekte stets zu hinterfragen bzw. diese eher den Attributen der Personengruppe mit geringer Gewissenhaftigkeit zuzuschreiben. Zu rechtlichen Aspekten der Informationssicherheit konnten, für die Befragten mit geringer Gewissenhaftigkeit, keine linearen Zusammenhänge aufgezeigt werden. In der organisatorischen Dimension der Informationssicherheit können für die Befragten mit geringer Gewissenhaftigkeit zwei lineare Zusammenhänge nachgewiesen werden. Bei der Frage nach dem Zeitraum, in dem Konzepte und Richtlinien überprüft werden, betonten die Probanden besonders die Option ‚unregelmäßig'. Diese Betonung könnte sich in Attributen wie schlampig, chaotisch, planlos und undiszipliniert begründen. Vor dem Hintergrund empfiehlt der Autor zu überprüfen, inwieweit die Personengruppe mit geringer Gewissenhaftigkeit sich an die regelmäßige Überprüfung von Konzepten und Richtlinien hält. Die Option ‚Mangelnde Konzepte' zeigt einen linearen Zusammenhang bei der Personengruppe mit geringer Gewissenhaftigkeit, zur Frage nach den Problemen, bei der Fortentwicklung der Informationssicherheit. Wie bei dem vorherigen Zusammenhang sind die Gründe für mangelnde Konzepte wohl in den Attributen der Persönlichkeitsausprägung, wie ehrgeizlos, arbeitsscheu, undiszipliniert und faul, hinterlegt. Befragte Probanden zeichnen sich für regelmäßige Überprüfungen und nachhaltige Konzepte verantwortlich. Vor dem Hintergrund empfiehlt der Autor, zu überprüfen, inwieweit die befragte Personengruppe mit geringer Gewissenhaftigkeit die Fortentwicklung der Informationssicherheit durch unzureichende Nutzung und mangelnde Entwicklung von Konzepten gefährdet. Im Bereich der wirtschaftlichen Aspekte der Informationssicherheit, konnte ein linearer Zusammenhang mit einer signifikanten Wahrscheinlichkeit von über 99% festgestellt werden. Auf die Frage, wie die befragten IT-Entscheider mit geringer Gewissenhaftigkeit das Budget zur Verbesserung der Informationssicherheit einschätzen, wurde vorzugsweise die Option ‚Zu Niedrig' gewählt. Attribute wie unverlässlich, bequem, planlos und unsorgfältig, welche der Personengruppe mit geringer Gewissenhaftigkeit zugeschrieben werden, ermöglichen den Schluss, dass das niedrige Budget eher aus der plan- und ziellosen sowie undisziplinierten Art dieser Befragten resultiert und nicht auf Fakten basiert. In diesem Zusammenhang empfiehlt der Autor, Budgetwünsche von Personen mit geringer Gewissenhaftigkeit besonders kritisch zu hinterfragen.

Für IT-Entscheider mit geringer Gewissenhaftigkeit werden vom Autor folgende Handlungsempfehlungen vorgeschlagen:

- Vorschläge und Projekte, welche sich den softwareseitigen Mängeln und Defekten zuwenden, sollten höchst kritisch auf ihre Notwendigkeit überprüft werden

- Überprüfung, inwieweit Konzepte und Richtlinien zur Gewährleistung der Informationssicherheit regelmäßig geprüft werden

- Überprüfung, inwieweit Konzepte zur Fortentwicklung der Informationssicherheit genutzt und entwickelt werden.

- Kritische Überprüfung von erhöhten Budgetvorstellungen

7.3.10 Empfehlungen bei hoher Gewissenhaftigkeit

Menschen mit hoher Gewissenhaftigkeit können nach OSTENDORF als perfektionistisch, verlässlich, ordentlich, arbeitsam, ausdauernd, zuverlässig, planvoll, eifrig, pünktlich, willensstark, motiviert, pflichtbewusst, ehrgeizig, gewissenhaft, prinzipientreu, strebsam, selbstdiszipliniert, kompetent, beharrlich, fleißig und genau beschrieben werden. Tabelle 62 führt die linearen Zusammenhänge in den vier Dimensionen bei hoher Gewissenhaftigkeit auf:

Dimension	Lineare Zusammenhänge bei hoher Gewissenhaftigkeit	Signifikanz
Technisch	• Überbetonung des ‚zentralen Controlling eingesetzter Sicherheitssysteme' als relevanter Baustein des IS-Managements	*
	• Überbetonung von ‚Virtual Private Networks' als relevanter Baustein des IS-Managements	**
	• Überbetonung der ‚Netzwerkzugangskontrolle' als relevanter Baustein des IS-Managements	*
Rechtlich	• Keine Korrelation	
Organisatorisch	• Überbetonung von ‚ITIL' bei angewandten Standards und Normen	*
	• Überbetonung von ‚Einzelinterviews' bei Art und Weise der Identifizierung von Sicherheitslücken	*
	• Überbetonung ‚TOP-Management' als Ebene, welche Informationssicherheit als wichtiges Thema einstuft	*
	• Überbetonung ‚Sehr Hoch' bei der Wichtigkeit von Weiterbildungsmaßnahmen für die Mitarbeiter	*
	• Überbetonung des ‚IT-Benutzer', welcher in Fragen der Informationssicherheit besonders geschult wird	***
	• Überbetonung des ‚Mitglied der Geschäftsleitung', welcher in Fragen der Informationssicherheit besonders geschult wird	*
Wirtschaftlich	• Überbetonung ‚Niedrig' bei der Einschätzung des Budget zur Verbesserung der Informationssicherheit	*
Allgemein	• Keine Korrelation	

Tabelle 62: Lineare Zusammenhänge bei hoher Gewissenhaftigkeit
Quelle: Herleitung aus eigener Erhebung

In der technischen Dimension zeigen sich drei lineare Zusammenhänge bei den Befragten mit hoher Gewissenhaftigkeit, welche ihren gemeinsamen Ursprung in der Frage nach den relevanten Bausteinen für das Informationssicherheits-Management haben. Befragte IT-Entscheider mit hoher Gewissenhaftigkeit betonten vorzugsweise die Optionen ‚zentrales Controlling eingesetzter Sicherheitssysteme', ‚Virtual Private Networks' sowie ‚Netzwerkzugangskontrolle' als relevanten Baustein des IS-Managements. Die Korrelation bei der Option ‚Virtual Private Networks' weist dabei eine signifikante Wahrscheinlichkeit von über 99% auf. Attribute, wie gewissenhaft, kompetent und genau, lassen darauf schließen, dass diese Bausteine eine besondere Relevanz haben sollten. Auf der anderen Seite enthalten Attribute wie perfektionistisch, willensstark und genau ein nicht zu unterschätzendes Risiko, weil erhöhte Sicherheitsansprüche zu steigenden Kosten und höherer Inflexibilität führen können. In diesem Zusammenhang empfiehlt der Autor, die Vorschläge der Personengruppe mit hoher Gewissenhaftigkeit zu notwendigen Bausteinen des IS-Managements zu beachten, allerdings diese Vorschläge auch kritisch zu überprüfen. Für die rechtlichen Aspekte der Informationssicherheit konnten keine Korrelationen nachgewiesen werden. Bei der Analyse der organisatorischen Dimension der Informationssicherheit, konnten sechs lineare Zusammenhänge festgestellt werden. Befragte IT-Entscheider mit hoher Gewissenhaftigkeit präferierten, bei der Frage nach angewandten Standards und Normen, die Option ‚ITIL'. Attribute wie kompetent, strebsam und eifrig, lassen einen Zusammenhang zu dem Rahmenwerk ITIL zu, welches international als Sammlung von Best Practices gilt, welche sich daran orientiert, den zu erbringenden Mehrwert im IT-Betrieb für den Kunden zu erhöhen. Der Autor empfiehlt, vor diesem Hintergrund, Hinweisen und Empfehlungen zu Standards und Normen von IT-Entscheidern mit hoher Gewissenhaftigkeit, eine besondere Bedeutung zukommen zu lassen. Ein weiterer linearer Zusammenhang zeigt sich bei der Option ‚Einzelinterviews' und zwar bei der Frage nach der Art und Weise der Identifizierung von Sicherheitslücken. Befragte Probanden mit hoher Gewissenhaftigkeit betonten vorzugsweise diese Option. Begründen könnte sich dieser zusätzliche Aufwand in den der Persönlichkeit zugrunde liegenden Attributen ausdauernd, arbeitsam und gewissenhaft und der damit verbundenen Selbstanforderung, mögliche Sicherheitslücken vollumfassend zu ermitteln. Der Autor empfiehlt, bei IT-Entscheidern mit hoher Gewissenhaftigkeit, kritisch zu beleuchten, inwieweit der Mehraufwand zur Ermittlung von Sicherheitslücken den Nutzen erhöht. Bei der Frage, welche Ebene die Sicherheit von Informationen als wichtiges Thema einstuft, kann von der Personengruppe mit hoher Gewissenhaftigkeit ein linearer Zusammenhang für die Option ‚TOP-Management' nachgewiesen werden. Dieser Zusammenhang kann seinen Ursprung in den Attributen kompetent und genau haben und damit sachlich fundiert sein oder er bezieht sich auf die Attribute gewissenhaft und pflichtbewusst und gibt die hierarchische Treue zum Vorgesetzten wieder. In dem Zusammenhang empfiehlt der Autor, die Aussagen von der Personengruppe mit hoher Gewissenhaftigkeit, zur Frage welcher Ebene Informationssicherheit im Unternehmen wichtig ist, kritisch zu überprüfen. Ein weiterer linearer Zusammenhang zeigt sich in der organisatorischen Dimension; bei der Einschätzung der Wichtigkeit von Weiterbildungsmaßnahmen für die Mitarbeiter. Zu dieser Frage lässt sich ein linearer Zusammenhang für die Option ‚Sehr Hoch' bei der Personengruppe mit hoher Gewissenhaftigkeit nachweisen. Attribute wie kompetent, gewissenhaft, pflichtbewusst und genau könnten Hinweise dafür sein, dass Weiterbildungsmaßnahmen für Mitarbeiter in der Vergangenheit vernachlässigt wurden und von besonderer Bedeutung für die zukünftige Gewährleistung der Sicherheit von Informationen sind. Bei diesem linearen Zusammenhang empfiehlt der Autor, Empfehlungen von IT-Entscheidern mit hoher Gewissenhaftigkeit, zur Notwendigkeit von Weiterbildungsmaßnahmen, eine besondere Beachtung zukommen zu lassen. Zur Frage, welche Mitarbeiter in Fragen der Informationssicherheit besonders geschult werden konnten für die Personengruppe mit hoher Gewissenhaftigkeit zwei lineare Zusammenhänge nachgewiesen werden. Mit einer signifikanten Wahrscheinlichkeit von über 99,9% besteht eine Korrelation zu der Option ‚IT-Benutzer'. Die Option ‚Mitglied der Geschäftsleitung' weist eine signifikante Wahrscheinlichkeit von 95% auf. Aufgrund der Attribute perfektionistisch, verlässlich, zuverlässig, gewissenhaft und genau kann davon ausgegangen werden, dass diese Mitarbeiter tatsächlich besonders in Fragen der Informationssicherheit geschult werden. Vor dem Hintergrund empfiehlt der Autor, zu überprüfen, inwieweit die besondere Schulung dieser Mitarbeiter die Informationssicherheit erhöht. In der wirtschaftlichen Dimension der Informationssicherheit wird auf die Frage, wie sie das Budget zur Verbesserung der Informationssicherheit einschätzen, ein linearer Zusammenhang für die Option ‚Niedrig' nachgewiesen. Attribute wie gewissenhaft, kompetent, zuverlässig und genau, welche der Personengruppe mit hoher Gewissenhaftigkeit zugesprochen werden, erhöhen die Zuverlässigkeit dieser besonderen Betonung. Der Autor empfiehlt aus diesem Grund, Empfehlungen zum Budget für die Verbesserung der Informationssicherheit dieser Personengruppe besondere Beachtung zukommen zu lassen.

Zusammenfassend werden vom Autor für IT-Entscheider mit hoher Gewissenhaftigkeit folgende Handlungsempfehlungen vorgeschlagen:

- Besondere Beachtung von Vorschlägen und Projekten zu notwendigen Bausteinen des IS-Managements

- Kritische Prüfung von Vorschlägen und Projekten zu notwendigen Bausteinen des IS-Managements durch objektiven Dritten

- Besondere Beachtung von Empfehlungen zu Standards und Normen

- Kritische Überprüfung, inwieweit der Mehraufwand für die Ermittlung von Sicherheitslücken den Nutzen erhöht

- Kritische Überprüfung von Aussagen, auf welcher Ebene Informationssicherheit besonders wichtig ist.

- Besondere Beachtung von Empfehlungen dieser Personengruppe zu notwendigen Weiterbildungsmaßnahmen

- Überprüfung, inwieweit die Schulung bestimmter Mitarbeitergruppen zur Erhöhung der Informationssicherheit beiträgt

- Besondere Beachtung von Empfehlungen zum Budget für die Verbesserung der Informationssicherheit

7.4 Zusammenschau der Handlungsempfehlungen

Zu den Persönlichkeitsmerkmalen Neurotizismus, Extraversion, Offenheit für Erfahrung, Verträglichkeit und Gewissenhaftigkeit werden im Folgenden für die jeweilige geringe oder hohe Merkmalsausprägung, die aus Abschnitt 7.3 erarbeiteten Handlungsempfehlungen zur Erhöhung der Informationssicherheit in Organisationen in Tabelle 63, dargestellt:

Faktor	Geringe Merkmalsausprägung	Hohe Merkmalsausprägung
Neurotizismus	• Überprüfung der tatsächlichen technischen Absicherung von Informationen bei Vorschlägen und Projekten von IT-Entscheidern • Überprüfung von Nachlässigkeit und Irrtum organisatorischer Vorschläge und Projekte von IT-Entscheidern • Überprüfung des Arbeitsklimas zwischen Mitarbeitern und IT-Entscheidern • Überprüfung, inwieweit IT-Entscheider zu sehr auf operative Maßnahmen und Pläne fixiert sind (Stichwort: Kostenrisiko und Bürokratisierung) • Begutachtung durch objektiven Dritten, inwieweit Konzepte und Richtlinien adäquat und regelmäßig überprüft werden • IT-Entscheider entsprechend entwickeln, dass sie sich selbst „mehr" mit Informationssicherheitsrisiken beschäftigen • Überprüfung der Budgetgrenzen	• Vorschläge und Entscheidungen bezüglich möglicher Gefahrenbereiche kritisch betrachten und evtl. von objektiven Dritten überprüfen lassen (Stichwort: Kostenrisiko) • Kritische Betrachtung von Vorschlägen und Entscheidungen zur Regelmäßigkeit von Konzept- und Richtlinienüberprüfungen (Stichwort: Bürokratisierung) • Überprüfung respektive Implementation von Transparenzkriterien bei Sicherheitsvorfällen • Kritische Überprüfung von erhöhten Budgetforderungen zur Verbesserung der Informationssicherheit
Extraversion	• Überprüfung der Sinnhaftigkeit und Nutzbarkeit technischer Vorschläge und Entscheidungen	• Überprüfung, inwieweit ein Ziel wie Revisionsfähigkeit zur Erhöhung der Informationssicherheit beiträgt • Überprüfung von disziplinarischen Entscheidungen gegenüber Mitarbeitern • Vorschläge und Entscheidungen bezüglich aktueller Standards und Normen sollten, im Hinblick auf ihre Relevanz, zur Erhöhung der Informationssicherheit überprüft werden • Überprüfung der Objektivität bei der Identifizierung von Sicherheitslücken • Überprüfung, inwieweit operative Konzepte die Nutzbarkeit von Informationssystemen verringern • Kritische Betrachtung von Aussagen der IT-Entscheider über die Managementebene • Kritische Betrachtung von Aussagen der IT-Entscheider über den einfachen Mitarbeiter

Offenheit für Erfahrung	• Überprüfung, inwieweit die Unternehmenskultur mit den Vorschlägen und Entscheidungen der IT-Entscheider übereinstimmt • Überprüfung, inwieweit nötige und mögliche Weiterbildungsmaßnahmen für Mitarbeiter forciert werden • Überprüfung, in welchem Umfang IT-Manager/-Abteilungsleiter in Schulungsmaßnahmen eingebunden werden	• Kritische Prüfung von Vorschlägen und Projekten bezüglich zukünftig notwendiger Bausteine des IS-Managements • Hinweis auf die besondere Sensibilität von Informationen • Besondere Beachtung von Hinweisen auf Fehler von Externen • Besondere Beachtung und kritische Überprüfung von Budgetvorschlägen • Kritische Begutachtung von Äußerungen dieser Personengruppe zum empfundenen Sicherheitsniveau
Verträglichkeit	• Überprüfung der Relevanz und Adäquanz von Firewalls als Baustein des IS-Managements • Überprüfung, inwieweit bei Sicherheitsvorfällen das eigene Verhalten der IT-Entscheider ausreichend reflektiert und hinterfragt wird	• Überprüfung, inwieweit Vorschläge zu rechtlichen Aspekten aus rationalen Gründen erfolgen oder aus Gründen der Einfachheit, um einer externen Forderungen zu genügen • Besondere Beachtung und Prüfung von Sicherheitsbedenken dieser Personengruppe • Besondere Beachtung von Aussagen zu Konsequenzen von Sicherheitsvorfällen
Gewissenhaftigkeit	• Vorschläge und Projekte, welche sich den softwareseitigen Mängeln und Defekten zuwenden, sollten höchst kritisch auf ihre Notwendigkeit überprüft werden • Überprüfung, inwieweit Konzepte und Richtlinien zur Gewährleistung der Informationssicherheit regelmäßig geprüft werden • Überprüfung, inwieweit Konzepte zur Fortentwicklung der Informationssicherheit genutzt und entwickelt werden • Kritische Überprüfung von erhöhten Budgetvorstellungen	• Besondere Beachtung von Vorschlägen und Projekten zu notwendigen Bausteinen des IS-Managements • Kritische Prüfung von Vorschlägen und Projekten zu notwendigen Bausteinen des IS-Managements durch objektiven Dritten • Besondere Beachtung von Empfehlungen zu Standards und Normen • Kritische Überprüfung, inwieweit der Mehraufwand für die Ermittlung von Sicherheitslücken den Nutzen erhöht • Kritische Überprüfung von Aussagen, welcher Ebene Informationssicherheit besonders wichtig ist. • Besondere Beachtung von Empfehlungen dieser Personengruppe zu notwendigen Weiterbildungsmaßnahmen • Überprüfung, inwieweit die Schulung bestimmter Mitarbeitergruppen zur Erhöhung der Informationssicherheit beiträgt • Besondere Beachtung von Empfehlungen zum Budget für die Verbesserung der Informationssicherheit

Tabelle 63: Zusammenschau der 44 Handlungsempfehlungen

Quelle: Herleitung aus Abschnitt 7.3

„In der Wissenschaft gleichen wir alle nur den Kindern, die am Rande des Wissens hier und da einen

Kiesel aufheben, während sich der weite Ozean des Unbekannten vor unseren Augen erstreckt."

(Sir Isaac Newton)

8 Kritische Würdigung

Im Folgenden werden vom Autor Grundannahmen und Modelle der vorliegenden Arbeit kritisch hinterfragt und bewertet. Dabei werden sowohl beantwortete Forschungsfragen und -ziele erwähnt, als auch Bereiche beleuchtet, welche detaillierter und tiefer hätten bearbeitet werden können. Kritisch betrachtet werden:

(1) die betrachteten Lehrbücher, Fachbücher sowie Forschungsbeiträge,

(2) die Repräsentativität, Validität, Reliabilität und Generalisierbarkeit,

(3) die Dimensionen der Informationssicherheit und die daraus resultierende Entwicklung der Fragen zur Informationssicherheit,

(4) das Fünf Faktoren Modell der Persönlichkeit,

(5) die Methodik der empirischen Erhebung,

(6) die logische und inhaltliche Konsistenz der aus den signifikanten Korrelationen ermittelten Handlungsempfehlungen,

(7) die Verwendung der statistischen Methoden zu Auswertung der erhobenen Daten,

(8) die unzusammenhängende Verwendung der Persönlichkeitsmerkmale und der daraus resultierenden Handlungsempfehlungen sowie

(9) die ausschließliche Betrachtung von IT-Entscheidern.

(1) Die vorliegende Arbeit wurde über einen Zeitraum von fünf Jahren erstellt und weist aufgrund dessen erhebliche Mängel bei der Verarbeitung aktueller Literatur auf. Der Grundlagenteil der Arbeit wurde inhaltlich überwiegend aus Lehr- und Fachbüchern vor dem Jahr 2006 erstellt, weshalb hieraus erarbeitete Theorien und Annahmen bei der weiteren Verwendung besonders zu überprüfen sind. In diesem Zusammenhang sei besonders auf die Verwendung des Modells der vier Dimensionen der Informationssicherheit verwiesen, welches auf Basis dieser Literatur erarbeitet wurde und bei weiterer wissenschaftlicher Verwendung zu überprüfen ist. In Kapitel 2 fehlt der Bezug zu aktuellen und insbesondere internationalen Journals und Forschungsbeiträgen. Abschnitt 2.3 bezieht sich vorrangig auf Lehr- und Fachbücher aus dem letzten Jahrtausend. Die vom Autor betrachteten Theorien von McGregor und Schein wurden von den Autoren in den

1970er und 1980er Jahre publiziert. Diese Theorien bedürfen, vor der weiteren Verwendung der Forschungsergebnisse, unbedingt einer Validierung anhand aktueller Forschungsbeiträge von renommierten internationalen Zeitschriften. Das thematische Raster der technischen, rechtlichen, wirtschaftlichen und organisatorischen Dimensionen der Informationssicherheit in Kapitel 3 folgert der Autor aus unterschiedlichen Lehr- und Fachbüchern, wobei in diesem Zusammenhang der aktuelle Bezug zu hochkarätigen internationalen Forschungsbeiträgen fehlt. Die Struktur der vier Dimensionen bildet das Grundraster für die Erarbeitung der Fragen zur empirischen Erhebung und bedarf, vor diesem Hintergrund, der besonderen Überprüfung bei der weiteren Verwendung der erhobenen Daten und daraus resultierenden Ergebnisse. In Kapitel 3 erarbeitete Grundlagen zur Informationssicherheit wurden zudem zu einem Großteil aus Lehr- und Fachbüchern vor dem Jahr 2008 erarbeitet und nur punktuell erneuert. Aktuelle Forschungsbeiträge aus international renommierten Journals fehlen in diesen Abschnitt.

(2) Den hohen Ansprüchen der Gütekriterien Repräsentativität, Validität, Reliabilität und Generalisierbarkeit konnte im Verlauf der Erhebung nicht genügt werden. Das Kriterium der Generalisierbarkeit wurde im Rahmen der empirischen Erhebung durch die Wahl der Vollerhebung eingeschränkt, anstatt die Methodik einer Zufallsstichprobe zu verwenden. Diese Entscheidung wurde aufgrund der geringen möglichen Auswahlgesamtheit von 889 Untersuchungsobjekten getroffen. Strenggenommen erfordert die Anwendung der induktiven Statistik, wie in Kapitel 7 erfolgt, dass jedes Element der Grundgesamtheit, unabhängig davon, welche weiteren Untersuchungsobjekte bereits zur Stichprobe gehören, mit gleicher Wahrscheinlichkeit ausgewählt wurde.[825] Die quantitative Möglichkeit, über statistische Auswertungsmethoden auf die Auswahlgesamtheit Rückschlüsse herzuleiten, wurde durch den Abgleich von Herkunft und Geschlecht der Auswahlgesamtheit mit der Stichprobe ermöglicht. Die Auswahlgesamtheit zeigt zur Stichprobe eine hoch signifikante Korrelation von r=,957 und r=,833, d.h. es sind Rückschlüsse möglich. Allerdings müssen die Rückschlüsse stark eingeschränkt werden, da der Zusammenhang von Herkunft und Geschlecht bei sehr geringen Fallzahlen aufgezeigt werden konnte und somit eine hohe Fehleranfälligkeit aufweist. Rückschlüsse über die Auswahlgesamtheit hinaus auf die Gesamtpopulation der IT-Entscheider im deutschsprachigen Raum, wären nur über einen sehr hohen Standardfehler möglich, da die Auswahlgesamtheit notwendigerweise über einen Internetzugang und die Angabe einer E-Mail-Adresse verfügen und bei dem Portal www.cio.de oder www.itheads.at angemeldet sein musste. Zudem wurde die Generalisierbarkeit durch

---

[825] Vgl. RAITHEL (2008), S. 58.

Gruppen, die aufgrund von technischen Hürden, Datenschutzbedenken oder Zeitknappheit nicht teilnehmen konnten, eingeschränkt.[826] Durch die Gewichtung von Schichtungsmerkmalen, könnte von der Stichprobe auf die deutschsprachige Population an IT-Entscheidern geschlossen werden, aber es existieren keine normierten Merkmale für die Gruppe der IT-Entscheider. Die Repräsentativität erfährt zudem weitere Einschränkungen durch einen systematischen Fehler in Form eines Overcoverage, d.h. es kann nicht ausgeschlossen werden, dass sich in den Portalen www.cio.de und www.itheads.at nicht Personen befinden, welche keinen IT-affinen Hintergrund haben. Zudem besteht die Gefahr eines Undercoverage, weil nur die öffentlichen Profile eingesehen werden konnten. Diese öffentlichen Profile wurden zwar zu 100% eingesehen, jedoch ist gerade bei IT-Sicherheitsverantwortlichen die Wahrscheinlichkeit sehr hoch, dass diese ihre Profile als nicht-öffentlich kennzeichnen und somit aus der Auswahlgesamtheit herausfallen. Vor dem Hintergrund ist anzunehmen, dass besonders IT-Sicherheitsverantwortliche mit sicherheitsaffinen Persönlichkeitsausprägungen, wie einer hohen Gewissenhaftigkeit, ihr Profil als nicht-öffentlich kennzeichnen. Diese Personengruppe fällt damit für die Befragung heraus, wodurch die Repräsentativität der Erhebung nur eine eingeschränkte Aussagekraft aufweist. Die hieraus sichtbar werdenden Diskrepanzen bedürfen der wissenschaftlichen Überprüfung vor der weiteren Verwendung der vorliegenden Ergebnisse. Weitere Einschränkung erfahren die Repräsentativität und damit die erarbeiteten Handlungsempfehlungen dadurch, dass nur IT-Entscheider mit hinterlegter E-Mail-Adresse befragt wurden. Hierdurch wurden Probanden, welche nur ihren Namen und Adresse oder Telefonnummer angegeben haben ausgeschlossen. Besonderen Einfluss auf die Repräsentativität haben bestimmte Gruppen von IT-Entscheidern, welche aufgrund von technischen Hürden, Zeitknappheit oder Datenschutzbedenken nicht an der Befragung teilnahmen. Vielmehr wird die Repräsentativität eingeschränkt oder zumindest verzerrt, weil anzunehmen ist, dass diese Personengruppen höchstwahrscheinlich ähnliche oder gleichförmige Persönlichkeitsausprägungen vorzuweisen haben.

Die vorliegenden Ergebnisse sind nicht übertragbar auf die generelle Population von IT-Entscheidern im deutschsprachigen Raum, weil der vorliegende Standardfehler zu hoch wäre und dadurch das Kriterium der Repräsentativität nicht erfüllt werden könnte. Aufgrund der strukturellen Besonderheit der vom Autor verwendeten Auswahlgesamtheit, sind weitere Annäherungen an die deutschsprachige Population nicht möglich. Hierfür wäre in erster Näherung ein Abgleich soziodemographischer Daten der Gesamtpopulation an deutschsprachigen IT-

---

[826] Zur Auswahl und Aufbau der Untersuchungsobjekte für die Befragung siehe Kapitel 5.2.

Entscheidern mit der vorliegenden Auswahlgesamtheit vorzunehmen. Diese grundsätzliche Feststellung der Repräsentativität erfolgte in der vorliegenden Arbeit nicht. In einem weiteren
Schritt hätte sodann über vergleichbare Identifikationsmerkmale eine Gewichtung der vorliegenden Daten erfolgen müssen, welche jedoch im Rahmen dieser Arbeit nicht vorgenommen
wurde. Vielmehr hätte der Autor über ein Gewichtungsverfahren nach Schichtungsmerkmalen
die Repräsentativität und damit die Repräsentativität der erarbeiteten Handlungsempfehlungen
erhöhen sollen.

(3) Vielfältige Kommunikations- und Informationsaustauschprozesse zwischen Organisationen
führen zu erheblichen Schwachstellen und damit einhergehenden Sicherheitsvorfällen. Verstärkt
wurden diese Schwachstellen durch die besondere Betrachtung der technischen Seite IT-
gestützter Geschäftsprozesse. Für die ganzheitliche Gewährleistung von Informationssicherheit
in der Organisation betrachtet der Autor zudem die nicht-technischen Bestandteile, also auch
die drei weiteren Dimensionen aus organisatorischer, rechtlicher und wirtschaftlicher Perspektive. Dabei verfolgte der Autor den Gedanken, dass neben technischen Komponenten, wie Hard-
und Software, insbesondere Menschen mit vielfältigen Kommunikations- und Informationsbe-
ziehungen agieren und damit umfangreiche organisatorische, rechtliche und wirtschaftliche Prozesse auslösen. Die theoretische Erarbeitung und Festlegung der Dimensionen als Fundament
zur Gewährleistung hoher Informationssicherheit in Organisationen, folgt keiner umfassenden
wissenschaftlichen Methodik, sondern vielmehr der offensichtlichen Vielzahl von thematischen
Bereichen, welche diesen Dimensionen zugeordnet werden konnte. Die aus diesen Dimensionen
erarbeiteten Fragen, welche die Grundlage für die empirische Erhebung bilden, erheben somit
keinen Anspruch auf Vollständigkeit. Ein Ausgangspunkt für weitere Arbeiten sollte dementsprechend die Überprüfung der vier Dimensionen der Informationssicherheit sowie der daraus erarbeiteten 27 Fragen sein. Insbesondere sollten die wissenschaftlichen Ergebnisse dieser Arbeit
sowie die Daten der empirischen Erhebung nicht weiterverwendet werden, ohne die Solidität
der hier verwendeten vier Dimensionen überprüft zu haben.

(4) Ein weiterer Aspekt der kritischen Würdigung besteht für den Autor in der Frage, inwieweit
das Fünf-Faktoren-Modell als Referenzmodell für die Feststellung von menschlichen Persönlichkeitsmerkmalen hinreichend valide ist. Die Betrachtung der Valenz der Ausführungen zum Fünf-
Faktoren-Modell, in Abschnitt 4.2, führt zu unterschiedlichen Schlussfolgerungen. Das Modell
wird nach wie vor in der Persönlichkeitspsychologie von einer Vielzahl von Wissenschaftlern als

Referenz zur sinnvollen Darstellung menschlicher Persönlichkeitsmerkmale betrachtet.[827] Mehrere Forscher unternahmen Studien, die besonders die „Cross-Culture-Wertigkeit" des Fünf-Faktoren-Modells bestätigten bzw. falsifizierten.[828] Zudem erwies sich das Modell für Erblichkeitsfaktoren, hinsichtlich eines bestimmten Verhaltens, als brauchbar, wie Persönlichkeitstest mit Zwillingen zeigten.[829] Auf der anderen Seite wiedersprechen eine Reihe von Forschern der optimistischen Auffassung über das Fünf-Faktoren-Modell. Vorrangige Kritik wird an der Anzahl der Persönlichkeitsfaktoren[830] geübt, der Methode der Analyse der Faktoren sowie am lexikalischen Grundlagenansatz, aus dem die fünf Faktoren stammen.[831]

Die Anzahl der Faktoren wird von unterschiedlichen Autoren als zu gering eingestuft, um eine umfassende Persönlichkeitsbeschreibung vorzunehmen.[832] Besondere Kritik erzeugt dabei die dogmatische Zahl „Fünf". EYSENCK hält drei Persönlichkeitsfaktoren für ausreichend,[833] wohingegen andere Autoren für eine hinreichende Persönlichkeitsbeschreibung fünf Faktoren nicht für ausreichend erachten.[834] BECKER schlägt vor, den Faktor Gefühlsbetontheit gegenüber Verstandsbetontheit einzuführen,[835] ANDRESEN ist für die Einführung eines Faktors, welcher die Suche nach Spannung und Abenteuer verkörpert.[836] HOGAN betrachtet den Faktor Extraversion als zu umfangreich, um Differenzierung zuzulassen und schlägt zur Ergänzung Faktoren wie Geselligkeit und Ehrgeiz vor.[837] TELLEGEN, BENET und WALLER plädieren für eine Lösung mit sieben Persönlichkeitsfaktoren, HOUGH gelangt zu dem Schluss, dass sich fünf Faktoren zu keiner hinreichenden Taxonomie zur Beschreibung der Persönlichkeit verarbeiten lassen[838] und schlägt neun Grundfaktoren zur Präzisierung von Prognosen vor. Modelle wie das Deutsche Personality Research Form (D-PRF), das Freiburger Persönlichkeitsinventar (FPI-R) oder der 16 Persönlichkeits-Faktoren Test (16 PF-R) weisen jeweils neun, 14 sowie 16 unterschiedliche Skalen auf. Diese

---

[827] PERVIN weist auf die unterschiedlichen Operationalisierungsmöglichkeiten des Modells NEO-PI-R hin. Vgl. PERVIN (2000), S. 266.
[828] Entsprechende Studien fanden mit übersetzten Versionen des Modells statt und bestätigten in etlichen Ländern die Wertigkeit des Modells. Vgl. vertiefend AMELANG/BORKENAU (1982); DE RAAD/HENDRIKS, et al. (1992); ROLLAND (1993).
[829] Hierbei zeigten sogar einige Facetten übergeordneter Persönlichkeitsdimensionen Erblichkeit. Vgl. JANG/MCCRAE, et al. (1998), S. 1559ff.
[830] Vertiefend vgl. Abschnitt 4.2.2.1 zur historischen Entwicklung des Fünf-Faktoren-Modells.
[831] Vgl. vertiefend Abschnitt 4.2.2.2: Lexikalische und faktorenanalytische Persönlichkeitsforschung als Grundlage der Persönlichkeitsmerkmale: Beschreibung der fünf breiten Faktoren.
[832] Vgl. MCCRAE/COSTA (1986), S. 1001.
[833] Vgl. vertiefend EYSENCK (1970)
[834] Vgl. BECKER (1996), S. 216ff.
[835] Vgl. BECKER (1996), S. 216-221.
[836] Dieser Faktor würde ebenfalls Risikobereitschaft und Elemente wie Leistungswillen, Forscherdrang und Tatkraft umfassen. Vgl. ANDRESEN (1995), S. 218ff.
[837] Vgl. vertiefend HOGAN (1986).
[838] Das betrifft insbesondere solche Bereiche für die, die Entwicklung der Persönlichkeit prognostiziert werden soll. Vgl. HOUGH (1992), S. 144ff.

Modelle hätten den Vorteil, die Persönlichkeit breiter beschreiben zu können, jedoch würde die erhöhte Komplexität[839] zu Lasten eindeutiger Handlungsempfehlungen gehen. Mitte der 80er Jahre des 20. Jahrhunderts entstand zwischen führenden Persönlichkeitswissenschaftlern wie GOLDBERG, JOHN, SAUCIER und ELLIS der Konsens, dass die fünf Persönlichkeitsfaktoren Neurotizismus, Extraversion, Offenheit für Erfahrung, Verträglichkeit und Gewissenhaftigkeit mit ihren entsprechenden, unabhängigen Dimensionen die wichtigen Charakteristika einer Person beschreiben.[840] Zudem wurden die fünf Faktoren über theoretisch und technisch unterschiedlich konzipierte Messinstrumente nachgewiesen; wie ausführlich in Kapitel 4.2.3.1 dargestellt wurde. Unter Persönlichkeitswissenschaftlern existiert des Weiteren Einmütigkeit bezüglich der Robustheit und Replizierbarkeit der Fünf-Faktoren-Struktur.[841] Aufgrund dieses wissenschaftlichen Konsens und der eindeutigen Vorteile der fünf Faktoren, hat der Autor im Rahmen dieser Arbeit die Analyse ausschließlich mit den beschriebenen fünf Faktoren vorgenommen.

Ein weiterer Kritikpunkt bildet die Faktorenanalyse, welche zum Auffinden unbekannter Korrelationen durchaus sinnvoll und brauchbar ist, jedoch bei unkritischer Verwendung dazu führen kann, sinnlose Resultate zu rechtfertigen.[842] Die Faktorenanalyse bietet keine sichere wissenschaftliche Basis, durch die sich Persönlichkeitsmerkmale eindeutig definieren und spezifizieren lassen,[843] aufgrund dessen bezweifeln unterschiedliche Autoren die Wertigkeit wissenschaftlicher Konstruktionen, die sich nur auf die Faktorenanalyse berufen.[844] Nach EYSENCK ist der grundsätzliche Modellcharakter als wissenschaftliche Basis des Fünf-Faktoren-Modells nicht tragbar, weil die Datensätze zu begrenzt sind und beschreibende Adjektive nicht unbedingt dafür geeignet erscheinen, die Wesensmerkmale menschlicher Persönlichkeit zu erfassen.[845] Kritisch betrachtet wird auch die lexikalische Konzeption des Fünf-Faktoren-Modells, welche einen simplen Ansatz folgt, wie in Abschnitt 4.2.2.2 dargestellt wird. Thomae bezweifelt, dass sich der Wortschaft einer Sprache überhaupt als Fundament für die grundlegende Beschreibung mensch-

---

[839]   Bei 16 Persönlichkeitsmerkmalen und 4 Dimensionen der Informationssicherheit wären bis zu 64 unterschiedliche Bereiche zu analysieren gewesen.
[840]   Vgl. GOLDBERG (1981), S. 159; JOHN/NAUMANN, et al. (2008), S. 119; SAUCIER/GOLDBERG (2002), S. 29; ELLIS/ABRAMS, et al. (2009), S. 236. Vertiefend vgl. Abschnitt 4.2.2.1 zur historischen Entwicklung des Fünf-Faktoren-Modells.
[841]   COSTA, MCCRAE und DYE (1991), zitiert nach BORKENAU/OSTENDORF (2008), S. 10.
[842]   Vgl. BLOCK (1995), S. 189.
[843]   Vgl. WEINERT (1998), S. 115f.
[844]   Vgl. LYKKEN (1971), S. 161ff. BLOCK kritisiert besonders die starke Gebundenheit des Fünf-Faktoren-Modells an die Faktorenanalyse. Vgl. BLOCK (1995), S. 189.
[845]   Vgl. EYSENCK (1993), S. 1299.

licher Eigenschaften eigne.[846] Ebenso weist ASENDORPF darauf hin, dass alltagspsychologische Auffassungen nicht ausschließlich als sinnvolle Basis wissenschaftlicher Herleitungen dienen können.[847] LAUX bestreitet, dass sich kontextbezogene Adjektive bedingungslos zum Ausdruck persönlichkeitspsychologischer Zusammenhänge benutzen ließen[848] und COSTA und MCCRAE sind sich nicht sicher, ob die Benutzung von Einwort-Deskriptoren tatsächlich zu einer ausreichenden Beschreibung menschlicher Eigenschaften führen könnte.[849] Schon ALLPORT und ODBERT wiesen 1936 darauf hin, dass die Lexikographie nicht ohne Vorbehalt umfassende Ergebnisse für Persönlichkeitsbeschreibungen leisten könne[850] und ergänzten ihre Aufstellung von Einwort-Deskriptoren durch Begriffe aus der Psychologie und Soziologie, wodurch die Übereinstimmung mit der alltagssprachlichen Lexikographie reduziert wurde.[851]

Dennoch wird die Bestimmung von Fünf-Faktoren im Rahmen des NEO-FFI Modells von einer breiten Masse an wissenschaftlichen Vertretern als valides Instrumentarium anerkannt (siehe hierzu vertiefend Kapitel 4.2.2). Dies hat mehrere Gründe wie:

i. die interne Konsistenz ist bei dem NEO-FFI Modell bei $\alpha > ,8$ und damit über dem des D-PRF, FPI-R und des 16 PF-R.

ii. AMELANG bezeichnet das NEO-FFI Modell als das gegenwärtig relevanteste Modell zur Erfassung von Persönlichkeitsmerkmalen, da es den aktuellen Stand der faktorenanalytischen Grundlagenforschung in der differentiellen Psychologie wiederspiegele.[852]

iii. Das deutschsprachige Modell des NEO-FFI hat mit einer Normstichprobe von 11.724 Probanden die breiteste Basis wie Tabelle 16 zeigt.

iv. Zudem wurde die Repräsentativität gesichert durch objektive und explizite Ausschlusskriterien[853] und die

v. Konsistenz der Cluster wurde empirisch evaluiert.[854]

---

[846] Dabei beschreibt THOMAE, dass sich Bauernregeln zum Wetter ebenso wenig als Grundlage für die meteorologische Wissenschaft eignen wie das Wortsammlungen als sinnvolle Klassifikationslehre brauchbar wären; vielmehr sei beides volkstümlich. Vgl. THOMAE (1996), S. 5.
[847] Vgl. ASENDORPF (1999), S. 130f.
[848] Vgl. LAUX (2003), S. 178.
[849] Vgl. MCCRAE/COSTA (1985), S. 711.
[850] Vgl. ALLPORT (1959), S. 356.
[851] Vgl. CATTELL (1943), S. 491.
[852] Vgl. AMELANG/SCHMIDT-ATZERT, et al. (2006), S. 271.
[853] Vgl. JOHN (1990), S. 75.
[854] Vgl. FAULLANT (2007), S. 110.

Die damit verbundene allgemeine Durchsetzung und Anerkennung des Fünf-Faktoren Modells führte letztlich zu der Verwendung für die vorliegende Arbeit. Allerdings bleibt der Mangel, dass viele Aspekte des Fünf-Faktoren-Modells nicht eindeutig bewiesen sind und dadurch die Güte der empirischen Erhebung und der daraus resultierenden Handlungsempfehlungen nur begrenzte Aussagekraft aufweist.

(5) Im Rahmen der empirischen Erhebung wurde vom Autor versucht, dass das jeweilige Vorgehen durch die Anwendung von Standard- und Gütekriterien intersubjektiv nachvollziehbare und nachprüfbare Ergebnisse erzeugt.[855] Dabei wurde in Kapitel 5 ein besonderer Anspruch auf die Methodik und Durchführung der empirischen Erhebung gelegt, welchem der Autor jedoch nicht gerecht werden konnte. Das vom Autor präferierte induktive Vorgehen wird wissenschaftlich sehr kontrovers diskutiert. Insbesondere das damit verbundene „Sammeln von Belegen" im Rahmen der empirischen Erhebung, um eine Erkenntnis zu beweisen, sollte sehr kritisch überprüft werden. Viele Autoren betrachten ein deduktives Vorgehen mit der damit verbundenen Überprüfung von Hypothesen als wissenschaftlich stringenter. Für die vorliegende Arbeit wurde vom Autor die quantitative Querschnittsstudie verwendet, welche das methodologische Spezifikum in der Wirtschaftsinformatik bildet. Andere Kernmethoden der Wirtschaftsinformatik, wie die argumentativ-deduktive Analyse, die Fallstudie, das Prototyping, die konzeptionell-deduktive Analyse sowie die formal deduktive Analyse, wurden vom Autor nicht näher betrachtet und auch nicht angewandt. Hier sollte vor der weiteren Verwendung der erarbeiteten Handlungsempfehlungen überprüft werden, inwieweit die nicht verwandten Methoden zu wissenschaftlich sinnvolleren Ergebnissen geführt hätten. Die Verwendung von quantitativen Methoden intendierte in der vorliegenden Arbeit lediglich, durch numerische Betrachtungsweisen soziale Phänomene zu klassifizieren. Zwar lassen sich durch quantitative Methoden komplexe Sachverhalte überschaubar darstellen, jedoch fehlt ihnen der verstehende Zugang, um Zusammenhänge und aufgedeckte Ursachen zu begründen. Qualitative Methoden würden die Möglichkeit eröffnen, soziale Beziehungen und komplexe Situationen vollständig zu erfassen. Dies wurde in der vorliegenden Arbeit vernachlässigt und sollte in zukünftigen Studien überprüft werden.

Der methodische Ansatz der Zusammenhangsbereiche nach RAITHEL, welcher den (1) Entdeckungszusammenhang, der danach fragt, was erforscht werden soll, den (2) Begründungszusammenhang, welcher darauf zielt, zu erfragen, wie etwas erforscht werden soll und den (3)

---

[855] Vgl. WILDE/HESS (2006), S. 1f.

Verwertungszusammenhang, welcher sich damit beschäftigt, was mit den Ergebnissen geschieht, begründet, wurde nicht mit der notwendigen Rigorosität im Verlauf der Arbeit verfolgt. Vielmehr wurde dieser im Verlauf der methodischen Fundierung der empirischen Erhebung erwähnt, jedoch dann nicht stringent weiter verfolgt. Hier besteht im Rahmen der weiteren Verwendung der vorliegenden Ergebnisse die Notwendigkeit der wissenschaftlichen Überprüfung.

(6) Im Rahmen des Abschnitts 7.3, wurden aus den festgestellten linearen Zusammenhängen konkrete Handlungsempfehlungen herausgearbeitet. Bei dieser Herleitung wurde versucht, über Eigenschaftswörter von OSTENDORF, wie bspw. ‚gewissenhaft' und ‚kompetent', konkrete Handlungsempfehlungen zu bestimmen. Attribute wie ‚pflichtbewusst' und ‚kompetent', welche beide der hohen Gewissenhaftigkeit zugerechnet werden, können sich jedoch auch wiedersprechen und damit zu anderen Handlungsempfehlungen führen. Pflichtbewusstsein kann zu Pflichteifrigkeit und somit bspw. zu einer hohen Vorgesetztentreue führen, wohingegen insbesondere Kompetenz einem unabhängigen und objektiven Sachverständigen zugerechnet wird. Aufgrund dessen bestand die wesentliche Herausforderung, aus eindeutigen sowie statistisch signifikanten Korrelationen Handlungsempfehlungen zu entwickeln, welche nicht durch die Vielfältigkeit der Sprache an Gehalt verlieren. Nach vielfältigen Diskussionen, welche linearen Zusammenhänge aufgrund der jeweiligen, vielfältigen Attribute zu welchen Handlungsempfehlungen führen, entschied sich der Autor für die jeweils, aus seiner Sicht, eindeutigste bzw. stellte maximal eine zweite oftmals dualistische Handlungsempfehlung dar. Bezüglich einer beschriebenen Korrelation von Probanden mit hoher Gewissenhaftigkeit bedeutet dies, dass die besondere Betonung von Sicherheitsmaßnahmen (Attribute: Genauigkeit und Kompetenz) durchaus gerechtfertigt sind. Jedoch können diese erhöhten Sicherheitsansprüche (Attribute: Perfektion und Willensstärke) auch zu höheren Kosten und geringerer Flexibilität führen. Der Nachteil dieser Vorgehensweise besteht darin, dass durch die maximale Betrachtung von zwei Handlungsempfehlungen wesentliche Aspekte aus dritter und vierter Reihe nicht betrachtet wurden. Der Autor entschied sich jedoch für die beschriebene Vorgehensweise, weil die Arbeit zum Ziel hat, eindeutige Handlungsempfehlungen zu geben, welche nicht durch die Vielfältigkeit der Interpretationsmöglichkeiten an Gehalt verlieren sollen. Leider verfügen die in Tabelle 63 aufgeführten 44 Handlungsempfehlungen nicht durchgehend über eine hohe Konsistenz und inhaltliche Treue zu den herausgearbeiteten linearen Zusammenhängen, welche in zukünftigen wissenschaftlichen Forschungen verstärkt betrachtet werden sollte. Zur personenbezogenen bzw. organisationsspezifischen Anpassung bzw. Erweiterung oder Verifikation der jeweiligen Handlungsempfehlungen, bedarf es im Praxisfall der Betrachtung und Analyse der signifikanten Korrelationen aus Abschnitt 7.2 in Verbindung mit den Eigenschaftswörtern aus Tabelle 14.

Neben der Analyse von einfachen, linearen Zusammenhängen wurde mit dem empirischen Datenmaterial versucht, weitere multivariate Zusammenhänge festzustellen. Dieses Vorhaben blieb, im Rahmen dieser Arbeit, ohne Erfolg. Die Zielsetzung der vorliegenden Arbeit richtete sich auf die grundsätzliche Feststellung, inwieweit Zusammenhänge zwischen menschlichen Persönlichkeitsmerkmalen und der Sicherheit von Informationen in Organisationen bestehen. Aus diesem Grunde wurde eine Stichprobe von über 100 befragten Probanden avisiert, welche mit einer erzielten Stichprobe von 177 erfüllt wurde. Von diesen Befragten nannten 174 Personen Angaben zu ihren Persönlichkeitsmerkmalen, welche, kombiniert mit zwei weiteren Fragen, zur Feststellung multivariater Zusammenhänge zu einer beantworteten Fallzahl von weniger als 20 führten und somit keine statistische Relevanz mehr boten.

Zusätzlich zur Feststellung von multivariaten Zusammenhängen der Persönlichkeitsausprägungen zu mehr als einer Frage zur Informationssicherheit, wurde versucht, multivariate Zusammenhänge zu den ermittelten soziodemographischen Daten festzustellen. Hier bestand nicht die Problematik einer zu geringen Fallzahl, da für die soziodemographischen Daten im Schnitt über 140 Angaben gemacht wurden und damit die Schnittmenge der Fallzahlen regelmäßig über dem kritischen Wert von 20 lag. Explorativ wurden dazu multivariate Zusammenhänge für die soziodemographischen Faktoren des Alters und der Führungsverantwortung zu bereits festgestellten, linearen Zusammenhängen berechnet. Es zeigt sich, dass, je nach Alter oder Führungsverantwortung, die bereits ermittelten Korrelationskoeffizienten verstärkt oder reduziert wurden. Diese Ergebnisse wurden im Rahmen dieser Arbeit nicht weiter erörtert, allerdings sollten sie einen ersten Ansatz für weitere wissenschaftliche Forschungen liefern können.

Jedoch erfolgte die thematische Feststellung und damit verbundene Erarbeitung der Items anhand explorativer Experteninterviews und einer entsprechenden Literaturrecherche, bei der u.a. deutsch- und englischsprachige empirische Studien eingesehen wurden.

(7) In Abschnitt 5.8 wurde vom Autor die vielfältigen Methoden der statistischen Analyse vorgestellt, u.a. die Regressions-, die Faktoren-, die Kontingenz-, die Korrelations-, die Kausal-, die Varianz-, die Conjoint-, die Diskriminanz- sowie die Clusteranalyse. Allerdings wurde im weiteren Verlauf der Arbeit vom Autor nicht ausreichend diskutiert, warum im Anschluss nur die wissenschaftlich veraltete Korrelationsanalyse verwendet wurde. Im Besonderen wäre die Untersuchung der erhobenen Daten durch die Diskriminanz- oder Clusteranalyse erforderlich gewesen, um die Aussagekraft der Handlungsempfehlungen zu bestätigen.

Zudem hätte vom Autor umfassender dargestellt werden müssen, warum nur lineare Beziehungen als Grundlage für die Handlungsempfehlungen betrachtet wurden und die Untersuchung von Ursache-Wirkung-Zusammenhängen vernachlässigt worden ist. Solche Ursache-Wirkung-Zusammenhänge hätten vom Autor mit der Regressions- oder der Kausalanalyse berechnet werden können.

(8) Im Verlauf der vorliegenden Arbeit wurden vom Autor Zusammenhänge zwischen einzelnen Persönlichkeitsmerkmalen von befragten Probanden und deren Antwortverhalten bzgl. ausgewählter Fragestellungen zur Informationssicherheit hergestellt. Diese berechneten signifikanten Korrelationen bilden die Grundlage für die Herleitung der Handlungsempfehlungen. Beispielhaft bedeutet das, dass die Ausprägung des Persönlichkeitsmerkmals der Gewissenhaftigkeit in Verbindung gebracht wird mit dem Antwortverhalten des Probanden, auf die Frage, welche Relevanz die ISO 27001 für seine Organisation hat. Damit leitet der Autor eine Handlungsempfehlung her, indem „ein" Persönlichkeitsmerkmal von den anderen vier Persönlichkeitmerkmalen isoliert betrachtet wird. Diese Vorgehensweise sollte methodisch kritisch betrachtet werden und führt, nach herrschender Meinung von Experten der differenziellen Psychologie, zur Reduzierung der Validität der Handlungsempfehlungen für IT-Entscheider.

(9) In der vorliegenden Arbeit wurden ausschließlich IT-Entscheider in Form von IT-Managern und IT-Abteilungsleitern, IT-Bereichsleitern, CIOs, CISOs, Mitglieder der Geschäftsleitung (mit IT-Affinität), IT-Fachkräfte, IT-Sicherheitsverantwortliche sowie Senior IT-Consultants befragt. Der Fokus auf die Gruppe der IT-Führungskräfte vernachlässigt die Darstellung des Einflusses von IT-Angestellten ohne Führungsverantwortung wie bspw. IT-Administratoren, IT-Nutzern und IT-Entwicklern. Leider wurde im Rahmen dieser Arbeit dieser Gruppe keine Relevanz zugeordnet, obwohl sie einen nicht unerheblichen Einfluss auf die Gestaltung, Steuerung, Planung und Verwendung von IT-Systemen haben und damit wesentlich zur Sicherheit von Informationen beitragen. Aufgrund dessen bedarf es der eindeutigen Feststellung, dass die vorliegenden Ergebnisse und Handlungsempfehlungen nicht für IT-Angestellte ohne Führungsverantwortung verwendet werden sollten. Vielmehr sollten zukünftige Arbeiten diesen vorliegenden Mangel näher untersuchen und vorhandene Ergebnisse dahingehend überarbeitet werden. Ein weiterer Kritikpunkt bildet in dem Zusammenhang die Auswahl der IT-Entscheider, die aus nur zwei Online-Portalen ausgesucht worden sind, wodurch die Repräsentativität erheblich eingeschränkt wird und erarbeitete Handlungsempfehlungen keine Anwendungsmöglichkeit auf die Gesamtheit der IT-Entscheider in Deutschland liefern.

„Am Anfang steht der Glaube, am Ziel die Schau."

(Augustinus Aurelius)

9 Fazit

Die weltweite Steigerung der Informations- und Kommunikationsbeziehungen verbunden mit der Bedeutung der Information als strategischen Wettbewerbsfaktor und den damit einhergehenden Herausforderungen stellen den Ausgangspunkt dieser Arbeit dar. In diesem Sinne entscheiden Informationen über den Erfolg oder Misserfolg einer Organisation, womit die Gewährleistung der Informationssicherheit zu einer Schlüsselaufgabe wird. Im Fokus der Untersuchungen steht dabei der Mensch als größtes Sicherheitsrisiko. Dabei war der forschungsleitende Gedanke ein „nicht können", „nicht wollen" oder „nicht wissen" als Grund für mangelnde Informationssicherheit ursächlich in seiner Persönlichkeit begründen zu können. Das Ziel der vorliegenden Arbeit lag demnach darin, Zusammenhänge zwischen der Informationssicherheit und der menschlichen Persönlichkeit festzustellen sowie darauf aufbauend Handlungsempfehlungen zur Erhöhung der Informationssicherheit zu identifizieren. Im Rahmen einer empirischen Untersuchung bestand hierbei der Anspruch, einen linearen Zusammenhang für ein bestimmtes Verhalten des IT-Entscheiders zu spezifischen Ausprägungen seiner Persönlichkeit festzustellen. Aus identifizierten Zusammenhängen sollten Handlungsempfehlungen hergeleitet werden, welche als Grundlage für die Einschätzung und Entwicklung von IT-Entscheidern mit gleicher Persönlichkeitsausprägung dienen und somit die Sicherheit von Informationen in Organisationen erhöhen können.

Dieser grundsätzlichen Zielsetzung folgend, wurden zwei Forschungsfragen in Abschnitt 1.2 erarbeitet, dessen Ergebnisse hier zusammenfassend beantwortet werden sollen.

Zur Beantwortung der Forschungsfragen erfolgte im Rahmen dieser Arbeit eine mehrstufige Herangehensweise, dessen Grundlage das Konzept und die Empirie bildeten:

- Als Arbeitsgrundlage wurde zu Beginn durch die Aufarbeitung der Grundlagen zur Informationssicherheit ein inhaltliches Fundament geschaffen. Hierbei wurde ein besonderer Wert auf die Darstellung der Informationssicherheit als Querschnittsaufgabe des Informationsmanagements gelegt. Zudem erfolgte eine erste Charakterisierung des Mitarbeiters in der Organisation.

- Die Literaturrecherche bildet den theoretischen Ausgangspunkt, der, nach eigenen konzeptionellen Überlegungen, zu einem Bezugsrahmen führte, welcher den Forschungsbereich der Informationssicherheit durch die technische, rechtliche, organisatorische und wirtschaftliche Dimension ergründet. In diesem Rahmen wurden die wesentlichen Einflussfaktoren auf die Informationssicherheit ermittelt und thematische Items, einschließlich geeigneter Antwortoptionen, operationalisiert.

- Im Forschungsbereich der Persönlichkeit wurde, nach Sichtung relevanter Theorien zur adäquaten Beschreibung der menschlichen Persönlichkeit, der Trait-Ansatz selektiert. Die Wahl des NEO-FFI-Modells, zur Feststellung menschlicher Persönlichkeitsmerkmale, erfolgte aufgrund der hohen Güte und erlaubte die Befragung von Probanden über ein standardisiertes Messinstrument.

- Aufbauend auf die konzeptionellen Vorüberlegungen wurde ein Fragebogen mit den Teilbereichen Persönlichkeit, Informationssicherheit und Soziodemographie hergeleitet. Die festgestellten Ausprägungen der Persönlichkeitsmerkmale sollten den Antworten zur Informationssicherheit und Soziodemographie direkt zuordenbar sein.

- 27 Fragestellungen zur Informationssicherheit mit 238 optionalen Antwortmöglichkeiten hatten das Ziel, das Entscheidungsverhalten von IT-Angestellten umfassend zu ergründen.

- Nach der Auswahl der Untersuchungsobjekte, der Gestaltung des Anschreibens und einem Pretest, wurde der Fragebogen an 748 Probanden versandt. Im Rahmen der Durchführung der empirischen Untersuchung konnten 174 auswertbare Rückläufer erzielt werden, was einer Rücklaufquote von 23,3% entspricht.

- Nach einem Vergleich der Ergebnisse von tabellarischen Analysen (Abschnitt 7.1.1) mit den Ergebnissen von statistischen Methoden der induktiven Statistik (Abschnitt 7.1.3) und der offensichtlichen Fehleranfälligkeit, wurde von der weiteren Nutzung von tabellarischen Analyseverfahren abgesehen.

- Die Analyse der gewonnenen Daten erfolgte dementsprechend durch Methoden der induktiven Statistik wie Regressions- und Korrelationsanalysen. Vorab wurden die gewonnenen Daten anhand von Gütekriterien wie Objektivität, Validität, Reliabilität und Generalisierbarkeit verifiziert oder falsifiziert.

Im Folgenden werden die wesentlichen Erkenntnisfortschritte zusammengefasst:

Zu Beginn der Forschungen wurde nach der Relevanz des IT-Entscheiders zur Gewährleistung der Informationssicherheit in der Organisation gefragt. Bei Beantwortung dieser Frage zeigte sich bereits im Rahmen der theoretischen Analyse, dass die vorherrschende Fachmeinung von einer hohen Relevanz des Faktors Mensch zur Gewährleistung der Informationssicherheit ausgeht. Befragte IT-Entscheider äußerten, im Rahmen der vorliegenden empirischen Untersuchung, auf die Frage nach Gefahrenbereichen u.a., dass „Nachlässigkeit und Irrtum der eigenen Mitarbeiter" bei 77,2% der befragten Organisationen in der Vergangenheit für Sicherheitsvorfälle verantwortlich waren. Für die Zukunft erwarten noch 50,3% der befragten IT-Entscheider in diesem Gefahrenbereich weitere Sicherheitsvorfälle, wie Diagramm 12 in Kapitel 5 zeigt. Auch bei der Einschätzung der befragten IT-Entscheider, wie wichtig es ihnen sei, Mitarbeitern zum Schutz der Informationssicherheit regelmäßig Weiterbildungsmaßnahmen anzubieten, sprachen sich 74,3% mit dem Votum ‚hoch' und ‚sehr hoch' eindeutig dafür aus. Lediglich 5,2% gaben hierzu ein Votum mit ‚niedrig' oder ‚sehr niedrig' ab, wie Diagramm 18 zeigt. Abschließend wurde in der empirischen Untersuchung nach den Problemen, welche die Fortentwicklung der Informationssicherheit beeinträchtigen, gefragt. Daraufhin gaben 74,3% der befragten IT-Entscheider das ‚Bewusstsein beim Anwender' an, wie Diagramm 22 zeigt. Demnach ist der Faktor Mensch, auch im Rahmen dieser Untersuchung, sowohl für zurückliegende als auch für zukünftige Gefahrenbereiche, für die Fortentwicklung der Informationssicherheit sowie bei der Einschätzung der Notwendigkeit von Weiterbildungsmaßnahmen, jeweils der relevanteste Aspekt zur Gewährleistung der Informationssicherheit.

Darauf aufbauend galt zu klären inwieweit ein Zusammenhang zwischen den Persönlichkeitsmerkmalen von IT-Verantwortlichen und ihren Entscheidungen respektive ihrer Entwicklung im organisationalen Kontext existierte. Zur Beantwortung dieser Frage wurde ebenfalls, im Rahmen dieser Arbeit, eine Analyse bestehender theoretischer Ausarbeitungen und empirischer Ergebnisse vorgenommen. Die überwiegende Anzahl der Fachmeinungen stellt einen Zusammenhang dar und untermauert diesen durch entsprechende empirische Untersuchungen. Die empirische Untersuchung der vorliegenden Arbeit ergab, kumuliert, 62 signifikante lineare Zusammenhänge zwischen den Fragen zur Informationssicherheit und den festgestellten Ausprägungen der Persönlichkeit. Davon hatten 52 lineare Zusammenhänge eine Irrtumswahrscheinlichkeit von unter 5% ($\alpha <= ,050$) und 10 lineare Zusammenhänge eine Irrtumswahrscheinlichkeit von unter 1% ($\alpha <= ,010$). Die festgestellten linearen Zusammenhänge sind ausführlich in Abschnitt 7.2 erörtert. Lineare Zusammenhänge konnten auch für die Fragen zu soziodemographischen Aspekten und den Ausprägungen der Persönlichkeitsmerkmale festgestellt werden. Beispielhaft ist hier der signifikante lineare Zusammenhang zwischen den Persönlichkeitsmerkmalen Neurotizismus und Gewissenhaftigkeit und dem jeweiligen jährlichen Einkommen der befragten IT-Entscheider zu nennen. Diese linearen Zusammenhänge weisen eine starke Signifikanz mit einer Irrtumswahrscheinlichkeit von unter 0,1% ($\alpha <=,001$) auf, wie ausführlich in Abschnitt 7.1.3 dargestellt wird. Daraus ist, vor dem Hintergrund der vorliegenden Arbeit, zu schließen, dass eindeutige signifikante Zusammenhänge zwischen den Ausprägungen von Persönlichkeitsmerkmalen eines Menschen und seinen Entscheidungen respektive seiner Entwicklung im organisationalen Kontext bestehen.

Grundlage für die Erforschung von Handlungsempfehlungen stellte die Herleitung von Wirkzusammenhängen dar. Diese sollten für unterschiedliche Persönlichkeitsausprägungen und Dimensionen der Informationssicherheit aufgezeigt werden, wobei festzustellen war welche Persönlichkeitsmerkmale starken und welche geringen Einfluss ausüben. Es konnten, in den vier Dimensionen der Informationssicherheit, insgesamt 62 signifikante lineare Zusammenhänge identifiziert werden. Davon entfallen jeweils 11 auf die technische und wirtschaftliche, 10 auf die rechtliche und 30 lineare Zusammenhänge auf die organisatorische Dimension der Informationssicherheit. Die jeweiligen Korrelationen finden sich in den Tabellen 41, 43, 45 und 48 von Abschnitt 7.2. wieder. Fragestellungen, die zu keinen linearen Zusammenhängen mit den Persönlichkeitsausprägungen führen, wurden lediglich zur Interpretation „verwandter" linearer Zusammenhänge, bei der Erarbeitung von Handlungsempfehlungen, in Abschnitt 7.3 genutzt. Die Grundlagen für die Herleitung der Handlungsempfehlungen stellen die Wirkzusammenhänge für die technische, rechtliche, organisatorische und wirtschaftliche Dimension dar, welche in den Tabellen 42, 44, 46, 49 und 52 dargestellt sind. Für das Persönlichkeitsmerkmal der Gewissenhaftigkeit konnten 20 lineare Zusammenhänge festgestellt werden. Dem folgen das Persönlichkeitsmerkmal des Neurotizismus mit 13, Offenheit für Erfahrung mit 11 sowie für Extraversion und Verträglichkeit jeweils 9 lineare Zusammenhänge. Aufgrund dessen übt das Persönlichkeitsmerkmal der Gewissenhaftigkeit den stärksten Einfluss auf das Sicherheitsverhalten von IT-Entscheidern aus und die Persönlichkeitsmerkmale der Extraversion und Verträglichkeit den geringsten.

Darüber hinaus erfragte der Autor der welche Vorhersagen über das Verhalten von IT-Entscheidern bei unterschiedlichen Ausprägungen ihrer Persönlichkeitsmerkmale getroffen werden können. Zur Beantwortung dieser Frage war es notwendig, die herausgearbeiteten Wirkzusammenhänge (Tabelle 42, 44, 46, 49 und 52) aus den vier Dimensionen der Informationssicherheit, welche in Abschnitt 7.2 dargestellt sind, auf ihre besondere Betonung und jeweilige Merkmalsausprägung hin fortzuführen. Die Strukturierung erfolgte, insbesondere auch zur Erhöhung einer praxisrelevanten Nutzbarkeit, nach der jeweiligen Ausprägung des Persönlichkeitsmerkmals. In den Tabellen 54, 55, 56, 57, 58, 59, 60, 61, 62 und 63 sind, zur entsprechenden Ausprägung des Persönlichkeitsmerkmals, die zugehörige und dabei besonders betonte Frage aufgeführt. Hierdurch lassen sich direkt Vorhersagen treffen, dass bspw. ein IT-Entscheider mit hoher Gewissenhaftigkeit annimmt, dass IT-Benutzer im Bereich der Informationssicherheit besonders geschult sind. Bei diesem Zusammenhang handelt es sich um eine signifikante Korrelation, mit einer Irrtumswahrscheinlichkeit von unter 0,1% ($\alpha <=,001$), d.h. sie ist besonders zutreffend (siehe hierzu Tabelle 63 sowie Tabelle 45). In Abschnitt 7.2 wurden die berechneten Vorhersagen ausführlich beschrieben.

Zentral für die vorliegende Arbeit war jedoch die Klärung, welche Handlungsempfehlungen aufgrund unterschiedlicher Ausprägungen der Persönlichkeitsmerkmale für IT-Entscheider hergeleitet werden können. Diese Frage erforderte es, die festgestellten besonderen Betonungen, welche aus den Wirkzusammenhängen aggregiert wurden, zu übergreifenden Aussagen hin zu entwickeln. Bis zu diesem Punkt der Forschung wurden die Daten aus der empirischen Erhebung durch eindeutige statistische Verfahren hergeleitet. Die Herleitung von Handlungsempfehlungen erfordert jedoch die Interpretation dieser linearen Zusammenhänge. Zur Einhaltung einer wissenschaftlich widerspruchfreien Vorgehensweise, bedurfte dies zum einen auf den konzeptionellen und inhaltlichen Orientierungsrahmen zur Informationssicherheit aus Kapitel 3 Bezug zu nehmen, um den linearen Zusammenhang respektive die Fragestellung korrekt zu interpretieren. Zum anderen konnte die angemessene Interpretation der jeweiligen Ausprägung des Persönlichkeitsmerkmals nur über adäquate Eigenschaftswörter stattfinden, welche aus Tabelle 15 aus Abschnitt 4.3.2.2 herangezogen wurden. Durch diese inhaltliche Verknüpfung resultiert, bspw. aus einem linearen Zusammenhang, welcher sich in Form von einer Überbetonung von ,Virtual Private Networks' bei Probanden mit geringem Neurotizismus ergab, die Handlungsempfehlung ,Überprüfung der tatsächlichen, technischen Absicherung von Informationen bei Vorschlägen und Projekten von IT-Entscheidern'. Die Grundlage hierfür bildeten zwei Aspekte: (1) ,Virtual Private Networks' sind ein Baustein zur technischen Absicherung und ein (2) geringer Neurotizismus lässt sich u.a. durch die Eigenschaftswörter ,sorglos' und ,gelassen' beschreiben. Diese Handlungsempfehlungen wurden für alle 62 erarbeiteten linearen Zusammenhänge aus Abschnitt 7.2 hergeleitet, wobei 16 Korrelationen, bei denen aufgrund der jeweiligen Antwortalternative die Fallzahl unter einem Wert von 20 liegt, nur hilfsweise mit einbezogen wurden. Diese Handlungsempfehlungen wurden, im Rahmen des Abschnitts 7.3, erarbeitet und als Zusammenschau übersichtlich in Abschnitt 7.4 dargestellt. Die Zusammenschau der Handlungsempfehlungen ermöglicht es, nach Feststellung der Persönlichkeitsmerkmale eines IT-Entscheiders, konkrete Empfehlungen für die Erhöhung der Informationssicherheit in der Organisation zu geben. Bezugnehmend darauf wurde analysiert, welche multivariaten Zusammenhänge sich aufzeigen lassen. Die Ausgangsproblematik bestand darin, multivariate Zusammenhänge zu identifizieren, welche eine Fallzahl aufwiesen, bei der die Gütekriterien der Validität und Reliabilität gewährleistet waren. Für die Erarbeitung der Handlungsempfehlungen zu Forschungsfrage 2, wurden lediglich lineare Zusammenhänge zwischen zwei Aspekten betrachtet. Hierbei wurden, aufgrund einer zu geringen Fallzahl, bereits 16 Korrelationen von 62 nur hilfsweise betrachtet.

Keine ausreichenden Fallzahlen zeigten sich zum einen (1) bei der Analyse der multivariaten Zusammenhänge zwischen den fünf Persönlichkeitsausprägungen und den Haupt-Items der Fragen zur Informationssicherheit und zur Soziodemographie sowie zum anderen (2) den multivariaten Zusammenhängen zwischen zwei Items zur Informationssicherheit und einer Persönlichkeitsausprägung. Bei der Feststellung von multivariaten Zusammenhängen zwischen den fünf Persönlichkeitsmerkmalen und jeweils einer Frage zur Informationssicherheit und zur Soziodemographie wurden, kumuliert, neun Korrelationen identifiziert. Untersucht wurde in diesem Zusammenhang bspw., ob ein IT-Entscheider, mit geringem Neurotizismus als Merkmalsausprägung, sein Entscheidungsverhalten zusätzlich verändert, wenn er über einen geringen Bildungsstand verfügt, bzgl. bspw. der Frage, inwieweit ‚Virtual Private Networks' ein relevanter Baustein des Informationssicherheits-Managements sind. Die identifizierten multivariaten Korrelationen lieferten keine Hinweise für die Verringerung oder Verstärkung der bestehenden linearen Zusammenhänge und können deshalb allenfalls einen Ausgangspunkt für weitere Forschungen bilden.

Abschließend kann festgehalten werden, dass im Rahmen der vorliegenden Arbeit eindeutig lineare Zusammenhänge festgestellt worden sind, womit das Verhalten eines IT-Entscheiders anhand spezifischer Ausprägungen seiner Persönlichkeit erklärbar wird. Aus den identifizierten, linearen Zusammenhängen wurden Handlungsempfehlungen hergeleitet, welche als Grundlage für die Einschätzung und Entwicklung von IT-Entscheidern mit gleicher Persönlichkeitsausprägung dienen und somit zur Erhöhung der Informationssicherheit in Organisationen beitragen können. Die Zusammenschau der Handlungsempfehlungen in Abschnitt 7.4 ermöglicht es, nach Messung der Persönlichkeitsmerkmale eines IT-Entscheiders, diesbezüglich konkrete Empfehlungen zu geben.

„Die Wissenschaft fängt eigentlich erst da an, interessant zu werden, wo sie aufhört."

(Justus Freiherr von Liebig)

10   Ausblick

Dieses Kapitel schließt die Arbeit mit einem Ausblick auf mögliche weitere Forschungsberei-
che und dessen Anwendungsgebiete ab. Dabei kann zwischen den Grundlagen des konzeptionellen Orientierungsrahmens der Informationssicherheit, dem Forschungsbereich der
Persönlichkeitstheorien sowie der damit verbundenen Änderung der Analysegrundlagen
und –methoden unterschieden werden.

Die vorliegende Arbeit nutzt als konzeptionellen Orientierungsrahmen vier Dimensionen der
Informationssicherheit, welche den Rahmen für die Fragestellungen zur Informationssicherheit bilden. Die Validität dieses Bezugsrahmens sollte im Rahmen weiterer Arbeiten überprüft werden. Es ist anzunehmen, dass sich weitere Fragestellungen außerhalb dieser Dimensionen ergeben. Handlungsleitend könnte, in dem Zusammenhang, die Identifikation
weiterer Fragen über die Analyse der Ebenen des Informationseinsatzes, der Anwendungssysteme sowie der technischen Infrastruktur nach Voß und GUTENSCHWAGER sein.

Cluster von stark korrelierenden Fragestellungen könnten eine Grundlage für zukünftige
Forschungen bilden und mit Bezug zum Forschungsbereich der Informationssicherheit,
bspw. inwieweit ein IT-Entscheider ‚organisationsaffin', ‚wirtschaftsaffin', ‚technikaffin',
‚rechtsaffin' oder als Oberbegriff ‚sicherheitsaffin' ist, sein. Sodann sollte für diese Cluster
festgestellt werden, bis zu welchem Grad sie zur Erhöhung oder Verringerung der Informationssicherheit beitragen. Solch eine Basis würde die Möglichkeit eröffnen, Ausprägungen
menschlicher Persönlichkeitsmerkmale leichter zuordenbar zu machen. Nachteilig wäre die
zunehmende Fehleranfälligkeit aufgrund der erhöhten Abstraktion.

Ein weiterer Aspekt, welchem im Rahmen zukünftiger Forschungen eine besondere Bedeutung zukommen sollte, ist die Analyse multivariater Zusammenhänge. Der Anspruch von
Forschungsfrage 6, Handlungsempfehlungen zur Erhöhung der Informationssicherheit über
die Feststellung von multivariaten Zusammenhängen zu geben, konnte nicht erfüllt werden.
Die Ursache lag in einer zu geringen Fallzahl. Es konnten signifikant multivariate Zusammenhänge festgestellt werden, jedoch war deren Fallzahl unter 20, womit deren Validität
sehr eingeschränkt zu beurteilen ist. Die vorliegenden linearen Zusammenhänge könnten
als Ausgangsbasis für weitere wissenschaftliche Untersuchungen, insbesondere multivariate

Analysen, genutzt werden. Die Identifikation von multivariaten Zusammenhängen zwischen den festgestellten 44 signifikant linearen Zusammenhängen und den erhobenen Daten zur Soziodemographie stellt einen besonders interessanten Gegenstand weiterer Forschungen dar. Hierbei könnte beispielhaft festgestellt werden, inwieweit sich der Korrelationskoeffizient eines linearen Zusammenhangs erhöht oder verringert, wenn sich der Bildungsstand des IT-Entscheiders verändert.

Die vorliegende Zusammenschau der Handlungsempfehlungen aus Abschnitt 7.4 stellt einen ersten Ansatz für ein zu entwickelndes Referenzmodell dar. Dieses wurde durch Aggregation und Abstraktion konkretisiert und führt zu eindeutigen Handlungsempfehlungen für entsprechende Ausprägungen der Persönlichkeitsmerkmale von IT-Entscheidern. Für die Nutzung als Referenzmodell bedürfen die hergeleiteten Ergebnisse jedoch der erneuten empirischen Überprüfung ihrer Validität und Reliabilität. Dieses Referenzmodell kann schlussendlich als idealtypisches Entscheidungsraster zur Modellierung kritischen Verhaltens von IT-Entscheidern mit unterschiedlichen Ausprägungen ihrer Persönlichkeitsmerkmale bei der Gewährleistung der Informationssicherheit verwendet werden. Ein so entwickeltes Referenzmodell sollte anschließend an die jeweiligen unternehmensspezifischen Gegebenheiten angepasst werden.

Ein derart entwickeltes Referenzmodell kann die Grundlage für die Entwicklung eines marktfähigen Produktes in Form einer Software bilden, welche zur systematischen Erhöhung der Informationssicherheit beitragen kann. Hierdurch könnte die Schwachstelle Mensch strukturiert erfasst, positiv beeinflusst und kontrolliert werden. Der wesentliche Vorteil einer solchen Software bestünde in der semi-automatischen Identifikation von Schwachstellen und damit verbundenen Empfehlungen von Maßnahmen zur Erhöhung der Informationssicherheit. Solch ein Ansatz ist mit unterschiedlichen organisatorischen und rechtlichen Hürden verbunden, stellt jedoch einen wesentlichen Schritt bei der Entwicklung durchgehend sicherer Systeme dar.

Neben der Beachtung bestimmter Handlungsempfehlungen bei spezifischen Ausprägungen der Persönlichkeitsmerkmale könnte sich zukünftiges Forschungsinteresse damit beschäftigen, inwieweit Traits über eine Langzeitstabilität verfügen und ob diese konsistenten Verhaltensweisen und Reaktionsmuster über den Zeitverlauf veränderbar sind. Persönlichkeitsmerkmale nach LAUX sind über den Zeitverlauf variabel und damit instabil, womit es

festzustellen gilt, inwieweit bspw. Security Awareness Kampagnen zu einer positiven Veränderung dieser führen können.[856]

Abschließend könnten vorliegende Forschungsergebnisse die Grundlage für ein Umfragepa-
nel bilden und dadurch langfristig validiert werden. In diesem Zusammenhang könnte auch
die zeitliche Stabilität von Persönlichkeitsmerkmalen überprüft werden.

---

[856] Vgl. LAUX (2003), S. 186. COSTA und MCCRAE stellten 1994 in einer Langzeitstudie fest, dass grundlegende Persönlichkeitsmerkmale im Rahmen von Selbst- und Fremdbeurteilungen eine Korrelation von r=,64 im Zeitverlauf ergaben,
woraus sie ableiteten, dass es zu einer Stabilisierung von Persönlichkeitsmerkmalen bis zum Alter von 30 Jahren
kommt. Vgl. COSTA/MCCRAE (1994), S. 34. LAUX widerspricht dieser Stabilisierung und bezeichnet die Korrelation von
r=,64 als Variationsbreite. Vgl. LAUX (2003), S. 185f.

Index

285

286

Literaturverzeichnis

Journal- und Konferenzbeiträge:

ACEITUNO, V. (2006): Return On Security Investment. In: Make a Match for Your Organization: Security roles and job definitions, S.: 16-19.

ALLPORT, G. W./ODBERT, H. S. (1936): Trait-names: A psycholexical study. In: Psychological Monographs, 47, 211, S.: 1-171.

AMELANG, M./BORKENAU, P. (1982): Über die faktorielle Struktur und externe Validität einiger Fragebogen-Skalen zur Erfassung von Dimensionen der Extraversion und emotionalen Labilität. In: Zeitschrift für Differentielle und Diagnostische Psychologie, 3, S.: 119-146.

ANDRESEN, B. (1995): „Risikobereitschaft" (R)- der sechste Basisfaktor der Persönlichkeit: Konvergenz multivarianter Studien und Konstruktexplikation. In: Zeitschrift für Differentielle und Diagnostische Psychologie, 16, S.: 210-236.

BACHMEIER, R. (1996): Datenschutz-Audit. In: Datenschutz und Datensicherheit (DuD), 20, 1, S.: 680.

BASKERVILLE, R. (1993): Information systems security design methods: implications for information systems development. In: ACM Computing Surveys (CSUR), 25, 4, S.: 375-414.

BAUR, N./FLORIAN, M. J. (2009): Stichprobenprobleme bei Online-Umfragen. In: Sozialforschung im Internet, 2009, S.: 109-128.

BECKER, P. (1996): Wie big sind die Big Five? In: Zeitschrift für Differentielle und Diagnostische Psychologie, 17, S.: 209-221.

BLOCK, J. (1995): A Contrarian View of the Five-Factor Approach to Personality Description. In: Psychological Bulletin, 117, S.: 187-215.

BODE, J. (1997): Der Informationsbegriff in der Betriebswirtschaftslehre. In: Zeitschrift für betriebswirtschaftliche Forschung, 5, 49, S.: 449-468.

BOOK, N./RUDOLPH, D. (2006): Schwerpunkt - Zertifizierung - IT-Sicherheitsmanagement als messbare Dienstleistung. In: DuD : Datenschutz und Datensicherheit, Recht und Sicherheit in Informationsverarbeitung und Kommunikation. - Wiesbaden : Vieweg, ISSN 0724-4371, 30, 1, S.: 29-32.

BOSNJAK, M./BATINIC, B. (2002): Understanding the willingness to participate in online-surveys. The case of E-mail questionnaires. In: Online social sciences, 2002, S.: 81-92.

BRAIN, M. (2006): SECURITY - How Computer Viruses Work. In: Database and network journal : an international journal of database and network practice. - London : A.P. Publ. Ltd., 36, 1, S.: 3-5.

BRÜHANN, U. (1996): EU-Datenschutzrichtlinie - Umsetzung in einem vernetzten Europa. In: Datenschutz und Datensicherheit (DuD), 20, 2, S.: 66-72.

BUTTLER, G./CHRISTIAN, B. (2000): Repräsentativität von Online-Umfragen. In: Entwicklungsperspektiven im Electronic Business, 2000, S.: 205-216.

CALDER, A./WATKINS, S. (2006): IT UNDER SCRUTINY - The new information security standard ISO 27001 might mean the end of debilitating hack-attacks. In: Quality world : QW. - London : IQA, ISSN 1352-8769, S.: 38-43.

CATTELL, R. B. (1943): The description of personality: basic traits resolved into clusters. In: Journal of Abnormal and Social Psychology, 38, S.: 476-506.

CAVUSOGLU, H./MISHRA, B./RAGHUNATHAN, S. (2004): A model for evaluating IT security investments. In: Communications of the ACM, 47, 7, S.: 87-92.

287

CHAI, S./KIM, M./RAO, H. R. (2010): Firms' information security investment decisions: Stock market evidence of investors' behavior. In: Decision Support Systems, S.: 1-11.

COLWILL, C. (2010): Human factors in information security: The insider threat-Who can you trust these days? In: Information Security Technical Report, S.: 1-11.

CRONBACH, L. J. (1951): Coeffizient alpha and the internal structure of test. In: Psychometrica, 16, S.: 297-334.

DE LEEUW, E. D. (2001): Reducing Missing Data in Surveys: An Overview of Methods. In: Quality & Quantity, Volume 35, Number 2, 147-160.

DE RAAD, B./HENDRIKS, J. A. A./HOFSTEE, W. K. B. (1992): Toward a refined structure of personality traits. In: European Journal of Personality, 6, S.: 301-309.

DEBAR, H./VIINIKKA, J. (2005): Part II - FOSAD 2005 (19-24 September 2005) - Intrusion Detection: Introduction to Intrusion Detection and Security Information Management. In: Lecture notes in computer science. - Berlin : Springer, ISSN 0302-9743, 3655, S.: 207-236.

DEUTSKENS, E./JONG, A./RUYTER, K., et al. (2006): Comparing the generalizability of online and mail surveys in cross-national service quality research. In: Marketing letters, 17, 2, S.: 119-136.

DEVARAJ, S./EASLEY, R. F./CRANT, J. M. (2008): How does personality matter?. Relating the five-factor model to technology acceptance and use. In: Information systems research, 19, 1, S.: 93-105.

DIERSTEIN, R. (2004): Sicherheit in der Informationstechnik-der Begriff IT-Sicherheit. In: Informatik-Spektrum : Organ der Gesellschaft für Informatik e.V. und mit ihr assoziierter Organisationen. - Berlin : Springer, ISSN 0170-6012, 27, 4, S.: 343-353.

DIGMAN, J. M. (1989): Five robust trait dimensions: Development, stability and utility. In: Journal of Personality, 57, S.: 195-214.

DIGMAN, J. M. (1990): Personality Structure: Emergence Of The Five-Factor Model. In: Annual Review of Psychology, 41, S.: 417-440.

DLAMINI, M./ELOFF, J./ELOFF, M. (2009): Information security: the moving target. In: Computers & Security, 28, 3-4, S.: 189-198.

DUHR, E./NAUJIK, H./DANKER, B., et al. (2002): Neues Datenschutzrecht für die Wirtschaft, Erläuterungen und praktische Hinweise zu §1 bis §11 BDSG. In: Datenschutz und Datensicherheit (DuD), 26, 1, S.: 5-36.

DUTTA, A./ROY, R. (2008): Dynamics of organizational information security. In: System Dynamics Review, 24, 3, S.: 349-375.

ENGEL-FLECHSIG, S. (1997b): "Teledienstedatenschutz" - Die Konzeption des Datenschutzes im Entwurf des Informations- und Kommunikationsdienstegesetz des Bundes. In: Datenschutz und Datensicherheit (DuD), 21, 1, S.: 8-16.

ENGEL-FLECHSIG, S./MAENNEL, F. A./TETTENBORN, A. (1997): Das neue Informations- und Kommunikationsdienste-Gesetz. In: Neue Juristische Wochenschrift, 50, 45, S.: 2981-2992.

EVANS, J. R./MATHUR, A. (2005): The value of online surveys. In: Internet research, 15, 2, S.: 195-219.

EYSENCK, H. J. (1993): Comment on Goldberg. In: American Psychologist, 48, S.: 1299-1300.

FISCHER, T. (2005): Schwerpunkt - Betrieblicher Datenschutz - Geheimnisverrat durch Bestellung eines externen betrieblichen Datenschutzbeauftragten? In: DuD : Datenschutz und Datensicherheit, Recht und Sicherheit in Informationsverarbeitung und Kommunikation. - Wiesbaden : Vieweg, ISSN 0724-4371, 29, 8, S.: 458-460.

FISCHER, W./LEPPERHOFF, N. (2005): Can critical infrastructures rely on the Internet? In: Computers & security : the international journal devoted to the study of the technical and financial aspects of computer security. - Kidlington, Oxford : Elsevier, ISSN 0167-4048, 24, 6, S.: 485-491.

FLOWERDAY, S./VON SOLMS, R. (2005): Real-time information integrity=system integrity+data integrity+continuous assurances. In: Computers & security : the international journal devoted to the study of the technical and financial aspects of computer security. - Kidlington, Oxford : Elsevier, ISSN 0167-4048, 24, 8, S.: 604-613.

FLEGEL, U. (2004): Detection of intrusions and malware & vulnerability assessment : GI Special Interest SIDAR Workshop, DIMVA 2004, Dortmund, Germany, July 6 - 7, 2004 ; proceedings.

FOOTE, P./NEUDENBERGER, T. (2005): Beyond Sarbanes - Oxley compliance. In: Computers & security : the international journal devoted to the study of the technical and financial aspects of computer security. - Kidlington, Oxford : Elsevier, ISSN 0167-4048, 24, 7, S.: 516-518.

FOX, D. (2000): Instrusion Detection Systeme (IDS). In: Datenschutz und Datensicherheit (DuD), 24, 9, S.: 549.

GEIGER, G. (2000): "Information Warfare" - Bedrohungen und Schutz IT-abhängiger gesellschaftlicher Infrastrukturen. In: Datenschutz und Datensicherheit (DuD), 24, 3, S.: 129-136.

GEIS, I. (1997): Internet und Datenschutzrecht. In: Neue Juristische Wochenschrift, 50, 5, S.: 288-293.

GEROHOLD, D./HEIL, H. (2001): Das neue Bundesdatenschutzgesetz. In: Datenschutz und Datensicherheit (DuD), 25, 7, S.: 377-382.

GOLDBERG, L. R. (1981): Language and individual differences: The search for universals in personality lexicons. In: Wheeler Ladd (Ed.): Review of personality and social psychology, 2, S.: 141-165.

GOLDBERG, L. R. (1993): The structure of phenotypic personality traits. In: American Psychologist, 48, S.: 26-42.

GONZALEZ, J./SAWICKA, A. (2002): A framework for human factors in information security, In: WSEAS International Conference on Information Security, Rio de Janeiro. S.: 1-7.

GRAY, J. (2008): Distributed computing economics. In: Queue, 6, 3, S.: 63-68.

GROBE, K./ELBERS, J. (2009): A total-cost-of-ownership analysis of I2-enabled WDM-PONs. In: Communications Magazine, IEEE, 47, 3, S.: S24-S29.

HECKROTH, K. K., H. (2002): IT-Sicherheitspolitik als Voraussetzung für IT-Sicherheit. In: in: Betriebswirtschaftliche Blätter, S.139-141, S.: 139-140.

HELMBRECHT, U. (2004): Interview: "Verbessern lässt sich alles". In: Staat & IT : das Fachmagazin für IT-Verantwortliche bei Bund, Ländern und Gemeinden, 1, S.: 53-54.

HOEREN, T. (2007b): Das Telemediengesetz. In: Neue Juristische Wochenschrift, 60, 12, S.: 801-806.

HOLZ, T./MEIER, M./KÖNIG, H. (2002): Bausteine für effiziente Intrusion Detection-Systeme. In: Praxis der Informationsverarbeitung und Kommunikation (PIK), 25, 3, S.: 144-157.

HOONAKKER, P./BORNOE, N./CARAYON, P. (2009): Password Authentication from a Human Factors Perspective: Results of a Survey among End-Users, In: Human Factors and Ergonomics Society, S.: 459-463.

HORSTER, P. (1993): Sicherheitsmechanismen. In: Datenschutz und Datensicherung (DuD), 17, 9, S.: 511-520.

HOUGH, L. M. (1992): The "Big Five" Personality Variables – Construct Confusion: Description versus Predicition. In: Human Performance, 5, S.: 139-155.

HUANG, D.-L./RAU, P.-L. P./SALVENDY, G. (2007): A Survey of Factors Influencing People's Perception of Information Security. In: Human-Computer Interaction. HCI Applications and Services, S.: 906-915.

HUANG, D.-L./RAU, P.-L. P./SALVENDY, G. (2010): Perception of information security. In: Behaviour & Information Technology, 29, 3, S.: 221-232.

IACONO, L. L./DIETZE, L. (2005): Aufsätze - Gültigkeit von Zertifikaten und Signaturen. In: DuD : Datenschutz und Datensicherheit, Recht und Sicherheit in Informationsverarbeitung und Kommunikation. - Wiesbaden : Vieweg, ISSN 0724-4371, 29, 1, S.: 14-17.

JANG, K. L./MCCRAE, R. R./ANGLEITNER, A., et al. (1998): Heritability of facet-level traits in a cross-cultural twin sample: Support for a hierarchical model of personality. In: Journal of Personality and Social Psychology, 74, S.: 1556-1565.

JARRAS, H. D. (1989): Das allgemeine Persönlichkeitsrecht im Grundgesetz. In: Neue Juristische Wochenschrift, 42, 14, S.: 857-862.

JELLITI, M./SIBILLA, M./JAMOUSSI, Y., et al. (2010): A Model Based Framework Supporting ITIL Service IT Management. In: Enterprise, Business-Process and Information Systems Modeling, S.: 208-219.

JOHN, O. P./ANGLEITNER, A./OSTENDORF, F. (1988): The lexical approach to personality: a historical review of trait taxonomy research. In: Journal of Personality, 2, S.: 171-203.

JOHNSON, R. B./ONWUEGBUZIE, A. J. (2004): Mixed Methods Research: A Research Paradigm Whose Time Has Come. In: Educational researcher, 33, 7, S.: 14-26.

KENRICK, D. T./FUNDER, D. C. (1988): Profiting from controversy. Lessons from the person-situation debate. In: American Psychologist, 43, S.: 23-34.

KOOMEY, J./BRILL, K./TURNER, P., et al. (2007): A Simple Model for Determining True Total Cost of Ownership for Data Centers. In: white paper, Uptime Institute, S.: 1-9.

KRAEMER, S./CARAYON, P./CLEM, J. (2009): Human and organizational factors in computer and information security: Pathways to vulnerabilities. In: Computers & Security, 28, 7, S.: 509-520.

KRÄMER, W. (2008): Verhindert die Statistikausbildung den Fortschritt der Wirtschafts- und Sozialwissenschaften? In: Wirtschafts- und sozialstatistisches Archiv, 2, 1/2, S.: 41-50.

KRUGER, H./KEARNEY, W. (2008): Consensus ranking-An ICT security awareness case study. In: Computers & Security, 27, 7-8, S.: 254-259.

KÜPPERS, B. (1999): Data Mining in der Praxis - Ein Ansatz zur Nutzung der Potentiale von Data Mining im betrieblichen Umfeld. In: Europäische Hochschulschriften, Volks- und Betriebswirtschaft, 5, 2373, S.: 1247-1252.

LIPPMANN, S./ROßNAGEL, H. (2005): Geschäftsmodelle für signaturgesetzkonforme Trust Center, In: Ferstl, Otto K.: Wirtschaftsinformatik 2005: eEconomy, eGovernment, eSociety ; mit 118 Tabellen ; [... 7. Internationale Tagung Wirtschaftsinformatik 2005 (WI2005), die vom 23. - 25. Februar 2005 an der Universität Bamberg stattfindet], S.: 1167-1186.

LYKKEN, D. T. (1971): Multiple factor analysis and personality research. In: Journal of Experimental Research in Personality, 5, S.: 161-170.

MAGKLARAS, G. B./FURNELL, S. M. (2005): A preliminary model of end user sophistication for insider threat prediction in IT systems A1 - Magklaras, G.B. A1 - Furnell, S.M. In: Computers & security : the international journal devoted to the study of the technical and financial aspects of computer security. - Kidlington, Oxford : Elsevier, ISSN 0167-4048, 24, 5, S.: 371-380.

MANCHA, R./DIETRICH, G. (2007): Development of a Framework for Analyzing Individual and Environmental Factors Preceding Attitude toward Information Security. In: Americas Conference on Information Systems (AMCIS), AMCIS 2007 Proceedings, S.: 178-188.

290

MAURER, M./JANDURA, O. (2009): Masse statt Klasse?. Einige kritische Bemerkungen zu Repräsentativität und Validität von Online-Befragungen. In: Sozialforschung im Internet, 2009, S.: 61-73.

MCADAMS, D. P. (1992): The five-factor model in personality: A critical appraisal. In: Journal of Personality, 60, S.: 329-361.

MCCRAE, R. R./COSTA, P. T. (1983): Joint factors in self-reports and ratings: neuroticism, extraversion and openness to experience. In: Personality and Individual Differences, 4, S.: 245-255.

MCCRAE, R. R./COSTA, P. T. (1985): Updating Norman's "Adequate Taxonomy": Intelligence and Personality Dimensions in Natural Language and in questionnaires. In: Journal of Personality and Social Psychology, 49, S.: 710-721.

MCCRAE, R. R./COSTA, P. T. (1986): Clinical assessment can benefit from recent advantages in personality psychology. In: American Psychologist, 41, S.: 1001-1003.

MCCRAE, R. R./COSTA, P. T. (1994): The stability of personality: Observations and evaluations. In: Current Directions in Psychological Science, 3, S.: 173-175.

MCCRAE, R. R./JOHN, O. P. (1992): An introduction to the five-factor model and its applications. In: Journal of Personality, 60, S.: 175-215.

MCMULLIN, E. (1984): A case for scientific realism. In: Scientific realism, S.: 8-40.

MEINTS, M. (2006): Schwerpunkt - Zertifizierung - Datenschutz nach BSI-Grundschutz? In: DuD : Datenschutz und Datensicherheit, Recht und Sicherheit in Informationsverarbeitung und Kommunikation. - Wiesbaden : Vieweg, ISSN 0724-4371, 30, 1, S.: 13-16.

MEYER, M./ZARNEKOW, R./KOLBE, L. (2003): IT-Governance - Begriff, Status quo und Bedeutung. In: Wirtschaftsinformatik, 45, 4, S.: 445-448.

MILLIGAN, P. M./HUTCHESON, D. (2008): Business risks and security assessment for mobile devices. In: Information Systems Control Journal, 1, S.: 189-193.

MIZZI, A. (2010): Return on information security investment-the viability of an anti-spam solution in a wireless environment. In: International Journal of Network Security, 10, 1, S.: 18-24.

MOBERG, D. J. (1999): ARTICLES - The Big Five and Organizational Virtue. In: Business ethics quarterly, 9, 2, S.: 245-272.

MÜLLER, G./GERD TOM MARKOTTEN, D. (2000): Sicherheit in der Kommunikationstechnik. In: Wirtschaftsinformatik, 42, 6, S.: 487-488.

MÜNCH, I. (2005): Aufsätze - Neue Entwicklungen beim IT-Grundschutz. In: DuD : Datenschutz und Datensicherheit, Recht und Sicherheit in Informationsverarbeitung und Kommunikation. - Wiesbaden : Vieweg, ISSN 0724-4371, 29, 1, S.: 5-9.

PETRI, T. (2002): Vollzugsdefizite bei der Umsetzung des BDSG. In: Datenschutz und Datensicherheit (DuD), 26, 12, S.: 726-730.

POHL, H./WECK, G. (1993b): Stand und Zukunft der Informationssicherheit. In: Datenschutz und Datensicherung (DuD), 1, 17, S.: 18-22.

POST, S. (2008): Speziell und hochengagiert. Eine Online-Befragung der deutschen Klimaforscher. In: Sozialforschung im Internet, 2009, S.: 261-272.

PÖTSCHKE, M. (2009): Potentiale von Online-Befragungen. Erfahrungen aus der Hochschulforschung. In: Sozialforschung im Internet, 2009, S.: 75-89.

ROLLAND, J.-P. (1993): Construct validity of „markers" of the FFM personality dimensions. In: European Review of Applied Psychology, 43, S.: 317-337.

RONELLENFITSCH, M. (2005): Aufsätze - Moderne Justiz, Datenschutz und richterliche Unabhängigkeit. In: DuD : Datenschutz und Datensicherheit, Recht und Sicherheit in Informationsverarbeitung und Kommunikation. - Wiesbaden : Vieweg, ISSN 0724-4371, 29, 6, S.: 354-359.

ROßNAGEL, A. (1997): Das Signaturgesetz, Eine kritische Bewertung des Gesetzentwurfs der Bundesregierung. In: Datenschutz und Datensicherheit (DuD), 21, 2, S.: 75-81.

SACKMANN, S. (2008): Mensch und Ökonomie - Perspektiven im Wandel der Zeit (unternehmenskulturelle Betrachtung). In: Mensch und Ökonomie, 2008, S.: 87-100.

SCHADT, D. (2005): Wirksamer Schutz kritischer IT-Infrastrukturen. In: Staat & IT : das Fachmagazin für IT-Verantwortliche bei Bund, Ländern und Gemeinden, 2, S.: 32-35.

SCHLIENGER, T. (2006): Einfluss von Mitarbeitenden auf die Informationssicherheit - Effektive Informationssicherheit kann nicht alleine mit technischen und organisatorischen Mitteln erreicht werden. In: Electrosuisse: Bulletin. - Fehraltorf, ISSN 1420-7028, 97, 7, S.: 27-30.

SCHMIDT, C. (2006): Medienpsychologie. In: Medienmanagement, 2006, S.: 73-89.

SCHNEIDER, U. (2002): Die Übergangsregeln des neuen BDSG, Erläuterungen zu §45 des BDSG. In: Datenschutz und Datensicherheit (DuD), 26, 12, S.: 717-725.

SCHREIBER, S. (2005): Die qualifizierte elektronische Signatur - Vertrauensbonus vom Gesetzgeber, Schaffung von Vertrauen bei den Bürgern durch das deutsche Signaturbündnis?, In: Ferstl, Otto K.: Wirtschaftsinformatik 2005: eEconomy, eGovernment, eSociety ; mit 118 Tabellen ; [... 7. Internationale Tagung Wirtschaftsinformatik 2005 (WI2005), die vom 23. - 25. Februar 2005 an der Universität Bamberg stattfindet], S.: 1187-1206.

SCHÜTZENMEISTER, F./BUßMANN, M. (2008): Online-Befragungen in der Wissenschaftsforschung. In: Sozialforschung im Internet, 2009, S.: 245-260.

SHROPSHIRE, J./WARKENTIN, M./JOHNSTON, A., et al. (2006): Personality and IT security: An application of the five-factor model, In: Americas Conference on Information Systems (AMCIS); AMCIS 2006 Proceedings, S.: 3443–3449.

SMITH, M. A./CANGER, J. M. (2004): Effects of Supervisor "Big Five" Personality on Subordinate Attitudes. In: Journal of business and psychology, 18, 4, S.: 465-482.

SONNENREICH, W./ALBANESE, J./STOUT, B. (2006): Return On Security Investment (ROSI)-A Practical Quantitative Model. In: Journal of Research and Practice in Information Technology, 38, 1, S.: 45-56.

SPEARS, J. L. (2006): A Holistic Risk Analysis Method for Identifying Information Security Risks, In: Dowland, Paul/Furnell, Steve/Thuraisingham, Bhavani/Wang, X. Sean, Security management, integrity, and internal conrol in information systems : IFIP TC-11 WG 11.1 & WG 11.5 Joint Working Conference [on Security Management, Integrity, and Internal Control in Information Systems, December 1-2, 2005, Fairfax, Virginia], IFIP - International Federation for Information Processing ; 193, Springer, S.: 185-204.

STANTON, J. M./STAM, K. R./MASTRANGELO, P., et al. (2005): Analysis of end user security behaviors. In: Computers & security : the international journal devoted to the study of the technical and financial aspects of computer security. - Kidlington, Oxford : Elsevier, ISSN 0167-4048, 24, 2, S.: 124-133.

STELZER, D. (1990): Kritik des Sicherheitsbegriffs im IT-Sicherheitsrahmenkonzept. In: Datenschutz und Datensicherung (DuD), 14, 10, S.: 501-506.

STRASSMANN, P. A. (1982): Overview of strategic Aspects of Information Management. In: Technology and People, 1, S.: 71-89.

TAMM, G./ZARNEKOW, R. (2005): Umsetzung eines ITIL-konformen IT-Service-Support auf der Grundlage von Web-Services, In: Ferstl, Otto K.: Wirtschaftsinformatik 2005: eEconomy, eGovernment, eSociety ; mit 118 Tabellen ; [... 7. Internationale Tagung Wirtschaftsinformatik 2005 (WI2005), die vom 23. - 25. Februar 2005 an der Universität Bamberg stattfindet], S.: 647-666.

THEOBALD , A. (2007): Zur Gestaltung von Online-Fragebögen. In: Online-Forschung 2007, 2007, S.: 103-118.

THEOHARIDOU, M./KOKOLAKIS, S./KARYDA, M., et al. (2005): The insider threat to information systems and the effectiveness of ISO17799. In: Computers & security : the international journal devoted to the study of the technical and financial aspects of computer security. - Kidlington, Oxford : Elsevier, ISSN 0167-4048, 24, 6, S.: 472-484.

THOMSON, K./VON SOLMS, R. (2006): Towards an information security competence maturity model. In: Computer Fraud & Security, 2006, 5, S.: 11-15.

TORRES, J./SARRIEGI, J./SANTOS, J., et al. (2006): Managing information systems security: critical success factors and indicators to measure effectiveness. In: Information Security, S.: 530-545.

TSIAKIS, T. (2010): Information Security Expenditures: a Techno-Economic Analysis. In: International Journal of Computer Science and Network Security (IJCSNS), 10, 4, S.: 7-11.

TUPES, E. C./CHRISTAL, R. E. (1992): Recurrent personality factors based on trait ratings (Nachdruck von Tupes/Christal 1961). In: Journal of Personality, 60, S.: 225-252.

TURCZYK, L. A. (2005): INFORMATIONSMANAGEMENT - Information Lifecycle Managment: Organisation ist wichtiger als Technologie. In: Nachrichten für Dokumentation : nfd ; Zeitschrift für Informationswissenschaft und -praxis ; Mitteilungsblatt des Normenausschusses Bibliotheks- und Dokumentationswesen im DIN, Deutsches Institut für Normung e.V., des VDD - Berufsverband Information, Dokumentation, Kommunikation e.V. und der Arbeitsgemeinschaft der Spezialbibliotheken (ASpB). - Darmstadt : Hoppenstedt, ISSN 0027-7436, 56, 7, S.: 371-372.

ULMER, C. D./SCHRIEF, D. (2004): Schwerpunkt - Vorratsdatenspeicherung - Vorratsdatenspeicherung durch die Hintertür. In: DuD : Datenschutz und Datensicherheit, Recht und Sicherheit in Informationsverarbeitung und Kommunikation. - Wiesbaden : Vieweg, ISSN 0724-4371, 28, 10, S.: 591-597.

VAN NIEKERK, J./VON SOLMS, R. (2009): Information security culture: A management perspective. In: Computers & Security, S.: 476-486.

VANCE, A./SUPONEN, M./PAHNILA, S. (2009): How Personality and Habit Affect Protection Motivation, In: Gurpreet, Dhillon/Weiser, Mark/Warkentin, Merrill, et al.: Association of Information Systems SIGSEC Workshop on Information Security & Privacy (WISP 2009), S.: 1-14.

VOM BROCKE, J./BUDDENDICK, C. (2005): Security Awareness Management - Konzeption, Methoden und Anwendung, In: Ferstl, Otto K.: Wirtschaftsinformatik 2005: eEconomy, eGovernment, eSociety ; mit 118 Tabellen ; [... 7. Internationale Tagung Wirtschaftsinformatik 2005 (WI2005), die vom 23. - 25. Februar 2005 an der Universität Bamberg stattfindet], S.: 1227-1246.

VON SOLMS, B. (2005): Information Security governance: COBIT or ISO 17799 or both? In: Computers & security : the international journal devoted to the study of the technical and financial aspects of computer security. - Kidlington, Oxford : Elsevier, ISSN 0167-4048, 24, 2, S.: 99-104.

VON SOLMS, B. (2006): Information Security - The Fourth Wave. In: Computers & security : the international journal devoted to the study of the technical and financial aspects of computer security. - Kidlington, Oxford : Elsevier, ISSN 0167-4048, 25, 3, S.: 165-168.

WALSH, P. (2006): information highway - Delving into information technology (IT) and knowledge management (KM) systems as part of some research into Hertfordshire Highways revealed the importance of quality management on the road to organisational awareness. In: Quality world : QW. - London : IQA, ISSN 1352-8769, 32, 6, S.: 41-45.

293

WARREN, M. J./BATTEN, L. M. (2002): Security Management - Security Management: An Information Systems Setting. In: Lecture notes in computer science. - Berlin : Springer, ISSN 0302-9743, 2384, S.: 257-270.

WEISSMANN, O. (2005): Neufassung IS 17799:2005. In: DuD : Datenschutz und Datensicherheit, Recht und Sicherheit in Informationsverarbeitung und Kommunikation. - Wiesbaden : Vieweg, ISSN 0724-4371, 29, 1, S.: 209-215.

WELSCH, G. F., PAUL (2005): Aufsätze - Ein IT-Frühwarnsystem für Deutschland. In: DuD : Datenschutz und Datensicherheit, Recht und Sicherheit in Informationsverarbeitung und Kommunikation. - Wiesbaden : Vieweg, ISSN 0724-4371, 29, 11, S.: 651-656.

WESEMANN, D./GRUNWALD, A./GRUNWALD, M. (2008): Vergleich verschiedener Befragungszeiträume bei Online-Befragungen von Betroffenen mit Essstörungen und deren Angehörigen. In: Sozialforschung im Internet, 2009, S.: 273-287.

WHITMAN, M. (2003): Enemy at the gate: threats to information security. In: Communications of the ACM, 46, 8, S.: 95.

WILDE, T./HESS, T. (2007): Forschungsmethoden der Wirtschaftsinformatik - Eine empirische Untersuchung. In: Wirtschaftsinformatik, 49, 4, S.: 280-287.

WILLIAMS, P. (2009): What Does Security Culture Look Like For Small Organizations?, In: Proceedings of the 7th Australian Information Security Management Conference, Perth, Western Australia, 1st to 3rd December 2012 S.: 1-48.

YAO, Z./WANG, X. (2010): An ITIL based ITSM practice: A case study of steel manufacturing enterprise, In: IEEE, S.: 1-5.

ZERBACK, T./SCHOEN, H./JACKOB, N., et al. (2009): Zehn Jahre Sozialforschung im Internet. Eine Analyse zur Nutzung von Online-Befragungen in den Sozialwissenschaften. In: Sozialforschung im Internet, 2009, S.: 15-31.

294

Lehr- und Fachbücher:

ADLMANNINGER, U. (2008): Ganzheitliches Management der Informationssicherheit. Gau-Algesheim.

AEBI, D. (2004): Praxishandbuch sicherer IT-Betrieb : Risiken erkennen, Schwachstellen beseitigen, IT-Infrastruktur schützen.

ALLPORT, G. W. (1959): Personality: A psychological interpretation. Holt, Rinehart & Winston, New York (dt.: Persönlichkeit: Struktur, Entwicklung und Erfassung der menschlichen Eigenart). Meisenheim.

AMELANG, M./BARTUSSEK, D. (2001): Differentielle Psychologie und Persönlichkeitsforschung. Köln.

AMELANG, M./SCHMIDT-ATZERT, L./FYDRICH, T., et al. (2006): Psychologische Diagnostik und Intervention. Mit 58 Tabellen ; [mit 3 neuen Anwendungsfeldern]. Heidelberg.

ASENDORPF, J. (2007): Psychologie der Persönlichkeit. Berlin.

ASENDORPF, J. B. (1999): Psychologie der Persönlichkeit. Berlin.

ATTESLANDER, P. (1991): Methoden der empirischen Sozialforschung. Berlin [u.a.].

BACKHAUS, K./ERICHSON, B./PLINKE, W., et al. (2006): Multivariate Analysemethoden. Eine anwendungsorientierte Einführung. Berlin [u.a.].

BASELER AUSSCHUSS FÜR BANKENAUFSICHT (2004): Internationale Kovergenz der Kapitalmessung und Eigenkapitalanforderungen - Basel II. Basel.

BEHNKE, J./BAUR, N./BEHNKE, N. (2006): Empirische Methoden der Politikwissenschaft. Paderborn [u.a.].

BEHNKE, J./BEHNKE, N. (2006): Grundlagen der statistischen Datenanalyse. Eine Einführung für Politikwissenschaftler. Wiesbaden.

BENNINGHAUS, H. (2007): Deskriptive Statistik. Eine Einführung für Sozialwissenschaftler. Wiesbaden.

BEREKOVEN, L./ECKERT, W./ELLENRIEDER, P. (2006): Marktforschung. Methodische Grundlagen und praktische Anwendung ; [Bachelor geeignet]. Wiesbaden.

BHASKAR, R. (2009): Scientific realism and human emancipation.

BIETHAHN, J./MUCKSCH, H./RUF, W. (2000): Ganzheitliches Informationsmanagement - Band 1: Grundlagen. München [u.a.].

BIETHAHN, J./MUCKSCH, H./RUF, W. (2004): Ganzheitliches Informationsmanagement: Grundlagen.

BIHLER, W. (2006): Weiterbildungserfolg in betrieblichen Lehrveranstaltungen. Messung und Einflussfaktoren im Bereich Finance & Controlling. Wiesbaden.

BIZER, F./BRISCH, K. M. (1995): Digitale Signatur - Grundlagen, Funktion und Einsatz. Berlin.

BIZER, J./LUTTERBECK, B./RIEß, J. (2002): Umbruch von Regelungssystemen in der Informationsgesellschaft, Freundesgabe für Alfred Büllesbach. Stuttgart.

BLIEBERGER, J./BURGSTALLER, B./SCHILDT, G.-H. (2002): Informatik : Grundlagen.

BLUM, E. (2000): Grundzüge anwendungsorientierter Organisationslehre. Oldenburg.

BLYTH, A./KOVACICH, G. (2001): Information Assurance - Surviving in the Information Envirionment. London.

BODENDORF, F. (2003): Daten- und Wissensmanagement.

BÖHLER, H. (2004): Marktforschung. Stuttgart.

BON, J. V./PIEPER, M. (2005): IT Service Management basierend auf ITIL : eine Einführung.

BORKENAU, P./OSTENDORF, F. (1993): NEO-Fünf-Faktoren-Inventar (NEOFFI) nach Costa und McCrae. Göttingen.

BORKENAU, P./OSTENDORF, F. (2008): NEO-Fünf-Faktoren-Inventar nach Costa und McCrae: NEO-FFI ; Manual. Göttingen [u.a.].

BORTZ, J./DÖRING, N. (1995): Forschungsmethoden und Evaluation. [für Sozialwissenschaftler] ; mit 60 Tabellen. Berlin [u.a.].

BORTZ, J./DÖRING, N. (2005): Forschungsmethoden und Evaluation. Für Human- und Sozialwissenschaftler ; mit 70 Tabellen. Heidelberg.

BORTZ, J./DÖRING, N. (2006): Forschungsmethoden und Evaluation für Human- und Sozialwissenschaftler. Berlin [u.a.].

BÖSCHEN, S. (2003): Wissenschaft in der Wissensgesellschaft.

BROSIUS, H.-B./KOSCHEL, F. (2001): Methoden der empirischen Kommunikationsforschung. Eine Einführung. Wiesbaden.

BROSIUS, H.-B./KOSCHEL, F./HAAS, A. (2009): Methoden der empirischen Kommunikationsforschung. Eine Einführung. Wiesbaden.

BRÜHWILER, B. (2001): Unternehmensweites Risk Management als Frühwarnsystem. Bern.

BRYMAN, A. (2004): Social research methods. Oxford [u.a.].

BURGESS, T. F. (2001): A general introduction to the design of questionnaires for survey research.

BURSCH, D./GÜNTHER, H./VICTOR, F. (2005): IT-security im Unternehmen : Grundlagen, Strategien, Check-up.

BURZAN, N. (2005): Quantitative Methoden der Kulturwissenschaften. Eine Einführung. Konstanz.

BUSCH, C./WOLTHUSEN, S. D. (2002): Netzwerksicherheit. Heidelberg.

BUTTLER, G./FICKEL, N. (2002a): Einführung in die Statistik. Reinbek bei Hamburg.

BUTTLER, G./FICKEL, N. (2002b): Statistik mit Stichproben. Reinbek bei Hamburg.

CAPUTO, A./FAHRMEIR, L. (2009): Arbeitsbuch Statistik. Berlin [u.a.].

CARL, N./FIEDLER, R./JÓRAZ, W., et al. (2008): BWL kompakt und verständlich. Für IT-Professionals, praktisch tätige Ingenieure und alle Fach- und Führungskräfte ohne BWL-Studium. Wiesbaden.

CATTELL, R. B. (1946): The description und measurement of personality. New York.

CLEFF , T. (2008): Deskriptive Statistik und moderne Datenanalyse. Eine computergestützte Einführung mit Excel, SPSS und STATA. Wiesbaden.

COLLETTE, R./GENTILE, M./GENTILE, S. (2009): CISO soft skills. Securing organizations impaired by employee politics, apathy, and intolerant perspectives. Boca Raton, Fla. [u.a.].

COOPER, D. R./SCHINDLER, P. S. (2003): Business research methods. Boston, Mass. [u.a.].

CRONBACH, L. J. (1972): The dependability of behavioral measurements. Theory of generalizability for scores and profiles. New York [u.a.].

DANIELYAN, E. (2003): ISQ Handbook - An in-depth coverage of vendor and vendor-neutral qualifications.

DE RAAD, B. (2000): The big Five Personality Factors: The Psycholexical Approach to Personality. Seattle [u.a.].

DE RAAD, B./PERUGINI, M. (2002a): Big Five Assessment. Seattle [u.a.].

DILLMAN, D. A. (2007): Mail and internet surveys. The tailored design method. Hoboken, NJ.

296

DREWS, H.-L./KASSEL, H./LEßENICH, H. R. (1993): Lexikon Datenschutz und Informationssicherheit : juristische, organisatorische und technische Begriffe.

DULLER, C. (2007): Einführung in die Statistik mit EXCEL und SPSS. Ein anwendungsorientiertes Lehr- und Arbeitsbuch ; mit 26 Tabellen. Heidelberg.

DULLER, C. (2008): Einführung in die nichtparametrische Statistik mit SAS und R. Ein anwendungsorientiertes Lehr- und Arbeitsbuch. Heidelberg.

ECK, C. D./JÖRI, H./VOGT, M. (2007): Assessment-Center. Mit 10 Tabellen. Heidelberg.

ECKERT, C. (2004): IT-Sicherheit : Konzept - Verfahren - Protokolle.

ECKLE-KOHLER, J./KOHLER, M. (2009): Eine Einführung in die Statistik und ihre Anwendungen. Berlin.

ELLIS, A./ABRAMS, M./ABRAMS, L. (2009): Personality Theories. Critical Perspectives. Los Angeles [u.a.].

ERZBERGER, C. (1998): Zahlen und Wörter. Die Verbindung quantitativer und qualitativer Daten und Methoden im Forschungsprozeß. Weinheim.

EYSENCK, H. J. (1970): The structure of Human Personality. London.

FAHRMEIR, L./KÜNSTLER, R./PIGEOT, I., et al. (2007): Statistik. Der Weg zur Datenanalyse ; mit 25 Tabellen. Berlin [u.a.].

FANK, M. (1996): Einführung in das Informationsmanagement : Grundlagen, Methoden, Konzepte.

FAULLANT, R. (2007): Psychologische Determinanten der Kundenzufriedenheit. Der Einfluss von Emotionen und Persönlichkeit. Wiesbaden.

FAUST, H./TINNEFELD, M.-T. (1991): Datenschutz und Arbeitsplatzrechner.

FERSTL, O. K./SINZ, E. J. (1993): Grundlagen der Wirtschaftsinformatik.

FISCHER, L./WISWEDE, G. (1997): Grundlagen der Sozialpsychologie. München.

FISSENI, H.-J. (1998): Persönlichkeitspsychologie: auf der Suche nach einer Wissenschaft – ein Theorieüberblick. Göttingen.

FISSENI, H.-J. (2004): Lehrbuch der psychologischen Diagnostik : mit Hinweisen zur Intervention. Göttingen [u.a.].

FITZGERALD, T./KRAUSE, M. (2008): CISO leadership. Essential principles for success. New York, NY [u.a.].

FLEISSNER, P. (1998): Der Mensch lebt nicht vom Bit allein... : Information in Technik und Gesellschaft.

FRANKEN, S. (2007): Verhaltensorientierte Führung. Handeln, Lernen und Ethik in Unternehmen. Wiesbaden.

FRIEDRICHS, J. (1981): Methoden empirischer Sozialforschung. Opladen.

FUMY, W./SAUERBREY, J. (2006): Enterprise security : IT security solutions ; concepts, practical experiences, technologies.

GABRIEL, R./BEIER, D. (2003): Informationsmanagement in Organisationen.

GABRIEL, R./RÖHRS, H.-P. (1995): Datenbanksysteme - Konzeptionelle Datenmodellierung und Datenbankarchitekturen. Berlin.

GABRIEL, R./RÖHRS, H.-P. (2003): Gestaltung und Einsatz von Datenbanksystemen - Data Base Engineering und Datenbankarchitekturen. Berlin.

GORA, W./KRAMPERT, T. (2003): Handbuch IT-Sicherheit : Strategien, Grundlagen und Projekte.

GRYZA, C./MICHAELIS, T./WALZ, H. (2000): Strategisches Informationsmanagement - Das Intranet als entscheidender Faktor in der Unternehmenskommunikation. München.

GUPTA, M./SHARMAN, R. (2009): Social and Human Elements of Information Security: Emerging Trends and Countermeasures.

HÄCKER, H. (1998): Standards für pädagogisches und psychologisches Testen. Göttingen [u.a.].

HACKING, I./SCHULTE, J. (1996): Einführung in die Philosophie der Naturwissenschaften.

HÄDER, M. (2006): Empirische Sozialforschung. Eine Einführung. Wiesbaden.

HANSEN, H. R./NEUMANN, G. (2002): Wirtschaftsinformatik - Grundlagen betrieblicher Informationsverarbeitung. Stuttgart.

HANSEN, H. R./NEUMANN, G. (2005a): Wirtschaftsinformatik - Informationstechnik.

HANSEN, H. R./NEUMANN, G. (2005b): Wirtschaftsinformatik - Grundlagen und Anwendungen.

HARTMANN, H. (1970): Empirische Sozialforschung. Probleme und Entwicklungen. München.

HAUN, M. (2002): Handbuch Wissensmanagement : Grundlagen und Umsetzung, Systeme und Praxisbeispiele.

HEINRICH, L. J. (2001): Wirtschaftsinformatik : Einführung und Grundlegung.

HEINRICH, L. J. (2002a): Informationsmanagement : Planung, Überwachung und Steuerung der Informationsinfrastruktur.

HEINRICH, L. J./HEINZL, A./ROITHMAYR, F. (2004): Wirtschaftsinformatik-Lexikon : mit etwa 4000 Stichwörtern und 3700 Verweisstichwörtern, einem Anhang deutsch-, englisch- und französischsprachiger Abkürzungen und Akronyme, einschlägiger Fachzeitschriften und Lehr- und Forschungseinrichtungen, Verbände und Vereinigungen sowie einem englischsprachigen und einem deutschsprachigen Index.

HEINZE, T. (1995): Qualitative Sozialforschung. Erfahrungen, Probleme und Perspektiven. Opladen.

HELDEN, J./KARSCH, S. (1998): Grundlagen, Forderungen und Marktübersicht für Intrusion Detection Systeme (IDS) und Intrusion Response Systeme (IRS).

HENTZE, J./KAMMEL, A./LINDERT, K. (1997): Personalführungslehre: Grundlagen, Funktionen und Modelle der Führung. Stuttgart.

HEROLD, R. (2005): Managing an information security and privacy awareness and training program. Boca Raton [u.a.].

HILDEBRAND, K. (2001): Informationsmanagement : wettbewerbsorientierte Informationsverarbeitung mit Standard-Software und Internet.

HOBERT, G. (2000): Datenschutz und Datensicherheit im Internet - Interdependenz und Korrelation von rechtlichen Grundlagen und technischen Möglichkeiten. Frankfurt am Main.

HOGAN, R. (1986): Hogan Personality Inventory Manual. Minneapolis.

HOLEY, T./WELTER, G./WIEDEMANN, A. (2004): Wirtschaftsinformatik.

HOLZNAGEL, B. (2003): Recht der IT-Sicherheit. München.

HOMANS, C. G. (1960): Theorie der sozialen Gruppe. Opladen.

HOMBURG, C./KROHMER, H. (2006): Marketingmanagement. Strategie, Instrumente, Umsetzung, Unternehmensführung. Wiesbaden.

HOPFENBECK, W. (1997): Allgemeine Betriebswirtschafts- und Managementlehre - Das Unternehmen im Spannungsfeld zwischen ökonomischen, sozialen und ökologischen Interessen. Landsberg.

HÖPPE, G./PRIEß, A. (2003): Sicherheit von Informationssystemen : Gefahren, Maßnahmen und Management im IT-Bereich.

HUNGERLAND, B. (2002): Wie viel Zeit für's Kind? - Zur gesellschaftlichen Produktion generationaler Ordnung durch elterliche Zeitinvestition, Dissertation. Wuppertal.

HÜSEMANN, S. (2003): Web-basierte Informationsaustauschplattform für internationale humanitäre Projekte. Wiesbaden.

JACKOB, N. (2009): Sozialforschung im Internet. Methodologie und Praxis der Online-Befragung. Wiesbaden.

JANSSEN, J./LAATZ, W. (2005): Statistische Datenanalyse mit SPSS für Windows. Eine anwendungsorientierte Einführung in das Basissystem und das Modul Exakte Tests ; mit 163 Tabellen. Berlin [u.a.].

KERSTEN, H. (1995): Sicherheit in der Informationstechnik - Einführung in Probleme, Konzepte und Lösungen. München.

KERSTEN, H./KLETT, G. (2005): Der IT Security Manager : Expertenwissen für jeden IT Security Manager.

KIRCHHOFF, S./KUHNT, S./LIPP, P., et al. (2008): Der Fragebogen. Datenbasis, Konstruktion und Auswertung. Wiesbaden.

KLAMMER, B. (2005): Empirische Sozialforschung. Eine Einführung für Kommunikationswissenschaftler und Journalisten. Konstanz.

KLEINER, M./MÜLLER, L./KÖHLER, M. (2005): IT-Sicherheit - Make or Buy : Was Sie selbst machen müssen und was sich outsourcen lässt.

KOCH, J. (1997): Marktforschung. Begriffe und Methoden. München [u.a.].

KÖNIGS, H.-P. (2005): IT-Risiko-Management mit System : von den Grundlagen bis zur Realisierung - ein praxisorientierter Leitfaden.

KÖNIGSWIESER, R./HILLEBRAND, M. (2008): Einführung in die systemische Organisationsberatung. Heidelberg.

KOSIOL, E. (1972): Die Unternehmung als wirtschaftliches Aktionszentrum. Reinbek.

KOSSAKOWSKI, K.-P. (2000): Information technology incident response capabilities.

KRAHÉ, B. (1992): Personality and Social Psychology – Towards a Synthesis. London.

KRCMAR, H. (2003): Informationsmanagement.

KRÜGER, W. (1994): Organisation der Unternehmung. Stuttgart.

KRUTH, W. (2004): IT-Grundlagenwissen : Kompaktwissen Informationstechnik für Datenschutz- und Security-Management.

KÜBLER, H.-D. (2005): Mythos Wissensgesellschaft : gesellschaftlicher Wandel zwischen Information, Medien und Wissen ; eine Einführung.

KUHN, A. (1990): Unternehmensführung. München.

LACEY, D. (2009): Managing the human factor in information security.

LAMNEK, S. (2006): Qualitative Sozialforschung. Lehrbuch. Weinheim [u.a.].

LANGE, J. A. (2005): Sicherheit und Datenschutz als notwendige Eigenschaften von computergestützten Informationssystemen : Ein integrierter Gestaltungsansatz für vertrauenswürdige computergestützte Informationssysteme.

LANGOSCH, R. (1994): Theoretische Grundlagen für die Analyse von innovationsbedingten Unterschieden des wirtschaftlichen Wachstums in ländlichen Räumen.

LAUX, L. (2003): Persönlichkeitspsychologie. Reihe: Grundriss der Psychologie. Stuttgart.

LAYTON, T. P. (2005): Information security awareness. The psychology behind the technology. Bloomington, Ind.

LEHNER, F./MAIER, R. (1994): Information in Betriebswirtschaftslehre, Informatik und Wirtschaftsinformatik. Vallendar.

LENZ, R. (2003): IT Grundschutz und Security Management.

LERSCH, P. (1938): Der Aufbau des Charakters. Leipzig.

LEWIS, G. (2006): Organizational crisis management. The human factor. Boca Raton, Fla. [u.a.].

LIENERT, G. A./RAATZ, U. (1994): Testaufbau und Testanalyse. Weinheim.

LOHL, J. (2006): Einführung in die Psychoanalyse und die psychoanalytische Sozialpsychologie I.

MAG, W. (1990): Grundzüge der Entscheidungstheorie.

MAG, W. (1995): Unternehmungsplanung.

MAURER, M. (2006): Das Big-Five-Modell der Persönlichkeit - Anwendung im organisationspsychologischen Kontext.

MCCRAE, R. R./COSTA, P. T. (1990): Personality in adulthood. New York.

MCGREGOR, D. (1970): Der Mensch im Unternehmen, The Human Side of Enterprise. Düsseldorf.

MCILWRAITH, A. (2006): Information security and employee behaviour : how to reduce risk through employee education, training and awareness.

MEFFERT, H. (1998): Marketing. Grundlagen marktorientierter Unternehmensführung ; Konzepte, Instrumente, Praxisbeispiele ; mit neuer Fallstudie VW Golf. Wiesbaden.

MERTENS, P./KNOLMAYER, G. (1995): Organisation der Informationsverarbeitung. Wiesbaden.

MILES, M. B./HUBERMAN, A. M. (1994): Qualitative data analysis. An expanded sourcebook. Thousand Oaks, Calif. [u.a.].

MISCHEL, W. (1968): Personality and Assessment. New York.

MITNICK, K. D./SIMON, W. L. (2002): The art of deception. Controlling the human element of security. Indianapolis, Ind.

MOOSBRUGGER, H./KELAVA, A. (2007a): Testtheorie und Fragebogenkonstruktion. Mit 43 Tabellen. Heidelberg.

MÖRIKE, M. (2004): HMD - IT-Sicherheit.

MORRIS, C. W./POSNER, R. (1988): Grundlagen der Zeichentheorie, Ästhetik der Zeichentheorie.

MOSER, K. (1991): Konsistenz der Person. Göttingen.

MÜLLER-BENEDICT, V. (2006): Grundkurs Statistik in den Sozialwissenschaften. Eine leicht verständliche, anwendungsorientierte Einführung in das sozialwissenschaftlich notwendige statistische Wissen. Wiesbaden.

MÜLLER, G./EYMANN, T./KREUTZER, M. (2003): Telematik und Kommunikationssysteme in der vernetzten Wirtschaft. München.

MÜLLER, G./SCHODER, D. (1999): Electronic Commerce - Hürden, Entwicklungspotential, Konsequenzen. Ergebnisse aus der Electronic Commerce Enquête. Stuttgart.

MÜLLER, G./STAPF, K.-H. (1999): Mehrseitige Sicherheit in der Kommunikationstechnik - Erwartung, Akzeptanz, Nutzung, Bd. 2.

MÜLLER, K.-R. (2003): IT-Sicherheit mit System : Strategie - Vorgehensmodell - Prozessorientierung - Sicherheitspyramide.

300

MYERS, D. G./REISS, M./WAHL, S., et al. (2008): Psychologie : mit 50 Tabellen ; [+ online specials ; inklusive klinische Psychologie, Arbeits- und Organisationspsychologie, Pädagogische Psychologie ; mit Lernzielen, Merksätzen, Prüfungsfragen und deutsch-englischem Glossar]. Heidelberg.

NERDINGER, F. W./BLICKLE, G./SCHAPER, N. (2008): Arbeits- und Organisationspsychologie. Mit 32 Tabellen ; [Bachelor, Master]. Heidelberg.

NEUBERGER, O. (1994): Führen und geführt werden. Stuttgart.

NIEDERMEIER, R./JUNKER, M. (2004): Leitfaden Rechtliche Pflichten im Bereich der IT-Sicherheit.

NONAKA, I./TAKEUCHI, H. (1997): Die Organisation des Wissens: wie japanische Unternehmen eine brachliegende Ressource nutzbar machen. Frankfurt am Main.

NORTH, K. (2005): Wissensorientierte Unternehmensführung. Wertschöpfung durch Wissen. Wiesbaden.

NUNNALLY, J. C./BERNSTEIN, I. H. (1994): Psychometric theory. New York [u.a.].

NÜTTGENS, M. (1995): Koordiniert-dezentrales Informationsmanagement: Rahmenkonzept, Koordinationsmodelle und Werkzeug-Shell.

OELSNITZ, D. V. D./HAHMANN, M. (2003): Wissensmanagement : Strategie und Lernen in wissensbasierten Unternehmen.

OSTENDORF, F. (1990): Sprache und Persönlichkeitsstruktur. Zur Validität des Fünf-Faktoren-Modells der Persönlichkeit. Regensburg.

OSTENDORF, F./ANGLEITNER, A. (2004): NEO-Persönlichkeitsinventar nach Costa und McCrae, Revidierte Fassung (NEO-PI-R). Göttingen.

PAYK, T. R. (2007): Psychopathologie. Vom Symptom zur Diagnose ; mit 6 Tabellen. Heidelberg.

PERVIN, L. A. (2000): Persönlichkeitstheorien. München.

PETZEL, E. (1996): Management der Informationssicherheit : Grundlagen, kritische Bestandsaufnahme und Neuansatz.

PFAU, W. (1997): Betriebliches Informationsmanagement : Flexibilisierung der Informationsinfrastruktur.

PICOT, A./REICHWALD, R./WIGAND, R. T. (2003): Die grenzenlose Unternehmung : Information, Organisation und Management ; Lehrbuch zur Unternehmensführung im Informationszeitalter.

PIETSCH, T. (1999): Bewertung von Informations- und Kommunikationssystemen : ein Vergleich betriebswirtschaftlicher Verfahren.

PIETSCH, T./MARTINY, L./KLOTZ, M. (2004): Strategisches Informationsmanagement : Bedeutung, Konzeption und Umsetzung.

POHL, H./WECK, G. (1993a): Einleitung: Stand und Zukunft der Informationssicherheit. In: Einführung in die Informationssicherheit - Sicherheit in der Informationstechnik : 2, Handbuch ; 1, S.: 9-32.

POHLMANN, N. (2001): Kosten und Nutzen von Firewall-Systemen - Betriebswirtschaftliche Betrachtung einer IT-Sicherheitsmaßnahme.

POHLMANN, N./BLUMBERG, H. F. (2004): Der IT-Sicherheitsleitfaden.

POLANYI, M. (1958): Personal knowledge - Towards a Post-Critical Philosophy. London.

PROBST, G. J. B./RAUB, S./ROMHARDT, K. (1999): Wissen managen : wie Unternehmen ihre wertvollste Ressource optimal nutzen.

PUNCH, K. (2006): Developing effective research proposals. London.

PUNCH, K. F. (2005): Introduction to social research. Quantitative and qualitative approaches. London.

RAITHEL, J. (2008): Quantitative Forschung. Ein Praxiskurs. Wiesbaden.

REASON, J./GRABOWSKI, J. (1994): Menschliches Versagen : psychologische Risikofaktoren und moderne Technologien.

RICHTER, H. J. (1970): Die Strategie schriftlicher Massenbefragungen. Ein verhaltenstheoretischer Beitrag zur Methodenforschung. Bad Harzburg.

RITTER, S. (2000): Information Warfare - Die neue Form der Bedrohung - Vortrag im Rahmen der Konferenz "IT-Sicherheit in der Informationsgesellschaft - Schutz kritischer Infrastrukturen". Münster.

ROPER, C. A. (2006): Security education, awareness, and training : from theory to practice. Oxford.

RÖBLER, I./UNGERER, A. (2008): Statistik für Wirtschaftswissenschaftler. Heidelberg.

ROBNAGEL, A. (2000): Datenschutzaudit - Konzeption, Durchführung, Gesetzliche Regelung. Braunschweig.

RUMSEY, D./MAJETSCHAK, B./KÖNIG, H. (2005): Statistik für Dummies. [Grundlagen der Statistik mit Spaß erlernen und anwenden]. Weinheim.

RÜTTER, T. (1973): Formen der Testaufgabe. Eine Einführung für didaktische Zwecke. München.

SCHEIN, E. H. (1980): Organisationspsychologie. Wiesbaden.

SCHELLMANN, H. (1997): Informationsmanagement : theoretischer Anspruch und betriebliche Realität.

SCHINK, M. A. (2004): Die Informationsgesellschaft : Charakterisierung eines neuen gesellschaftlichen Konzeptes anhand quantitativer Indikatoren und qualitativer Veränderungen.

SCHMEH, K. (2001): Kryptografie und Public-Key-Infrastrukturen im Internet. Heidelberg.

SCHNEIER, B. (2001): Secrets & lies : IT-Sicherheit in einer vernetzten Welt.

SCHNEIER, B. (2008): Schneier on security.

SCHNELL, R./HILL, P. B./ESSER, E. (2005): Methoden der empirischen Sozialforschung. München [u.a.].

SCHOLZ, C. (1994): Personalmanagement. München.

SCHULTE-ZURHAUSEN, M. (2002): Organisation. München.

SCHWARZE, J. (1998): Informationsmanagement - Planung, Steuerung, Koordination und Kontrolle der Informationsversorgung im Unternehmen. Herne.

SCHWARZE, J. (2000): Einführung in die Wirtschaftsinformatik.

SCHWARZE, J./SCHWARZE, S. (2002): Electronic Commerce. Grundlagen und praktische Umsetzung. Herne.

SCHWARZER, B./KRCMAR, H. (1999): Wirtschaftsinformatik : Grundzüge der betrieblichen Datenverarbeitung. Stuttgart.

SCHWYTER, F./WISLER, A./HÄMMERLI, B. (2007): Informationssicherheit für KMU. Sicherheitskonzepte & praktische Umsetzung ; [Gesetze & Verantwortung ; Grundschutz für KMU ; Praxis der Informationssicherheit ; Kosten-Nutzen-Aspekte ; Technologie-Grundlagen ; Sicherheitskonzepte umsetzen ; Outsourcing & Managed Security Services ; Praxisbeispiele ; Checklisten ; Trends]. Rheinfelden.

SEDLAK, F. (2007): Psychologie und Psychotherapie für Schule und Studium. Ein praxisorientiertes Wörterbuch. Wien [u.a.].

SEIDEL, W. (2009): Emotionspsychologie im Krankenhaus. Ein Leitfaden zur Überlebenskunst für Ärzte, Pflegende und Patienten. Berlin [u.a.].

SEIF, K. P. (1986): Daten vor dem Gewissen. Freiburg.

302

SEIPEL, C./RIEKER, P. (2003): Integrative Sozialforschung. Konzepte und Methoden der qualitativen und quantitativen empirischen Forschung. Weinheim [u.a.].

SELLIEN, H./ARENTZEN, U./SELLIEN, R. (1998): Gabler Wirtschaftslexikon. Wiesbaden.

SHANNON, C. E. (1949): The mathematical theory of communication. Urbana.

SHANNON, C. E./WEAVER, W. (1976): Mathematische Grundlagen der Informationstheorie. München.

SHOSTACK, A./STEWART, A. (2008): The new school of information security. Upper Saddle River, NJ [u.a.].

SIMON, F. B. (2007): Einführung in die systemische Organisationstheorie. Heidelberg.

SPENNEBERG, R. (2005): Intrusion Detection und Prevention mit Snort 2 & Co. – Einbrüche auf Linux-Servern erkennen und verhindern. München.

SPINNER, H. F. (1994): Die Wissensordnung - Ein Leitkonzept für die dritte Grundordnung des Informationszeitalters. Opladen.

STAHLKNECHT, P./HASENKAMP, U. (2002): Einführung in die Wirtschaftsinformatik.

STAHLKNECHT, P./HASENKAMP, U. (2005): Einführung in die Wirtschaftsinformatik.

STEHR, N. (2001): Wissen und Wirtschaften - Die gesellschaftlichen Grundlagen der modernen Ökonomie. Frankfurt am Main.

STEINKE, I. (1999): Kriterien qualitativer Forschung. Ansätze zur Bewertung qualitativ-empirischer Sozialforschung. Weinheim [u.a.].

STEINLE, C. (1978): Führung. Grundlagen, Prozesse und Modelle der Führung in der Unternehmung. Stuttgart.

STEINLE, C. (2005): Ganzheitliches Management : eine mehrdimensionale Sichtweise integrierter Unternehmungsführung.

STELAND, A. (2007): Basiswissen Statistik. Kompaktkurs für Anwender aus Wirtschaft, Informatik und Technik. Berlin [u.a.].

STOWASSER, J. M./PETSCHENIG, M./SKUTSCH, F. (1998): Stowasser. Lateinisch-deutsches Schulwörterbuch. Wien [u.a.].

STREUBEL, F. (1996): Theoretische Fundierung eines ganzheitlichen Informationsmanagements, Arbeitsbericht Nr. 96-21, Lehrstuhl für Wirtschaftsinformatik der Ruhr-Universität Bochum. Bochum.

STRÖMER, T. H. (2002): Online-Recht - Rechtsfragen im Internet. Heidelberg.

TADAY, H. (1996): Informationelle Selbstbestimmung in modernen IuK-Systemen von Unternehmen und öffentlichen Organisationen. Frankfurt am Main.

THOMAE, H. (1996): Das Individuum und seine Welt. Eine Persönlichkeitstheorie. Göttingen.

TIETZE, M. R. (2007): Entwicklung eines Modells zur Überprüfung des Niveaus der betrieblichen Informationssicherheit, Dissertation. Wuppertal.

TOBOLDT, N. (2008): Räumliche Entwicklungsstrategien im Zeitalter der wissensbasierten Ökonomie am Beispiel Hannover.

TÖPFER, A. (2009): Erfolgreich Forschen. Ein Leitfaden für Bachelor-, Master-Studierende und Doktoranden. Berlin [u.a.].

TOUTENBURG, H. (2009): Arbeitsbuch zur deskriptiven und induktiven Statistik. Berlin [u.a.].

TOUTENBURG, H./HEUMANN, C. (2008): Deskriptive Statistik. Eine Einführung in Methoden und Anwendungen mit R und SPSS. Berlin [u.a.].

TOUTENBURG, H./HEUMANN, C./SCHOMAKER, M. (2008): Induktive Statistik. Eine Einführung mit R und SPSS. Berlin [u.a.].

TROTT ZU SOLZ, C. V. (1992): Informationsmanagement im Rahmen eines ganzheitlichen Konzeptes der Unternehmensführung.

VAHS, D. (2003): Organisation - Einführung in die Organisationstheorie und -praxis.

VICTOR, F./GÜNTHER, H. (2004): Optimiertes IT-Management mit ITIL : So steigern Sie die Leistung Ihrer.

VOGELSANG, K. (1987): Grundrecht auf informationelle Selbstbestimmung. Baden-Baden.

VON ROSENSTIEL, L. (1980): Grundlagen der Organisationspsychologie. Stuttgart.

VOß, S./GUTENSCHWAGER, K. (2001): Informationsmanagement : mit 25 Tabellen.

VOßBEIN, J. (1999): Integrierte Sicherheitskonzeption für Unternehmen, Stand und Perspektiven. Ingelheim.

WALL, F. (1999): Planungs- und Kontrollsysteme : informationstechnische Perspektiven für das Controlling ; Grundlagen, Instrumente, Konzepte.

WECK, G. (1984): Datensicherheit, Methoden, Maßnahmen und Auswirkungen des Schutzes von Informationen. Stuttgart.

WEINERT, A. B. (1998): Organisationspsychologie. Weinheim.

WEINERT, A. B. (2004): Organisations- und Personalpsychologie. Weinheim.

WEIS, H. C./STEINMETZ, P. (2002): Marktforschung. Ludwigshafen (Rhein).

WELLEK, A. (1966): Die Polarität im Aufbau des Charakters. System der konkreten Charakterkunde. Bern.

WIEDMANN, S. (2006): Erfolgsfaktoren der Mitarbeiterführung. Interdisziplinäres Metamodell zur strukturierten Anwendung einsatzfähiger Führungsinstrumente. Wiesbaden.

WILDE, T./HESS, T. (2006): Methodenspektrum der Wirtschaftsinformatik - Überblick und Portfoliobildung. München.

WILLKE, H. (2001): Systemisches Wissensmanagement. Stuttgart.

WILLKE, H./KRÜCK, C./MINGERS, S. (2001): Systemisches Wissensmanagement : mit 9 Tabellen.

WOLEK, H. (2008): Faktor Mensch in der IT-Sicherheit. Social Engineering, Sicherheitsbewußtsein, Awareness. Norderstedt.

WOLF, J. (2005): Organisation, Management, Unternehmensführung : Theorien und Kritik.

WYLDER, J. (2004): Strategic information security.

ZARNEKOW, R./BRENNER, W./PILGRAM, U. (2005): Integriertes Informationsmanagement : Strategien und Lösungen für das Management von IT-Dienstleistungen.

ZIMBARDO, P. G./GERRIG, R. J./GRAF, R. (2008): Psychologie. München [u.a.].

ZUCCHINI, W. (2009): Statistik für Bachelor- und Masterstudenten. Eine Einführung für Wirtschafts- und Sozialwissenschaftler. Berlin [u.a.].

Beiträge aus Lehr- und Fachbüchern:

ACHTZIGER, A./GOLLWITZER, P. (2006): Motivation und Volition im Handlungsverlauf. In: Heckhausen, Jutta/Heckhausen, Heinz: Motivation und Handeln. Mit 43 Tabellen, Heidelberg. Springer. S.: 277-302.

BARBARANELLI, C./CAPRARA, G. V. (2002): Studies of the Big Five Questionnaire. In: De Raad, Boele/Perugini, Marco: Big Five Assessment, Seattle [u.a.]. Hogrefe & Huber. S.: 109-128.

BARENBAUM, N. B./WINTER, D. G. (2008): History of Modern Personality Theory and Research. In: John, Oliver P./Robins, Richard W./Pervin, Lawrence A.: Handbook of Personality. Theory and Research, New York, NY [u.a.]. Guilford Press. S.: 3-26.

BARRETT, P. (2002): The Professional Personality Questionnaire. In: De Raad, Boele/Perugini, Marco: Big Five Assessment, Seattle [u.a.]. Hogrefe & Huber. S.: 457-474.

BAUR, N. (2008): Kontrolle von Drittvariablen für bivariate Beziehungen. In: Baur, Nina/Fromm, Sabine: Datenanalyse mit SPSS für Fortgeschrittene. Ein Arbeitsbuch, Wiesbaden. VS, Verl. für Sozialwiss. S.: 291-313.

BAUR, N./AKREMI, L. (2008): Kreuztabellen und Kontingenzanalyse. In: Baur, Nina/Fromm, Sabine: Datenanalyse mit SPSS für Fortgeschrittene. Ein Arbeitsbuch, Wiesbaden. VS, Verl. für Sozialwiss. S.: 239-278.

BIDGOLI, H. (2006): Internet Basics. In: Bidgoli, Hossein: Handbook of information security - Key concepts, infrastructure, standards, and protocols; Vol. 1, Wiley. S.: 3-14.

BÖCKING, H.-J./DÖRNER, D./PFITZER, N. (2000): Gesetz zur Kontrolle und Transparenz im Unternehmensbereich (KonTraG). In: Gabler Wirtschaftslexikon, Wiesbaden. S.: 1285-1287.

BONEBERG, I. (1999): Die Gestaltung der Beziehung zu einzelnen Mitarbeitenden - Kommunikation. In: Steiger, T./Lippmann, E.: Handbuch angewandte Psychologie für Führungskräfte: Führungskompetenz und Führungswissen, Berlin. S.: 261-278.

BORISOV, N. (2006): WEP Security. In: Bidgoli, Hossein: Handbook of information security - Threats, vulnerabilities, prevention, detection, and management; Vol. 3, Wiley. S.: 176-183.

BOUCHARD, T. (1976): Field Research Methods: Interviewing, Questionnaires, Participant Observation, Systematic Observation, Unobtrusive Measures. In: Dunnette, Marvin D.: Handbook of industrial and organizational psychology, Chicago. Rand McNally. S.: XXVII, 1740 p.

BOURSEAU, F. (2003): Modernes Sicherheitsmanagement. In: Gora, Walter/Krampert, Thomas: Handbuch IT-Sicherheit : Strategien, Grundlagen und Projekte, München. Addison-Wesley. S.: 197-208.

BRÜHANN, U. (1997): Standpunkt des Rates der EU zur Telekommunikationsrichtlinie. In: Büllesbach, Alfred: Datenschutz im Telekommunikationsrecht, Deregulierung und Datensicherheit in Europa, Köln. S.: 31-39.

BRUNSTEIN, J. (2006): Implizite und explizite Motive. In: Heckhausen, Jutta/Heckhausen, Heinz: Motivation und Handeln. Mit 43 Tabellen, Heidelberg. Springer. S.: 235-253.

BÜLLESBACH, A. (1998): Neue Anforderungen an die Datenschutzkontrolle nach den Multimediagesetzen. In: Bäumler, Helmut: "Der neue Datenschutz" - Datenschutz in der Informationsgesellschaft von morgen, Neuwied. S.: 99-108.

COSTA, P. T./MCCRAE, R. R. (1980): Still stable after all these years: Personality as a key to some issues in adulthood and old age. In: Baltes, Paul B./Brim, Orville G.: Life span development and behavior, New York. S.: 65-102.

COSTA, P. T./MCCRAE, R. R. (1994): "Set like plaster"? Evidence for the stability of adult personality. In: Heatherton, Todd F./Weinberger, Joel L.: Can personality change?, Washington. S.: 21-40.

DE RAAD, B./PERUGINI, M. (2002b): Big Five factor assessment - Introduction. In: De Raad, Boele/Perugini, Marco: Big Five Assessment, Seattle [u.a.]. Hogrefe & Huber. S.: 1-26.

DIERSTEIN, R. (1997): Duale Sicherheit - IT-Sicherheit und ihre Besonderheiten. In: Müller, Günter/Pfitzmann, Andreas: Mehrseitige Sicherheit in der Kommunikationstechnik - Verfahren, Komponenten, Integration, S.: 31-60.

DITTRICH, D./HIMMA, K. E. (2006): Hackers, Crackers and Computer Criminals. In: Bidgoli, Hossein: Handbook of information security - Information warfare; social, legal and international issues; and security foundations; Vol. 2, Wiley. S.: 154-171.

DONTAMSETTI, M./NARAYANAN, A. (2009): Impact of the Human Element on Information Security. In: Gupta, Manish/Sharman, Raj: Social and Human Elements of Information Security: Emerging Trends and Countermeasures, S.: 27-37.

DREIER, T. (2002): Informationsrecht in der Informationsgesellschaft. In: Bizer, Johann/Lutterbeck, Bernd/Rieß, Joachim: Umbruch von Regelungssystemen in der Informationsgesellschaft, Freundesgabe für Alfred Büllesbach, Stuttgart. S.: S. 65-76.

DROUX, R. (1984): Physische EDV-Sicherheit. In: Zimmerli, E./Liebl, K.: Computermißbrauch, Computersicherheit: Fälle - Abwehr - Aufdeckungen, Ingelheim. S.: 195-306.

ENGEL-FLECHSIG, S. (1997a): Zusammenarbeit und Abgrenzung von Telekommunikationsgesetz, Informations- und Kommunikationsdienste-Gesetz des Bundes und Mediendienstestaatsvertrag der Länder. In: Büllesbach, Alfred: Datenschutz im Telekommunikationsrecht, Deregulierung und Datensicherheit in Europa, Köln. S.: 83-110.

FÖCKER, E./GOESMANN, T./STRIEMER, R. (1999): Wissensmanagement zur Unterstützung der Gestaltung und Durchführung von Geschäftsprozessen. In: HMD : Praxis der Wirtschaftsinformatik - Wissensmanagement, ISST. S.: 36-43.

FORMY DUVAL HILL, D./WILLIAMS, J. E./BASSETT, J. F. (2002): A 'Big Five' scoring system for the Adjective Check List. In: De Raad, Boele/Perugini, Marco: Big Five Assessment, Seattle [u.a.]. Hogrefe & Huber. S.: 411-433.

FRIBERG, C./GERHARDT, C./LUTTENBERGER, N. (2003): Die Integration von Schutzbedarfsanalyse und IT-Grundschutz nach BSI. In: Gora, Walter/Krampert, Thomas: Handbuch IT-Sicherheit, S.: 65-79.

FROMM, S. (2008a): Faktorenanalyse. In: Baur, Nina/Fromm, Sabine: Datenanalyse mit SPSS für Fortgeschrittene. Ein Arbeitsbuch, Wiesbaden. VS, Verl. für Sozialwiss. S.: 314-344.

FROMM, S. (2008b): Multiple lineare Regressionsanalyse. In: Baur, Nina/Fromm, Sabine: Datenanalyse mit SPSS für Fortgeschrittene. Ein Arbeitsbuch, Wiesbaden. VS, Verl. für Sozialwiss. S.: 345-369.

GABRIEL, R./DITTMAR, C. (2001): Der Ansatz des Knowledge Managements im Rahmen des Business Intelligence. In: Hildebrand, Knut: HMD : Praxis der Wirtschaftsinformatik - Business Intelligence, S.: 17-28.

GARSTKA, H. (2003): Informationelle Selbstbestimmung und Datenschutz. In: Schulzki-Haddouti, Christiane: Bürgerrechte im Netz, Bonn. S.: 48-70.

GEBERT, D. (1992): Kommunikation. In: Frese, Erich: Handwörterbuch der Organisation, Stuttgart. Schäffer-Poeschel. S.: 1110-1121.

GOLDMAN, J. E. (2006a): Firewall Basics. In: Bidgoli, Hossein: Handbook of information security - Threats, vulnerabilities, prevention, detection, and management; Vol. 3, Wiley. S.: 502-514.

GOLDMAN, J. E. (2006b): Firewall Architectures. In: Bidgoli, Hossein: Handbook of information security - Threats, vulnerabilities, prevention, detection, and management; Vol. 3, Wiley. S.: 515-524.

GREENFIELD, R. H./NIEDERMAYER, D. P. (2006): Security in Circuit, Message, and Packet Switching. In: Bidgoli, Hossein: Handbook of information security - Key concepts, infrastructure, standards, and protocols; Vol. 1, Wiley. S.: 400-414.

306

GRIESE, J. (1990): Ziele und Aufgaben des Informationsmanagements. In: Kurbel, Karl/Strunz, Horst: Handbuch der Wirtschaftsinformatik, Stuttgart. S.: 641-657.

GROCHLA, E. (1974): Datenschutz und Datensicherung in ADV-Systemen. In: Grochla, E./Szyperski, N.: Datenschutz und Datensicherung bei automatisierter Datenverarbeitung, Köln. BIFOA-Arbeitsbericht. 73/4, S.: 7-17.

HAMDI, M./BOUDRIGA, N./OBAIDAT, M. S. (2006): Security Policy Guidelines. In: Bidgoli, Hossein: Handbook of information security - Threats, vulnerabilities, prevention, detection, and management; Vol. 3, Wiley. S.: 945-959.

HARTIG, J./FREY, A./JUDE, N. (2007): Validität. In: Moosbrugger, Helfried/Kelava, Augustin: Testtheorie und Fragebogenkonstruktion. Mit 43 Tabellen, Heidelberg. Springer Medizin. S.: 136-162.

HEATH JR., R. W./BARD, W./SALVEKAR, A. A. (2006): Digital Communication. In: Bidgoli, Hossein: Handbook of information security - Key concepts, infrastructure, standards, and protocols; Vol. 1, Wiley. S.: 415-427.

HECKHAUSEN, H. (2006): Entwicklungslinien der Motivationsforschung. In: Heckhausen, Jutta/Heckhausen, Heinz: Motivation und Handeln. Mit 43 Tabellen, Heidelberg. Springer. S.: 11-43.

HECKHAUSEN, H./HECKHAUSEN, J. (2006): Motivation und Entwicklung. In: Heckhausen, Jutta/Heckhausen, Heinz: Motivation und Handeln. Mit 43 Tabellen, Heidelberg. Springer. S.: 393-454.

HEINRICH, L. J. (1993): Informationsmanagement. In: Wittmann, Waldemar: Handwörterbuch der Betriebswirtschaft, Teilband 2, Stuttgart. S.: 1749-1759.

HEINRICH, L. J. (2002b): Grundlagen der Wirtschaftsinformatik. In: Rechenberg, Peter/Pomberger, Gustav: Informatik-Handbuch, S.: 1038-1054.

HENDRIKS, A. A. J./HOFSTEE, W. K. B./DE RAAD, B. (2002): The Five-Factor Personality Inventory - Assessing the Big Five by means of brief and concrete statements. In: De Raad, Boele/Perugini, Marco: Big Five Assessment, Seattle [u.a.]. Hogrefe & Huber. S.: 79-108.

HENNEKE, M. (2002): Intrusion Detection Systems. In: Roßbach, Peter/Locarek-Junge, Hermann: IT-Sicherheitsmanagement in Banken, Frankfurt (Main). S.: 199-210.

HERRMANN, T. (2000): Freiwilliges Arbeitsengagement. In: Hertel, Guido/Bretz, Elke/Moser, Klaus Lehrbuch der empirischen Persönlichkeitsforschung: Gruppendynamik und Organisationsberatung, Zürich. 31, S.: 121-140.

HIMMA, K. E. (2006): Legal, Social and Ethical Issues of the Internet. In: Bidgoli, Hossein: Handbook of information security - Information warfare; social, legal and international issues; and security foundations; Vol. 2, Wiley. S.: 247-264.

HOFFMANN-RIEM, W. (1998): Informationelle Selbstbestimmung als Grundrecht kommunikativer Entfaltung. In: Bäumler, Helmut: "Der neue Datenschutz" - Datenschutz in der Informationsgesellschaft von morgen, Neuwied. S.: 11-24.

HOLZNAGEL, B./SONNTAG, M. (2002): Rechtsverbindliche Standards eines integrativen Informationsmanagement. In: Weiber, Rolf: Handbuch Electronic Business, Informationstechnologien - Electronic Commerce - Geschäftsprozesse, Wiesbaden. S.: 967-993.

HUMPERT, F. (2004): IT-Sicherheit. In: Mörike, Michael: HMD - Praxis der Wirtschaftsinformatik - IT-Sicherheit; 236, dpunkt-Verl. S.: 1-12.

ITKIS, G. (2006): Forward Security: Adoptive Cryptography Time Evolution. In: Bidgoli, Hossein: Handbook of information security - Threats, vulnerabilities, prevention, detection, and management; Vol. 3, Wiley. S.: 927-940.

JAEGER, C. (2006): Cyberterrorism and Information Security. In: Bidgoli, Hossein: Handbook of information security - Information warfare; social, legal and international issues; and security foundations; Vol. 2, Wiley. S.: 16-39.

JANKISZ, E./MOOSBRUGGER, H. (2007): Exploratorische (EFA) und Konfirmatorische Faktorenanalyse (CFA). In: Moosbrugger, Helfried/Kelava, Augustin: Testtheorie und Fragebogenkonstruktion. Mit 43 Tabellen, Heidelberg. Springer Medizin. S.: 28-71.

JOHN, O. P. (1990): The "Big Five" Factor Taxonomy: Dimensions of Personality in the Natural Language and in Questionnaires. In: Pervin, Lawrence A.: Handbook of Personality: Theory and Research, New York. S.: 66-100.

JOHN, O. P./NAUMANN, L. P./SOTO, C. J. (2008): Paradigm Shift to the Integrative Big Five Trait Taxonomy - History, Measurement, and Conceptual Issues. In: John, Oliver P./Robins, Richard W./Pervin, Lawrence A.: Handbook of Personality. Theory and Research, New York, NY [u.a.]. Guilford Press. S.: 114-158.

KANT, I. (1922): Beantwortung der Frage: Ist es eine Erfahrung, daß wir denken? In: Buchenau, Artur/Cassirer, Ernst: Schriften von 1783-1788, Berlin. Bruno Cassirer. S.: 519-520.

KELAVA, A./MOOSBRUGGER, H. (2007): Deskriptivstatistische Evaluation von Items (Itemanalyse) und Testwertverteilungen. In: Moosbrugger, Helfried/Kelava, Augustin: Testtheorie und Fragebogenkonstruktion. Mit 43 Tabellen, Heidelberg. Springer Medizin. S.: 74-98.

KLOTZ, M. (2003): Informationsgut. In: Schildhauer, Thomas: Electronic Business-Lexikon, München. S.: 161-165.

KOCH, M. (1960): Die Begriffe Person, Persönlichkeit und Charakter. In: Lersch, Philipp/Thomae, Hans: Handbuch der Psychologie: Persönlichkeitsforschung und Persönlichkeitstheorie, Göttingen. S.: 3-29.

KONRAD, P. (1998): Geschäftsprozessorientierte Simulation der Informationssicherheit - Entwicklung und empirische Evaluierung eines Systems zur Unterstützung des Sicherheitsmanagements. In: Seibt, D./Derings, U./Mellis, W.: Reihe Wirtschaftsinformatik, Köln. Band 20, S.: 21-29.

KRAMPERT, T. (2003): Holistischer Ansatz zur IT-Sicherheit. In: Gora, Walter/Krampert, Thomas: Handbuch IT-Sicherheit : Strategien, Grundlagen und Projekte, München. Addison-Wesley. S.: 19-34.

KRAUSE, J. (1974): Die Sicherungsmöglichkeiten durch Hardware- und Systemorientierte Maßnahmen. In: Grochla, E./Szyperski, N.: Datenschutz und Datensicherung bei automatisierter Datenverarbeitung, Köln. BIFOA-Arbeitsbericht. 73/4, S.: 7-17.

KRIEGER, R./STUCKY, W. (1992): Datenbanken. In: Frese, Erich: Handwörterbuch der Organisation Stuttgart. S.: 455-468.

KUHL, J. (2006): Individuelle Unterschiede in der Selbststeuerung. In: Heckhausen, Jutta/Heckhausen, Heinz: Motivation und Handeln. Mit 43 Tabellen, Heidelberg. Springer. S.: 303-329.

KURU, S./IHSAN ARSUN, O./YILDIZ, M. (2006): Security Insurance and Best Practices. In: Bidgoli, Hossein: Handbook of information security - Threats, vulnerabilities, prevention, detection, and management; Vol. 3, Wiley. S.: 811-828.

LEPLAT, J. (1987): Occupational accident research and systems approach. In: Rasmussen, J./Duncan, K./Leplat, J.: New technology and human error, Chicester. S.: 181-191.

LILGE, H.-G. (1980): Wertgrundlagen partizipativer Führung. In: Grunwald, Wolfgang/Lilge, Hans-Georg: Partizipative Führung, Bern - Stuttgart. S.: 50-61.

LIPPOLD, H. (1992): Informationssicherheit. In: Frese, Erich: Handwörterbuch der Organisation, Stuttgart. S.: 912-922.

MAI, T. (2003): Management der Organisation, Organisation der Sicherheit. In: Gora, Walter/Krampert, Thomas: Handbuch IT-Sicherheit : Strategien, Grundlagen und Projekte, München. Addison-Wesley. S.: 37-49.

MAIER, R./LEHNER, F. (1995): Daten, Informationen, Wissen. In: Lehner, Franz/Hildebrand, Knut: Wirtschaftsinformatik: Theoretische Grundlagen, München. Hanser. S.: 164-270.

MANDL, H./REINMANN-ROTHMEIER, G. (2000): Die Rolle des Wissensmanagements für die Zukunft: Von der Informations- zur Wissensgesellschaft. In: Mandl, Heinz/Reinmann-Rothmeier, Gabi: Wissensmanagement: Informationszuwachs-Wissensschwund?; Die strategische Bedeutung des Wissensmanagements, München. Oldenbourg Wissenschaftsverlag. S.: 23-35.

MCCRAE, R. R./COSTA, P. T. (2008): The Five-Factor Theory of Personality. In: John, Oliver P./Robins, Richard W./Pervin, Lawrence A.: Handbook of Personality. Theory and Research, New York, NY [u.a.]. Guilford Press. S.: 159-181.

MOHR, K.-L. (1993): Art der Bedrohung. In: Pohl, Hartmut/Weck, Gerhard: Einführung in die Informationssicherheit, München. S.: 34-43.

MOOSBRUGGER, H./HÖFLING, V. (2007): Standards für psychologisches Testen. In: Moosbrugger, Helfried/Kelava, Augustin: Testtheorie und Fragebogenkonstruktion. Mit 43 Tabellen, Heidelberg. Springer Medizin. S.: 195-211.

MOOSBRUGGER, H./KELAVA, A. (2007b): Qualitätsanforderungen an einen psychologischen Test (Testgütekriterien). In: Moosbrugger, Helfried/Kelava, Augustin: Testtheorie und Fragebogenkonstruktion. Mit 43 Tabellen, Heidelberg. Springer Medizin. S.: 8-25.

MOOSBRUGGER, H./KELAVA, A. (2007c): Einführung und zusammenfassender Überblick. In: Moosbrugger, Helfried/Kelava, Augustin: Testtheorie und Fragebogenkonstruktion. Mit 43 Tabellen, Heidelberg. Springer Medizin. S.: 2-4.

MUSGRAVE, A. (1989): Wissen. In: Seiffert, H/Radnitzky, G: Handlexikon zur Wissenschaftstheorie, München. Ehrenwirth Verlag. S.: 346-371.

ONWUEGBUZIE, A. J./JIAO, Q. G./COLLINS, K. M. T. (2007): Mixed Methods Research: A new Direction for the Study of Stress an Coping. In: Gates, Gordon S./Gmelch, Walter/Schwarzer, Christine: Emerging Thought and Research on Student, Teacher, and Administrator Stress and Coping, Charlotte. S.: 213-217.

PANKO, R. R. (2006): Internet Security Standards. In: Bidgoli, Hossein: Handbook of information security - Key concepts, infrastructure, standards, and protocols; Vol. 1, Wiley. S.: 901-919.

PICOT, A./MAIER, M. (1992): Informationssysteme, computergestützte. In: Frese, Erich: Handwörterbuch der Organisation, Stuttgart. Schäffer-Poeschel. S.: 923-936.

POHLMANN, N. (2006): Wie wirtschaftlich sind IT-Sicherheitsmaßnahmen? In: HMD - Kosten & Nutzen von IT-Sicherheit dpunkt-Verl.

PROBST, G. J. B./DYLLICK, T. (1987): Kybernetische Führungstheorien. In: Kieser, Alfred/Reber, Gerhard/Wunderer, Rolf: Handwörterbuch der Führung, Stuttgart. S.: Sp. 823-831.

RANNENBERG, K. (1999): Sicherung internetbasierter Unternehmenskommunikation. In: Praxis der Wirtschaftsinformatik (HMD): Computernetze - Technik und Anwendung, 36, 209, S.: 53-66.

RIEß, J. (1997): Vom Fernmeldegeheimnis zum Telekommunikationsgeheimnis. In: Büllesbach, Alfred: Datenschutz im Telekommunikationsrecht, Deregulierung und Datensicherheit in Europa, Köln. S.: 127-160.

RUDOLPH, K. (2006): Implementing a Security Awareness Program. In: Bidgoli, Hossein: Handbook of information security - Threats, vulnerabilities, prevention, detection, and management; Vol. 3, Wiley. S.: 766-784.

SAUCIER, G./GOLDBERG, L. R. (2002): Assessing the Big Five - Applications of 10 psychometric criteria to the development of marker scales. In: De Raad, Boele/Perugini, Marco: Big Five Assessment, Seattle [u.a.]. Hogrefe & Huber. S.: 29-58.

SCHEFFER, D./HECKHAUSEN, H. (2006): Eigenschaftstheorien der Motivation. In: Heckhausen, Jutta/Heckhausen, Heinz: Motivation und Handeln. Mit 43 Tabellen, Heidelberg. Springer. S.: 45-72.

SCHERMELLEH-ENGEL, K./WERNER, C. (2007): Methoden der Reliabilitätsbestimmung. In: Moosbrugger, Helfried/Kelava, Augustin: Testtheorie und Fragebogenkonstruktion. Mit 43 Tabellen, Heidelberg. Springer Medizin. S.: 114-133.

SCHIANO, W. T. (2006): Intranets: Principals, Privacy, and Security Considerations. In: Bidgoli, Hossein: Handbook of information security - Key concepts, infrastructure, standards, and protocols; Vol. 1, Wiley. S.: 205-214.

SCHNEIDER, J. (2000): Sicherheit von Anwendungssystemen im Intranet und Internet. In: Praxis der Wirtschaftsinformatik (HMD), 37, 216, S.: 92-100.

SCHMIT, M. J./KIHM, J. A./ROBIE, C. (2002): The Global Personality Inventory (GPI). In: De Raad, Boele/Perugini, Marco: Big Five Assessment, Seattle [u.a.]. Hogrefe & Huber. S.: 195-236.

SCHULTZ, E. E. (2006): Denial of Service Attacks. In: Bidgoli, Hossein: Handbook of information security - Threats, vulnerabilities, prevention, detection, and management; Vol. 3, Wiley. S.: 207-219.

SINGH, N. (2006): Digital Economy. In: Bidgoli, Hossein: Handbook of information security - Key concepts, infrastructure, standards, and protocols; Vol. 1, Wiley. S.: 15-36.

SLADE, R. (2006): Computer Viruses and Worms. In: Bidgoli, Hossein: Handbook of information security - Threats, vulnerabilities, prevention, detection, and management; Vol. 3, Wiley. S.: 94-106.

SMITH, R. E. (2006): Multilevel Security. In: Bidgoli, Hossein: Handbook of information security - Threats, vulnerabilities, prevention, detection, and management; Vol. 3, Wiley. S.: 972-985.

SPIEGEL, G. (2002): IT-Risikomanagement als wichtiger Bestandteil der Unternehmensstrategie. In: Munck, Ulrich: Management im IT-Zeitalter, Ausgewählte Werkzeuge für eine zukunftsorientierte Unternehmensführung, Köln. S.: 67-92.

TADAY, H. (2002): Kommunikationstechnische Infrastruktur für Unternehmungen. In: Gabriel, Roland/Knittel, Friedrich/Taday, Holger, et al.: Computergestützte Informations- und Kommunikationssysteme in der Unternehmung - Technologien, Anwendungen, Gestaltungskonzepte, Berlin. S.: 13-97.

TSAOUSIS, I. (2002): The Traits Personality Questionnaire (TPQue). In: De Raad, Boele/Perugini, Marco: Big Five Assessment, Seattle [u.a.]. Hogrefe & Huber. S.: 237-260.

VENABLES, P. (2006): Information Leakage: Detection and Countermeasures. In: Bidgoli, Hossein: Handbook of information security - Threats, vulnerabilities, prevention, detection, and management; Vol. 3, Wiley. S.: 853-864.

VOLONINO, L./VOLONINO, R. P. (2006): Security Middleware. In: Bidgoli, Hossein: Handbook of information security - Key concepts, infrastructure, standards, and protocols; Vol. 1, Wiley. S.: 512-521.

WEBER, J. (2001): Welches Maß an Kritikalität brauchen wir? In: Holznagel, Bernd/Hanßmann, Anika/Sonntag, Matthias: IT-Sicherheit in der Informationsgesellschaft - Schutz kritischer Infrastrukturen, Arbeitsberichte zum Informations-, Telekommunikations- und Medienrecht, Münster. S.: 68-78.

WEINERT, A. B. (1987): Menschenbilder und Führung. In: Kieser, Alfred/Reber, Gerhard/Wunderer, Rolf: Handwörterbuch der Führung, Stuttgart. S.: Sp. 1427-1442.

WEINERT, A. B. (1995): Menschenbilder und Führung. In: Kieser, Alfred/Reber, Gerhard/Wunderer, Rolf: Handwörterbuch der Führung, Stuttgart. S.: Sp. 1495-1510.

WYSS, V. (2000): Medienmanagement als Qualitätsmanagement. In: Karmasin, Matthias/Winter, Carsten: Grundlagen des Medienmanagements, München. S.: 149-172.

ZSOLT BERTA, I./BUTTYÁN, L./VAJDA, I. (2006): Standards for Product Security Assessment. In: Bidgoli, Hossein: Handbook of information security - Key concepts, infrastructure, standards, and protocols; Vol. 1, Wiley. S.: 809-822.

Beiträge von Regierungs- und Nicht-Regierungsinstitutionen:

American Educational Research Association (2004): Standards for educational and psychological testing. American Educational Research Association.

Bibliogr. Inst. und Brockhaus (2005): Duden, Das Fremdwörterbuch. Unentbehrlich für das Verstehen und den Gebrauch fremder Wörter ; rund 55000 Stichwörter ; erweiterte Suchmöglichkeiten ; kombinierbar mit allen Titeln der Office-Bibliothek ; mit rund 9000 akustischen Aussprachehilfen ; neu: 1 CD für 3 Betriebssysteme. Bibliogr. Inst. und Brockhaus.

BITKOM (2003): Sicherheit für Systeme und Netze in Unternehmen. In: Adresse: http://www.bitkom.org/files/documents/ACF897.pdf. Zuletzt besucht am: 04.06.2007.

BSI, Bundesamt für Sicherheit in der Informationstechnik (1997): Informationen zu Computerviren. BSI, Bundesamt für Sicherheit in der Informationstechnik.

BSI, Bundesamt für Sicherheit in der Informationstechnik (2002): Einführung von Intrusion Detection Systemen. BSI, Bundesamt für Sicherheit in der Informationstechnik.

BSI, Bundesamt für Sicherheit in der Informationstechnik (2003): IT-Grundschutzhandbuch: Maßnahmenempfehlungen für den mittleren Schutzbedarf. BSI, Bundesamt für Sicherheit in der Informationstechnik.

BSI, Bundesamt für Sicherheit in der Informationstechnik (2004a): Das Ende der Anonymität?, Datenspuren in modernen Netzen. BSI, Bundesamt für Sicherheit in der Informationstechnik.

BSI, Bundesamt für Sicherheit in der Informationstechnik (2004b): IT-Grundschutzhandbuch: Maßnahmenempfehlungen für den mittleren Schutzbedarf. BSI, Bundesamt für Sicherheit in der Informationstechnik.

BSI, Bundesamt für Sicherheit in der Informationstechnik (2004c): Leitfaden IT-Sicherheit - IT-Grundschutz kompakt. BSI, Bundesamt für Sicherheit in der Informationstechnik.

BSI, Bundesamt für Sicherheit in der Informationstechnik (2005): ITIL und Informationssicherheit. BSI, Bundesamt für Sicherheit in der Informationstechnik.

BSI, Bundesamt für Sicherheit in der Informationstechnik (2006a): BSI-Standard 100-2: IT-Grundschutz-Vorgehensweise. BSI, Bundesamt für Sicherheit in der Informationstechnik.

BSI, Bundesamt für Sicherheit in der Informationstechnik (2006b): Zertifizierung nach ISO 27001 auf der Basis von IT-Grundschutz - Prüfschema für ISO 27001-Audits. BSI, Bundesamt für Sicherheit in der Informationstechnik.

BSI, Bundesamt für Sicherheit in der Informationstechnik (2007): Konzeption von Sicherheitsgateways, Version 1.0. BSI, Bundesamt für Sicherheit in der Informationstechnik.

BSI, Bundesamt für Sicherheit in der Informationstechnik (2008): Informationssicherheit und IT-Grundschutz : BSI-Standards 100-1, 100-2 und 100-3. BSI, Bundesamt für Sicherheit in der Informationstechnik.

BSTMFWFK (2001): IT-Rahmenkonzept für Verwaltung und Management der bayrischen staatlichen Universitäten, Bayrisches Staatsministerium für Wissenschaft, Forschung und Kunst. In: Adresse: http://www.stmwfk.bayern.de/hochschule/it_www.pdf. Zuletzt besucht am: 14.03.2005.

Bundesbeauftragte für den Datenschutz (1998): Tätigkeitsbericht 1997-1998 - 17. Tätigkeitsbericht. Bundesbeauftragte für den Datenschutz.

Bundesbeauftragte für den Datenschutz (2006): Tätigkeitsbericht 2005-2006 - 21. Tätigkeitsbericht. Bundesbeauftragte für den Datenschutz.

Bundesdatenschutzgesetz (BDSG) (2003): Bundesdatenschutzgesetz (BDSG). Bundesdatenschutzgesetz (BDSG).

DEUTSCHER BUNDESTAG (1997): Gesetz zur digitalen Signatur - (Signaturgesetz - SigG). In: Adresse: http://www.bundesnetzagentur.de/media/archive/894.pdf. Zuletzt besucht am: 03.08.2005.

DEUTSCHER BUNDESTAG (2007): Grundgesetz für die Bundesrepublik Deutschland : Textausgabe. In: Adresse: www.bmj.bund.de/media/archive/363.pdf. Zuletzt besucht am: 22.06.2010.

Deutsches Institut für Normung (2002): Deutsche Norm DIN 33430; Anforderungen an Verfahren und deren Einsatz bei berufsbezogenen Eignungsbeurteilungen. Deutsches Institut für Normung.

Europäische Kommission (2003): Empfehlung der Europäischen Kommission betreffend die Definition der Kleinstunternehmen sowie der kleinen und mittleren Unternehmen (2003/361/EG); Amtsblatt der Europäischen Union. Europäische Kommission.

EUROPÄISCHES PARLAMENT (1995): Richtlinie 95/46/EG des Europäischen Parlaments und des Rates vom 24. Oktober 1995 zum Schutz natürlicher Personen bei der Verarbeitung personenbezogener Daten und zum freien Datenverkehr. In: Amtsblatt Nr. L, 281, 23, S.: 31-50.

EUROPÄISCHES PARLAMENT (2006a): Richtlinie 2006/48/EG des Europäischen Parlaments und des Rates vom 14. Juni 2006 über die Aufnahme und Ausübung der Tätigkeit der Kreditinstitute. In: Amtsblatt der Europäischen Union L, 177, 1, S.: 1-200.

EUROPÄISCHES PARLAMENT (2006b): Richtlinie 2006/49/EG des europäischen Parlaments und des Rates vom 14. In: Amtsblatt der Europäischen Union L, 177, 1, S.: 201-255.

International Test Commission (2000b): International Guidelines for Test Use. International Test Commission.

International Test Commission (2005): International Guidelines on Computer-Based and Internet Delivered Testing International Test Commission.

ISO/IEC 17799 2005 (2005): International Organization for Standardization: Information technology – Security techniques – Code of practice for information security management.

ITC (2000a): Internationale Richtlinien für die Testanwendung. Graz.

IT GOVERNANCE INSTITUTE (2003): IT Governance Institute: IT Governance für Geschäftsführer und Vorstände. In: Adresse: http://www.itgi.org/. Zuletzt besucht am: 06.07.2007.

KOM (2001a): Sicherheit der Netze und Informationen: Vorschlag für einen europäischen Politikansatz, Mitteilung der Kommission an den Rat, das Europäische Parlament, den Wirtschafts- und Sozialausschuss und den Ausschuss der Regionen. KOM.

KOMMISSION DER EUROPÄISCHEN GEMEINSCHAFTEN (2001b): Standardvertragsklauseln für die Übermittlung personenbezogener Daten in Drittländer nach der Richtlinie 95/46/EG. In: Amtsblatt Nr. L 181, 19, S.: 1-13.

KOMMISSION DER EUROPÄISCHEN GEMEINSCHAFTEN (2004): Änderung der Entscheidung 2001/497/EG bezüglich der Einführung alternativer Standardvertragsklauseln für die Übermittlung personenbezogener Daten in Drittländer. In: Amtsblatt Nr. L 385, 74, S.: 1-11.

LIBICKI, M. C. (1995): What is Information Warfare? In: Institut for National Strategic Studies - Strategic Forum 28; Adresse: http://www.ndu.edu/. Zuletzt besucht am: 04.03.2004.

PCIPB (2003): The President's Critical Infrastructure Protection Board: The National Strategy To Secure Cyberspace. In: Adresse: http://www.whitehouse.gov/pcipb/cyberspace_strategy.pdf. Zuletzt besucht am: 07.01.2005.

REPUBLIK ÖSTERREICH, B. F. I. (2004): IT-Sicherheit, Grundsätze zur IT-Sicherheitspolitik des BM.I.

RUCK, M./TSINTSIFA, L./MÜNCH, I. (2005): Neues vom IT-Grundschutz. In: Bundesamt für Sicherheit in der Informationstechnik (BSI). S.: 203.

Statistisches Bundesamt (1996): Pretest und Weiterentwicklung von Fragebogen. Statistisches Bundesamt.

Statistisches Bundesamt (2008a): Bildungsstand der Bevölkerung. Statistisches Bundesamt.

Statistisches Bundesamt (2008b): Statistisches Jahrbuch für die Bundesrepublik Deutschland 2008. Statistisches Bundesamt.

T.N.S. Infratest Sozialforschung Initiative, D21. e V. (2009): (N)onliner Atlas 2009. Eine Topographie des digitalen Grabens durch Deutschland : Nutzung und Nichtnutzung des Internets, Strukturen und regionale Verteilung. T. N. S. Infratest Sozialforschung Initiative, D21. e V.

ULRICH, O. (1999): "Protection Profile" - ein industriepolitischer Ansatz zur Förderung des "neuen Datenschutzes" - Bonn. In: Adresse: http://www.europaeische-akademie-aw.de/pages/publikationen/graue_reihe/17.pdf. Zuletzt besucht am: 17.01.2008.

UNIVERSITÄT HANNOVER (2002): Ordnung zur IT-Sicherheit in der Universität Hannover. In: Verkündungsblatt der Universität Hannover vom 24.07.2002, Hannover 2002.

ZENTRALES IT-MANAGEMENT, Niedersächsisches Ministerium für Inneres und Soziales (2005a): IT-Sicherheitslinie (IT-SL) der niedersächsischen Landesverwaltung.

ZENTRALES IT-MANAGEMENT, Niedersächsisches Ministerium für Inneres und Soziales (2005b): Einführungserlass zur IT-Sicherheitslinie (IT-SL) der niedersächsischen Landesverwaltung.

313

Arbeitspapiere, Diplomarbeiten und Studien:

AK Sicherheit, e. (2008): Aus der Abwehr in den Beichtstuhl - Summary - Qualitative Wirkungsanalyse CISO & Co.

Beier, D./Gabriel, R./Streubel, F. (1997): Ziele und Aufgaben des Informationsmanagements, Arbeitsbericht Nr. 97-23 des Lehrstuhls für Wirtschaftsinformatik der Ruhr-Universität Bochum.

Bernhardt, U./Ruhmann, I. (1997): Information Warfare. In: Arbeitspapiere Uni Paderborn; Adresse:http://www.iug.uni-paderborn.de/fiff/veroeffentlichungen/extern/friedensforum2_97a.htm.

CSS/ETH (2006): Informationssicherheit in Schweizer Unternehmen - Eine Umfragestudie über Bedrohungen, Risikomanagement und Kooperationsformen.

Dierstein, R. (2003): IT-Sicherheit - Teil 1 Grundlagen. Manusskript liegt digital vor.

Dummer, S. (2006): Compliance durch Standards für Informationssicherheit – Untersuchung von gesetzlichen Anforderungen an das Management der Informationssicherheit und deren Erfüllung durch ISO27001/17799 (Diplomarbeit).

Duscha, A. (2008): Informationssicherheit in Unternehmen 2008 - Ergebnisse einer Online-Befragung von 243 kleinen und mittelständischen Unternehmen in Deutschland. Köln.

Federrath, H. (2005): IT-Sicherheitsmanagement nach ISO 17799 und nach BSI-Grundschutzhandbuch – Eine vergleichende Betrachtung.

Gabriel, R./Beier, D. (2000): Informationsmanagement, Band 1: Grundbegriffe und Gestaltungsgegenstand, Lehrmaterialien im Studienfach Wirtschaftsinformatik 31/00, Lehrstuhl für Wirtschaftsinformatik. Bochum. Manusskript liegt digital vor.

Gabriel, R./Beier, D. (2001): Informationsmanagement, Band 2: Ziele, Aufgaben und Methoden, Lehrmaterialien im Studienfach Wirtschaftsinformatik 34/01, Lehrstuhl für Wirtschaftsinformatik. In: S.: 213-217.

Feria, J./Nunn, S. (2006): Method for determining total cost of ownership. In: Google Patents.

Hall, G. (2009): Identifying and managing internal security threats in enterprise systems. In: Working Paper, Villanova University, Department of Computing Sciences; S.: 1-4.

Höfling, J. (2005): SERVICES - Verzahnung von IT-Sicherheit und Geschäftsprozessen mangelhaft. In: Information week : das Praxismagazin für CIOs und IT-Manager. - Poing : CMP-WEKA GmbH & Co. KG, ISSN 1436-0829, 14, S.: 11-12.

Hoeren, T. (2004): Internetrecht. In: Adresse: www.uni-muenster.de/Jura.itm/hoeren/material/Skript/Skript_Februar2004.pdf. Zuletzt besucht am: 15.01.2008.

Hoeren, T. (2007a): Internetrecht. In: Adresse: http://www.uni-muenster.de/Jura.itm/hoeren/materialien/Skript/skript_Maerz2007.pdf. Zuletzt besucht am: 27.11.2007.

Hohl, P. (2006): <kes>-Microsoft-Sicherheitsstudie 2006 - Checkliste zur Informations-Sicherheit - Schlagen Sie mehrere Fliegen mit einer Klappe: Nutzen Sie den Fragebogen zur neuen <kes>-Microsoft-Sicherheitsstudie als Checkliste zur Beurteilung Ihrer eigenen Sicherheitslage und helfen Sie gleichzeitig beim Zusammentragen wertvoller Informationen zu Strategien, Risiken, Angriffen und Gegenmassnahmen. In: Kes : die Zeitschrift für Informations-Sicherheit. - Ingelheim : SecuMedia-Verl., ISSN 1611-440X, 22, 1, S.: 97-115.

Holthaus, M./Teufel, S. (1998): Fallstudie zur Informationssicherheit. Zürich.

INITI@TIVE D21 (2001): IT-Sicherheitskriterien im Vergleich.

314

KEMPER, H.-G./JANKE, A. (2002): Wissensmanagement - Ein organisatorischer Ansatz und seine technische Umsetzung. In: Arbeitsbericht der Universität Stuttgart, Lehrstuhl für ABWL und Wirtschaftsinformatik, 1/2002, S.: 1-23.

<KES> (2006): Lage zur Informationssicherheit - <kes> Microsoft Sicherheitsstudie 2006 - Sonderdruck. In: Kes : die Zeitschrift für Informations-Sicherheit. - Ingelheim : SecuMedia-Verl., ISSN 1611-440X, 6, S.: 1-24.

<KES> (2008): Lage zur Informationssicherheit - <kes> Microsoft Sicherheitsstudie 2008. In: Kes : die Zeitschrift für Informations-Sicherheit. - Ingelheim : SecuMedia-Verl., ISSN 1611-440X, S.: 1-24.

MOUTAFIS, J. (2004): Studie IT-Security 2004. In: Adresse: http://www.silicon.de/enid/silicon_studien/9624. Zuletzt besucht am: 22.8.2007.

NIEDERMEIER, R. (2006): IP-Telefonie erfordert profunde Rechtskenntnisse. In: Computer Zeitung, 22, S.: 20.

O. V. (2006): TÜViT - ISO 27001 - Ihre Ausrichtung und Perspektive als Kern des Informationssicherheitsmanagements. In: Sicherheits-Berater : Informationsdienst zur Sicherheit in Wirtschaft und Verwaltung. - Bonn : TeMedia, ISSN 0344-8746, 11, S.: 198-199.

POHL, H./CERNY, D. (1998): Information Warfare - Der Krieg im Frieden. In: Adresse: http://www.inf.fh-rhein-sieg.de/person/professoren/Pohl/Aufsaetze/publicity.htm. Zuletzt besucht am: 03.11.2003.

POHLMANN, N. (2004): Wirtschaftlichkeitsbetrachtung von IT-Sicherheitsmechanismen.

POMES, R. A./BREITNER, M. H. (2005): IT-Sicherheit – Kein Selbstzweck, sondern Notwendigkeit. In: iznMail - Das Kundenjournal des Informatikzentrums Niedersachsen, 4, S.: 22-26.

SCHNEIDER, J. (2007): Integrität. In: Die Zeitschrift für Informations-Sicherheit <kes>: Lexikon der Informationssicherheit, 2007, 03.01.2007, S.: 23-25.

SOKOL, B. (2005): Siebzehnter Datenschutz- und Informationsfreiheitsbericht der Landesbeauftragten für Datenschutz und Informationsfreiheit Nordrhein-Westfalen.

TELETRUST DEUTSCHLAND E. V. (2004): IT-Security Made in Germany - Best Practice in Secure Business Processes.

TSINTSIFA, L. (2005): Einführung in den IT-Grundschutz, Bundesamt für Sicherheit in der Informationstechnik (BSI), Workshop für die Polizei Niedersachsen.

WOJTYNA, B. (2006): ISACA informiert - COBIT 4.0 - Die Control Objectives for Information and related Technology (COBIT) sind unlängst in einer aktualisierten Version erschienen. Änderungen und Struktur des Standardwerks beleuchtet die Rubrik der Information Systems Audit and Control Association (ISACA). In: Kes : die Zeitschrift für Informations-Sicherheit. - Ingelheim : SecuMedia-Verl., ISSN 1611-440X, 22, 2, S.: 26-27.

Sonstige elektronische Quellen:

BACKHAUS, K. (2004): Persönlichkeit als Forschungsgegenstand der Psychologie. Eine Einführung in das Big-Five-Persönlichkeitsmodell.   In: Adresse: http://www.psyreon.de/. Zuletzt besucht am: 23.08.2008.

BROWN, W./NASUTI, F. (2008): Sarbanes-Oxley and enterprise security : Governance and what it takes to   get   the   job   done.   In: Adresse: http://www.infosectoday.com/SOX/Brown.pdf. Zuletzt besucht am: 23.11.2008.

CIO (2009): CIO Mediadaten 2008/2009, In: Adresse: www.cio.de

MCLENDON, J. W. (2002): Information Warfare: Impacts and Concerns. In: Air Chronicle (Hrsg.) Battlefield   of   the   Future   -   21st   Century   Warfare   Issues Adresse: http://www.airpower.maxwell.af.mil/. Zuletzt besucht am: 03.05.2007.

MINKWITZ, O. (2000): Information Warfare: Die Rüstungskontrolle steht vor neuen Herausforderungen.   In: Adresse: http://www.fogis.de/fogis-ap2.PDF. Zuletzt besucht am: 03.05.2007.

O. V.   (2008):   Arten   von   Intrusion   Detection   Systemen.   In: Adresse: http://www.networksec.de/sites/be_ids/arten.php. Zuletzt besucht am: 01.01.2008.

QUACK,   K.   (2004):   Sarbanes-Oxley   und   die   Folgen.   In: Adresse: http://www.computerwoche.de/index.cfm?pid=384&pk=551055#. Zuletzt besucht am: 22.11.2008.

SCHAUMANN,   P.   (2008):   Gloassar   der   Informationssicherheit.   In: Adresse: www.bull.at/download/Informationssicherheit.pdf. Zuletzt besucht am: 16.12.2008.

VON HELDEN, J./KARSCH, S. (1998): Grundlagen, Forderungen und Marktübersicht für Intrusion Detection Systeme (IDS) und Intrusion Response Systeme (IRS), BSI-Studie zu Intrusion Detection Systemen.

316

Anhang

Anhang A: Fragenbogen zur empirischen Erhebung

EvaSys	Fragebogen zur Ergründung der Zusammenhänge von Informationssicherheit und Pers&	

Gottfried Wilhelm Leibniz Universität Hannover — Robert Pomes
Institut für Wirtschaftsinformatik — Umfrage zur Promotion

Markieren Sie so: ☐ ☒ ☐ ☐ ☐ Bitte verwenden Sie einen Kugelschreiber oder nicht zu starken Filzstift. Dieser Fragebogen wird maschinell erfasst.
Korrektur: ☐ ■ ☐ ☒ ☐ Bitte beachten Sie im Interesse einer optimalen Datenerfassung die links gegebenen Hinweise beim Ausfüllen.

1. Fragen zur Persönlichkeit

Starke Zustimmung / Zustimmung / Neutral / Ablehnung / Ablehnung

1.1 Ich bin nic...
1.2 Ich habe g...
1.3 Ich mag m... verschwen...
1.4 Ich versuch... freundlich z...
1.5 Ich halte m...
1.6 Ich fühle m...
1.7 Ich bin leic...
1.8 Ich finde ph...
1.9 Ich bekomm... und meiner...
1.10 Ich kann m... daß ich me... beende.
1.11 Wenn ich u... mich manc...
1.12 Ich halte m...
1.13 Mich begei... und in der I...
1.14 Manche Le... selbstgefäll...
1.15 Ich bin kein... Mensch.
1.16 Ich fühle m...
1.17 Ich unterha... Menschen.
1.18 Ich glaube,... irreführt, w... die kontrov...
1.19 Ich würde l... als mit ihne...
1.20 Ich versuch... sehr gewis...
1.21 Ich fühle m...

Copyright: Hogrefe Verlag, Göttingen, Nachdruck und jegliche Art der Vervielfältigung verboten

F839U0P1PL0V0 — 12.05.2009, Seite 1/8

EvaSys	Fragebogen zur Ergründung der Zusammenhänge von Informationssicherheit und Pers&	

1. Fragen zur Persönlichkeit [Fortsetzung]

	Starke Ablehnung	Ablehnung	Neutral	Zustimmung	Starke Zustimmung
1.22 Ich bin ge	☐	☐	☐	☐	☐
1.23 Poesie be	☐	☐	☐	☐	☐
1.24 Im Hinblic eher zynis	☐	☐	☐	☐	☐
1.25 Ich habe arbeite sy	☐	☐	☐	☐	☐
1.26 Manchma	☐	☐	☐	☐	☐
1.27 Ich ziehe	☐	☐	☐	☐	☐
1.28 Ich probie	☐	☐	☐	☐	☐
1.29 Ich glaub ausgenut	☐	☐	☐	☐	☐
1.30 Ich vertrö Arbeit beg	☐	☐	☐	☐	☐
1.31 Ich empfi	☐	☐	☐	☐	☐
1.32 Ich habe überzuscl	☐	☐	☐	☐	☐
1.33 Ich nehm oder Gefü hervorrufe	☐	☐	☐	☐	☐
1.34 Die meist mich.	☐	☐	☐	☐	☐
1.35 Ich arbeit	☐	☐	☐	☐	☐
1.36 Ich ärgere mich beh	☐	☐	☐	☐	☐
1.37 Ich bin ei	☐	☐	☐	☐	☐
1.38 Ich glaub Entscheic religiösen	☐	☐	☐	☐	☐
1.39 Manche L berechne	☐	☐	☐	☐	☐
1.40 Wenn ich man sich	☐	☐	☐	☐	☐
1.41 Zu häufig wenn etw	☐	☐	☐	☐	☐
1.42 Ich bin ke	☐	☐	☐	☐	☐
1.43 Wenn ich betrachte oder eine	☐	☐	☐	☐	☐
1.44 In Bezug nüchtern	☐	☐	☐	☐	☐

EvaSys	Fragebogen zur Ergründung der Zusammenhänge von Informationssicherheit und Pers&	

1. Fragen zur Persönlichkeit [Fortsetzung]

	Starke Ablehnung	Ablehnung	Neutral	Zustimmung	Starke Zustimmung
1.45 Manchmal zuverlässi	☐	☐	☐	☐	☐
1.46 Ich bin sel	☐	☐	☐	☐	☐
1.47 Ich führe e	☐	☐	☐	☐	☐
1.48 Ich habe v Universum spekuliere	☐	☐	☐	☐	☐
1.49 Ich versuc handeln.	☐	☐	☐	☐	☐
1.50 Ich bin ein immer erle	☐	☐	☐	☐	☐
1.51 Ich fühle n Person, di	☐	☐	☐	☐	☐
1.52 Ich bin ein	☐	☐	☐	☐	☐
1.53 Ich bin sel	☐	☐	☐	☐	☐
1.54 Wenn ich ihnen das	☐	☐	☐	☐	☐
1.55 Ich werde mein Lebe	☐	☐	☐	☐	☐
1.56 Manchmal mich am li	☐	☐	☐	☐	☐
1.57 Lieber wür als eine G	☐	☐	☐	☐	☐
1.58 Ich habe c abstrakten	☐	☐	☐	☐	☐
1.59 Um zu bek bereit, Me:	☐	☐	☐	☐	☐
1.60 Bei allem, Perfektion	☐	☐	☐	☐	☐

2. Fragen zur Informationssicherheit

2.1 Bitte kreuzen Sie an, in welchen Gefahrenbereichen in den letzten 24 Montaten die meisten Sicherheitsvorfälle auftraten? (stets Mehrfachnennung)

☐ Hacking, Vandalismus, Missbrauch

☐ Nachlässigkeit und Irrtum der eigenen Mitarbeiter

☐ Dokumentationsseitige Mängel und Defekte

☐ Malware (Würmer, Trojaner, Viren, etc.)

☐ Informationsdiebstahl, Spionage, unbefugte Kenntnisnahme

☐ Sabotage

☐ Softwareseitige Mängel und Defekte

☐ Höhere Gewalt (Feuer, Erdbeben, Sturm, Wasser, etc.)

☐ Manipulation mit dem Ziel der Bereicherung

☐ Unbeabsichtigte Fehler von Externen

☐ Hardwareseitige Mängel und Defekte

☐ Andere Gefahrenbereiche

EvaSys	Fragebogen zur Ergründung der Zusammenhänge von Informationssicherheit und Persö	◯

2. Fragen zur Informationssicherheit [Fortsetzung]

2.2 **Welche von diesen eben genannten Gefahrenbereichen haben für Sie die höchste Priorität?**

☐ Hacking, Vandalismus, Missbrauch   ☐ Informationsdiebstahl, Spionage, unbefugte Kenntnisnahme   ☐ Manipulation mit dem Ziel der Bereicherung

☐ Nachlässigkeit und Irrtum der eigenen Mitarbeiter   ☐ Sabotage   ☐ Unbeabsichtigte Fehler von Externen

☐ Dokumentationsseitige Mängel und Defekte   ☐ Softwareseitige Mängel und Defekte   ☐ Hardwareseitige Mängel und Defekte

☐ Malware (Würmer, Trojaner, Viren, etc.)   ☐ Höhere Gewalt (Feuer, Erdbeben, Sturm, Wasser, etc.)   ☐ Andere Gefahrenbereiche

2.3 **Welche Ziele der Informationssicherheit wurden in den letzten 24 Monaten besonders verletzt?**

☐ Vertraulichkeit   ☐ Verfügbarkeit   ☐ Integrität
☐ Zurechenbarkeit   ☐ Revisionsfähigkeit

2.4 **Welche Ziele der Informationssicherheit haben für Sie zukünftig die höchste Priorität?**

☐ Vertraulichkeit   ☐ Verfügbarkeit   ☐ Integrität
☐ Zurechenbarkeit   ☐ Revisionsfähigkeit

2.5 **Welche Konsequenzen hatten diese Sicherheitsvorfälle?**

☐ Imageschaden   ☐ Strafanzeige gegen den Verursacher   ☐ Kunden oder Aufträge wurden verloren

☐ Informationen wurden missbräuchlich durch Dritte verwendet   ☐ Strafen gegenüber Ihrer Firma oder Ihren Mitarbeitern   ☐ Abmahnung, Versetzung, Entlassung von Mitarbeitern

2.6 **Welche Bausteine eines Informationssicherheits-Managements sind bei Ihnen besonders relevant?**

☐ Benutzerverwaltung   ☐ Zentrales Controlling eingesetzter Sicherheitssysteme   ☐ Alarm- und Eskalationssystem

☐ Intrusion Detection- und Intrusion Prevention- Systeme   ☐ Kontrolle von Internet- Missbrauch   ☐ Virtual Private Networks

☐ Identity Management Systeme   ☐ Firewalls   ☐ Virenschutz

☐ Backup   ☐ Protokollierung unberechtigter Zugriffe   ☐ Schnittstellenüberwachung

☐ Netzwerkzugangskontrolle   ☐ Spam Abwehr   ☐ Verschlüsselung
☐ Elektronische Signaturen   ☐ Physische Sicherheit   ☐ Sonstiges

2.7 **Welche Bausteine des Informationssicherheits-Managements werden bei Ihnen zukünftig die höchste Priorität haben?**

☐ Benutzerverwaltung   ☐ Zentrales Controlling eingesetzter Sicherheitssysteme   ☐ Alarm- und Eskalationssystem

☐ Intrusion Detection- und Intrusion Prevention- Systeme   ☐ Kontrolle von Internet- Missbrauch   ☐ Virtual Private Networks

☐ Identity Management Systeme   ☐ Firewalls   ☐ Virenschutz

☐ Backup   ☐ Protokollierung unberechtigter Zugriffe   ☐ Schnittstellenüberwachung

☐ Netzwerkzugangskontrolle   ☐ Spam Abwehr   ☐ Verschlüsselung
☐ Elektronische Signaturen   ☐ Physische Sicherheit   ☐ Sonstiges

EvaSys	Fragebogen zur Ergründung der Zusammenhänge von Informationssicherheit und Pers&	

2. Fragen zur Informationssicherheit [Fortsetzung]

2.8 Welche Standards und Normen werden bei Ihnen angewandt?
- ☐ BS7799 / ISO IEC 17799
- ☐ COBIT
- ☐ Common Criteria
- ☐ FIPS 140
- ☐ ISO 13335
- ☐ ISO 27001
- ☐ IT-Grundschutz
- ☐ ITIL
- ☐ ITSEC

2.9 Welche Standards und Normen werden bei Ihnen zukünftig die höchste Priorität haben?
- ☐ BS7799 / ISO IEC 17799
- ☐ COBIT
- ☐ Common Criteria
- ☐ FIPS 140
- ☐ ISO 13335
- ☐ ISO 27001
- ☐ IT-Grundschutz
- ☐ ITIL
- ☐ ITSEC

2.10 Welche Compliance Anforderungen werden bei Ihnen bezüglich des Schutzes von Informationen beachtet?
- ☐ Basel II
- ☐ BDSG
- ☐ GDPdU
- ☐ KonTraG
- ☐ SigV/SigG
- ☐ Solvency II
- ☐ SOX (Sarbanes Oxley Act)
- ☐ TKG, TKÜV, TDSV
- ☐ TMG (TDG, TDDSG, MdStV)
- ☐ ZKDSG

2.11 Welche Compliance Anforderungen werden bei Ihnen bezüglich des Schutzes von Informationen zukünftig die höchste Priorität haben?
- ☐ Basel II
- ☐ BDSG
- ☐ GDPdU
- ☐ KonTraG
- ☐ SigV/SigG
- ☐ Solvency II
- ☐ SOX (Sarbanes Oxley Act)
- ☐ TKG, TKÜV, TDSV
- ☐ TMG (TDG, TDDSG, MdStV)
- ☐ ZKDSG

2.12 Auf welche Ursachen lässt sich am Ehesten ein mangelndes Sicherheitsbewusstsein beim jeweiligen Mitarbeiter zurückführen?
- ☐ "Nicht wollen"
- ☐ "Nicht wissen"
- ☐ "Nicht können"
- ☐ Sonstiges

2.13 Auf welche Art und Weise werden bei Ihnen in der Firma Lücken bei der Informationssicherheit identifiziert?
- ☐ Selbsteinschätzung der IT-Abteilung
- ☐ Mitarbeiterfragebögen
- ☐ Beobachtungen
- ☐ Einzelinterviews
- ☐ Sonstiges

2.14 Welche der folgenden Strategien und Managementansätze nutzen Sie in Ihrer Firma?
- ☐ Schriftlich fixierte spezifische Konzepte und Richtlinien zur Informationssicherheit
- ☐ Schriftlich fixierte Strategie für die Informationssicherheit
- ☐ Schriftliche fixierte Strategie für die Informationsverarbeitung
- ☐ Umfassendes Sicherheitshandbuch
- ☐ Schriftlich fixierte Maßnahmen zur Informationssicherheit
- ☐ Schriftliche fixiert und validierter IT-Notfallplan

2.15 Welche Ebenen betrachten Informationssicherheit als wichtiges Thema?
- ☐ Top-Management
- ☐ Mittleres Management
- ☐ IT-Sicherheitsfachleute
- ☐ Anwender in IT-lastigen Bereichen
- ☐ Anwender in weniger IT-lastigen Bereichen
- ☐ Sonstiges

2.16 Wie regelmäßig werden umgesetzte Konzepte und Richtlinien zur Informationssicherheit in Ihrer Firma überprüft?
- ☐ alle 4 Wochen
- ☐ alle 3 Monate
- ☐ alle 6 Monate
- ☐ jährlich
- ☐ alle 2 Jahre
- ☐ unregelmäßig

2.17 Wie oft sollten Konzepte und Richtlinien zur Informationssicherheit in Ihrer Firma überprüft werden?
- ☐ alle 4 Wochen
- ☐ alle 3 Monate
- ☐ alle 6 Monate
- ☐ jährlich
- ☐ alle 2 Jahre
- ☐ unregelmäßig

321

2. Fragen zur Informationssicherheit [Fortsetzung]

2.18 Welche Probleme beeinträchtigen Sie besonders bei der Fortentwicklung der Informationssicherheit?

☐ Bewusstsein beim Anwender   ☐ Bewusstsein beim mittleren Management   ☐ Bewusstsein beim TOP-Management

☐ Keine geeigneten Methoden, Instrumente und Werkzeuge   ☐ Keine Möglichkeiten zur Durchsetzung von sicherheitsrelevanten Maßnahmen   ☐ Mangelnde Qualifikation der Mitarbeiter

☐ Vorhandene Konzepte werden nicht umgesetzt   ☐ Mangelnde Konzepte   ☐ Unzureichende Teilkonzepte

☐ Keine Kontrollen   ☐ Kein Geld

2.19 Wie sicher empfinden Sie die Informationsicherheit in Ihrer Firma?   ☐ Sehr Hoch   ☐ Hoch   ☐ Neutral   ☐ Niedrig   ☐ Sehr Niedrig

2.20 Für wie wichtig erachten Sie es regelmäßig Weiterbildungsmaßnahmen für Mitarbeiter zum Schutz der Informationssicherheit anzubieten?   ☐ Sehr Hoch   ☐ Hoch   ☐ Neutral   ☐ Niedrig   ☐ Sehr Niedrig

2.21 Welche Mitarbeiter werden bei Ihnen im Hause besonders in Fragen der Informationssicherheit geschult?

☐ IT-Benutzer   ☐ IT-Fachkraft   ☐ IT-Sicherheitsadministrator

☐ IT-Sicherheitsverantwortlicher   ☐ IT Manager/-Abteilungsleiter   ☐ IT-Bereichsleiter/CIO

☐ CISO   ☐ Mitglied der Geschäftsleitung   ☐ Gesellschafter

☐ Datenschutzbeauftragter   ☐ Revisor   ☐ Sonstige

2.22 Welcher Umsatz wurde in Ihrer Firma im Jahr 2008 ausgewiesen?

☐ <1 Mio. Euro   ☐ >1 Mio. Euro   ☐ >10 Mio. Euro

☐ >50 Mio. Euro   ☐ >100 Mio. Euro   ☐ >500 Mio. Euro

☐ >1 Mrd. Euro   ☐ >10 Mrd. Euro   ☐ >100 Mrd. Euro

☐ keine Angabe

2.23 Welches Budget stand für Informationsverarbeitung im Jahr 2008 zur Verfügung?

☐ <50.000 Euro   ☐ >50.000 Euro   ☐ >100.000 Euro

☐ >1 Mio. Euro   ☐ >10 Mio. Euro   ☐ >50 Mio. Euro

☐ >100 Mio. Euro   ☐ >250 Mio. Euro   ☐ >500 Mio. Euro

☐ keine Angabe

2.24 Welches Budget wurde für Maßnahmen zur Verbesserung der Informationssicherheit verwendet?

☐ <5.000 Euro   ☐ >5.000 Euro   ☐ >10.000 Euro

☐ >25.000 Euro   ☐ >50.000 Euro   ☐ >100.000 Euro

☐ >500.000 Euro   ☐ >1 Mio. Euro   ☐ >10 Mio. Euro

☐ >50 Mio. Euro   ☐ keine Angabe

2.25 Wie schätzen Sie das Budget zur Verbesserung der Informationssicherheit ein?

☐ Zu Hoch   ☐ Hoch   ☐ Neutral   ☐ Niedrig   ☐ Zu Niedrig

2. Fragen zur Informationssicherheit [Fortsetzung]

2.26 **Welchen Schadenwert hat das größte aufgetretene Sicherheitsereignis der letzten 24 Monate?**

☐ <5.000 Euro   ☐ >5.000 Euro   ☐ >10.000 Euro
☐ >25.000 Euro   ☐ >50.000 Euro   ☐ >100.000 Euro
☐ >500.000 Euro   ☐ >1 Mio. Euro   ☐ >10 Mio. Euro

☐ >50 Mio. Euro   ☐ keine Angabe

2.27 **Welchen Schadenwert hatten die aufgetretenen Sicherheitsereignisse der letzten 24 Monate?**

☐ <5.000 Euro   ☐ >5.000 Euro   ☐ >10.000 Euro
☐ >25.000 Euro   ☐ >50.000 Euro   ☐ >100.000 Euro
☐ >500.000 Euro   ☐ >1 Mio. Euro   ☐ >10 Mio. Euro

☐ >50 Mio. Euro   ☐ keine Angabe

3. Allgemeine Abschlussfragen

3.1 **Vorname** (nicht verpflichtend)

3.2 **Nachname** (nicht verpflichtend)

3.3 **Firma** (nicht verpflichtend)

3.4 **Geschlecht**   ☐ männlich   ☐ weiblich

3.5 **E-Mail** *(-> für Ergebnisse)*

3.6 **Postleitzahl**

3.7 **Land**
☐ Deutschland   ☐ Luxembourg   ☐ Liechtenstein
☐ Österreich   ☐ Schweiz   ☐ Anderes Land

3.8 **Alter**
☐ <20   ☐ >20   ☐ >30
☐ >40   ☐ >50   ☐ >60
☐ >70

3.9 **Höchster Bildungsabschluß**
☐ Kein Schulabschluß   ☐ Hauptschulabschluß   ☐ Realschulabschluß
☐ Fachhochschulreife   ☐ Hochschulereife   ☐ Ausbildung
☐ Fachhochschulabschluß   ☐ Hochschulabschluß   ☐ Promotion
☐ Habilitation   ☐ Sonstiges

3.10 **Nationalität**

323

3. Allgemeine Abschlussfragen [Fortsetzung]

3.11 Welche Position trifft auf sie am meisten zu?

- ☐ IT Manager/-Abteilungsleiter
- ☐ IT-Bereichsleiter/CIO
- ☐ CISO
- ☐ Mitglied der Geschäftsleitung
- ☐ (Senior-)-Consultant
- ☐ Revisor
- ☐ IT-Sicherheitsverantwortlicher
- ☐ IT-Fachkraft
- ☐ Mitarbeiter
- ☐ Datenschutzbeauftragter
- ☐ Sonstiges

3.12 Haben Sie Führungsverantwortung?

- ☐ Nein
- ☐ >5 Personen
- ☐ >10 Personen
- ☐ >25 Personen
- ☐ >50 Personen
- ☐ >100 Personen
- ☐ >500 Personen
- ☐ >1000 Personen
- ☐ >5000 Personen

3.13 Welches jährliche Einkommen haben Sie?

- ☐ <20.000
- ☐ >20.000
- ☐ >30.000
- ☐ >40.000
- ☐ >50.000
- ☐ >60.000
- ☐ >80.000
- ☐ >100.000
- ☐ >150.000
- ☐ kein Einkommen

3.14 Wie viele Beschäftigte hat Ihre Firma etwa?

- ☐ <25
- ☐ >25
- ☐ >50
- ☐ >100
- ☐ >250
- ☐ >500
- ☐ >1000
- ☐ >5.000
- ☐ >10.000
- ☐ >100.000
- ☐ keine Angabe

3.15 Wie viele Beschäftigte arbeiten in der Informationsverarbeitung?

- ☐ <5
- ☐ >5
- ☐ >10
- ☐ >25
- ☐ >50
- ☐ >100
- ☐ >250
- ☐ >500
- ☐ keine Angabe

3.16 Wieviel Beschäftigte in der Informationsverarbeitung, beschäftigen sich mit Informationssicherheit?

- ☐ <5
- ☐ >5
- ☐ >10
- ☐ >25
- ☐ >50
- ☐ >100
- ☐ >250
- ☐ >500
- ☐ keine Angabe

3.17 Zu welcher Branche gehört Ihre Firma?

- ☐ Energie
- ☐ Handel
- ☐ Telekommunikation
- ☐ Beratung
- ☐ Öffentlich
- ☐ Wissenschaft/Bildung
- ☐ Chemie
- ☐ Handwerk
- ☐ Finanzwirtschaft
- ☐ Transport/Verkehr
- ☐ Verlag/Medien
- ☐ Gesundheit
- ☐ Sonstiges

324

Anhang B: Anschreiben der Befragten per E-Mail:

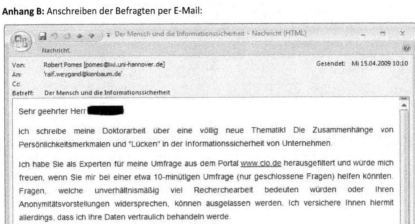

Sehr geehrter Herr █████████,

Ich schreibe meine Doktorarbeit über eine völlig neue Thematik! Die Zusammenhänge von Persönlichkeitsmerkmalen und "Lücken" in der Informationssicherheit von Unternehmen.

Ich habe Sie als Experten für meine Umfrage aus dem Portal www.cio.de herausgefiltert und würde mich freuen, wenn Sie mir bei einer etwa 10-minütigen Umfrage (nur geschlossene Fragen) helfen könnten. Fragen, welche unverhältnismäßig viel Recherchearbeit bedeuten würden oder Ihren Anonymitätsvorstellungen widersprechen, können ausgelassen werden. Ich versichere Ihnen hiermit allerdings, dass ich Ihre Daten vertraulich behandeln werde.

Umfrage unter: https://eva.rrzn.uni-hannover.de/evasys/online/

Die Losung lautet: Sicherheit

Über die aggregierten Auswertungsergebnisse, inwieweit die Persönlichkeit mit der Informationssicherheit im Unternehmen zusammenhängt, möchte ich Sie im Anschluss gern informieren.

Sicher ist Ihre Zeit ausgesprochen knapp bemessen, doch vielleicht interessieren Sie die Ergebnisse meiner Forschungstätigkeit, die auch Ihr Unternehmen zukünftig „sicherer" gestalten könnte!

Sehr würde ich mich auch darüber freuen, wenn Sie zusätzlich diese Umfrage zur Beantwortung an Ihre IT-Fachkräfte, bzw. Kollegen und Mitarbeiter weiter leiten könnten.

Für Rückfragen können Sie mich sehr gern unter 0511-762-17244 erreichen.

Vielen lieben Dank im Voraus

Robert Pomes

PS: Falls Sie Ihren Namen, Ihre Firma und Ihre E-Mail nicht im Zusammenhang mit der Umfrage nennen wollen können Sie mir diese auch separat zusenden. Ich schicke Ihnen dann die aggregierten Umfrageergebnisse gern im Anschluss zu.

Dipl.-Ök. Robert Pomes
Wissenschaftlicher Mitarbeiter
Institut für Wirtschaftsinformatik der
Gottfried Wilhelm Leibniz Universität Hannover
Institutsleiter: Prof. Dr. M. H. Breitner
Königsworther Platz 1, 30167 Hannover
Tel.: (0511) 762-17244
Mobil: (0163) 4000102
Email: pomes@iwi.uni-hannover.de
www: http://www.iwi.uni-hannover.de/

325

Anhang C: Erinnerungsanschreiben der Befragten per E-Mail:

Von: Robert Pomes [pomes@iwi.uni-hannover.de] Gesendet: DI 21.04.2009 10:53
An: 'norman.pirngruber@de.ibm.com'
Cc:
Betreff: Der Mensch und die Informationssicherheit

Sehr geehrter Herr ████████

sehr würde ich mich darüber freuen, wenn ich Sie doch noch als Experten für meine Umfrage gewinnen könnte. Bereits vor einer Woche hatte ich versucht Sie auf diesem Wege zu erreichen. Meine Doktorarbeit schreibe ich über eine völlig neue Thematik! Die Zusammenhänge von Persönlichkeitsmerkmalen und "Lücken" in der Informationssicherheit von Unternehmen. Nach den ersten eingesandten Online-Umfragebögen zeigt sich, dass es signifikante Unterschiede zwischen den einzelnen Persönlichkeiten und dem Sicherheitsverhalten des Menschen gibt.

Ihren Namen habe ich aufgrund Ihres Profils aus dem Portal www.cio.de herausgefiltert. Sie würden mich sehr unterstützen, wenn Sie mir bei einer etwa 10-minütigen Umfrage (nur geschlossene Fragen) helfen könnten. Fragen, welche unverhältnismäßig viel Recherchearbeit bedeuten würden oder Ihren Anonymitätsvorstellungen widersprechen, können ausgelassen werden. Ich versichere Ihnen hiermit allerdings, dass ich Ihre Daten vertraulich behandeln werde.

Umfrage unter: https://eva.rrzn.uni-hannover.de/evasys/online/

Die Losung lautet: **Sicherheit**

Über die aggregierten Auswertungsergebnisse, inwieweit die Persönlichkeit mit der Informationssicherheit im Unternehmen zusammenhängt, möchte ich Sie im Anschluss gern informieren. Falls Sie Ihren Namen, Ihre Firma und Ihre E-Mail nicht im Zusammenhang mit der Umfrage nennen wollen können Sie mir diese auch separat zusenden. Ich schicke Ihnen dann die aggregierten Umfrageergebnisse gern im Anschluss zu.

Sicher ist Ihre Zeit ausgesprochen knapp bemessen, doch vielleicht interessieren Sie die Ergebnisse meiner Forschungstätigkeit, die auch Ihr Unternehmen zukünftig „sicherer" gestalten könnte!

Sehr würde ich mich auch darüber freuen, wenn Sie zusätzlich diese Umfrage zur Beantwortung an Ihre IT-Fachkräfte, bzw. Kollegen und Mitarbeiter weiter leiten könnten.

Für Rückfragen können Sie mich sehr gern unter 0511-762-17244 erreichen.

Vielen lieben Dank im Voraus

Robert Pomes

PS: Falls bei dem Öffnen der Umfrageseite die Meldung auftritt „unsicheres Zertifikat" möchte ich Sie bitten den Internet Explorer zu nutzen, da Mozilla erst in ca. 2 Monaten das Sicherheitszertifikat in seinen Browser Firefox aufnehmen wird. Jedoch lässt sich auch mit Firefox nach Aktzeptierung des SSL-Zertifikats die Umfrage ausfüllen.

Dipl.-Ök. Robert Pomes
Wissenschaftlicher Mitarbeiter
Institut für Wirtschaftsinformatik der
Gottfried Wilhelm Leibniz Universität Hannover
Institutsleiter: Prof. Dr. M. H. Breitner
Königsworther Platz 1, 30167 Hannover
Tel.: (0511) 762-17244
Mobil: (0163) 4000102
Email: pomes@iwi.uni-hannover.de
www: http://www.iwi.uni-hannover.de

Anhang D: Überprüfung von Extremwerten bei erhobenen NEO-FFI Werten

	Geschlecht			Fallnummer	Wert
N	männlich	Größte Werte	1	112	32,00
			2	126	30,00
			3	2	28,00
			4	48	26,00
			5	130	26,00
		Kleinste Werte	1	95	1,00
			2	157	2,00
			3	139	2,00
			4	26	2,00
			5	170	3,00[a]
	weiblich	Größte Werte	1	154	28,00
			2	59	21,00
			3	28	14,00
		Kleinste Werte	1	53	7,00
			2	11	12,00
			3	106	13,00
E	männlich	Größte Werte	1	95	45,00
			2	73	44,00
			3	50	43,00
			4	60	43,00
			5	135	43,00
		Kleinste Werte	1	77	19,00
			2	2	20,00
			3	151	22,00
			4	141	22,00
			5	93	23,00[b]
	weiblich	Größte Werte	1	106	39,00
			2	11	36,00
			3	154	26,00
		Kleinste Werte	1	28	21,00
			2	53	25,00
			3	59	25,09
O	männlich	Größte Werte	1	5	43,00
			2	146	42,00
			3	40	41,00
			4	37	40,00
			5	56	40,00[c]
		Kleinste Werte	1	31	16,00
			2	74	17,45
			3	83	18,00
			4	77	18,00
			5	136	19,00
	weiblich	Größte Werte	1	11	43,00

			2	59	38,00
			3	106	38,00
		Kleinste Werte	1	28	17,00
			2	154	25,00
			3	53	31,00
V	männlich	Größte Werte	1	26	45,00
			2	128	42,00
			3	143	42,00
			4	63	41,00
			5	73	41,00[d]
		Kleinste Werte	1	96	16,00
			2	37	16,00
			3	166	20,00
			4	93	20,00
			5	82	20,00
	weiblich	Größte Werte	1	28	37,00
			2	53	37,00
			3	59	28,00[e]
		Kleinste Werte	1	11	22,00
			2	154	26,00
			3	106	28,00[f]
G	männlich	Größte Werte	1	111	48,00
			2	119	48,00
			3	157	48,00
			4	5	47,00
			5	73	47,00[g]
		Kleinste Werte	1	25	22,00
			2	166	23,00
			3	114	25,00
			4	38	25,00
			5	15	25,00
	weiblich	Größte Werte	1	53	44,00
			2	11	40,00
			3	106	39,00
		Kleinste Werte	1	154	31,00
			2	28	35,00
			3	59	38,00

Anhang E: Tabellarische Darstellung der Fragestellungen zu den Persönlichkeitsmerkmalen für erhobene 174 Fälle: einschließlich der paritätischen Verteilung zwischen den Persönlichkeitsausprägungen, einer Darstellung der absoluten Anzahl von gewählten Optionen, Fallzahlen, Anteilen sowie der Berechnung von zugehörigen Multiplikatoren.

Fälle: 174	Fragen zur Informationssicherheit n = 174	Bitte kreuzen Sie an, in welchen Gefahrenbereichen in den letzten 24 Monaten die meisten Sicherheitsvorfälle auftraten? (stets Mehrfachnennung) Frage 2.1 - Diagramm 12													Welche von diesen eben genannten Gefahrenbereichen haben für Sie die höchste Priorität? Frage 2.2 - Diagramm 12												
Verortung	Frage / Diagramm		Technisch														Technisch											
D. 10/11	Option / je 50% Anteil	Hacking, Vandalismus, Missbrauch	Informationsdiebstahl, Spionage, unbefugte Kenntnisnahme	Manipulation mit dem Ziel der Berechnung	Nachlässigkeit und Irrtum der eigenen Mitarbeiter	Sabotage	Unbeabsichtigte Fehler von Externen	Mängel und Defekte Dokumentationsstege	Softwareseitige Mängel und Defekte	Hardwareseitige Mängel und Defekte	Malware (Würmer, Trojaner, Viren, etc.)	Höhere Gewalt (Feuer, Erdbeben, Sturm, Wasser, etc.)	Andere Gefahrenbereiche	Hacking, Vandalismus, Missbrauch	Informationsdiebstahl, Spionage, unbefugte Kenntnisnahme	Manipulation mit dem Ziel der Berechnung	Nachlässigkeit und Irrtum der eigenen Mitarbeiter	Sabotage	Unbeabsichtigte Fehler von Externen	Mängel und Defekte Dokumentationsstege	Softwareseitige Mängel und Defekte	Hardwareseitige Mängel und Defekte	Malware (Würmer, Trojaner, Viren, etc.)	Höhere Gewalt (Feuer, Erdbeben, Sturm, Wasser, etc.)	Andere Gefahrenbereiche
	min. Wert / max. / arith. Mittel /																									
2,1%	**Geringer Neurotizismus**	24	26	9	69	4	4	28	45	40	42	12	0	30	37	15	48	9	10	14	21	10	37	10	0
26,5%	Anteil	27,6%	29,9%	10,3%	79,3%	4,6%	4,6%	32,2%	51,7%	46,0%	48,3%	13,8%	4,6%	34,5%	42,5%	17,2%	55,2%	10,3%	11,5%	16,1%	24,1%	11,5%	42,5%	11,5%	0,0%
66,7%	**Hoher Neurotizismus**	17	19	13	63	6	16	35	41	37	37	7	2	35	37	16	38	16	20	20	29	17	29	7	2
	Anteil	19,5%	21,8%	14,9%	72,4%	6,9%	18,4%	40,2%	47,1%	42,5%	42,5%	8,0%	2,3%	40,2%	42,5%	18,4%	43,7%	18,4%	23,0%	23,0%	33,3%	19,5%	33,3%	8,0%	2,3%
	Multiplikator	41,1%	36,8%	44,4%		50,0%	31,3%	25,0%	9,8%	21,2%	13,5%	71,4%	100,0%	16,7%	0,0%	6,7%	26,3%	77,8%	36,4%	42,9%	70,0%	19,5%	27,6%	42,9%	-100,0%
39,6%	**Geringe Extraversion**	17	26	10	62	4	4	31	38	33	39	6	2	27	38	9	41	11	10	20	26	12	35	8	0
65,6%	Anteil	19,5%	29,9%	11,5%	71,3%	4,6%	4,6%	35,6%	43,7%	37,9%	44,8%	6,9%	2,3%	31,0%	43,7%	10,3%	47,1%	12,6%	11,5%	23,0%	29,9%	13,8%	40,2%	9,2%	0,0%
93,8%	**Hohe Extraversion**	24	19	12	70	6	22	32	48	40	40	13	6	38	36	22	45	14	14	14	24	15	31	9	2
	Anteil	27,6%	21,8%	13,8%	80,5%	6,9%	25,3%	36,8%	55,2%	46,0%	46,0%	14,9%	6,9%	43,7%	41,4%	25,3%	51,7%	16,1%	16,1%	16,1%	27,6%	17,2%	35,6%	10,3%	2,3%
	Multiplikator	41,2%	36,8%	20,0%		50,0%	46,7%	3,2%	26,3%	21,2%	2,6%	116,7%	200,0%	40,7%	5,6%	144,4%	9,8%	27,3%	40,0%	42,9%	8,3%	25,0%	12,9%	12,5%	-100,0%
33,3%	**Geringe Offenheit für Erfahrung**	20	18	9	63	7	13	26	45	37	41	11	3	37	38	16	40	16	9	14	25	15	38	9	0
63,8%	Anteil	23,0%	20,7%	10,3%	72,4%	8,0%	14,9%	29,9%	51,7%	42,5%	47,1%	12,6%	3,4%	42,5%	43,7%	18,4%	46,0%	18,4%	10,3%	16,1%	28,7%	17,2%	43,7%	10,3%	0,0%
89,6%	**Hohe Offenheit für Erfahrung**	21	27	13	69	3	24	37	41	38	38	8	5	28	36	15	46	9	17	20	24	12	28	8	2
	Anteil	24,1%	31,0%	14,9%	79,3%	3,4%	27,6%	42,5%	47,1%	43,7%	43,7%	9,2%	5,7%	32,2%	41,4%	17,2%	52,9%	10,3%	19,5%	23,0%	27,6%	13,8%	32,2%	9,2%	2,3%
	Multiplikator	5,0%	50,0%	44,4%		133,3%	84,6%	42,3%	9,8%	2,8%	7,9%	37,5%	66,7%	32,1%	5,6%	6,7%	15,0%	77,8%	88,9%	42,9%	4,8%	25,0%	14,7%	12,5%	-100,0%
33,3%	**Geringe Verträglichkeit**	15	21	13	65	6	13	29	40	31	42	4	3	31	37	16	44	11	10	19	26	12	34	8	2
65,1%	Anteil	17,2%	24,1%	14,9%	74,7%	6,9%	14,9%	33,3%	46,0%	35,6%	48,3%	4,6%	3,4%	35,6%	42,5%	18,4%	50,6%	12,6%	11,5%	21,8%	29,9%	13,8%	39,1%	9,2%	2,3%
93,8%	**Hohe Verträglichkeit**	26	24	9	67	4	24	34	46	37	37	15	5	34	37	15	42	14	16	15	24	15	36	9	0
	Anteil	29,9%	27,6%	10,3%	77,0%	4,6%	27,6%	39,1%	52,9%	42,5%	42,5%	17,2%	5,7%	39,1%	42,5%	17,2%	48,3%	16,1%	18,4%	17,2%	27,6%	17,2%	36,8%	10,3%	0,0%
	Multiplikator	73,3%	14,3%	44,4%		50,0%	84,6%	17,2%	15,0%	35,5%	13,5%	275,0%	66,7%	9,7%	0,0%	6,7%	4,8%	27,3%	60,0%	26,7%	8,3%	25,0%	6,3%	12,5%	-100,0%
45,8%	**Geringe Gewissenhaftigkeit**	18	20	11	61	4	18	34	41	32	36	10	1	31	36	14	42	11	11	20	32	14	29	7	0
77,0%	Anteil	20,7%	23,0%	12,6%	70,1%	4,6%	20,7%	39,1%	47,1%	36,8%	41,4%	11,5%	1,1%	35,6%	41,4%	16,1%	48,3%	12,6%	12,6%	23,0%	36,8%	16,1%	33,3%	8,0%	0,0%
100,0%	**Hohe Gewissenhaftigkeit**	23	25	11	71	6	19	29	45	43	43	9	7	34	38	17	44	14	15	14	18	13	34	10	2
	Anteil	26,4%	28,7%	12,6%	81,6%	6,9%	21,8%	33,3%	51,7%	49,4%	49,4%	10,3%	8,0%	39,1%	43,7%	19,5%	50,6%	16,1%	17,2%	16,1%	20,7%	14,9%	42,5%	11,5%	2,3%
	Multiplikator	27,8%	25,0%	0,0%		44,4%	5,6%	17,2%	9,8%	28,1%	19,4%	11,1%	600,0%	9,7%	5,6%	21,4%	4,8%	27,3%	36,4%	42,9%	77,8%	7,7%	27,6%	42,9%	-100,0%
	FALLZAHLEN	41	45	22	132	10	37	63	86	73	79	19	10	65	74	31	86	25	26	34	50	27	66	17	2

Fragen zur Informationssicherheit — n = 174

	Welche Ziele der Informationssicherheit wurden in den letzten 24 Monaten besonders verletzt?					Welche Ziele der Informationssicherheit haben für Sie zukünftig die höchste Priorität?					Welche Konsequenzen hatten diese Sicherheitsvorfälle?					
Verortung	Technisch					Technisch					Rechtlich					
Frage / Diagramm	Frage 2.3 – Diagramm 14					Frage 2.4 – Diagramm 14					Frage 2.5 – Diagramm 15					
Option (je 50% Anteil)	Vertraulichkeit	Verfügbarkeit	Integrität	Zurechenbarkeit	Revisionsfähigkeit	Vertraulichkeit	Verfügbarkeit	Integrität	Zurechenbarkeit	Revisionsfähigkeit	Imageschaden	Strafanzeige gegen den Verursacher	Kunden oder Aufträge wurden verloren	Informationen wurden missbräuchlich durch Dritte verwendet	Strafen gegenüber ihrer Firma oder ihrer Mitarbeitern	Abmahnung, Versetzung, Entlassung von Mitarbeitern
Geringer Neurotizismus	33	42	16	6	22	58	51	41	6	29	34	9	18	18	4	24
Anteil	37,9%	48,3%	18,4%	6,9%	25,3%	66,7%	58,6%	47,1%	6,9%	33,3%	39,1%	10,3%	20,7%	20,7%	4,6%	27,6%
Hoher Neurotizismus	37	31	12	4	16	60	56	43	9	20	44	9	11	23	5	15
Anteil	42,5%	35,6%	13,8%	4,6%	18,4%	69,0%	64,4%	49,4%	10,3%	23,0%	50,6%	10,3%	12,6%	26,4%	5,7%	17,2%
Multiplikator	12,1%	35,5%	33,3%	50,0%	37,5%	3,4%	9,8%	4,9%	50,0%	45,0%	29,4%	0,0%	63,6%	27,8%	25,0%	60,0%
Geringe Extraversion	39	34	16	3	16	60	56	43	7	20	43	7	12	25	5	22
Anteil	44,8%	39,1%	18,4%	3,4%	18,4%	69,0%	64,4%	49,4%	8,0%	23,0%	49,4%	8,0%	13,8%	28,7%	5,7%	25,3%
Hohe Extraversion	31	39	12	7	22	53	51	39	8	29	35	11	17	16	5	17
Anteil	35,6%	44,8%	13,8%	8,0%	25,3%	60,9%	58,6%	44,8%	9,2%	33,3%	40,2%	12,6%	19,5%	18,4%	5,7%	19,5%
Multiplikator	25,8%	14,7%	33,3%	133,3%	37,5%	13,2%	9,8%	10,3%	14,3%	45,0%	22,9%	57,1%	41,7%	56,3%	0,0%	29,4%
Geringe Offenheit für Erfahrung	35	35	12	4	16	58	58	37	7	26	32	5	14	22	5	20
Anteil	40,2%	40,2%	13,8%	4,6%	18,4%	66,7%	66,7%	42,5%	8,0%	29,9%	36,8%	5,7%	16,1%	25,3%	5,7%	23,0%
Hohe Offenheit für Erfahrung	35	42	16	6	22	55	49	45	8	23	46	13	15	19	5	19
Anteil	40,2%	48,3%	18,4%	6,9%	25,3%	63,2%	56,3%	51,7%	9,2%	26,4%	52,9%	14,9%	17,2%	21,8%	5,7%	21,8%
Multiplikator	0,0%	20,0%	33,3%	50,0%	37,5%	5,5%	18,4%	21,6%	14,3%	13,0%	43,8%	160,0%	7,1%	15,8%	0,0%	5,3%
Geringe Verträglichkeit	38	30	10	7	18	53	52	42	8	25	38	10	9	24	2	18
Anteil	43,7%	34,5%	11,5%	8,0%	20,7%	60,9%	59,8%	48,3%	9,2%	28,7%	43,7%	11,5%	10,3%	27,6%	2,3%	20,7%
Hohe Verträglichkeit	32	43	18	3	20	60	55	40	7	24	40	8	20	17	8	21
Anteil	36,8%	49,4%	20,7%	3,4%	23,0%	69,0%	63,2%	46,0%	8,0%	27,6%	46,0%	9,2%	23,0%	19,5%	9,2%	24,1%
Multiplikator	18,8%	43,3%	80,0%	133,3%	11,1%	13,2%	5,8%	5,0%	14,3%	4,2%	5,3%	25,0%	122,2%	41,2%	300,0%	16,7%
Geringe Gewissenhaftigkeit	32	39	16	5	18	53	52	40	7	25	38	4	15	23	4	18
Anteil	36,8%	44,8%	18,4%	5,7%	20,7%	60,9%	59,8%	46,0%	8,0%	28,7%	43,7%	4,6%	17,2%	26,4%	4,6%	20,7%
Hohe Gewissenhaftigkeit	38	34	12	5	20	60	55	42	8	24	40	14	14	18	6	21
Anteil	43,7%	39,1%	13,8%	5,7%	23,0%	69,0%	63,2%	48,3%	9,2%	27,6%	46,0%	16,1%	16,1%	20,7%	6,9%	24,1%
Multiplikator	18,8%	14,7%	33,3%	0,0%	11,1%	13,2%	5,8%	5,0%	14,3%	4,2%	5,3%	250,0%	7,1%	27,8%	50,0%	16,7%
FALLZAHLEN	70	73	28	10	38	113	107	82	15	49	78	18	29	41	10	39

Fragen zur Informationssicherheit
n = 174

Welche Bausteine eines Informationssicherheits-Managements sind bei Ihnen besonders relevant?

| Verortung | Frage / Diagramm |
| Technisch | Frage 2.6 - Diagramm 14 |

je 50% Anteil

Option	Benutzerverwaltung	Zentrales Controlling eingesetzter Sicherheitssysteme	Alarm- und Eskalationssystem	Intrusion Detection und -Prevention Systeme	Missbrauch-Kontrolle von Internet	Virtual Private Networks	Identity Management Systeme	Firewalls	Virenschutz	Backup	Protokollierung unberechtigter Zugriffe	Schnittstellenüberwachung	Netzwerkzugangskontrolle	Spam Abwehr	Verschlüsselung	Elektronische Signaturen	Physische Sicherheit	Sonstiges
Geringe Neurotizismus	66	16	32	29	20	44	25	72	70	66	29	15	46	55	35	18	37	4
Anteil	75,9%	18,4%	36,8%	33,3%	23,0%	50,6%	28,7%	82,8%	80,5%	75,9%	33,3%	17,2%	52,9%	63,2%	40,2%	20,7%	42,5%	4,6%
Hoher Neurotizismus	63	12	26	22	28	37	16	70	63	63	27	12	43	57	35	12	34	7
Anteil	72,4%	13,8%	29,9%	25,3%	32,2%	42,5%	18,4%	80,5%	72,4%	72,4%	31,0%	13,8%	49,4%	65,5%	40,2%	13,8%	39,1%	8,0%
Multiplikator	4,8%	33,3%	23,1%	31,8%	40,0%	18,9%	56,3%	2,9%	11,1%	4,8%	7,4%	25,0%	7,0%	3,6%	0,0%	50,0%	8,8%	75,0%
Geringe Extraversion	64	8	27	24	18	39	20	72	64	61	26	10	40	49	28	15	33	5
Anteil	73,6%	9,2%	31,0%	27,6%	20,7%	44,8%	23,0%	82,8%	73,6%	70,1%	29,9%	11,5%	46,0%	56,3%	32,2%	17,2%	37,9%	5,7%
Hohe Extraversion	65	20	31	27	30	42	17	70	69	68	30	17	49	63	42	15	38	6
Anteil	74,7%	23,0%	35,6%	31,0%	34,5%	48,3%	19,5%	80,5%	79,3%	78,2%	34,5%	19,5%	56,3%	72,4%	48,3%	17,2%	43,7%	6,9%
Multiplikator	1,6%	150,0%	14,8%	12,5%	66,7%	7,7%	5,0%	2,9%	7,8%	11,5%	15,4%	70,0%	22,5%	28,6%	50,0%	0,0%	15,2%	20,0%
Geringe Offenheit für Erfahrung	66	14	29	25	28	42	22	70	68	64	27	16	44	58	32	14	33	5
Anteil	75,9%	16,1%	33,3%	28,7%	32,2%	48,3%	25,3%	80,5%	78,2%	73,6%	31,0%	18,4%	50,6%	66,7%	36,8%	16,1%	37,9%	5,7%
Hohe Offenheit für Erfahrung	63	14	29	26	20	39	19	72	65	65	29	11	45	54	38	16	38	6
Anteil	72,4%	16,1%	33,3%	29,9%	23,0%	44,8%	21,8%	82,8%	74,7%	74,7%	33,3%	12,6%	51,7%	62,1%	43,7%	18,4%	43,7%	6,9%
Multiplikator	4,8%	0,0%	0,0%	4,0%	23,0%	7,7%	15,8%	2,9%	4,6%	1,6%	7,4%	45,5%	2,3%	7,4%	18,6%	14,3%	15,2%	20,0%
Geringe Verträglichkeit	65	15	29	28	28	43	21	75	63	64	29	14	46	57	37	18	35	5
Anteil	74,7%	17,2%	33,3%	32,2%	32,2%	49,4%	24,1%	86,2%	72,4%	73,6%	33,3%	16,1%	52,9%	65,5%	42,5%	20,7%	40,2%	5,7%
Hohe Verträglichkeit	64	13	29	23	20	38	20	67	70	65	27	13	43	55	33	12	36	6
Anteil	73,6%	14,9%	33,3%	26,4%	23,0%	43,7%	23,0%	77,0%	80,5%	74,7%	31,0%	14,9%	49,4%	63,2%	37,9%	13,8%	41,4%	6,9%
Multiplikator	1,6%	15,4%	0,0%	21,7%	40,0%	13,2%	5,0%	11,9%	11,1%	1,6%	7,4%	7,7%	7,0%	3,6%	12,1%	50,0%	2,9%	20,0%
Geringe Gewissenhaftigkeit	63	11	28	19	22	35	20	71	64	63	24	12	39	56	28	12	33	4
Anteil	72,4%	12,6%	32,2%	21,8%	25,3%	40,2%	23,0%	81,6%	73,6%	72,4%	27,6%	13,8%	44,8%	64,4%	32,2%	13,8%	37,9%	4,6%
Hohe Gewissenhaftigkeit	66	17	30	32	26	46	21	71	69	66	32	15	50	56	42	18	36	7
Anteil	75,9%	19,5%	34,5%	36,8%	29,9%	52,9%	24,1%	81,6%	79,3%	75,9%	36,8%	17,2%	57,5%	64,4%	48,3%	20,7%	43,7%	8,0%
Multiplikator	4,8%	54,5%	7,1%	68,4%	18,2%	31,4%	5,0%	0,0%	7,8%	4,8%	33,3%	25,0%	28,2%	0,0%	50,0%	50,0%	15,2%	75,0%
FALLZAHLEN	129	28	58	51	48	81	41	142	133	129	56	27	89	112	70	30	71	11

Fragen zur Informationssicherheit n = 174

Welche Bausteine des Informationssicherheits-Managements werden bei Ihnen zukünftig die höchste Priorität haben?

Verortung — Frage / Diagramm: Technisch — Frage 2.7 - Diagramm 14

je 50% Anteil

Option	Benutzerverwaltung	Zentrales Controlling eingesetzter Sicherheitssysteme	Alarm- und Eskalationssystem	Intrusion Detection- und Intrusion Prevention-Systeme	Kontrolle von Internet-Missbrauch	Virtual Private Networks	Identity Management Systeme	Firewalls	Virenschutz	Backup	Protokollierung unberechtigter Zugriffe	Schnittstellenüberwachung	Netzwerkzugangskontrolle	Spam Abwehr	Verschlüsselung	Elektronische Signaturen	Physische Sicherheit	Sonstiges
Geringer Neurotizismus — Anteil	40 / 46,0%	16 / 18,4%	24 / 27,6%	28 / 32,2%	11 / 12,6%	21 / 24,1%	31 / 35,6%	43 / 49,4%	39 / 44,8%	36 / 41,4%	22 / 25,3%	9 / 10,3%	33 / 37,9%	24 / 27,6%	38 / 43,7%	24 / 27,6%	22 / 25,3%	5 / 5,7%
Hoher Neurotizismus — Anteil	44 / 50,6%	17 / 19,5%	23 / 26,4%	23 / 26,4%	17 / 19,5%	20 / 23,0%	27 / 31,0%	49 / 56,3%	37 / 42,5%	39 / 44,8%	22 / 25,3%	13 / 14,9%	30 / 34,5%	31 / 35,6%	34 / 39,1%	16 / 18,4%	24 / 27,6%	4 / 4,6%
Multiplikator	10,0%	6,3%	4,3%	21,7%	54,5%	5,0%	14,8%	14,0%	5,4%	8,3%	0,0%	44,4%	10,0%	29,2%	11,8%	50,0%	9,1%	25,0%
Geringe Extraversion — Anteil	47 / 54,0%	14 / 16,1%	26 / 29,9%	24 / 27,6%	8 / 9,2%	21 / 24,1%	29 / 33,3%	52 / 59,8%	36 / 41,4%	40 / 46,0%	20 / 23,0%	11 / 12,6%	31 / 35,6%	28 / 32,2%	39 / 44,8%	18 / 20,7%	20 / 23,0%	5 / 5,7%
Hohe Extraversion — Anteil	37 / 42,5%	19 / 21,8%	21 / 24,1%	27 / 31,0%	20 / 23,0%	20 / 23,0%	29 / 33,3%	40 / 46,0%	40 / 46,0%	35 / 40,2%	24 / 27,6%	11 / 12,6%	32 / 36,8%	27 / 31,0%	33 / 37,9%	22 / 25,3%	26 / 29,9%	4 / 4,6%
Multiplikator	27,0%	35,7%	23,8%	12,5%	150,0%	5,0%	0,0%	30,0%	11,1%	14,3%	20,0%	0,0%	3,2%	3,7%	18,2%	22,2%	30,0%	25,0%
Geringe Offenheit für Erfahrung — Anteil	42 / 48,3%	14 / 16,1%	21 / 24,1%	21 / 24,1%	13 / 14,9%	16 / 18,4%	30 / 34,5%	44 / 50,6%	29 / 33,3%	30 / 34,5%	20 / 23,0%	13 / 14,9%	34 / 39,1%	25 / 28,7%	32 / 36,8%	15 / 17,2%	21 / 24,1%	3 / 3,4%
Hohe Offenheit für Erfahrung — Anteil	42 / 48,3%	19 / 21,8%	26 / 29,9%	30 / 34,5%	15 / 17,2%	25 / 28,7%	28 / 32,2%	48 / 55,2%	47 / 54,0%	45 / 51,7%	24 / 27,6%	11 / 12,6%	29 / 33,3%	29 / 33,3%	40 / 46,0%	25 / 28,7%	25 / 28,7%	6 / 6,9%
Multiplikator	0,0%	35,7%	23,8%	42,9%	15,4%	56,3%	7,1%	9,1%	62,1%	50,0%	20,0%	44,4%	17,2%	20,0%	25,0%	66,7%	19,0%	100,0%
Geringe Verträglichkeit — Anteil	45 / 51,7%	13 / 14,9%	25 / 28,7%	25 / 28,7%	16 / 18,4%	19 / 21,8%	29 / 33,3%	47 / 54,0%	37 / 42,5%	40 / 46,0%	22 / 25,3%	13 / 14,9%	31 / 35,6%	26 / 29,9%	40 / 46,0%	21 / 24,1%	25 / 28,7%	5 / 5,7%
Hohe Verträglichkeit — Anteil	39 / 44,8%	20 / 23,0%	22 / 25,3%	26 / 29,9%	12 / 13,8%	22 / 25,3%	29 / 33,3%	45 / 51,7%	39 / 44,8%	35 / 40,2%	22 / 25,3%	11 / 12,6%	32 / 36,8%	29 / 33,3%	32 / 36,8%	19 / 21,8%	21 / 24,1%	4 / 4,6%
Multiplikator	15,4%	53,8%	13,6%	4,0%	33,3%	15,8%	0,0%	4,4%	5,4%	14,3%	0,0%	0,0%	3,2%	11,5%	25,0%	10,5%	19,0%	25,0%
Geringe Gewissenhaftigkeit — Anteil	44 / 50,6%	17 / 19,5%	22 / 25,3%	22 / 25,3%	14 / 16,1%	18 / 20,7%	25 / 28,7%	49 / 56,3%	35 / 40,2%	39 / 44,8%	18 / 20,7%	13 / 14,9%	31 / 35,6%	30 / 34,5%	33 / 37,9%	22 / 25,3%	19 / 21,8%	4 / 4,6%
Hohe Gewissenhaftigkeit — Anteil	40 / 46,0%	16 / 18,4%	25 / 28,7%	29 / 33,3%	14 / 16,1%	23 / 26,4%	33 / 37,9%	43 / 49,4%	41 / 47,1%	36 / 41,4%	26 / 29,9%	9 / 10,3%	32 / 36,8%	25 / 28,7%	39 / 44,8%	18 / 20,7%	27 / 31,0%	5 / 5,7%
Multiplikator	10,0%	6,3%	13,6%	31,8%	0,0%	27,8%	32,0%	14,0%	17,1%	8,3%	44,4%	44,4%	3,2%	20,0%	18,2%	22,2%	42,1%	25,0%
FALLZAHLEN	84	33	47	51	28	41	58	92	76	75	44	22	63	55	72	40	46	9

Fragen zur Informationssicherheit — n = 174

Frage 2.8 – Diagramm 16: Welche Standards und Normen werden bei Ihnen angewandt? (Verortung / Organisatorisch)

Option		BS7799 / ISO IEC 17799	COBIT	Common Criteria	FIPS 140	ISO 13335	ISO 27001	IT-Grundschutz	ITIL	ITSEC
Geringer Neurotizismus	Anteil	15 / 17,2%	11 / 12,6%	6 / 6,9%	1 / 1,1%	1 / 1,1%	15 / 17,2%	42 / 48,3%	53 / 60,9%	17 / 19,5%
Hoher Neurotizismus	Anteil	15 / 17,2%	14 / 16,1%	7 / 8,0%	2 / 2,3%	4 / 4,6%	17 / 19,5%	47 / 54,0%	44 / 50,6%	11 / 12,6%
	Multiplikator	0,0%	27,3%	16,7%	100,0%	300,0%	13,3%	11,9%	20,5%	54,5%
Geringe Extraversion	Anteil	13 / 14,9%	12 / 13,8%	7 / 8,0%	1 / 1,1%	2 / 2,3%	11 / 12,6%	44 / 50,6%	42 / 48,3%	11 / 12,6%
Hohe Extraversion	Anteil	17 / 19,5%	13 / 14,9%	6 / 6,9%	2 / 2,3%	3 / 3,4%	21 / 24,1%	45 / 51,7%	55 / 63,2%	17 / 19,5%
	Multiplikator	30,8%	8,3%	16,7%	100,0%	50,0%	90,9%	2,3%	31,0%	54,5%
Geringe Offenheit für Erfahrung	Anteil	13 / 14,9%	14 / 16,1%	5 / 5,7%	1 / 1,1%	2 / 2,3%	12 / 13,8%	44 / 50,6%	52 / 59,8%	12 / 13,8%
Hohe Offenheit für Erfahrung	Anteil	17 / 19,5%	11 / 12,6%	8 / 9,2%	2 / 2,3%	3 / 3,4%	20 / 23,0%	45 / 51,7%	45 / 51,7%	16 / 18,4%
	Multiplikator	30,8%	27,3%	60,0%	100,0%	50,0%	66,7%	2,3%	15,6%	33,3%
Geringe Verträglichkeit	Anteil	14 / 16,1%	13 / 14,9%	6 / 6,9%	0 / 0,0%	2 / 2,3%	13 / 14,9%	45 / 51,7%	50 / 57,5%	13 / 14,9%
Hohe Verträglichkeit	Anteil	16 / 18,4%	12 / 13,8%	7 / 8,0%	3 / 3,4%	3 / 3,4%	19 / 21,8%	44 / 50,6%	47 / 54,0%	15 / 17,2%
	Multiplikator	14,3%	8,3%	16,7%	-100,0%	50,0%	46,2%	2,3%	6,4%	15,4%
Geringe Gewissenhaftigkeit	Anteil	16 / 18,4%	13 / 14,9%	6 / 6,9%	1 / 1,1%	3 / 3,4%	14 / 16,1%	46 / 52,9%	43 / 49,4%	15 / 17,2%
Hohe Gewissenhaftigkeit	Anteil	14 / 16,1%	12 / 13,8%	7 / 8,0%	2 / 2,3%	2 / 2,3%	18 / 20,7%	43 / 49,4%	54 / 62,1%	13 / 14,9%
	Multiplikator	14,3%	8,3%	16,7%	100,0%	50,0%	28,6%	7,0%	25,6%	15,4%
FALLZAHLEN		30	25	13	3	5	32	89	97	28

Frage 2.9 – Diagramm 16: Welche Standards und Normen werden bei Ihnen zukünftig die höchste Priorität haben? (Organisatorisch)

Option		BS7799 / ISO IEC 17799	COBIT	Common Criteria	FIPS 140	ISO 13335	ISO 27001	IT-Grundschutz	ITIL	ITSEC
Geringer Neurotizismus	Anteil	16 / 18,4%	11 / 12,6%	5 / 5,7%	2 / 2,3%	1 / 1,1%	25 / 28,7%	31 / 35,6%	40 / 46,0%	13 / 14,9%
Hoher Neurotizismus	Anteil	12 / 13,8%	13 / 14,9%	6 / 6,9%	2 / 2,3%	5 / 5,7%	19 / 21,8%	40 / 46,0%	37 / 42,5%	9 / 10,3%
	Multiplikator	33,3%	18,2%	20,0%	0,0%	400,0%	31,6%	29,0%	8,1%	44,4%
Geringe Extraversion	Anteil	13 / 14,9%	10 / 11,5%	6 / 6,9%	2 / 2,3%	4 / 4,6%	18 / 20,7%	39 / 44,8%	37 / 42,5%	8 / 9,2%
Hohe Extraversion	Anteil	15 / 17,2%	14 / 16,1%	5 / 5,7%	2 / 2,3%	2 / 2,3%	26 / 29,9%	32 / 36,8%	40 / 46,0%	14 / 16,1%
	Multiplikator	15,4%	40,0%	20,0%	0,0%	100,0%	44,4%	21,9%	8,1%	75,0%
Geringe Offenheit für Erfahrung	Anteil	13 / 14,9%	11 / 12,6%	2 / 2,3%	1 / 1,1%	3 / 3,4%	15 / 17,2%	33 / 37,9%	36 / 41,4%	10 / 11,5%
Hohe Offenheit für Erfahrung	Anteil	15 / 17,2%	13 / 14,9%	9 / 10,3%	3 / 3,4%	3 / 3,4%	29 / 33,3%	38 / 43,7%	41 / 47,1%	12 / 13,8%
	Multiplikator	15,4%	18,2%	350,0%	200,0%	0,0%	93,3%	15,2%	13,9%	20,0%
Geringe Verträglichkeit	Anteil	16 / 18,4%	12 / 13,8%	6 / 6,9%	1 / 1,1%	3 / 3,4%	21 / 24,1%	39 / 44,8%	39 / 44,8%	10 / 11,5%
Hohe Verträglichkeit	Anteil	12 / 13,8%	12 / 13,8%	7 / 8,0%	3 / 3,4%	3 / 3,4%	23 / 26,4%	32 / 36,8%	38 / 43,7%	12 / 13,8%
	Multiplikator	33,3%	0,0%	20,0%	200,0%	0,0%	9,5%	21,9%	2,6%	20,0%
Geringe Gewissenhaftigkeit	Anteil	13 / 14,9%	11 / 12,6%	4 / 4,6%	1 / 1,1%	4 / 4,6%	18 / 20,7%	32 / 36,8%	34 / 39,1%	10 / 11,5%
Hohe Gewissenhaftigkeit	Anteil	15 / 17,2%	13 / 14,9%	7 / 8,0%	3 / 3,4%	2 / 2,3%	26 / 29,9%	39 / 44,8%	43 / 49,4%	12 / 13,8%
	Multiplikator	15,4%	18,2%	75,0%	200,0%	100,0%	44,4%	21,9%	26,5%	20,0%
FALLZAHLEN		28	24	11	4	6	44	71	77	22

je 50% Anteil

Fragen zur Informationssicherheit — n = 174

Welche Compliance Anforderungen werden bei Ihnen bezüglich des Schutzes von Informationen beachtet?

Verortung — Rechtlich — Frage 2.10 - Diagramm 15 (je 50% Anteil)

Option	Basel II	BDSG	GDPdU	KonTraG	SigV/SigG	Solvency II	SOX (Sarbanes Oxley Act)	TKG, TKÜV, TDSV	TMG (TDG, TDDSG, MdStV)	ZKDSG
Geringer Neurotizismus	26	34	27	21	4	1	26	14	9	
Anteil	29,9%	39,1%	31,0%	24,1%	4,6%	1,1%	29,9%	16,1%	10,3%	1,1%
Hoher Neurotizismus	21	32	33	22	9	5	15	17	7	1
Anteil	24,1%	36,8%	37,9%	25,3%	10,3%	5,7%	17,2%	19,5%	8,0%	1,1%
Multiplikator	23,8%	6,3%	22,2%	4,8%	125,0%	400,0%	73,3%	21,4%	28,6%	0,0%
Geringe Extraversion	22	33	36	19	11	1	16	15	7	
Anteil	25,3%	37,9%	41,4%	21,8%	12,6%	1,1%	18,4%	17,2%	8,0%	
Hohe Extraversion	25	33	24	24	2	5	25	16	9	2
Anteil	28,7%	37,9%	27,6%	27,6%	2,3%	5,7%	28,7%	18,4%	10,3%	2,3%
Multiplikator	13,6%	0,0%	50,0%	26,3%	450,0%	400,0%	56,3%	6,7%	28,6%	100,0%
Geringe Offenheit für Erfahrung	24	39	32	26	3	2	22	14	6	1
Anteil	27,6%	44,8%	36,8%	29,9%	3,4%	2,3%	25,3%	16,1%	6,9%	1,1%
Hohe Offenheit für Erfahrung	23	27	28	17	10	4	19	17	10	1
Anteil	26,4%	31,0%	32,2%	19,5%	11,5%	4,6%	21,8%	19,5%	11,5%	1,1%
Multiplikator	4,3%	44,4%	14,3%	52,9%	233,3%	100,0%	15,8%	21,4%	66,7%	0,0%
Geringe Verträglichkeit	27	34	31	23	8	2	16	17	8	1
Anteil	31,0%	39,1%	35,6%	26,4%	9,2%	2,3%	18,4%	19,5%	9,2%	1,1%
Hohe Verträglichkeit	20	32	29	20	5	4	25	14	8	1
Anteil	23,0%	36,8%	33,3%	23,0%	5,7%	4,6%	28,7%	16,1%	9,2%	1,1%
Multiplikator	35,0%	6,3%	6,9%	15,0%	60,0%	100,0%	56,3%	21,4%	0,0%	0,0%
Geringe Gewissenhaftigkeit	26	33	37	20	8	3	16	16	5	1
Anteil	29,9%	37,9%	42,5%	23,0%	9,2%	3,4%	18,4%	18,4%	5,7%	1,1%
Hohe Gewissenhaftigkeit	21	33	23	23	5	3	25	15	11	1
Anteil	24,1%	37,9%	26,4%	26,4%	5,7%	3,4%	28,7%	17,2%	12,6%	1,1%
Multiplikator	23,8%	0,0%	60,9%	15,0%	60,0%	0,0%	56,3%	6,7%	120,0%	0,0%
FALLZAHLEN	47	66	60	43	13	6	41	31	16	2

Welche Compliance Anforderungen werden bei Ihnen bezüglich des Schutzes von Informationen zukünftig die höchste Priorität haben?

Rechtlich — Frage 2.11 - Diagramm 15

Option	Basel II	BDSG	GDPdU	KonTraG	SigV/SigG	Solvency II	SOX (Sarbanes Oxley Act)	TKG, TKÜV, TDSV	TMG (TDG, TDDSG, MdStV)	ZKDSG
Geringer Neurotizismus	23	31	21	18	5	1	28	12	9	2
Anteil	26,4%	35,6%	24,1%	20,7%	5,7%	1,1%	32,2%	13,8%	10,3%	2,3%
Hoher Neurotizismus	20	27	27	19	14	6	17	13	6	1
Anteil	23,0%	31,0%	31,0%	21,8%	16,1%	6,9%	19,5%	14,9%	6,9%	1,1%
Multiplikator	15,0%	14,8%	33,3%	5,6%	180,0%	500,0%	64,7%	8,3%	50,0%	100,0%
Geringe Extraversion	18	30	28	14	13	2	19	11	7	
Anteil	20,7%	34,5%	32,2%	16,1%	14,9%	2,3%	21,8%	12,6%	8,0%	
Hohe Extraversion	25	28	21	23	6	5	26	14	8	3
Anteil	28,7%	32,2%	24,1%	26,4%	6,9%	5,7%	29,9%	16,1%	9,2%	3,4%
Multiplikator	38,9%	7,1%	33,3%	64,3%	116,7%	150,0%	36,8%	27,3%	14,3%	-100,0%
Geringe Offenheit für Erfahrung	20	32	25	19	7	2	23	11	5	2
Anteil	23,0%	36,8%	28,7%	21,8%	8,0%	2,3%	26,4%	12,6%	5,7%	2,3%
Hohe Offenheit für Erfahrung	23	26	24	18	12	5	22	14	10	1
Anteil	26,4%	29,9%	27,6%	20,7%	13,8%	5,7%	25,3%	16,1%	11,5%	1,1%
Multiplikator	15,0%	23,1%	4,2%	5,6%	71,4%	150,0%	4,5%	27,3%	14,3%	100,0%
Geringe Verträglichkeit	25	29	27	18	11	2	21	15	8	1
Anteil	28,7%	33,3%	31,0%	20,7%	12,6%	2,3%	24,1%	17,2%	9,2%	1,1%
Hohe Verträglichkeit	18	26	24	19	8	5	24	10	7	
Anteil	20,7%	29,9%	27,6%	21,8%	9,2%	5,7%	27,6%	11,5%	8,0%	2,3%
Multiplikator	38,9%	0,0%	22,7%	5,6%	37,5%	150,0%	14,3%	50,0%	14,3%	100,0%
Geringe Gewissenhaftigkeit	23	27	32	20	14	3	16	12	5	1
Anteil	26,4%	31,0%	36,8%	23,0%	16,1%	3,4%	18,4%	13,8%	5,7%	1,1%
Hohe Gewissenhaftigkeit	20	31	17	17	5	4	29	13	10	2
Anteil	23,0%	35,6%	19,5%	19,5%	5,7%	4,6%	33,3%	14,9%	11,5%	2,3%
Multiplikator	15,0%	14,8%	88,2%	17,6%	180,0%	33,3%	81,3%	8,3%	100,0%	100,0%
FALLZAHLEN	43	58	49	37	19	7	45	25	15	3

Fragen zur Informationssicherheit n = 174

Option	Auf welche Ursachen lässt sich am Ehesten ein mangelndes Sicherheitsbewußtsein beim (Frage 2.12 - Diagramm 13, Organisatorisch)				Auf welche Art und Weise werden bei Ihnen in der Firma Lücken bei der Informationssicherheit identifiziert? (Frage 2.13 - Diagramm 16, Organisatorisch)					Welche der folgenden Strategien und Managementansätze nutzen Sie in Ihrer Firma? (Frage 2.14 - Diagramm 17, Organisatorisch)					
	"Nicht wollen"	"Nicht wissen"	"Nicht können"	Sonstiges	Selbsteinschätzung der IT-Abteilung	Mitarbeiterbefragungen	Beobachtungen	Einzelinterviews	Sonstiges	Schriftlich fixierte Richtlinien zur spezifische konzepte und	Schriftlich fixierte Strategie für die Informationssicherheit	Schriftlich fixierte Strategie für die Informationsverarbeitung	Umfassendes Sicherheitshandbuch	Schriftlich fixierte Maßnahmen zur Informationssicherheit	Schriftlich fixierte IT-validierter Notfallplan
Geringer Neurotizismus	32	66	18	7	59	9	72	17	19	60	31	36	22	46	48
Anteil	36,8%	75,9%	20,7%	8,0%	67,8%	10,3%	82,8%	19,5%	21,8%	69,0%	35,6%	41,4%	25,3%	52,9%	55,2%
Hoher Neurotizismus	33	73	17	9	51	8	71	14	17	50	33	31	26	33	33
Anteil	37,9%	83,9%	19,5%	10,3%	58,6%	9,2%	81,6%	16,1%	19,5%	57,5%	37,9%	35,6%	29,9%	37,9%	37,9%
Multiplikator	3,1%	10,6%	5,9%	28,6%	15,7%	12,5%	1,4%	21,4%	11,8%	20,0%	6,5%	16,1%	18,2%	39,4%	45,5%
Geringe Extraversion	33	69	15	9	52	7	70	11	15	53	25	28	25	33	36
Anteil	37,9%	79,3%	17,2%	10,3%	59,8%	8,0%	80,5%	12,6%	17,2%	60,9%	28,7%	32,2%	28,7%	37,9%	41,4%
Hohe Extraversion	32	70	20	7	58	10	73	20	21	57	39	39	23	46	45
Anteil	36,8%	80,5%	23,0%	8,0%	66,7%	11,5%	83,9%	23,0%	24,1%	65,5%	44,8%	44,8%	26,4%	52,9%	51,7%
Multiplikator	3,1%	1,4%	33,3%	28,6%	11,5%	42,9%	4,3%	81,8%	40,0%	7,5%	56,0%	39,3%	8,7%	39,4%	25,0%
Geringe Offenheit für Erfahrung	38	67	13	7	55	6	67	14	17	52	29	32	24	40	42
Anteil	43,7%	77,0%	14,9%	8,0%	63,2%	6,9%	77,0%	16,1%	19,5%	59,8%	33,3%	36,8%	27,6%	46,0%	48,3%
Hohe Offenheit für Erfahrung	27	72	22	9	55	11	76	17	19	58	35	35	24	39	39
Anteil	31,0%	82,8%	25,3%	10,3%	63,2%	12,6%	87,4%	19,5%	21,8%	66,7%	40,2%	40,2%	27,6%	44,8%	44,8%
Multiplikator	40,7%	7,5%	69,2%	28,6%	0,0%	83,3%	13,4%	21,4%	11,8%	11,5%	20,7%	9,4%	0,0%	2,6%	7,7%
Geringe Verträglichkeit	33	68	15	10	52	5	69	19	20	54	32	37	27	37	45
Anteil	37,9%	78,2%	17,2%	11,5%	59,8%	5,7%	79,3%	21,8%	23,0%	62,1%	36,8%	42,5%	31,0%	42,5%	51,7%
Hohe Verträglichkeit	32	71	20	6	58	12	74	12	16	56	32	30	21	42	36
Anteil	36,8%	81,6%	23,0%	6,9%	66,7%	13,8%	85,1%	13,8%	18,4%	64,4%	36,8%	34,5%	24,1%	48,3%	41,4%
Multiplikator	3,1%	4,4%	33,3%	66,7%	11,5%	140,0%	7,2%	58,3%	25,0%	3,7%	0,0%	23,3%	28,6%	13,5%	25,0%
Geringe Gewissenhaftigkeit	36	68	18	7	56	7	72	9	13	49	31	31	24	37	36
Anteil	41,4%	78,2%	20,7%	8,0%	64,4%	8,0%	82,8%	10,3%	14,9%	56,3%	35,6%	35,6%	27,6%	42,5%	41,4%
Hohe Gewissenhaftigkeit	29	71	17	9	54	10	71	22	23	61	33	36	24	42	45
Anteil	33,3%	81,6%	19,5%	10,3%	62,1%	11,5%	81,6%	25,3%	26,4%	70,1%	37,9%	41,4%	27,6%	48,3%	51,7%
Multiplikator	24,1%	4,4%	5,9%	28,6%	3,7%	11,5%	1,4%	144,4%	76,9%	24,5%	6,5%	16,1%	0,0%	13,5%	25,0%
FALLZAHLEN	65	139	35	16	110	17	143	31	36	110	64	67	48	79	81

Fragen zur Informationssicherheit n = 174

je 50% Anteil

Frage 2.15 – Diagramm 21 (Organisatorisch)
Welche Ebenen betrachten Informationssicherheit als wichtiges Thema?

Option	Top-Management	Mittleres Management	IT-Sicherheitsfachleute	Anwender in IT-lastigen Bereichen	Anwender in weniger IT-lastigen Bereichen	Sonstiges
Geringer Neurotizismus	54	34	78	27	6	2
Anteil	62,1%	39,1%	89,7%	31,0%	6,9%	2,3%
Hoher Neurotizismus	43	30	68	34	7	6
Anteil	49,4%	34,5%	78,2%	39,1%	8,0%	6,9%
Multiplikator	25,6%	13,3%	14,7%	25,9%	16,7%	200,0%
Geringe Extraversion	38	29	73	32	4	5
Anteil	43,7%	33,3%	83,9%	36,8%	4,6%	5,7%
Hohe Extraversion	59	35	73	29	9	3
Anteil	67,8%	40,2%	83,9%	33,3%	10,3%	3,4%
Multiplikator	55,3%	20,7%	0,0%	10,3%	125,0%	66,7%
Geringe Offenheit für Erfahrung	48	34	70	30	4	3
Anteil	55,2%	39,1%	80,5%	34,5%	4,6%	3,4%
Hohe Offenheit für Erfahrung	49	30	76	31	9	5
Anteil	56,3%	34,5%	87,4%	35,6%	10,3%	5,7%
Multiplikator	2,1%	13,3%	8,6%	3,3%	125,0%	66,7%
Geringe Verträglichkeit	41	33	71	27	6	6
Anteil	47,1%	37,9%	81,6%	31,0%	6,9%	6,9%
Hohe Verträglichkeit	56	31	75	34	7	2
Anteil	64,4%	35,6%	86,2%	39,1%	8,0%	2,3%
Multiplikator	36,6%	6,5%	5,6%	25,9%	16,7%	200,0%
Geringe Gewissenhaftigkeit	41	27	72	34	6	2
Anteil	47,1%	31,0%	82,8%	39,1%	6,9%	2,3%
Hohe Gewissenhaftigkeit	56	37	74	27	8	6
Anteil	64,4%	42,5%	85,1%	31,0%	9,2%	6,9%
Multiplikator	36,6%	37,0%	2,8%	25,9%	60,0%	200,0%
FALLZAHLEN	97	64	146	61	13	8

Frage 2.16 – Diagramm 17 (Organisatorisch)
Wie regelmäßig werden umgesetzte Konzepte und Richtlinien zur Informationssicherheit in Ihrer Firma überprüft?

Option	alle 4 Wochen	alle 3 Monate	alle 6 Monate	jährlich	alle 2 Jahre	unregelmäßig
Geringer Neurotizismus	3	6	7	39	9	23
Anteil	3,4%	6,9%	8,0%	44,8%	10,3%	26,4%
Hoher Neurotizismus	2	2	8	37	2	23
Anteil	2,3%	2,3%	9,2%	33,3%	2,3%	42,5%
Multiplikator	50,0%	200,0%	14,3%	34,5%	350,0%	60,9%
Geringe Extraversion	1	1	5	39	4	33
Anteil	1,1%	1,1%	5,7%	44,8%	4,6%	37,9%
Hohe Extraversion	4	7	10	29	7	27
Anteil	4,6%	8,0%	11,5%	33,3%	8,0%	31,0%
Multiplikator	300,0%	600,0%	100,0%	34,5%	75,0%	22,2%
Geringe Offenheit für Erfahrung	1	3	7	40	7	26
Anteil	1,1%	3,4%	8,0%	46,0%	8,0%	29,9%
Hohe Offenheit für Erfahrung	4	5	8	28	4	34
Anteil	4,6%	5,7%	9,2%	32,2%	4,6%	39,1%
Multiplikator	300,0%	66,7%	14,3%	42,9%	75,0%	30,8%
Geringe Verträglichkeit	4	4	5	36	5	30
Anteil	4,6%	4,6%	5,7%	41,4%	5,7%	34,5%
Hohe Verträglichkeit	1	5	10	32	6	30
Anteil	1,1%	5,7%	11,5%	36,8%	6,9%	34,5%
Multiplikator	300,0%	66,7%	100,0%	12,5%	20,0%	0,0%
Geringe Gewissenhaftigkeit	2	3	4	34	6	34
Anteil	2,3%	3,4%	4,6%	39,1%	6,9%	39,1%
Hohe Gewissenhaftigkeit	3	5	11	34	5	26
Anteil	3,4%	5,7%	12,6%	39,1%	5,7%	29,9%
Multiplikator	50,0%	66,7%	175,0%	0,0%	20,0%	30,8%
FALLZAHLEN	8	8	15	68	11	60

Frage 2.17 – Diagramm 17 (Organisatorisch)
Wie oft sollten Konzepte und Richtlinien zur Informationssicherheit in Ihrer Firma überprüft werden?

Option	alle 4 Wochen	alle 3 Monate	alle 6 Monate	jährlich	alle 2 Jahre	unregelmäßig
Geringer Neurotizismus	5	12	21	33	4	10
Anteil	5,7%	13,8%	24,1%	37,9%	4,6%	11,5%
Hoher Neurotizismus	4	11	24	29	4	11
Anteil	4,6%	12,6%	27,6%	33,3%	4,6%	12,6%
Multiplikator	25,0%	9,1%	14,3%	13,8%	0,0%	10,0%
Geringe Extraversion	2	12	23	33	3	12
Anteil	2,3%	13,8%	26,4%	37,9%	3,4%	13,8%
Hohe Extraversion	7	11	22	29	5	9
Anteil	8,0%	12,6%	25,3%	33,3%	5,7%	10,3%
Multiplikator	250,0%	9,1%	4,5%	13,8%	66,7%	33,3%
Geringe Offenheit für Erfahrung	2	8	27	33	6	9
Anteil	2,3%	9,2%	31,0%	37,9%	6,9%	10,3%
Hohe Offenheit für Erfahrung	7	15	18	29	2	12
Anteil	8,0%	17,2%	20,7%	33,3%	2,3%	13,8%
Multiplikator	250,0%	87,5%	50,0%	13,8%	200,0%	33,3%
Geringe Verträglichkeit	5	10	17	35	3	15
Anteil	5,7%	11,5%	19,5%	40,2%	3,4%	17,2%
Hohe Verträglichkeit	4	13	28	27	5	6
Anteil	4,6%	14,9%	32,2%	31,0%	5,7%	6,9%
Multiplikator	25,0%	30,0%	64,7%	29,6%	66,7%	150,0%
Geringe Gewissenhaftigkeit	3	11	22	32	5	12
Anteil	3,4%	12,6%	25,3%	36,8%	5,7%	13,8%
Hohe Gewissenhaftigkeit	6	12	23	30	3	9
Anteil	6,9%	13,8%	26,4%	34,5%	3,4%	10,3%
Multiplikator	100,0%	9,1%	4,5%	6,7%	66,7%	33,3%
FALLZAHLEN	9	23	45	62	8	21

Fragen zur Informationssicherheit n = 174

Welche Probleme beeinträchtigen Sie besonders bei der Fortentwicklung der Informationssicherheit? — Organisatorisch — Frage 2.18 - Diagramm 22

Wie sicher empfinden Sie die Informationssicherheit in Ihrer Firma? — Allgemein — Frage 2.19 - Diagramm 13

Option / je 50% Anteil	Bewusstsein beim Anwender	Bewusstsein beim mittleren Management	Bewusstsein beim TOP-Management	Keine geeigneten Methoden, Instrumente und Werkzeuge	Keine Möglichkeiten zur Durchsetzung von sicherheitsrelevanten Maßnahmen	Mangelnde Qualifikation der Mitarbeiter	Vorhandene Konzepte werden nicht umgesetzt	Mangelnde Konzepte	Unzureichende Teilkonzepte	Keine Kontrollen	Kein Geld	Sehr Hoch	Hoch	Neutral	Niedrig	Sehr Niedrig
Geringer Neurotizismus	67	27	31	11	17	11	16	7	4	14	27	9	49	25	3	0
Anteil	77,0%	31,0%	35,6%	12,6%	19,5%	12,6%	18,4%	8,0%	4,6%	16,1%	31,0%	10,3%	56,3%	28,7%	3,4%	0,0%
Hoher Neurotizismus	60	21	43	8	16	16	18	13	8	10	27	12	39	27	6	1
Anteil	69,0%	24,1%	49,4%	9,2%	18,4%	18,4%	20,7%	14,9%	9,2%	11,5%	31,0%	13,8%	44,8%	31,0%	6,9%	1,1%
Multiplikator	11,7%	28,6%	38,7%	37,5%	6,3%	45,5%	12,5%	85,7%	100,0%	40,0%	0,0%	33,3%	25,6%	8,0%	100,0%	-100,0%
Geringe Extraversion	61	29	47	8	14	11	18	10	6	15	26	10	41	28	5	1
Anteil	70,1%	33,3%	54,0%	9,2%	16,1%	12,6%	20,7%	11,5%	6,9%	17,2%	29,9%	11,5%	47,1%	32,2%	5,7%	1,1%
Hohe Extraversion	66	19	27	11	19	16	16	10	6	9	28	11	47	24	4	0
Anteil	75,9%	21,8%	31,0%	12,6%	21,8%	18,4%	18,4%	11,5%	6,9%	10,3%	32,2%	12,6%	54,0%	27,6%	4,6%	0,0%
Multiplikator	8,2%	52,6%	74,1%	37,5%	35,7%	45,5%	12,5%	0,0%	0,0%	66,7%	7,7%	10,0%	14,6%	16,7%	25,0%	-100,0%
Geringe Offenheit für Erfahrung	58	25	34	10	16	13	16	9	5	10	28	6	45	31	2	1
Anteil	66,7%	28,7%	39,1%	11,5%	18,4%	14,9%	18,4%	10,3%	5,7%	11,5%	32,2%	6,9%	51,7%	35,6%	2,3%	1,1%
Hohe Offenheit für Erfahrung	69	23	40	9	17	14	18	11	7	14	26	15	43	21	7	0
Anteil	79,3%	26,4%	46,0%	10,3%	19,5%	16,1%	20,7%	12,6%	8,0%	16,1%	29,9%	17,2%	49,4%	24,1%	8,0%	0,0%
Multiplikator	19,0%	8,7%	17,6%	11,1%	6,3%	7,7%	12,5%	22,2%	40,0%	40,0%	7,7%	150,0%	4,7%	47,6%	250,0%	-100,0%
Geringe Verträglichkeit	62	23	38	11	17	10	13	9	6	14	28	13	43	26	3	1
Anteil	71,3%	26,4%	43,7%	12,6%	19,5%	11,5%	14,9%	10,3%	6,9%	16,1%	32,2%	14,9%	49,4%	29,9%	3,4%	1,1%
Hohe Verträglichkeit	65	25	36	8	16	17	21	11	6	10	26	8	45	26	6	0
Anteil	74,7%	28,7%	41,4%	9,2%	18,4%	19,5%	24,1%	12,6%	6,9%	11,5%	29,9%	9,2%	51,7%	29,9%	6,9%	0,0%
Multiplikator	4,8%	8,7%	5,6%	37,5%	6,3%	70,0%	61,5%	22,2%	0,0%	40,0%	7,7%	62,5%	4,7%	0,0%	100,0%	-100,0%
Geringe Gewissenhaftigkeit	60	20	41	8	15	15	21	12	8	16	28	7	40	32	5	1
Anteil	69,0%	23,0%	47,1%	9,2%	17,2%	17,2%	24,1%	13,8%	9,2%	18,4%	32,2%	8,0%	46,0%	36,8%	5,7%	1,1%
Hohe Gewissenhaftigkeit	67	28	33	11	18	12	13	8	4	8	26	14	48	20	4	0
Anteil	77,0%	32,2%	37,9%	12,6%	20,7%	13,8%	14,9%	9,2%	4,6%	9,2%	29,9%	16,1%	55,2%	23,0%	4,6%	0,0%
Multiplikator	11,7%	40,0%	24,2%	37,5%	20,0%	25,0%	61,5%	50,0%	100,0%	100,0%	7,7%	100,0%	20,0%	60,0%	25,0%	-100,0%
FALLZAHLEN	127	48	74	19	33	34	27	20	12	24	54	21	88	52	9	1

Fragen zur Informationssicherheit
n = 174

	Für wie wichtig erachten Sie es regelmäßig Weiterbildungsmaßnahmen für Mitarbeiter zum Schutz der Informationssicherheit	Welche Mitarbeiter werden bei Ihnen im Hause besonders in Fragen der Informationssicherheit geschult?
Verortung	Organisatorisch	Organisatorisch
Frage / Diagramm	Frage 2.20 - Diagramm 18	Frage 2.21 - Diagramm 18

je 50% Anteil

Option	Sehr Hoch	Hoch	Neutral	Niedrig	Sehr Niedrig	IT-Benutzer	IT-Fachkraft	IT-Sicherheitsadministrator	IT-Sicherheitsverantwortlicher	IT-Manager/-Abteilungsleiter	IT-Bereichsleiter/CIO	CISO	Mitglied der Geschäftsleitung	Gesellschafter	Datenschutzbeauftragter	Revisor	Sonstige
Geringer Neurotizismus	24	36	21	4	1	37	38	49	47	43	35	12	18	1	44	11	8
Anteil	27,6%	41,4%	24,1%	4,6%	1,1%	42,5%	43,7%	56,3%	54,0%	49,4%	40,2%	13,8%	20,7%	1,1%	50,6%	12,6%	9,2%
Hoher Neurotizismus	22	45	14	1	3	30	34	49	41	36	35	5	11	3	39	9	6
Anteil	25,3%	51,7%	16,1%	1,1%	3,4%	34,5%	39,1%	56,3%	47,1%	41,4%	40,2%	5,7%	12,6%	3,4%	44,8%	10,3%	6,9%
Multiplikator	9,1%	25,0%	50,0%	300,0%	200,0%	23,3%	11,8%	0,0%	14,6%	19,4%	0,0%	140,0%	63,6%	200,0%	12,8%	22,2%	33,3%
Geringe Extraversion	21	43	16	3	2	25	35	49	45	41	30	7	10	2	41	10	4
Anteil	24,1%	49,4%	18,4%	3,4%	2,3%	28,7%	40,2%	56,3%	51,7%	47,1%	34,5%	8,0%	11,5%	2,3%	47,1%	11,5%	4,6%
Hohe Extraversion	25	38	19	2	2	42	37	49	43	38	40	10	19	2	42	10	10
Anteil	28,7%	43,7%	21,8%	2,3%	2,3%	48,3%	42,5%	56,3%	49,4%	43,7%	46,0%	11,5%	21,8%	2,3%	48,3%	11,5%	11,5%
Multiplikator	19,0%	13,2%	18,8%	50,0%	0,0%	68,0%	5,7%	0,0%	4,7%	7,9%	33,3%	42,9%	90,0%	0,0%	2,4%	0,0%	150,0%
Geringe Offenheit für Erfahrung	16	38	25	3	3	31	40	51	42	46	38	9	15	2	41	10	5
Anteil	18,4%	43,7%	28,7%	3,4%	3,4%	35,6%	46,0%	58,6%	48,3%	52,9%	43,7%	10,3%	17,2%	2,3%	47,1%	11,5%	5,7%
Hohe Offenheit für Erfahrung	30	43	10	2	1	36	32	47	46	33	32	8	14	2	42	10	9
Anteil	34,5%	49,4%	11,5%	2,3%	1,1%	41,4%	36,8%	54,0%	52,9%	37,9%	36,8%	9,2%	16,1%	2,3%	48,3%	11,5%	10,3%
Multiplikator	87,5%	13,2%	150,0%	50,0%	200,0%	16,1%	25,0%	8,5%	9,5%	39,4%	18,8%	12,5%	7,1%	0,0%	2,4%	0,0%	80,0%
Geringe Verträglichkeit	24	38	17	3	3	36	38	50	45	35	34	6	12	1	46	12	6
Anteil	27,6%	43,7%	19,5%	3,4%	3,4%	41,4%	43,7%	57,5%	51,7%	40,2%	39,1%	6,9%	13,8%	1,1%	52,9%	13,8%	6,9%
Hohe Verträglichkeit	22	43	18	2	1	31	34	48	43	44	36	11	17	3	37	8	8
Anteil	25,3%	49,4%	20,7%	2,3%	1,1%	35,6%	39,1%	55,2%	49,4%	50,6%	41,4%	12,6%	19,5%	3,4%	42,5%	9,2%	9,2%
Multiplikator	9,1%	13,2%	5,9%	50,0%	200,0%	16,1%	11,8%	4,2%	4,7%	25,7%	5,9%	83,3%	41,7%	200,0%	24,3%	50,0%	33,3%
Geringe Gewissenhaftigkeit	15	45	19	2	4	25	31	47	39	40	35	7	10	2	44	8	4
Anteil	17,2%	51,7%	21,8%	2,3%	4,6%	28,7%	35,6%	54,0%	44,8%	46,0%	40,2%	8,0%	11,5%	2,3%	50,6%	9,2%	4,6%
Hohe Gewissenhaftigkeit	31	36	16	3	0	42	41	51	49	39	35	10	19	2	39	12	10
Anteil	35,6%	41,4%	18,4%	3,4%	0,0%	48,3%	47,1%	58,6%	56,3%	44,8%	40,2%	11,5%	21,8%	2,3%	44,8%	13,8%	11,5%
Multiplikator	106,7%	25,0%	18,8%	50,0%	-100,0%	68,0%	32,3%	8,5%	25,6%	2,6%	0,0%	42,9%	90,0%	0,0%	12,8%	50,0%	150,0%
FALLZAHLEN	46	81	35	5	4	67	72	98	88	79	70	17	29	4	83	20	14

Fragen zur Informationssicherheit — n = 174

Welcher Umsatz wurde in Ihrer Firma im Jahr 2008 ausgewiesen? — Wirtschaftlich — Frage 2.22 - Diagramm 8

Verortung / Option (je 50% Anteil)	<1 Mio. Euro	>1 Mio. Euro	>10 Mio. Euro	>50 Mio. Euro	>100 Mio. Euro	>500 Mio. Euro	>1 Mrd. Euro	>10 Mrd. Euro	>100 Mrd. Euro	keine Angabe
Geringer Neurotizismus	7	4	4	6	13	11	14	7	1	16
Anteil	8,0%	4,6%	4,6%	6,9%	14,9%	12,6%	16,1%	8,0%	1,1%	18,4%
Hoher Neurotizismus	6	4	9	2	14	2	11	5	3	18
Anteil	6,9%	4,6%	10,3%	2,3%	16,1%	2,3%	12,6%	5,7%	3,4%	20,7%
Multiplikator	16,7%	0,0%	125,0%	200,0%	7,7%	450,0%	27,3%	40,0%	200,0%	12,5%
Geringe Extraversion	8	6	9	3	10	4	10	4	3	20
Anteil	9,2%	6,9%	10,3%	3,4%	11,5%	4,6%	11,5%	4,6%	3,4%	23,0%
Hohe Extraversion	5	2	5	5	17	9	15	8	1	14
Anteil	5,7%	2,3%	4,6%	5,7%	19,5%	10,3%	17,2%	9,2%	1,1%	16,1%
Multiplikator	60,0%	200,0%	125,0%	66,7%	70,0%	125,0%	50,0%	100,0%	200,0%	42,9%
Geringe Offenheit für Erfahrung	5	6	10	3	10	8	12	5	3	16
Anteil	5,7%	6,9%	11,5%	3,4%	11,5%	9,2%	13,8%	5,7%	3,4%	18,4%
Hohe Offenheit für Erfahrung	8	2	3	5	17	5	13	7	1	18
Anteil	9,2%	2,3%	3,4%	5,7%	19,5%	5,7%	14,9%	8,0%	1,1%	20,7%
Multiplikator	60,0%	200,0%	233,3%	66,7%	70,0%	60,0%	8,3%	40,0%	200,0%	12,5%
Geringe Verträglichkeit	9	7	7	2	12	5	13	5	3	14
Anteil	10,3%	8,0%	8,0%	2,3%	13,8%	5,7%	14,9%	5,7%	3,4%	16,1%
Hohe Verträglichkeit	4	1	6	6	15	8	12	7	1	20
Anteil	4,6%	1,1%	6,9%	6,9%	17,2%	9,2%	13,8%	8,0%	1,1%	23,0%
Multiplikator	125,0%	600,0%	16,7%	200,0%	25,0%	60,0%	8,3%	40,0%	200,0%	42,9%
Geringe Gewissenhaftigkeit	8	4	8	2	15	4	10	3	3	18
Anteil	9,2%	4,6%	9,2%	2,3%	17,2%	4,6%	11,5%	3,4%	3,4%	20,7%
Hohe Gewissenhaftigkeit	5	4	5	7	12	9	15	9	1	16
Anteil	5,7%	4,6%	5,7%	8,0%	13,8%	10,3%	17,2%	10,3%	1,1%	18,4%
Multiplikator	60,0%	0,0%	60,0%	600,0%	25,0%	125,0%	50,0%	200,0%	200,0%	12,5%
FALLZAHLEN	13	8	13	8	27	13	25	12	4	34

Welches Budget stand für Informationsverarbeitung im Jahr 2008 zur Verfügung? — Wirtschaftlich — Frage 2.23 - Diagramm 19

Verortung / Option (je 50% Anteil)	<50.000 Euro	>50.000 Euro	>100.000 Euro	>1 Mio. Euro	>10 Mio. Euro	>50 Mio. Euro	>100 Mio. Euro	>250 Mio. Euro	>500 Mio. Euro	keine Angabe
Geringer Neurotizismus	12	6	11	13	14	4	4	0	3	15
Anteil	13,8%	6,9%	12,6%	14,9%	16,1%	4,6%	4,6%	0,0%	3,4%	17,2%
Hoher Neurotizismus	10	4	15	8	8	1	3	0	2	24
Anteil	11,5%	4,6%	17,2%	9,2%	9,2%	1,1%	3,4%	0,0%	2,3%	27,6%
Multiplikator	20,0%	50,0%	36,4%	62,5%	75,0%	300,0%	33,3%	-100,0%	50,0%	60,0%
Geringe Extraversion	12	7	16	6	10	2	3	0	2	19
Anteil	13,8%	8,0%	18,4%	6,9%	11,5%	2,3%	3,4%	0,0%	2,3%	21,8%
Hohe Extraversion	10	3	10	15	12	3	4	0	0	20
Anteil	11,5%	3,4%	11,5%	17,2%	13,8%	3,4%	4,6%	0,0%	0,0%	23,0%
Multiplikator	20,0%	133,3%	60,0%	150,0%	20,0%	50,0%	33,3%	-100,0%	50,0%	5,3%
Geringe Offenheit für Erfahrung	6	6	19	9	11	5	4	0	2	17
Anteil	6,9%	6,9%	21,8%	10,3%	12,6%	5,7%	4,6%	0,0%	2,3%	19,5%
Hohe Offenheit für Erfahrung	16	4	7	12	11	0	3	0	3	22
Anteil	18,4%	4,6%	8,0%	13,8%	12,6%	0,0%	3,4%	0,0%	3,4%	25,3%
Multiplikator	166,7%	50,0%	171,4%	33,3%	0,0%	-100,0%	33,3%	-100,0%	50,0%	29,4%
Geringe Verträglichkeit	13	3	15	12	10	1	5	0	3	16
Anteil	14,9%	3,4%	17,2%	13,8%	11,5%	1,1%	5,7%	0,0%	3,4%	18,4%
Hohe Verträglichkeit	9	7	11	9	12	4	2	0	2	23
Anteil	10,3%	8,0%	12,6%	10,3%	13,8%	4,6%	2,3%	0,0%	2,3%	26,4%
Multiplikator	44,4%	133,3%	36,4%	33,3%	20,0%	300,0%	150,0%	-100,0%	50,0%	43,8%
Geringe Gewissenhaftigkeit	10	6	15	9	8	1	5	0	2	19
Anteil	11,5%	6,9%	17,2%	10,3%	9,2%	1,1%	5,7%	0,0%	2,3%	21,8%
Hohe Gewissenhaftigkeit	12	4	11	12	14	4	2	0	3	20
Anteil	13,8%	4,6%	12,6%	13,8%	16,1%	4,6%	2,3%	0,0%	3,4%	23,0%
Multiplikator	20,0%	50,0%	36,4%	33,3%	75,0%	300,0%	150,0%	-100,0%	50,0%	5,3%
FALLZAHLEN	22	10	26	21	22	5	7	0	5	39

364

Fragen zur Informationssicherheit n = 174

Verortung	Welches Budget wurde für Maßnahmen zur Verbesserung der Informationssicherheit verwendet?											Wie schätzen Sie das Budget zur Verbesserung der Informationssicherheit ein?				
Frage / Diagramm	Wirtschaftlich — Frage 2.24 - Diagramm 19											Wirtschaftlich — Frage 2.25 - Diagramm 20				
Option (je 50% Anteil)	<5.000 Euro	>5.000 Euro	>10.000 Euro	>25.000 Euro	>50.000 Euro	>100.000 Euro	>500.000 Euro	>1 Mio. Euro	>10 Mio. Euro	>50 Mio. Euro	keine Angabe	zu Hoch	Hoch	Neutral	Niedrig	zu Niedrig
Geringer Neurotizismus	11	4	8	4	6	14	6	4	0	0	21	0	3	50	15	10
Anteil	12,6%	4,6%	9,2%	4,6%	6,9%	16,1%	6,9%	4,6%	0,0%	0,0%	24,1%	0,0%	3,4%	57,5%	17,2%	11,5%
Hoher Neurotizismus	11	6	6	3	5	8	1	2	1	0	28	0	8	38	11	15
Anteil	12,6%	6,9%	6,9%	3,4%	5,7%	9,2%	1,1%	2,3%	1,1%	0,0%	32,2%	0,0%	9,2%	43,7%	12,6%	17,2%
Multiplikator	0,0%	50,0%	33,3%	33,3%	20,0%	75,0%	500,0%	100,0%	-100,0%	-100,0%	33,3%	-100,0%	166,7%	31,6%	36,4%	50,0%
Geringe Extraversion	11	9	7	2	7	8	3	3	1	0	23	0	4	41	13	18
Anteil	12,6%	10,3%	8,0%	2,3%	8,0%	9,2%	3,4%	3,4%	1,1%	0,0%	26,4%	0,0%	4,6%	47,1%	14,9%	20,7%
Hohe Extraversion	11	1	7	5	4	14	4	3	0	0	26	0	7	47	13	7
Anteil	12,6%	1,1%	8,0%	5,7%	4,6%	16,1%	4,6%	3,4%	0,0%	0,0%	29,9%	0,0%	8,0%	54,0%	14,9%	8,0%
Multiplikator	0,0%	0,0%	0,0%	150,0%	75,0%	75,0%	33,3%	0,0%	-100,0%	-100,0%	13,0%	-100,0%	75,0%	14,6%	0,0%	157,1%
Geringe Offenheit für Erfahrung	5	8	8	4	7	8	4	5	1	0	23	0	6	45	12	11
Anteil	5,7%	9,2%	9,2%	4,6%	8,0%	9,2%	4,6%	5,7%	1,1%	0,0%	26,4%	0,0%	6,9%	51,7%	13,8%	12,6%
Hohe Offenheit für Erfahrung	17	2	6	3	4	14	3	4	0	0	26	0	5	43	14	14
Anteil	19,5%	2,3%	6,9%	3,4%	4,6%	16,1%	3,4%	4,6%	0,0%	0,0%	29,9%	0,0%	5,7%	49,4%	16,1%	16,1%
Multiplikator	240,0%	300,0%	33,3%	33,3%	75,0%	75,0%	33,3%	400,0%	-100,0%	-100,0%	13,0%	-100,0%	20,0%	4,7%	16,7%	27,3%
Geringe Verträglichkeit	10	6	7	3	6	14	3	2	0	0	23	0	8	45	14	9
Anteil	11,5%	6,9%	8,0%	3,4%	6,9%	16,1%	3,4%	2,3%	0,0%	0,0%	26,4%	0,0%	9,2%	51,7%	16,1%	10,3%
Hohe Verträglichkeit	12	4	7	4	5	8	4	4	1	0	26	0	3	43	12	16
Anteil	13,8%	4,6%	8,0%	4,6%	5,7%	9,2%	4,6%	4,6%	1,1%	0,0%	29,9%	0,0%	3,4%	49,4%	13,8%	18,4%
Multiplikator	20,0%	50,0%	33,3%	33,3%	20,0%	75,0%	33,3%	100,0%	-100,0%	-100,0%	13,0%	-100,0%	166,7%	4,7%	16,7%	77,8%
Geringe Gewissenhaftigkeit	11	8	7	3	6	7	2	3	1	0	23	0	2	40	12	17
Anteil	12,6%	9,2%	8,0%	3,4%	6,9%	8,0%	2,3%	3,4%	1,1%	0,0%	26,4%	0,0%	2,3%	46,0%	13,8%	19,5%
Hohe Gewissenhaftigkeit	11	2	7	4	5	15	5	3	0	0	26	0	9	48	14	8
Anteil	12,6%	2,3%	8,0%	4,6%	5,7%	17,2%	5,7%	3,4%	0,0%	0,0%	29,9%	0,0%	10,3%	55,2%	16,1%	9,2%
Multiplikator	0,0%	300,0%	0,0%	33,3%	20,0%	114,3%	150,0%	0,0%	-100,0%	-100,0%	13,0%	-100,0%	350,0%	20,0%	16,7%	112,5%
FALLZAHLEN	22	10	14	7	11	22	7	6	1	0	49	0	11	88	26	25

Fragen zur Informationssicherheit n = 174

Verortung: Wirtschaftlich

Frage 2.26 – Diagramm 20
Welchen Schadenwert hat das größte aufgetretene Sicherheitsereignis der letzten 24 Monate?

Option (je 50% Anteil)	<5.000 Euro	>5.000 Euro	>10.000 Euro	>25.000 Euro	>50.000 Euro	>100.000 Euro	>500.000 Euro	>1 Mio. Euro	>10 Mio. Euro	>50 Mio. Euro	keine Angabe
Geringer Neurotizismus	28	2	5	3	2	8	1	1	0	0	29
Anteil	32,2%	2,3%	5,7%	3,4%	2,3%	9,2%	1,1%	1,1%	0,0%	0,0%	33,3%
Multiplikator	40,0%	150,0%	0,0%	0,0%	-100,0%	100,0%	0,0%	0,0%	-100,0%	-100,0%	3,4%
Hoher Neurotizismus	20	5	5	3	0	4	1	2	0	0	30
Anteil	23,0%	5,7%	5,7%	3,4%	0,0%	4,6%	1,1%	2,3%	0,0%	0,0%	34,5%
Multiplikator	40,0%	150,0%	0,0%	0,0%	-100,0%	100,0%	0,0%	100,0%	-100,0%	-100,0%	3,4%
Geringe Extraversion	22	3	6	4	0	6	1	2	0	0	29
Anteil	25,3%	3,4%	6,9%	4,6%	0,0%	6,9%	1,1%	2,3%	0,0%	0,0%	33,3%
Multiplikator	150,0%	33,3%	0,0%	0,0%	-100,0%	0,0%	0,0%	100,0%	-100,0%	-100,0%	3,4%
Hohe Extraversion	26	4	4	2	2	6	1	0	0	0	30
Anteil	29,9%	4,6%	4,6%	2,3%	2,3%	6,9%	1,1%	0,0%	0,0%	0,0%	34,5%
Multiplikator	18,2%	33,3%	50,0%	100,0%	-100,0%	0,0%	0,0%	-100,0%	-100,0%	-100,0%	3,4%
Geringe Offenheit für Erfahrung	27	4	4	3	0	7	1	1	0	0	29
Anteil	31,0%	4,6%	4,6%	3,4%	0,0%	8,0%	1,1%	1,1%	0,0%	0,0%	33,3%
Multiplikator	33,3%	3,4%	4,6%	3,4%	0,0%	8,0%	1,1%	1,1%	0,0%	0,0%	-100,0%
Hohe Offenheit für Erfahrung	21	3	6	3	2	5	1	1	0	0	30
Anteil	24,1%	3,4%	6,9%	3,4%	2,3%	5,7%	1,1%	1,1%	0,0%	0,0%	34,5%
Multiplikator	28,6%	33,3%	50,0%	0,0%	-100,0%	40,0%	0,0%	0,0%	-100,0%	-100,0%	3,4%
Geringe Verträglichkeit	24	3	4	3	0	4	2	2	0	0	30
Anteil	27,6%	3,4%	4,6%	3,4%	0,0%	4,6%	2,3%	2,3%	0,0%	0,0%	34,5%
Multiplikator	0,0%	0,0%	0,0%	0,0%	-100,0%	0,0%	0,0%	0,0%	-100,0%	-100,0%	3,4%
Hohe Verträglichkeit	24	4	6	3	2	8	0	0	0	0	29
Anteil	27,6%	4,6%	6,9%	3,4%	2,3%	9,2%	0,0%	0,0%	0,0%	0,0%	33,3%
Multiplikator	33,3%	33,3%	50,0%	0,0%	-100,0%	100,0%	0,0%	-100,0%	-100,0%	-100,0%	3,4%
Geringe Gewissenhaftigkeit	25	5	4	2	1	6	1	2	0	0	24
Anteil	28,7%	5,7%	4,6%	2,3%	1,1%	6,9%	1,1%	2,3%	0,0%	0,0%	27,6%
Multiplikator	150,0%	150,0%	33,3%	0,0%	0,0%	0,0%	0,0%	100,0%	-100,0%	-100,0%	-100,0%
Hohe Gewissenhaftigkeit	23	2	6	4	1	6	1	1	0	0	35
Anteil	26,4%	2,3%	6,9%	4,6%	1,1%	6,9%	1,1%	1,1%	0,0%	0,0%	40,2%
Multiplikator	8,7%	150,0%	50,0%	100,0%	0,0%	0,0%	0,0%	0,0%	-100,0%	-100,0%	45,8%
FALLZAHLEN	48	7	10	6	2	12	2	2	0	0	59

Frage 2.27 – Diagramm 20
Welchen Schadenwert hatten die aufgetretenen Sicherheitsereignisse der letzten 24 Monate?

Option (je 50% Anteil)	<5.000 Euro	>5.000 Euro	>10.000 Euro	>25.000 Euro	>50.000 Euro	>100.000 Euro	>500.000 Euro	>1 Mio. Euro	>10 Mio. Euro	>50 Mio. Euro	keine Angabe
Geringer Neurotizismus	25	0	5	5	2	5	2	1	0	0	34
Anteil	28,7%	0,0%	5,7%	5,7%	2,3%	5,7%	2,3%	1,1%	0,0%	0,0%	39,1%
Multiplikator	40,0%	-100,0%	66,7%	150,0%	-100,0%	150,0%	100,0%	100,0%	0,0%	0,0%	2,9%
Hoher Neurotizismus	18	3	3	2	3	2	1	2	0	0	35
Anteil	20,7%	3,4%	3,4%	2,3%	3,4%	2,3%	1,1%	2,3%	0,0%	0,0%	40,2%
Multiplikator	38,9%	-100,0%	66,7%	150,0%	-100,0%	150,0%	100,0%	100,0%	-100,0%	-100,0%	2,9%
Geringe Extraversion	19	3	2	3	3	2	3	2	0	0	35
Anteil	21,8%	3,4%	2,3%	3,4%	3,4%	2,3%	3,4%	2,3%	0,0%	0,0%	40,2%
Multiplikator	26,3%	3,4%	200,0%	50,0%	50,0%	0,0%	100,0%	0,0%	0,0%	0,0%	2,9%
Hohe Extraversion	24	0	6	4	0	5	0	1	0	0	34
Anteil	27,6%	0,0%	6,9%	4,6%	0,0%	5,7%	0,0%	1,1%	0,0%	0,0%	39,1%
Multiplikator	26,3%	0,0%	200,0%	50,0%	-100,0%	150,0%	-100,0%	100,0%	-100,0%	-100,0%	2,9%
Geringe Offenheit für Erfahrung	24	1	4	3	1	5	1	2	0	0	29
Anteil	27,6%	1,1%	4,6%	3,4%	1,1%	5,7%	1,1%	2,3%	0,0%	0,0%	33,3%
Multiplikator	26,3%	1,1%	4,6%	3,4%	1,1%	5,7%	1,1%	2,3%	0,0%	0,0%	-100,0%
Hohe Offenheit für Erfahrung	19	2	4	4	4	2	2	1	0	0	30
Anteil	21,8%	2,3%	4,6%	4,6%	4,6%	2,3%	2,3%	1,1%	0,0%	0,0%	34,5%
Multiplikator	26,3%	33,3%	300,0%	300,0%	300,0%	0,0%	100,0%	100,0%	-100,0%	-100,0%	2,9%
Geringe Verträglichkeit	19	1	6	3	1	1	1	3	0	0	36
Anteil	21,8%	1,1%	6,9%	3,4%	1,1%	1,1%	1,1%	3,4%	0,0%	0,0%	41,4%
Multiplikator	21,8%	1,1%	6,9%	3,4%	1,1%	1,1%	1,1%	3,4%	0,0%	0,0%	-100,0%
Hohe Verträglichkeit	24	2	2	4	4	6	2	0	0	0	33
Anteil	27,6%	2,3%	2,3%	4,6%	4,6%	6,9%	2,3%	0,0%	0,0%	0,0%	37,9%
Multiplikator	26,3%	100,0%	300,0%	300,0%	300,0%	500,0%	100,0%	-100,0%	-100,0%	-100,0%	9,1%
Geringe Gewissenhaftigkeit	22	2	4	2	2	3	2	1	0	0	32
Anteil	25,3%	2,3%	4,6%	2,3%	2,3%	3,4%	2,3%	1,1%	0,0%	0,0%	36,8%
Multiplikator	4,8%	100,0%	0,0%	50,0%	50,0%	33,3%	100,0%	100,0%	0,0%	0,0%	15,6%
Hohe Gewissenhaftigkeit	21	1	4	5	3	4	1	2	0	0	37
Anteil	24,1%	1,1%	4,6%	5,7%	3,4%	4,6%	1,1%	2,3%	0,0%	0,0%	42,5%
Multiplikator	4,8%	100,0%	0,0%	150,0%	50,0%	33,3%	100,0%	100,0%	-100,0%	-100,0%	15,6%
FALLZAHLEN	43	3	8	7	5	7	5	3	0	3	69

Fragen zur Informationssicherheit n = 174

Verortung — Frage / Diagramm

	Land — Soziodemographisch — Frage 3.7						Alter — Soziodemographisch — Frage 3.8 - Diagramm 5						
je 50% Anteil	Deutschland	Luxembourg	Schweiz	Österreich	Liechtenstein	Anderes Land	<20	>20	>30	>40	>50	>60	>70
Geringer Neurotizismus	51	24	0	0	3	4	0	0	20	36	22	3	1
Anteil	58,6%	27,6%	0,0%	0,0%	3,4%	4,6%	0,0%	0,0%	23,0%	41,4%	25,3%	3,4%	1,1%
Hoher Neurotizismus	63	15	0	0	3	1	0	5	17	37	22	2	0
Anteil	72,4%	17,2%	0,0%	0,0%	3,4%	1,1%	0,0%	5,7%	19,5%	42,5%	25,3%	2,3%	0,0%
Multiplikator	23,5%	60,0%	-100,0%	-100,0%	0,0%	300,0%	-100,0%	-100,0%	17,6%	2,8%	0,0%	50,0%	-100,0%
Geringe Extraversion	59	14	0	0	4	1	0	2	16	37	22	4	0
Anteil	67,8%	16,1%	0,0%	0,0%	4,6%	1,1%	0,0%	2,3%	18,4%	42,5%	25,3%	4,6%	0,0%
Hohe Extraversion	55	25	0	0	2	4	0	3	21	36	22	1	1
Anteil	63,2%	28,7%	0,0%	0,0%	2,3%	4,6%	0,0%	3,4%	24,1%	41,4%	25,3%	1,1%	1,1%
Multiplikator	7,3%	78,6%	-100,0%	-100,0%	100,0%	300,0%	-100,0%	50,0%	31,3%	2,8%	0,0%	300,0%	-100,0%
Geringe Offenheit für Erfahrung	56	17	0	0	6	1	0	4	18	32	23	3	0
Anteil	64,4%	19,5%	0,0%	0,0%	6,9%	1,1%	0,0%	4,6%	20,7%	36,8%	26,4%	3,4%	0,0%
Hohe Offenheit für Erfahrung	58	22	0	0	0	4	0	1	19	41	21	2	1
Anteil	66,7%	25,3%	0,0%	0,0%	0,0%	4,6%	0,0%	1,1%	21,8%	47,1%	24,1%	2,3%	1,1%
Multiplikator	3,6%	29,4%	-100,0%	-100,0%	-100,0%	300,0%	-100,0%	300,0%	5,6%	28,1%	9,5%	50,0%	-100,0%
Geringe Verträglichkeit	58	19	0	0	4	3	0	3	19	35	25	2	0
Anteil	66,7%	21,8%	0,0%	0,0%	4,6%	3,4%	0,0%	3,4%	21,8%	40,2%	28,7%	2,3%	0,0%
Hohe Verträglichkeit	56	20	0	0	2	2	0	2	18	38	19	3	1
Anteil	64,4%	23,0%	0,0%	0,0%	2,3%	2,3%	0,0%	2,3%	20,7%	43,7%	21,8%	3,4%	1,1%
Multiplikator	3,6%	5,3%	-100,0%	-100,0%	100,0%	50,0%	-100,0%	50,0%	5,6%	8,6%	31,6%	50,0%	-100,0%
Geringe Gewissenhaftigkeit	63	15	0	0	1	1	0	3	20	34	20	4	0
Anteil	72,4%	17,2%	0,0%	0,0%	1,1%	1,1%	0,0%	3,4%	23,0%	39,1%	23,0%	4,6%	0,0%
Hohe Gewissenhaftigkeit	51	24	0	0	5	4	0	2	17	39	24	1	1
Anteil	58,6%	27,6%	0,0%	0,0%	5,7%	4,6%	0,0%	2,3%	19,5%	44,8%	27,6%	1,1%	1,1%
Multiplikator	23,5%	60,0%	-100,0%	-100,0%	400,0%	300,0%	-100,0%	50,0%	17,6%	14,7%	20,0%	300,0%	-100,0%

FALLZAHLEN

Fragen zur Informationssicherheit — n = 174

Verortung Frage / Diagramm — Option — je 50% Anteil

		Höchster Bildungsabschluß — Soziodemographisch — Frage 3.9 - Diagramm 5											Welche Position trifft auf sie am meisten zu? — Soziodemographisch — Frage 3.11 - Diagramm 6										
		kein Schulabschluß	Hauptschulabschluß	Realschulabschluß	Fachhochschulreife	Hochschulreife	Ausbildung	Fachhochschulabschluß	Hochschulabschluß	Promotion	Habilitation	Sonstiges	IT-Manager/-Abteilungsleiter	IT-Bereichsleiter/CIO	CISO	Mitglied der Geschäftsleitung	(Senior-)-Consultant	Revisor	IT-Sicherheitsverantwortlicher	IT-Fachkraft	Mitarbeiter	Datenschutzbeauftragter	Sonstiges
Geringer Neurotizismus	Anteil	0 / 0,0%	0 / 0,0%	5 / 5,7%	3 / 3,4%	6 / 6,9%	1 / 1,1%	15 / 17,2%	37 / 42,5%	10 / 11,5%	3 / 3,4%	2 / 2,3%	22 / 25,3%	30 / 34,5%	1 / 1,1%	19 / 21,8%	4 / 4,6%	0 / 0,0%	2 / 2,3%	4 / 4,6%	0 / 0,0%	0 / 0,0%	2 / 2,3%
Hoher Neurotizismus	Anteil	0 / -100,0%	2 / 2,3%	4 / 4,6%	4 / 4,6%	7 / 8,0%	5 / 5,7%	20 / 23,0%	28 / 32,2%	8 / 9,2%	0 / 0,0%	2 / 2,3%	25 / 28,7%	15 / 17,2%	2 / 2,3%	12 / 13,8%	8 / 9,2%	1 / 1,1%	3 / 3,4%	6 / 6,9%	1 / 1,1%	2 / 2,3%	10 / 11,5%
	Multiplikator	-100,0%	-100,0%	25,0%	33,3%	16,7%	400,0%	33,3%	32,1%	25,0%	-100,0%	0,0%	13,6%	-100,0%	100,0%	58,3%	100,0%	-100,0%	50,0%	50,0%	-100,0%	-100,0%	400,0%
Geringe Extraversion	Anteil	0 / 0,0%	1 / 1,1%	4 / 4,6%	4 / 4,6%	7 / 8,0%	5 / 5,7%	19 / 21,8%	27 / 31,0%	9 / 10,3%	0 / 0,0%	3 / 3,4%	25 / 28,7%	20 / 23,0%	2 / 2,3%	12 / 13,8%	7 / 8,0%	1 / 1,1%	1 / 1,1%	7 / 8,0%	1 / 1,1%	2 / 2,3%	6 / 6,9%
Hohe Extraversion	Anteil	0 / -100,0%	0 / 0,0%	5 / 5,7%	3 / 3,4%	6 / 6,9%	1 / 1,1%	16 / 18,4%	38 / 43,7%	9 / 10,3%	3 / 3,4%	1 / 1,1%	22 / 25,3%	25 / 28,7%	1 / 1,1%	19 / 21,8%	5 / 5,7%	0 / 0,0%	4 / 4,6%	3 / 3,4%	0 / 0,0%	0 / 0,0%	6 / 6,9%
	Multiplikator	-100,0%	-100,0%	25,0%	33,3%	16,7%	400,0%	18,8%	40,7%	0,0%	-100,0%	200,0%	13,6%	25,0%	100,0%	58,3%	40,0%	-100,0%	300,0%	133,3%	-100,0%	-100,0%	0,0%
Geringe Offenheit für Erfahrung	Anteil	0 / 0,0%	1 / 1,1%	4 / 4,6%	5 / 5,7%	6 / 6,9%	5 / 5,7%	18 / 20,7%	28 / 32,2%	9 / 10,3%	1 / 1,1%	2 / 2,3%	26 / 29,9%	22 / 25,3%	2 / 2,3%	14 / 16,1%	5 / 5,7%	1 / 1,1%	2 / 2,3%	4 / 4,6%	0 / 0,0%	1 / 1,1%	5 / 5,7%
Hohe Offenheit für Erfahrung	Anteil	0 / -100,0%	1 / 1,1%	5 / 5,7%	2 / 2,3%	7 / 8,0%	1 / 1,1%	17 / 19,5%	37 / 42,5%	9 / 10,3%	2 / 2,3%	2 / 2,3%	21 / 24,1%	23 / 26,4%	1 / 1,1%	17 / 19,5%	7 / 8,0%	0 / 0,0%	3 / 3,4%	6 / 6,9%	1 / 1,1%	1 / 1,1%	7 / 8,0%
	Multiplikator	-100,0%	0,0%	25,0%	150,0%	16,7%	400,0%	5,9%	32,1%	0,0%	100,0%	0,0%	23,8%	4,5%	100,0%	21,4%	40,0%	-100,0%	50,0%	50,0%	-100,0%	0,0%	40,0%
Geringe Verträglichkeit	Anteil	0 / 0,0%	1 / 1,1%	2 / 2,3%	3 / 3,4%	8 / 9,2%	5 / 5,7%	24 / 27,6%	29 / 33,3%	7 / 8,0%	1 / 1,1%	2 / 2,3%	27 / 31,0%	21 / 24,1%	1 / 1,1%	18 / 20,7%	4 / 4,6%	1 / 1,1%	2 / 2,3%	6 / 6,9%	0 / 0,0%	1 / 1,1%	4 / 4,6%
Hohe Verträglichkeit	Anteil	0 / 0,0%	1 / 1,1%	7 / 8,0%	4 / 4,6%	5 / 5,7%	1 / 1,1%	11 / 12,6%	36 / 41,4%	11 / 12,6%	2 / 2,3%	2 / 2,3%	20 / 23,0%	24 / 27,6%	2 / 2,3%	13 / 14,9%	8 / 9,2%	0 / 0,0%	3 / 3,4%	4 / 4,6%	1 / 1,1%	1 / 1,1%	8 / 9,2%
	Multiplikator	-100,0%	0,0%	250,0%	33,3%	60,0%	400,0%	118,2%	24,1%	57,1%	100,0%	0,0%	35,0%	14,3%	100,0%	38,5%	100,0%	-100,0%	50,0%	50,0%	-100,0%	0,0%	100,0%
Geringe Gewissenhaftigkeit	Anteil	0 / 0,0%	1 / 1,1%	5 / 5,7%	5 / 5,7%	9 / 10,3%	6 / 6,9%	20 / 23,0%	25 / 28,7%	8 / 9,2%	0 / 0,0%	1 / 1,1%	24 / 27,6%	21 / 24,1%	1 / 1,1%	14 / 16,1%	10 / 11,5%	1 / 1,1%	2 / 2,3%	9 / 10,3%	0 / 0,0%	2 / 2,3%	6 / 6,9%
Hohe Gewissenhaftigkeit	Anteil	0 / 0,0%	1 / 1,1%	4 / 4,6%	2 / 2,3%	4 / 4,6%	0 / 0,0%	15 / 17,2%	40 / 46,0%	10 / 11,5%	3 / 3,4%	3 / 3,4%	23 / 26,4%	30 / 34,5%	2 / 2,3%	17 / 19,5%	2 / 2,3%	0 / 0,0%	3 / 3,4%	1 / 1,1%	1 / 1,1%	0 / 0,0%	6 / 6,9%
	Multiplikator	-100,0%	0,0%	25,0%	150,0%	125,0%	-100,0%	33,3%	60,0%	25,0%	-100,0%	200,0%	4,3%	100,0%	100,0%	21,4%	400,0%	-100,0%	50,0%	800,0%	0,0%	-100,0%	0,0%

FALLZAHLEN

Fragen zur Informationssicherheit — n = 174

Verortung: Frage / Diagramm — je 50% Anteil

Haben Sie Führungsverantwortung? — Soziodemographisch — Frage 3.12 - Diagramm 7

Option	Nein	>5 Personen	>10 Personen	>25 Personen	>50 Personen	>100 Personen	>500 Personen	>1000 Personen	>5000 Personen
Geringer Neurotizismus	11	18	21	9	12	9	0	0	0
Anteil	12,6%	20,7%	24,1%	10,3%	13,8%	10,3%	0,0%	0,0%	0,0%
Hoher Neurotizismus	27	21	11	6	6	5	0	0	0
Anteil	31,0%	24,1%	12,6%	6,9%	6,9%	5,7%	0,0%	0,0%	0,0%
Multiplikator	145,5%	16,7%	90,9%	50,0%	100,0%	80,0%	-100,0%	-100,0%	-100,0%
Geringe Extraversion	20	24	18	6	4	3	0	0	0
Anteil	23,0%	27,6%	20,7%	6,9%	4,6%	3,4%	0,0%	0,0%	0,0%
Hohe Extraversion	18	15	14	9	14	11	0	0	0
Anteil	20,7%	17,2%	16,1%	10,3%	16,1%	12,6%	0,0%	0,0%	0,0%
Multiplikator	11,1%	60,0%	28,6%	50,0%	250,0%	266,7%	-100,0%	-100,0%	-100,0%
Geringe Offenheit für Erfahrung	12	19	17	6	10	8	0	0	0
Anteil	13,8%	21,8%	19,5%	6,9%	11,5%	9,2%	0,0%	0,0%	0,0%
Hohe Offenheit für Erfahrung	26	20	15	9	8	6	0	0	0
Anteil	29,9%	23,0%	17,2%	10,3%	9,2%	6,9%	0,0%	0,0%	0,0%
Multiplikator	116,7%	5,3%	13,3%	50,0%	25,0%	33,3%	-100,0%	-100,0%	-100,0%
Geringe Verträglichkeit	20	15	20	10	6	5	0	0	0
Anteil	23,0%	17,2%	23,0%	11,5%	6,9%	5,7%	0,0%	0,0%	0,0%
Hohe Verträglichkeit	18	24	12	5	12	9	0	0	0
Anteil	20,7%	27,6%	13,8%	5,7%	13,8%	10,3%	0,0%	0,0%	0,0%
Multiplikator	116,7%	60,0%	66,7%	100,0%	100,0%	80,0%	-100,0%	-100,0%	-100,0%
Geringe Gewissenhaftigkeit	26	18	15	10	6	5	0	0	0
Anteil	29,9%	20,7%	17,2%	11,5%	6,9%	5,7%	0,0%	0,0%	0,0%
Hohe Gewissenhaftigkeit	12	21	17	11	12	9	0	0	0
Anteil	13,8%	24,1%	19,5%	12,6%	13,8%	10,3%	0,0%	0,0%	0,0%
Multiplikator	116,7%	16,7%	13,3%	175,0%	100,0%	80,0%	-100,0%	-100,0%	-100,0%

Welches jährliche Einkommen haben Sie? — Soziodemographisch — Frage 3.13 - Diagramm 7

Option	< 20.000	>20.000	>30.000	>40.000	>50.000	>60.000	>80.000	<100.000	<150.000	kein Einkommen
Geringer Neurotizismus	1	0	0	5	4	4	7	18	12	9
Anteil	1,1%	0,0%	0,0%	5,7%	4,6%	4,6%	8,0%	20,7%	13,8%	10,3%
Hoher Neurotizismus	0	3	5	8	6	13	6	8	14	2
Anteil	0,0%	3,4%	5,7%	9,2%	6,9%	14,9%	3,4%	9,2%	16,1%	2,3%
Multiplikator	0,0%	-100,0%	-100,0%	60,0%	50,0%	225,0%	133,3%	125,0%	50,0%	350,0%
Geringe Extraversion	0	1	3	11	7	12	3	11	6	3
Anteil	0,0%	1,1%	3,4%	12,6%	8,0%	13,8%	3,4%	12,6%	6,9%	3,4%
Hohe Extraversion	1	2	2	2	3	5	7	15	14	8
Anteil	1,1%	2,3%	2,3%	2,3%	3,4%	5,7%	8,0%	17,2%	16,1%	9,2%
Multiplikator	-100,0%	100,0%	100,0%	450,0%	133,3%	140,0%	133,3%	36,4%	133,3%	166,7%
Geringe Offenheit für Erfahrung	0	2	2	6	6	8	4	12	9	3
Anteil	0,0%	2,3%	2,3%	6,9%	6,9%	9,2%	4,6%	13,8%	10,3%	3,4%
Hohe Offenheit für Erfahrung	1	1	3	7	4	9	6	14	11	8
Anteil	1,1%	1,1%	3,4%	8,0%	4,6%	10,3%	6,9%	16,1%	12,6%	9,2%
Multiplikator	-100,0%	50,0%	50,0%	16,7%	50,0%	12,5%	50,0%	16,7%	22,2%	166,7%
Geringe Verträglichkeit	0	3	3	8	3	9	3	15	11	3
Anteil	0,0%	3,4%	3,4%	9,2%	3,4%	10,3%	3,4%	17,2%	12,6%	3,4%
Hohe Verträglichkeit	0	0	2	7	7	8	7	11	9	3
Anteil	0,0%	0,0%	2,3%	8,0%	8,0%	9,2%	8,0%	12,6%	10,3%	3,4%
Multiplikator	-100,0%	-100,0%	50,0%	60,0%	133,3%	12,5%	133,3%	36,4%	133,3%	166,7%
Geringe Gewissenhaftigkeit	0	2	5	11	7	13	5	15	5	5
Anteil	0,0%	2,3%	5,7%	12,6%	8,0%	14,9%	5,7%	17,2%	5,7%	5,7%
Hohe Gewissenhaftigkeit	1	1	0	2	3	4	5	17	15	8
Anteil	1,1%	1,1%	0,0%	2,3%	3,4%	4,6%	5,7%	19,5%	17,2%	9,2%
Multiplikator	-100,0%	100,0%	-100,0%	450,0%	133,3%	225,0%	0,0%	88,9%	200,0%	166,7%

FALLZAHLEN

Fragen zur Informationssicherheit — n = 174

Verortung — Soziodemographisch

Wie viele Beschäftigte hat Ihre Firma etwa? — Frage 3.14 - Diagramm 9

Option (je 50% Anteil)	>25	<25	<50	<100	<250	<500	<1000	<5.000	<10.000	<100.000	keine Angabe
Geringer Neurotizismus	8	2	7	6	4	10	18	10	10	3	1
Anteil	9,2%	2,3%	8,0%	6,9%	4,6%	11,5%	20,7%	11,5%	11,5%	3,4%	1,1%
Hoher Neurotizismus	10	4	5	11	6	12	15	6	8	7	0
Anteil	11,5%	4,6%	5,7%	12,6%	6,9%	13,8%	17,2%	6,9%	9,2%	8,0%	0,0%
Multiplikator	25,0%	100,0%	40,0%	83,3%	50,0%	20,0%	20,0%	66,7%	25,0%	133,3%	-100,0%
Geringe Extraversion	10	3	7	12	6	10	18	2	9	3	0
Anteil	11,5%	3,4%	8,0%	13,8%	6,9%	11,5%	20,7%	2,3%	10,3%	3,4%	0,0%
Hohe Extraversion	8	3	5	5	4	12	15	14	9	7	1
Anteil	9,2%	3,4%	5,7%	5,7%	4,6%	13,8%	17,2%	16,1%	10,3%	8,0%	1,1%
Multiplikator	25,0%	0,0%	40,0%	140,0%	50,0%	20,0%	20,0%	600,0%	0,0%	133,3%	-100,0%
Geringe Offenheit für Erfahrung	6	2	5	10	6	8	17	11	10	4	0
Anteil	6,9%	2,3%	5,7%	11,5%	6,9%	9,2%	19,5%	12,6%	11,5%	4,6%	0,0%
Hohe Offenheit für Erfahrung	12	4	7	7	4	14	16	5	8	6	1
Anteil	13,8%	4,6%	8,0%	8,0%	4,6%	16,1%	18,4%	5,7%	9,2%	6,9%	1,1%
Multiplikator	100,0%	100,0%	40,0%	42,9%	50,0%	75,0%	6,3%	120,0%	25,0%	50,0%	-100,0%
Geringe Verträglichkeit	11	3	7	6	5	8	19	7	8	6	0
Anteil	12,6%	3,4%	8,0%	6,9%	5,7%	9,2%	21,8%	8,0%	9,2%	6,9%	0,0%
Hohe Verträglichkeit	7	3	5	11	5	14	14	9	10	4	1
Anteil	8,0%	3,4%	5,7%	12,6%	5,7%	16,1%	16,1%	10,3%	11,5%	4,6%	1,1%
Multiplikator	57,1%	0,0%	40,0%	83,3%	0,0%	75,0%	35,7%	28,6%	25,0%	50,0%	-100,0%
Geringe Gewissenhaftigkeit	11	4	6	12	4	10	13	11	7	2	0
Anteil	12,6%	4,6%	6,9%	13,8%	4,6%	11,5%	14,9%	12,6%	8,0%	2,3%	0,0%
Hohe Gewissenhaftigkeit	7	2	6	5	6	12	20	5	11	8	1
Anteil	8,0%	2,3%	6,9%	5,7%	6,9%	13,8%	23,0%	5,7%	12,6%	9,2%	1,1%
Multiplikator	57,1%	100,0%	0,0%	140,0%	50,0%	20,0%	53,8%	120,0%	57,1%	300,0%	-100,0%

Wie viele Beschäftigte arbeiten in der Informationsverarbeitung? — Frage 3.15 - Diagramm 9

Option	>5	<5	<10	<25	<50	<100	<250	<500	keine Angabe
Geringer Neurotizismus	11	9	14	9	12	9	3	9	6
Anteil	12,6%	10,3%	16,1%	10,3%	13,8%	10,3%	3,4%	10,3%	6,9%
Hoher Neurotizismus	23	9	8	9	7	6	2	7	10
Anteil	26,4%	10,3%	8,0%	10,3%	8,0%	6,9%	2,3%	8,0%	11,5%
Multiplikator	109,1%	0,0%	100,0%	0,0%	71,4%	50,0%	50,0%	28,6%	66,7%
Geringe Extraversion	22	10	11	10	7	5	1	7	9
Anteil	25,3%	11,5%	12,6%	11,5%	8,0%	5,7%	1,1%	8,0%	10,3%
Hohe Extraversion	12	8	10	8	12	10	4	9	7
Anteil	13,8%	9,2%	11,5%	9,2%	13,8%	11,5%	4,6%	10,3%	8,0%
Multiplikator	83,3%	25,0%	10,0%	25,0%	71,4%	100,0%	300,0%	28,6%	28,6%
Geringe Offenheit für Erfahrung	19	8	13	8	9	6	2	9	4
Anteil	21,8%	9,2%	14,9%	9,2%	10,3%	6,9%	2,3%	10,3%	4,6%
Hohe Offenheit für Erfahrung	15	10	8	10	10	9	3	7	12
Anteil	17,2%	11,5%	9,2%	11,5%	11,5%	10,3%	3,4%	8,0%	13,8%
Multiplikator	62,5%	25,0%	10,0%	25,0%	11,1%	50,0%	50,0%	28,6%	200,0%
Geringe Verträglichkeit	17	7	11	10	10	7	4	7	10
Anteil	19,5%	8,0%	12,6%	11,5%	11,5%	8,0%	4,6%	8,0%	11,5%
Hohe Verträglichkeit	17	11	10	8	9	8	1	9	6
Anteil	19,5%	12,6%	11,5%	9,2%	10,3%	9,2%	1,1%	10,3%	6,9%
Multiplikator	0,0%	57,1%	10,0%	25,0%	11,1%	14,3%	300,0%	28,6%	66,7%
Geringe Gewissenhaftigkeit	22	10	11	10	8	4	3	5	9
Anteil	25,3%	11,5%	12,6%	11,5%	9,2%	4,6%	3,4%	5,7%	10,3%
Hohe Gewissenhaftigkeit	12	8	11	8	11	11	2	11	7
Anteil	13,8%	9,2%	12,6%	9,2%	12,6%	12,6%	2,3%	12,6%	8,0%
Multiplikator	83,3%	25,0%	10,0%	25,0%	37,5%	175,0%	50,0%	120,0%	28,6%

FALLZAHLEN

Fragen zur Informationssicherheit n = 174	Wieviel Beschäftigte in der Informationsverarbeitung, beschäftigen sich mit Informationssicherheit?									Zu welcher Branche gehört Ihre Firma?												
Verortung	**Soziodemographisch**																					
Frage / Diagramm	Frage 3.16 - Diagramm 9									Frage 3.17 - Diagramm 8												
Option (je 50% Anteil)	>5	5<	10<	25<	50<	100<	250<	500<	keine Angabe	Energie	Handel	Telekommunikation	Beratung	Öffentlich	Wissenschaft/Bildung	Chemie	Handwerk	Finanzwirtschaft	Transport/Verkehr	Verlag/Medien	Gesundheit	Sonstiges
Geringe Neurotizismus	50	14	3	5	0	0	0	2	6	2	10	4	8	4	6	4	1	2	1	6	10	23
Anteil	57,5%	16,1%	3,4%	5,7%	0,0%	0,0%	0,0%	2,3%	6,9%	2,3%	11,5%	4,6%	9,2%	4,6%	6,9%	4,6%	1,1%	2,3%	1,1%	6,9%	11,5%	26,4%
Hohe Neurotizismus	51	3	3	2	1	1	0	1	15	4	4	9	6	9	3	2	0	5	7	3	0	29
Anteil	58,6%	3,4%	3,4%	2,3%	1,1%	1,1%	0,0%	1,1%	17,2%	4,6%	4,6%	10,3%	6,9%	10,3%	3,4%	2,3%	0,0%	5,7%	8,0%	3,4%	0,0%	33,3%
Multiplikator	2,0%	366,7%	0,0%	150,0%	-100,0%	-100,0%	-100,0%	100,0%	150,0%	100,0%	150,0%	125,0%	33,3%	125,0%	100,0%	100,0%	-100,0%	150,0%	600,0%	100,0%	-100,0%	26,1%
Geringe Extraversion	53	7	3	1	0	0	0	2	12	2	5	7	7	8	5	3	1	3	3	3	6	27
Anteil	60,9%	8,0%	3,4%	1,1%	0,0%	0,0%	0,0%	2,3%	13,8%	2,3%	5,7%	8,0%	8,0%	9,2%	5,7%	3,4%	1,1%	3,4%	3,4%	3,4%	6,9%	31,0%
Hohe Extraversion	48	10	3	6	1	1	0	1	9	4	9	6	7	5	4	3	0	4	5	6	4	25
Anteil	55,2%	11,5%	3,4%	6,9%	1,1%	1,1%	0,0%	1,1%	10,3%	4,6%	10,3%	6,9%	8,0%	5,7%	4,6%	3,4%	0,0%	4,6%	5,7%	6,9%	4,6%	28,7%
Multiplikator	10,4%	42,9%	0,0%	500,0%	-100,0%	-100,0%	-100,0%	100,0%	33,3%	100,0%	80,0%	16,7%	0,0%	60,0%	25,0%	0,0%	-100,0%	33,3%	66,7%	100,0%	50,0%	8,0%
Geringe Offenheit für Erfahrung	49	9	3	4	0	0	0	1	9	4	7	5	7	4	3	3	1	3	4	3	5	30
Anteil	56,3%	10,3%	3,4%	4,6%	0,0%	0,0%	0,0%	1,1%	10,3%	4,6%	8,0%	5,7%	8,0%	4,6%	3,4%	3,4%	1,1%	3,4%	4,6%	3,4%	5,7%	34,5%
Hohe Offenheit für Erfahrung	52	8	3	3	1	1	1	2	12	2	7	8	7	9	6	3	0	4	4	6	5	22
Anteil	59,8%	9,2%	3,4%	3,4%	1,1%	1,1%	1,1%	2,3%	13,8%	2,3%	8,0%	9,2%	8,0%	10,3%	6,9%	3,4%	0,0%	4,6%	4,6%	6,9%	5,7%	25,3%
Multiplikator	6,1%	12,5%	0,0%	33,3%	-100,0%	-100,0%	-100,0%	100,0%	33,3%	100,0%	0,0%	60,0%	0,0%	125,0%	100,0%	0,0%	-100,0%	33,3%	0,0%	100,0%	0,0%	36,4%
Geringe Verträglichkeit	52	7	3	2	1	1	0	2	13	4	4	6	7	9	3	2	1	4	5	6	3	29
Anteil	59,8%	8,0%	3,4%	2,3%	1,1%	1,1%	0,0%	2,3%	14,9%	4,6%	4,6%	6,9%	8,0%	10,3%	3,4%	2,3%	1,1%	4,6%	5,7%	6,9%	3,4%	33,3%
Hohe Verträglichkeit	49	10	3	5	0	0	0	1	8	2	10	7	7	4	6	4	0	3	3	3	7	23
Anteil	56,3%	11,5%	3,4%	5,7%	0,0%	0,0%	0,0%	1,1%	9,2%	2,3%	11,5%	8,0%	8,0%	4,6%	6,9%	4,6%	0,0%	3,4%	3,4%	3,4%	8,0%	26,4%
Multiplikator	6,1%	42,9%	0,0%	150,0%	100,0%	100,0%	-100,0%	100,0%	62,5%	100,0%	150,0%	16,7%	0,0%	125,0%	100,0%	100,0%	-100,0%	33,3%	66,7%	100,0%	133,3%	26,1%
Geringe Gewissenhaftigkeit	54	6	1	2	0	0	0	2	11	2	9	6	9	5	5	1	0	4	5	3	5	26
Anteil	62,1%	6,9%	1,1%	2,3%	0,0%	0,0%	0,0%	2,3%	12,6%	2,3%	10,3%	6,9%	10,3%	5,7%	5,7%	1,1%	0,0%	4,6%	5,7%	3,4%	5,7%	29,9%
Hohe Gewissenhaftigkeit	47	11	5	5	1	1	0	1	10	4	5	7	5	8	4	5	1	3	3	6	5	26
Anteil	54,0%	12,6%	5,7%	5,7%	1,1%	1,1%	0,0%	1,1%	11,5%	4,6%	5,7%	8,0%	5,7%	9,2%	4,6%	5,7%	1,1%	3,4%	3,4%	6,9%	5,7%	29,9%
Multiplikator	14,9%	83,3%	400,0%	150,0%	-100,0%	-100,0%	-100,0%	100,0%	10,0%	100,0%	80,0%	16,7%	80,0%	60,0%	25,0%	400,0%	-100,0%	33,3%	66,7%	100,0%	0,0%	0,0%

FALLZAHLEN

348

Anhang F: Teilnehmer der Umfrage alphabetisch nach Firma

Airbus	Kammer für Arbeiter und Angestellte für Wien
Accenture GmbH	Kanton Basel-Stadt
aETC EDV-DienstleistungsgmbH	Kliniken Nordoberpfalz AG
Alcatel-Lucent Deutschland AG	Klinikum der Universität zu Köln
allesklar.com AG	KPSS-Kao Professional Salon Services GmbH
alutec Metallwaren GmbH & Co.	Landeshauptstadt München
Andritz AG	Lenzing AG
Anton Kratzer	Loy Tec electronics GmbH
Atos Consulting / Atos Origin	Lufthansa Systems
Atos Origin Worldline GmbH	Lurgi GmbH
Atreus Interim Management	Marcel Loos
Avanade Deutschland GmbH	matrix42 AG
B.Braun Medical Industires Sdn Bhd	MGI GmbH
Bader GmbH & Co. KG	Miele
Barry-Kay-archive	mobilkom austria AG
BIOTRONIK GmbH & Co	NMIT
BMC Software	Novartis
BP plc	OSSAC EDV-Dienstleistungs GmbH
BT (Germany) GmbH & Co. oHG	Ostfriesische Tee Gesellschaft Laurens Spethmann GmbH & Co. KG
Bundesamt für Seeschifffahrt & Abt. Z-43	P.
Bundesdruckerei GmbH	PBS Holding AG
Bundeskanzleramt Exekutivsekretariat E-Government	PGP Corporation
CBG Informatik Gesellschaft mbH	prego services GmbH
Cirquent GmbH	Softlab Group	Premiere Fernsehen GmbH & Co. KG
Cisco Systems	PRIMONDO Operations GmbH
CSC COMPUTER SCIENCES CONSULTING Austria GmbH	PromoMasters Suchmaschinen Optimierung & Eintrag - Michael Kohlfürst
Daimler AG	Puma AG
DAK Unternehmen Leben	QRC-Group - Personalberatung (Schwerpunkt: Manager und Spezialisten in SAP und IT)
Danet GmbH	Reichold Feinkost GmbH
Datentechnik GmbH	Reinhard Ematinger ®
DB Gastronomie GmbH	Rheinmetall Air Defence
Deutsche Telekom AG	Rittal Schaltschränke GmbH / Lampertz GmbH
Deutscher Sparkassenverlag GmbH	Roche Diagnostics AG
Dimetis GmbH	RTL2 Fernsehen GmbH & Co. KG
DUct>IS GmbH	RWE AG
E.ON (EET)	S&T System Integration & Technology Distribution AG
E.ON Energy Trading AG	Sandvik GmbH
ECS	Schön Klinik Verwaltung GmbH
EDS Operations Services GmbH	SCOPAR - Scientific Consulting Partners
EGOS! Entwicklungsgesellschaft für Organisation und Schulung GmbH	Selbständiger IT-Berater
EMC Deutschland GmbH	Semper Paratus Consulting
Energie Wasser Luzern - Verkauf AG	SES-Bonn

Engel Austria GmbH	SideStep - Different Media Solutions
EOS-Werke Günther GmbH	SkiData AG
EPCOS AG	SMARTRAC Technology Group
Eternit AG Controlling	Sparkassen Finanzgruppe
Exantis	Stadtverwaltung Rödermark
Excella GmbH	SWE Stadtwerke Erfurt GmbH
Fujitsu Services GmbH	Symantec
Gebrüder Gienanth-EisenbergGmbH	SYNE Marketing & Consulting GmbH
Gesellschaft für Datenverarbeitung GmbH	TeamBank AG
Global Crossing	Teekanne GmbH
goolive Deutschland GmbH	TEKAEF Distribution & Logistik GmbH
Gottfried Wilhelm Leibniz Universität Hannover / IWI	telegate Media AG / telegate AG
Hans Einhell Aktiengesellschaft	TFK Handelsges.m.b.H.
HanseMerkur Krankenversicherung aG	That´s IT Ltd, softwareservice GbR
Hapag-Lloyd Kreuzfahrten GmbH	The NewGen Hotels AG
Hauraton GmbH & Co. KG	ThyssenKrupp AG
Haus der Barmherzigkeit	treAngeli corporate communication consultants
Hawesta-Feinkost Hans WestphalGmbH & Co. KG	T-Systems Enterprise Services GmbH
Heraeus Holding GmbH	Universitätsklinikum Erlangen
Hochschule für Technik und Wirtschaft Chur (Schweiz)	üstra Hannoversche verkehrsbetriebe AG
Hofer Technik GmbH	üstra Hannoversche verkehrsbetriebe AG
HSE24	vertical vision ag
Huelsenberg Holding GmbH & Co. KG	Voak Pierre - Dynamic Web Solutions & Analysis
INDUSTRIE HOLDING GmbH	Vorwerk & Co. KG
Infoworx Haindl & Co KEG	VOSS Automotive GmbH
IQSOFT Gesellschaft für Informationstechnologie m.b.H.	Weser-Ems Busverkehr GmbH
iteratec GmbH	Wirtschaftskammer Österreich
Jahreszeiten Verlag GmbH	Wittenstein AG
Jazzey GmbH	Youtility AG